Seria „Dicționare

DICȚIONAR ENGLEZ-ROMÂN

Vă place să citiți,
dar timpul nu vă permite să vizitați librăriile...
Vreți să vă completați biblioteca
cu noi titluri din domeniile preferate...

Pentru dumneavoastră există serviciul
Teora - Cartea prin poștă !

Ce aveți de făcut?

1. Contactați-ne:

> *În scris, pe adresa:*
> **Editura Teora - Cartea prin poștă**
> **CP 79-0, cod 72450 București, România**

> *Telefonic, la:*
> **Tel./Fax: +40 (1) 252 14 31**
>

> *Folosind poșta electronică:*
> **e-mail: cpp@teora.kappa.ro**
>

2. Precizați numele și adresa dumneavoastră pentru a primi în fiecare lună, **gratuit**, catalogul titlurilor disponibile și al celor în curs de apariție, precum și talonul de comandă.

3. Cărțile comandate vă vor fi trimise la domiciliu, în timpul cel mai scurt, cu **plata ramburs**, la primirea coletului.

Sunt peste **116.000 de cititori** (iulie 1999)
care beneficiază deja de acest sistem.

Intrați în secolul XXI împreună cu Editura Teora!

Andrei Bantaș

DICȚIONAR
ENGLEZ-ROMÂN
DE BUZUNAR

Teora

Titlul: **Dicționar englez-român de buzunar**

Copyright © 1999, 1997 Teora
Retipărită: august 1999

Distribuție
București: B-dul Al. I. Cuza nr. 39; tel./fax: 222.45.33
Sibiu: Șos. Alba Iulia nr. 40; tel.: 069/21.04.72; fax: 069/
23.51.27

Teora – Cartea prin poștă
CP 79-30, cod 72450 București, România
Tel/Fax: 252.14.31
e-mail: cpp@teora.kappa.ro

Teora
CP 79-30, cod 72450 București, România
Fax: 210.38.28
e-mail: teora@teora.kappa.ro

Copertă: Valentin Tănase
Tehnoredactare: Techno Media
Șef redacție: Dan Dumitrescu
Director Departament Teora Educațional: Diana Rotaru

Director General: Teodor RĂDUCANU

NOT 2942 DIC ENGLEZ ROMAN BUZUNAR
ISBN 973-601-397-9

Printed in Romania

CUVÂNT ÎNAINTE

Micul dicționar englez-român își propune să prezinte marelui public, într-un volum portativ, un minim de lexic englez uzual, contemporan, de primă necesitate. Vocabularul – circa 15.000 cuvinte și un număr foarte restrâns de locuțiuni și expresii – a fost extras din lucrarea profesorului A. S. Hornby, *An Advanced Learner's Dictionary* (1960) și a fost completat cu termeni sociali, politici și științifici, extrași din *Dicționarul anglo-rus* de Müller (1960) și din suplimentele la *Webster's International Dictionary* (1960) și la *The Concise Oxford Dictionary* (1960).

Pronunțarea cuvintelor e dată între paranteze drepte, în alfabetul fonetic internațional – generalizat în manuale, dicționare și alte lucrări apărute în țara noastră. Transcrierea fonetică este conformă cu cea din *An English Pronouncing Dictionary* de Daniel Jones, ediția 1960, folosindu-se numai prima variantă de pronunțare, cu excepția cuvintelor cu forme tari și slabe, la care, dat fiind caracterul dicționarului, s-a transcris mai întâi forma slabă, de conversație, apoi cea tare (ex.: **than** [ðən, ðæn]. În spiritul tendinței de reducere a vocalelor neaccentuate, am ales varianta fără vocala numărul 12 (ə), la cuvinte ca **barrel** ['bærl, 'bærəl]. Unele cuvinte – mai ales compuse –, absente din dicționarul Jones au fost transcrise după dicționarele Müller sau Hornby.

Ținând seama de proporțiile limitate ale dicționarului de față s-a renunțat la cuvintele englezești cu formă apropiată de cea din limba română, dacă există și o identitate de sens între ele (ex.: **precept, grammatical**), păstrându-se însă toți termenii cu formă similară, dar cu traducere diferită în limba română (ex.:

5

fabric = țesătură). De asemenea, s-a redus mult numărul cuvintelor derivate al căror sens poate fi dedus din cel al cuvântului de bază (ex.: **headless** = fără cap, **unimportant** = neînsemnat). În general, cuvintele compuse au fost grupate pe cuiburi; s-au ales numai sensurile mai frecvente ale cuvintelor. Nu s-au precizat domeniile și nici categoriile stilistice decât pentru a evita confuziile, preferându-se explicarea sensului printr-un sinonim, despărțit prin virgulă. Formele gramaticale aberante – trecutul *(past tense)* și participiul trecut al verbelor neregulate, comparația neregulată a adjectivelor și a adverbelor – sunt trecute în corpul dicționarului cu respectarea ordinii alfabetice a cuvintelor titlu; ele sunt însoțite de trimiteri la cuvântul de bază și uneori și de traduceri, în cazul în care sensul cuvântului de bază este îmbogățit sau modificat.

Ordinea categoriilor gramaticale urmează clasificarea tradițională a părților de vorbire: substantiv, articol, adjectiv, pronume, numeral, verb (în ordinea: auxiliar, modal, tranzitiv, intranzitiv, reflexiv), adverb, prepoziție, conjuncție, interjecție.

La cuvintele cu mai multe funcțiuni gramaticale, similare în limba engleză și română, s-a dat o singură traducere în caz de suprapunere între cele două limbi, iar indicațiile de categorie gramaticală s-au separat prin virgulă (ex.: **giant** *s., adj.* uriaș). De asemenea, la verbele cu mai multe funcțiuni s-au grupat verbele tranzitive (urmate de complement direct) împreună cu cele intranzitive și eventual cu cele reflexive (urmate de pronumele oneself – respectiv myself etc. după persoană) dacă toate traducerile românești sunt similare. De exemplu: **sacrifice** *vt., vi., vr.* a (se) jertfi – citește *tranzitiv* a jertfi (pe cineva, ceva); *intranzitiv* a se jertfi; *reflexiv* a se jertfi.

În această situație și în multe altele, cuvintele sau literele puse, pentru economie de spațiu, între paranteze rotunde, pot fi omise sau incluse, după cum cere contextul. Ex.: **coup (d'etat)** – citește **coup** sau **coup d'etat** = lovitură de stat; **malevolent** = rău(voitor) – citește *rău* sau *răuvoitor*.

Omonimele nu s-au tratat separat nici în cazul înțelesurilor complet diferite – prezentate uneori și în cadrul unuia și aceluiași cuvânt (ex.: **board** = scândură; tablă; carton; masă; mâncare;

întreţinere; pensiune; consiliu; minister). S-au tratat separat numai omografele cu prezentare diferită (ex.: **bow**[1] [bou] şi **bow**[2] [bau]), grupându-se la fiecare dintre ele toate cuvintele cu pronunţare asemănătoare, indiferent de etimologie, categorie gramaticală, sens etc.

Variantele ortografice au fost incluse alfabetic la locul respectiv, sau grupate sub forma **gasolene, gasoline** (în absenţa altor cuvinte care să strice alfabetizarea); în cazul în care diferenţa de scriere constă în adăugarea unei litere, gruparea lor s-a făcut sub forma: **parlo(u)r** – adică **parlor** (mai ales în engleza americană) sau **parlour** după cum îl va găsi cititorul într-un text sau altul. Variantele sau omonimele care diferă prin majusculă (ex.: **moor, Moor**) au fost aşezate una sub alta, fără a se repeta transcrierea fonetică.

Locuţiunile, combinaţiile libere, expresiile sunt reduse la forma cea mai scurtă şi grupate îndeobşte la primul cuvânt semnificativ, după traducerile sensurilor acestuia, în ordinea următoare: întâi cele în care cuvântul titlu este urmat de alte cuvinte, apoi cele la care e precedat de altele şi apoi cele care conţin verbe, în ordinea alfabetică a acestora; totuşi expresiile cu substantive şi verbe au fost de preferinţă grupate alfabetic în cadrul frazeologiei verbelor.

Traducerile în limba română sunt despărţite prin punct şi virgulă. Sensurile apropiate şi explicaţiile date cu ajutorul sinonimelor sunt separate prin virgule.

O traducere românească acoperă sensurile obişnuite ale unui cuvânt (ex.: **ether** = eter – în astronomie, chimie şi fizică –), inclusiv cele figurate (ex.: **flower** = floare; înfloritură – ambele şi la figurat); s-a recurs la indicaţii de domeniu numai în cazurile de absolută necesitate.

În ciuda economiei severe de spaţiu, sperăm că cititorul va mânui uşor acest dicţionar şi va găsi, într-un volum modest, un maxim de informaţii de uz curent.

AUTORUL

ABREVIERI

adj. = adjectiv
adv. = adverb
agr. = agronomie
amer. = americanism
anat. = anatomie
arhit. = arhitectură
art. nehot. = articol nehotărât
auto = automobilism
aux. = auxiliar
bot. = botanică
chim. = chimie
cin. = cinematografie
com. = comerț
compar. = comparativ
cond. = condițional
conj. = conjuncție
constr. = construcții
d. = despre
dat. = dativ
econ. = economie
el. = electricitate
fig. = figurat
fin. = finanțe
foto. = fotografie
geom. = geometrie
geogr. = geografie
gram. = gramatică
iht. = ihtiologie
ind. prez. = indicativ prezent
inf. = infinitiv
interj. = interjecție
interog. = interogativ
iron. = ironic

ist. = istorie
înv. = învechit
jur. = juridic
mar. = marină
mat. = matematică
mil. = militar
muz. = muzică
neg. = negativ
num. = numeral
ornit. = ornitologie
part. = participiu
pers. = persoană
pl. = plural
poet. = poetic
poligr. = poligrafie
prep. = prepoziție
pron. = pronume
rad. = radiotehnică
rel. = relativ
s. = substantiv
sing. = singular
superl. = superlativ
tehn. = tehnică
text. = textile
trec. = trecut
v. = vezi
v. aux. = verb auxiliar
vi. = verb intranzitiv
viit. = viitor
v. mod. = verb modal
vr. = verb reflexiv
vt. = verb tranzitiv
zool. = zoologie

A

A [ei] *s.* A, a; (nota) la.

a [ə, ei] *art. nehot.* un, o *(înaintea consoanelor şi semiconsoanelor).*

aback [ə'bæk] *adv.* înapoi; *taken ~* surprins.

abandoned [ə'bændənd] *adj.* părăsit; destrăbalat.

abate [ə'beit] *vt.* a micşora. *vi.* a scădea; a slăbi.

abbey ['æbi] *s.* mănăstire.

abbot ['æbət] *s.* stareţ.

abbreviate [ə'bri:vieit] *vt.* a (pre)scurta.

ABC ['eibi:'si:] *s.* alfabet; rudimente; mersul trenurilor.

abdicate ['æbdikeit] *vt.* a renunţa la.

abet [ə'bet] *vt.* a încuraja; a fi complice cu; a tăinui.

abide [ə'baid] *vt.* a aştepta. *vi.* a sta; a locui; *to ~ by* a respecta.

ability [ə'biliti] *s.* capacitate; pricepere.

abject ['æbdʒekt] *adj.* josnic; meschin.

able ['eibl] *adj.* capabil; *to be ~ to* a putea.

abnormal [æb'nɔːməl] *adj.* anormal; excepţional.

aboard [ə'bɔːd] *adv.* pe bord.

abode [ə'boud] *s.* locuinţă.

abolish [ə'bɔliʃ] *vt.* a desfiinţa.

A-bomb ['ei'bɔm] *s.* bombă atomică.

abominable [ə'bɔminəbl] *adj.* groaznic; odios.

abortion [ə'bɔːʃn] *s.* avort.

abound [ə'baund] *vi.* a abunda.

about [ə'baut] *adj.* treaz; pe picioare; *prep.* în jurul; aproape de; despre. *adv.* (de jur) împrejur; pe aproape; *~ to* pe punctul de a.

above [ə'bʌv] *prep.* deasupra, mai (pre)sus de; *~all* mai presus de orice; mai ales.

abreast [ə'brest] *adv.:~ of* în pas cu.

abridge [ə'bridʒ] *vt.* a (pre)scurta.

abroad [ə'brɔːd] *adv.* în străinătate; peste tot.

abscess ['æbsis] *s.* abces, bubă.

absence ['æbsns] *s.* absenţă; *~ of mind* neatenţie, distracţie.

absent ['æbsnt] *adj.* absent; (şi *~ minded*) distrat.

absolute ['æbsəluːt] *adj.* absolut.

absolutely ['æbsə'luːtli] *adv.* sigur, categoric.

absolve [əb'zɔlv] *vt.* a ierta; a scuti.

abstain [əb'stein] *vi.* a se abţine.

abstract ['æbstrækt] *s.* rezumat; esenţă. *adj.* abstract.

absurd [əb'səːd] *adj.* absurd.

abundant [ə'bʌndənt] *adj.* abundent.

abuse¹ [ə'bjuːs] *s.* abuz; batjocură, insultă.

abuse² [ə'bjuːz] *vt.* a abuza de ; a insulta.

abut [ə'bʌt] *vi.* a se învecina.

abyss [ə'bis] *s.* prăpastie.

acacia [ə'keiʃə] *s.* salcâm.

academy [ə'kædəmi] *s.* academie.

accede [æk'siːd] *vi.* a consimţi.

accelerate [æk'seləreit] *vt., vi.* a (se)grăbi.

9

accent[1] ['æksnt] *s.* accent.
accent[2] [æk'sent] *vt.* a accentua, a sublinia.
accept [ək'sept] *vt.* a accepta.
accident ['æksidnt] *s.* accident; întâmplare; *by* ~ întâmplător.
acclaim [ə'kleim] *vt.* a aclama.
accomodate [ə'kɔmədeit] *vt.* a găzdui.
accomodation [ə,kɔmə'dei∫n] *s.* a-comodare; locuință.
accompany [ə'kʌmpəni] *vt.* a a-compania, a însoți.
accomplice [ə'kɔmplis] *s.* com-plice.
accomplish [ə'kɔmpli∫] *vt.* a realiza; a (de)săvârși.
accomplishment [ə'kɔmpli∫mənt] *s.* îndeplinire; (de)săvârșire; ta-lent.
accord [ə'kɔ:d] *s.* acord; armonie; *of one's own* ~ de bună voie. *vt., vi.* a (se) armoniza.
accordance [ə'kɔ:dns] *s.: in* ~ *with* după, conform cu.
according [ə'kɔ:diŋ] *adv.:* ~ *as* pe măsură ce; ~ *to* după, conform cu.
accordingly [ə'kɔ:diŋli] *adv.* ca a-tare; deci.
accordion [ə'kɔ:djən] *s.* acordeon.
account [ə'kaunt] *s.* socoteală; bilanț; cont; relatare; *on* ~ *of* din pricina. *vi. to* ~ *for* a justifica.
accountant [ə'kauntənt] *s.* con-tabil.
accumulate [ə'kju:mjuleit] *vt., vi.* a (se) acumula.
accurate ['ækjurit] *adj.* exact.
accursed ['ækə:sid] *adj.* blestemat.
accusative [ə'kju:zətiv] *s.* acuza-tiv.
accuse [ə'kju:z] *vt., vi.* a acuza.
accustom [ə'kʌstəm] *vt.* a de-prinde; *to be* ~*ed to* a fi obișnuit să.

ace [eis] *s.* as.
ache [eik] *s.* durere.
achieve [ə't∫i:v] *vt.* a îndeplini, a obține.
achievement [ə't∫i:vmənt] *s.* suc-ces; realizare.
acid ['æsid] *adj., s.* acid.
acknowledge [ək'nɔlidʒ] *vt.* a re-cunoaște; a confirma.
acorn ['eikɔ:n] *s.* ghindă.
acquaint [ə'kweint] *vt.* a familia-riza; a face să cunoască.
acquaintance [ə'kweintns] *s.* cu-noștință; cunoaștere.
acquiesce [,ækwi'es] *vi.* a fi de acord; a încuviința.
acquire [ə'kwaiə] *vt.* a căpăta.
acquit [ə'kwit] *vt.* a achita.
acre ['eikə] *s.* pogon.
across [ə'krɔs] *adv.* în curmeziș; vizavi; în față. *prep.* în fața; peste (drum de).
act [ækt] *s.* acțiune; act; (proiect de) lege. *vt.* a juca (un rol) *vi.* a acționa; a juca teatru; a servi.
acting ['æktiŋ] *s.* joc (al actorilor). *adj.* provizoriu.
action ['æk∫n] *s.* acțiune; luptă.
active ['æktiv] *adj.* activ; energic.
actor ['æktə] *s.* actor.
actress ['æktris] *s.* actriță.
actual ['æktjuəl] *adj.* real; existent; curent.
actuality [,æktju'æliti] *s.* realitate.
actually ['æktjuəli] *adv.* în reali-tate; de fapt.
A.D. ['ei'di:] *adj.* al erei noastre.
adage ['ædidʒ] *s.* proverb; maxi-mă.
adamant ['ædəmənt] *s.* diamant; *fig.* piatră.
adapt [ə'dæpt] *vt.* a adapta; a modifica.
add [æd] *vt., vi.* a (se) adăuga.

adder ['ædə] s. viperă.
addict ['ædikt] s. consumator (de stupefiante); alcoolic.
addition [ə'diʃn] s. adăugare; adaos; in ~ to pe lângă.
addle ['ædl] adj. stricat.
address [ə'dres] s. adresă; pricepere; discurs; pl. omagii. vt., vr. a (se) adresa.
adequate ['ædikwit] adj. potrivit.
adhere [əd'hiə] vi. a se lipi; a adera.
adhesion [əd'hi:ʒn] s. adeziune.
adieu [ə'dju:] s., interj. adio.
adjective ['ædʒiktiv] s. adjectiv.
adjoining [ə'dʒɔiniŋ] adj. alăturat.
adjourn [ə'dʒə:n] vt. a amâna; a suspenda.
adjunct ['ædʒʌŋkt] s. adjunct; ajutor. adj. auxiliar.
adjust [ə'dʒʌst] vt. a aranja; a adapta; a ajusta.
administration [əd,minis'treiʃn] s. administraţie; amer. guvern.
admirable ['ædmərəbl] adj. admirabil.
admiral ['ædmrəl] s. amiral.
admiralty ['ædmirəlti] s. amiralitate; ministerul marinei.
admire [əd'maiə] vt. a admira.
admission [əd'miʃn] s. admitere; mărturisire.
admit [əd'mit] vt. a primi; a mărturisi; a permite.
admittance [əd'mitns] s. intrare.
admonish [əd'mɔniʃ] vt. a sfătui; a avertiza.
ado [ə'du:] s. zarvă; încurcătură.
adolescent [,ædə'lesnt] s., adj. adolescent(ă).
adoption [ə'dɔpʃn] s. adoptare.
adore [ə'dɔ:] vt. a adora.
adorn [ɔ'dɔ:n] vt. a împodobi.
adulterate [ə'dʌltəreit] vt. a preface.

adultery [ə'dʌltəri] s. adulter.
advance [əd'vɑ:ns] s. propăşire; avans. vt., vi. a avansa.
advantage [əd'vɑ:ntidʒ] s. avantaj.
advantageous [,ædvən'teidʒəs] adj. avantajos.
adventure [əd'ventʃə] s. aventură; risc.
adventurer [əd'ventʃrə] s. aventurier.
adverb ['ædvə:b] s. adverb.
adverse ['ædvə:s] adj. opus; contrar.
adversity [əd'və:siti] s. nenorocire; ghinion.
advertise ['ædvə:taiz] vt. a anunţa. vi. a face reclamă.
advertisment [əd'və:tismənt] s. anunţ; reclamă.
advice [əd'vais] s. sfaturi; pl. informaţii.
advisable [əd'vaizəbl] adj. recomandabil.
advise [əd'vaiz] vt. a sfătui; a recomanda.
adviser [əd'vaizə] s. consilier.
advocate[1] ['ædvəkit] s. susţinător; apărător.
advocate[2] ['ædvəkeit] vt. a sprijini.
aerial ['ɛəriəl] s. antenă. adj. aerian; eteric.
aeroplane ['ɛərəplein] s. avion.
aesthetic [i:s'θetik] adj. estetic.
aesthetics [i:s'θetiks] s. pl. estetică.
affable ['æfəbl] adj. politicos, amabil.
affair [ə'fɛə] s. afacere; treabă; grijă.
affect [ə'fekt] vt. a afecta.
affection [ə'fekʃn] s. afecţiune.
affectionate [ə'fekʃnit] adj. drăgăstos.
affidavit [,æfi'deivit] s. declaraţie sub jurământ.

affiliate [ə'filieit] *vt.* a afilia.

affinity [ə'finiti] *s.* înrudire; atracţie.

affirm [ə'fə:m] *vt.* a afirma.

afflict [ə'flikt] *vt.* a chinui; a necăji.

affliction [ə'flikʃn] *s.* mizerie; chin.

afford [ə'fɔ:d] *vt.* a oferi; *I can ~ it* îmi dă mâna s-o fac.

affront [ə'frʌnt] *s.* insultă. *vt.* a insulta.

afraid [ə'freid] *adj.* speriat; *I'm ~* mi-e teamă, mă tem.

African ['æfrikən] *s., adj.* african(ă).

after ['ɑ:ftə] *adv.* ulterior. *prep.* după. *conj.* după ce.

afternoon ['ɑ:ftə'nu:n] *s.* după-amiază.

afterwards ['ɑ:ftəwədz] *adv.* după aceea.

again [ə'gen] *adv.* iar(ăşi).

against [ə'genst] *prep.* împotriva, contra; lipit de.

age [eidʒ] *s.* vârstă; epocă; *of ~* major.

aged ['eidʒid] *adj.* bătrân; *he is ~* [eidʒd] *ten* are zece ani.

agency ['eidʒnsi] *s.* mijloc; agenţie.

agenda [ə'dʒendə] *s.* ordine de zi.

agent ['eidʒnt] *s.* agent; factor.

aggravate ['ægrəveit] *vt.* a agrava; a enerva.

aggregate ['ægrigit] *s.* total; agregat.

aggrieve [ə'gri:v] *vt.* a mâhni; a chinui.

aghast [ə'gɑ:st] *adj.* înspăimântat.

agile ['ædʒail] *adj.* agil; activ.

agitate ['ædʒiteit] *vt., vi.* a (se) agita.

agitation [,ædʒi'teiʃn] *s.* mişcare; agitaţie; tulburare.

ago [ə'gou] *adv.* în urmă; *five days ~* acum cinci zile; *long ~* de mult.

agony ['ægəni] *s.* chin; agonie.

agrarian [ə'grɛəriən] *adj.* agrar; agricol.

agree [ə'gri:] *vi.* a se înţelege; a fi în armonie.

agreeable [ə'griəbl] *adj.* plăcut; amabil.

agreement [ə'gri:mənt] *s.* acord; înţelegere.

agricultural [,ægri'kʌltʃrl] *adj.* agricol.

agronomy [ə'grɔnəmi] *s.* agronomie.

ague ['eigju:] *s.* malarie, friguri.

ahead [ə'hed] *adv.* înainte; în faţă.

ahem [hm] *interj.* hm.

aid [eid] *s.* ajutor; complice. *vt.* a ajuta.

AIDS *abrev. med.* SIDA, sindromul imuno-deficitar dobândit.

ailment ['eilmənt] *s.* boală.

aim [eim] *s.* ţel. *vt., vi.* a ţinti.

air [ɛə] *s.* aer; *pl.* aere; *~ force* aviaţie. *vt., vr.* a (se) aerisi.

airborne ['ɛəbɔ:n] *adj.* aeropurtat.

aircraft ['ɛəkrɑ:ft] *s.* avion; aviaţie; *~ carrier* portavion.

airfield ['ɛəfi:ld] *s.* aerodrom.

airman ['ɛəmæn] *s.* aviator.

airport ['ɛəpɔ:t] *s.* aeroport.

airscrew ['ɛəskru:] *s.* elice.

airy ['ɛəri] *adj.* aerian; delicat; superficial.

aisle [ail] *s.* interval; pasaj.

ajar [ə'dʒɑ:] *adj.* întredeschis.

akimbo [ə'kimbou] *adv.: with arms ~* cu mâinile în şolduri.

akin [ə'kin] *adj.* înrudit; asemănător.

alarm [ə'lɑ:m] *s.* alarmă; *~ clock* ceas deşteptător. *vt.* a alarma.

alas [ə'lɑ:s] *interj.* ah; vai; din păcate.

Albanian [æl'beinjən] s., adj. albanez(ă).

alchemy ['ælkimi] s. alchimie.

alcohol ['ælkəhɔl] s. alcool.

alder ['ɔːldə] s. arin.

alderman ['ɔːldəmən] s. consilier (municipal etc.).

ale [eil] s. bere blondă; ~ house berărie.

alert [ə'lɔːt] adj. atent; vioi.

algerian [æl'dʒiəriən] adj., s. algerian(ă).

alien ['eiljən] s., adj. străin.

alienation [,eiljə'neiʃn] s. înstrăinare; alienaţie (mintală).

alight [ə'lait] adj. aprins. vi. a descăleca; a coborî.

alike [ə'laik] adj. asemenea, asemănător. adv. la fel.

alive [ə'laiv] adj. viu; vioi; activ; look ~ (mişcă-te) mai repede.

alkali ['ælkəlai] s. chim. bază.

all [ɔːl] adj. tot, toată, toţi, toate; întreg; orice. pron. toţi, toată lumea; totul; ~ right bine; în regulă; not at ~ deloc, câtuşi de puţin; n-aveţi pentru ce!; ~ the same totuşi. adv. complet; foarte; în întregime, tot.

allay [ə'lei] vt. a potoli; a alina.

allege [ə'ledʒ] vt. a pretinde, a susţine.

allegedly [ə'ledʒdli] adv. chipurile.

allegiance [ə'liːdʒns] s. supunere; credinţă.

alleviate [ə'liːvieit] vt. a uşura.

alley ['æli] s. alee; popicărie.

alliance [ə'laiəns] s. alianţă; rudenie.

allot [ə'lɔt] vt. a aloca; a distribui, a repartiza.

all-out ['ɔːl-,aut] adj. global.

allow [ə'lau] vt. a permite; a acorda; a recunoaşte. vi. to ~of a

permite; to ~ for a ţine seamă de. vr. a-şi permite; fig. a se lăsa.

allowance [ə'lauəns] s. permisiune; alocaţie; stipendiu; reducere; to make ~s for a ţine seamă de.

alloy ['ælɔi] s. aliaj; amestec.

all-round ['ɔːlraund] adj. multilateral; general.

allude [ə'luːd] vi. a se face aluzie; a se referi.

allure [ə'ljuə] vt. a ispiti.

allusion [ə'luːʒn] s. aluzie.

ally[1] ['ælai] s. aliat.

ally[2] [ə'lai] vt., vr. a (se) alia; a (se) uni.

almanac(k) ['ɔːlmənæk] s. almanah; calendar.

almighty [ɔːl'maiti] adj. atotputernic.

almond ['ɑːmənd] s. migdal(ă).

almost ['ɔːlmoust] adv. aproape, cât pe-aci să.

alms [ɑːmz] s. pomană.

alone [ə'loun] adj. singur(atic); izolat; leave sau let me ~ lasă-mă în pace; let ~... ca să nu mai vorbim de... adv. numai.

along [ə'lɔŋ] adv. înainte; all ~ tot timpul. prep. de-a lungul.

alongside [ə'lɔŋsaid] prep. pe lângă.

aloof [ə'luːf] adv. ~ from de o parte (de).

aloud [ə'laud] adv. tare, răspicat.

alphabet ['ælfəbit] s. alfabet.

already [ɔːl'redi] adv. deja.

also ['ɔːlsou] adv. şi, de asemenea.

alter ['ɔːltə] vt., vi. a (se) schimba, a (se) modifica.

alternate[1] [ɔːl'tɔːnit] adj. altern(ativ); ~ member membru supleant.

alternate[2] ['ɔːltəːneit] vt., vi. a alterna.

alternative [ɔːl'tɜːnətiv] *s.* alternativă. *adj.* alternativ.

although [ɔːl'ðou] *conj.* deşi.

altogether [ˌɔːltə 'geðə] *adv.* cu totul.

always ['ɔːlwəz] *adv.* întotdeauna.

am [əm, æm] *v. aux., vi. pers. I sg. ind. prez. de la* be sunt.

amalgamate [ə'mælgəmeit] *vt., vi.* a (se) amesteca; a (se) uni.

amass [ə'mæs] *vt.* a aduna.

amateur ['æmətə:] *s.* amator.

amaze [ə'meiz] *vt.* a ului.

amber ['æmbə] *s.* chihlimbar.

ambiguous [æm'bigjuəs] *adj.* echivoc.

ambition [æm'biʃn] *s.* ambiţie; ţel.

ambitious [æm'biʃəs] *adj.* ambiţios; îndrăzneţ.

ambulance ['æmbjuləns] *s.* ambulanţă; salvare.

ambush ['æmbuʃ] *s.* ambuscadă. *vt. mil.* a hărţui.

ameliorate [ə'miːljəreit] *vt., vi.* a (se) îmbunătăţi.

amen ['ɑː'men] *interj.* amin.

amend [ə'mend] *vt., vi.* a (se) îndrepta.

amendment [ə'mendmənt] *s.* amendament; îmbunătăţire.

amends [ə'mendz] *s.* compensaţie.

amiable ['eimjəbl] *adj.* prietenos; drăguţ.

amicable ['æmikəbl] *adj.* prietenos.

amid(st) [ə'mid(st)] *prep.* în mijlocul.

amiss [ə'mis] *adj., adv.* greşit; rău.

ammunition [ˌæmju'niʃn] *s.* muniţii.

amnesty ['æmnesti] *s.* amnistie.

among(st) [ə'mʌŋ(st)] *prep.* printre; între.

amount [ə'maunt] *s.* cantitate; valoare. *vi.* to ~to a se ridica la.

ample ['æmpl] *adj.* amplu; suficient.

amplitude ['æmplitjuːd] *s.* proporţii; amploare.

amuck [ə'mʌk] *adv.: to run ~* a înnebuni.

amuse [ə'mjuːz] *vt.* a distra.

an [ən, æn] *art. nehot.* un, o (înaintea vocalelor).

analogous [ə'næləgəs] *adj.* similar.

analyse ['ænəlaiz] *vt.* a analiza.

analysis [ə'næləsis] *s.* analiză.

anarchy ['ænəki] *s.* anarhie; dezordine.

anatomy [ə'nætəmi] *s.* anatomie; disecţie.

ancestor ['ænsistə] *s.* strămoş.

anchor ['æŋkə] *s.* ancoră; *at ~* ancorat. *vt., vi.* a ancora; a (se) fixa.

anchovy ['æntʃəvi] *s.* hamsie; anşoa; scrumbie.

anchylose ['æŋkilous] *vt., vi.* a (se) anchiloza.

ancient ['einʃnt] *s.: the ~s* popoarele antice. *adj.* antic; vechi.

and [ənd, ænd] *conj.* şi.

anecdote ['ænikdout] *s.* anecdotă.

anemone [ə'neməni] *s.* anemonă.

anew [ə'njuː] *adv.* iarăşi; altfel.

angel ['eindʒl] *s.* înger; sol.

anger ['æŋgə] *s.* furie; mânie. *vt.* a supăra.

angina [æn'dʒainə] *s.* anghină.

angle ['æŋgl] *s.* unghi; vârf; punct de vedere; undiţă. *vi.* a pescui cu undiţa.

angler ['æŋglə] *s.* pescar cu undiţa.

angry ['æŋgri] *adj.* supărat; furios; ţâfnos; *to be ~ with smb.* a se supăra pe cineva.

anguish ['æŋgwiʃ] *s.* chin; durere.

angular ['æŋgjulə] *adj.* ascuţit; colţuros.

animal ['æniml] *s.* animal; fiinţă. *adj.* trupesc.

animate ['ænimeit] *vt.* a însufleţi; a inspira.

animosity [,æni'mɔsiti] *s.* duşmănie.

anise ['ænis] *s.* anason.

aniseed ['ænisi:d] *s.* sămânţă de anason.

ankle ['æŋkl] *s.* gleznă.

annals ['ænlz] *s. pl.* anale; cronică.

annex [ə'neks] *vt.* a anexa; a ataşa.

annex(e) ['æneks] *s.* (clădire) anexă.

annihilate [ə'naiəleit] *vt.* a nimici.

annihilation [ə,naiə'leiʃn] *s.* nimicire.

anniversary [,ænivə:sri] *s.* aniversare; sărbătorire.

annotate ['ænoteit] *vt.* a adnota.

announce [ə'nauns] *vt.* a anunţa.

announcer [ə'naunsə] *s.* crainic (de radio).

annoy [ə'nɔi] *vt.* a supăra, a deranja.

annoyance [ə'nɔiəns] *s.* supărare.

annual ['ænjuəl] *s.* plantă anuală; anuar. *adj.* anual.

annuity [ə'njuiti] *s.* cotă anuală; pensie.

annul [ə'nʌl] *vt.* a anula.

annular ['ænjulə] *adj.* inelar.

annunciation [ə,nʌnsi'eiʃn] *s.* vestire.

anoint [ə'nɔint] *vt.* a unge; a numi.

anomalous [ə'nɔmələs] *adj.* neregulat; anormal.

anon [ə'nɔn] *adv.* curând; iarăşi.

anonymous [ə'nɔniməs] *adj.* anonim.

another [ə'nʌðə] *adj.* alt; încă (un). *pron.* un altul, încă unul.

answer ['ɑ:nsə] *s.* răspuns. *vt.* a răspunde la *sau* cuiva; a corespunde la. *vi.* a răspunde.

answerable ['ɑ:nsrəbl] *adj.* ~ *for* răspunzător (pentru).

ant [ænt] *s.* furnică; ~ *-eater zool.* furnicar; ~*-hill* muşuroi de furnici.

antagonist [æn'tægənist] *s.* adversar.

antechamber ['ænti,tʃeimbə] *s.* anticameră.

antedate ['ænti'deit] *vt.* a antedata.

antelope ['æntiloup] *s.* antilopă.

ante-room ['æntirum] *s.* anticameră.

anthem ['ænθəm] *s.* imn.

anthology [æn'θɔlədʒi] *s.* antologie; selecţie.

anthrax ['ænθræks] *s.* dalac; *bot.* cărbune.

anti-aircraft [,ænti'əkrɑ:ft] *adj.* antiaerian.

antic ['æntik] *s.* clovn; scamator; *pl.* clovnerii; capricii. *adj.* grotesc; ciudat.

anticipate [æn'tisipeit] *vt.* a anticipa.

anticipation [æntisi'peiʃn] *s.* anticipare; aşteptare.

anticlimax [,ænti'klaimæks] *s.* efect contrar; cădere.

antidote ['æntidout] *s.* antidot.

anti-Party [,ænti'pɑ:ti] *adj.* antipartinic.

antipathetic [æn,tipə'θetik] *adj.* antipatic; opus.

antipathy [æn'tipəθi] *s.* aversiune; antipatie.

antiquarian [,ænti'kwεəriən] *s.* anticar; arheolog.

antiquary ['æntikwəri] *s.* cercetător al antichităţilor.

antiquated ['æntikweitid] *adj.* demodat.

antique [æn'ti:k] *s.* obiect *sau* stil antic. *adj.* antic.

antithesis [æn'tiθisis] *s.* antiteză; contrast.

antithetic [ˌænti'θetik] *adj.* bazat pe contrast; opus.

antitrade ['ænti'treid] *s.* contraalizeu.

antlers ['æntləz] *s. pl.* coarne de cerb.

anvil ['ænvil] *s.* nicovală.

anxiety [æn'zaiəti] *s.* neliniște.

anxious ['ænʃəs] *adj.* nerăbdător; neliniștit(or).

any ['eni] *adj.* orice; oricare; vreun; *(cu neg.)* nici un. *pron.* oricare; vreunul. *adv.* deloc.

anybody ['eni,bɔdi] *s.* un oarecare. *pron.* oricine; *(cu neg.)* nimeni; *(cu interog.)* cineva.

anyhow ['enihau] *adv.* oricum.

anyone ['eniwʌn] *pron.* oricine; *(cu neg.)* nimeni; *(cu interog.)* cineva.

anything ['eniθiŋ] *pron.* orice; *(cu neg.)* nimic; *(cu interog.)* ceva.

anyway ['eniwei] *adv.* oricum.

anywhere ['eniwɛə] *adv.* oriunde.

anywise ['eniwaiz] *adv.* oricum.

apart [ə'pɑ:t] *adv.* separat; *jesting ~* lăsând gluma la o parte.

apartment [ə'pɑ:tmənt] *s.* cameră. *amer.* apartament; *~ house* bloc (de locuințe).

apathetic [ˌæpə'θetik] *adj.* apatic.

apathy ['æpəθi] *s.* apatie.

ape [eip] *s.* maimuță. *vt.* a maimuțări.

aperture ['æpətjuə] *s.* deschizătură; gaură.

apex ['eipeks] *s.*vârf; culme.

apiary ['eipjəri] *s.* prisacă.

apiece [ə'pi:s] *adv.* de fiecare.

apish ['eipiʃ] *adj.* de maimuță; grotesc.

apogee ['æpodʒi:] *s.* apogeu, culme.

apologetic(al) [əˌpɔlə'dʒetik(l)] *adj.* adus ca o scuză.

apologize [ə'pɔlədʒaiz] *vi.* a-și cere iertare.

apology [ə'pɔlədʒi] *s.* scuze; explicație.

apostle [ə'pɔsl] *s.* apostol.

apostrophe [ə'pɔstrəfi] *s.* apostrof(ă).

appal [ə'pɔ:l] *vt.* a îngrozi.

apparatus [ˌæpə'reitəs] *s.* aparat(e).

apparently [ə'pærəntli] *adv.* vădit; evident; în aparență; chipurile.

apparel [ə'pærl] *s.* veșminte.

apparition [ˌæpə'riʃn] *s.* vedenie.

appeal [ə'pi:l] *s.* apel; atracție. *vi.* a apela; a ispiti.

appear [ə'piə] *vi.* a (a)părea.

appearance [ə'piərns] *s.* apariție; înfățișare; aparență.

appease [ə'pi:z] *vt.* a liniști; a mulțumi.

appellation [ˌæpe'leiʃn] *s.* num(ir)e.

append [ə'pend] *vt.* a adăuga.

appendicitis [əˌpendi'saitis] *s.* apendicită.

appendix [ə'pendiks] *s.* apendice; anexă.

appetite ['æpitait] *s.* poftă.

appetizing ['æpitaizin] *adj.* îmbietor.

applaud [ə'plɔ:d] *vt., vi.* a aplauda.

applause [ə'plɔ:z] *s.* aplauze.

apple ['æpl] *s.* măr.

appliance [ə'plaiəns] *s.* dispozitiv; unealtă; articol.

application [ˌæpli'keiʃn] *s.* cerere; aplicare.

16

apply [ə'plai] *vt.* a aplica. *vi.* a se aplica; a corespunde; *to ~ for* a solicita.

appoint [ə'pɔint] *vt.* a numi, a alege.

appointment [ə'pɔintmənt] *s.* numire, slujbă; întâlnire.

appraise [ə'preiz] *vt.* a evalua, a aprecia.

appreciate [ə'pri:ʃieit] *vt.* a aprecia.

apprehension [ˌæpri'henʃn] *s.* teamă.

apprentice [ə'prentis] *s.* ucenic.

approach [ə'proutʃ] *s.* apropiere; acces; concepţie; (mod de) abordare. *vt.* a se apropia de; a aborda.

appropriate¹ [ə'prouprit] *adj.* potrivit.

appropriate² [ə'prouprieit] *vi.* a-şi însuşi; a aloca.

approval [ə'pru:vl] *s.* aprobare.

approve [ə'pru:v] *vt.* a aproba.

approximate [ə'prɔksimit] *adj.* aproximativ.

apricot ['eiprikɔt] *s.* cais(ă).

April ['eiprl] *s.* aprilie.

apron ['eiprn] *s.* şorţ.

apt [æpt] *adj.* potrivit; ager.

aquarium [ə'kweəriəm] *s.* acvariu.

Arab ['ærəb] *s.* arab; *street arab* vagabond. *adj.* arab(ă).

arable ['ærəbl] *adj.* arabil.

arbitrary ['ɑ:bitrəri] *adj.* arbitrar.

arbour ['ɑ:bə] *s.* boschet.

arc [ɑ:k] *s.* mat., el. arc.

arcade [ɑ:'keid] *s.* arcadă; gang.

arch [ɑ:tʃ] *s.* arhit. arc.

archaeology [ˌɑ:ki'ɔlədʒi] *s.* arheologie.

archbishop ['ɑ:tʃ'biʃəp] *s.* arhiepiscop; mitropolit.

archer ['ɑ:tʃə] *s.* arcaş.

archives ['ɑ:kaivz] *s.* arhivă.

ardent ['ɑ:dnt] *adj.* arzător; entuziast.

arduous ['ɑ:djuəs] *adj.* dificil; abrupt.

are [ə, ɑ:] *v. aux., vi. pers. a II-a sing. şi pers. a III-a pl. ind. prez. de la* be eşti; suntem; sunteţi; sunt.

area ['ɛəriə] *s.* suprafaţă, întindere.

Argentine ['ɑ:dʒəntain] *adj., s.* argentinian(ă).

argue ['ɑ:gju:] *vt.* a susţine; a dovedi. *vi.* a se certa.

argument ['ɑ:gjumənt] *s.* discuţie, ceartă; argument.

arid ['ærid] *adj.* arid.

arise [ə'raiz] *vi.* a apărea; a se naşte.

arisen [ə'rizn] *vi. part. trec. de la* **arise.**

aristocracy [ˌæris'tɔkrəsi] *s.* aristocraţie.

arithmetic(s) [ə'riθmətik(s)] *s.* aritmetică.

ark [ɑ:k] *s.* arcă.

arm [ɑ:m] *s.* armă; braţ; stemă; ~ *chair* fotoliu. *vt., vi.* a (se) înarma.

armament ['ɑ:məmənt] *s.* armament; înarmare; ~ *race* cursa înarmărilor.

armhole ['ɑ:mhoul] *s.* subţioară.

armistice ['ɑ:mistis] *s.* armistiţiu.

armour ['ɑ:mə] *s.* armură; ~ed car car blindat.

army ['ɑ:mi] *s.* armată.

arose [ə'rouz] *vi. trec. de la* **arise**.

around [ə'raund] *adv.* (de jur) împrejur. *prep.* în jurul.

arouse [ə'rauz] *vt.* a trezi; a stârni.

arrangement [ə'reindʒmənt] *s.* aranjament; acord.

arrears [ə'riəz] *s. pl.* restanţe.

arrest [ə'rest] *s.* arestare. *vt.* a ares-
ta; a opri.

arrival [ə'raivl] *s.* sosire.

arrive [ə'raiv] *vi.* a sosi.

arrogant ['ærəgənt] *adj.* trufaş.

arrow ['ærou] *s.* săgeată.

arson ['ɑ:sn] *s.* incendiere.

art [ɑ:t] *s.* artă; litere; umanistică.
vi. formă arhaică pentru **are** eşti.

artery [ɑ:təri] *s.* arteră.

artful ['ɑ:tfl] *adj.* viclean; dibaci.

artichoke ['ɑ:titʃouk] *s.* anghinare.

article ['ɑ:ʈikl] *s.* articol.

articulate[1] [ɑ:'tikjulit] *adj.* distinct,
clar.

articulate[2] [ɑ:'tikjuleit] *vt.* a ar-
ticula; a rosti.

artifice ['ɑ:tifis] *s.* şmecherie.

artillery [ɑ:'tiləri] *s.* artilerie.

artisan [,ɑ:ti'zæn] *s.* meşteşugar.

artist ['ɑ:tist] *s.* artist.

as [əz, æz] *pron.* care; *such ~* ca.
conj. ca (şi); deoarece; pe când;
(după) cum; *~ a rule* de obicei;
~ far ~ până la; în măsura în
care; *~ if,* ~ *though* ca şi cum;
~ it were parcă; chipurile; *~
long* ~ atâta vreme cât; cu
condiţia ca; *~ much* aşa; *~ soon*
mai degrabă; *~ well* şi; *~ well* ~
precum şi; *~ yet* deocamdată;
so ~ *to* pentru ca; *~ to,* ~ *for* în
privinţa.

ascend [ə'send] *vt., vi.* a (se) urca.

ascent [ə'sent] *s.* urcuş.

ascertain [,æsə'tein] *vt.* a desco-
peri, a stabili.

ascribe [əs'kraib] *vt.* a atribui.

ash [æʃ] *s.* cenuşă; *pl.* scrum; *(şi
~ tree)* frasin; *~ can* ladă de
gunoi; *~ tray* scrumieră.

ashamed [ə'ʃeimd] *adj.* ruşinat; *to
be ~ of* a-ţi fi ruşine de *sau* să.

ashore [ə'ʃɔ:] *adv.* pe ţărm; pe
uscat.

Asian ['eiʃn] *s., adj.* asiatic(ă).

aside [ə'said] *adv.* la o parte, de o
parte.

ask [ɑ:sk] *vt.* a întreba; a cere; a se
ruga. *vi.* a întreba; *to ~ for* a
cere.

asleep [ə'sli:p] *adj., adv.* adormit.

asparagus [əs'pærəgəs] *s.* sparan-
ghel; umbra-iepurelui.

asperity [æs'periti] *s.* asprime.

aspire [əs'paiə] *vi.* a năzui.

ass [æs] *s.* măgar; *fig.* tâmpit.

assail [ə'seil] *vt.* a ataca.

assault [ə'sɔ:lt] *s.* atac; atentat la
pudoare, viol. *vt.* a ataca; a viola.

assemble [ə'sembl] *vt., vi.* a (se)
aduna.

assembly [ə'sembli] *s.* adunare;
montaj.

assent [ə'sent] *s.* încuviinţare. *vi.* a
încuviinţa.

assert [ə'sɔ:t] *vt., vr.* a (se) afirma.

assertion [ə'sɔ:ʃn] *s.* afirmaţie;
afirmare.

assess [ə'ses] *vt.* a evalua.

assessor [ə'sesə] *s.* asesor; por-
tărel.

asset ['æset] *s.* bun; *pl.* avere.

assiduous [ə'sidjuəs] *adj.* harnic.

assign [ə'sain] *vt.* a repartiza; a
încredinţa.

assignment [ə'sainmənt] *s.* sar-
cină.

assimilate [ə'simileit] *vt.* a asimi-
la. *vi.* a (se) asimila.

assist [ə'sist] *vt., vi.* a ajuta.

assistance [ə'sistns] *s.* ajutor.

assistant [ə'sistnt] *s.* ajutor; asis-
tent.

assizes [ə'saiziz] *s. pl.* sesiune a
tribunalului.

associate[1] [ə'souʃiit] *s.* tovarăş;
asociat.

associate² [ə'souʃieit] *vt., vi.* a (se) asocia.

assort [ə'sɔ:t] *vt., vi.* a (se) asorta.

assortment [ə'sɔ:tmənt] *s.* sortiment.

assuage [ə'sweidʒ] *vt.* a alina.

assume [ə'sju:m] *vt.* a-şi asuma; a presupune.

assumption [ə'sʌmʃn] *s.* asumare; presupunere.

assurance [ə'ʃuərns] *s.* asigurare; siguranţă.

assure [ə'ʃə] *vt.* a asigura.

aster ['æstə] *s. bot.* ochiul-boului.

astern [əs'tə:n] *adv.* la pupă.

asthma ['æsmə] *s.* astmă.

astir [ə'stə:] *adj., adv.* agitat, în mişcare.

astonish [əs'tɔniʃ] *vt.* a uimi.

astray [ə'strei] *adv.* aiurea; *to lead* ~ *a* corupe.

astronomer [əs'trɔnəmə] *s.* astronom.

astute [əs'tju:t] *adj.* isteţ.

asunder [ə'sʌndə] *adv.* separat; în două.

asylum [ə'sailəm] *s.* azil.

at [ət, æt] *prep.* la; în; ~ *once* de îndată; ~ *that* astfel; pe deasupra.

ate [et] *vt., vi. trec. de la* **eat**.

atheism ['eiθiizəm] *s.* ateism.

athlete ['æθli:t] *s.* atlet.

athletics [æθ'letiks] *s. pl.* atletism.

athmosphere ['ætməsfiə] *s.* atmosferă.

atom ['ætəm] *s.* atom; părticică.

atomize ['ætəmaiz] *vt.* a pulveriza; a fărâmiţa.

atone [ə'toun] *vt. to* ~ *for* a compensa.

atrocious [ə'trouʃəs] *adj.* atroce.

attach [ə'tætʃ] *vt., vi.* a (se) ataşa.

attack [ə'tæk] *s.* atac. *vt.* a ataca; a începe.

attain [ə'tein] *vt.* a atinge.

attempt [ə'temt] *s.* încercare, efort; atentat. *vt.* a încerca.

attend [ə'tend] *vt.* a îngriji; a asista la; a urma (cursuri etc.); a însoţi. *vi to* ~ *to* a se ocupa de; *to* ~ *upon* a servi.

attendance [ə'tendəns] *s.* îngrijire; însoţire; public.

attendant [ə'tendənt] *s.* ajutor. *adj.* însoţitor.

attention [ə'tenʃn] *s.* atenţie; *pl.* complimente; ~ *interj. mil.* drepţi.

attentive [ə'tentiv] *adj.* atent.

attest [ə'test] *vt.* a dovedi. *vi.* a depune mărturie.

attic ['ætik] *s.* mansardă.

attire [ə'taiə] *s.* îmbrăcăminte. *vt.* a îmbrăca.

attitude ['ætitju:d] *s.* atitudine.

attorney [ə'tə:ni] *s.* prepus; reprezentant; avocat; ~ *general* procuror general; *amer.* ministru de justiţie.

attract [ə'trækt] *vt.* a atrage.

attractive [ə'træktiv] *adj.* atrăgător.

attribute¹ ['ætribju:t] *s.* atribut.

attribute² [ə'tribjut] *vt.* a atribui.

aubergine ['oubədʒi:n] *s. bot.* (pătlăgică) vânătă.

auburn ['ɔ:bən] *adj.* roşcat.

auction ['ɔ:kʃn] *s.* licitaţie.

audacious [ɔ:'deiʃəs] *adj.* îndrăzneţ.

audacity [ɔ:'dæsiti] *s.* îndrăzneală.

audience ['ɔ:djəns] *s.* public; audienţă.

audit ['ɔ:dit] *vt.* a revizui (conturi) *s.* revizie (contabilă).

auditor ['ɔːditə] s. revizor contabil; ascultător.

auditorium [ˌɔːdi'tɔːriəm] s. sală de spectacol.

augment [ɔːg'mənt] vt., vi. a (se) mări.

August[1] ['ɔːgəst] s. august.

august[2] [ɔː'gʌst] adj. maiestuos; nobil.

aunt [ɑːnt] s. mătuşă.

auspices ['ɔːspisiz] s. pl. auspicii.

auspicious [ɔːs'piʃəs] adj. norocos.

austere [ɔs'tiə] adj. aspru; auster.

austerity [ɔs'teriti] s. strictețe; privațiune.

Australian [ɔs'treiljən] adj., s. australian(ă).

Austrian ['ɔstriən] s., adj. austriac(ă).

author ['ɔːθə] s. autor.

authoress ['ɔːθəris] s. autoare.

authoritative [ɔː'θɔritətiv] adj.autoritar; valabil.

authorize ['ɔːθəraiz] vt. a autoriza.

authorship ['ɔːθəʃip] s. origine; paternitate; scris; calitatea de scriitor.

autobiography [ˌɔːtobai'ɔgrəfi] s. autobiografie.

autocrat ['ɔːtəkræt] s. autocrat; tiran.

autograph ['ɔːtəgrɑːf] s. autograf.

automatic [ɔːtə'mætik] adj. automat.

automation [ˌɔːtə'meiʃn] s. automatizare.

automobile ['ɔːtəməbiːl] s. automobil.

autonomous [ɔː'tɔnəməs] adj. autonom.

autumn ['ɔːtəm] s. toamnă.

avail [ə'veil] s. folos; avantaj. vi. a folosi; a ajuta. vr. a profita.

available [ə'veiləbl]adj. folositor; disponibil; de găsit.

avalanche ['ævəlɑːnʃ] s. avalanşă.

avarice ['ævəris] s. zgârcenie.

avaricious [ˌævə'riʃəs] adj. zgârcit; lacom.

avenge [ə'vendʒ] vt., vr. a (se) răzbuna.

avenue ['ævinjuː] s. bulevard; fig. cale.

average ['ævəridʒ] s. medie. adj. mediu; obişnuit. vt. a da o medie de.

averse [ə'vəːs] adj. potrivnic; refractar.

aversion [ə'vəːʃn] s. aversiune.

avert [ə'vəːt] vt. a abate; a evita.

avoid [ə'vɔid] vt. a evita.

avoidance [ə'vɔidns] s. evitare.

avoirdupois [ˌævədə'pɔiz] s. sistem de greutăţi folosit în Imperiul Britanic şi în America (un funt = 16 uncii).

avow [ə'vau] vt. a mărturisi; a declara.

avowal [ə'vauəl] s. mărturisire.

await [ə'weit] vt. a aştepta.

awake [ə'weik] adj. treaz; conştient. vt., vi. a (se) trezi.

award [ə'wɔːd] s. premiu; primă; distincţie; sentinţă. vt. a acorda.

aware [ə'wɛə] adj. conştient.

away [ə'wei] adv. departe.

awe [ɔː] s. respect; teamă. vt. a înspăimânta.

awfully ['ɔːf(u)li] adv. teribil, foarte.

awkward ['ɔːkwəd] adj. stângaci; dificil; penibil.

awl [ɔːl] s. sulă.

awning ['ɔːniŋ] s. acoperiş de pânză; marchiză.

awoke [ə'wouk] vt., vi. trec. şi part. trec. de la **awake**.

awry [ə'rai] *adj., adv.* strâmb.
ax(e) [æks] *s.* topor.
axiom ['æksiəm] *s.* axiomă.
axis ['æksis] *s.* axă.

axle ['æksl] *s.* osie.
ay(e) [ai] *s., adv.* da; *the ~s have it* majoritatea este pentru.
azure ['æʒə] *s.*azur. *adj.* azuriu.

B

babble ['bæbl] *s.* bolboroseală.*vi.* a flecări; a gânguri.
babe [beib] *s.* prunc.
baby ['beibi] *s.* copilaş, prunc; pitic; ~ *sitter* persoană angajată să stea cu copilul în absenţa părinţilor.
bachelor ['bætʃlə] *s.* celibatar; licenţiat.
bacilli [bə'silai] *s.pl. de la* **bacillus**.
bacillus [bə'siləs] *s.* bacil.
back[bæk] *s.* spate; dos; spetează (de scaun); *sport* fundaş. *adj.* din spate, din fund, posterior; ~ *number* ziar vechi; lucru *sau* om demodat. *vt.* a sprijini; a face să dea înapoi. *vi.* a da înapoi. *adv.* înapoi; în spate; în fund; ~ *and forth* înainte şi înapoi.
backbite ['bækbait] *vt.* a bârfi, a defăima.
backbone ['bækboun] *s.* şira spinării.
backer ['bækə] *s.* spijinitor; parior
backgammon [bæk'gæmən] *s.* (joc de) table.
background ['bækgraund] *s.* fundal; fond; cadru; pregătire; mediu.
backward ['bækwəd] *adj.* din spate; înapoiat; întârziat. *adv.* înapoi.
backwater ['bæk.wɔ:tə] *s.* japşă; bulboană; impas; stagnare.
bacon ['beikn] *s.* slănină; costiţă.

bacteria [bæk'tiəriə] *s. pl. de la* **bacterium**.
bacterium [bæk'tiəriəm] *s.* bacterie.
bad [bæd] *adj.* rău; urât; stricat; nepriceput; *not half ~ bun;* satisfăcător.
bade [beid] *vt., vi. trec. de la* **bid**.
badge [bædʒ] *s.* insignă; semn.
badger ['bædʒə] *s.* bursuc.
badly ['bædli] *adv.* rău, teribil; ~ *off* sărac.
bad-tempered [,bæd'tempəd] *adj.* supărăcios; prost dispus.
baffle ['bæfl] *vt.* a zădărnici; a nedumeri.
bag [bæg] *s.* sac; pungă; tolbă; ~ *pipe(s)* cimpoi. *vt.* a prinde; a lua.
baggage ['bægidʒ] *s.* bagaj; echipament.
baggy ['bægi] *adj.* larg, care atârnă.
bail [beil] *s.* cauţiune; chezăşie. *vt.* a elibera pe cauţiune. *vi., vt.* a goli apa din (barcă).
bailiff ['beilif] *s.* portărel; aprod; vechil; arendaş.
bait [beit] *s.* momeală; furaj; *vt.* a momi.
bake [beik] *vt.,vi.* a (se) coace.
baker ['beikə] *s.* brutar; *a ~'s dozen* treisprezece.
bakery ['beikəri] *s.* brutărie.
balance ['bæləns] *s.* balanţă; cântar; echilibru; (*şi* ~ *sheet*) bilanţ. *vt.* a cântări; a echilibra.

balcony ['bælkəni] s. balcon.
bald [bɔːld] adj. chel; pleşuv.
balderdash ['bɔːldɔːdæʃ] s. prostii.
bale [beil] s. balot.
baleful ['beilfl] adj. rău; veninos.
balk [bɔːk] s. piedică; hat. vt., vi. a (se) opri; a (se) împiedica.
ball [bɔːl] s. minge, ghem; bilă; glonte; bal; ~ bearing rulment; ~ pen stilou cu pastă; ~ room sală de bal.
ballet ['bælei] s. balet.
balloon [bə'luːn] s. balon.
ballot ['bælət] s. (buletin de) vot; ~ box urnă.
balm [baːm], **balsam** ['bɔːlsəm] s. balsam.
baluster ['bæləstə] s. stâlp de balustradă.
bamboo [bæm'buː] s. bambus.
ban [bæn] s. interdicţie. vt. a interzice.
band [bænd] s. fâşie; bandă; grup; ceată; orchestră, fanfară; ~master capelmaistru. vt., vi. a (se) strânge.
bandage ['bændidʒ] s. bandaj. vt. a bandaja.
bandbox [bænbɔks] s. cutie de pălării.
bandy ['bændi] adj. crăcănat. vt.: to ~ words a se certa.
bane [bein] s. nenorocire; otravă.
baneful ['beinfl] adj. rău; dăunător.
bang [bæŋ] s. lovitură; pocnitură. vt., vi. a pocni; a trânti. interj. poc.
banish ['bæniʃ] vt. a surghiuni; a izgoni.
banister(s) ['bænistə(z)] s. balustradă.
bank [bæŋk] s. mal; banc; hat; bancă.
bank-book ['bæŋk,buk] s. libret de economii; carnet de cecuri.

banker ['bæŋkə] s. bancher.
banking ['bæŋkiŋ] s. finanţe; operaţii bancare.
bank-note ['bæŋk,nout] s. bancnotă.
bankrupt ['bæŋkrʌpt] s., adj. falit.
bankruptcy ['bæŋkrəpsi] s. faliment.
banner ['bænə] s. steag, stindard.
banns [bænz] s.pl. publicaţii de căsătorie.
banquet ['bæŋkwit] s. banchet.
banter ['bæntə] s. glumă; ironie. vt., vi. a tachina.
baptism ['bæptizəm] s. botez.
baptize ['bæptaiz] vt. a boteza.
bar [baː] s. bară; barieră; banc; banc de nisip; dungă; decoraţie; tresă; muz. măsură; jur. bară; boxa acúzaţilor sau martorilor; the Bar barou; avocatură; vt. a zăvorî; a bara.
barbarian [baː'beəriən] s., adj. barbar; necioplit.
barbecue ['baːbikjuː] s. grătar; frigare; picnic.
barbed [baːbd] adj. ghimpat.
barber ['baːbə] s. bărbier, frizer.
bare [bɛə] adj. gol; pleşuv; simplu; infim. vt. a dezgoli; a dezvălui.
bare-faced ['beəfeist] adj. neruşinat; obraznic.
bare-foot(ed) ['beə-fut(id)] adj. desculţ.
barely ['beəli] adv. abia, doar; pur şi simplu.
bargain ['baːgin] s. tocmeală; afacere; chilipir; into the ~ pe deasupra. vi. a se tocmi; to ~ for a se aştepta la.
barge [baːdʒ] s. şlep; vas de agrement.
bark [baːk] s. lătrat; scoarţă (de copac). vt. a coji. vi. a lătra.

22

barley ['bɑːli] s. orz(oaică).
barmaid ['bɑːmeid] s. chelneriță.
barman ['bɑːmən] s. barman; cârciumar.
barn [bɑːn] s. hambar; magazie.
barnacle ['bɑːnəkl] s. scoică de mare.
barometer [bə'rɒmitə] s. barometru.
barracks ['bærəks] s.pl. cazarmă.
barrel ['bærl] s. butoi; baril; țeavă (de armă); ~organ flașnetă.
barren ['bærn] adj. sterp, steril.
barricade ['bærikeid] s. baricadă. vt. a baricada.
barrier ['bæriə] s. barieră; obstacol.
barring ['bɑːriŋ] prep. fără, în afară de.
barrister ['bæristə] s. avocat pledant.
barrow ['bærou] s. cărucioară, roabă.
barter ['bɑːtə] s. troc. vt. a face troc.
base [beis] s. fund; bază. adj. josnic; meschin; ticălos; inferior. vt. a baza.
baseball ['beisbɔːl] s. baseball.
baseless ['beislis] adj. neîntemeiat.
basement ['beismənt] s. pivniță; subsol.
bashful ['bæʃfl] adj. timid; rușinos.
basic ['beisik] adj. fundamental.
basil ['bæzl] s. busuioc.
basin ['beisin] s. lighean; bol; bazin.
basis ['beisis] s. fig. bază.
bask [bɑːsk] vi. a sta (la soare, la căldură).
basket ['bɑːskit] s. coș; ~ ball baschet.
bass [beis] s., adj. bas.
bassoon [,bə'suːn] s. fagot.

bastard ['bæstəd] s. copil nelegitim; ticălos.
bat [bæt] s. zool. liliac; sport băț, bâtă.
batch [bætʃ] s. grup; număr; încărcătură.
bated ['beitid] adj. (d. răsuflare) întretăiată.
bath [bɑːθ] s. (odaie de) baie; pl. băi. vt., vi. a (se) îmbăia.
bathe [beið] s. scăldat. vt., vi. a (se) scălda; a (se) spăla.
bath-tub ['bɑːθtʌb] s. (cadă de) baie.
baton ['bætn] s. baghetă.
batter ['bætə] vt. a lovi; a turti.
battery ['bætəri] s. baterie.
battle ['bætl] s. bătălie; luptă; ~ ship cuirasat. vi. a se lupta.
bauble ['bɔːbl] s. jucărie; podoabă fără valoare.
baulk [bɔːk] s. v. balk.
bawl [bɔːl] s. urlet. vt., vi. a urla.
bay [bei] s. golf; geamlâc; laur; roib; lătrat; ~ at ~ la ananghie. vi. a lătra.
bayonet ['beiənit] s. baionetă.
bazaar [bə'zɑː] s. bazar; magazin.
B.C. ['biː'siː] adj., adv. Before Christ înainte de Hristos; înaintea erei noastre.
be [bi(ː)] v. aux. pentru diateza pasivă şi aspectul continuu a fi. v. mod. a trebui, a urma să. vi. a fi, a exista; a se întâmpla; a costa.
beach [biːtʃ] s. plajă.
beacon ['biːkn] s. far.
beads [biːdz] s. pl. mărgele; mătănii; picături.
beak [biːk] s. cioc (de pasăre).
beam [biːm] s. grindă; drug; rază; zâmbet. vi. a zâmbi; a străluci.
bean(s) [biːn(z)] s. fasole; bob(i).

23

bear [bɛə] *s.* urs. *vt.* a căra; a purta; a (pro)duce; a îndura; a naște; *to* ~ *in mind* a ține minte.

beard [biəd] *s.* barbă.

beardless ['biədlis] *adj.* spân; fără barbă.

bearer ['bɛərə] *s.* purtător; producător; mesager.

bearing ['bɛəriŋ] *s.* legătură; poziție; purtare.

beast [bi:st] *s.* animal; fiară; vită; bestie.

beastly ['bi:stli] *adj.* nesuferit; scârbos.

beat [bi:t] *vt.* a bate; a lovi; a pedepsi; a învinge; a izgoni; *to* ~ *time* a bate măsura; *fig.* a bate pasul pe loc. *vi.* a bate; a face gălăgie; *to* ~ *about the bush* a vorbi pe ocolite; a bate apa în piuă. *s.* lovitură; rond; cartier; *muz.* bătaie; măsură.

beaten ['bi:tn] *adj.* bătut; bătătorit.

beater ['bi:tə] *s.* bătător.

beatitude [bi'ætitju:d] *s.* fericire; beatitudine.

beautiful ['bju:tifəl] *s., adj.* frumos.

beautify ['bju:tifai] *vt.* a înfrumuseța.

beauty ['bju:ti] *s.* frumusețe; frumos.

beaver ['bi:və] *s.* castor.

because [bi'kɔz] *conj.* fiindcă; pentru că; ~ *of* din pricina; din cauza.

beck [bek] *s.: to be at smb.'s* ~ *and call* a fi la cheremul cuiva.

beckon ['bekn] *vi.* a face semn (cu mâna).

become [bi'kʌm] *vi.* a deveni. *vt.* a ședea, a veni (bine, rău).

bed [bed] *s.* pat; albie (de râu); strat.

bedclothes ['bedklouðz] *s. pl.* așternut.

bedding ['bediŋ] *s.* așternut; culcuș.

bedeck [bi'dek] *vt.* a împodobi; a pavoaza.

bedlam ['bedləm] *s.* ospiciu.

bed-rid(den) ['bedrid(n)] *adj.* țintuit la pat.

bed-rock ['bedrɔk] *s.* temelie.

bedroom ['bedrum] *s.* dormitor.

bedside ['bedsaid] *s.* marginea patului.

bedstead ['bedsted] *s.* pat (masiv).

bedtime ['bedtaim] *s.* ora culcării.

bee [bi:] *s.* albină.

beech [bi:tʃ] *s.* fag.

beef [bi:f] *s.* carne de vacă; ~ *tea* supă concentrată.

beef-steak ['bi:fsteik] *s.* fleică.

beehive ['bi:haiv] *s.* stup.

bee-line ['bi:lain] *s.* linie dreaptă.

been [bi(:)n] *vi. part. trec. de la* be.

beer [biə] *s.* bere.

beet [bi:t] *s.* sfeclă.

beetle ['bi:tl] *s.* gândac; insectă.

beetroot ['bi:t,ru:t] *s.* sfeclă.

befit [bi'fit] *vt.* a fi potrivit pentru.

before [bi'fɔ:] *adv.* înainte; *long* ~ demult. *prep.* înaintea; în fața; mai degrabă decât; ~ *long* curând. *conj.* înainte de a; mai degrabă decât să.

beforehand [bi'fɔ:hænd] *adv.* dinainte.

beg [beg] *vt.* a cerși; a cere; *I* ~ *your pardon* scuzați! poftim! *vi.* a se ruga; a cerși.

began [bi'gæn] *vt., vi. trec. de la* begin.

beggar ['begə] *s.* cerșetor.

beggarly ['begəli] *adj.* sărăcăcios.

begin [bi'gin] *vt., vi.* a începe, a porni.

beginner [bi'ginə] *s.* începător.

beginning [bi'giniŋ] *s.* început.

beguile [bi'gail] *vt.* a păcăli; a face să treacă (timpul).

begun [bi'gʌn] *vt., vi. part. trec. de la* **begin**.

behalf [bi'hɑːf] *s.: on ~ of* din partea; în numele.

behave [bi'heiv] *vi.* a se purta; a funcţiona. *vr.* a se purta; *~ yourself* poartă-te frumos.

behaviour [bi'heivjə] *s.* purtare; maniere.

behead [bi'hed] *vt.* a decapita.

behind [bi'haind] *s.* spate; dos. *adv.* în urmă; înapoi; în restanţă. *prep.* în urma; în spatele; dinapoia; *~ time* târziu. *~ the scenes* în culise.

behindhand [bi'haindhænd] *adj., adv.* în urmă.

being ['biːiŋ] *s.* fiinţă (omenească); existenţă.

belabour [bi'leibə] *vt.* a bate.

belated [bi'leitid] *adj.* întârziat.

belch [beltʃ] *vi.* a râgâi.

belfry ['belfri] *s.* clopotniţă.

Belgian ['beldʒn] *s., adj.* belgian(ă).

belie [bi'lai] *vt.* a dezminţi; a dezamăgi.

belief [bi'liːf] *s.* credinţă; încredere.

believe [bi'liːv] *vt., vi.* a crede.

believer [bi'liːvə] *s.* credincios.

belittle [bi'litl] *vt.* a diminua; a deprecia.

bell [bel] *s.* (sunet de) clopot.

bellow ['belou] *s.* muget. *vi.* a mugi; a urla.

bellows ['belouz] *s. pl.* foale.

belly ['beli] *s.* pântec(e).

belong [bi'lɔŋ] *vi.: ~ to* a (apar)ţine; a face parte.

belongings [bi'lɔŋiŋz] *s.* lucruri; avere.

beloved [bi'lʌvd] *s., adj.* iubit(ă).

below [bi'lou] *prep.* sub. *adv.* dedesubt; la fund.

belt [belt] *s.* curea; centură; zonă.

bench [bentʃ] *s.* bancă; laviţă; judecător; tribunal.

bend [bend] *vi.* a coti; a se îndoi. *vt.* a îndoi. *s.* curbă, cotitură.

beneath [bi'niːθ] *prep.* dedesubtul, sub; mai prejos de. *adv.* dedesubt, mai jos.

benediction [ˌbeni'dikʃn] *s.* binecuvântare.

benefactor ['beniˌfæktə] *s.* binefăcător.

beneficial [ˌbeni'fiʃl] *adj.* folositor.

benefit ['benifit] *s.* ajutor; avantaj. *vt.* a ajuta. *vi.* a profita.

benevolence [bi'nevələns] *s.* bunăvoinţă.

bent [bent] *s.* înclinaţie, tendinţă. *vt., vi. trec. şi part. trec. de la* **bend**.

benumb [bi'nʌm] *vt.* a amorţi; a înţepeni.

benzine ['benziːn] *s.* neofalină.

bequeath [bi'kwiːð] *vt.* a lăsa (moştenire).

bereave [bi'riːv] *vt.* a răpi; *to ~ of* a priva de.

bereft [bi'reft] *vt. part. trec. de la* **bereave**.

berry ['beri] *s.* bacă; fruct (sălbatic).

berth [bəːθ] *s.* cuşetă; compartiment; dană; slujbă.

beseech [bi'siːtʃ] *vt.* a implora.

beset [bi'set] *vt.* a asedia.

beside [bi'said] *prep.* alături de; mai presus de; pe lângă.

besides [bi'saidz] *adv.* pe lângă asta; de asemenea. *prep.* lângă, în afară de.

besiege [bi'siːdʒ] *vt.* a asedia; a asalta.

besought [bi'sɔːt] vt. trec. şi part. trec. de la **beseech**.

bespeak [bi'spiːk] vt. a angaja, a reţine (dinainte); a dovedi.

bespoke [bi'spouk] vt. trec. şi part. trec. de la **bespeak**.

bespoken [bi'spoukn] vt., part. trec. de la **bespeak**.

best [best] adj. superl. de la **good** cel mai bun; perfect; for the ~ part în cea mai mare măsură; ~ man naş; cavaler de onoare. adv. cel mai bine; cel mai mult.

bestow [bi'stou] vt. a (acor)da.

best-seller ['best'selə] s. carte sau autor de mare popularitate.

bet [bet] s. pariu. vt., vi. a paria.

betray [bi'trei] vt., vr. a (se) trăda.

betrayal [bi'treiəl] s. trădare.

betrothal [bi'trouðl] s. logodnă.

better ['betə] s.: our ~s mai marii noştri. adj.. compar. de la **good** mai bun; ~ off (mai) înstărit; the ~ half mai mult de jumătate; soţie. adv. mai bine; you had ~ go ai face mai bine să pleci. vt. a îmbunătăţi; a depăşi, a întrece.

betterment ['betəmənt] s. îmbunătăţire.

between [bi'twiːn] prep. între.

beverage ['bevəridʒ] s. băutură (fermentată).

bevy ['bevi] s. grup; stol; fig. buchet.

bewail [bi'weil] vt. a (de)plânge.

beware [bi'weə] vt., vi. a se păzi (de).

bewilder [bi'wildə] vt. a zăpăci; a tulbura.

bewitch [bi'witʃ] vt. a vrăji.

beyond [bi'jɔnd] adv. dincolo; departe. prep. dincolo de; ~ compare fără seamăn.

bias ['baiəs] s. înclinaţie; părtinire.

Bible ['baibl] s. Biblie.

bicker ['bikə] vi. a se ciondăni.

bicycle ['baisikl] s. bicicletă.

bid [bid] s. ofertă, licitare. vt. a oferi (un preţ); a porunci; a spune. vi. a licita.

bidden ['bidn] vt., vi. part. trec. de la **bid**.

bidder ['bidə] s. licitator.

bide [baid] vt. a aştepta.

bier [biə] s. catafalc, năsălie.

big [big] adj. mare; voluminos; important; măreţ; generos.

bigamist ['bigəmist] s. bigam(ă).

bigoted ['bigətid] adj. habotnic; obtuz.

bigotry ['bigətri] s. bigotism.

bike [baik] s. bicicletă.

bilberry ['bilbəri] s. afin.

bile [bail] s. fiere; supărare.

bilge [bildʒ] s. mar. fundul vasului; apă stătută.

bilious ['biljəs] adj. supărăcios.

bill [bil] s. cioc (de pasăre); notă de plată; poliţă; afiş; (proiect de) lege; bancnotă; ~ of fare menu, listă de bucate; fig. program. vi.: to ~ and coo a se giuguli.

billet ['bilit] s. încartiruire. vt. a încartirui.

billiards ['biljədz] s. pl. biliard.

billion ['biljən] s. bilion; amer. miliard.

billow ['bilou] s. talaz; mare vi. a undui.

bi-monthly ['bai'mʌnθli] adj., adv. bilunar.

bin [bin] s. cutie; ladă, benă.

bind [baind] vt. a lega; a lipi; a întări; a obliga. vr. a se obliga.

binder ['baində] s. legător.

binding ['baindiŋ] s. legătură. adj. obligatoriu.

binoculars [bi'nɔkjuləz] s. pl. binoclu.

biographer [bai'ɔgrəfə] s. biograf.
biologist [bai'ɔlədʒist] s. biolog.
biology [bai'ɔlədʒi] s. biologie.
birch [bə:tʃ] s. mesteacăn.
bird [bə:d] s. pasăre; a ~'s eye view privire sau vedere gene-rală.
biro ['baiərou] s. pix cu pastă.
birth [bə:θ] s. naştere; origine; ~ day zi de naştere; aniversare; ~ place loc natal; ~ rate natalitate.
bishop ['biʃəp] s. episcop.
bison ['baisn] s. bizon; zimbru.
bit [bit] s. bucăţică; firimitură; sfredel; zăbală. vt., vi. trec. de la **bite**.
bitch [bitʃ] s. căţea.
bite [bait] vt. a muşca; a reteza, a tăia; a răni; a înţepa. s. muşcă-tură; bucată.
biting ['baitiŋ] adj. muşcător; tăios; sarcastic.
bitten ['bitn] vt., vi. part. trec. de la **bite**.
bitter ['bitə] adj. amar; dureros; aspru; înverşunat; to the ~ end până în pânzele albe.
bizarre [bi'zɑ:] adj. ciudat, bizar; grotesc.
blab [blæb] vt. a trăda (un secret). vi. a pălăvrăgi.
black [blæk] s. negru; murdărie; funingine; doliu. adj. negru; oacheş întunecat, sumbru; a ~ eye ochi vânăt.
black-beetle ['blæk-'bi:tl] s. gân-dac de bucătărie.
blackberry ['blækbri] s. mură.
blackbird ['blækbə:d] s. mierlă.
blackboard ['blækbɔ:d] s. tablă (la şcoală).
blaken ['blækn] vt. a înnegri; a ponegri.
blackguard ['blægɑ:d] s. ticălos.

black-head ['blækhed] s. coş (pe piele).
blacking ['blækiŋ] s. cremă (nea-gră) de ghete.
blacklead ['blæk'led] s. grafit.
blackleg ['blækleg] s. spărgător de grevă.
blacklist ['blæklist] s. lista neagră.
blackmail ['blækmeil] s. şantaj. vt. a şantaja.
blackout ['blækaut] s. camuflaj.
blacksmith ['blæksmiθ] s. potcovar; fierar.
bladder ['blædə] s. băşică; came-ră de minge.
blade [bleid] s. lamă, tăiş; fir de iarbă; frunză ascuţită.
blain [blein] s. buboi; furuncul; abces.
blame [bleim] s. blam, deza-probare; critică; răspundere. vt. a blama; who is to ~? cine e de vină?
bland [blænd] adj. amabil.
blank [blæŋk] s. (loc) gol; for-mular. adj. gol; cu spaţii goale; în alb; stupid; ~ cartridge cartuş orb.
blanket ['blæŋkit] s. pătură.
blankly ['blæŋkli] adv. fără ex-presie.
blare [bleə] vt., vi. a trâmbiţa.
blaspheme [blæs'fi:m] vt., vi. a huli; a blestema.
blast [blɑ:st] s. explozie; curent. vt. a distruge.
blatant ['bleitnt] adj. zgomotos; ţipător.
blaze [bleiz] s. vâlvătaie; izbuc-nire. vt. a aprinde; a însemna (copaci etc.); to ~ a trail a des-chide un drum (nou).
blazer ['bleizə] s. jerseu.
blazing ['bleiziŋ] adj. strălucitor.

27

bleach [bli:tʃ] vt., vi. a (se) albi.
bleak [bli:k] adj. sterp; rece; lugubru; bătut de vânturi.
blear [bliə] adj. întunecat; cețos.
bleat [bli:t] s. behăit. vi. a behăi.
bled [bled] vt., vi. trec. şi part. trec. de la **bleed**.
bleed [bli:d] vt. a lua sânge (cuiva); a jecmăni. vi. a sângera; a suferi.
blemish ['blemiʃ] s. pată; defect.vt. a strica; a păta.
blend [blend] s. amestec; îmbinare.vt., vi. a (se) îmbina; a (se) amesteca.
blent [blent] vt., vi. trec. şi part. trec. de la **blend**.
bless [bles] vt. a binecuvânta; a ferici; a sfinţi.
blessed ['blesid] adj. fericit; norocos.
blessing ['blesiŋ] s. binecuvântare.
blew [blu:] vt., vi. trec. de la **blow**.
blight [blait] s. mălură. vt. a distruge; a strica.
blind [blaind] s. jaluzea, stor. adj. orb; chior; absurd; închis; ~ alley fundătură. vt. a orbi.
blindfold ['blaindfould] adj. orb. vt. a lega la ochi. adv. orbeşte.
blind-man's-buff ['blainmænz'bʌf] s. baba-oarba.
blindness ['blaindnis] s. orbire.
blink [bliŋk] vi. a clipi.
bliss [blis] s. fericire.
blister ['blistə] s. băşicuţă. vi. a se umfla.
blithe [blaiŏ] adj. vesel; fericit.
blizzard ['blizəd] s. viscol.
bloated ['bloutid] adj. umflat.
bloater ['bloutə] s. scrumbie sărată sau afumată.
blob [blɔb] s. pată; picătură.
bloc [blɔk] s. pol. bloc.

block [blɔk] s. butuc; pietroi; ansamblu de locuinţe; amer. cvartal, distanţa dintre două străzi; calapod vt. a bloca; a opri.
blockade [blɔ'keid] s. blocadă.
blockhead ['blɔkhed] s. tâmpit.
blood [blʌd] s. sânge; rudenie; origine, familie; dispoziţie, temperament; patimă.
bloodhound ['blʌdhaund] s. copoi.
bloodless ['blʌdlis] adj. fără (vărsare de) sânge.
bloodshed ['blaʌdʃed] s. vărsare de sânge.
bloodshot ['blʌdʃɔt] adj. injectat, congestionat.
blood-sucker ['blʌd,sʌkə] s. lipitoare; exploatator.
bloodthirsty ['blʌdθə:sti] adj. sălbatic; criminal.
bloody ['blʌdi] adj. sângeros; însângerat; scârbos.
bloom [blu:m] s. floare; puf; strălucire; in ~ înflorit. vi. a înflori.
bloomers ['blu:məz] s. pl. chiloţi (de sport).
blossom ['blɔsəm] s. floare (a unui pom); inflorescenţă. vi. a înflori.
blot [blɔt] s. pată; defect.vt. a păta; a şterge; e estompa.
blotch [blɔtʃ] s. pată. vt. a păta.
blotter ['blɔtə] s. sugativă; tampon; mapă de birou.
blotting-paper ['blɔtiŋ,peipə] s. sugativă.
blouse [blauz] s. bluză.
blow [blou] s. lovitură; pumn. vt. a sufla; a cânta la (trompetă etc.); a fluiera; a anunţa; a umfla; to ~ out a stinge; a arunca în aer; a zbura (creierii); to ~ up a umfla; a arunca în aer. vi. a (ră)sufla; to ~ out a explode.
blower ['blouə] s. foale; suflător; sufleu.

blown [bloun] vt., vi. part. trec. de la **blow**.

blow-out ['blou'aut] s. explozie.

bludgeon ['blʌdʒn] s. măciucă. vt. a ciomăgi.

blue [blu:] s., adj. albastru; out of the ~ din senin; in the ~s melancolic, trist.

bluebell ['blu:bel] s. campanulă.

blueberry ['blu:'bəri] s. afină, coacăză neagră.

bluet ['bluit] s. albăstrea, albăstriță.

blue-print ['blu:'print] s. proiect.

bluff [blʌf] s. creastă (de deal); mal abrupt; cacialma, bluf. adj. deschis; entuziast. vt. a păcăli.

bluish ['bluiʃ] adj. albăstrui.

blunder ['blʌndə] s. greşeală; gafă. vi. a greşi; a face gafe.

blunt [blʌnt] adj. tocit; teşit; necioplit. vt. a toci; a teşi.

blur [blə:] s. obscuritate; pată. vt. a întuneca; a înceţoşa.

blurt [blə:t] vt: to ~ out a scăpa (o vorbă etc.).

blush [blʌʃ] s. roşeaţă. vi. a roşi.

bluster ['blʌstə] s. izbucnire. vi. a izbucni.

boar [bɔ:] s. vier; porc mistreţ.

board [bɔ:d] s. bord; scândură; tablă; carton; masă; mâncare; întreţinere; pensiune; consiliu; minister. vt. a podi; a hrăni; a se îmbarca pe. vi. a lua masa.

boarder ['bɔ:də] s. (elev) intern; chiriaş.

boarding ['bɔ:diŋ] s. scânduri; podea; întreţinere; ~ -house pensiune; ~ -school şcoală cu internat.

boast [boust] s. laudă de sine; (prilej de) mândrie. vt. a se lăuda cu; a avea.

boastful ['boustfl] adj. lăudăros.

boat [bout] s. vas, ambarcaţiune; barcă; castron vi. a naviga.

boating ['boutiŋ] s. canotaj; sporturi nautice.

boatman ['boutmən] s. barcagiu.

boatswain ['bousn] s. şef de echipaj.

bob [bɔb] s. bob; zdruncinătură; şiling; păr tuns scurt. vt. a scurta.

bobbin ['bɔbin] s. bobină.

bobby-soxer ['bɔbi,sɔksə] s. puştancă, codană.

bodice ['bɔdis] s. pieptar.

bodily ['bɔdili] adj. trupesc. adv. în întregime; ca trup.

body ['bɔdi] s. corp; cadavru; om; esenţă; grup; organ(izaţie); caroserie; ~ guard gardă personală.

Boer ['bouə] s. bur.

bog [bɔg] s. mlaştină.

bogus ['bougəs] adj. fals.

boil [bɔil] s. fierbere; bubă. vt., vi. a fierbe.

boiler ['bɔilə] s. cazan.

boisterous ['bɔistərəs] adj. zgomotos.

bold [bould] adj. curajos; obraznic; izbitor.

Bolivian [bo'liviən] adj., s. bolivian(ă).

bolster ['boulstə] s. pernă (de canapea). vt. a sprijini.

bolt [boult] s. zăvor; foraibăr; cui; săgeată; izbucnire. vt. a zăvorî. vi. a fugi.

bomb [bɔm] s. bombă. vt. a bombarda.

bombard [bɔm'ba:d] vt. a bombarda (cu artilerie).

bombardment [bɔm'ba:dmənt] s. bombardament.

bomber ['bɔmə] s. bombardier.

bond [bɔnd] *s.* angajament; contact; legătură; lanţ. *fin.* titlu.

bondage ['bɔndidʒ] *s.* sclavie.

bond(s)man ['bɔn(z)mən] *s.* rob.

bone [boun] *s.* os; ~ *of contention* mărul discordiei.

bonfire ['bɔn,faiə] *s.* foc; rug.

bonnet ['bɔnit] *s.* bonetă; husă.

bonny ['bɔni] *adj.* drăguţ; atrăgător.

bonus ['bounəs] *s.* primă.

bony ['bouni] *adj.* osos.

boo [bu:] *interj.* huo.

booby ['bu:bi] *s.* prostănac.

book [buk] *s.* carte; capitol; registru; caiet; carnet, agendă; *The Book* Biblia. *vt.* a înregistra; a înscrie; a reţine (bilete etc.).

book-case ['bukkeis] *s.* (dulap de) bibliotecă.

booking-office ['bukiŋ,ɔfis] *s.* casă de bilete.

bookish ['bukiʃ] *adj.* livresc, cărturăresc.

book-keeper ['buk,ki:pə] *s.* contabil.

book-keeping ['buk,ki:piŋ] *s.* contabilitate.

booklet ['buklit] *s.* broşură, cărticică.

book-maker ['buk,meikə] *s.* agent de pariuri la curse.

book-seller ['buk,selə] *s.* librar.

bookshop [bukʃɔp] *s.* librărie.

bookstall ['bukstɔ:l] *s.* stand de cărţi.

bookworm ['bukwə:m] *s. zool.* car; *fig.* şoarece de bibliotecă.

boom [bu:m] *s.* prăjină; bubuit; avânt economic. *vi.* a bubui; a prospera.

boon [bu:n] *s.* avantaj; bine; favoare. *adj.* plăcut.

boor [buə] *s.* ţopârlan.

boorish ['buəriʃ] *adj.* necioplit.

boot [bu:t] *s.* gheată; cizmă.

bootblack ['bu:tblæk] *s.* lustragiu.

booth [bu:ð] *s.* tarabă; cabină (telefonică etc.).

booty ['bu:ti] *s.* pradă (de război).

border ['bɔ:də] *s.* chenar; frontieră; limită. *vt.* a se învecina cu.

bore¹ [bɔ:] *s.* om plicticos. *vt.* a sfredeli; a plictisi.

bore² [bɔ:] *vt., vi. trec. de la* **bear.**

boredom ['bɔ:dəm] *s.* plictiseală.

born [bɔ:n] *vt., vi. part. trec. de la* **bear** născut; *to be* ~ a se naşte.

borne [bɔ:n] *vt., vi. part. trec. de la* **bear** purtat.

borough ['bʌrə] *s.* târg; orăşel.

borrow ['bɔrou] *vt.* a lua cu împrumut.

bosom ['buzəm] *s.* sân.

boss [bɔs] *s.* şef; patron. *vt., vi.* a porunci, a comanda.

botany ['bɔtəni] *s.* botanică.

botch [bɔtʃ] *vt.* a cârpăci.

both [bouθ] *adj., pron.* amândoi. *conj.:* ~ ... *and* atât ...cât şi; şi ...şi.

bother ['bɔðə] *s.* pacoste; bătaie de cap. *vt.* a necăji; a pisa. *vi.* a se necăji; a se deranja.

bottle [bɔtl] *s.* sticlă. *vt.* a pune la sticle; a închide.

bottleneck ['bɔtlnek] *s.* gât de sticlă; strâmtoare; încurcătură de circulaţie.

bottom ['bɔtəm] *s.* fund; dos; temelie; *fig.* străfunduri. *adj.* ultimul; cel mai de jos.

bough [bau] *s.* ramură.

bought [bɔ:t] *vt., vi. trec. şi part. trec. de la* **buy.**

boulder ['bouldə] *s.* bolovan.

bounce [bauns] *vi.* a sări; a ţopăi.

bound¹ [baund] *s.* margine, limită; graniță; săritură. *adj.: to be ~ for* a se îndrepta către. *vt.* a limita; a stăpâni. *vi.* a sări; a țopăi.

bound² [baund] *vt., vi. trec. și part. trec. de la* **bind**; *to be ~ to* a fi obligat *sau* menit să.

boundary ['baundri] *s.* graniță; limită.

boundless ['baundlis] *adj.* nelimitat.

bounteous ['bauntiəs] *adj.* copios; generos.

bounty ['baunti] *s.* mărinimie; cadou.

bouquet ['bukei] *s.* buchet.

bourgeois ['buəʒwɑ:] *s., adj.* burghez(ă).

bout [baut] *s.* luptă; atac.

bow¹ [bou] *s.* arc(uș); curcubeu; nod; fundă; papion.

bow² [bau] *s.* plecăciune; salut; proră. *vt.* a îndoi, a (a)pleca. *vi.* a face o plecăciune, a saluta.

bowels ['bauəlz] *s. pl.* intestine; centru.

bower ['bauə] *s.* boltă de verdeață; chioșc.

bowl [boul] *s.* bol, castronaș; scobitură; bilă de popice. *vi.* a juca popice.

bow-legged ['boulegd] *adj.* crăcănat.

bowler ['boulə] *s.* jucător de popice *sau* crichet; gambetă.

box [bɔks] *s.* cutie; ladă; lojă; boxă; colibă; cabină; palmă; lovitură. *vt.* a pălmui. *vi.* a boxa.

boxer ['bɔksə] *s.* boxer.

boxing ['bɔksiŋ] *s.* box.

Boxing-day ['bɔksiŋdei] *s.* ziua cadourilor *(26 decembrie).*

box-office ['bɔks,ɔfis] *s.* casă de bilete.

boy [bɔi] *s.* băiat.

boycott ['bɔikət] *s.* boicot. *vt.* a boicota.

boyhood ['bɔihud] *s.* adolescență.

boyish ['bɔiiʃ] *adj.* băiețos; copilăros.

brace [breis] *s.* legătură; acoladă; pereche; *pl.* bretele. *vt.* a învigora.

bracelet ['breislit] *s.* brățară.

bracken ['brækn] *s.* ferigă.

bracket ['brækit] *s.* consolă; paranteză.

brackish ['brækiʃ] *adj.* sălciu.

brag [bræg] *vi.* a se lăuda.

braggart ['brægət] *s.* lăudăros.

braid [breid] *s.* găitan; panglică; cosiță.

brain [brein] *s.* creier; minte; capacitate; *~(s) trust* experți; „cine știe câștigă".

brainless ['breinlis] *adj.* zevzec.

brake [breik] *s.* frână. *vt., vi.* a frâna.

bran [bræn] *s.* tărâțe.

branch [brɑ:ntʃ] *s.* ramură; despărțitură; filială, sucursală; organizație (de partid etc.). *vi.* a se ramifica.

brand [brænd] *s.* stigmat; semn; sort; marcă; *vt.* a înfiera.

brandish ['brændiʃ] *vt.* a agita.

brand-new ['bræn'nju:] *adj.* nou-nouț.

brandy ['brændi] *s.* rachiu; coniac.

brass [brɑ:s] *s.* alamă; alămuri; obrăznicie; bani.

brat [bræt] *s.* țânc, copil.

brave [breiv] *adj.* curajos, viteaz; temerar. *vt.* a brava.

bravery ['breivri] *s.* curaj.

brawl [brɔ:l] *s.* scandal, bătaie. *vi.* a se bate; a se certa.

brawny ['brɔ:ni] *adj.* musculos.

bray [brei] *vi.* (d. măgar) a rage.

brazen ['breizn] *adj.* de alamă; obraznic.

brazier ['breiziə] *s.* vas (cu mangal).

Brazilian [brə'ziljən] *adj., s.* brazilian(ă).

breach [bri:tʃ] *s.* încălcare; abuz; spărtură.

bread [bred] *s.* pâine; ~ line coadă la alimente (pentru șomeri).

breadth [bredθ] *s.* lățime.

break [breik] *s.* ruptură; întrerupere; ocazie; distracție. *vt.* a sparge; a rupe; a strica; a crăpa; a zdrobi; a frânge; a încălca; a slăbi; a bate (un record); a supune, a îmblânzi; *to* ~ *down* a (s)fărâma; a nimici; *to* ~ *up* a (s)fărâma; a despărți; a dezbina. *vi.* a se sparge; a se sfărâma; a se revărsa; a izbucni; a începe; *(d. vreme)* a se strica; *to* ~ *away* a fugi; *to* ~ *down* a se strica; a se prăbuși; *to* ~ *off* a se întrerupe; *to* ~ *up* a se desface; a se destrăma; a se despărți.

breakdown ['breikdaun] *s.* pană; accident; criză (de nervi).

breaker ['breikə] *s.* talaz.

breakfast ['brekfəst] *s.* gustare de dimineață.

breakwater ['breik,wɔ:tə] *s.* dig.

breast [brest] *s.* sân; piept; inimă.

breath [breθ] *s.* (ră)suflare; aer, adiere; *out of* ~ fără suflu.

breathe [bri:ð] *vt., vi.* a (ră)sufla.

breathless ['breθlis] *adj.* fără suflare; mort.

bred [bred] *vt., vi. trec. și part. trec. de la* **breed**.

breech [bri:tʃ] *s.* închizător (de armă).

breeches ['britʃiz] *s.* pantaloni (de călărie etc.).

breed [bri:d] *s.* rasă, specie. *vt.* a naște; a crește. *vi.* a se înmulți.

breeding ['bri:diŋ] *s.* creștere; maniere.

breeze [bri:z] *s.* briză.

breezy ['bri:zi] *adj.* ușor; vesel.

brethren ['breðrin] *s. pl. de la* **brother** confrați.

breviary ['bri:vjəri] *s.* breviar.

brevity ['breviti] *s.* concizie; scurtime.

brew [bru:] *s.* băutură; bere. *vt.* a fierbe; *fig.* a cloci.

brewer ['bruə] *s.* berar.

brewery ['bruəri] *s.* fabrică de bere.

briar ['braiə] *s.* măceș; iarbă-neagră.

bribe [braib] *s.* mită. *vt.* a mitui.

bribery ['braibəri] *s.* mită; corupție.

brick [brik] *s.* cărămidă; bucată. *vt.* a zidi.

bricklayer ['brik,leiə] *s.* zidar.

brickwork ['brikwə:k] *s.* zidărie.

bride [braid] *s.* mireasă.

bridegroom ['braidgrum] *s.* mire.

bridesmaid ['braidzmeid] *s.* domnișoară de onoare.

bridge [bridʒ] *s.* pod, punte; bridge. *vt.* a traversa.

bridle ['braidl] *s.* căpăstru. *vt.* a ține în frâu.

brief [bri:f] *s. jur.* dosar; instructaj; caz; *pl.* chiloți; ~ *case* servietă. *adj.* scurt.

briefly ['bri:fli] *adv.* curând; pe scurt.

brigade [bri'geid] *s.* brigadă.

brigand ['brigənd] *s.* tâlhar.

bright [brait] *adj.* strălucitor; isteț.

brighten ['braitn] *vt., vi.* a (se) lumina.

brightness ['braitnis] *s.* strălucire.

brilliance ['briljəns] s. strălucire.
brilliant ['briljənt] adj. strălucit(or).
brim [brim] s. margine; bor.
brimful(l) ['brim'ful] adj. plin ochi.
brine [brain] s. saramură; apă de mare.
bring [briŋ] vt. a aduce; a produce; a determina; to ~ down a dărâma; to ~ home a lămuri; to ~ up a creşte, a educa.
brink [briŋk] s. margine.
brisk [brisk] adj. rapid; ager.
bristle ['brisl] s. păr ţepos. vi. a se ridica; to ~ with a fi plin de.
British ['britiʃ] adj. britanic, englezesc.
Briton ['britn] s. britanic, englez.
brittle ['britl] adj. fragil.
broach [broutʃ] vt. a da cep la; a aborda (un subiect etc.).
broad [brɔːd] adj. larg; lat; vag; limpede.
broadcast ['brɔːdkɑːst] s. emisiune (radiofonică etc.). vt., vi. a emite.
broaden ['brɔːdn] vt., vi. a (se) lărgi, a (se) lăţi.
broad-minded [brɔːd'maindid] adj. înţelept; descuiat.
brocade [brə'keid] s. brocart.
broke [brouk] adj. falit. vt., vi. trec. de la **break**.
broken ['broukn] vt., vi. part. trec. de la **break**.
broker ['broukə] s. agent de schimb.
brooch [broutʃ] s. broşă.
brood [bruːd] s. pui ieşiţi din ou. vi. a cloci.
brook [bruk] s. pârâu. vt. a tolera.
broom [brum] s. mătură.
broth [brɔθ] s. supă.
brother ['brʌðə] s. (con)frate; ~ in-law cumnat.
brotherhood ['brʌðəhud] s. frăţie.

brought [brɔːt] vt. trec. şi part. trec. de la **bring**.
brow [brau] s. frunte; bot (de deal etc.).
browbeat ['braubiːt] vt. a teroriza.
brown [braun] s., adj. maro, cafeniu. vt., vi. a (se) rumeni.
bruise [bruːz] s. contuzie; rană; lovitură. vt., vi. a (se) lovi.
brunt [brʌnt] s. greul (luptei etc.).
brush [brʌʃ] s. perie; pensulă; bidinea; (trăsătură de) penel. vt. a peria; a lustrui; a atinge; a spăla.
brushwood ['brʌʃwud] s. tufişuri; cătină.
brutal ['bruːtl] adj. sălbatic; inuman; brutal.
brutality [bruː'tæliti] s. sălbăticie; brutalitate.
brute [bruːt] s. brută; fiară. adj. brut.
brutish ['bruːtiʃ] adj. animalic; primitiv; brutal.
bubble ['bʌbl] s. băşică; balon (de săpun etc.). vi. a face băşici; a bolborosi.
buck [bʌk] s. cerb; dolar. vi.: to ~ up a prinde puteri sau curaj.
bucket ['bʌkit] s. găleată; doniţă.
buckle ['bʌkl] s. cataramă. vt. a încătărăma; a încuia.
buckram ['bʌkrəm] s. pânză aspră.
buckwheat ['bʌkwiːt] s. hrişcă.
bud [bʌd] s. boboc; mugure. vi. a înmuguri.
budge [bʌdʒ] vi. a se clinti.
budget ['bʌdʒit] s. buget.
buff [bʌf] s. piele (de bivol); in ~ despuiat.
buffalo ['bʌfəlou] s. bivol.
buffer[1] ['bʌfə] s. tehn. tampon.
buffet[1] ['bʌfit] s. lovitură. vt. a pocni.

33

buffet[2] ['bufei] s. bufet.
buffoon [bʌ'fu:n] s. bufon; clovn.
buffoonery [bʌ'fu:nəri] s. bufonerie; clovnerie.
bug [bʌg] s. ploşniţă; amer. insectă.
bugbear ['bʌgbeə] s. gogoriţă.
bugle ['bju:gl] s. trâmbiţă, goarnă.
build [bild] vt. a clădi; a făuri. vi. a clădi. s. formă, structură; construcţie.
builder ['bildə] s. constructor.
building ['bildiŋ] s. clădire; construcţii; construire.
built [bilt] vt., vi. trec. şi part. trec. de la build.
bulb [bʌlb] s. bulb; bec electric.
Bulgarian [bʌl'gɛəriən] s., adj. bulgar(ă).
bulge [bʌldʒ] s. umflătură. vt., vi. a (se) umfla.
bulk [bʌlk] s. cantitate; volum; majoritate; gros.
bulky ['bʌlki] adj. voluminos; greoi.
bull [bul] s. taur; bulă (papală etc.).
bullet ['bulit] s. glonte.
bullet-proof ['bulitpru:f] adj. blindat.
bull-fight ['bulfait] s. coridă.
bullock ['bulək] s. tăuraş.
bully ['buli] s. terorist. vt. a teroriza.
bulwark ['bulwək] s. bastion.
bump [bʌmp] s. umflătură; cucui. vt. a ciocni; a lovi.
bumper ['bʌmpə] s. pahar. adj. abundent.
bumpkin ['bʌmkin] s. ţărănoi.
bumptious ['bʌmʃəs] adj. încrezut.
bun [bʌn] s. brioşă.
bunch [bʌntʃ] s. mănunchi; buchet; pâlc.
bundle ['bʌndl] s. boccea. vt. a lega.

bungalow ['bʌŋgəlou] s. căsuţă cu grădină.
bungle ['bʌŋgl] s. cârpăceală. vt. a rasoli.
bunk [bʌŋk] s. pătuţ; prici; cuşetă; prostii; minciuni.
bunker ['bʌŋkə] s. mar. cală, magazie de cărbuni; buncăr.
bunny ['bʌni] s. iepuraş.
buoy [bɔi] s. geamandură. vt. a baliza.
buoyancy ['bɔiənsi] s. capacitate de plutire; rezistenţă.
burden ['bə:dn] s. povară; refren. vt. a încărca; a împovăra.
burdensome ['bə:dnsəm] adj. împovărător; obositor; dificil.
bureau [bju'rou] s. birou; departament.
bureaucracy [bju'rɔkrəsi] s. birocraţie; aparat de stat.
bureaucrat ['bjurəkræt] s. birocrat.
burger ['bə:gə] s. chiftea; sandviş; cârnat.
burglar ['bə:glə] s. spărgător.
burglary ['bə:gləri] s. spargere, furt.
burial ['beriəl] s. înmormântare.
burlesque [bə:'lesk] s. comedie bufă; revistă, varieteu. adj. burlesc.
burly ['bə:li] adj. corpolent, masiv.
Burmese [bə:'mi:z] s., adj. birman(ă).
burn [bə:n] s. arsură. vt. a arde; a frige; a distruge; a ataca. vi. a arde; a frige.
burner ['bə:nə] s. arzător; lampă; ochi (de aragaz etc.).
burnish ['bə:niʃ] vt. a lustrui.
burnt [bə:nt] vt., vi. trec. şi part. trec. de la burn.
burr [bə:] s. brusture; scai.

burrow ['bʌrou] s. vizuină. vt. a săpa. vi. a se ascunde.

burst [bə:st] s. izbucnire; explozie. vt. a sparge; a arunca în aer. vi. a izbucni; a exploda; a crăpa; to ~ open a se deschide; to ~ in a intra cu de-a sila.

bury ['beri] vt. a îngropa; a ascunde.

bus [bʌs] s. autobuz.

bush [buʃ] s. tufiş; arbust.

bushel ['buʃl] s. buşel (circa 2 baniţe).

bushy ['buʃi] adj. stufos.

business ['biz(i)nis] s. ocupaţie; afacere, afaceri; întreprindere; treabă.

business-like ['biznislaik] adj. practic.

bust [bʌst] s. bust.

bustle ['bʌsl] s. agitaţie; zarvă. vt. a zori. vi. a se agita; a se grăbi.

busy ['bizi] adj. ocupat; activ; harnic. vr. a se ocupa.

busybody ['bizi,bɔdi] s. om băgăreţ.

but [bət, bʌt] s. obiecţie. pron. care (să) nu. adv. numai; all ~ aproape. prep. fără; the last ~ one penultimul; ~ for fără (ajutorul etc.). conj. dar; totuşi; decât.

butcher ['butʃə] s. măcelar; fig. călău. vt. a măcelări; a tăia (vite etc.).

butler ['bʌtlə] s. majordom; lacheu.

butt [bʌt] s. pat (de puşcă etc.); ţintă (a batjocurii etc.). vt., vi. a (se) lovi.

butter ['bʌtə] s. unt. vt. a unge cu unt.

butterfly ['bʌtəflai] s. fluture.

buttocks ['bʌtəks] s. pl. fese, fund.

button ['bʌtn] s. nasture; buton; vt. a încheia (la nasturi).

buttonhole ['bʌtnhoul] s. butonieră. vt. a pisa, a ţine de vorbă.

buxom ['bʌksəm] adj. dolofană; atrăgătoare.

buy [bai] vt. a cumpăra; a mitui; a obţine; to ~ up a cumpăra tot.

buzz [bʌz] s. bâzâit. vi. a bâzâi.

buzzer ['bʌzə] s. sonerie, buzer; sirenă.

by [bai] adj. local; lateral; secundar. adv. alături; aproape; prin apropiere; în; in days gone ~ în vremuri de demult; ~ and ~ curând; după aceea. prep. lângă; prin; peste; dincolo de; pe (lângă); până la; cu (ajutorul); cu, pe (bucată etc.); după; ~ day ziua; ~ myself singur; ~ the ~; ~ the way apropo.

bye-bye ['bai'bai] interj. la revedere, pa.

bygone ['baigɔn] adj. trecut.

bystander ['bai,stændə] s. spectator.

byword ['baiwɔ:d] s. zicătoare; persoană proverbială.

C

cab [kæb] *s.* birjă; taxi; cabină.
cabbage ['kæbidʒ] *s.* varză.
cabin ['kæbin] *s.* colibă; cabină.
cabinet ['kæbinit] *s.* dulap; cabinet; guvern; ~ *maker* tâmplar.
cable ['keibl] *s.* odgon; cablu; telegramă. *vt., vi.* a telegrafia.
cablegram ['keiblgræm] *s.* telegramă.
cabman ['kæbmən] *s.* birjar; şofer de taxi.
cache [kæʃ] *s.* ascunzătoare; depozit.
cackle ['kækl] *s.* ciocănit; cotcodăcit. *vi.* a cotcodăci; a ciocăni.
cad [kæd] *s.* mitocan; ticălos.
caddish ['kædiʃ] *adj.* mitocănesc; mojic; rău.
cadet [kə'det] *s. mar.* cadet; fiu mai mic.
cadge [kædʒ] *vt., vi.* a cerşi.
café ['kæfei] *s.* cafenea.
cafeteria [ˌkæfi'tiəriə] *s. amer.* bufet expres.
cage [keidʒ] *s.* colivie; cuşcă. ~ *mine* lift.
cajole [kə'dʒoul] *vt.* a linguşi; a trage pe sfoară.
cake [keik] *s.* prăjitură; cozonac; chec; turtă; bucată (de săpun etc.).
calamity [kə'læmiti] *s.* nenorocire; calamitate.
calcium ['kælsiəm] *s.* calciu; ~ *carbide* carbid.
calculate ['kælkjuleit] *vt., vi.* a socoti; a plănui.
calculation [ˌkælkju'leiʃn] *s.* socoteală.
calf [kɑːf] *s* (piele de) viţel; gambă.
calibre ['kælibə] *s.* calibru; valoare.
calico ['kælikou] *s.* stambă.
call [kɔːl] *s.* strigăt; chemare; convorbire telefonică; mesaj; vizită; atracţie. *vt.* a chema; a striga; a numi; a atrage; *to ~ off* a opri; a anula; *to ~ a strike* a declara grevă; *to ~ the roll* a face apelul; *to ~ up* a chema la telefon; a încorpora; a reaminti. *vi.* a striga; a ţipa; a face o vizită; *to ~ for* a necesita; *to ~ out* a striga.
caller ['kɔːlə] *s.* vizitator.
calling ['kɔːliŋ] *s.* profesiune, meserie; vocaţie.
callous ['kæləs] *adj.* aspru; nesimţitor.
calm [kɑːm] *s., adj.* calm. *vt., vi.* a (se) linişti.
calumniate [kə'lʌmnieit] *vt.* a calomnia.
calumny [kæ'ləmni] *s.* calomnie.
calvary ['kælvəri] *s.* calvar.
calves [kɑːvz] *s. pl. de la* **calf**.
cambric ['kæmbrik] *s.* chembrică.
came [keim] *vi. trec. de la* **come**.
camel ['kæml] *s.* cămilă.
camera ['kæmrə] *s.* cameră de fotografiat, de cinema *sau* de televiziune.
cameraman ['kæmrəmæn] *s.* fotograf, operator.
camomile ['kæməmail] *s.* muşeţel; romaniţă.

camouflage ['kæmuflɑːʒ] s. camuflaj; mascare. vt. a camufla.

camp [kæmp] s. tabără; lagăr. vi. a campa; a aşeza tabăra.

campaign [kæm'pein] s. campanie.

camp-bed ['kæmp'bed] s. pat de campanie.

camphor ['kæmfə] s. camfor.

camping ['kæmpiŋ] s. camping, turism.

campus ['kæmpəs] s. amer. universitate.

can [kæn] s. cutie de tinichea; bidon; conservă. v. mod. defectiv a putea, a şti să; a fi posibil. vt. a conserva.

Canadian [kə'neidjən] s., adj. canadian(ă).

canal [kə'næl] s. canal artificial; anat. tub, canal.

canary [kə'nɛəri] s. canar.

cancel ['kænsl] vt. a anula, a şterge.

candid ['kændid] adj. cinstit; sincer; naiv.

candle ['kændle] s. lumânare; ~ stick sfeşnic.

candour ['kændə] s. candoare; sinceritate.

candy ['kændi] s. zahăr candel; amer. dulciuri; bomboane; ~ store bombonerie.

cane [kein] s. trestie; bambus; baston. vt. a bate.

cane-sugar ['kein'ʃugə] s. zahăr de trestie.

canker worm ['kæŋkəwəːm] s. omidă.

canine ['keinain] adj. canin.

canister ['kænistə] s. canistră, bidon; cutie de metal.

canker ['kæŋkə] s. aftă; rană; bot. cărbune; fig. putreziciune.

cannibal ['kænibl] s. canibal.

cannon ['kænən] s. tun; ~ ball ghiulea.

cannot ['kænɔt] v. mod. neg. de la can.

canny ['kæni] adj. viclean; prudent.

canon ['kænən] s. canon; principiu; preot.

canopy ['kænəpi] s. baldachin.

cant [kænt] s. minciuni; argou.

cantankerous [kən'tæŋkərəs] adj. certăreţ.

canteen [kæn'tiːn] s. cantină; bufet; bidon.

canter ['kæntə] s. galop uşor.

canto ['kæntou] s. cânt; canto.

canvas ['kænvəs] s. canava; pânză; tablou.

canvass ['kænvəs] vt. a dezbate. vi. a face propagandă (electorală etc.)

cap [kæp] s. şapcă; bască; bonetă.

capability [,keipə'biliti] s. capacitate.

capable ['keipəbl] adj. capabil.

capacious [kə'peiʃəs] adj. încăpător.

capacity [kə'pæsiti] s. capacitate; calitate.

cape [keip] s. capă; geogr. cap.

caper ['keipə] s. giumbuşluc. vi. a zburda.

capital ['kæpitl] s. capitală; majusculă. adj. capital; excelent; esenţial.

Capitol ['kæpitl] s. Capitoliu; Parlamentul american.

capitulate [kə'pitjuleit] vi. a capitula.

caprice [kə'priːs] s. capriciu, fantezie.

capsize [kæp'saiz] vt., vi. a (se) răsturna.

capsule ['kæpsju:l] *s.* capsulă.
captain ['kæptin] *s.* căpitan; şef.
caption ['kæpʃn] *s.* titlu; legendă (de ilustraţie).
captious ['kæpʃəs] *adj.* şicanator.
captivate ['kæptiveit] *vt.* a captiva, a vrăji.
captive ['kæptiv] *s.* deţinut, prizonier. *adj.* captiv. *vt.* a captura; a atrage.
car [kɑː] *s.* vagon; automobil; tramvai; nacelă.
caravan [,kærə'væn] *s.* caravană; căruţă cu coviltir.
carbon ['kɑːbən] *s.* carbon; cărbune; ~ *paper* indigo.
carbuncle ['kɑːbʌŋkl] *s.* antrax; umflătură; rubin.
carburettor ['kɑːbjuretə] *s.* carburator.
carcase, carcass ['kɑːkəs] *s.* stârv (de animal).
card [kɑːd] *s.* carte (de joc, de vizită); carton; legitimaţie; *one's best* ~ atu.
cardboard ['kɑːdbɔd] *s.* carton.
cardinal ['kɑːdinl] *s.* cardinal. *adj.* cardinal, fundamental.
care ['keə] *s.* grijă, răspundere. *vt. (cu inf.)* a dori să. *vi.* a se îngriji; *to* ~ *for smb.* a ţine la, a-ţi păsa de; a îngriji; *to* ~ *for smth.* a-ţi plăcea.
career [kə'riə] *s.* carieră; înaintare. *vi.* a înainta; a goni.
careful ['keəfl] *adj.* atent, grijuliu.
careless ['keəlis] *adj.* neatent, nepăsător; neserios.
caress [kə'rəs] *s.* mângâiere; sărutare. *vi.* a mângâia.
caressing [kə'resiŋ] *adj.* mângâietor.
caretaker ['keə,teikə] *s.* îngrijitor, custode.

cargo ['kɑːgou] *s.* încărcătură; ~ *boat* cargobot.
caricature [,kærikə'tjurə] *s.* caricatură; şarjă. *vt.* a caricaturiza.
caries ['keəriːz] *s.* carie.
carload ['kɑːloud] *s.* încărcătură.
carnage ['kɑːniʒ] *s.* măcel.
carnal ['kɑːnl] *adj.* trupesc.
carnation [kɑː'neiʃn] *s.* garoafă.
carnival ['kɑːnivl] *s.* carnaval.
carnivorous [kɑː'nivrəs] *adj.* carnivor.
carol ['kærl] *s.* colindă. *vi.* a cânta colinde.
carousal [kə'rauzl] *s.* chef.
carouse [kə'rauz] *vi.* a chefui.
carp [kɑːp] *s.* crap. *vi.* a fi nemulţumit; *to* ~ *at* a pisa.
carpenter ['kɑːpintə] *s.* dulgher.
carpet [kɑːpit] *s.* covor. *vi.* a acoperi cu covoare.
carriage ['kæridʒ] *s.* trăsură; vagon de pasageri; cărăuşie; *tehn.* car; afet; ţinută (a corpului); ~ *way* parte carosabilă.
carrier ['kæriə] *s.* cărăuş; mesager.
carrion ['kæriən] *s.* leş.
carrot ['kærət] *s.* morcov.
carry ['kæri] *vt.* a duce, a căra; a prelungi, a continua; a răpi; a câştiga; a ţine; *to* ~ *off* a răpi; a câştiga; *to* ~ *on* a desfăşura; *to* ~ *out* a îndeplini; *to* ~ *through* a înfăptui. *vi.* a ajunge; *to* ~ *on* a continua.
cart [kɑːt] *s.* docar; şaretă; car; căruţă.
carter ['kɑːtə] *s.* căruţaş.
carton ['kɑːtn] *s.* cutie de carton.
cartoon [kɑː'tuːn] *s.* caricatură; desen animat.
cartridge ['kɑːtridʒ] *s.* cartuş; *el.* doză; *foto.* casetă.

38

carving [ˈkɑːviŋ] *s.* sculptură, cioplire.

case [keis] *s.* caz; situaţie; pacient; proces; pledoarie; ladă.

casement (window) [ˈkeismənt (ˈwindou)] *s.* fereastră batantă.

cash [kæʃ] *s.* bani (gheaţă); capital; ~ *down* cu bani peşin; ~ *on delivery* contra ramburs. *vt.* a încasa.

cash-book [ˈkæʃbuk] *s.* registru de încasări.

cashier [kæˈʃiə] *s.* casier. *vt.* a concedia.

cashmere [kæʃˈmiə] *s.* caşmir.

casing [ˈkeisiŋ] *s.* înveliş; *tehn.* lagăr.

casino [kəˈsiːnou] *s.* cazino.

cask [kɑːsk] *s.* butoi.

casket [ˈkɑːskit] *s.* cutie; *amer.* sicriu.

casserole [ˈkæsəroul] *s.* tigaie; cratiţă; *muzica* ghiveci.

cast [kɑːst] *s.* aruncare; mulaj; *teatru* distribuţie. *vt.* a arunca; *tehn.* a turna, a mula; *to ~ a vote* a vota; *to ~ lots* a trage la sorţi; *to ~ about* a căuta din ochi.

castaway [ˈkɑːstəwei] *s.* naufragiat; părăsit.

caste [kɑːst] *s.* castă.

caster [ˈkɑːstə] *s. v.* **castor**.

castigate [ˈkæstigeit] *vt.* a pedepsi; a bate; a critica.

casting [ˈkɑːstiŋ] *s.* mulaj; turnare.

casting-vote [ˈkɑːstiŋˈvout] *s.* vot decisiv.

cast iron [ˈkɑːstˈaiən] *s.* fontă. *adj.* fix, neclintit; de fier.

castle [ˈkɑːsl] *s.* castel; cetate.

castor [ˈkɑːstə] *s.* rotilă; solniţă; presărătoare. *adj.* ~ *sugar* zahăr tos; ~ *oil* ulei de ricin.

castrate [kæsˈtreit] *vi.* a castra.

casual [ˈkæʒjuəl] *s. pl.* haine de fiecare zi. *adj.* întâmplător; neglijent; sporadic.

casualty [ˈkæʒjuəlti] *s.* victimă; *pl.* pierderi.

cat [kæt] *s.* pisică; felină; bici, pisica cu nouă cozi.

catapult [ˈkætəpʌlt] *s.* praştie; catapultă.

catarrh [kəˈtɑː] *s.* guturai, răceală; catar.

catastrophe [kəˈtæstrəfi] *s.* catastrofă.

catch [kætʃ] *s.* captură; opritoare; încuietoare. *vt.* a prinde (din urmă); a opri; a se molipsi de; a înţelege; *to ~ sight of* a zări; a distinge; *to ~ fire* a se aprinde; *to ~ up with* a ajunge din urmă. *vi.* a se fixa; a se apuca.

catching [ˈkætʃiŋ] *adj.* molipsitor.

catechism [ˈkætikizəm] *s.* catehism; interogatoriu.

category [ˈkætigəri] *s.* categorie, grup.

cater [ˈkeitə] *vi.: to ~ for* a aproviziona, a alimenta; *to ~ to* a se ocupa de.

caterer [ˈkeitərə] *s.* furnizor.

caterpillar [ˈkætəpilə] *s.* omidă; şenilă.

cathedral [kəˈθiːdrl] *s.* catedrală.

cathode [ˈkæθoud] *s.* catod.

catkin [ˈkætkin] *s. bot.* mâţişor.

cattail [ˈkætteil] *s.* papură.

cattle [ˈkætl] *s. pl.* vite (cornute).

caucus [ˈkɔːkəs] *s.* nucleu al unui partid; întrunire (electorală).

caught [kɔːt] *vt., vi. trect. şi part. trect. de la* **catch**.

cauldron [ˈkɔːldrn] *s.* ceaun; cazan.

cauliflower [ˈkɔliflauə] *s.* conopidă.

39

caulk [kɔ:k] *vt.* a călăfătui; a e-tanșa.

causative ['kɔ:zətiv] *adj.* cauzal.

cause [kɔ:z] *s.* cauză; justificare. *vt.* a pricinui.

causeway ['kɔ:zwei] *s.* potecă.

caution ['kɔ:ʃn] *s.* grijă, precauție; avertisment. *vt.* a avertiza.

cautious ['kɔ:ʃəs] *adj.* atent, pre-caut.

cavalier ['kævə'liə] *s.* cavaler.

cavalry [ˌkævlri] *s.* cavalerie.

cave [keiv] *s.* peșteră. *vi.*: to ~ in a se prăbuși.

cavil ['kævil] *vi.*: to ~ at a obiecta; a critica.

cavity ['kæviti] *s.* cavitate, sco-bitură.

cayenne [kei'en] *s.* ardei iute; boia de ardei.

cease [si:s] *vt., vi.* a înceta.

ceaseless ['si:slis] *adj.* neîncetat.

cedar ['si:də] *s.* cedru.

ceiling ['si:liŋ] *s.* tavan, plafon.

celebrated ['selibreitid] *adj.* ce-lebru.

celebration ['seli'breiʃn] *s.* săr-bătoare, petrecere.

celerity [si'leriti] *s.* iuțeală.

celery ['seləri] *s.* țelină.

cell [sel] *s.* celulă; element gal-vanic.

cellar ['selə] *s.* pivniță.

cello ['tʃelou] *s.* violoncel.

cellophane ['seləfein] *s.* celofan.

Celt [kelt] *s.* celt.

cement [si'ment] *s.* ciment. *vt.* a cimenta.

cemetery ['semitri] *s.* cimitir.

censer ['sensə] *s.* cădelniță.

censor ['sensə] *s.* cenzor. *vt.* a cen-zura.

censorship ['sensəʃip] *s.* cenzură.

censure ['senʃə] *s.* critică; blam. *vt.* a blama; a critica.

census ['sensəs] *s.* recensământ.

centenary [sen'tinəri] *s., adj.* cen-tenar.

centennial [sen'tenjəl] *adj.* cen-tenar.

center ['sentə] *s., v.* **centre**.

centigrade ['sentigreid] *adj.* cen-tigrad (Celsius).

centralize ['sentrəlaiz] *vt.* a con-centra.

centre ['sentə] *s.* centru, nucleu. *vt.* a (se) concentra.

century ['sentʃuri] *s.* secol.

ceremonious [ˌseri'mounjəs] *adj.* ceremonios.

ceremony ['serimən i] *s.* cere-monie; politeţe; caracter oficial.

certain ['sə:tn] *adj.* sigur; anumit; oarecare; for ~ fără doar şi poate.

certainly ['sə:tnli] *adv.* bineînțeles; cu plăcere.

certificate [sə'tifikit] *s.* certificat.

certify ['sə:tifai] *vt.* a atesta.

certitude ['sə:titju:d] *s.* siguranţa.

cessation [sə'seiʃn] *s.* încetare.

cession ['seʃn] *s.* cedare.

cess-pit ['sespit], **cess-pool** ['sespu:l] *s.* hazna; *fig.* cloacă.

chafe [tʃeif] *vt.* a freca; a încălzi; a aţâţa. *vi.* a se încălzi; a se ener-va.

chaff [tʃɑ:f] *s.* pleavă, tărâţe; tachinare. *vt.* a tachina.

chaffinch ['tʃæfintʃ] *s.* cintezoi.

chain [tʃein] *s.* lanţ; serie; *vt.* a înlănţui, a lega.

chair [tʃeə] *s.* scaun; fotoliu (prezi-denţial); catedră; preşedinte; prezidiu; *vt.* a prezida.

chairman ['tʃeəmən] *s.* preşe-dinte.

chalet ['ʃælei] *s.* cabană; closet public.

chalk [tʃɔːk] *s.* cretă; calcar.

challenge ['tʃælindʒ] *s.* provocare; *fig.* (semn de) întrebare; problemă; interogatoriu. *vt.* a provoca.

chamber ['tʃeimbə] *s.* cameră.

chamberlain ['tʃeimbəlin] *s.* şambelan.

chambermaid [,tʃeibəmeid] *s.* fată în casă.

chameleon [kə'miːljən] *s.* cameleon.

chamois [,ʃæmwɑː] *s.* capră neagră; piele de antilopă.

champagne [ʃæm'pein] *s.* şampanie.

champion ['tʃæmpjən] *s.* campion; apărător; susţinător. *vt.* a apăra; a susţine.

championship ['tʃæmpjənʃip] *s.* campionat; titlu de campion; apărare.

chance [tʃɑːns] *s.* întâmplare; şansă. *adj.* întâmplător. *vt.* a încerca; a risca. *vi.* a se întâmpla; a surveni; *to ~ upon smb.* a da peste cineva.

chancellor ['tʃɑːnsələ] *s.* cancelar, dregător; decan; preşedinte; prim-ministru.

chancery ['tʃɑːnsri] *s.* tribunal; curtea cancelarului; notariat; arhivă; *in ~* la judecată.

chandelier [,ʃændi'liə] *s.* candelabru.

chandler ['tʃɑːndlə] *s.* băcan.

change [tʃeindʒ] *s.* schimbare; trecere; variaţie; mărunţiş; rest; *for a ~* pentru a evita monotonia. *vt.* a (pre)schimba; *to ~ one's mind* a se răzgândi; *to ~ colour* a se schimba la faţă. *vi.* a se schimba.

changeable ['tʃeindʒəbl] *s.* schimbător.

channel ['tʃænl] *s.* canal (natural); braţ de râu etc; *fig.* sursă; mijloc. *vt.* a canaliza; a îndrepta (către).

chant [tʃɑːnt] *s.* cântec; *vt.* a cânta; a scanda.

chaos ['keiɔs] *s.* haos.

chaotic [kei'ɔtik] *adj.* haotic.

chap [tʃæp] *s.* om; băiat; individ. *vt., vi.* a (se) crăpa.

chapel ['tʃæpl] *s.* paraclis; capelă.

chaplain ['tʃæplin] *s.* capelan; preot militar.

chapter ['tʃæptə] *s.* capitol; serie; lanţ.

char [tʃɑː] *vt., vi.* a (se) preface în mangal.

character ['kæriktə] *s.* (tărie) de caracter; personalitate; personaj; specific; caracterizare; recomandaţie; reputaţie.

characteristic [,kæriktə'ristik] *s.* caracteristică. *adj.* caracteristic; înnăscut.

characterize ['kæriktəraiz] *vt.* a caracteriza.

charcoal ['tʃɑːkoul] *s.* mangal.

charge [tʃɑːdʒ] *s.* acuzaţie; sarcină; poruncă; responsabilitate; persoană dată în grija cuiva; *mil.* şarjă; *com.* preţ, cost; *to be in ~ of* a avea în grijă. *vt.* a acuza; a ataca; a şarja; a cere (preţ, onorariu); a încărca; a însărcina.

chargé d'affaires ['ʃɑːʒeidæ'fɛə] *s.* însărcinat cu afaceri.

charitable ['tʃæritəbl] *adj.* caritabil.

charity ['tʃæriti] *s.* pomană; caritate.

charm [tʃɑːm] *s.* farmec; atracţie; vrajă; descântec; amuletă. *vt.* a vrăji; a încânta; a descânta.

charming ['tʃɑːmiŋ] *adj.* încân-
tător.

chart [tʃɑːt] *s.* hartă (marină);
tabel, grafic. *vt.* a trasa, a plănui.

charter ['tʃɑːtə] *s.* cartă; hrisov;
cursă specială.

charwoman ['tʃɑːˌwumən] *s.* fe-
meie cu ziua.

chary ['tʃɛəri] *adj.* prudent; timid;
zgârcit.

chase [tʃeis] *s.* goană. *vt.* a goni; a
urmări; a izgoni.

chasm ['kæzəm] *s.* spărtură; pră-
pastie.

chassis ['ʃæsi] *s.* şasiu.

chaste [tʃeist] *adj.* cast, cuminte;
simplu.

chasten ['tʃeisn], **chastise**
[tʃæsˈtaiz] *vt.* a pedepsi.

chastity ['tʃæstiti] *s.* castitate,
puritate.

chat [tʃæt] *s.* conversaţie; şuetă.
vi. a flecări, a conversa.

chattels ['tʃætlz] *s. pl.* lucruri,
avere mobilă.

chatter ['tʃætə] *s.* flecăreală;
clănţănit; zgomot; *vi.* a trăncăni;
a clănţăni; a face zgomot.

chatter-box ['tʃætəbɔks] *s. fig.*
moară stricată.

chauffeur ['ʃoufə] *s.* şofer par-
ticular.

cheap [tʃiːp] *adj., adv.* ieftin.

cheapen ['tʃiːpn] *vt.* a ieftini.

cheat [tʃiːt] *s.* pungaş, escroc. *vt.,
vi.* a înşela.

check [tʃek] *vt.* a verifica; a opri; a
preda. *s.* verificare, control;
oprire; piedică; bifare; con-
tramarcă; carou; *amer.* cec.

checkers ['tʃekəz] *s. pl. amer.*
(jocul de) dame; carouri.

checkmate ['tʃekˈmeit] *s.* şah mat.
vt. a face şah mat.

cheek [tʃiːk] *s.* obraz; obrăznicie,
neruşinare.

cheeky ['tʃiːki] *adj.* obraznic, ne-
ruşinat.

cheer [tʃiə] *s.* ovaţie, ura; veselie.
vt. a înveseli; a îmbărbăta; a ova-
ţiona. *vi.* a se înveseli; *s. to ~ up*
a se lumina.

cheerful ['tʃiəfl] *adj.* vesel; opti-
mist; plăcut.

cheerio(h) ['tʃiəri'ou] *interj.* la
revedere; noroc.

cheerless ['tʃiəlis] *adj.* trist, ne-
norocit; întunecat.

cheese [tʃiːz] *s.* brânză.

chef-d'oeuvre ['ʃei'dɔːvr], *pl.*
chefs d'oeuvre *s.* capodoperă.

chemical ['kemikl] *adj.* chimic.

chemist ['kemist] *s.* chimist; far-
macist; droghist.

chemistry ['kemistri] *s.* chimie.

cheque [tʃek] *s.* cec; *~ book* car-
net de cecuri.

chequered ['tʃekəd] *adj.* cadrilat.

cherish ['tʃeriʃ] *vt.* a păstra (cu
grijă); a nutri; a iubi.

cherry ['tʃeri] *s.* vişin(ă); cireş;
cireaşă. *adj.* roşu.

cherub ['tʃerəb] *s.* heruvim.

chess [tʃes] *s.* (jocul de) şah; *~
board* tablă de şah.

chessman ['tʃesmən] *s.* piesă de
şah.

chest [tʃest] *s.* cufăr; ladă; piept.

chestnut ['tʃesnʌt] *s.* castan(ă);
roib. *adj.* castaniu, şaten; roib.

chest-of-drawers ['tʃestəv'drɔːz]
s. scrin.

chew [tʃuː] *vt., vi.* a mesteca.

chewing-gum ['tʃu(ː)iŋɡʌm] *s.*
gumă de mestecat.

chick(en) ['tʃik(in)] *s.* pui; pă-
sărică; *~ pox* vărsat de vânt.

chid [tʃid] *vt. trec. şi part. trec de
la* **chide**.

chide [tʃaid] vt. a ocărî.
chief [tʃi:f] s. şef, conducător. adj. principal; suprem; şef.
chiefly ['tʃi:fli] adv. mai ales.
chieftain ['tʃi:ftən] s. căpetenie.
chiblain ['ʃilblein] s. degerătură.
child [tʃaild] s. copil; prunc; ~ bed naştere; lăuzie; ~ 's play fleac.
childbirth ['tʃaildbə:θ] s. naştere.
childhood ['tʃaildhud] s. copilărie.
childish ['tʃaildiʃ] adj. copilăresc; copilăros.
childless ['tʃaildlis] adj. fără copii.
childlike ['tʃaildlaik] adj. copilăresc; nevinovat.
children ['tʃildrn] s. pl. de la **child** copii.
Chilean ['tʃiliən] s., adj. chilian(ă).
chill [tʃil] s. răceală; răcoare. adj. răcoros; rece; glacial. vt., vi. a (se) răc(or)i.
chime [tʃaim] s. (clinchet de) clopoţel. vt., vi. a suna; to ~ in a se amesteca în conversaţie; a se armoniza.
chimera [kai'miərə] s. himeră.
chimney ['tʃimni] s. coş; horn.
chimney-sweep(er) ['tʃimniswi:p(ə)] s. coşar.
chimpanzee [,tʃimpən'zi:] s. cimpanzeu.
chin [tʃin] s. bărbie.
china ['tʃainə] s. porţelan(uri); ~ ware porţelanuri.
chin-chin ['tʃin'tʃin] s. salut!; noroc!
Chinese ['tʃai'ni:z] s. chinez(oaică); limba chineză. adj. chinez(ă).
chink [tʃiŋk] s. crăpătură; clinchet (de pahare etc.). vt., vi. a zornăi; a (se) ciocni.
chintz [tʃints] s. creton.

chip [tʃip] s. aşchie; ciob; ciupitură; felie; pl. cartofi prăjiţi; a ~ of the old block leit taică-su. vt. a aşchia; a ciobi; a tăia subţire. vi. a se ciobi; a se strica.
chiropodi [ki'rɔpədi] s. pedichiură.
chirp [tʃə:p] s. ciripit. vt., vi. a ciripi.
chisel [tʃizl] s. daltă.
chivalrous ['ʃivlrəs] adj. viteaz; politicos; cavaler.
chivalry ['ʃivlri] s. cavalerism; echitate.
chloride ['klɔ:raid] s. clorură.
chlorine ['klɔ:ri:n] s. clor.
chlorophyll [,klɔrəfil] s. clorofilă.
chock [tʃɔk] s. piedică, opritoare; ~ full plin ochi.
chocolate ['tʃɔklit] s. (bomboană de) ciocolată; (lapte cu) cacao.
choice [tʃɔis] s. (posibilitate de) alegere; ales; sortiment. adj. ales; remarcabil.
choir [kwaiə] s. cor; galeria corului la biserică.
choke [tʃouk] s. auto. accelerator; vt., vi. a (se) înăbuşi; a (se) îneca.
choler ['kɔlə] s. furie.
cholera ['kɔlərə] s. holeră.
choleric ['kɔlərik] adj. nervos.
choose [tʃu:z] vt. a alege; a hotărî; a dori.
chop [tʃɔp] s. friptură; fleică; bucată. vt. a tăia, a ciopli; to ~ off a reteza.
chopsticks ['tʃɔpstiks] s. pl. beţişoare de mâncat (orez etc.).
choral ['kɔ:rl] adj. coral.
chord [kɔ:d] s. coardă; muz. acord.
chore [tʃɔ:] s. treabă; muncă.
chorister ['kɔristə] s. corist.
chorus ['kɔrəs] s. cor; refren; ~ girl balerină; figurantă (la reviste).

43

chose [tʃouz] *vt, vi. trec de la* **choose**.

chosen ['tʃouzn] *vt., vi. part. trec. de la* **choose**.

Christ [kraist] *s.* Cristos. *interj.* Doamne.

christen ['krisn] *vt.* a boteza.

Christendom ['krisndəm] *s.* creştinătate.

Christian ['kritʃən] *s., adj.* creştin; ~ *name* nume de botez.

Christianity [ˌkristi'æniti] *s.* creştinătate; creştinism.

Christmas ['krisməs] *s.* Crăciun.

chrome [kroum], **chromium** ['kroumjəm] *s. chim.* crom.

chronicle ['krɔnikl] *s.* cronică.

chronologic(al) [ˌkrɔnə'lɔdʒik(l)] *adj.* cronologic.

chrysanthemum [kri'sænθəməm] *s.* crizantemă.

chubby ['tʃʌbi] *adj.* bucălat; durduliu.

chuck [tʃʌk] *vt.* a arunca; a părăsi.

chuckle ['tʃʌkl] *s.* chicot. *vi.* a râde pe înfundate; a chicoti.

chum [tʃʌm] *s.* prieten; tovarăş.

chunk [tʃʌnk] *s.* bucată.

church [tʃəːtʃ] *s.* biserică; liturghie; ~ *goer* credincios.

churchyard ['tʃəːtʃ'jɑːd] *s.* cimitir.

churl [tʃəːl] *s.* bădăran.

churlish ['tʃəːliʃ] *adj.* bădăran.

churn [tʃəːn] *s.* putinei. *vt.* a bate (untul etc.).

cider ['saidə] *s.* cidru.

cigar [si'gɑː] *s.* ţigară.

cigarette [ˌsigə'rət] *s.* ţigar(et)ă; ~ *case* tabacheră; ~ *holder* portţigaret.

cilium ['siliəm] *s.* geană.

cinder ['sində] *s. (şi pl.)* zgură, cenuşă.

Cinderella [ˌsində'relə] *s.* Cenuşăreasa.

cinematograph [ˌsini'mætəgrɑːf] *s.* (proiector de) cinema.

cinnamon ['sinəmən] *s.* scorţişoară.

cipher ['saifə] *s.* zero; nimic; cifră; nulitate; cifru. *vt.* a socoti; a cifra.

circle ['səːkl] *s.* cerc; inel; serie; lanţ; *teatru* balcon. *vt.* a înconjura. *vi.* a se învârti în cerc.

circuit ['səːkit] *s.* circuit; tur(neu); circumscripţie.

circuitous [sə'kjuitəs] *adj.* indirect; pe ocolite.

circular ['səːkjulə] *s.* circulară. *adj.* rotund, circular.

circulate ['səːkjuleit] *vt.* a răspândi. *vi.* a circula; a merge în cerc.

circulating ['səːkjuleitiŋ] *adj.* ambulant; volant.

circulation [ˌsəːkju'leiʃn] *s.* circulaţie; răspândire; tiraj.

circumference [sə'kʌmfrns] *s.* circumferinţă.

circumlocution [ˌsəːkəmlə'kjuːʃn] *s.* vorbărie; circumlocuţiune.

circumscribe ['səːkəmskraib] *vt.* a circumscrie, a limita.

circumscription [ˌsəːkəm'skripʃn] *s.* inscripţie; circumscriere.

circumstance ['səːkəmstəns] *s.* împrejurare, condiţie; eveniment; amănunt; *pl.* avere; *in the ~s* dată fiind situaţia.

circumstantial [ˌsəːkəm'stænʃl] *adj.* amănunţit.

circumvent [ˌsəːkəm'vent] *vt.* a împiedica.

circus ['səːkəs] *s.* circ; piaţă.

citadel ['sitədl] *s.* fortăreaţă.

cite [sait] *vt.* a cita.

citizen ['sitizn] *s.* cetăţean, locuitor.

citizenship ['sitiznʃip] *s.* cetăţenie; îndatoriri cetăţeneşti.

city ['siti] *s.* oraş; *The City* cartier comercial al Londrei.

civil ['sivl] *adj.* cetăţenesc; civil; politicos; oficial; ~ *servant* funcţionar de stat.

civilian [si'viljən] *s., adj.* civil.

civility [si'viliti] *s.* politeţe.

civilization [,sivilai'zeiʃn] *s.* civilizaţie; civilizare.

clad [klæd] *adj.* îmbrăcat; împădurit.

claim [kleim] *s.* pretenţie; revendicare; drept. *vt.* a pretinde, a revendica.

claimant ['kleimənt] *s.* pretendent.

clam [klæm] *s.* scoică.

clamber ['klæmbə] *vi.* a se căţăra.

clammy ['klæmi] *adj.* jilav; lipicios.

clamo(u)r ['klæmə] *s.* gălăgie, zarvă; plângere. *vi.* a face gălăgie; a protesta.

clan [klæn] *s.* clan; neam; clică.

clang [klæŋ] *s.* dangăt. *vt., vi.* a suna.

clango(u)r ['klæŋgə] *s.* dangăt; sunet metalic.

clannishness ['klæniʃnis] *s.* spirit de gaşcă.

clap [klæp] *s.* pocnet, bubuit(ură); *pl.* aplauze. *vt.* a pocni, a lovi (uşurel). *vi.* a trosni; a aplauda.

claret ['klærət] *s.* vin roşu (de Bordeaux).

clarify ['klærifai] *vt., vi.* a (se) clarifica.

clarion ['klæriən] *s.* trâmbiţă.

clarity ['klæriti] *s.* claritate.

clash [klæʃ] *s.* ciocnire; discordie. *vt.* a ciocni, a izbi. *vi.* a se ciocni; a zăngăni.

clasp [klɑːsp] *s.* scoabă; strângere de mână; îmbrăţişare. *vt.* a strânge, a apuca bine; a fixa.

class [klɑːs] *s.* (oră de) clasă; lecţie; categorie; grup(ă); ~ *mate* coleg de clasă; ~ *room* (sală de) clasă.

classic ['klæsik] *s.* clasic; operă clasică. *adj.* clasic; binecunoscut.

classical ['klæsikl] *adj.* clasic, antic; excelent.

classification [,klæsifi'keiʃn] *s.* clasificare.

classify ['klæsifay] *vt.* a clasifica.

clatter ['klætə] *s.* tropot; zarvă. *vt.* a zăngăni. *vi.* a tropoti, a zăngăni.

clause [klɔːz] *s.* clauză; propoziţie (dintr-o frază).

claw [klɔː] *s.* gheară. *vt.* a apuca; a zgâria.

clay [klei] *s.* lut; pământ.

clayey ['kleii] *adj.* argilos.

clean [kliːn] *adj.* curat; proaspăt; neîntrebuinţat; pur; corect; îndemânatic. *adv.* curat; total. *vt.* a spăla; a curăţa (de bani); a înlătura.

clean-cut ['kliːn'kʌt] *adj.* clar; drept; bine făcut.

cleanliness ['klenlinis] *s.* curăţenie.

cleanly ['klenli] *adj.* curat.

cleanse [klenz] *vt.* a curăţa; a purifica.

clean-shaven ['kliːn,ʃeivn] *adj.* ras; fără barbă *sau* mustaţă.

clear [kliə] *adj.* clar, curat; ferit; slobod; *com.* total. *vt.* a curăţa; a clarifica; a trece; a elibera; a scăpa de; a curăţa de bani; *to ~ away* a strânge masa; *to ~ one's throat* a-şi drege glasul; *to ~ customs* a fi vămuit. *vi.* a se limpezi; a se însenina; *to ~ off sau out* a pleca.

clearance ['kliərns] s. eliberare; spaţiu.

clear-cut ['kliə'kʌt] adj. clar, limpede; drept.

clearing ['kliəriŋ] s. poiană; fin. cliring.

cleavage ['kli:vidʒ] s. crăpătură; despărţire; sciziune.

cleave [kli:v] vt. a despica; a separa. vi. a se desface.

clef [klef] s. muz. cheie.

cleft [kleft] s. crăpătură; despicătură. vt., vi. trec. şi part. trec. de la **cleave**.

clemency ['klemənsi] s. îndurare.

clement ['klemənt] adj. îndurător.

clench [klentʃ] vt. a strânge; a rezolva.

clergy ['klə:dʒi] s. cler.

clergyman ['klə:dʒimən] s. preot (anglican).

clerical ['klerikl] adj. bisericesc; funcţionăresc.

clerk[1] [kla:k] s. funcţionar comercial; conţopist; notar, grefier.

clerk[2] [kla:k] s. amer. vânzător de prăvălie.

clever ['klevə] adj. deştept; isteţ; iscusit.

click [klik] s. pocnitură. vt., vi. a pocni.

cliff [klif] s. faleză; buză de deal; stâncă.

climate ['klaimit] s. climă; climat.

climax ['klaimæks] s. culme; punct culminant.

climb [klaim] s. urcuş, pantă. vt. a urca, a se căţăra pe. vi. a se (ab)urca; a parveni (în viaţă); to ~ down a coborî; a fi în declin.

climber ['klaimə] s. plantă agăţătoare; alpinist; parvenit.

clime [klaim] s. climă; ţinut; meleaguri.

cling [kliŋ] vi. a se lipi; a se agăţa.

clinic ['klinik] s. clinică.

clink [kliŋk] s. clinchet. vt., vi. a ciocăni, a zornăi.

clip [klip] s. clamă; agrafă. vt. a reteza; a prinde cu o agrafă etc.

clipper ['klipə] s. goeletă; (avion) transatlantic; pl. foarfece (de tuns).

clipping ['klipiŋ] s. tăietură (de ziar).

clique [kli:k] s. clică.

cloak [klouk] s. manta; mantie; fig. paravan; ~-room vestiar; garderobă; casă de bagaje (la gară). vt. a tăinui.

clock [klɔk] s. orologiu, ceas. vt., vi. a ponta.

clockwise ['klɔkwaiz] adj., adv. în sensul acelor de ceasornic.

clockwork ['klɔkwə:k] s. mecanism de ceasornic.

clod [klɔd] s. bulgăre (de pământ).

clog [klɔg] s. sabot. vt., vi. a (se) năclăi; a (se) bloca.

cloister ['klɔistə] s. mănăstire; galerie.

close[1] [klouz] s. încheiere, sfârşit. vt. a închide; a încheia; a strânge. vi. a se apropia; a se învoi.

close[2] [klous] adj. apropiat; la îndemână; înghesuit; ascuns; închis; a ~ call sau shave o mare primejdie.

closely ['klousli] adv. îndeaproape; strâns.

closet ['klɔzit] s. cămăruţă; dulap; closet.

close-up ['klousʌp] s. foto. primplan.

clot [klɔt] s. cheag. vi. a se închega, a se năclăi.

cloth [klɔθ] s. postav; pânză; cârpă.

clothe [klouð] *vt.* a îmbrăca; a acoperi.

clothes [klouðz] *s. pl.* haine; lenjerie (de pat etc.); ~ *line* funie de rufe; ~ *peg* cârlig de rufe.

clothing ['klouðiŋ] *s.* îmbrăcăminte.

cloud [klaud] *s.* nor; ceață; hoardă; stol; *pl.* cer; *to be in the* ~*s* a fi cu capul în nori. *vt., vi.* a (se) înnora.

cloudless ['klaudlis] *adj.* senin.

cloudy ['klaudi] *adj.* înnorat; cețos.

clout [klaut] *s.* cârpă; palmă; dupac. *vt.* a pocni.

clove [klouv] *s. bot.* cuișoare; cățel de usturoi. *vt., vi. trec. de la* **cleave**.

cloven ['klouvn] *vt., vi. part. trec. de la* **cleave**.

clover ['klouvə] *s.* trifoi; *in* ~ în sânul lui Avram.

clown [klaun] *s.* clovn; mârlan.

clownish ['klauniʃ] *adj.* de bufon.

cloy [klɔi] *vt.* a sătura; a scârbi.

club [klʌb] *s.* bâtă; crosă; băț de golf etc.; treflă; club. *vt.* a ciomăgi. *vi.* a se asocia.

clue [klu:] *s.* cheie; rezolvare.

clump [klʌmp] *s.* pâlc; bulgăre.

clumsy ['klʌmzi] *adj.* stângaci, greoi.

clung [klʌŋ] *vi. trec. și part. trec. de la* **cling**.

cluster ['klʌstə] *s.* ciorchine. *vi.* a se aduna.

clutch [klʌtʃ] *s.* apucare; gheară; ambreiaj. *vt.* a apuca, a prinde.

coach [koutʃ] *s.* trăsură; diligență; vagon; autobuz; antrenor; meditator. *vt.* a prepara, a medita; a antrena.

coachman ['koutʃmən] *s.* vizitiu.

coal [koul] *s.* cărbune; *pl.* cărbuni, jar; ~ *field* bazin carbonifer; ~*pit* mină; ~*tar* gudron.

coalition [,kouə'liʃn] *s.* coaliție; unire.

coarse [kɔ:s] *adj.* aspru; grosolan; ordinar; mitocănesc.

coarseness ['kɔ:snis] *s.* grosolănie.

coast [koust] *s.* coastă, țărm; ~*guard* grănicer. *vi.* a merge de-a lungul coastei; a coborî o pantă.

coat [kout] *s.* haină; înveliș; strat de vopsea etc. *vt.* a înveli; a îmbrăca; a vopsi.

coating ['koutiŋ] *s.* înveliș.

coat-of-arms ['koutəv'ɑ:mz] *s.* blazon; stemă.

coax [kouks] *vt.* a îndupleca.

cob [kɔb] *s.* știulete.

cobble ['kɔbl] *s.* piatră de râu. *vt.* a pietrui; a cârpăci.

cobbler ['kɔblə] *s.* cârpaci, cizmar.

cobweb ['kɔbwəb] *s.* pânză de păianjen.

cock [kɔk] *s.* cocoș; robinet. *vt.* a ciuli (urechile).

cockade [kɔ'keid] *s.* cocardă.

cockney ['kɔkni] *s.* (dialect) londonez. *adj.* din mahalalele londoneze.

cockpit ['kɔkpit] *s.* carlingă; arenă.

cockroach ['kɔkroutʃ] *s.* gândac de bucătărie.

cockscomb ['kɔkskoum] *s.* creastă de cocoș.

cocksure ['kɔkʃuə] *adj.* încrezut.

cocktail ['kɔkteil] *s.* cocteil.

cocoa ['koukou] *s.* cacao.

coconut ['koukənʌt] *s.* nucă de cocos.

cocoon [kə'ku:n] *s.* cocon (vierme de mătase).

cocopalm ['koukəpɑ:m] *s.* cocotier.

cod [kɔd] *s. iht.* cod; ~*liver-oil* untură de pește.

coddle ['kɔdl] vt. a cocoli.
code [koud] s. cod(ice).
codify ['kɔdifai] vt. a codifica.
co-ed ['kou'ed] s. elevă la o şcoală mixtă.
co-education ['kou,edju'keiʃn] s. învăţământ mixt.
coerce [kou'ə:s] vt. a sili.
coercion [kou'ə:ʃn] s. constrângere.
co-exist ['kouig'zist] vi. a coexista.
co-existence ['kouig'zistens] s. coexistenţă.
coffee ['kɔfi] s. cafea; ~-house cafenea.
coffer ['kɔfə] s. cufăr; ladă; tezaur.
coffin ['kɔfin] s. sicriu.
cogent ['koudʒnt] adj. convingător.
cogitation [,kɔdʒi'teiʃn] s. cugetare.
cognate ['kɔgneit] adj. înrudit; similar.
cognizance ['kɔgnizns] s. cunoştinţă.
cog-wheel ['kɔgwi:l] s. roată dinţată.
coherent [kɔ'hiərnt] adj. coerent; clar; inteligibil.
coil [kɔil] s. serpentină; bobină. vt. a răsuci, a face ghem. vi. a se răsuci, a se încolăci.
coin [kɔin] s. monedă. vt. a fabrica; a bate (monedă).
coinage ['kɔinidʒ] s. baterea monezilor; sistem monetar; cuvânt nou.
coincidence [kou'insidns] s. coincidenţă.
coke [kouk] s. cocs; coca-cola. vt. a cocsifica.
cold [kould] s. frig; ger; răceală. adj. rece; îngheţat; neatrăgător; calm; glacial; ~-blooded cu

sânge rece. ~-hearted nesimţitor.
collaborate [kə'læbəreit] vi. a colabora.
collapse [kə'læps] s. prăbuşire; eşec; leşin. vi. a se nărui; a eşua.
collapsible [kə'læpsəble] adj. pliant, rabatabil; decapotabil.
collar ['kɔlə] s. guler; garnitură; zgardă; ~ stud buton de guler. vt. a apuca (de guler).
collar-bone ['kɔləboun] s. claviculă.
collate [kɔ'leit] vt. a colaţiona, a compara.
colleague ['kɔli:g] s. coleg.
collect [kə'lekt] vt. a strânge; a(-şi) aduna (gândurile etc.). vi. a se aduna.
collection [kə'lekʃn] s. strângere; colecţi(onar)e; colectă.
collective [kə'lektiv] s., adj. colectiv.
collector [kə'lektə] s. colecţionar; controlor de bilete; perceptor; colector.
college ['kɔlidʒ] s. colegiu; universitate; liceu superior.
collide [kə'laid] vi. a se ciocni.
collie ['kɔliə] s. câine ciobănesc (scoţian).
collier ['kɔliə] s. miner într-o mină de cărbuni.
colliery ['kɔlieri] s. mină de cărbuni.
collision [kə'liʒn] s. ciocnire.
collocation [,kɔlə'keiʃn] s. expresie.
colloquial [kə'loukwiəl] adj. de conversaţie; familiar.
colloquy ['kɔləkwi] s. conversaţie.
collusion [kə'lu:ʒn] s. cârdăşie.
colon ['koulən] s. două puncte (:).
colonization [,kɔlənai'zeiʃn] s. colonizare; colonialism.

colonizer ['kɔlənaizə] s. colon(ial)ist.

colony ['kɔləni] s. colonie.

color ['kʌlə] s. amer. v. **colo(u)r**.

colossus [kə'lɔsəs] s. colos.

colo(u)r ['kʌlə] s. culoare; nuanţă; înfăţişare; pl. drapel; ~ bar discriminare rasială; ~ blind insensibil la culoare; off ~ debilitat; trist; under ~ off sub pretext că. vt. a colora; a vopsi; a schimba; fig. a se colora; a se îmbujora.

coloured ['kʌləd] adj. colorat; de culoare, negru.

colouring ['kʌləriŋ] s. culoare; colorit; vopsea.

colourless ['kʌləlis] adj. incolor; palid; şters.

colt [koult] s. mânz.

column ['kɔləm] s. coloană; comentariu; reportaj.

columnist ['kɔləmnist] s. comentator.

coma ['koumə] s. comă.

comb [koum] s. pieptene; darac; fagure. vt. a pieptăna; a perchezitiona.

combat ['kɔmbət] s. luptă. vt. a combate. vi. a (se) lupta.

combination [,kɔmbi'neiʃn] s. combinaţie; afacere; asociaţie; pl. combinezon.

combine[1] ['kɔmbain] s. asociaţie; cartel; combină; combinat.

combine[2] [kəm'bain] vt., vi. a (se) combina.

combustible [kəm'bʌstəbl] s. combustibil. adj. combustibil, iritabil.

combustion [kəm'bʌstʃn] s. combustie.

come [kʌm] vi. a (de)veni; a se apropia; a ajunge; a se ridica; a se petrece; ~ along! haide; ~ on! grăbeşte-te; ~ in! intră, poftim; to ~ by a obţine; to ~ to an end a se sfârşi; to ~ to an agreement a se înţelege; to ~ to (oneself) a-şi veni în fire; to ~ sau round a- şi reveni; to ~ of age a ajunge la majorat; to ~ out a apărea, a ieşi la iveală; to ~ down a coborî; a scăpăta; to ~ off a se produce; to ~ up a creşte, a progresa; to ~ to blows a ajunge la bătaie; to ~ to nothing a da greş; to ~ to pass sau to ~ about a se întâmpla; to ~ across sau upon a întâlni din întâmplare.

come-back ['kʌmbæk] s. revenire.

comedian [kə'mi:djən] s. (actor) comic.

come-down ['kʌmdaun] s. decădere; înrăutăţire.

comedy ['kɔmidi] s. comedie; întâmplare hazlie.

comely ['kʌmli] adj. atrăgător; arătos.

comfort ['kʌmfət] s. consolare; uşurare; confort, mulţumire. vt. a consola; a împăca.

comfortable ['kʌmftəbl] adj. confortabil; tihnit.

comfortably ['kʌmftəbli] adv. confortabil; ~ off înstărit.

comforter ['kʌmfətə] s. consolator; fular.

comic(al) ['kɔmik(l)] adj. comic.

coming ['kʌmiŋ] adj. (de) viitor; cu perspectivă.

comity ['kɔmiti] s. amabilitate.

comma ['kɔmə] s. virgulă; inverted ~s ghilimele.

command [kə'mɑ:nd] s. poruncă; comandă; autoritate; conducere; in ~ of stăpân pe. vt. a porunci; a stăpâni; a deţine; a impune; a domina.

commandeer [,kɔmən'diə] vt. a rechiziţiona.

49

commander [kə'mɑːndə] s. comandant; *mar.* comandor; ~-*in-chief* comandant suprem.

commanding [kə'mɑːndiŋ] *adj.* impunător; poruncitor; comandant.

commandment [kə'mɑːndmənt] s. poruncă; ordin.

commando [kə'mɑːndou] s. detaşament de asalt.

commemoration [kə,memə'reiʃn] s. comemorare; amintire.

commence [kə'mens] *vt., vi.* a începe.

commend [kə'mend] *vt.* a lăuda; a trimite.

commensurate [kə'menʃrit] *adj.* proporţional; potrivit.

comment ['kɔment] s. comentariu. *vi.* a face comentarii.

commerce ['kɔməs] s. comerţ (cu ridicata).

commiseration [kə,mizə'reiʃn] s. milă; înţelegere.

commissariat [,kɔmi'səriət] s. intendenţă; *mil.* administraţie; *pol.* comisariat.

commissary ['kɔmisəri] s. intendent; reprezentant; comisar.

commission [kə'miʃn] s. grad de ofiţer; comision; comitet; însărcinare; *in* ~ gata (de luptă). *vt.* a însărcina; a inaugura.

commissioned [kə'miʃnd] *adj.* autorizat; confirmat.

commissioner [kə'miʃnə] s. membru al unei comisii; comisar, reprezentant guvernamental.

commit [kə'mit] *vt.* a comite; a încredinţa; a angaja. *vr.* a se angaja.

commitment [kə'mitmənt] s. angajament; obligaţie.

committee [kə'miti] s. comitet, comisie.

commodious [kə'moudjəs] *adj.* spaţios.

commodity [kə'mɔditi] s. marfă.

commodore ['kɔmədɔː] s. comandor.

common ['kɔmən] s. islaz; comunitate; *pl.* popor; *out of the* ~ neobişnuit; *the (House of) Commons* Camera Comunelor. *adj.* comun; de rând; răspândit; frecvent; grosolan; ~ *law* cutumă.

commonly ['kɔmənli] *adv.* de obicei, în general.

commoner ['kɔmənə] s. om de rând.

commonplace ['kɔmənpleis] s. platitudine. *adj.* banal, plat.

commonwealth [kɔmənwelθ] s. avere comună; naţiune; republică; *the Commonwealth* Comunitatea Britanică de Naţiuni; Imperiul Britanic.

commotion [kə'mouʃn] s. agitaţie; încurcătură.

communal ['kɔmjunl] *adj.* comunal, obştesc.

commune[1] ['kɔmjuːn] s. comună.

commune[2] [kə'mjuːn] *vi.* a comunica, a se înţelege.

communicable [kə'mjuːnikəbl] *adj.* transmisibil; molipsitor.

communicate [kə'mjuːnikeit] *vt., vi.* a comunica.

communication [kə'mjuːni'keiʃn] s. comunicare; comunicat; informaţii; comunicaţii.

communion [kə'mjuːnjən] s. comunitate; *rel.* împărtăşanie; discuţie.

communiqué [kə'mjuːnikei] s. comunicat.

community [kə'mjuːniti] s. colectiv; societate; proprietate obştească.

commutation ticket [kɔmju'teiʃn ,tikit] *s. amer.* abonament (la tren etc.).

commutator ['kɔmjuteitə] *s.* şaltăr.

commute [kə'mju:t] *vt.* a comuta; a schimba. *vi. amer.* a face naveta.

commuter [kə'mju:tə] *s. amer.* navetist.

compact[1] ['kɔmpækt] *s.* pact; pudrieră.

compact[2] [kəm'pækt] *adj.* compact; solid; unit.

companion [kəm'pænjən] *s.* tovarăş; prieten; om de lume; însoţitor; damă de companie; pereche; manual.

companionship [kəm'pænjənʃip] *s.* tovărăşie.

company ['kʌmpni] *s.* companie; trupă; societate; musafir(i); tovarăşi; ~ *manners* maniere alese.

comparable ['kɔmprəbl] *adj.* comparabil.

comparative [kəm'pærətiv] *s.* comparativ.

compare [kəm'pɛə] *s.* comparaţie; *beyond* sau *past* ~ fără egal. *vt.* a compara; a asemui.

comparison [kəm'pærisn] *s.* comparaţie.

compass ['kʌmpəs] *s.* busolă; *pl.* compas.

compassion [kəm'pæʃn] *s.* milă; înţelegere.

compatible [kɔm'pætəbl] *adj.* compatibil.

compel [kəm'pel] *vt.* a sili; a stoarce.

compensate ['kɔmpenseit] *vt., vi.* a (se) compensa.

compensation [,kɔmpen'seiʃn] *s.* compensaţie; despăgubire; consolare.

compete [kəm'pi:t] *vi.* a concura; a rivaliza.

competence ['kɔmpitns] *s.* competenţă; avere.

competent ['kɔmpitnt] *adj.* competent; calificat.

competition [,kɔmpi'tiʃn] *s.* întrecere; concurenţă.

competitive [kəm'petitiv] *adj.* de concurenţă.

competitor [kəm'petitə] *s.* concurent.

compilation [,kɔmpi'leiʃn] *s.* compilaţie; selecţie.

compile [kəm'pail] *vt.* a compila; a alcătui; a redacta.

compiler [kəm'pailə] *s.* redactor.

complacency [kəm'pleisnsi] *s.* mulţumire (de sine).

complain [kəm'plein] *vi.* a se plânge.

complaint [kəm'pleint] *s.* plângere, boală.

complaisance [kəm'pleizns] *s.* complezenţă.

complement ['kɔmplimənt] *s.* completare; complement.

complementary [,kɔmpli'mentri] *adj.* complementar; de politeţe.

complete [kəm'pli:t] *adj.* întreg; perfect. *vt.* a desăvârşi; a completa.

completion [,kəm'pli:ʃn] *s.* completare; desăvârşire.

complex ['kɔmpleks] *s.* întreg; complex. *adj.* complex; complicat; ~ *sentence* frază compusă prin subordonare.

complexion [kəm'plekʃn] *s.* ten; înfăţişare.

complexity [kəm'pleksiti] *s.* complex(itate).

compliance [kəm'plaiəns] *s.* încuviinţare; bunăvoinţă; *in* ~ *with* conform *(cu dat.).*

51

compliant [kəm'plaiənt] *adj.* binevoitor.

complication [ˌkɔmpli'keiʃn] *s.* complicaţie.

complicity [kəm'plisiti] *s.* complicitate.

compliment[1] ['kɔmplimənt] *s.* compliment; omagiu; salut; *pl.* felilcitări.

compliment[2] ['kɔmpliment] *vt.* a omagia; a lăuda; a felicita.

complimentary [ˌkɔmpli'mentri] *adj.* admirativ; de favoare.

comply [kəm'plai] *vi.*: *to ~ with a* satisface; a se supune la.

compose [kəm'pouz] *vt.* a compune; *poligr.* a culege; a linişti; a împăca.

composed [kəm'pouzd] *adj.* liniştit.

composer [kəm'pousə] *s.* compozitor.

composite ['kɔmpəzit] *adj.* compus.

composition [ˌkɔmpə'ziʃn] *s.* compunere; compoziţie.

compositor [kəm'pɔzitə] *s.* zeţar.

compost ['kɔmpɔst] *s.* bălegar.

composure [kəm'pouʒə] *s.* calm.

compound[1] ['kɔmpaund] *s.* compus; împrejmuire. *adj.* compus; *~ sentence* frază compusă prin coordonare.

compound[2] [kəm'paund] *vt.* a compune; a prepara.

comprehend [ˌkɔmpri'hend] *vt.* a înţelege; a cuprinde.

comprehensible [ˌkɔmpri'hensəbl] *adj.* de înţeles.

comprehension [ˌkɔmpri'henʃn] *s.* înţelegere; cuprindere.

comprehensive ['kɔmpri'hensiv] *adj.* cuprinzător.

compress[1] ['kɔmpres] *s.* compresă.

compress[2] [kəm'pres] *vt.* a comprima.

compression [kəm'preʃn] *s.* comprimare.

comprise [kəm'praiz] *vt.* a cuprinde; a fi alcătuit din.

compromise ['kɔmprəmaiz] *s.* compromis; împăcare. *vt.* a promite. *vi.* a face un compromis.

compulsion [kəm'pʌlʃn] *s.* constrângere; strâmtoare.

compulsory [kəm'pʌlsri] *adj.* obligatoriu.

compunction [kəm'pʌŋkʃn] *s.* scrupul.

computation [ˌkɔmpju'teiʃn] *s.* socoteală.

compute [kəm'pju:t] *vt., vi.* a calcula.

computer [kəm'pju:tə] *s.* calculator (electronic).

comrade ['kɔmrid] *s.* tovarăş.

con [kɔn] *s.* argument *sau* vot contra. *vt.* a studia. *adj.* împotrivă.

conceal [kən'si:l] *vt.* a ascunde; a tăinui.

concede [kən'si:d] *vt.* a ceda; a acorda.

conceit [kən'si:t] *s.* îngâmfare; concepţie.

cenceited [kən'si:tid] *adj.* încrezut.

conceivable [kən'si:vəbl] *adj.* de conceput; posibil.

conceive [kən'si:v] *vt., vi.* a concepe.

concentrate ['kɔnsentreit] *vt., vi.* a (se) concentra.

concentration [ˌkɔnsen'treiʃn] *s.* concentrare, aglomeraţie.

concept ['kɔnsept] *s.* noţiune.

conception [kən'sepʃn] *s.* concepţie; plan.

concern [kən'sə:n] *s.* grijă; interes; întreprindere; trust. *vt.* a interesa; a afecta; a îngrijora; *as ~s...*

cât despre, în ce priveşte... *vr.*: *to ~ oneself with* a se ocupa de.

concerning [kən'sə:niŋ] *prep.* cu privire la.

concert ['kɔnsət] *s.* concert; spectacol; *in ~* împreună; de comun acord.

concerted [kən'sə:tid] *adj.* comun; concertat.

concertina [ˌkɔnsə'tina] *s.* armonică.

concerto [kən'tʃə:tou] *s.* concert (pentru un instrument).

concession [kən'seʃn] *s.* cedare; concesi(un)e.

conciliate [kən'silieit] *vt.* a împăca.

conciliatory [kən'siliətri] *adj.* împăciuitor(ist).

conclude [kən'klu:d] *vt.* a încheia; a rezolva; a desăvârşi; a conchide. *vi.* a se încheia.

conclusion [kən'klu:ʒn] *s.* concluzie; încheiere; rezolvare.

conclusive [kən'klu:siv] *adj.* concludent; hotărâtor.

concoct [kən'kɔkt] *vt.* a pregăti; a născoci.

concoction [kən'kɔkʃn] *s.* născocire.

concord ['kɔŋkɔ:d] *s.* armonie.

concordance [kən'kɔ:dns] *s.* acord; index; glosar.

concourse ['kɔŋkɔ:s] *s.* conjunctură; adunare.

concrete[1] ['kɔnkri:t] *s.* beton. *adj.* concret. *vt.* a betona.

concrete[2] [kən'kri:t] *vi.* a se aglomera.

concur [kən'kə:] *vi.* a fi de acord; a se uni.

concurrence [kən'kʌrns] *s.* acord; concurs (de împrejurări etc.).

concurrent [kən'kʌrnt] *adj.* paralel; concomitent.

concussion [kən'kʌʃn] *s.* lovitură; comoţie.

condemn [kən'dem] *vt.* a condamna; a confisca.

condense [kən'dens] *vt.* a condensa; a concentra. *vi.* a se condensa.

condenser [kən'densə] *s.* condensator.

condescend [ˌkɔndi'sənd] *vi.* a catadicsi.

condescension [ˌkɔndi'senʃn] *s.* condescendenţă.

condign [kən'dain] *adj.* meritat.

condition [kən'diʃn] *s.* condiţie; stare; rang; *pl.* împrejurări. *vt.* a determina; a condiţiona.

condole [kən'doul] *vi.* a exprima condoleanţe.

condolence [kən'doulans] *s.* condoleanţe.

condom ['kɔndəm] *s.* prezervativ.

condone [kən'doun] *vt.* a trece cu vederea; a accepta.

conducive [kən'dju:siv] *adj.*: *to be ~ to* a determina.

conduct[1] ['kɔndʌkt] *s.* purtare; conducere.

conduct[2] [kən'dʌkt] *vt.* a (con)duce; a stăpâni; a îndeplini; a transmite. *vi. muz.* a dirija. *vr.* a se purta.

conductor ['kɔndʌktə] *s.* conduc(ă)tor; dirijor; taxator.

conduit ['kɔndit] *s.* conductă.

cone [koun] *s.* con.

confection [kən'fekʃn] *s.* prăjitură; *pl.* dulciuri; *pl.* confecţii.

confectioner [kən'fekʃnə] *s.* cofetar.

confectionary [kən'fekʃnəri] *s.* cofetărie; dulciuri.

confederacy [kən'fedrəsi] *s.* (con)federaţie.

confederate[1] [kən'fedrit] *s.* aliat; federat. *adj.* federal.

confederate[2] [kən'fedəreit] *vt., vi.* a (se) federaliza.

confer [kən'fə:] *vt.* a conferi. *vi.* a se consulta.

conference ['kɔnfrns] *s.* schimb de vederi; conferinţă; congres; adunare.

confess [kən'fes] *vt., vi.* a mărturisi.

confession [kən'feʃn] *s.* spovedanie.

confessor [kən'fesə] *s.* duhovnic.

confide [kən'faid] *vt.* a mărturisi; a încredinţa. *vi.* a se încrede.

confidence ['kɔnfidns] *s.* credinţă; încredere; confidenţă.

confident ['kɔnfidnt] *adj.* încrezător.

confine [kən'fain] *vt.* a limita; a îngrădi; a ţine închis.

confined [kən'faind] *adj.* limitat; îngust; strâmt; *she is* ~ naşte; e lăuză.

confines ['kɔnfainz] *s. pl. fig.* graniţă.

confinement [kən'fainmənt] *s.* captivitate; închisoare; naştere; lăuzie.

confirm [kən'fə:m] *vt.* a confirma; a întări.

confirmation [ˌkɔnfə'meiʃn] *s.* confirmare; întărire.

confiscate ['kɔnfiskeit] *vt.* a confisca.

conflict ['kɔnflikt] *s.* conflict.

confluence ['kɔnfluəns] *s.* confluenţă; întâlnire.

conform [kən'fɔ:m] *vt.* a pune de acord. *vi.* a se conforma.

conformist [kən'fɔ:mist] *s.* conformist.

conformity [kən'fɔ:miti] *s.* conformitate; supunere.

confound [kən'faund] *vt.* a buimăci; a încurca; a înfrânge; ~ *it!* dracu să-l ia.

confront [kən'frʌnt] *vt.* a confrunta; a opune; a înfrunta.

confuse [kən'fju:z] *vt.* a încurca.

confusion [kən'fju:ʒn] *s.* încurcătură; ruşine.

congeal [kən'dʒi:l] *vt., vi.* a îngheţa.

congenial [kən'dʒi:njəl] *adj.* plăcut; potrivit.

congestion [kən'dʒestʃn] *s.* congesti(onar)e; aglomeraţie.

conglomerate [kən'glɔmərit] *s.* aglomeraţie; conglomerat. *adj.* conglomerat. *vt., vi.* a (se) aglomera.

congratulate [kən'grætjuleit] *vt., vr.* a (se) felicita.

congratulations [kənˌgrætju'leiʃnz] *s. pl.* felicitări.

congregate ['kɔngrigeit] *vt., vi.* a (se) aduna.

congregation [ˌkɔngri'geiʃn] *s.* parohie; enoriaşi.

congress ['kɔngres] *s.* congres; conferinţa; *amer. the Congress* Congresul (Parlamentul) S. U. A.

Congressman ['kɔngresmən] *s. amer.* membru al Camerei Reprezentaţilor.

conjoint ['kɔndʒɔint] *adj.* unit; comun.

conjugate ['kɔndʒugeit] *vt.* a conjuga; a uni.

conjunction [kən'dʒʌnʃn] *s.* conjuncţie; unire; legătură.

conjuncture [kən'dʒektʃə] *s.* ipoteză; presupunere. *vt., vi.* a presupune.

conjure[1] ['kʌndʒə] *vt.* a jongla; a invoca; a evoca.

conjure² [kən'dʒuə] *vt.* a implora.
conjurer ['kʌndʒərə] *s.* scamator.
connect [kə'nekt] *vt.* a lega; a uni. *vi.* a se lega; a se uni; a se înrudi.
connection [kə'nekʃn] *s.* unire; legătură; *pl.* relaţii; clientelă.
connective [kə'nektiv] *adj.* de legătură.
connexion [kə'nekʃn] *s.* v. **connection**.
connivance [kə'naivns] *s.* coniventă.
connive [kə'naiv] *vi.*: *to ~ at* a trece cu vederea; a fi de conivenţă cu.
connoisseur [,kɔni'sə:] *s.* cunoscător.
connotation ['kɔno'teiʃn] *s.* implicaţie.
connote [kə'nout] *vt.* a implica.
conquer ['kɔŋkə] *vt.* a cuceri, a ocupa; a înfrânge; a stăpâni.
conqueror ['kɔŋkrə] *s.* cuceritor; învingător.
conquest ['kɔŋkwest] *s.* cucerire.
consanguinity [,kɔnsæŋ'gwiniti] *s.* rudenie de sânge.
conscience ['kɔnʃns] *s.* simţ etic, conştiinţă.
conscientious ['kɔnʃi'enʃəs] *adj.* conştiincios.
conscious ['kɔnʃəs] *adj.* conştient; ştiutor.
consciousness ['kɔnʃəsnis] *s.* conştienţă; conştiinţă.
conscript¹ ['kɔnskript] *s.* recrut.
conscript² [kən'skript] *vt.* a recruta, a încorpora.
conscription [kən'skripʃn] *s.* recrutare (obligatorie).
consecrate ['kɔnsikreit] *vt.* a sfinţi; a consacra.
consensus [kən'sensəs] *s.* consens.
consent [kən'sent] *s.* încuviinţare. *vi.* a încuviinţa.

consequence ['kɔnskwəns] *s.* urmare; importanţă.
consequential [,kɔnsi'kwenʃl] *adj.* care îşi dă importanţă; firesc.
consequently ['kɔnskwentli] *adv.* în consecinţă. *conj.* aşadar, prin urmare.
conservation [,kɔnsə'veiʃn] *s.* păstrare.
conservatism [kən'sə:vətizəm] *s.* caracter conservator.
conservative [kən'sə:v(ə)tiv] *s., adj.* conservator; moderat.
conservatory [kən'sə:vətri] *s.* seră; conservator.
conserve [kən'sə:v] *s.* dulceaţă; gem. *vt.* a păstra; a conserva.
consider [kən'sidə] *vt., vi.* a gândi; a chibzui; a considera.
considerable [kən'sidrəbl] *adj.* considerabil; mare; important.
considerably [kən'sidrəbli] *adv.* foarte.
considerate [kən'sidrit] *adj.* moderat; grijuliu.
consideration [kən,sidə'reiʃn] *s.* chibzuială; considerent; *under ~* în studiu; *in ~ of* pe baza.
considering [kən'sidriŋ] *prep.* ţinând seama de (împrejurări). *adv.* la urma urmei.
consign [kən'sain] *vt.* a expedia; a încredinţa; a înmâna.
consignee [,kɔnsai'ni:] *s.* destinatar.
consigner [kən'sainə] *s.* expeditor.
consignment [kən'sainmənt] *s.* expediere; transport; încredinţare.
consist [kən'sist] *vi.*: *to ~ of* a fi alcătuit din; *to ~ in* a consta în.
consistence [kən'sistns] *s.* consistenţă.
consistency [kən'sistnsi] *s.* consecvenţă; consistenţă.

consistent [kən'sistnt] *adj.* consecvent; ~ *with* potrivit cu.

consolation [ˌkɔnsə'leiʃn] *s.* consolare.

consolatory [kən'sɔlətri] *adj.* de consolare.

console[1] ['kɔnsoul] *s.* consolă.

console[2] [kən'soul] *vt.* a consola.

consolidate [kən'sɔlideit] *vt., vi.* a (se) întări; a (se) uni.

consonant ['kɔnsənənt] *s.* consoană. *adj.* armonios; corespunzător.

consort[1] ['kɔnsə:t] *s.* consort; consoartă; însoțitor.

consort[2] [kən'sɔ:t] *vi.* a se înțelege; a se potrivi; a se înhăita.

conspicuous [kən'spikjuəs] *adv.* evident; remarcabil; izbitor.

conspiracy [kən'spirəsi] *s.* complot.

conspirator [kən'spirətə] *s.* complotist.

conspire [kən'spaiə] *vt., vi.* a unelti.

constable ['kʌnstəbl] *s.* polițist.

constabulary [kən'stæbjuləri] *s.* jandarmerie; poliție.

constancy ['kɔnstnsi] *s.* constanță.

constant ['kɔnstnt] *s.* constantă. *adj.* constant.

constantly ['kɔnstəntli] *adv.* mereu; adeseori.

constituency [kən'stitjuənsi] *s.* circumscripție electorală; alegători.

constituent [kən'stitjuənt] *s.* element constitutiv; alegător. *adj.* constituant.

constitute ['kɔnstitju:t] *vt.* a constitui; a înființa; a numi; a promulga.

constitution [ˌkɔnsti'tju:ʃn] *s.* constituție; structură (psihică).

constitutional [ˌkɔnsti'tju:ʃnl] *s.* plimbare. *adj.* constituțional; structural.

constrain [kən'strein] *vt.* a constrânge.

constrained [kən'streind] *adj.* chinuit.

constraint [kən'streint] *s.* constrângere.

construct [kən'strʌkt] *vt.* a construi; a alcătui.

construction [kən'strʌkʃn] *s.* construcție; interpretare; explicație; *under* ~ în construcție.

construe [kən'stru:] *vt.* a analiza gramatical; a traduce; a interpreta.

consult [kən'sʌlt] *vt.* a consulta; a chibzui asupra. *vi.* a se consulta.

consume [kən'sju:m] *vt.* a distruge; a consuma; a epuiza; a irosi. *vi.* a se consuma; a se chinui.

consumer [kən'sju:mə] *s.* consumator; ~ *goods* bunuri de larg consum.

consummate [kən'sʌmit] *adj.* desăvârșit; complet.

consummation [ˌkɔnsʌ'meiʃn] *s.* desăvârșire; împlinire; încoronare.

consumption [kən'sʌmʃn] *s.* consum(ație); oftică.

consumptive [kən'sʌmtiv] *s., adj.* tuberculos.

contact[1] ['kɔntækt] *s.* contact; comunicație; comunicare; înțelegere; discuție; relație.

contact[2] [kən'tækt] *vt.* a lua legătura cu.

contagion [kən'teiʒn] *s.* molipsire; răspândire.

contagious [kən'teidʒəs] *adj.* contagios.

contain [kən'tein] *vt.* a conține; a reține; a limita.

container [kən'teinə] *s.* cutie; borcan; vas.

contaminate [kən'tæmineit] *vt.* a contamina; a murdări.

contemplate ['kɔntempleit] *vt.* a contempla; a întrezări; a plănui.

contemplation [ˌkɔntem'pleiʃn] *s.* contemplație; plan.

contemporaneous
[kənˌtempə'reinjəs] *adj.* contemporan; concomitent.

contemporary [kən'temprəri] *s., adj.* contemporan.

contempt [kən'temt] *s.* dispreț; sfidare.

contemptible [kən'temtibl] *adj.* nevrednic; rușinos.

contemptuous [kən'temtjuəs] *adj.* disprețuitor.

contend [kən'tend] *vt.* a susține. *vi.* a se lupta; a se întrece; a se certa.

content[1] [kən'tent] *s.* mulțumire; tihnă; *to one's heart's* ~ după pofta inimii. *adj.* mulțumitor; doritor; dispus. *vt.* a satisface.

content[2] ['kɔntent] *s.* conținut; sens; *pl.* cuprins, tablă de materii.

contention [kən'tenʃn] *s.* discordie; dezbatere.

contentious [kən'tenʃəs] *adj.* certăreț; discutabil.

contest[1] [kɔntest] *s.* luptă; concurs.

contest[2] [kən'test] *vt.* a contesta; a(-și) disputa.

contestant [kən'testnt] *s.* concurent.

contiguity [ˌkɔnti'gjuiti] *s.* învecinare, alăturare; atingere.

contiguous [kən'tigjuəs] *adj.* învecinat, alăturat.

continence ['kɔntinəns] *s.* stăpânire, abstinență.

continent ['kɔntinənt] *s.* continent; *the* ~ Europa. *adj.* stăpânit; cumpătat.

continental [ˌkɔnti'nentl] *s.* european. *adj.* continental; european.

contingency [kən'tindʒnsi] *s.* posibilitate; probabilitate; eventualitate.

contingent [kən'tindʒnt] *s.* contingent; detașament. *adj.* probabil; eventual.

continual [kən'tinjuəl] *adj.* repetat; necontenit.

continuance [kən'tinjuəns] *s.* durată; permanență.

continuation [kənˌtinju'eiʃn] *s.* continuare; adaos; anexă.

continue [kən'tinju] *vt.* a continua; *to be* ~*d* va urma. *vi.* a merge *sau* a rămâne mai departe.

continuity [ˌkɔnti'njuiti] *s.* continuitate; continuare; comperaj.

continuous [kən'tinjuəs] *adj.* permanent; continuu.

contort [kən'tɔːt] *vt.* a suci; a deforma.

contortion [kən'tɔːʃn] *s.* contorsiune; schimă.

contortionist [kən'tɔːʃnist] *s.* contorsionist.

contour ['kɔntuə] *s.* contur.

contraceptive ['kɔntrə'septiv] *s., adj.* anticoncepțional.

contract[1] ['kɔntrækt] *s.* contract; acord.

contract[2] [kən'trækt] *vt.* a contracta; a limita; a deprinde. *vi.* a (se) (răs)frânge.

contraction [kən'trækʃn] *s.* contracție; formă contrasă.

contractor [kən'træktə] *s.* antreprenor; furnizor.

contradict [,kɔntrə'dikt] vt. a contrazice; a încălca.

contradiction [,kɔntrə'dikʃn] s. contradicție; contrazicere; negare; neînțelegere.

contradictory [,kɔntrə'diktri] adj. contradictoriu.

contrariety [,kɔntrə'raiəti] s. contradicție; antagonism.

contrarily ['kɔntrərili] adv. invers.

contrariwise ['kɔntrəriwaiz] adv. dimpotrivă; invers; în caz contrar.

contrary ['kɔntrəri] adj. contrar; nefavorabil; încăpățânat; on the ~ dimpotrivă.

contrast¹ ['kɔntræst] s. contrast; opoziție.

contrast² [kən'træst] vt., vi. a contrasta; a (se) compara.

contravene [,kɔntrə'vi:n] vt. a încălca; a contrazice.

contribute [kən'tribjut] vt. a contribui cu; a da; a trimite (colaborări). vi. a-și aduce contribuția; a colabora la o publicație.

contribution [,kɔntri'bju:ʃn] s. contribuție; colaborare.

contributor [kən'tribjutə] s. colaborator.

contributory [kən'tribjutri] adj. auxiliar; folositor.

contrite ['kɔntrait] adj. pocăit.

contrition [kən'triʃn] s. (po)căință.

contrivance [kən'traivns] s. născocire; dispozitiv.

contrive [kən'traiv] vt. a născoci; a izbuti să. vi. a izbuti.

control [kən'troul] s. control; stăpânire; autoritate; comandă; influență; combatere; beyond ~ de nestăpânit. vt. a stăpâni; a verifica; a combate.

controller [kən'troulə] s. controlor; regulator.

controversial [,kɔntrə'və:ʃl] adj. controversat.

controversy ['kɔntrəvə:si] s. controversă.

contumely ['kɔntjumli] s. dispreț; obrăznicie; insultă.

contusion [kən'tju:ʒn] s. julitură; contuzie.

conundrum [kə'nʌndrəm] s. joc de cuvinte; enigmă.

convalescence [,kɔnvə'lesns] s. convalescență.

convene [kən'vi:n] vt. a convoca. vi. a se aduna.

convenience [kən'vi:njəns] s. conveniență; avantaj; pl. confort.

convenient [,kən'vi:njənt] adj. convenabil.

convent ['kɔnvnt] s. mănăstire de maici.

convention [kən'venʃn] s. convenție; congres.

conventional [kən'venʃənl] adj. convențional; banal; tradițional.

converge [kən'və:dʒ] vt., vi. a (se) concentra.

conversant ['kɔnvə:snt] adj.: to be ~ with a cunoaște bine.

conversational [,kɔnvə'seiʃənl] adj. de conversație; flecar.

converse¹ ['kɔnvə:s] adj. opus.

converse² [kən'və:s] vi. a conversa.

conversely ['kɔnvə:sli] adj. invers.

conversion [,kən'və:ʃn] s. (pre)schimbare; conversi(un)e.

convert¹ ['kɔnvə:t] s. convertit.

convert² [kən'və:t] vt. a (pre)schimba; a converti.

convertible [kən'və:təbl] adj. transformabil; decapotabil.

convey [kən'vei] vt. a transmite.

conveyance [kən'veiəns] *s.* transmitere; transfer; vehicul.

conveyer [kən'veiə] *s.* mesager; curier; *tehn.* conveier.

convict[1] ['kɔnvikt] *s.* condamnat; ocnaş.

convict[2] [kən'vikt] *vt.* a condamna; a declara vinovat.

conviction [kən'vikʃn] *s.* convingere; condamnare; declararea vinovăţiei.

convince [kən'vins] *vt.* a convinge.

convincing [kən'vinsiŋ] *adj.* convingător.

convivial [kən'viviəl] *adj.* vesel; amabil.

conviviality [kən,vivi'æliti] *s.* veselie, amabilitate.

convocation [,kɔnvə'keiʃn] *s.* convocare; întrunire.

convoke [kən'vouk] *vt.* a convoca.

convolvulus [kən'vɔlvjuləs] *s.* rochiţa-rândunicii.

convoy ['kɔnvɔi] *s.* convoi; alai. *vt.* a escorta.

convulse [kən'vʌls] *vt.* a zgudui.

convulsion [kən'vʌlʃn] *s.* convulsie; zguduire.

cony ['kouni] *s.* (blană de) iepure de casă

coo [ku:] *s.* gungurit. *vt., vi.* a gunguri.

cook [kuk] *s.* bucătar, bucătăreasă. *vt.* a găti; a falsifica; a născoci. *vi.* a (se) găti.

cooker ['kukə] *s.* maşină de gătit.

cookery ['kukəri] *s.* artă culinară; ~ *book* carte de bucate.

cookie, cooky ['kuki] *s.* pişcot; prăjitură.

cool [ku:l] *adj.* răcoros; calm; tihnit; *fig.* glacial; *a* ~ *thousand* nici mai mult nici mai puţin decât o mie. *vt., vi.* a (se) răci; *to* ~ *down* sau *off* a se linişti.

cooler ['ku:lə] *s.* vas de răcire.

cool-headed ['ku:l'hedid] *adj.* calm.

coolness ['ku:lnis] *s.* răcoare; *fig.* răceală; calm.

coop [ku:p] *s.* coteţ. *vt.* a închide.

cooper ['ku:pə] *s.* dogar.

co-operate [ko'ɔpəreit] *vi.* a colabora; a se uni.

co-operation [ko,ɔpəreiʃn] *s.* colaborare.

co-operative [ko'ɔpərətiv] *adj.* cooperatist; ~ *society* cooperativă.

co-opt [ko'ɔpt] *vt.* a coopta.

co-ordinate[1] [ko'ɔ:dnit] *adj.* coordonat.

co-ordinate[2] [ko'ɔ:dineit] *vt.* a coordona.

cop [kɔp] *s.* poliţist, sticlete.

co-partner [kou'pɑ:tnə] *s.* tovarăş, asociat.

cope [koup] *vi.: to* ~ *with* a face faţă la.

copious ['koupjəs] *adj.* abundent; fecund.

copper ['kɔpə] *s.* aramă; bănuţ; cazan. *vt.* a arămi.

copperplate ['kɔpəpleit] *s.* zinc; clişeu pe metal.

coppice ['kɔpis] *s.* pădure tânără; tufişuri.

copse [kɔps] *s., v.* **coppice**.

copy ['kɔpi] *s.* copie; exemplar; model; manuscris pentru tipar; subiect; *rough* ~ ciornă. *vt., vi.* a copia; a imita.

copy-book ['kɔpibuk] *s.* caiet.

copyhold ['kɔpihould] *s.* (drept de) proprietate.

copyright ['kɔpirait] *s.* drept de autor. *adj.* apărat de legea drepturilor de autor.

coquettish [ko'ketiʃ] *adj.* cochet.

coral ['kɔrəl] *s., adj.* coral.

cord [kɔ:d] *s.* funie, coardă; *the spinal* ~ şira spinării.

cordial ['kɔ:djəl] *s.* tonic. *adj.* cald; prietenos; întăritor.

cordiality [kɔ:di'æliti] cordialitate; sinceritate.

cordon ['kɔ:dn] *s.* cordon; baretă.

corduroy ['kɔ:dərɔi] *s.* pluşcord; (pantaloni de) catifea reiată.

core [kɔ:] *s.* miez; inimă.

cork [kɔ:k] *s.* dop; plută. *vt.* a astupa cu un dop.

corkscrew ['kɔ:kskru:] *s.* tirbuşon.

corn [kɔ:n] *s.* (bob de) cereale; grâu; *amer.* porumb; *anat.* bătătură; ~ *cob* ştiulete; ~ *flour* mălai. *vt.* a săra *(pentru conservare)*.

corner ['kɔ:nə] *s.* colţ; cotlon; ~ *stone* piatră unghiulară, temelie. *vi.* a înghesui; a încolţi.

cornet ['kɔ:nit] *s.* cornet; *muz.* corn.

coronation [kɔrə'neiʃn] *s.* încoronare.

coroner ['kɔrənə] *s.* procuror.

coronet ['kɔrənit] *s.* coroniţă.

corporal ['kɔ:prl] *s.* caporal. *adj.* corporal, fizic.

corporate ['kɔ:prit] *adj.* unit; comun.

corporation [,kɔ:pə'reiʃn] *s.* municipalitate; societate (pe acţiuni).

corporeal [kɔ:'pɔ:riəl] *adj.* trupesc; fizic.

corps [kɔ:] *s.* corp (de armată).

corpse [kɔ:ps] *s.* cadavru.

corpuscle ['kɔ:pʌsl] *s.* globulă; corpuscul.

corral [kɔ'rɑ:l] *s.* împrejmuire. *vt.* a împrejmui.

correct [kə'rekt] *adj.* just; exact; corespunzător. *vt.* a corecta.

correction [kə'rekʃn] *s.* corectură; corectiv.

correspond [,kɔris'pɔnd] *vi.* a corespunde; a corespunda.

correspondence [,kɔris'pɔndəns] *s.* acord; armonie; corespondenţă.

correspondent [,kɔris'pɔndənt] *s.* corespondent. *adj.* corespunzător.

corresponding [,kɔris'pɔndiŋ] *adj.* corespunzător; corespondent; în corespondenţă.

corroborate [kə'rɔbəreit] *vt.* a întări; a verifica.

corrode [kə'roud] *vt., vi.* a (se) roade; a (se) rugini.

corrosion [kə'rouʒn] *s.* coroziune; ruginire.

corrosive [kə'rousiv] *s., adj.* corosiv.

corrugate ['kɔrugeit] *vt., vi.* a (se) încreţi; ~*d iron* tablă ondulată.

corrupt [kə'rʌpt] *adj.* putred, stricat; corupt; stâlcit; pocit; ~ *practices* mită; corupţie. *vt.* a corupe; a mitui; a stâlci; a poci. *vi.* a fi corupt; a se strica.

corruption [kə'rʌpʃn] *s.* putreziciune; descompunere; corupţie; stâlcire.

corsair ['kɔ:seə] *s.* pirat.

cosmopolitan [,kɔzmə'pɔlitn] *s., adj.* cosmopolit.

Cossack ['kɔsæk] *s.* cazac. *adj.* căzăcesc.

cost [kɔst] *s.* cost; preţ; *pl.* cheltuieli (de judecată). *vi.* a costa.

coster(monger) ['kɔstə(,mʌŋgə)] *s.* vânzător ambulant; zarzavagiu.

costive ['kɔstiv] *adj.* constipat.

costly ['kɔstli] *adj.* costisitor.

costume ['kɔstju:m] *s.* costum; taior.

cosy ['kouzi] *adj.* cald; plăcut; confortabil.

cot [kɔt] *s.* pătuţ; pat de campanie; colibă; căsuţă.

cottage ['kɔtidʒ] *s.* căsuţă; vilă mică.

cotton ['kɔtn] *s.* (ţesături de) bumbac; aţă; ~ *wool* vată; tifon.

couch [kautʃ] *s.* divan; pat. *vt.* a exprima; a înclina; a culca.

cough [kɔf] *s.* tuse; răceală; ~ *drop* tabletă contra tusei. *vt., vi.* a tuşi.

could [kəd, kud] *v. mod. trec. de la* **can**.

council ['kaunsl] *s.* sfat.

councillor ['kaunsilə] *s.* consilier.

counsel ['kaunsl] *s.* sfat; consilier; avocat; *King's Counsel* avocat al statului. *vt.* a sfătui.

counsellor ['kaunselə] *s.* sfetnic; avocat.

count [kaunt] *s.* socoteală; cont; conte *(nu din Anglia). vt.* a socoti, a considera. *vi.* a conta; a număra.

countenance ['kautinəns] *s.* înfăţişare; expresie; încurajare. *vt.* a sprijini.

counter ['kauntə] *s.* tejghea; fisă; jeton. *adj.* opus. *adv.* împotrivă. *vt., vi.* a (se) opune.

counteract [ˌkauntə'rækt] *vt.* a contracara.

counterfeit ['kauntəfit] *s.* fals(ificator); impostor. *adj.* fals(ificat). *vt.* a falsifica; a imita.

counterfoil ['kauntəfɔil] *s.* contramarcă; cotor.

countermand [ˌkauntə'mɑːnd] *s.* (ordin de) revocare. *vt.* a contramanda, a revoca.

counter-offensive ['kauntərə'fensiv] *s.* contraofensivă.

counterpane ['kauntəpein] *s.* cuvertură.

counterpart ['kauntəpɑːt] *s.* corespondent.

counterpoint ['kauntəpɔint] *s.* contrapunct.

counterpoise ['kauntəpɔiz] *s.* contrapondere. *vt.* a contrabalansa.

counter-revolution ['kauntərevə,luːʃn] *s.* contrarevoluţie.

countersign ['kauntəsain] *s.* parolă; contrasemnătură. *vt.* a contrasemna.

countess ['kauntis] *s.* contesă.

countless ['kauntlis] *adj.* nenumărat; infinit.

country ['kʌntri] *s.* ţară; stat; patrie; naţiune; provincie; sat; ~ *dance* dans popular; contradanţ.

countryman ['kʌntrimən] *s.* ţăran; conaţional.

countryside ['kʌntri'said] *s.* ţară; provincie; peisaj.

county ['kaunti] *s.* district; comitat; ~ *town* oraş de reşedinţă.

coup (d'état) ['kuː(dei'tɑː)] *s.* lovitură de stat.

couple ['kʌpl] *s.* pereche; cuplu. *vt.* a cupla; a uni.

couplet ['kʌplit] *s.* cuplet.

coupon ['kuːpɔn] *s.* cupon; bon de cartelă.

courage ['kʌridʒ] *s.* curaj.

courageous [kə'reidʒəs] *adj.* curajos.

courier ['kuriə] *s.* curier.

course [kɔːs] *s.* înaintare; rută; curs; teren; conduită; fel de mâncare; şir; rând; durată; *in due* ~ la timpul său; *of* ~ bineînţeles. *vt.* a fugări. *vi.* a fugi; a curge.

court [kɔːt] *s.* tribunal; curte; teren sportiv. *vt.* a curta; a urmări.

courteous [ˈkəːtjəs] *adj.* curtenitor.

courtesy [ˈkəːtisi] *s.* curtoazie; favoare.

courtier [ˈkɔːtjə] *s.* curtean.

courtly [ˈkɔːtli] *adj.* politicos.

court-martial [ˈkɔːˈtmɑːʃl] *s.* curte marţială.

courtship [ˈkɔːtʃip] *s.* curte; peţire.

courtyard [ˈkɔːtjɑːd] *s.* curtea casei.

cousin [ˈkʌzn] *s.* văr; vară; rudă; ~ german văr primar, vară primară.

cover [ˈkʌvə] *s.* învelitoare; plic; adăpost; paravan; mască; tacâm. *vt.* a acoperi; a adăposti; a proteja; a ascunde; a parcurge; a relata.

cover-girl [ˈkʌvəgəːl] *s.* vedetă; manechin.

covering [ˈkʌvəriŋ] *s.* acoperiş; învelitoare; protecţie; relatare (în presă); montă.

covert [ˈkʌvət] *s.* adăpost. *adj.* ascuns; camuflat.

covet [ˈkʌvit] *vt.* a râvni la; a pizmui.

covetous [ˈkʌvitəs] *adj.* pizmaş; lacom.

cow [kau] *s.* vacă; femelă (de balenă etc.). *vt.* a înfricoşa; a intimida.

coward [ˈkauəd] *s.* fricos, laş.

cowardice [ˈkauədis] *s.* frică, laşitate.

cowboy [ˈkaubɔi] *s.* cowboy; văcar.

cowherd [ˈkauhəːd] *s.* văcar.

cower [ˈkauə] *vi.* a se chirci.

cowl [kaul] *s.* glugă.

cowslip [ˈkauslip] *s.* ciuboţica-cucului.

cox [kɔks] *s.* cârmaci.

coxcomb [ˈkɔkskoum] *s.* scufiţă (de bufon); filfizon; îngâmfat.

coxwain [ˈkɔks(wei)n] *s.* cârmaci.

coy [kɔi] *adj.* timid; modest.

crab [kræb] *s.* crab; măr pădureţ.

crabbed [ˈkræbid] *adj.* certăreţ; dificil; mâzgălit.

crack [kræk] *s.* spărtură; crăpătură; pocnitură; lovitură. *adj.* grozav; de prima calitate. *vt.* a crăpa; a pocni; a plesni din (bici etc.); *to* ~ *a joke* a face o glumă. *vi.* a crăpa; a se sparge; a pocni; *(d. voce)* a suna spart.

crack-brained [ˈkrækbreind] *adj.* trăsnit; nebunesc.

cracker [ˈkrækə] *s.* biscuit; foc de artificii. *pl.* spărgător de nuci.

cradle [ˈkreidl] *s.* leagăn. *vt.* a legăna; a educa; *mine* a spăla.

craft [krɑːft] *s.* meserie; breaslă; viclenie; vrăjitorie; ambarcaţie; vase; avion; aviaţie.

craftsman [ˈkrɑːftsmən] *s.* meşteşugar; meseriaş.

craftsmanship [ˈkrɑːftsmənʃip] *s.* artizanat.

crafty [ˈkrɑːfti] *adj.* viclean; înşelător.

crag [kræg] *s.* colţ de stâncă.

cram [kræm] *vt.* a îndopa; a înfunda; a învăţa; a toci.

cramp [kræmp] *s.* crampă; cârcel; *tehn.* scoabă. *vt.* a înţepeni; a paraliza.

cramped [kræmpt] *adj.* strâmb; împiedicat; îmbâcsit.

crane [krein] *s.* cocor; macara. *vt.* a întinde (gâtul). *vi.* a se apleca.

crank [kræŋk] *s.* manivelă; vinci; maniac.

cranky [ˈkræŋki] *adj.* stricat; firav; excentric.

crape [kreip] s. crêpe-de-Chine.
crash [kræʃ] s. pocnitură; trosnet; tunet; prăbuşire; crah. vt. a zdrobi; a turti; a dărâma. vi. a trosni; a se zdrobi; a se prăbuşi; a da faliment.
crass [kræs] adj. cras.
crate [kreit] s. ladă; cuşcă.
crave [kreiv] vt. a cere; a cerşi; a dori. vi. a tânji.
craving ['kreiviŋ] s. dor(inţă).
crawfish ['krɔːfiʃ] s. rac.
crawl [krɔːl] s. târâre; (înot) craul. vi. a se târî.
crayfish ['kreifiʃ] s. rac.
crayon ['kreiən] s. pastel; cărbune de desen.
craze [kreiz] s. entuziasm; nebunie; modă. vt. a înnebuni.
crazy ['kreizi] adj. nebun; entuziast; fantezist; şubred.
creak [kriːk] s. scârţâit. vi. a scârţâi.
cream [kriːm] s. caimac; smântână; frişcă; cremă.
crease [kriːs] s. dungă. vt., vi. a (se) îndoi; a (se) şifona.
create [kriˈeit] vt. a crea.
creation [kriˈeiʃn] s. creaţie.
creative [kriˈeitiv] adj. creator.
creature ['kriːtʃə] s. fiinţă; creatură.
crèche [kreiʃ] s. creşă.
credentials [kriˈdenʃlz] s. pl. scrisori de acreditare.
credible ['kredəbl] adj. demn de crezare sau încredere.
credit ['kredit] s. crezare; credinţă; încredere; reputaţie; mândrie; cont. a crede; a acorda credit (cuiva).
creditable ['kreditəbl] adj. lăudabil.
credulous ['kredjuləs] adj. credul.
creed [kriːd] s. crez.

creek [kriːk] s. geogr. golf; amer. pârâu.
creep [kriːp] s.: to give smb. the ~s a-i face piele de gâscă; a-i da fiori. vt. a se târî; a se scurge încet.
creeper ['kriːpə] s. plantă agăţătoare; insectă târâtoare.
crêpe [kreip] s. crep.
crept [krept] vi. trec. şi part. trect de la **creep**.
crescent ['kresnt] s. semilună; crai-nou, corn. adj. în formă de semilună; crescând.
cress [kres] s. lobodă.
crest [krest] s. creastă.
crest-fallen ['krestˈfɔːln] adj. dezamăgit; descurajat; necăjit.
cretonne [kreˈtɔn] s. creton.
crevice ['krevis] s. crăpătură.
crew [kruː] s. echipaj; echipă; bandă. vt., vi. trec de la **crow**.
crib [krib] s. pat de copil; colibă; căsuţă; iesle; juxtă; fiţuică. vt. a înghesui; a copia; a plagia. vi. a copia; a folosi juxta.
cricket ['krikit] s. greiere; (jocul de) crichet.
crier ['kraiə] s. crainic.
crime [kraim] s. crimă; delict; ticăloşie.
criminal ['kriminl] s. criminal. adj. penal; criminal.
crimson ['krimzn] s., adj. stacojiu. vt., vi. a se înroşi.
cringe [krindʒ] vi. a se face mic; a se gudura.
cripple ['kripl] s. infirm; invalid; ciung; şchiop. vt. a mutila; a ciunti.
crises ['kraisiːz] s. pl. de la **crisis**.
crisis ['kraisis] s. criză.
crisp [krisp] adj. crocant; tare; creţ.

criss-cross ['kriskrɔs] *adj., adv.* în zig-zag.
criterion [krai'tjəriən] *s.* criteriu.
critical ['kritikl] *adj.* critic; primejdios; șicanator.
criticism ['kritisizəm] *s.* critică.
criticize ['kritisaiz] *vt., vi.* a critica.
critique [kri'ti:k] *s.* critică.
croak [krouk] *s.* orăcăit; croncănit. *vi.* a prevesti lucruri rele.
crochet ['krouʃei] *s.* lucru de mână; ~ *hook* croșet. *vt., vi.* a croșeta.
crock [krɔk] *s.* oală; ciob; mârțoagă; infirm; om de nimic.
crockery ['krɔkəri] *s.* oale; olărit; ceramică.
crocus ['kroukəs] *s.* brândușă.
croissant ['krwʌsɔŋ] *s.* corn (de mâncat).
crony ['krouni] *s.* prieten la toartă.
crook [kruk] *s.* cârjă; îndoitură; cot; escroc. *vi., vr.* a (se) încovoia.
crooked ['krukid] *adj.* strâmb; necinstit.
crop [krɔp] *s.* recoltă, cultură; *ornit.* gușă; cravașă; tunsoare. *vt.* a paște; a tunde. *agr.* a cultiva. *vi.* a se ivi; a produce; a renta.
cropper ['krɔpə] *s.* plantă care dă mult rod; cădere.
croquet ['kroukei] *s.* (jocul de) crochet.
cross [krɔs] *s.* cruce; bara de la *t*; încrucișare; creștinism; calvar; corcitură. *adj.* supărat; nervos; încrucișat; opus. *vt.* a traversa; a trece; a șterge; a marca cu o curce; a încrucișa; a se întâlni cu; a împiedica; *to* ~ *smb.'s mind* a trece prin mintea cuiva; *to* ~ *one's t's* a pune punctul pe i. *vi.* a trece dincolo; a se încrucișa. *vr.* a-și face cruce.

cross-bar ['krɔsbɑ:] *s.* bară transversală.
cross-beam ['krɔsbi:m] *s.* grindă.
cross-bred ['krɔsbred] *adj.* corcit.
cross-breed ['krɔsbri:d] *s.* corcitură.
cross-country ['krɔs'kʌntri] *adj., adv.* pe teren variat.
cross-cut ['krɔskʌt] *s.* beschie; ferestrău.
cross-examine ['krɔsigzæmin] *vt.* a interoga (suplimentar).
cross-examination ['krɔsikzæmi'neiʃn] *s.* interogatoriu (suplimentar).
cross-eyed ['krɔsaid] *adj.* șașiu.
cross-fire ['krɔsfaiə] *s.* foc concentric.
cross-grained ['krɔsgreind] *adj.* (*d. fibră*) neregulat; țâfnos.
crossing ['krɔsiŋ] *s.* trecere, traversare; barieră.
cross-purposes ['krɔs'pə:pəsiz] *s. pl. to be at* ~ a nu se înțelege.
cross-road ['krɔsroud] *s.* drum lateral; *pl.* răscruce.
cross-section ['krɔs'sekʃn] *s.* secțiune transversală.
crosswise ['krɔswaiz] *adv.* cruciș; încrucișat.
cross-word(puzzle) ['krɔswə:d('pʌzl)] *s.* cuvinte încrucișate.
crotch [krɔtʃ] *s.* crăcană.
crotchet ['krɔtʃit] *s. muz.* pătrime; capriciu; fantezie; *pl.* gărgăuni.
crouch [krautʃ] *s.* ședere pe vine. *vi.* a se ghemui; a sta pe vine.
croup [kru:p] *s.* crup(ă); tuse convulsivă.
crow [krou] *s.* cioară; cucurigu. *vi.* a cârâi; a cânta cucurigu.
crowbar ['krouba:] *s.* bară de metal; gură de lup.
crowd [kraud] *s.* mulțime; aglomerație; grup. *vt., vi.* a (se)

îngrămădi, a (se) aduna; a (se) aglomera; a (se) înghesui.

crown [kraun] *s.* coroană; încoronare; răsplată; (monedă de) cinci șilingi; vârf. *vt.* a încorona; a încununa.

crow's-feet ['krouzfi:t] *s. pl.* riduri; semnele bătrâneții.

crucial ['kru:ʃjəl] *adj.* crucial; esențial.

crucible ['kru:sibl] *s.* cazan; creuzet; calvar, tortură.

crucifix ['kru:sifiks] *s.* crucifix; troiță.

crucifixion [,kru:si'fikʃn] *s.* răstignire.

crude [kru:d] *adj.* necopt; lipsit de rafinament.

cruel [kruəl] *adj.* sălbatic; chinuitor; crud.

cruelty ['kruəlti] *s.* cruzime; sălbăticie; asprime.

cruet ['kruit] *s.* sticluță (pentru oțet; untdelemn); oțetar.

cruise [kru:z] *s. mar.* croazieră; călătorie. *vi.* a face o croazieră; a naviga.

cruiser ['kru:zə] *s.* crucișător.

crumb [krʌm] *s.* firimitură.

crumble ['krʌmbl] *vt.* a fărâmița. *vi.* a se fărâmița; a se ruina.

crumpet ['krʌmpit] *s.* gogoașă.

crumple ['krʌmpl] *vt.* a îndoi; a mototoli. *vi.* a se mototoli; *to ~ up* a se prăbuși.

crunch ['krʌntʃ] *s.* crănțănit. *vt., vi.* a crănțăni.

crusade [kru:'seid] *s.* cruciadă; campanie. *vi.* a face o cruciadă.

crusader [kru:'seidə] *s.* cruciat.

crush [krʌʃ] *s.* zdrobire; înghesuială; pasiune la prima vedere. *vt.* a zdrobi; a boți. *vi.* a se zdrobi; a se șifona; a se înghesui.

crust [krʌst] *s.* crustă; scoarță.

crustacean [krʌs'teiʃən] *s.* crustaceu.

crusty ['krʌsti] *adj.* tare; scorțos; crocant.

crutch [krʌtʃ] *s.* cârjă; sprijin.

crux [krʌks] *s.* miez; cheie.

cry [krai] *s.* strigăt; plânset; *a far ~ from* cu totul altceva decât. *vt.* a striga; a anunța; *to ~ up* a lăuda. *vi.* a striga; a plânge; a țipa; *to ~ for (the moon)* a cere (imposibilul).

crying ['kraiiŋ] *adj.* urgent; strigător la cer.

cryptic ['kriptik] *adj.* tainic; obscur.

crystal ['kristl] *s.* cristal; *~-clear* limpede ca lacrima.

cub [kʌb] *s.* pui de leu, de urs etc.

Cuban ['kju:bən] *s., adj.* cuban(ă); cubanez(ă).

cube [kju:b] *s.* cub. *adj.* cubic. *vt.* a ridica la cub.

cuckoo ['kuku'] *s.* cuc.

cucumber ['kju:kəmbə] *s.* castravete.

cud [kʌd] *s.* furaj rumegat; *to chew the ~ fig.* a rumega.

cuddle ['kʌdl] *vt.* a strânge în brațe; a cocoli. *vi.* a se cuibări.

cudgel ['kʌdʒl] *s.* măciucă. *vt.* a ciomăgi; *to ~ one's brains* a-și bate capul.

cue [kju:] *s.* replică; aluzie; indicație.

cuff [kʌf] *s.* manșetă; palmă; dupac. *vt.* a pocni.

cull [kʌl] *vt.* a alege; a culege.

culprit ['kʌlprit] *s.* vinovat; acuzat.

cultivate ['kʌltiveit] *vt.* a cultiva; a perfecționa.

cultivation [,kʌlti'veiʃn] *s.* cultivare; cultură; rafinament.

cultivator [,kʌlti'veitə] s. cultivator; maşină de plivit.
culture ['kʌltʃə] s. (agri)cultură.
cultured ['kʌltʃəd] adj. cult; bine-crescut; rafinat.
cumber ['kʌmbə] vt. a împovăra.
cumbersome ['kʌmbəsəm] adj. obositor; incomod; greoi.
cumbrous ['kʌmbrəs] adj. v. **cumbersome**.
cunning ['kʌniŋ] s. viclenie; abilitate. adj. viclean; abil. amer. atrăgător.
cup [kʌp] s. ceaşcă; cupă; pahar; ventuză; to be în one's ~s a fi beat; ~ bearer paharnic. vt. a face (mâinile) căuş.
cupboard ['kʌbəd] s. dulap; ~ love dragoste interesată.
cupful ['kʌpful] s. (cât încape într-o) ceaşcă, cupă.
cupidity [kju:'piditi] s. lăcomie.
cur [kə:] s. javră.
curable ['kjuərəbl] adj. vindecabil.
curate ['kjuərit] s. diacon.
curator [kjuə'reitə] s. custode; îngrijitor.
curb [kə:b] s. frâu; bordură. vt. a ţine în frâu.
curd [kə:d] s. lapte bătut; pl. brânză de vaci.
curdle ['kə:dl] vi. (d. lapte) a se strica, a se tăia.
cure [kjuə] s. cură; remediu; vindecare. vt. a vindeca; a înlătura; a săra; a afuma (peşte etc.).
curfew ['kə:fju:] s. stingere a focurilor; interzicere a circulaţiei pe întuneric.
curio ['kjuəriou] s. bibelou, antichitate.
curiosity ['kjuəri'ɔsiti] s. curiozitate; ciudăţenie.
curious ['kjuəriəs] adj. curios.

curl [kə:l] s. buclă; sul (de fum etc.). vt. a (ră)suci. vi. a se (ră)suci; a se strâmba; to ~ up a se încolăci.
curl-papers ['kə:l'peipəz] s. pl. moale; bigudiuri.
curmudgeon [kə:'mʌdʒn] s. zgârie-brânză.
currant ['kʌrnt] s. stafidă.
currency ['kʌrnsi] s. caracter curent; universalitate; monedă; valută.
current ['kʌrnt] s. curent; curs; tendinţă; drum. adj. curent.
curriculum [kə'rikjuləm] s. programă (analitică).
currish ['kə:riʃ] adj. laş; mizerabil.
curry ['kʌri] s. condiment. vt. a găti cu sos picant; a ţesăla; to ~ favour with smb. a se băga pe sub pielea cuiva.
curse [kə:s] s. blestem; înjurătură. vt. a blestema; a înjura; a nenoroci. vi. a blestema; a înjura.
cursory ['kə:sri] adj. fugar.
curt [kə:t] adj. scurt; repezit.
curtail [kə:'teil] vt. a ciunti; a reduce.
curtailment [kə:'teilment] s. ciuntire; limitare.
curtain ['kə:tn] s. perdea; cortină; paravan. vt. a acoperi cu perdele; to ~ off a separa.
curtsey ['kə:tsi] s. reverenţă. vi. a face o plecăciune.
curvature ['kə:vətʃə] s. curbură.
curve [kə:v] s. curbă; cot. vt., vi. a (se) îndoi.
cushion ['kuʃn] s. pernă de sprijin; perniţă.
cuspidor ['kʌspidɔ:] s. amer. scuipătoare.
cuss [kʌs] s. înjurătură; individ.

custard ['kʌstəd] s. cremă de ouă.
custodian [kʌs'toudjən] s. custode; îngrijitor.
custody ['kʌstədi] s. pază; închisoare.
custom ['kʌstəm] s. datină; obicei; clientelă; pl. (şi ~ house) vamă.
customary ['kʌstəmri] adj. obişnuit.
customer ['kʌstəmə] s. client; individ.
cut [kʌt] s. tăietură; reducere; tunsoare; scurtătură; bucată de carne; lovitură; croială; aluzie; poligr. zinc. vt. a tăia; a împărţi; a reduce; a croi; a cresta; a ignora (o persoană); a lipsi de la; a micşora; to ~ away a înlătura; to ~ down a reteza; a dărâma; a reduce; to ~ off a reteza; to ~ out a decupa.
cute [kju:t] adj. isteţ. amer. nostim; frumos.

cutlery ['kʌtləri] s. cuţite; tacâmuri; argintărie.
cuttlefish ['kʌtlfiʃ] s. caracatiţă; sepie.
cycle ['saikl] s. ciclu; bicicletă.
cycling ['saikliŋ] s. ciclism.
cyclist ['saiklist] s. biciclist.
cyclop(a)edia [,saiklə'pi:djə] s. enciclopedie.
cymbals ['simblz] s. pl. muz. talgere.
cynic ['sinik] s. cinic.
cynical ['sinikl] adj. cinic, batjocoritor.
cynicism ['sinisizəm] adj. cinism; observaţie cinică.
cypress ['saipris] s. chiparos.
cyst ['sist] s. chist.
czar [zɑ:] s. ţar.
czarina [zɑ:'ri:nə] s. ţarină.
Czech [tʃek] s., adj. ceh (ă).

D

d v. aux., v. mod. v. **had** sau **would**; I'd rather aş prefera.
dab [dæb] s. atingere; picătură.
dabble ['dæbl] vt. a stropi. vi. a se bălăci; a se afla în treabă.
dad(dy) ['dæd(i)] s. tăticu.
daffodil ['dæfədil] s. narcisă galbenă.
dagger ['dægə] s. pumnal.
dahlia ['deiljə] s. dalie.
daily ['deili] s., adj., adv. cotidian.
dainty ['deinti] s. delicatesă; pl. bunătăţi. adj. delicat; delicios.
dairy ['dɛəri] s. lăptărie; ~ -farm fermă de lapte; ~ maid mulgătoare; lăptăreasă; ~ man lăptar.

dais ['deiis] s. estradă.
daisy ['deizi] s. părăluţă; bumbişor; margaretă.
dalliance ['dæliəns] s. neseriozitate.
dally ['dæli] vi. a se juca; a zăbovi.
dam [dæm] s. zăgaz; baraj. vt. a stăvili.
damage ['dæmidʒ] s. pagubă; pl. daune. vt. a strica.
dame [deim] s. baroneasă; artistă emerită; amer. damă.
damn [dæm] vt. a osândi; a blestema.
damnation [dæm'neiʃn] s. osândire. interj. amer. la naiba.

damp [dæmp] *s.* umezeală. *adj.* umed. *vt.* a umezi; a descuraja.

dampness ['dæmpnis] *s.* umezeală; climat ploios.

dance [dɑːns] *s.* dans, ceai dansant. *vt., vi.* a dansa.

dancer ['dɑːnsə] *s.* dansator; balerin(ă).

dancing ['dɑːnsiŋ] *s.* dans; balet.

dandelion ['dændilaiən] *s.* păpădie.

dandruff ['dændrəf] *s.* mătreață.

dandy ['dændi] *s.* filfizon.

Dane [dein] *s.* danez(ă).

danger ['deindʒə] *s.* primejdie; amenințare.

dangerous ['deindʒrəs] *adj.* primejdios.

dangle ['dæŋgl] *vt., vi.* a (se) legăna; a (se) bălăbăni; *to ~ after smb.* a se ține (scai) de cineva.

Danish ['deiniʃ] *s.* (limba) daneză. *adj.* danez(ă).

dank [dæŋk] *adj.* umed.

dapper ['dæpə] *adj.* îngrijit; sclivisit.

dappled ['dæpld] *adj.* bălțat.

dare [dɛə] *vt.* a îndrăzni; a desfide; *I ~ say that* cred că. *vi.* a fi îndrăzneț, curajos.

dare-devil ['dɛə,devl] *s.* aventurier nesăbuit. *adj.* foarte riscant, nesăbuit.

daring ['dɛəriŋ] *adj.* îndrăzneț.

dark [dɑːk] *s.* întuneric; ignoranță. *adj.* întunecat; oacheș; tainic.

darken ['dɑːkn] *vt., vi.* a (se) întuneca.

darling ['dɑːliŋ] *s.* iubit(ă). *adj.* drăguț.

darn [dɑːn] *vt., vi.* a țese ciorapi.

dart [dɑːt] *s.* suliță; săgeată; izbucnire. *vt.* a arunca; a scoate. *vi.* a țâșni; a merge ca săgeata.

dash [dæʃ] *s.* izbucnire; țâșnire; picătură; vioiciune; fugă; liniuță. *vt.* a arunca; a face să țâșnească; a nărui. *vi.* a țâșni; a se repezi.

dashing ['dæʃiŋ] *adj.* îndrăzneț; vioi; elegant; chipeș.

dastard ['dæstəd] *s.* laș; ticălos.

data ['deitə] *s. pl.* date; realități.

date [deit] *s.* dată; zi; perioadă; curmală; *amer.* întâlnire; *out of ~* demodat; *up-to- ~* modern. *vt., vi.* a data.

daub [dɔːb] *s.* strat; pictură proastă; mâzgăleală. *vt., vi.* a murdări; a picta prost; a mâzgăli.

daughter ['dɔːtə] *s.* fiică; *~ in-law* noră.

daunt [dɔːnt] *vt.* a înfricoșa.

dauntless ['dɔːntlis] *adj.* neînfricat.

dawdle ['dɔːdl] *vt.: to ~ away* a irosi (timpul). *vi.* a pierde vremea.

dawn [dɔːn] *s.* zori; dimineață; *fig.* început; răsărit. *vi.* a se face ziuă; a se revărsa; a apărea; *it~ed on me that* mi-am dat seamă că.

day [dei] *s.* zi; lumină; epocă; eveniment; luptă; *by ~* ziua (pe lumină); *all (the) ~ long* toată ziua; *the ~ before yesterday* alaltăieri; *the ~ after tomorrow* poimâine; *the other ~* deunăzi; *one ~* odată (de demult); *some ~* într-o bună zi (în viitor).

daybreak ['deibreik] *s.* revărsatul zorilor.

day-dream ['deidriːm] *vi.* visare.

daylight ['deilait] *s.* lumina zilei.

daytime ['deitaim] *s. in the ~* în timpul zilei.

daze [deiz] *s.* uluire. *vt.* a orbi; a
ameți.

dazzle ['dæzl] *vt.* a orbi; a lua ochii.

deacon ['di:kn] *s.* diacon.

dead [ded] *s.: the ~* morții; *the ~
of night* miezul nopții. *adj.* mort;
stins; total nefolosit. *adv.* com-
plet.

deaden ['dedn] *vt.* a amorți; a alina;
a amortiza.

deadlock ['dedlɔk] *s.* impas.

deadline ['dedlain] *s.* graniță,
limită de demarcație; termen
final.

deadly ['dedli] *adj.*, *adv.* mortal.

deaf [def] *adj.* surd.

deafen ['defn] *vt.* a asurzi.

deafness ['defnis] *s.* surzenie.

deal [di:l] *s.* cantitate (mare);
afacere; învoială; împărțirea căr-
ților de joc; scândură; *a great ~*
mult. *vt.* a face (cărțile). *vi.: to ~
with* a se ocupa de; a trata (cu);
to ~ in a face negoț cu.

dealer ['di:lə] *s.* negustor; jucător
care împarte cărțile.

dealing ['di:liŋ] *s.* atitudine; relație;
afacere.

dealt [delt] *vt.*, *vi. trec. și part. trec.
de la* **deal**.

dean [di:n] *s.* arhimandrit; decan.

dear [diə] *s.*, *adj.*, *adv.* scump; *my
~* dragul meu; *Dear Sir* stimate
domn.

dearly ['diəli] *adv.* scump; foarte
mult.

dearness ['diənis] *s.* scumpete;
afecțiune.

dearth [də:θ] *s.* lipsă.

death [deθ] *s.* moarte; sfârșit; *on
one's ~ bed* pe patul de moarte;
~-rate mortalitate.

debase [di'beis] *vt.* a înjosi; a stri-
ca.

debatable [di'beitəbl] *adj.* dis-
cutabil; în discuție.

debate [di'beit] *s.* dezbatere; dis-
cuție. *vt.*, *vi.* a discuta.

debauchery [di'bɔtʃəri] *s.* desfrâu.

débris ['debri:] *s.* moloz; dărâmă-
tură.

debt [det] *s.* datorie (bănească).

debtor ['detə] *s.* datornic.

decade ['dekeid] *s.* deceniu.

decadence ['dekədns] *s.* decaden-
ță.

decamp [di'kæmp] *vi.* a pleca; a
fugi.

decant [di'kænt] *vt.* a turna.

decanter [di'kæntə] *s.* garafă.

decay [di'kei] *s.* putreziciune;
stricăciune; carie. *vi.* a se strica;
a putrezi; a decădea.

decease [di'si:s] *s.* deces. *vi.* a de-
ceda.

deceit [di'si:t] *s.* înșelătorie, prefă-
cătorie.

deceitful [di'si:tfl] *adj.* mincinos.

deceive [di'si:v] a păcăli; a înșela.

December [di'sembə] *s.* decem-
brie.

decency [di:snsi] *s.* decență; ru-
șine; modestie.

decent ['di:snt] *adj.* decent; po-
trivit; cumsecade; curat; bun; de
treabă.

deception [di'sepʃn] *s.* decepție.
înșelăciune; impostură.

deceptive [di'septiv] *adj.* înșelător.

decide [di'said] *vt.*, *vi.* a (se) hotărî.

decidedly [di'saididli] *adv.* fără
doar și poate.

deciduous [di'sidjuəs] *adj.* cu frun-
ze căzătoare.

decimal ['desiml] *adj.* zecimal.

decipher [di'saifə] *vt.* a descifra.

decision [di'siʒn] *s.* hotărâre.

decisive [di'saisiv] *adj.* hotărât(or).

deck [dek] s. mar. punte; ~-chair șezlong. vt. a împodobi; a înveseli.

declaim [di'kleim] vt., vi. a declama.

declamation [,deklə'meiʃn] s. declamație; cuvântare.

declaration [,deklə'reiʃn] s. declarație.

declare [di'klɛə] vt., vi. a (se) declara.

declension [di'klenʃn] s. declinare.

decline [di'klain] s. declin; slăbire; oftică. vt. a refuza. vi. a slăbi.

declivity [di'kliviti] s. pantă.

declutch ['di:'klʌtʃ] vi. a debreia.

decompose [,di:kəm'pouz] vt., vi. a (se) descompune.

decorate ['dekəreit] vt. a zugrăvi (o casă); a decora.

decoration [,dekə'reiʃn] s. împodobire; podoabă; decorație.

decorous ['dekərəs] adj. decent; demn; de bun gust.

decorum [di'kɔ:rəm] s. decență; purtare aleasă; pl. conveniențe.

decoy [di'kɔi] s. momeală; capcană; provocator. vi. a momi.

decrease[1] ['di:kri:s] s. scădere; declin.

decrease[2] [di:'kri:s] vt., vi. a scădea; a (se) împuțina.

decree [di'kri:] s. decret. vt. a decreta; a porunci.

decrepit [di'krepit] adj. îmbătrânit; ramolit.

dedicate ['dedikeit] vt. a dedica.

dedication [,dedi'keiʃn] s. dedicație.

deduce [di'dju:s] vt. a deduce.

deduct [di'dʌkt] vt. a scădea.

deduction [di'dʌkʃn] s. scădere; deducție.

deed [di:d] s. acțiune, act, faptă.

deem [di:m] vt. a considera.

deep [di:p] adj. adânc, profund; întunecat.

deepen ['di:pn] vt., vi. a (se) adânci.

deep-rooter ['di:p'ru:tid], **deep-seated** ['di:p'si:tid] adj. (profund) înrădăcinat.

deer [diə] s. cerb(i); căprioară.

defamation [,defə'meiʃn] s. defăimare.

defame [di'feim] vt. a defăima.

default [di'fɔ:lt] s. lipsă (de la o îndatorire); neplată (a unei datorii); absență; contumacie.

defeat [di'fi:t] s. înfrângere; eșec. vt. a înfrânge.

defective [di'fektiv] adj. deficient; defectiv.

defence [di'fens] s. apărare; protecție; pledoarie.

defenceless [di'fenslis] adj. fără apărare; neajutorat.

defend [di'fend] vt. a apăra; a ocroti.

defendant [di'fendənt] s. pârât.

defender [di'fendə] s. apărător.

defense [di'fens] s. amer. v. defence.

defensive [di'fensiv] s. defensivă, apărare. adj. defensiv.

defer [di'fə:] vt. a amâna, vi. a ceda.

deference ['defrns] s. respect; cedare; ascultare.

deferential [,defə'renʃl] adj. respectuos.

defiance [di'faiəns] s. sfidare; încălcare.

defiant [di'faiənt] adj. sfidător.

deficiency [di'fiʃnsi] s. lipsă.

defile [di'fail] vt. a pângări; a spurca; a murdări.

define [di'fain] *vt.* a defini.
definite ['definit] *adj.* hotărât; clar.
definitely ['definitli] *adv.* fără doar și poate.
definition [‚defi'niʃn] *s.* definiție; definire.
deflate [di'fleit] *vt.* a dezumfla; a reduce.
deflect [di'flekt] *vt.*, *vi.* a (se) abate.
deform [di'fɔːm] *vt.* a deforma; a poci.
deformity [di'fɔːmiti] *s.* diformitate.
deft [deft] *adj.* abil.
defy [di'fai] *vt.* a sfida; a înfrunta; a învinge.
degenerate¹ [di'dʒenrit] *adj.* decăzut; degenerat.
degenerate² [di'dʒenəreit] *vi.* a degenera.
degrade [di'greid] *vt.* a degrada.
degradation [‚degrə'deiʃn] *s.* degradare; decădere.
degree [di'griː] *s.* grad; rang; *by* ~s treptat.
deify ['diːifai] *vt.* a venera.
deign [dein] *vt.*, *vi.* a catadicsi.
deity ['diːiti] *s.* zeitate.
dejected [di'dʒektid] *adj.* trist.
dejection [di'dʒekʃn] *s.* tristețe; deprimare.
delay [di'lei] *s.* întârziere; răgaz. *vt.* a întârzia; a amâna.
delegate¹ ['deligit] *s.* delegat.
delegate² ['deligeit] *vt.* a delega; a încredința.
delegation [‚deli'geiʃn] *s.* delegație; delegare.
delete [di'liːt] *vt.* a șterge (cuvinte).
deletion [di'liːʃn] *s.* ștersătură; ștergere.
deliberate¹ [di'librit] *adj.* intenționat; bine chibzuit.
deliberate² [di'libəreit] *vt.*, *vi.* a delibera; a (se) consulta.

deliberately [di'libritli] *adv.* anume; cu grijă.
deliberation [di‚libə'reiʃn] *s.* grijă; intenție; deliberare.
delicacy ['delikəsi] *s.* delicatețe; slăbiciune; trufanda.
delicate ['delikit] *adj.* delicat; fin; firav; mofturos.
delicious [di'liʃəs] *adj.* delicios.
delight [di'lait] *s.* încântare; plăcere; bucurie. *vt.* a încânta. *vi.*: *to* ~ *in* a savura.
delightful [di'laitfl] *adj.* încântător.
delimit [diː'limit] *vt.* a delimita.
delineate [di'linieit] *vt.* a descrie; a desena.
delinquency [di'linkwənsi] *s.* criminalitate.
delinquent [di'linkwənt] *s.* delicvent.
delirious [di'liriəs] *adj.* în delir.
deliver [di'livə] *vt.* a furniza; a oferi; a (pre)da; a elibera, a rosti. *vr.* a se preda.
deliverance [di'livrns] *s.* eliberare; izbăvire; declarație.
delivery [di'livri] *s.* predare; furnizare; transport; rostire; dicțiune.
delude [di'luːd] *vt.* a înșela.
delusion [di'luːʒn] *s.* înșelare, iluzie.
delusive [di'luːsiv] *adj.* înșelător; iluzoriu.
delve [delv] *vt.*, *vi.* a săpa; a cerceta.
demand [di'mɑːnd] *s.* cerere; pretenție revendicare; necesitate; *in great* ~ foarte căutat; *on* ~ la cerere.
demarcation [diː‚mɑː'keiʃn] *s.* demarcație.
demean [di'miːn] *vr.* a se înjosi.
demeanour [di'miːnə] *s.* comportare.

71

demented [di'mentid] *adj.* nebun; înnebunit.

demigod ['demigɔd] *s.* semizeu.

demijohn ['demidʒɔn] *s.* damigeană.

demise [di'maiz] *s.* deces.

democracy [di'mɔkrəsi] *s.* democraţie.

democratic [demə'krætik] *adj.* democrat.

demographic ['demə'græfik] *adj.* demografic.

demolish [di'mɔliʃ] *vt.* a dărâma; a distruge.

demolition ['demə'liʃn] *s.* dărâmare; ruină.

demonstrate ['demənstreit] *vt., vi.* a demonstra; a manifesta.

demonstration [,demən'streiʃn] *s.* demonstraţie; manifestaţie.

demonstrative [di'mɔnstrətiv] *adj.* demonstrativ; expansiv; vizibil.

demur [di'mə] *s.* obiecţie; ezitare. *vi.* a şovăi; a obiecta.

demure [di'mjuə] *adj.* serios; cuminte; prefăcut.

den [den] *s.* vizuină; tavernă.

denial [di'naiə] *s.* negare; refuz.

denizen ['denizn] *s.* locuitor (al pădurii etc.).

denomination [di,nomi'neiʃn] *s.* nume; numire; categorie; sectă.

denote [di'nout] *vt.* a indica; a desemna.

denounce [di'nauns] *vt.* a denunţa.

dense [dens] *adj.* dens; gros; greu de cap.

density ['densiti] *s.* densitate.

dentifrice ['dentifris] *s.* pastă de dinţi.

dentistry ['dentistri] *s.* dentistică.

denunciation [di,nʌnsi'eiʃn] *s.* denunţ(are).

deny [di'nai] *vt.* a (re)nega; a refuza.

depart [di'pɑːt] *vi.* a pleca; a se abate; a răposa.

department [di'pɑːtmənt] *s.* despărţitură; departament; facultate; minister; ~ *store* magazin universal.

departure [di'pɑːtʃə] *s.* plecare; abatere.

depend [di'pend] *vi.* a se bizui; a depinde.

dependable [di'pendəbl] *adj.* de nădejde.

dependence [di'pendəns] *s.* dependenţă; încredere.

dependency [di'pendənsi] *s.* colonie.

dependent [di'pendənt] *s.* întreţinut. *adj.* dependent; subordonat.

depict [di'pikt] *vt.* a descrie.

deplete [di'pliːt] *vt.* a goli.

deplore [di'plɔː] *vt.* a deplânge.

deploy [di'plɔi] *s.* desfăşurare. *vt., vi.* a (se) desfăşura.

deport [di'pɔːt] *vt.* a deporta. *vr.* a se purta.

deportation ['diːpɔ'teiʃn] *s.* deportare.

deportment [di'pɔːtmənt] *s.* comportare; ţinută.

depose [di'pouz] *vi.* a demite; a debarca; a detrona.

deposit [di'pɔzit] *s.* depunere; depozit. *vt.* a depune; a depozita.

deposition ['depə'ziʃn] *s.* depunere; răsturnare de la putere; depoziţie.

depositor [di'pɔzitə] *s.* depunător.

depot ['depou] *s.* depozit; depou; *amer.* gară.

depraved [di'preivd] *adj.* depravat.

depravity [di'præviti] *s.* depravare; ticăloşie.

deprecate ['deprikeit] *vt.* a dezaproba.

depreciate [di'pri:ʃieit] *vt., vi.* a (se) deprecia.

depredation ['depri'deiʃn] *s.* prădăciune, jaf.

depress [di'pres] *vt.* a deprima.

depression [di'preʃn] *s.* depresiune.

deprive [di'praiv] *vt.* a priva.

depth [depθ] *s.* adânc(ime); înţelepciune; adânc.

deputation [‚depju'teiʃn] *s.* delegaţie.

deputy ['depjuti] *s.* adjunct; delegat; deputat *(nu în Anglia)*.

derail [di'reil] *vt.* a face să deraieze. *vi.* a deraia.

derange [di'reindʒ] *vt.* a deranja; a tulbura.

derangement [di'reindʒmənt] *s.* deranj(ament); nebunie.

derelict ['derilikt] *adj.* părăsit; părăginit.

derision [di'riʒn] *s.* batjocură.

derisive [di'raisiv] *adj.* batjocoritor.

derivation ['deri'veiʃn] *s.* derivare; origine.

derivative [di'rivətiv] *s.* derivat.

derive [di'raiv] *vt.* a obţine. *vi.* a preveni; a decurge.

derogatory [di'rɔgətri] *adj.* nefavorabil; peiorativ.

derrick ['derik] *s.* macara.

descend [di'send] *vt.* a coborî. *vi.* a coborî, a se trage; a se năpusti.

descendant [di'sendənt] *s.* urmaş.

descent [di'sent] *s.* coborâre; origine; atac.

describe [dis'kraib] *vt.* a descrie, a înfăţişa.

description [dis'kripʃn] *s.* descriere; relatare; fel.

desecrate ['desikreit] *vt.* a pângări; a înjosi.

desert[1] ['dezət] *s., adj.* pustiu.

desert[2] [di'zə:t] *s.* merit; răsplată. *vt.* a părăsi, a abandona, a lăsa la ananghie. *vi.* a dezerta.

deserter [di'zə:tə] *s.* dezertor.

desertion [di'zə:ʃn] *s.* dezertare; părăsire.

deserve [di'zə:v] *vt.* a merita; a câştiga prin trudă.

deservedly [di'zə:vidli] *adj.* pe merit.

design [di'zain] *s.* desen; plan. *vt.* a desena; a proiecta.

designate ['dezigneit] *vt.* a indica.

designation [‚dezig'neiʃn] *s.* numire.

designer [di'zainə] *s.* desenator; proiectant.

designing [di'zainiŋ] *s.* proiectare; desen. *adj.* viclean; intrigant.

desirable [di'zaiərəbl] *adj.* de dorit.

desire [di'zaiə] *s.* dorinţă. *vt.* a dori; a cere.

desirous [di'zaiərəs] *adj.* doritor.

desist [di'zist] *vi.: to ~ from* a înceta(să).

desk [desk] *s.* pupitru; birou; catedră; *com.* casă.

desolate[1] ['desəlit] *adj.* pustiu; părăsit; deznădăjduit.

desolate[2] ['desəleit] *vt.* a pustii; a întrista.

despair [dis'pɛə] *s.* deznădejde; chin. *vi.* a fi deznădăjduit.

despatch [dis'pætʃ] *s. v.* **dispatch**.

desperado [‚despə'rɑːdou] *s.* om în stare de orice; criminal.

desperate ['desprit] *adj.* nesăbuit; fără speranţă.

despicable ['despikəbl] *adj.* mizerabil; vrednic de dispreţ.

73

despise [dis'paiz] *vt.* a dispreţui.
despite [dis'pait] *prep.* în ciuda.
despondence [dis'pɔndəns] *s.* deznădejde.
despondent [dis'pɔndənt] *adj.* desperat; nenorocit.
dessert [di'zə:t] *s.* fructe; desert; *amer.* prăjituri, dulce.
destine ['destin] *vt.* a destina.
destiny ['destini] *s.* destin.
destitute ['destitju:t] *adj.* nevoiaş; nenorocit.
destitution [,desti'tju:ʃn] *s.* sărăcie; lipsuri.
destroy [dis'trɔi] *vt.* a nimici; a ucide.
destroyer [dis'trɔiə] *s.* distrugător.
destruction [dis'trʌkʃn] *s.* distrugere; exterminare.
destructive [dis'trʌktiv] *adj.* distrugător.
desultory ['desəltri] *adj.* dezordonat; împrăştiat.
detach [di'tætʃ] *vt.* a desprinde; a detaşa.
detachable [di'tætʃəbl] *adj.* separabil.
detachment [di'tætʃmənt] *s.* detaşament; detaşare; independenţă.
detail ['di:teil] *s.* amănunt.
detain [di'tein] *vt.* a deţine; a reţine.
detect [di'tekt] *vt.* a descoperi; a detecta.
detective [di'tektiv] *s.* detectiv; ~ *story* roman poliţist.
detention [di'tenʃn] *s.* reţinere; detenţiune.
deter [di'tə:] *vt.* a împiedica; a reţine, a opri.
deteriorate [di'tiəriəreit] *vt., vi.* a (se) înrăutăţi.
determinate [di'tə:mnit] *adj.* determinat; fix; limitat.

determination [di,tə:mi'neiʃn] *s.* hotărâre; determinare.
determinative [di'tə:minətiv] *s., adj.* determinant.
determine [di'tə:min] *vt.* a hotărî; a preciza; a stabili. *vi.* a se hotărî.
determined [di'tə:mind] *adj.* hotărât.
deterrent [di'ternt] *s.* piedică; intimidare.
detest [di'test] *vt.* a detesta.
detestation [,di:tes'teiʃn] *s.* ură; oroare.
dethrone [di'θroun] *vt.* a detrona.
detract [di'trækt] *vt.* a defăima.
detrimental [,detri'mentl] *adj.* dăunător.
deuce [dju:s] *s.* numărul doi; dracul; *sport* egalitate.
devastate ['devəsteit] *vt.* a pustii.
develop [di'veləp] *vt.* a dezvolta; a manifesta; a produce. *vi.* a se dezvolta; a se transforma.
development [di'veləpmənt] *s.* dezvoltare; creştere; schimbare; eveniment.
deviate ['di:vieit] *vi.* a se abate.
device [di'vais] *s.* plan; intenţie; şmecherie; dispozitiv; deviză.
devil ['devl] *s.* drac; ticălos; nenorocit.
devilish ['devliʃ] *adj.* drăcesc.
devious ['di:vjəs] *adj.* ocolit; necinstit.
devise [di'vaiz] *vt.* a născoci.
devoid [di'vɔid] *adj.:* ~ *of* lipsit de.
devolve [di'vɔlv] *vt.* a transfera. *vi.: to* ~ *upon* a reveni; a incumba.
devote [di'vout] *vt.* a dedica.
devoted [di'voutid] *adj.* devotat; credincios.
devotion [di'vouʃn] *s.* dragoste; devotament; *pl.* rugăciuni.
devour [di'vauə] *vt.* a devora; a chinui.

devout [di'vaut] *adj.* pios; serios; sincer.

dew [dju:] *s.* rouă.

dewy ['dju:i] *adj.* înrourat.

dexterous ['dekstrəs] *adj.* îndemânatic.

diabetes [,daiə'bi:ti:z] *s.* diabet.

diadem ['daiədem] *s.* diademă; coroniţă.

diagnosis [,daiəg'nousis] *s.* diagnostic.

dial ['dai(e)l] *s.* cadran; disc *(la telefon).* *vt.* a forma un număr de telefon.

dialogue ['daiələg] *s.* dialog.

diameter [dai'æmitə] *s.* diametru.

diametrically [,daiə'metrikli] *adv.* diametral; total.

diamond ['daiəmənd] *s.* diamant; caro *(la cărţi).*

diarrhoea [,daiə'riə] *s.* diaree.

diary ['daiəri] *s.* agendă; jurnal (intim).

dice [dais] *s. pl.* zaruri. *vi.* a juca zaruri.

dickens ['dikinz] *s.* aghiuţă; *how goes the ~ ?* cât e ceasul.

dictate[1] ['dikteit] *s.* dictat; îndemn.

dictate[2] [dik'teit] *vt., vi.* a dicta.

dictation [dik'teiʃn] *s.* dictare.

dictatorship [dik'teitəʃip] *s.* dictatură.

diction ['dikʃn] *s.* dicţiune; *poetic ~* limbaj poetic.

dictionary ['dikʃnri] *s.* dicţionar.

did [did] *vt., vi.* trec de la **do**.

die [dai] *s.* zar; matriţă; perforator. *vi.* a muri; a fi chinuit; a dispărea; *never say ~!* nu te lăsa; *to ~ of* a se stinge (pe rând); *to ~ out* a se sfârşi; *to ~away* a se ofili; *to ~ down* a slăbi.

diet ['daiət] *s.* dietă; (hrană de) regim.

differ ['difə] *vi.* a se deosebi; a nu se înţelege.

difference ['difrns] *s.* deosebire; dezacord.

different ['difrnt] *adj.* diferit; separat.

differentiate ['difə'renʃieit] *vt., vi.* a (se) diferenţia, a (se) deosebi.

difficult ['difiklt] *adj.* dificil; neplăcut.

difficulty ['difiklti] *s.* dificultate; piedică.

diffident ['difidnt] *adj.* neîncrezător.

diffuse[1] [di'fju:s] *adj.* difuz; neclar.

diffuse[2] [di'fju:z] *vt., vi.* a (se) răspândi.

dig [dig] *s.* ghiont; ironie; *pl.* locuinţă. *vt.* a săpa; a dezgropa; a cerceta; a înghionti. *vi.* a săpa; a studia.

digest[1] ['daidʒest] *s.* rezumat; prezentare trunchiată.

digest[2] [di'dʒest] *vt.* a digera; a înţelege; a suporta. *vi.* a mistui.

digestion [di'dʒestʃn] *s.* digestie.

digging ['digiŋ] *s.* mină. *pl.* locuinţă.

dignified ['dignifaid] *adj.* demn.

dignify ['dignifai] *vt.* a înnobila.

dignitary ['dignitri] *s.* demnitar.

dignity ['digniti] *s.* demnitate; comportare aleasă; demnitar.

digress [dai'gres] *vi.* a se abate.

digression [dai'greʃn] *s.* digresiune.

dike [daik] *s.* şanţ; dig.

dilapidated [di'læpideitid] *adj.* dărâmat.

dilapidation [di,læpi'deiʃn] *s.* dărâmare.

dilate [dai'leit] *vt., vi.* a (se) dilata.

dilatory ['dilətri] *adj.* încet; zăbavnic.

dilettante [,dili'tænti] *s.* diletant.

diligence ['dilidʒns] *s.* silinţă; seriozitate.

diligent ['dilidʒnt] *adj.* silitor; serios.

dill [dil] *s.* mărar.

dilly-dally ['dilidæli] *vi.* a zăbovi; a fi nehotărât.

dilute [dai'lju:t] *vt.* a dilua.

dilution [dai'lu:ʃn] *s.* diluare.

dim [dim] *adj.* ceţos; întunecos; slab; neclar; vag. *vt.* a (se) întuneca; a (se) înceţoşa.

dime [daim] *s. amer.* zece cenţi.

dimension [di'menʃn] *s.* dimensiune; mărime; *pl.* proporţii; importanţă.

diminish [di'miniʃ] *vt., vi.* a diminua.

diminution [,dimi'nju:ʃn] *s.* diminuare.

diminutive [di'minjutiv] *s.* diminutiv. *adj.* mic(uţ); diminutival.

dimness ['dimnis] *s.* neclaritate; întunecare.

dimple ['dimpl] *s.* gropiţă. *vi.* a face gropiţe (în obraji).

din [din] *s.* zgomot; zarvă. *vt.* a repeta (zgomotos); a ţipa. *vi.* a face gălăgie.

dine [dain] *vt., vi.* a (se) ospăta.

diner ['dainə] *s.* persoană care ia masa; vagon-restaurant.

dingy ['dindʒi] *adj.* murdar; fără culoare; mizerabil.

dining-car ['dainiŋ,kɑ:] *s.* vagon-restaurant.

dining-room ['dainiŋrum] *s.* sufragerie.

dinner ['dinə] *s.* masa principală; prânz; cină; dineu; ~ *-jacket* smoching; ~ *-party* dineu.

dint [dint] *s.* semn; *by* ~ *of* datorită; prin.

dip [dip] *s.* baie; scăldătoare; groapă; coborâre. *vt.* a cufunda; a coborî. a (în)muia. *vi.* a coborî; a se cufunda.

diphtheria [dif'θiəriə] *s.* difterie.

diphthong ['difθɔŋ] *s.* diftong.

diplomacy [di'plouməsi] *s.* diplomaţie.

diplomatic [,diplə'mætik] *adj.* diplomat(ic).

diplomatist [di'ploumətist] *s.* diplomat.

dipper ['dipə] *s.* căuş; polonic.

dire [daiə] *adj.* cumplit; extrem.

direct [di'rekt] *adj.* direct; apropiat; sincer. *adv.* direct. *vt.* a îndruma; a conduce. *vi.* a dirija.

direction [di'rekʃn] *s.* direcţie; indicaţie; conducere; îndrumare; *pl.* instrucţiuni; *pl.* adresă.

directly [di'rektli] *adv.* direct; imediat; curând. *conj.* de îndată ce.

directness [di'rektnis] *s.* sinceritate; caracter deschis, drept etc.

director [di'rektə] *s.* îndrumător; director; membru în consiliul de administraţie.

directory [di'rektri] *s.* ghid; carte de telefon.

dirge [də:dʒ] *s.* bocet.

dirigible ['diridʒəbl] *adj.* dirijabil.

dirk [də:k] *s.* stilet.

dirt [də:t] *s.* murdărie; ţărână; noroi; obscenitate; ~ *cheep* ieftin ca braga; ~ *-track* pistă de zgură; drum nepietruit.

dirty ['də:ti] *adj.* murdar; obscen; *(d. vreme)* proastă. *vt.* a murdări.

disability [,disə'biliti] s. incapacitate; invaliditate.
disable [dis'eibl] vt. a mutila; a răni; a face neputincios.
disabuse [,disə'bju:z] vt. a dezamăgi; a lămuri; a trezi la realitate.
disadvantage [,disəd'vɑ:ntidʒ] s. dezavantaj; daună.
disadvantageous [,disædvɑ:n'teidʒəs] adj. nefavorabil.
disagree [disə'gri:] vi. a nu fi de acord; a se certa; a fi nepotrivit sau dăunător.
disagreable [,disə'griəbl] adj. dezagreabil, neplăcut; nesuferit.
disagreement [,disə'gri:mənt] s. dezacord.
disappear [,disə'piə] vi. a dispărea.
disapoint [,disə'pɔint] vt. a dezamăgi.
disappointment [,disə'pɔintmənt] s. dezamăgire; necaz.
disapproval [,disə'pru:vl] s. dezaprobare; critică.
disapprove ['disə'pru:v] vt. a dezaproba; a condamna.
disarm [dis'ɑ:m] vt., vi. a dezarma.
disarmament [dis'ɑ:məmənt] s. dezarmare.
disaster [di'zɑ:stə] s. dezastru.
disastrous [di'zɑ:strəs] adj. dezastruos.
disavow ['disə'vau]vt. a nega; a dezaproba; a dezavua.
disband [dis'bænd] vt. a demobiliza.
disbelieve ['disbi'li:v] vt., vi. a nu crede.
discard [dis'kɑ:d] vt. a arunca (la o parte); a ignora; a se despărți de.
discern [di'sə:n] vt., vi. a distinge.

discernment [di'sə:nmənt] s. discernământ; clarviziune.
discharge [dis'tʃɑ:dʒ] s. descărcare; foc. (de armă); eliberare; achitare; scurgere. vt. a descărca; a scoate; a elimina; a trage (o săgeată, un foc); a concedia; a lăsa la vatră; a plăti; a îndeplini.
disciple [di'saipl] s. discipol.
disciplinary ['disiplinəri] adj. disciplinar.
discipline ['disiplin] s. disciplină; pedeapsă. vt. a disciplina; a pedepsi.
disclose [dis'klouz] vt. a dezvălui.
disclosure [dis'klouʒə] s. dezvăluire; declarație.
disclo(u)r [dis'kʌlə] vt., vi. a (se) decolora; a (se) schimba.
discomfit [dis'kʌmfit] vt. a necăji; a șicana.
discomfort [dis'kʌmfət] s. neplăcere.
disconcert [,diskən'sə:t] vt. a tulbura.
disconnect [,diskə'nekt] vt. a separa.
disconsolate [dis'kɔnslit] adj. trist; neconsolat.
discontent [,diskən'tent] s. nemulțumire. vt. a nemulțumi.
discontinue ['diskən'tinju] vt., vi. a înceta.
discountenance [dis'kauntinəns] vt. a dezaproba; a împiedica.
discourage [dis'kʌridʒ] vt. a descuraja; a împiedica.
discourse [dis'kɔ:s] s. cuvânt(are). vi. a vorbi pe larg.
discourteous [dis'kə:tjəs] adj. nepoliticos.
discourtesy [dis'kə:tisi] s. nepolitețe.

77

discover [dis'kʌvə] *vt.* a descoperi.
discoverer [dis'kʌvərə] *s.* descoperitor.
discovery [dis'kʌvri] *s.* descoperire.
discredit [dis'kredit] *vt.* a discredita; a nu crede.
discreet [dis'kri:t] *adj.* prudent; discret; la locul lui.
discrepancy [dis'krepnsi] *s.* diferenţă; contradicţie.
discretion [dis'kreʃn] *s.* discreţie; înţelepciune.
discriminate [dis'krimineit] *vt., vi.* a discrimina; a distinge; a diferenţia.
discrimination [dis,krimi'neiʃn] *s.* discriminare; discernământ.
discursive [dis'kə:siv] *adj.* discursiv, logic.
discus ['diskəs] *s.* *sport* disc.
discuss [dis'kʌs] *vt.* a discuta.
discussion [dis'kʌʃn] *s.* discuţie.
disdain [dis'dein] *s.* dispreţ. *vt.* a dispreţui.
disdainful [dis'deinfl] *adj.* dispreţuitor.
disease [di'zi:z] *s.* boală.
disembark ['disim'bɑ:k] *vt., vi.* a debarca.
disengage ['disin'geidʒ] *vt.* a elibera; a desface.
disengaged ['disin'geidʒd] *adj.* liber; neocupat.
disentangle ['disin'tæŋgl] *vt.* a descurca.
disfavour ['dis'feivə] *s.* dizgraţie. *vt.* a dezaproba.
disfigure [dis'figə] *vt.* a desfigura.
disgrage [dis'greis] *s.* ruşine; dizgraţie. *vt.* a dezonora.
disgraceful [dis'greisfl] *adj.* ruşinos.
disguise [dis'gaiz] *s.* travesti(re);

mască. *fig.* paravan. *vt.* a deghiza; a travesti; a ascunde.
disgust [dis'gʌst] *s.* dezgust. *vt.* a dezgusta.
disgusting [dis'gʌstiŋ] *adj.* dezgustător.
dish [diʃ] *s.* farfurie; (fel de) mâncare; ~ -cloth cârpă de vase.
dishearten [dis'hɑ:tn] *vt.* a descuraja.
dishevel(l)ed [di'ʃevld] *adj.* zburlit.
dishonest [dis'ɔnist] *s.* necinstit.
dishonesty [dis'ɔnisti] *s.* necinste.
dishono(u)r [dis'ɔnə] *s.* ruşine. *vt.* a dezonora.
disillusion [,disi'lu:ʒn] *s.* deziluzie. *vt.* a deziluziona; a trezi la realitate.
disinclination [,disinkli'neiʃn] *s.* împotrivire; repulsie.
disinfect [,disin'fekt] *vt.* a dezinfecta.
disinherit ['disin'herit] *vt.* a dezmoşteni.
disintegrate [dis'intigreit] *vt., vi.* a (se) dezintegra.
disinterested [dis'intristid] *adj.* dezinteresat.
disk [disk] *s.* disc.
dislike [dis'laik] *s.* antipatie. *vt.* a nu putea suferi.
dislocate ['disləkeit] *vt.* a disloca; a tulbura.
dismal ['dizml] *adj.* trist; sinistru.
dismantle [dis'mæntl] *vt.* a demonta.
dismay [dis'mei] *s.* spaimă. *vt.* a înspăimânta.
dismember [dis'membə] *vt.* a dezmembra.
dismiss [dis'mis] *vt.* a lăsa liber; a concedia; a alunga.

dismissal [dis'misl] s. concediere; izgonire.

dismount [dis'maunt] vt. a coborî; a demonta. vi. a descăleca; a coborî.

disobedient [,disə'bi:djənt] adj. nesupus.

disobey ['disə'bei] vt. a nu asculta (de).

disorder [dis'ɔ:də] s. dezordine; tulburare.

disorderly [dis'ɔ:dəli] adj. dezordonat; turbulent; învălmăşit.

disorganize [dis'ɔ:gənaiz] vt. a dezorganiza.

disown [dis'oun] vt. a renega; a dezmoşteni.

disparage [dis'pæridʒ] vt. a discredita; a bârfi.

disparagingly [dis'pæridʒiŋli] adv. insultător; cu duşmănie.

disparity [dis'pæriti] s. nepotrivire; inegalitate.

dispatch [dis'pætʃ] s. expediere; mesaj; telegramă; grabă. vt. a expedia; a termina repede; a ucide;

dispel [dis'pel] vt. a împrăştia.

dispensary [dis'pensri] s. farmacie.

dispensation [,dispen'seiʃn] s. împărţire; dispensă.

dispense [dis'pens] vt. a distribui; a prepara (medicamente). vi.: to ~ with a se lipsi de.

disperse [dis'pə:s] vt., vi. a (se) dispersa; a (se) împrăştia.

dispirited [dis'piritid] adj. trist; descurajat.

displace [dis'pleis] vt. a deplasa; a înlocui; a dispersa.

display [dis'plei] s. expoziţie; manifestare; etalare (vulgară). vt. a expune; a arăta; a manifesta.

displease [dis'pli:z] vt. a displăcea (cu dat.); a nemulţumi.

displeasure [dis'pleʒə] s. nemulţumire.

disposal [dis'pouzl] s. dispoziţie; dispunere; înstrăinare; eliminare.

dispose [dis'pouz] vt. a (pre)dispune; a hotărî. vi.: to ~ of a scăpa de; a vinde.

disposition [,dispə'ziʃn] s. mentalitate; dispoziţie.

dispossess [,dispə'zes] vt. a deposeda.

disproportionate [,disprə'pɔ:ʃnit] adj. disproporţionat.

disprove [dis'pru:v] vt. a respinge; a infirma.

disputable [dis'pju:təbl] adj. discutabil.

dispute [dis'pju:t] s. dezbatere; ceartă: beyond ~ indiscutabil. vt. a discuta; a disputa. vi. a se certa.

disqualify [dis'kwɔlifai] vt. a descalifica; a împiedica.

disquiet [dis'kwaiət] vt. a nelinişti; a tulbura. s. nelinişte.

disregard ['disri'ga:d] vt. a nesocoti. s. neglijare; neglijenţă; neatenţie.

disrepute ['disri'pju:t] s. faimă proastă.

disrespect [,disris'pekt] s. nepoliteţe.

disrespectful [,disris'pektfl] adj. lipsit de respect.

disrupt [dis'rʌpt] vt. a fărâmiţa; a dezbina.

disruptive [dis'rʌptiv] adj. care dezbină; diversionist.

dissatisfy [di'sætisfai] vt. a nemulţumi.

dissection [di'sekʃn] s. disecţie; fragment.

disseminate [di'semineit] *vt.* a răspândi.

dissension [di'senʃn] *s.* neînțelegere.

dissent [di'sent] *s.* dezacord; neconformism. *vi.* a fi în dezacord; a nu se conforma.

dissenter [di'sentə] *s.* neconformist; eretic.

dissever [di'sevə] *vt.* a despărți.

dissimilar ['di'similə] *adj.* diferit.

dissimulate [di'simjuleit] *vt., vi.* a (se) ascunde.

dissipate ['disipeit] *vt., vi.* a (se) risipi, a (se) împrăștia.

dissipated ['disipeitid] *adj.* desfrânat.

dissipation [,disi'peiʃn] *s.* împrăștiere; risipă; desfrâu.

dissociate [di'souʃieit] *vt.* a separa. *vr.* a se desolidariza.

dissolute ['disəlu:t] *adj.* destrăbălat.

dissolution [,disə'lu:ʃn] *s.* desfacere; dizolvare; imoralitate.

dissolve [di'zɔlv] *vt., vi.* a (se) dizolva; a (se) destrăma.

dissuade [di'sweid] *vt.* a sfătui să nu (facă ceva).

distaff ['distɑ:f] *s.* furcă de tors.

distance ['distns] *s.* distanță; timp.

distant ['distnt] *adj.* îndepărtat; vag.

distaste ['dis'teist] *s.* antipatie.

distasteful [dis'teistfl] *adj.* dezagreabil, neplăcut.

distemper [dis'tempə] *s.* răpciugă; tentă. *vt.* a colora.

distend [dis'tend] *vt., vi.* a (se) umfla.

distil [dis'til] *vt., vi.* a '(se) distila; a picura.

distillery [dis'tiləri] *s.* distilerie.

distinctly [dis'tiŋktli] *adv.* clar; fără îndoială.

distinction [dis'tiŋkʃn] *s.* distincție.

distinctive [dis'tiŋktiv] *adj.* deosebit; distinctiv.

distinguish [dis'tiŋgwiʃ] *vt., vi.* a (se) distinge.

distinguished [dis'tiŋgwiʃt] *adj.* distins; remarcabil.

distort [dis'tɔ:t] *vt.* a deforma.

distortion [dis'tɔ:ʃn] *s.* deformare.

distract [dis'trækt] *vt.* a distrage; a tulbura.

distraction [dis'trækʃn] *s.* distragere; tulburare; nebunie.

distraint [dis'treint] *s.* sechestru.

distraught [dis'trɔ:t] *adj.* înnebunit.

distress [dis'tres] *s.* necaz; mizerie; primejdie. *vt.* a distribui; a repartiza.

distribute [dis'tribjut] *vt.* a distribui; a repartiza.

distributive [dis'tribjutiv] *adj.* distributiv.

district ['distrikt] *s.* regiune; raion; cartier.

distrust [dis'trʌst] *s.* neîncredere. *vt.* a suspecta.

distrustful [dis'trʌstfl] *adj.* bănuitor.

disturb [dis'tə:b] *vt.* a tulbura.

disturbance [dis'tə:bns] *s.* tulburare.

disunite ['disju:'nait] *vt., vi.* a (se) dezbina.

disuse ['dis'ju:s] *s.* nefolosire; paragină.

ditch [ditʃ] *s.* șanț.

ditto ['ditou] *adv.* idem.

ditty ['diti] *s.* cântec(el).

dive [daiv] *s.* plonjon; săritură; picaj. *vi.* a plonja; a sări; a intra în picaj.

diver ['daivə] *s.* scafandru; săritor de la trambulină; *zool.* cufundar.

diverge [dai'və:dʒ] *vi.* a fi în divergență; a se separa; a se deosebi.
divergency [dai'və:dʒnsi] *s.* divergență; deosebire.
diversify [dai'və:sifai] *vt.* a diversifica.
diversion [dai'və:ʃn] *s.* distrugere; diversiune; distracție.
diversity [dai'və:siti] *s.* varietate.
divert [dai'və:t] *vt.* a distra(ge).
diverting [dai'və:tiŋ] *adj.* amuzant.
divest [dai'vest] *vt.* a scoate; a arunca.
divide [di'vaid] *s.* despărțire; creastă. *vt., vi.* a despărți; a (se) împărți; a (se) dezbina.
dividend ['dividend] *s.* dividend; deîmpărțit.
divine [di'vain] *adj.* divin; minunat; splendid. *vt.* a ghici. *s.* teolog; cleric.
divinity [di'viniti] *s.* divinitate; teologie.
division [di'viʒn] *s.* împărțire; diviziune; graniță; dezacord; votare.
divorce [di'vɔ:s] *s.* divorț; dezacord. *vt.* a se despărți. *vi.* a divorța.
divulge [dai'vʌldʒ] *vt.* a divulga.
dizziness ['dizinis] *s.* amețeală.
dizzy ['dizi] *adj.* amețit(or); zăpăcit.
do [du(:)] *v. aux. folosit la ind., interog. și neg., prez. și trec. al verbelor noționale și la imper. neg.; v. mod arată insistența: he did help me* într-adevăr m-a ajutat. *vt.* a face; a săvârși; a păcăli; a strica; *to ~ duty for* a sluji de; *to ~ smb. in* a ucide pe cineva; *to be done for* a fi distrus. *vi.* a acționa; a se ocupa; a o duce; a corespunde; a fi destul;

a ajunge; *how ~ you ~* bună ziua; vă salut; îmi pare bine de cunoștință; *to have to ~ with* a avea de-a face cu; *to ~ for* a sluji; a ucide; *to ~ (well) by* a se purta (frumos) cu; *to ~ with smth.* a termina cu; *can you ~ with a cup of tea?* ai vrea o ceașcă de ceai? *to ~ without smth.* a se (putea) lipsi de; *to ~ away with* a desființa; *nothing doing* nu e nimic de făcut. *Ca înlocuitor: I like it. Do you?* Îmi place. Zău? *I like it and so does he* îmi place și mie și lui; *so do I* și mie la fel.
dock [dɔk] *s. mar.* doc; *jur.* boxa acuzaților; *bot.* măcriș.
docker ['dɔkə] *s.* docher.
doctor ['dɔktə] *s.* doctor. *vt.* a trata; a falsifica.
doctrine ['dɔktrin] *s.* doctrină; dogmă.
documentary [,dɔkju'mentri] *s., adj.* documentar.
dodder ['dɔdə] *s.* cuscută. *vi.* a se bălăbăni; a vorbi în dodii.
dodge [dɔdʒ] *s.* eschivare; truc. *vt.* a se eschiva.
dodger ['dɔdʒə] *s.* chiulangiu; evazionist.
doe [dou] *s.* căprioară; iepuroaică.
doer [du:ə] *s.* om de acțiune; executant.
does [dʌz, dəz] *pers. a III-a sing. ind. prez. de la* **do.**
doeskin ['douskin] *s.* piele de căprioară.
doff [dɔf] *vt.* a-și scoate (pălăria etc.).
dog [dɔg] *s.* câine; javră; *~ -cart* docar; *~ - days* zilele lui cuptor.
doge [doudʒ] *s.* doge.

dog-eared ['dɔgiəd] *adj.* *(d. cărţi)* rufos.

dogged ['dɔgid] *adj.* încăpăţânat; tenace.

doggerel ['dɔgrl] *s.* versuri proaste; *fig.* maculatură.

dog-tired ['dɔg'taiəd] *adj.* istovit.

doings ['du:iŋz] *s. pl.* acţiuni.

doldrums ['dɔldrəmz] *s. pl.* mare calmă; tristeţe.

dole [doul] *s.* dar; plată; ajutor de şomaj. *vt.* a da cu ţârâita.

doleful ['doulfl] *adj.* trist.

doll [dɔl] *s.* păpuşă.

dollar ['dɔlə] *s.* dolar.

dolphin ['dɔlfin] *s.* delfin.

dolt [doult] *s.* tâmpit.

domain [də'mein] *s.* domeniu.

dome [doum] *s.* dom.

domestic [də'mestik] *adj.* domestic; familial; intern.

dominant ['dɔminənt] *adj.* dominant.

dominate ['dɔmineit] *vt., vi.* a stăpâni.

domineering [,dɔmi'niəriŋ] *adj.* autoritar; arogant.

dominion [də'minjən] *s.* stăpânire; dominion.

don [dɔn] *s.* nobil; membru în conducerea unei universităţi. *vt.* a îmbrăca.

donate [do'neit] *vt.* a dona.

done [dʌn] *part. trec. de la* do.

donkey ['dɔŋki] *s.* măgar; *fig.* tâmpit.

donor ['dounə] *s.* donator.

doom [du:m] *s.* soartă (rea); judecata de apoi. *vt.* a osândi, a sorti.

doomsday ['du:mzdei] *s.* ziua judecăţii de apoi.

door [dɔ:] *s.* uşă; poartă; portiţă; *next ~* alături; *~bell* sonerie;

~frame cadrul uşii; *~ -keeper* portar *~ -step* prag; *~ -way* intrare, cadrul uşii.

dope [doup] *s.* stupefiant; dopaj; tâmpit; *amer.* pont; *~ fiend* toxicoman. *vt.* a dopa; a droga.

dormer(-window) ['dɔ:mə('window)] *s.* lucarnă.

dormitory ['dɔ:mitri] *s.* dormitor (comun).

dormouse ['dɔ:maus] *s. zool.* alunar, pâş.

dose [dose] *s.* doză. *vt.* a administra (o doctorie).

dot [dɔt] *s.* punct; picătură; dotă. *vt.* a pune punct la.

dotage ['doutidʒ] *s.* ramoleală.

dotard ['doutəd] *s.* ramolit.

dote [dout] *vi.: to ~on* a iubi nebuneşte.

double ['dʌbl] *s.* dublu(ră); pas alergător; meci de dublu. *adj.* dublu, de două ori; perechi, perechi. *vt.* a dubla; a îndoi; a trece (colţul etc.). *vi.* a se îndoi; a merge în pas alergător; *to ~ up* a se ghemui, a se încovoia.

double-barrelled ['dʌbl,bærəld] *adj.* cu două ţevi; *fig.* echivoc.

double-bass ['dʌbl'beis] *s.* contrabas.

double-breasted ['dʌbl'brestid] *adj. (d. haină)* la două rânduri.

double-cross ['dʌbl'krɔs] *vt.* a înşela.

double-dealer ['dɔbl'di:lə] *s.* ipocrit.

double-Dutch ['dʌbl'dʌtʃ] *s.* limbă păsărească.

double-edged ['dʌbl'edʒd] *adj.* cu două tăişuri.

double-faced ['dʌbl'feist] *adj.* făţarnic.

doubly ['dʌbli] *adv.* de două ori.

doubt [daut] s. îndoială; dilemă; *in ~* la îndoială; *no ~, without (a) ~, beyond a ~* fără îndoială. *vt.* a pune la îndoială.

doubtful ['dautfl] *adj.* şovăielnic; dubios.

doubtfully ['dautfli] *adv.* cu inima îndoită.

doubtless ['dautlis] *adv.* sigur.

dough [dou] s. aluat; bani; *~ -nut* gogoaşă.

dove [dʌv] s. turturea; porumbel; *~ cot* hulubărie.

dovetail ['dʌvteil] s. îmbinare. *tehn. vt., vi.* a (se) potrivi.

dowager ['dauədʒə] s. văduvă moştenitoare.

dowdy ['daudi] *adj.* împopoţonat; îmbrăcat fără gust.

down [daun] *adv.* (în) jos; *~ to* până la. *prep.* în josul; de-a lungul. *s.* dună; luncă; puf; *pl.* tristeţe; valurile vieţii. *adj.* coborâtor; trist; prăpădit; flămând; bolnav; *a ~ train* tren de provincie; *~ and out* distins; extremist. *vt.* a lăsa (în) jos; a trânti; a da pe gât; *to ~ tools* a intra în grevă.

downcast ['daunkɑːst] *adj.* abătut.

downfall ['daunfɔːl] s. cădere; precipitaţii.

downhearted [daun'hɑːtid] *adj.* deprimat.

downhill ['daun'hill] *adj.* în jos.

Downing Street ['dauniŋ‚striːt] s. reşedinţa primului ministru britanic; guvernul britanic.

downpour ['daunpɔː] s. ploaie torenţială.

downright ['daunrait] *adj., adv.* cinstit; total.

downstairs ['daunstɛəz] *adv.* jos, la parter.

downtown ['dauntaun] *adv.* în cartierul comercial; *amer.* în centru.

downtrodden ['daun‚trɔdn] *adj.* asuprit.

downward ['daunwəd] *adv.* în jos.

dowry ['dauəri] s. zestre; talent.

doze [douz] s. aţipeală. *vi.* a aţipi; a dormita.

dozen ['dʌzn] s. duzină.

drab [dræb] *adj.* murdar; mizer; şters.

draft [drɑːft] s. schiţă; plan; proiect; recrutare obligatorie. *vt.* a schiţa; a proiecta. *amer.* a lua la armată.

drafting ['drɑːftiŋ] s. redactare; proiectare.

draftsman ['drɑːftsmən] s. proiectant; redactor (al unui document).

drag [dræg] s. dâră; piedică. *vt.* a trage; a târî(i); a draga. *vi.* a se târî(i).

dragon ['drægən] s. balaur; *~ -fly* libelulă.

dragoon [drə'guːn] s. *mil.* dragon.

drain [drein] s. jgheab; ţeavă; scurgere; duşcă; picătură. *vt.* a scurge; a canaliza; a suge. *vi.* a se scurge; a slăbi.

drainage ['dreinidʒ] s. canalizare; (apă de) scurgere.

drake [dreik] s. răţoi.

dram [dræm] s. dram, picătură.

drama ['drɑːmə] s. gen dramatic; piesă; dramă; teatru.

dramatist ['dræmətist] s. dramaturg.

dramatize ['dræmətaiz] *vt.* a dramatiza; a lua în tragic.

drank [dræŋk] *vt., vi. trec. de la* **drink**.

drape [dreip] *vt.* a drapa.

draper ['dreipə] s. pânzar.

drapery ['dreipəri] s. (magazin de) pânzeturi.

draught [drɑːft] *s.* tracţiune; decantare; duşcă; pescaj; curent; *pl.* joc de dame. *vt. v.* **draft**.

draughtsman ['drɑːftsmən] *s.* desenator (tehnic); proiectant; piesă la jocul de dame.

draughty ['drɑːfti] *adj.* în care trage curentul.

draw [drɔː] *vt.* a târî; a (a)trage; a scoate; a desena; *to ~ back* a retrage; *to ~ up* a redacta, a elabora; *to ~ lots* a trage la sorţi, *vi.* a se apropia; a desena; *to ~ back* a se retrage; a şovăi; *to ~ off* a se îndepărta; *to ~ on* a se apropia; a se inspira din; *to ~ together* a se uni; *to ~ away* a se îndepărta; *to ~ up* a se alinia; a se opri; a trage la scară. *s.* tragere; remiză; meci nul.

drawback ['drɔːbæk] *s.* piedică; dezavantaj.

drawbridge ['drɔːbridʒ] *s.* pod basculant.

drawer [drɔː] *s.* sertar; desenator; *pl.* chiloţi.

drawing ['drɔːiŋ] *s.* desen; grafică; *~-board* planşetă de desen; *~-pin* pioneză; *~-room* salon(aş).

drawl [drɔːl] *s.* vorbă tărăgănată. *vt.* a tărăgăna. *vi.* a vorbi tărăgănat.

drawn [drɔːn] *vt., vi. part. trec. de la* **draw**.

dray [drei] *s.* faiton.

dread [dred] *vt.* a se înspăimânta de. *adj.* grozav, temut.

dreadful ['dredfl] *adj.* înspăimântător; neplăcut.

dreadfully ['dredfli] *adv.* teribil.

dreadnought ['drednɔːt] *s.* cuirasat.

dream [driːm] *s.* vis(are). *vt.* a visa; a-şi închipui. *vi.* a visa.

dreamer ['driːmə] *s.* visător.

dreamy ['driːmi] *adj.* visător; vag; de vis.

dreary ['driəri] *adj.* îngrozitor; sinistru; întunecos.

dredge [dredʒ] *s.* dragă. *vt., vi.* a draga.

dredger ['dredʒə] *s.* dragă.

dregs [dregz] *s. pl.* drojdie.

drench [drentʃ] *vt.* a uda leoarcă.

dress [dres] *s.* rochie; îmbrăcăminte; *full sau evening ~* mare ţinută, haine de seară; *~ rehearsal* repetiţie generală. *vt.* a îmbrăca; a împodobi; a (pre)găti; *to ~ up* a îmbrăca elegant. *vi.* a se îmbrăca (elegant).

dress-circle ['dres'səːkl] *s.* balcon I.

dress-coat ['dres'kout] *s.* frac; jachetă.

dresser ['dresə] *s.* infirmier; garderobieră; bufet; servantă.

dressing ['dresiŋ] *s.* îmbrăcare; preparare a mâncării; salată; sos; bandaj; scrobeală; ocară; *~ -case* trusă medicală; *~ -gown* halat, capot; *~ -table* masă de toaletă.

dressmaker ['dresmeikə] *s.* croitoreasă.

drew [druː] *vt., vi. trec. de la* **draw**.

dribble ['dribl] *s.* picurare; dribling. *vt., vi.* a picura; a dribla.

drift [drift] *s.* curent; troian; morman; alunecare. *vt.* a abate. *vi.* a fi luat de curent.

drill [dril] *s.* sfredel; freză; *mil.* instrucţie; exerciţii, repetiţie; dril. *vt.* a sfredeli; a instrui.

drink [driŋk] *vt.* a bea; a toasta pentru; *to ~ up sau off sau down* a bea până la fund; *to ~ in* a (ab)sorbi. *vi.* a bea. *s.* băutură (alcoolică); *in* ~ beat.

drip [drip] *s.* picătură; picurare. *vt., vi.* a picura.

dripping ['dripiŋ] *adj.* ud leoarcă.

drive [draiv] *s.* plimbare cu un vehicul; alee; lovitură (cu mingea); energie; campanie; efort; cursă; *vt.* a mâna (caii); a conduce; a duce cu un vehicul; a împinge; a determina; a bate (un cui); *to* ~ *away* a izgoni; *to* ~ *home* a duce la țintă *sau* la bun sfârșit. *vi.* a mâna caii; a conduce mașina; a merge cu mașina; *to* ~ *at* a ținti la.

drivel [drivl] *vi.* a spune prostii. *s.* prostii, vorbe goale.

driven [drivn] *vt., vi. part. trec. de la* drive.

driver ['draivə] *s.* șofer; vizitiu; păstor.

drizzle ['drizl] *vi.* a bura. *s.* burniță.

droll [droul] *adj.* nostim.

dromedary ['drʌmədri] *s.* dromader.

drone [droun] *s.* trântor; zumzet; *vi.* a zumzăi; a vorbi monoton.

droop [dru:p] *vi.* a atârna; a se ofili. *s.* cădere; ofilire.

drop [drɔp] *s.* picătură; cădere. *vt.* a lăsa să cadă; a scăpa; *vi.* a (s)cădea; a coborî; a scăpăta; *to* ~ *off* a scădea; a ațipi; *to* ~ *in* a face o scurtă vizită.

dropsy ['drɔpsi] *s.* hidropizie.

dross [drɔs] *s.* zgură.

drossy ['drɔsi] *adj.* fără valoare.

drought [draut] *s.* secetă.

drove [drouv] *s.* turmă; ceată; *vt., vi. trec. de la* drive.

drown [draun] *vt.* a îneca; a acoperi. *vi., vr.* a se îneca.

drowse [drauz] *vi.* a moțăi.

drowsiness ['drauzinis] *s.* toropeală; picoteală.

drowsy ['drauzi] *adj.* adormit(or).

drudge [drʌdʒ] *s. fig.* rob. *vi.* a munci pe rupte; a robi.

drudgery ['drʌdʒri] *s.* robie; trudă.

drug [drʌg] *s.* doctorie; drog; stupefiant. *vt.* a droga; a preface; a falsifica.

drugstore ['drʌgstɔ:] *s. amer.* drogherie; magazin universal; bufet-expres.

drum [drʌm] *s.* tobă; rezervor. *vt.* a bate toba pe.

drummer ['drʌmə] *s.* toboșar.

drunk [drʌŋk] *vt., vi. trec. și part. trec. de la* drink *adj.* beat; amețit.

drunkard ['drʌŋkəd] *s.* bețivan.

drunken ['drʌŋkn] *adj.* beat; amețit.

dry [drai] *adj.* sec(etos); antialcoolic. *vt., vi.* a (se) usca.

dub [dʌb] *vt.* a porecli; a dubla (un film).

dubious ['dju:bjes] *adj.* șovăitor; dubios.

duchess ['dʌtʃis] *s.* ducesă.

duck [dʌk] *s.* rață; pânză de doc; cufundare; plonjon; *a lame* ~ un infirm. *vt.* a cufunda; a apleca. *vi.* a se apleca.

duckling ['dʌkliŋ] *s.* boboc de rață, rățușcă.

duct [dʌkt] *s.* tub; canal.

ductile ['dʌktail] *adj.* ductil; docil.

due [dju:] *s.* datorie; *pl.* taxă, cotizație. *adj.* scadent; cuvenit; planificat ~ *to* datorit(ă).

dug [dʌg] *vt., vi. trec. și part. de la* dig.

dug-out ['dʌgaut] *s.* adăpost antiaerian.

duke [dju:k] *s.* duce.

dukedom ['dju:kdəm] s. rangul de duce; ducat; principat.

dull [dʌl] adj. greoi; tâmpit; monoton; mohorât; tocit. vt. a atenua; a estompa; a toci.

dullard ['dʌləd] s. tâmpit.

duly ['dju:li] adv. când sau cum trebuie.

dumb [dʌm] adj. mut; ~ -bells haltere; ~ -show joc mut; mimă.

dumbfound [dʌm'faund] vt. a ului; a lăsa fără grai.

dummy ['dʌmi] s. manechin; înlocuitor; imitaţie; mână moartă; martor mut.

dump [dʌmp] vt. a descărca; a arunca (pe piaţă).

dumping ['dʌmpiŋ] s. inundarea pieţii cu mărfuri ieftine.

dumpling ['dʌmpliŋ] s. găluşcă; gogoaşă.

dumps [dʌmps] s. indispoziţie.

dumpy ['dʌmpi] adj. îndesat.

dunce [dʌns] s. tâmpit.

dung [dʌŋ] s. bălegar.

dungeon ['dʌndʒn] s. temniţă.

dupe [dju:p] s. prost, gură-cască. vt. a păcăli; a escroca.

duplex ['dju:pleks] adj. dublu.

duplicate[1] ['dju:plikit] s. copie. adj. dublu; copiat.

duplicate[2] ['dju:plikeit] vt. a copia; a dubla.

duplicity [dju'plisiti] s. făţărnicie.

durable ['djuərəbl] adj. durabil.

duration [djuə'reiʃn] s. durată.

during ['djuəriŋ] prep. în timpul.

dusk [dʌsk] s. amurg.

dusky ['dʌski] adj. întunecos.

dust [dʌst] s. praf, pulbere; ţărână. vt. a scutura de praf; a presăra; to ~ smb.'s jacket a bate pe cineva.

dust-bin ['dʌstbin] s. ladă de gunoi.

dust-cart ['dʌstkɑ:t] s. maşină a salubrităţii.

duster ['dʌstə] s. cârpă de praf; presărătoare.

dustman ['dʌstmən] s. gunoier.

dusty ['dʌsti] adj. prăfuit; în praf.

Dutch [dʌtʃ] s. (limba) olandeză; the ~ olandezii. adj. olandez(ă).

Dutchman ['dʌtʃmən] s. olandez.

duteous ['dju:tjəs] adj. conştiincios; ascultător.

dutiful ['dju:tifl] adj. respectuos; supus; pătruns de simţul datoriei.

duty ['dju:ti] s. îndatorire, datorie; sarcină; treabă; taxă (vamală); on ~ de serviciu; to be in ~ bound a fi obligat; ~ -free scutit de taxe (vamale).

dwarf [dwɔ:f] s. pitic. vt. a micşora; a reduce.

dwell [dwel] vi. a locui; a rămâne; a insista.

dweller ['dwelə] s. locuitor.

dwelling(-house) ['dweliŋ (haus)] s. locuinţă.

dwelt [dwelt] vt., vi. trec. şi part. trec. de la **dwell**.

dwindle ['dwindl] vi. a se micşora; a scădea.

dye [dai] s. vopsea; fig. soi. vt., vi. a (se) vopsi, a (se) colora.

dyeing ['daiiŋ] part. prez. de la **dye**.

dyestuff ['daistʌf] s. vopsea; colorant.

dying ['daiiŋ] adj. muribund. vi. part. prez. de la **die**.

dyke [daik] s. dig; şanţ.

dynamic [dai'næmik] adj. dinamic; energic.

dynamics [dai'næmiks] s. pl. dinamică.

dynamite ['dainəmait] *s.* dinamită. *vt.* a dinamita.
dynamo ['dainəmou] *s.* dinam.

dynasty ['dinəsti] *s.* dinastie.
dysentery ['disntry] *s.* dizenterie.

E

each [i:tʃ] *adj., pron.* fiecare.
eager [i:gə] *adj.* doritor; nerăbdător.
eagerness ['i:gənis] *s.* nerăbdare; dorință.
eagle ['i:gl] *s.* vultur.
ear [iə] *s.* ureche (muzicală); auz; spic.
earl [ə:l] *s.* conte.
early ['ə:li] *adj.* timpuriu; prim; prematur. *adv.* devreme; timpuriu.
earmark ['iəmɑ:k] *s.* ştampilă; semn. *vt.* a marca; a aloca.
earn [ə:n] *vt.* a câştiga; a merita.
earnest ['ə:nist] *adj.* serios. *s.* seriozitate.
earnings ['ə:niŋz] *s. pl.* salariu; câştig.
earphone ['iəfoun] *s.* cască.
earshot ['iə:ʃɔt] *s.* distanţă de la care se poate auzi.
earth [ə:θ] *s.* pământ; lume; uscat.
earthen ['ə:θn] *adj.* (ca) de pământ; argilos.
earthenware ['ə:θnwεə] *s.* ceramică.
earthly ['ə:θli] *adj.* pământesc.
earthquake ['ə:θkweik] *s.* cutremur.
earthwork ['ə:θwə:k] *s.* fortificaţie.
earthworm ['ə:θwə:m] *s.* râmă.
eartrumpet ['iə,trʌmpit] *s.* cornet acustic.
earwig ['iəwig] *s.* urechelniţă.

ease [i:z] *s.* tihnă; huzur; *at ~* liniştit; *mil.* pe loc repaus. *vt., vi.* a slăbi; a (se) linişti.
easel [i:zl] *s.* şevalet.
easily ['i:zili] *adv.* uşor.
east [i:st] *s.* răsărit; *the Far East* Extremul Orient. *adj.* de răsărit.
Easter ['i:stə] *s.* Paşti.
eastern ['i:stə:n] *adj.* răsăritean; oriental.
easy ['i:zi] *adj.* uşor, facil; liniştit; tihnit; plăcut; simpatic. *adv.* uşurel, uşor; încetişor.
eat [i:t] *vt., vi.* a mânca.
eatable ['i:təbl] *s. pl.* mâncare. *adj.* comestibil.
eaten [i:tn] *vt., vi. part. trec. de la* **eat.**
eaves [i:vz] *s. pl.* streaşină.
eavesdrop ['i:vzdrɔp] *vi.* a trage cu urechea.
ebb [eb] *s.* reflux; declin; scădere. *vi.* a scădea; a decădea.
ebony ['ebəni] *s.* abanos.
eccentric [ik'sentrik] *s., adj.* excentric.
ecclesiastic [i,kli:zi'æstik] *s., adj.* cleric(al).
echo ['ekou] *s.* ecou; răsunet; imitaţie. *vt.* a repeta (ca un ecou). *vi.* a răsuna.
eclipse [i'klips] *s.* eclipsă; întunecare. *vt.* a întuneca; a eclipsa.
economic [,i:kə'nɔmik] *adj.* econom(ic).

87

economical [,i:kə'nɔmikl] *adj.* chibzuit; economic.

economics [,i:kə'nɔmiks] *s.* economie politică.

economize [i:'kɔnəmaiz] *vt., vi.* a economisi.

economy [i:'kɔnəmi] *s.* economie (politică); administraţie.

ectasy ['ekstəsi] *s.* extaz.

ecstatic [eks'tætik] *adj.* vesel; îmbucurător.

eddy ['edi] *s.* vârtej.

Eden ['i:dn] *s.* paradis.

edge [edʒ] *s.* muchie; margine. *vt.* a mărgini; a-şi face (loc, drum). *vt.* a se strecura.

edgeways ['edʒweiz] *adj.* pe muchie; lateral.

edible ['edibl] *s.* aliment. *adj.* comestibil.

edifice ['edifis] *s.* clădire.

edify ['edifai] *vt. fig.* a lumina; a îndrepta.

edit ['edit] *vt.* a pune la punct (un text); a redacta; a conduce (un ziar); a monta (un film).

edition [i'diʃn] *s.* ediţie; format; tiraj.

editor ['editə] *s.* redactor (şef).

editorial [,edi'tɔ:riəl] *s.* articol de fond. *adj.* redacţional.

educate ['edjukeit] *vt.* a educa; a învăţa.

education [,edju'keiʃn] *s.* învăţământ; educaţie.

educational [,edju'keiʃenl] *adj.* educativ.

eel [i:l] *s.* anghilă; ţipar.

eerie, eery ['iəri] *adj.* straniu.

efface [i'feis] *vt.* a şterge.

effect [i'fekt] *s.* efect, sens; *in ~* în fapt; în vigoare. *vt.* a produce; a efectua.

effective [i'fektiv] *adj.* efectiv; eficace.

effectual [i'fektjuəl] *adj.* eficace; în vigoare.

effete [e'fi:t] *adj.* istovit.

efficacious [,efi'keiʃəs] *adj.* eficace.

efficiency [i'fiʃnsi] *s.* randament.

efficient [i'fiʃnt] *adj.* eficace; capabil; activ.

effusion [i'fju:ʒn] *s.* izbucnire; ţâşnire.

egg [eg] *s.* ou. *vt.: to ~ on* a îndemna.

egg-plant ['egplɑ:nt] *s.* pătlăgică vânătă.

eglantine ['egləntain] *s.* măceş, răsură.

egotism ['egətizəm] *s.* egoism; egocentrism.

egotist ['egətist] *s.* egoist; egocentric.

egress ['i:gres] *s.* ieşire.

Egyptian [i'dʒipʃn] *s., adj.* egiptean(ă).

eh [ei] *interj.* cum? ei?

eiderdown ['aidədaun] *s.* pilotă.

eight [eit] *s., num.* opt.

eighteen ['ei'ti:n] *s., num.* optsprezece.

eighteenth ['ei'ti:nθ] *num.* al optsprezecelea.

eighth [eitθ] *s.* optime. *num.* al optulea.

eightieth ['eitiiθ] *num.* al optzecilea.

eighty ['eiti] *s., num.* optzeci.

either ['aiðə] *adj., pron.* fiecare, oricare (din doi). *adv.: not ~* nici. *conj.: ~... or* fie... fie.

ejaculate [i'dʒækjuleit] *vt., vi.* a exclama; a ejacula.

eject [i'dʒekt] *vt.* a scoate; a izgoni.

eke [i:k] *vt.*: to ~ out a completa.
elaborate¹ [i'læbrit] *adj.* îngrijit; elaborat cu grijă.
elaborate² [i'læbəreit] *vt.* a elabora; a detalia.
elapse [i'læps] *vi.* a trece.
elated [i'leitid] *adj.* încântat; exaltat.
elation [i'leiʃn] *s.* încântare; exaltare.
elbow ['elbou] *s.* cot; out of ~s cu coatele rupte. *vt.* a-şi croi (drum).
elder ['eldə] *s.* mai-mare, superior; *bot. soc. adj. comp. de la* old mai vârstnic.
eldery ['eldəli] *adj.* bătrâior.
eldest ['eldist] *adj. superl. de la* old cel mai vârstnic.
elect [i'lekt] *adj.* ales. *vt.* a alege; a hotărî.
election [i'lekʃn] *s.* alegere.
electioneering [i,lekʃə'niəriŋ] *s.* campanie electorală.
elective [i'lektiv] *adj.* electiv; electoral; facultativ.
elector [i'lektə] *s.* elector; alegător.
electorate [i'lektrit] *s.* corp electoral.
electricity [ilek'trisiti] *s.* electricitate.
electrify [i'lektrifai] *vt.* a electrifica; a electriza.
element ['elimənt] *s.* element; aspect; pic(ătură); *pl.* rudimente.
elemental [,eli'mentl] *adj.* natural; elementar.
elementary [,eli'mentri] *adj.* elementar; rudimentar.
elevate ['eliveit] *vt.* a ridica; a înălţa.
elevation [,eli'veiʃn] *s.* ridicare; înălţime; grandoare.

elevator ['eliveitə] *s.* elevator; *amer.* ascensor.
eleven [i'levn] *s.* unsprezece; echipă de fotbal. *num.* unsprezece.
eleventh [i'levnθ] *s.* unsprezecime. *num.* al unsprezecelea.
elf [elf] *s.* spiriduş.
elicit [i'lisit] *vt.* a solicita; a necesita; a smulge.
eliminate [i'limineit] *vt.* a desfiinţa.
ell [el] *s.* cot *(unitate de măsură)*.
ellipse [i'lips] *s. geom.* elipsă.
ellipsis [i'lipsis] *s. gram.* elipsă.
elm [elm] *s.* ulm.
elocution [,elə'kju:ʃn] *s.* oratorie.
elope [i'loup] *vi.* a fugi (cu iubitul).
elopement [i'loupmənt] *s.* răpire; fuga îndrăgostiţilor.
eloquence ['eləkwns] *s.* elocinţă; oratorie.
eloquent ['eləkwnt] *adj.* grăitor; elocvent.
else [els] *adj.* alt. *adv.* mai; altfel.
elsewhere ['el'weə] *adv.* aiurea; în altă parte.
elucidate [i'lu:sideit] *vt.* a lămuri.
elude [i'lu:d] *vt.* a evita; a eluda.
elusive [i'lu:siv] *adj.* fugitiv; inefabil; lunecos *(fig.)*.
emaciate [i'meiʃieit] *vt. fig.* a slăbi, a slei.
emanate ['eməneit] *vt.* a emana.
emancipate [i'mænsipeit] *vt.* a elibera; a emancipa.
embalm [im'ba:m] *vt.* a îmbălsăma.
embankment [im'bæŋkmənt] *s.* taluz.
embark [im'ba:k] *vt., vi.* a (se) îmbarca.
embarrass [im'bærəs] *vt.* a încurca; a stânjeni.

embarrassment [im'bærəsmənt] *s.* încurcătură; necaz.

embassy ['embəsi] *s.* ambasadă; misiune.

embed [im'bed] *vt.* a încrusta.

embellish [im'beliʃ] *vt.* a înfrumuseța.

embers ['embəz] *s. pl.* jăratic.

embezzle [im'bezl] *vt.* a delapida.

embitter [im'bitə] *vt.* a amărî; a acri.

embodiment [im'bɔdimənt] *s.* întrunire.

embody [im'bɔdi] *vt.* a întru(chi)pa.

emboss [im'bɔs] *vt.* a gofra; a ștanța.

embrace [im'breis] *s.* îmbrățișare. *vt.* a îmbrățișa; a lua.

embroider [im'brɔidə] *vt., vi.* a broda.

embroidery [im'brɔidri] *s.* broderie.

embroil [im'brɔil] *vt.* a încurca, a încâlci (treburi); a băga în încurcătură.

embryo ['embriou] *s.* embrion.

emend [i'mend] *vt.* a corecta; a îmbunătăți.

emerald ['emrld] *s.* smarald.

emerge [i'mədʒ] *vi.* a ieși (la iveală); a se afla.

emergency [i'mə:dʒnsi] *s.* urgență; pericol; stare excepțională.

emery ['eməri] *s.* șmirghel.

emetic [i'metik] *s.* vomitiv.

emigrate ['emigreit] *vt.* a emigra.

eminence ['eminəns] *s.* faimă; înălțime; eminență.

emissary ['emisri] *s.* emisar.

emission [i'miʃn] *s.* emisiune.

emit [i'mit] *vt.* a emite.

emolument [i'mɔljumənt] *s.* onorariu; câștig.

emotion [i'mouʃn] *s.* emoție.

emotional [i'mouʃənl] *adj.* afectiv.

emperor ['emprə] *s.* împărat.

emphasis ['emfəsis] *s.* subliniere; accent.

emphasize ['emfəsaiz] *vt.* a sublinia; a accentua.

emphatic [im'fætik] *adj.* apăsat; pompos.

empire ['empaiə] *s.* imperiu; stăpânire.

employ [im'plɔi] *vt.* a folosi; a angaja.

employee [,emplɔi:i] *s.* salariat; funcționar.

employer [im'plɔiə] *s.* patron.

employment [im'plɔimənt] *s.* slujbă; angajare.

empress ['empris] *s.* împărăteasă.

empty ['emti] *adj.* gol; liber. *vt., vr.* a (se) goli.

emulation [,emju'leiʃn] *s.* întrecere.

enable [i'neibl] *vt.* a face posibil *sau* capabil; a permite.

enact [i'nækt] *vt.* a promulga; a decreta; a monta *sau* a juca (o piesă).

enamel [i'næml] *s.* smalț. *vt.* a emaila.

encase [in'keis] *vt.* a închide; a ambala.

enchant [in'tʃɑ:nt] *vt.* a vrăji.

enchantment [in'tʃɑ:ntmənt] *s.* vrajă; încântare.

encircle [in'sə:kl] *vt.* a înconjura.

enclose [in'klouz] *vt.* a împrejmui; a închide (în plic).

enclosure [in'klouʒə] *s.* îngrădire.

encompass [in'kʌmpəs] *vt.* a cuprinde.

encore [ʌŋ'kɔ:] *s., interj.* bis. *vt.* a bisa.

encounter [in'kauntə] *s.* întâlnire; luptă. *vt., vi.* a (se) întâlni.

encourage [in'kʌridʒ] vt. a încuraja; a stimula.

encouragement [in'kʌridʒmənt] s. încurajare.

encroach [in'kroutʃ] vi.: to ~ (up) on a încălca.

encroachment [in'kroutʃmənt] s. încălcare.

encumber [in'kʌmbə] vt. a împovăra; a aglomera.

encumbrance [in'kʌmbrəns] s. povară; piedică.

encyclop(a)edia [en'saiklo'pi:djə] s. enciclopedie.

end [end] capăt; moarte; scop. vt., vi. a (se) sfârşi.

endanger [in'deindʒə] vt. a primejdui.

endear [in'diə] vt. a face plăcut.

endearment [in'diəmənt] s. afecţiune.

endeavo(u)r [in'devə] s. efort; strădanie. vi. a se strădui.

ending ['endiŋ] s. terminaţie; sfârşit.

endless ['endlis] adj. nesfârşit.

endorse [in'dɔ:s] vt. a gira; a sprijini.

endorsement [in'dɔ:smənt] s. aprobare; gir.

endow [in'dau] vt. a înzestra; a investi.

endowment [in'daumənt] s. înzestrare; alocare.

endurance [in'djuərens] s. rezistenţă.

endure [in'djuə] vt. a îndura. vi. a dura.

enemy ['enimi] s. inamic(i); diavol.

energetic [,enə'dʒetik] adj. energic; activ.

energy ['enədʒi] s. energie.

enervate ['enə:veit] vt. a moleşi; a slăbi.

enfold [in'fould] vt. a înfăşura; a îmbrăţişa.

enforce [in'fɔ:s] vt. a aplica; a promulga.

enfranchise [in'fræntʃaiz] vt. a acorda drepturi electorale (cuiva); a emancipa.

engage [in'geidʒ] vt. a angaja; a logodi; a obliga. vi. a se ocupa; a se prinde. vr. a se angaja.

engaged [in'geidʒd] adj. ocupat; logodit.

engagement [in'geidʒmənt] s. angajament; promisiune; logodnă; luptă.

engaging [in'geidʒiŋ] adj. atrăgător; amabil.

engender [in'dʒendə] vt. a produce.

engine ['endʒin] s. motor; maşină; locomotivă.

engineer [,endʒi'niə] s. inginer; mecanic (de locomotivă). mil. pionier. vt. a pune la cale.

engineering [,endʒi'niəriŋ] s. construcţii (mecanice); inginerie.

English ['iŋgliʃ] s. (limba) engleză; the ~ englezii; in plain ~ pe şleau. adj. englezesc, britanic; the ~ Channel Canalul Mânecii.

Englishman [,iŋgliʃmən] s. englez, britanic.

Englishwoman [,iŋgliʃ'wumən] s. englezoaică.

engrave [in,greiv] vt. a grava; a imprima; a impresiona.

engraving [in,greiviŋ] s. gravură.

engross [in,grous] vt. a absorbi; a ocupa.

engulf [in,gʌlf] vt. a înghiţi.

enhance [in,ha:ns] vt. a spori; a înălţa; a intensifica.

enjoin [in,dʒɔin] vt. a porunci; a cere (imperios).

enjoy [in,dʒɔi] *vt.* a se bucura de; a avea; a savura.

enjoyment [in,dʒɔimənt] *s.* plăcere.

enlarge [in,lɑːdʒ] *vt.* a mări. *vi.* a vorbi pe larg.

enlargement [in,lɑːdʒmənt] *s.* mărire; amplificare; adaos.

enlighten [in,laitn] *vt.* a lumina; a lămuri.

enlightenment [in,laitnmənt] *s.* luminare; iluminism.

enlist [in'list] *vt.* a înrola; a obține. *vt.* a se înrola; a se angaja.

enliven [in'laivn] *vt.* a anina.

enmity ['enmiti] *s.* dușmănie; ură.

ennoble [i'noubl] *vt.* a înnobila.

enormity [i'nɔːmiti] *s.* enormitate; crimă.

enormous [i'nɔːməs] *adj.* uriaș.

enough [i,nʌf] *adj.* suficient. *adv.* destul; foarte.

enrage [in'reidʒ] *vt.* a înfuria.

enrapture [in'ræptʃə] *vt.* a încânta.

enrich [in'ritʃ] *vt., vr.* a (se) îmbogăți.

enrol(l) [in'roul] *vt., vr.* a (se) înregimenta; a (se) înrola.

enrolment [in'roulmənt] *s.* înrolare; promoție.

ensign ['ensain] *s.* steag; insignă; semn; sublocotenent.

enslave [in'sleiv] *vt.* a înrobi.

ensnare [in'snɛə] *vt.* a prinde în capcană.

ensue [in'sjuː] *vi.* a urma.

ensure [in'ʃuə] *vt., vr.* a (se) asigura.

entail [in'teil] *vt.* a determina; a necesita; a lăsa moștenire.

entangle [in'tæŋgl] *vt.* a încurca.

enter ['entə] *vt.* a intra în; a înscrie. *vt.* a intra.

enterprise ['entəpraiz] *s.* curaj; aventură; antrepriză.

enterprising ['entəpraiziŋ] *adj.* întreprinzător; îndrăzneț.

entertain ['entə,tein] *vt.* a primi, a ospăta; a distra; a întreține.

entertaining [,entə'teiniŋ] *adj.* distractiv; încântător.

entertainment [,entə'teinmənt] *s.* distracție; spectacol; ospitalitate.

enthral(l) [in'θrɔːl] *vt.* a (în)robi; a vrăji.

enthusiasm [in'θjuːziæzəm] *s.* entuziasm.

enthusiastic [in,θjuːzi'æstik] *adj.* entuziast.

entice [in,tais] *vt.* a momi.

entire [in,taiə] *adj.* tot(al).

entitle [in,taitl] *vt.* a îndreptăți; a justifica; a intitula.

entity ['entiti] *s.* ființă; entitate.

entrails ['entreilz] *s. pl.* măruntaie.

entrance ['entrns] *s.* intrare.

entreat [in'triːt] *vt.* a implora.

entreaty [in'triːti] *s.* rugăminte.

entrust [in'trʌst] *vt.* a încredința.

entry ['entri] *s.* intrare; înregistrare; articol de dicționar etc.

enumerate [i'njuːməreit] *vt.* a enumera.

enunciate [i'nʌnsieit] *vt.* a enunța, a declara.

envelop [in'veləp] *vt.* a cuprinde; a învălui.

envelope ['enviloup] *s.* plic.

enviable ['enviəbl] *adj.* de invidiat.

envious ['enviəs] *adj.* invidios.

environment [in'vaiərənmənt] *s.* mediu; cadru.

environs ['envirnz] *s. pl.* împrejurări.

envoy ['envɔi] *s.* trimis.

envy ['envi] *s.* (subiect de) invidie. *vt.* a invidia.

ephemeral [i'femərl] *adj.* efemer.

epic ['epik] *s.* epopee; poem epic. *adj.* epic.

epidemic [,epi'demik] *s.* epidemie. *adj.* epidemic.

epistle [i'pisl] *s.* epistolă.

epithet ['epiθet] *s.* epitet.

epitome [i'pitəmi] *s.* rezumat; simbol.

epoch ['i:pɔk] *s.* epocă; ~-*making* epocal.

equable ['ekwəbl] *adj.* liniştit; regulat.

equal ['i:kwəl] *s.* egal. *adj.* egal; liniştit; *to feel* ~ *to* a fi în stare de.

equality [i,kwɔliti] *s.* egalitate.

equalize ['i:kwəlaiz] *vt.* a egaliza.

equanimity [,i:kwə'nimiti] *s.* calm.

equation [i'kweiʃn] *s.* ecuaţie.

equator [i'kweitə] *s.* ecuator.

equinox ['i:kwinɔks] *s.* echinocţiu.

equip [i'kwip] *vt.* a echipa; a înzestra.

equipment [i'kwipmənt] *s.* echipament; instalaţii; utilaj.

equitable ['ekwitəbl] *adj.* just; rezonabil.

equity ['ekwiti] *s.* dreptate; sindicatul actorilor.

equivalent [i'kwivələnt] *s., adj.* echivalent.

equivocal [i'kwivəkl] *adj.* echivoc; dubios.

era ['iərə] *s.* eră.

eradicate [i'rædikeit] *vt.* a dezrădăcina.

erase [i'reiz] *vt.* a şterge; a rade.

eraser [i'reizə] *s.* radieră.

erect [i'rekt] *adj.* vertical, ţeapăn. *vt.* a înălţa.

ermine ['ə:min] *s.* (blană de) hermină.

err [ə:] *vi.* a greşi.

errand ['ernd] *s.* serviciu, comision; ţintă; ~-*boy* comisionar.

erratic [i'rætik] *adj.* extravagant; ciudat.

erratum [e'rɑ:təm] *s.* erată.

erroneous [i'rounjəs] *adj.* greşit.

error ['erə] *s.* greşeală.

eruption [i'rʌpʃn] *s.* erupţie; izbucnire.

escalator ['eskəleitə] *s.* scară rulantă.

escape [is'keip] *s.* scăpare; ieşire. *vt.* a scăpa (de); a evita. *vi.* a fugi de; a scăpa.

eschew [is'tʃu:] *vt.* a evita.

escort[1] ['eskɔ:t] *s.* escortă; însoţitor.

escort[2] [is'kɔ:t] *vt.* a escorta.

escutcheon [is'kʌtʃn] *s.* blazon.

especially [is'peʃli] *adv.* mai ales.

espionage [,espiə'nɑ:ʒ] *s.* spionaj.

espouse [is'pauz] *vt.* a adopta; a lua de nevastă.

espy [is'pai] *vt.* a zări.

esquire [is'kwaiə] *s.* domnului... *(în corespondenţă).*

essay ['esei] *s.* eseu; încercare (la rugby).

essence ['esns] *s.* esenţă.

essential [i'senʃl] *adj.* fundamental.

establish [is'tæbliʃ] *vt.* a înfiinţa; a stabili.

establishment [is'tæbliʃmənt] *s.* înfiinţare; stabilire; instituţie.

estate [is'teit] *s.* moşie; proprietate; avere.

esteem [i'sti:m] *s.* stimă. *vt.* a stima; a considera.

estimate[1] ['estimit] *s.* deviz; calcul; apreciere.

estimate[2] ['estimeit] *vt.* a aprecia; a evalua. *vi.* a face un deviz.

estimation [ˌesti'meiʃn] s. apreciere; părere; stimă; evaluare.

estrange [is'treindʒ] vt. a înstrăina.

estuary ['estjuəri] s. estuar.

etch [etʃ] vt., vi. a grava; a schiţa.

etching ['etʃiŋ] s. gravură.

eternal [i,tənl] adj. etern, neîncetat.

eternity [i,təniti] s. eternitate.

ether ['i:θə] s. eter.

ethereal [i:'θiəriəl] adj. eteric.

ethical ['eθikl] adj. moral.

ethics ['eθiks] s. morală.

etiquette ['eti,ket] s. (reguli de) etichetă.

Ethiopean [ˌi:θi'oupiən] s., adj. etiopian(ă), abisinian(ă).

eulogize ['ju:lədʒaiz] vt. a lăuda.

eulogy ['ju:lədʒi] s. laudă.

evacuate [i'vækjueit] vt. a evacua.

evade [i'veid] vt. a scăpa de; a se sustrage de la.

evaporate [i'væpəreit] vt., vi. a (se) evapora.

evasion [i'veiʒn] s. scăpare; evaziune.

eve [i:v] s. ajun.

even ['i:vn] adj. neted; egal; par. vt. a egaliza. adv. chiar, tocmai; încă şi; egal; la fel.

evening ['i:vniŋ] s. seară.

evenly ['i:vnli] adv. liniştit; egal; regulat.

event [i'vent] s. eveniment; întâmplare; sport probă.

eventful [i'ventfl] adj. bogat în întâmplări.

eventually [i'ventjuəli] adv. în cele din urmă.

ever ['evə] adv. oricând; mereu; (cu neg.) niciodată; (la interog.) vreodată; foarte.

evergreen ['evəgri:n] s. plantă perenă. adj. veşnic verde; peren.

everlasting [ˌevə'lɑːstiŋ] adj. veşnic.

evermore ['evə'mɔː] adj. mereu.

every ['evri] adj. fiecare; toţi, toate.

everybody ['evribɔdi] pron. toată lumea; toţi; fiecare.

everyday ['evridei] adj., adv. zilnic; obişnuit.

everyone ['evriwʌn] s. v. **everybody**.

everything ['evriθiŋ] pron. tot(ul).

everywhere ['evriweə] adv. pretutindeni.

evict [i'vikt] vt. a izgoni; a evacua.

evidence ['evidns] s. dovadă; mărturii.

evil ['i:vl] s. rău; racilă; păcat. adj. rău; ticălos.

evil-doer ['i:vl'duə] s. răufăcător.

evince [i'vins] vt. a manifesta; a indica.

evoke [i'vouk] vt. a evoca; a stârni; a invoca.

evolution [ˌivə'luːʃn] s. evoluţie.

evolve [i'vɔlv] vt. a desfăşura; a transforma. vi. a evolua.

ewe [ju:] s. oaie.

ewer ['ju:ə] s. urcior, chiup.

exact [ig'zækt] adj. exact; corect; precis. vt. a cere; a solicita; a impune; a pretinde.

exacting [ig'zæktiŋ] adj. exigent.

exaggerate [ig'zædʒreit] vt., vi. a exagera.

exalt [ig'zɔːlt] vt. a înălţa; a slăvi.

exaltation [ˌegzɔː'teiʃn] s. înălţare; slăvire; exaltare.

exam [ig'zæm] s. examen.

examination [ig,zæmi'neiʃn] s. examen; cercetare; interogatoriu.

examine [ig'zæmin] *vt.* a cerceta; a interoga.

example [ig'zɑ:mpl] *s.* exemplu.

exasperate [ig'zɑ:spreit] *vt.* a exaspera.

excavate ['ekskəveit] *vt.* a excava.

excavation [,ekskə'veiʃn] *s.* săpătură.

exceed [ik'si:d] *vt.* a întrece.

exceedingly [ik'si:diŋli] *adv.* foarte (mult).

excel [ik'sel] *vt.* a depăşi. *vt.* a excela.

excellence ['eksləns] *s.* perfecţiune.

Excellency ['ekslənsi] *s.* excelenţă.

except [ik'sept] *vt.* a excepta. *prep.* fără; în afară de, cu excepţia a.

excepting [ik'septiŋ] *prep.* v. **except**.

exception [ik'sepʃn] *s.* excepţie; obiecţie.

excerpt ['eksə:pt] *s.* fragment.

excess [ik'ses] *s.* exces; depăşire; *in ~ of* peste. *adj.* suplimentar; excedentar.

exchange [iks'tʃeindʒ] *s.* schimb; bursă. *vt., vi.* a (se) schimba.

exchequer [iks'tʃekə] *s.* (ministru de) finanţe; visterie.

excise [ek'saiz] *s.* impozit; taxă. *vt.* a taxa.

excite [ik'sait] *vt.* a emoţiona; a agita; a stârni.

excitement [ik'saitmənt] *s.* emoţie; tulburare; senzaţie.

exclaim [iks'kleim] *vt., vi.* a exclama.

exclamation [,eksklə'meiʃn] *s.* exclamaţie.

exclusion [iks'klu:ʒn] *s.* excludere.

exclusive [iks'klu:siv] *adj.* rezervat; select; snob; *~ of* fără.

excrete [eks'kri:t] *vt.* a scoate.

excruciating [iks'kru:ʃieitiŋ] *adj.* chinuitor.

exculpate ['ekskʌlpeit] *vt.* a dezvinovăţi; a reabilita.

excursion [iks'kəʃn] *s.* excursie.

excuse[1] [iks'kju:s] *s.* scuză.

excuse[2] [iks'kju:z] *vt.* a scuza.

execrable ['eksikrəbl] *adj.* groaznic.

execute ['eksikju:t] *vt.* a executa.

execution [,eksi'kju:ʃn] *s.* execuţie.

executioner [,eksi'kju:ʃnə] *s.* călău.

executive [ig'zekjutiv] *s.* director; administrator; consiliu de conducere; ramură executivă. *adj.* executiv; de acţiune; eficace.

exemplary [ig'zempləri] *adj.* exemplar.

exempt [ig'zemt] *adj.* scutit. *vt.* a scuti.

exercise ['eksəsaiz] *s.* exerciţiu; mişcare; *mil.* manevră; *pl. amer.* ceremonie. *vt.* a exercita. *vi.* a face mişcare.

exert [ig'zə:t] *vt.* a exercita. *vr.* a se strădui.

exertion [ig'zə:ʃn] *s.* exercitare; efort.

exhale [eks'heil] *vt., vi.* a răsufla; a exala.

exhaust [ig'zɔ:st] *s.* evacuare. *vt.* a epuiza; a evacua.

exhaustion [ig'zɔ:stʃn] *s.* istovire.

exhaustive [ig'zɔ:stiv] *adj.* complet.

exhibit [ig'zibit] *s.* exponat; obiect. *vt., vi.* a (se) expune; a (se) manifesta.

exhibition [,eksi'biʃn] *s.* expoziţie; manifestare.

exhilarate [ig'ziləreit] *vt.* a înveseli.

exhilaration [ig'zilə'reiʃn] s. vese-
lie.
exhort [ig'zɔ:t] vt. a ruga.
exigency ['eksidʒənsi] s. nece-
sitate; exigenţă.
exile ['eksail] s. exil(at). vt. a exila.
exist [ig'zist] vi. a exista.
existence [ig'zistns] s. existenţă;
trai.
exit ['eksit] s. ieşire. vi. a ieşi.
exodus ['eksədəs] s. exod.
exonerate [ig'zɔnəreit] vt. a dez-
vinovăţi.
expand [iks'pænd] vt. a lărgi; a
desfăşura. vt. a se dezvolta; a
înflori.
expanse [iks'pæns] s. întindere.
expansion [iks'pænʃn] s. expan-
siune.
expatiate [eks'peiʃieit] vi. a vorbi
pe larg.
expect [iks'pekt] vt. a se aştepta la;
a necesita.
expectancy [iks'pektnsi] s. aştep-
tare.
expectant [ˌiks'pektnt] adj. în aş-
teptare.
expectation [ˌekspek'teiʃn] s. aş-
teptare; perspectivă.
expedience [iks'pi:djəns] s. con-
venabilitate; oportunitate.
expedient [iks'pi:djənt] s. ex-
pedient. adj. avantajos; eficient.
expedite ['ekspidait] vt. a grăbi.
expedition [ˌekspi'diʃn] s. ex-
pediţie; grabă.
expel [iks'pel] vt. a expulza; a ex-
clude.
expenditure [iks'penditʃə] s. chel-
tuială (de energie).
expense [iks'pens] s. cheltuială;
socoteală.
expensive [iks'pensiv] adj. scump.

experience [iks'piəriəns] s. expe-
rienţă; întâmplări. vt. a trece
prin; a cunoaşte.
experienced [iks'piəriənst] adj.
încercat; abil.
experiment [iks'perimənt] s. pro-
bă, experienţă; metodă experi-
mentală.
expert ['ekspə:t] s. specialist. adj.
expert.
expiate ['ekspieit] vt. a ispăşi.
expire [iks'paiə] vi. a expira.
expiry [ik'spaiəri] s. expirare, în-
cheiere a termenului de valabili-
tate.
explain [iks'plein] vt., vi. a explica;
a (se) justifica.
explanation [ˌeksplə'neiʃn] s. ex-
plicaţie.
explanatory [iks'plænətri] adj. ex-
plicativ; justificativ.
explode [iks'ploud] vt. a face să
explodeze. vi. a exploda.
exploit[1] ['eksplɔit] s. faptă glo-
rioasă.
exploit[2] [iks'plɔit] vt. a exploata.
exploitation [ˌiksplɔi'teiʃn] s. ex-
ploatare.
exploiter [iks'plɔitə] s. exploatator.
exploration [ˌeksplɔ:'reiʃn] s. ex-
plorare.
explore [iks'plɔ:] vt. a explora; a
cerceta.
explorer [iks,plɔ:rə] s. explorator;
cercetător.
explosion [iks'plouʒn] s. explozie;
izbucnire.
export[1] ['ekspɔ:t] s. (articol de) ex-
port.
export[2] [eks'pɔ:t] vt. a exporta.
exportation [ˌekspɔ:'teiʃn] s. ex-
port.
expose [iks'pouz] vt. a demasca; a
expune; a etala; a dezgoli.

exposition [,ekspə'ziʃn] s. expunere.

expostulate [iks'pɔstjuleit] vi. a discuta; a protesta.

exposure [iks'pouʒə] s. demascare; dezgolire.

expound [iks'paund] vt. a explica; a clarifica.

express [iks'pres] adj. expres; clar; exact. vt. a exprima. adv. (trimis) expres.

expression [iks'preʃn] s. exprimare; expresie.

expressly [iks'presli] adv. clar; anume.

expulsion [iks'pʌlʃn] s. expulzare, excludere.

expurgate ['ekspə:geit] vt. a cenzura.

exquisite ['ekskwizit] adj. excelent; minunat; teribil.

extant [eks'tænt] adj. existent.

extempore [iks'tempəri] adj., adv. fără pregătire; spontan.

extend [iks'tend] vt. a extinde; a întinde; a răspândi. vi. a se întinde; a se mări; a continua; a ajunge.

extension [iks'tenʃn] s. întindere; mărire; prelungire; anexă; (la telefon) interior; cuplaj; derivaţie.

extensive [iks'tensiv] adj. întins; larg; vast; de mari proporţii.

extent [iks'tent] s. măsură; spaţiu; grad.

extenuate [eks'tenjueit] vt. a scuza; a atenua.

exterminate [eks'tə:mineit] vt. a nimici.

external [eks'tə:nl] adj. exterior.

extinct [iks'tiŋkt] adj. stins; mort.

extinguish [iks'tiŋgwiʃ] vt. a stinge.

extirpate ['ekstə:peit] vt. a extirpa.

extol [iks'tɔl] vt. a lăuda (mult).

extort [iks'tɔ:t] vt. a stoarce.

extortion [iks'tɔ:ʃn] s. escrocherie.

extortionate [iks'tɔ:ʃnit] adj. exagerat; cămătăresc.

extra ['ekstrə] s. supliment; figurant. adj., adv. suplimentar.

extract[1] ['ekstrækt] s. extract.

extract[2] [iks'trækt] vt. a extrage; a obţine; a stoarce.

extraction [iks'trækʃn] s. extragere; origine; loc de baştină.

extraneous [eks'treinjəs] adj. fără legătură; exterior.

extraordinary [iks'trɔ:dnri] adj. extraordinar.

extravagance [iks'trævigəns] s. extravaganţă; exagerare; nechibzuială.

extreme [iks'tri:m] adj. extrem. s. extremă.

extremity [iks'tremiti] s. extremitate; măsură extremă; culme.

extricate ['ekstrikeit] vt., vr. a (se) elibera; a (se) descurca.

extrovert ['ekstrəvə:t] s. extravertit.

exult [ig'zʌlt] vi. a se bucura mult.

exultation [,egzʌl'teiʃn] s. bucurie.

eye [ai] s. ochi; privire; ureche de ac. vt. a privi.

eyeball ['aibɔ:l] s. globul ocular.

eyebrow ['aibrau] s. sprânceană.

eyeglass ['aiglɑ:s] s. lentilă; pl. ochelari.

eyelash ['ailæʃ] s. geană.

eyeless ['ailis] adj. orb.

eyelet ['ailit] s. gaură; inel; ochi.

eyelid ['ailid] s. pleoapă.

eyesight [,aisait] s. vedere.

eyesore ['aisɔ:] s. urâciune; muma pădurii.

eyewash ['aiwɔʃ] s. colir; prostii; mofturi.

eye-witness ['ai'witnis] s. martor ocular.

F

fable ['feibl] *s.* fabulă.
fabric ['fæbrik] *s.* ţesătură.
fabricate ['fæbrikeit] *vt.* a născoci.
fabrication [,fæbri'keiʃn] *s.* născocire.
fabulous ['fæbjuləs] *adj.* fabulos.
façade [fə'sɑːd] *s.* faţadă.
face [feis] *s.* (supra)faţă; chip; îndrăzneală; strâmbătură. *vt.* a înfrunta; a (se) îndrepta către.
facet ['fæisit] *s.* faţetă.
facetious [fə'siːʃəs] *adj.* glumeţ.
facilitate [fə'siliteit] *vt.* a uşura.
facility [fə'siliti] *s.* uşurinţă; *pl.* posibilităţi.
fact [fækt] *s.* fapt(ă), realitate. *in ~ de fapt.*
faction ['fækʃn] *s.* f(r)acţiune; dezbinare.
factitious [fæk'tiʃəs] *adj.* artificial.
factory ['fæktri] *s.* fabrică.
faculty ['fæklti] *s.* facultate.
fad [fæd] *s.* capriciu; manie.
fade [feid] *vt.* a decolora. *vi.* a scădea; a se decolora.
fag [fæg] *s.* trudă; ţigară. *vt.* a istovi. *vi.* a trudi.
fag(g)ot ['fægət] *s.* sarcină de lemne.
fail ['feil] *vi.* a nu izbuti; a nu face; a cădea la examen; a slăbi; a lipsi. *vt.* a trânti la examen; a nu ajuta.
failing ['feiliŋ] *s.* slăbiciune. *prep.* fără.
failure ['feiljə] *s.* insucces; omisiune; faliment; ratat.

faint [feint] *adj.* vag. *vi.* a leşina; a slăbi.
faint-hearted ['feint'hɑːtid] *adj.* fricos.
fair [fɛə] *s.* bâlci; bazar; expoziţie. *adj.* corect; drept; frumos; moderat; blond; de culoare deschisă.
fairly ['fɛəli] *adv.* sincer; corect; moderat; complet; relativ.
fairy ['fɛəri] *adj.* basm, ca în poveşti.
fairy-tale ['fɛəriteil] *s.* basm.
faith [feiθ] *s.* încredere; credinţă; promisiune.
faithful ['feiθfl] *adj.* credincios; exact.
faithless ['feiθlis] *adj.* necinstit; necredincios.
fake [feik] *vt.* a falsifica; a imita. *s.* fals; imitaţie.
falcon ['fɔː(l)kn] *s.* şoim.
fall [fɔːl] *vi.* a (s)cădea; a se prăbuşi; a se ivi; a păcătui; a muri; a se sfărâma; a se împărţi; a deveni; *to ~ asleep* a adormi; *to ~ short* a nu ajunge; *to ~ due* a fi scadent; *to ~ behind* a rămâne în urmă; *to ~ (up) on* sau *to* a se năpusti (asupra); *to ~ back* a se retrage; *to ~ in with* a se întâlni cu; a accepta; *to ~ out* a se certa. *s.* cădere; prăbuşire; *amer.* toamnă; *pl.* cascadă.
fallacious [fə'leiʃəs] *adj.* fals; înşelător; greşit.

fallacy ['fæləsi] s. fals.
fallen ['fɔːln] vi. part. trec de la **fall**.
fall-out ['fɔːlaut] s. cădere radioactivă.
fallow ['fælou] s. țarină. adj. necultivat; sterp.
false [fɔːls] adj. greșit; fals(ificat).
falsehood ['fɔːlshud] s. minciună.
falsification ['fɔːlsifi,keiʃn] s. falsificare.
falsify ['fɔːlsifai] vt. a falsifica.
falsity ['fɔːlsiti] s. fals; falsitate.
falter ['fɔːltə] vt. a îngăima. vi. a șovăi; a se bălăbăni; a bolborosi.
faltering ['fɔːltəriŋ] adj. șovăitor; tremurător.
fame [feim] s. celebritate.
familiarity [fə,mili'æriti] s. familiaritate; cunoaștere profundă.
family ['fæmili] s. familie; copii.
famine ['fæmin] s. foamete; lipsă.
famish ['fæmiʃ] vt., vi. a flămânzi.
famous ['feiməs] adj. celebru; strașnic.
fan [fæn] s. evantai; amator; fanatic. vt. a ventila; a răcori; a face vânt.
fancier ['fænsiə] s. crescător de animale sau de plante.
fanciful ['fænsifl] adj. fantezist; aiurit.
fancy ['fænsi] s. fantezie; pasiune; capriciu. adj. fantezist; trăznit; amer. luxos; ~ (dress) ball bal mascat; ~ work cusătură ornamentală. vt. a-și închipui; a îndrăgi; a savura.
fang [fæŋ] s. colț, dinte.
fantastic(al) [fæn'tæstik(l)] adj. fantastic; grotesc.
fantasy ['fæntəsi] s. fantezie.

far [fɑː] adj. îndepărtat; extrem; celălalt. adv. departe; în mare măsură; foarte, cu nimic; as ~ as până la; so ~ până acum; in so ~ as... în măsura în care; ~ and wide peste tot; by ~ cu mult.
far-away ['fɑːrəwei] adj. îndepărtat.
farce [fɑːs] s. farsă.
farcical ['fɑːsikl] adj. grotesc; de farsă.
fare [fɛə] s. costul călătoriei; mâncare; bill of ~ menu; listă de prețuri. vi. a o duce (bine sau rău).
farewell ['fɛə'wel] s., interj. adio.
far-fetched [fɑː'fetʃt] adj. nefiresc, forțat.
farm [fɑːm] s. fermă; gospodărie. vt. a cultiva, a lucra. vi. a face agricultură.
farmer ['fɑːmə] s. fermier; țăran.
farmstead ['fɑːmsted] s. fermă, gospodărie.
far-off ['fɑːr'ɔːf] adj. îndepărtat.
far-reaching ['fɑː'riːtʃiŋ] adj. important; cu scadență întârziată.
far-sighted ['fɑː'saitid] adj. presbit; prevăzător.
farther ['fɑːðə] adj. comp de la **far** și mai îndepărtat; celălalt. adv. mai departe; în plus.
farthermost ['fɑːðəmoust] adj. cel mai îndepărtat.
farthest ['fɑːðist] adj. superl. de la **far** cel mai îndepărtat; at (the) ~ cel mult; cel mai târziu. adv. cel mai departe.
farthing ['fɑːðiŋ] s. bănuț; sfert de penny.
fascinate ['fæsineit] vt. a fascina; a atrage.
fashion ['fæʃn] s. modă; stil; obicei; lumea bună; in ~ la modă; out of ~ demodat. vt. a fasona.

fashionable ['fæʃnəbl] *adj.* elegant; la modă.

fast [fɑːst] *s. rel. post. adj.* strâns; fix; ţeapăn; credincios; statornic; rapid; frivol; *my watch is (three minutes)* ~ ceasul meu a luat-o înainte (cu trei minute). *vi.* a posti. *adv.* strâns; fix; ţeapă; repede; în grabă; *stand* ~ stai aici; ţine-te bine; *he is* ~ *asleep* doarme dus.

fasten ['fɑːsn] *vt.* a fixa; a ţintui; a închide.

fastener ['fɑːsnə] *s.* fixator; capsă; fermoar.

fastidious [fæs'tidiəs] *adj.* dificil; greu de mulţumit.

fat [fæt] *adj.* gras; gros; bogat; unsuros. *s.* grăsime; untură; ulei.

fatality [fə'tæliti] *s.* nenorocire; fatalitate.

fate [feit] *s.* soartă; moarte; *the Fates* Parcele.

fated ['feitid] *adj.* fatal; destinat.

fateful ['feitfl] *adj.* vital; fatal.

fathead ['fæthed] *s.* cap sec.

father ['fɑːðə] *s.* tată; părinte; strămoş; preot.

father-in-law ['fɑːðərinlɔː] *s.* socru.

fatherly ['fɑːðəli] *adj.* părintesc.

fathom ['fæðəm] *s.* stânjen. *vt.* a măsura; a sonda; a înţelege.

fathomless ['fæðəmlis] *adj.* adânc; nepătruns.

fatigue [fə'tiːg] *s.* osteneală. *vt.* a istovi.

fatten ['fætn] *vt., vi.* a (se) îngrăşa.

fatty ['fæti] *adj.* gras.

fatuous ['fætjuəs] *adj.* stupid.

faucet ['fɔːsit] *s. amer.* robinet.

fault [fɔːlt] *s.* greşeală; vină; vinovăţie; falie; *at* ~ vinovat.

faultless ['fɔːltlis] *adj.* ireproşabil.

faulty ['fɔːlti] *adj.* deficient.

favo(u)r ['feivə] *s.* favoare; graţie. *vt.* a favoriza; a sprijini.

favo(u)rable ['feivrəbl] *adj.* favorabil; potrivit.

favo(u)rite ['feivrit] *s.* favorit. *adj.* favorit; preferat.

fawn [fɔːn] *s.* căprioară. *adj.* castaniu. *vi.* a se gudura.

fawning ['fɔːniŋ] *adj.* linguşitor.

fear [fiə] *s.* teamă; risc; respect; *for* ~ *that* ca nu cumva. *vt.* a se teme de; a-respecta.

fearful ['fiəfl] *adj.* înspăimântător.

fearless ['fiəlis] *adj.* neînfricat.

feasible ['fiːzəbl] *adj.* posibil; realizabil.

feast [fiːst] *s.* ospăţ; sărbătoare; încântare. *vt., vi.* a (se) ospăta; a (se) hrăni; a (se) delecta.

feat [fiːt] *s.* faptă (măreaţă); trăsătură.

feather ['feðə] *s.* pană. *vt.* a împodobi.

feature ['fiːtʃə] *s.* trăsătură; film de lung metraj; punct din program; articol; reportaj literar. *vt.* a arăta; a sublinia; a prezenta.

February ['februəri] *s.* februarie.

fed [fed] *vt., vi. trec. şi parte. trec de la* **feed**.

federation [,fedə'reiʃn] *s.* (con)federaţie.

fee [fiː] *s.* taxă; onorariu.

feeble ['fiːbl] *adj.* slab; plăpând.

feed [fiːd] *s.* alimentare; furaj. *vt.* a alimenta; a aproviziona; a întreţine; *fed up* sătul. *vi.* a mânca; a se hrăni.

feel [fiːl] *vt.* a simţi (din plin); a pipăi; a atinge; a considera; *to* ~ *one's way* a-şi bâjbâi. *vi.* a se simţi; a fi sensibil, milos; a bâjbâi; *I* ~ *like (drinking) tea* am chef să beau ceai.

feeler ['fi:lə] s. zool. antenă.
feeling ['fi:liŋ] s. sentiment; mentalitate; convingere; impresie; emoţie; sensibilitate. adj. înţelegător; sensibil; sentimental.
feet [fi:t] s. pl. de la **foot**.
feign [fein] vt. a simula; a născoci.
feint [feint] s. fentă; simulacru. vi. a fenta; a simula.
felicitous [fi'lisitəs] adj. nimerit.
felicity [fi'lisiti] s. fericire.
fell [fel] s. criminal; ticălos. vt. a doborî. vt. trec. de la **fall**.
fellow ['felou] s. individ; tovarăş; membru; prieten; pereche; ~ countryman compatriot.
fellowship ['felouʃip] s. tovărăşie; asociaţie.
felon ['felən] s. jur. criminal.
felony ['feləni] s. jur. crimă.
felt [felt] s. fetru; pâslă. vt., vi. trec. şi part. trec. de la **feel**.
female ['fi:meil] s. femelă; femeie. adj. feminin; femeiesc.
fen [fen] s. mlaştină.
fence [fens] s. gard; scrimă; tăinuitor. vt. a îngrădi. vi. a face scrimă.
fencing ['fensiŋ] s. scrimă; gard.
fend [fend] vt. a feri. vi. a procura hrană; a se descurca.
fender ['fendə] s. galerie (dinaintea sobei); apărătoare.
ferment[1] ['fə:ment] s. ferment; agitaţie.
ferment[2] [fə:'ment] vt. a face să fermenteze; a agita. vi. a fi în fierbere.
fermentation ['fə:men'teiʃn] s. fermentaţie; agitaţie, fierbere.
fern [fə:n] s. ferigă.
ferocious [fə'rouʃəs] adj. feroce; sălbatic.

ferocity [fə'rositi] s. sălbăticie; asprime.
ferret ['ferit] s. nevăstuică. vt. a scoate la iveală; a căuta.
ferro-concrete ['fero'kɔŋkri:t] s. beton armat.
ferry ['feri] s. bac. vt., vi. a traversa cu bacul.
ferry-boat ['feribout] s. feribot.
fertile ['fə:tail] adj. rodnic; productiv.
fertilizer ['fə:tilaizə] s. îngrăşăminte.
ferule ['feru:l] s. nuia.
fervid ['fə:vid] adj. strălucitor.
fervo(u)r ['fə:və] s. zel.
fester ['festə] vi. a se infecta.
festivity [fes'tiviti] s. festivitate; petrecere.
festoon [fes'tu:n] s. feston; chenar. vt. a festona.
fetch [fetʃ] vt. a se duce să aducă; a produce.
fête [feit] s. festival; sărbătoare. vt. a sărbători.
fetich(e), fetish ['fi:tiʃ] s. fetiş; amuletă.
fetter ['fetə] s. lanţ; pl. fig. cătuşe. vt. a înlănţui.
feud [fju:d] s. gâlceavă; feudă.
fever ['fi:və] s. friguri.
feverish ['fi:vəriʃ] adj. febril; fierbinte.
few [fju:] adj. pron. (prea) puţini; a ~ câţiva; destui.
fiancé [fi'ɑ:nsei] s. logodnic.
fiancée [fi'ɑ:nsei] s. logodnică.
fib [fib] s. minciună. vi. a minţi.
fiber, fibre ['faibə] s. fibră; caracter.
fickle ['fikl] adj. nestatornic.
fickleness ['fiklnis] s. neseriozitate; capriciu.

fiction ['fikʃn] *s.* beletristică; proză epică; ficţiune; plăsmuire.

fictitious [fik'tiʃəs] *adj.* fictiv.

fiddle ['fidł] *s.* scripcă.

fiddler ['fidlə] *s.* scripcar, lăutar; pierde-vară.

fiddlestick ['fidlstik] *s.* arcuş; ~s! prostii.

fidelity [fi'deliti] *s.* fidelitate.

fidget ['fidʒit] *s.* neastâmpăr. *vi.* a se agita.

fidgety ['fidʒiti] *adj.* nervos; neastâmpărat.

fie [fai] *interj.* ruşine!.

field [fi:ld] *s.* câmp (de luptă); teren (sportiv); lan; domeniu; ~glass telemetru; binoclu.

fiend [fi:nd] *s.* diavol; ticălos; toxicoman.

fiendish ['fi:ndiʃ] *s.* diabolic.

fierce [fiəs] *adj.* aspru; violent; rău; sălbatic.

fiery ['faiəri] *adj.* aprins; arzător.

fife [faif] *s.* fluier.

fifteen ['fif'ti:n] *s.* echipă de rugbi. *num.* cincisprezece.

fifteenth ['fif'ti:nθ] *num.* al cincisprezecelea.

fifth [fifθ] *s.* cincime. *num.* al cincilea.

fiftieth ['fiftiiθ] *s.* a cincizecea parte. *num.* al cincizecilea.

fifty ['fifti] *num.* cincizeci.

fig [fig] *s.* smochin(ă).

fight [fait] *s.* luptă; meci; combativitate. *vt.* a combate; a se lupta cu; *to ~ off* a respinge, a izgoni. *vi.* a se lupta; a se bate.

fighter ['faitə] *s.* luptător; boxer; (şi *~ plane*) avion de vânătoare.

fighting ['faitiŋ] *s.* luptă. *adj.* combativ; de luptă; certăreţ.

figment ['figmənt] *s.* plăsmuire.

figurative ['figjurətiv] *adj.* figurat.

figure ['figə] *s.* cifră; *pl.* aritmetică; siluetă; figură (de stil, geometrică); poză. *vt.* a închipui; a desena; a înţelege; a socoti. *vi.* a figura.

figurehead ['figəhed] *s.* galion; marionetă.

filch [filtʃ] *vt.* a şterpeli.

file [fail] *s.* dosar; colecţie; arhivă; fir; rând; pilă. *vt.* a colecţiona; a depune; a înregistra; a pili. *vi.* a pleca pe rând.

filibuster ['filibʌstə] *s.* corsar; obstrucţionist. *vt.* a face obstrucţie.

filigree ['filigri:] *s.* filigram.

fill [fil] *s.* plin(ătate). *vt.* a umple; a ocupa; a exercita (o funcţie); a completa; a executa; *to ~ out* a umple; a umfla; *to ~ in* a completa *vi.* a se umple; a se umfla; *~ out.* a se umfla; a se îngrăşa.

fillip ['filip] *s.* bobârnac; impuls.

filly ['fili] *s.* mânză.

film [film] *s.* pieliţă; strat subţire; văl; film. *vt.* a ecraniza; a acoperi cu o pieliţă etc.

filmy ['filmi] *adj.* ceţos.

filter ['filtə] *s.* filtru. *vt., vi.* a (se) filtra; a (se) strecura.

filth [filθ] *s.* murdărie.

filthy ['filθi] *adj.* murdar; obscen.

fin [fin] *s.* aripioară de peşte.

final ['fainl] *s.* ultimul examen; finală. *adj.* final; hotărâtor.

finale [fi'nɑ:li] *s.* final.

finality [fai'næliti] *s.* hotărâre; caracter definitiv.

finalize ['fainəlaiz] *vt.* a definitiva.

finally ['fainali] *adv.* în sfârşit; definitiv.

finance [fai'næns] *s.* finanţe; *pl.* bani. *vt.* a finanţa.

financial [fai'nænʃl] *adj.* financiar.

financier [fai'nænsiə] *s.* om de afaceri.

finch [fintʃ] *s.* cintez(ă).

find [faind] *vt.* a (se) găsi; a descoperi; a constata; a nimeri; *to ~ fault with* a critica; a reproșa. *vr.* a se afla; a se trezi. *s.* descoperire.

findings [faindiŋz] *s. pl.* constatări.

fine [fain] *s.* amendă. *adj.* frumos; senin; plăcut; bun; minunat; subțire; fin; ascuțit; mărunt; rafinat. *vt.* a amenda.

fineness ['fainnis] *s.* finețe; ascuțime; subțirime.

finery ['faineri] *s.* eleganță; *pl.* podoabe.

finger ['fingə] *s.* deget. *vt.* a pipăi.

fingerprint ['fingəprint] *s.* amprentă digitală.

finical ['finikl] *adj.* dificil, pretențios.

finish ['finiʃ] *s.* capăt; finiș; finisaj. *vt.* a termina; a finisa.

finite ['fainait] *adj.* limitat; finit; *gram.* predicativ.

Finn [fin] *s.* finlandez(ă).

Finnish ['finiʃ] *s.* (limba) finlandeză. *adj.* finlandez(ă).

fir [fə:] *s.* brad; pin.

fire ['faiə] *s.* foc; incendiu; tir. *vt.* a descărca o armă; a aprinde; a concedia. *vi.* a trage cu arma; a se înflăcăra. *~ away* dă-i drumul.

fire-brigade ['faiəbri,geid] *s.* pompieri.

fire-damp ['faiədæmp] *s.* grizu, gaz de mină.

fire-engine ['faiər,endʒin] *s.* pompă de incendiu.

fire-escape ['faiəris'keip] *s.* scară de incendiu.

firefly ['faiəflai] *s.* licurici.

fireman ['faiəmən] *s.* pompier; fochist.

fireplace ['faiəpleis] *s.* cămin, vatră.

fireproof ['faiəpru:f] *adj.* neinflamabil.

fireside ['faiəsaid] *s.* gura sobei; viață tihnită.

fireworks ['faiəwə:ks] *s. pl.* foc de artificii.

firing ['faiəriŋ] *s.* tir; focuri; concediere.

firm [fə:m] *s.* firmă. *adj., adv.* tare; ferm.

first [fə:st] *s.* început; primul; primii. *adj., num.* întâi; prim (ordinal). *adv.* mai întâi; mai degrabă.

first-class ['fə:st'klɑ:s] *adj.* de primă calitate. *adv.* clasa întâi; perfect.

first-hand ['fə:st'hænd] *adj., adv.* direct.

firstly ['fə:stli] *adv.* întâi.

first-rate ['fə:st'reit] *adj., adv.* excelent.

fish [fiʃ] *s.* (mâncare de) pește; pești. *vt.* a pescui; a prinde; a scoate; a obține; a căuta. *vi.* a pescui. *to ~ for* a umbla după.

fisherman ['fiʃəmən] *s.* pescar.

fishery ['fiʃəri] *s.* pescuit; cherhana.

fishing ['fiʃiŋ] *s.* pescuit; *~-line* sau *rod* undiță.

fishmonger ['fiʃ,mʌŋgə] *s.* negustor de pește.

fishy ['fiʃi] *adj.* de pește; dubios.

fist [fist] *s.* pumn.

fit [fit] *s.* acces, criză; potrivire. *by ~s and starts* pe apucate; în asalt. *adj.* potrivit; gata; corect; voinic. *vt.* a potrivi; a se potrivi (cu); a ședea bine (cuiva); *to ~ out* a aproviziona; *to ~ up* a echipa; *vi.* a se potrivi.

fitness ['fitnis] s. potrivire; sănătate; formă.

fitter ['fitə] s. ajustor.

fitting ['fitiŋ] s. potrivire; probă; *pl.* accesorii. *adj.* potrivit; decent; nimerit.

five [faiv] *num.* cinci.

fiver ['faivə] s. cinci (lire).

fix [fiks] s. situaţie grea. *vt.* a fixa; a repara; a (pre)găti; a definitiva; a ţinti; a atrage.

fixture ['fikstʃə] s. accesoriu fix; anexă; lucru *sau* om imobil.

fizz(le) ['fiz(l)] *vi.* a fâşâi.

fjord [fjo:d] s. fiord.

flabbergast ['flæbəgɑ:st] *vt.* a ului.

flabby ['flæbi], **flaccid** ['flæksid] *adj.* moale, flasc.

flag [flæg] s. steag; dală. *vt.* a semnaliza. *vi.* a se ofili.

flagon ['flægən] s. cană *sau* sticlă de vin.

flagship ['flægʃip] s. vas-amiral.

flagstaff ['flæstɑ:f] s. catarg de steag.

flail [fleil] s. îmblăciu.

flair [fleə] s. fler, presimţire.

flake [fleik] s. fulg.

flame [fleim] s. flacără; izbucnire; pasiune.

flank [flænk] s. flanc; coastă. *vt.* a flanca.

flannel ['flænl] s. (haină de) flanelă.

flap [flæp] s. clapă;. *vt., vi.* a fâlfâi.

flare [fleə] s. pâlpâit; flacără; izbucnire. *vi.* a pâlpâi; a izbucni.

flash [flæʃ] s. fulger(are); izbucnire; licărire. *vt.* a aprinde; a lumina. *vi.* a străluci; a (stră)fulgera; a izbucni.

flashlight ['flæʃlait] s. lanternă; reflector.

flask [flɑ:sk] s. carafă.

flat [flæt] *adj., adv.* întins; plat; total; clar; ~ *iron* fier de călcat. s. apartament; câmpie; lat (de palmă etc.); *muz.* bemol.

flatten ['flætn] *vt., vi.* a (se) turti; a (se) întinde.

flatter ['flætə] *vt.* a linguşi; a încânta; a felicita. *vi.* a fi linguşitor. *vr.* a se felicita; a se amăgi cu gândul.

flattery ['flætəri] s. linguşire.

flaunt [flɔ:nt] *vt.* a etala. *vi.* a se împăuna.

flavo(u)r ['fleivə] s. savoare; aromă. *vt.* a parfuma.

flavo(u)ring ['fleivəriŋ] s. mirodenie; aromatizare.

flaw [flɔ:] s. slăbiciune; lipsă; defect.

flawless ['flɔ:lis] *adj.* perfect.

flax [flæks] s. in.

flaxen ['flæksn] *adj.* de in; ca inul.

flay [flei] *vt.* a jupui.

flea [fli:] s. purice.

fleck [flek] s. pată; punct. *vi.* a păta; a stropi.

fled [fled] *vt., vi. trec. şi part. trec. de la* **flee**.

fledged [fledʒd] *adj.* matur.

fledg(e)ling ['fledʒliŋ] s. pasăre tânără; *fig.* ageamiu.

flee [fli:] *vt.* a fugi; a scăpa de. *vi.* a fugi.

fleece [fli:s] *vt.* a jefui; a escroca.

fleet [fli:t] s. flotă. *adj.* rapid.

Fleet Street ['fli:t'stri:t] s. strada presei la Londra. *fig.* presa.

Fleming ['flemiŋ] s. flamand(ă).

Flemish ['flemiʃ] *adj.* flamand(ă). s. (limba) flamandă.

flesh [fleʃ] s. carne; trup; instincte.

fleshly ['fleʃli] *adj.* senzual.

flesh-pots ['fleʃpɔts] s. *pl.* lux; huzur.

fleshy ['fleʃi] *adj.* cărnos; gras.
flew [flu:] *vt., vi. trec. de la* **fly**.
flick [flik] *s.* plesnitură. *vt.* a plesni.
flicker ['flikə] *s.* licărire. *vt.* a licări.
flier ['flaiə] *s.* aviator.
flight [flait] *s.* zbor; stol; grup de trepte; fugă.
flighty ['flaiti] *adj.* nestatornic.
flimsy ['flimzi] *adj.* subţirel; şubred; străveziu.
flinch [flintʃ] *vi.* a se clinti.
fling [fliŋ] *vt., vi.* a (se) arunca; a (se) trânti.
flint [flint] *s.* cremene.
flip [flip] *vt.* a pocni; a da un bobârnac.
flippancy ['flipənsi] *s.* neseriozitate.
flippant ['flipənt] *adj.* neserios.
flirt [flə:t] *s.* cochetă; crai. *vi.* a cocheta.
flirtation [flə:'teiʃn] *s.* flirt.
flit [flit] *vi.* a zbura; a fugi.
float [flout] *vt.* a lansa. *vi.* a pluti.
flock [flɔk] *s.* turmă; stol; enoriaşi. *vi.* a se aduna.
floe [flou] *s.* sloi.
flog [flɔg] *vt.* a biciui; a bate; a vinde.
flood [flʌd] *s.* inundaţie; revărsare; potop; flux; ~ *light* reflector. *vt., vi.* a inunda.
floor [flɔ:] *s.* duşumea; pardoseală; etaj. *vt.* a pardosi; a doborî; a încurca.
flooring ['flɔ:riŋ] *s.* pardoseală.
flop [flɔp] *s.* cădere; eşec. *vt.* a trânti. *vi.* a cădea. *adv.* (hodoronc) tronc.
florid ['flɔrid] *adj.* înflorit(or); împopoţonat.
florist ['flɔrist] *s.* florăreasă.
flotsam ['flɔtsəm] *s.* obiecte purtate de valuri.

flounder ['flaundə] *vi.* a se zbuciuma.
flour ['flauə] *s.* făină.
flourish ['flʌriʃ] *vt.* a învârti; a ameninţa cu. *vi.* a înflori. *s.* fluturare; înfloritură; trâmbiţare.
flout [flaut] *vt.* a batjocori.
flow [flou] *vi.* a curge; a se scurge. *s.* (s)curgere.
flower ['flauə] *s.* floare; înfloritură; ~ *girl* florăreasă. *vi.* a înflori.
flowery ['flauəri] *adj.* înflorit(or).
flown [floun] *vt., vi. part. trec. de la* **fly**.
flu [flu:] *s.* gripă.
fluctuate ['flʌktjueit] *vi.* a fluctua.
flue [flu:] *s.* coş, fum.
fluency ['fluənsi] *s.* fluenţă.
fluent ['fluənt] *adj.* curgător; fluent.
fluff [flʌf] *s.* puf. *vt.* a scămoşa.
fluffy ['flʌfi] *adj.* pufos; flocos.
flummox ['flʌməks] *vt.* a zăpăci.
flung [flʌŋ] *vt., vi. trec şi part. trec de la* **fling**.
flunkey ['flʌnki] *s.* lacheu.
flurry ['flʌri] *s.* ropot; încurcătură. *vt.* a zăpăci; a încurca.
flush [flʌʃ] *vt.* a umple; a îmbujora. *vi.* a se scurge; a se îmbujora. *s.* torent; îmbujorare; elan. *adj.* umflat.
fluster ['flʌstə] *vt.* a tulbura. *s.* nervozitate.
flute [flu:t] *s.* flaut.
flutter ['flʌtə] *s.* fluturat; agitaţie. *vt., vi.* a flutura; a (se) tulbura.
fly [flai] *s.* muscă; prohab. *vt.* a înălţa; a părăsi. *vi.* a zbura; a se înălţa; a flutura; a se întinde; a fugi; a se grăbi.
flyer ['flaiə] *s.* aviator.
flying ['flaiiŋ] *s.* zbor. *adj.* zburător; fulger(ător).

flying saucer ['flaiiŋ,sɔːsə] *s.* farfurie zburătoare.
fly-leaf ['flaili:f] *s.* forzaţ.
fly-paper ['flai,peipə] *s.* hârtie de muşte.
foal [foul] *s.* mânz. *vi.* a făta.
foam [foum] *s.* spumă; mare. *vi.* a spumega.
focus ['foukəs] *s.* focar; centru. *vt., vi.* a (se) concentra.
fodder ['fɔdə] *s.* furaj (uscat).
foe [fou] *s.* duşman.
foetus ['fi:təs] *s.* făt.
fog [fɔg] *s.* ceaţă; pâclă; confuzie.
foggy ['fɔgi] *adj.* ceţos.
fogy ['foudʒi] *s.* babalâc; reacţionar.
foible ['fɔibl] *s.* slăbiciune.
foil [fɔil] *s.* foiţă metalică; contrast; floretă. *vt.* a zădărnici.
fold [fould] *s.* îndoitură; creţ; ţarc; stână. *vt.* a îndoi; a împături; a îmbrăţişa; a închide. *vi.* a se îndoi; a se încreţi.
folder ['fouldə] *s.* pliant.
folding ['fouldiŋ] *adj.* pliant; rabatabil.
foliage ['fouliidʒ] *s.* frunziş.
folio ['fouliou] *s.* (volum în) folio; pagină dublă.
folk [fouk] *s.* oameni; public; popor; *pl.* neamuri, familie. *adj.* popular, folcloric.
folklore ['fouklɔ:] *s.* folclor; înţelepciune populară.
follow ['fɔlou] *vt.* a urma; a urmări; a înţelege; a asculta (de). *vi.* a urma; a se lămuri; a decurge.
follower ['fɔlouə] *s.* adept; însoţitor.
following ['fɔlouiŋ] *adj.* următor.
folly ['fɔli] *s.* prostie; nebunie.
foment [fo'ment] *vt.* a stârni; a îngriji.

fond [fɔnd] *adj.* iubitor; tandru; drag; *to be ~ of* a ţine (mult) la.
fondle ['fɔndl] *vt.* a mângâia; a pipăi.
fondly ['fɔndli] *adv.* din inimă.
fondness ['fɔndnis] *s.* dragoste; tandreţe.
food [fu:d] *s.* hrană; *~-staff* aliment.
fool [fu:l] *s.* prost; zevzec; bufon. *vt.* a-şi bate joc de. *vi.* a se purta prosteşte; a se juca.
foolery ['fu:ləri] *s.* prostie; aiureală.
foolhardy ['fu:lhɑːdi] *adj.* nesăbuit.
foolish ['fu:liʃ] *adj.* prostesc; aiurit.
foolscap ['fu:lzkæp] *s.* coală ministerială; tichie de bufon.
foot [fut] *s.* picior; laba piciorului; (măsură de) 30 cm; capăt; poale; *mil.* infanterie; *on ~* pe jos. *vt.* a dansa; a pune capăt la.
football ['futbɔ:l] *s.* (minge de) fotbal; *amer.* rugbi.
foot-bridge ['futbridʒ] *s.* pod pentru pietoni.
footfall ['futfɔ:l] *s.* (zgomot de) paşi.
foothold ['futhould] *s.* loc de pus piciorul; loc sigur.
footing ['futiŋ] *s.* poziţie; nivel; *fig.* picior.
footlights ['futlaits] *s. pl.* luminile rampei.
footman ['futmən] *s.* servitor.
footmark ['futmɑːk] *s.* urmă de picior.
footnote ['futnout] *s.* notă de subsol.
footprint ['futprint] *s.* urmă de picior.
footstep ['futstep] *s.* (urmă de) pas.

footwear ['futwɛə] s. încălţăminte.

fop [fɔp] s. filfizon.

for [fɔ:, fə] prep. pentru; timp de; din (pricina); după; în loc de; ~ all that totuşi; ~ aught I know după câte ştiu; ~ ever de-a pururi; what ~? pentru ce? ~ that matter cât despre asta; la urma urmei. conj. căci.

forage ['fɔridʒ] s. furaj. vi. a furaja; a scotoci; a jefui.

foray ['fɔrei] s. atac; incursiune. vi. a face o incursiune.

forbade [fə'beid] vt., vi. trec. de la **forbid.**

forbear[1] ['fɔ:bɛə] s. strămoş.

forbear[2] ['fɔ:bɛə] vt. a se abţine de la; a renunţa.

forbearance [fɔ:'bɛərns] s. răbdare; stăpânire de sine.

forbid [fə'bid] vt. a interzice; a opri.

forbidding [fə'bidiŋ] adv. sever; ameninţător.

forbore [fɔ:'bɔ:] vt. trec. de la **forbear.**

forborne [fɔ:'bɔ:n] vt. part. trec. de la **forbear.**

force [fɔ:s] s. putere; forţă; armată. jur. vigoare; sens. vt. a forţa; a scoate.

forceful ['fɔ:sfl] adj. puternic; forţat.

forcible [f'fɔ:səbl] adj. forţat; puternic.

ford [fɔ:d] s. vad.

fore [fɔ:] s. parte din faţă. adj. din faţă.

forearm ['fɔ:rɑ:m] s. antebraţ.

forebode [fɔ:'boud] vt. a prevesti (rău).

forecast ['fɔ:kɑ:st] s. previziune. vt. a prezice.

forefather ['fɔ:ˌfɑ:ðə] s. strămoş.

forefinger ['fɔ:ˌfiŋgə] s. (deget) arătător.

forefront ['fɔ:frʌnt] s. parte din faţă; mil. linia întâi.

foregoing [fɔ:'gouiŋ] adj. (pomenit) anterior.

foregone ['fɔ:gɔn] adj. dinainte stabilit; a ~ conclusion rezultat inevitabil; lucru de la sine înţeles.

foreground ['fɔ:graund] s. prim-plan.

forehead ['fɔrid] s. frunte.

foreign ['fɔrin] adj. străin; extern; exterior; the Foreign Office Ministerul de Externe britanic.

foreigner ['fɔrinə] s. străin.

forelock ['fɔ:lɔk] s. cârlionţ.

foreman ['fɔ:mən] s. (contra)maistru; şef de echipă; primul jurat.

foremost ['fɔ:moust] adj. principal; prim.

foreplay ['fɔ:plei] s. preludiu (al actului sexual).

forerunner ['fɔ:ˌrʌnə] s. premergător; pedecesor.

foresaw [fɔ:'sɔ:] vi. trec. de la **foresee.**

foresee [fɔ:'si:] vt. a prevedea.

foreseen [fɔ:'si:n] vt. part. trec. de la **foresee.**

foreshadow [fɔ:'ʃædou] vt. a prevesti.

foresight ['fɔ:sait] s. prevedere.

forest ['fɔrist] s. codru.

forestall [fɔ:'stɔ:l] vt. a preveni; a anticipa.

forester ['fɔristə] s. pădurar.

forestry ['fɔristri] s. silvicultură.

foretaste ['fɔ:teist] s. gustare; mostră; arvună.

foretell [fɔ:'tel] vt. a prezice.

foretold [fɔ:'tould] *vt. trec. şi part. trec. de la* **foretell.**

forever [fə'revə] *adv.* de-a pururi.

forewarn [fɔ:'wɔːn] *vt.* a avertiza.

foreword ['fɔːwəːd] *s.* prefaţă.

forfeit ['fɔːfit] *s.* pierdere; pedeapsă; *pl.* gajuri. *adj.* de pedeapsă. *vt.* a pierde (ca pedeapsă).

forgave [fə'geiv] *vi. trec. de la* **forgive.**

forge [fɔːdʒ] *s.* forjă; foale; atelier de fierărie. *vt.* a forja; a făuri; a falsifica.

forgery ['fɔːdʒri] *s.* fals(ificare); plastografie.

forget [fə'get] *vt., vi.* a uita.

forgetful [fə'getfl] *adj.* uituc; neglijent.

forget-me-not [fə'getminɔt] *s.* nu-mă-uita.

forgive [fə'giv] *vt., vi.* a ierta.

forgiven [fə'givn] *vt., vi. part. trec. de la* **forgive.**

forgiveness [fə'givnis] *s.* iertare.

forgo [fɔ:'gou] *vt.* a renunţa la; a da uitării.

forgot [fə'gɔt] *vt., vi. trec. de la* **forget.**

forgotten [fə'gɔtn] *vt., vi. part. trec. de la* **forget.**

fork [fɔːk] *s.* furcă; furculiţă; răscruce. *vt.* a lua cu furca. *vi.* a se bifurca.

forlorn [fə'lɔːn] *adj.* nenorocit; părăsit.

form [fɔːm] *s.* formă; înfăţişare; formular; circulară; ceremonie; pompă; bancă; clasă. *vt.* a forma; a alcătui. *vi.* a se naşte; a se forma.

formal ['fɔːml] *adj.* oficial; formal; superficial.

formality [fɔː'mæliti] *s.* formalitate; caracter oficial.

formation [fɔː'meiʃn] *s.* formare; formaţi(un)e.

former ['fɔːmə] *adj.* de pe vremuri; vechi; fost; anterior; cel dintâi din doi.

formerly ['fɔːməli] *adv.* de pe vremuri.

formidable ['fɔːmidəbl] *adj.* teribil.

formulate ['fɔːmjuleit] *vt.* a formula.

forsake [fə'seik] *vt.* a părăsi.

forsaken [fə'seikn] *vt. part. trec. de la* **forsake.**

forswear [fɔː'swɛə] *vt.* a (re)nega. *vi., vr.* a jura strâmb.

forte [fɔːt] *s.* specialitate; punct tare.

forth [fɔːθ] *adv.* înainte; afară.

forthcoming [fɔː'θkʌmiŋ] *adj.* aşteptat; viitor; gata.

fortieth ['fɔːtiiθ] *num.* al patruzecilea.

fortification [fɔːtifi'keiʃn] *s.* fortificaţie.

fortify ['fɔːtifai] *vt.* a întări.

fortitude ['fɔːtitjuːd] *s.* curaj.

fortnight ['fɔːtnait] *s.* două săptămâni.

fortnightly ['fɔːt,naitli] *adj., adv.* bilunar.

fortress ['fɔːtris] *s.* fortăreaţă.

fortuitous [fɔː'tjuitəs] *adj.* întâmplător.

fortunate ['fɔːtʃnit] *adj.* norocos.

fortunately ['fɔːtʃnitli] *adv.* din fericire.

fortune ['fɔːtʃn] *s.* noroc; destin; avere.

forty ['fɔːti] *num.* patruzeci.

forum ['fɔːrəm] *s.* for.

forward ['fɔːwəd] *s.* sport înaintaş. *adj.* în înaintare; timpuriu; obraznic. *vt.* a înainta; a expedia. *adv.* înainte; spre viitor.

forwardness ['fɔːwədnis] s. promptitudine; bunăvoinţă; pripeală.

fossil ['fɔsl] s. fosilă. adj. fosilizat.

foster ['fɔstə] vt. a creşte; a alăpta; a nutri; a sprijini. adj. ~ brother etc. frate etc. de lapte; frate etc. adoptiv.

fought [fɔːt] vt., vi. trec. şi part. trec. de la **fight.**

foul [faul] s. rău; purtare incorectă. sport fault. adj. urât; murdar; rău (mirositor); incorect.

found[1] [faund] vt., vi. trec. şi part. trec. de la **find.**

found[2] [faund] vt. a întemeia.

foundation [faun'deiʃn] s. întemeiere; fundaţie; temelie.

founder ['faundə] s. întemeietor; ctitor. vt. a scufunda. vi. a se scufunda; a cădea; a se împotmoli.

foundling ['faundliŋ] s. copil găsit.

foundry ['faundri] s. topitorie, turnătorie.

fount [faunt] s. fântână; izvor; casetă cu litere.

fountain ['fauntin] s. fântână; cişmea; (şi ~ head) izvor; ~ pen stilou.

four [fɔː] s., num. patru; on all ~s în patru labe.

fourfold ['fɔːfould] adj., adv. împătrit.

four-footed ['fɔː'futid] adj. patruped.

four-in-hand ['fɔːrin'hænd] s. trăsură cu patru cai.

fourpence ['fɔːpns] s. patru penny.

fourteen ['fɔː'tiːn] num. paisprezece.

fourteenth ['fɔː'tiːnθ] s. paisprezecime. num. al paisprezecelea.

fourth [fɔːθ] s. pătrime. num. al patrulea.

fowl [faul] s. găină; pasăre de curte sau vânată.

fowler ['faulə] s. vânător (de păsări).

fowling ['fauliŋ] s. vânătoare (de păsări); ~ piece puşcă de vânătoare.

fox [fɔks] s. vulpe.

foxglove ['fɔksglʌv] s. bot. degeţel-roşu.

foxy ['fɔksi] adj. şiret.

foyer ['fɔiei] s. foaier.

fraction ['frækʃn] s. fracţi(un)e.

fracture ['fræktʃə] s. fractură.

fragrance ['freigrns] s. aromă; parfum.

fragrant ['freigrnt] adj. parfumat; încântător.

frail [freil] adj. slab; firav.

frailty ['freilti] s. uşurinţă; slăbiciune; greşeală.

frame [freim] s. cadru; ramă; construcţie. vt. a încadra; a pregăti ; amer. a înscena un proces împotriva (cuiva).

frame-up ['freimʌp] s. înscenare judiciară.

framework ['freimwəːk] s. cadru.

franc [fræʌk] s. franc.

franchise ['fræntʃaiz] s. drepturi cetăţeneşti; autorizaţie.

frank [fræʌk] adj. sincer.

frankincense ['fræʌkin,sens] s. tămâie.

frantic ['fræntik] adj. nebunesc.

fraternal [frə'təːnl] adj. frăţesc.

fraternity [frə'təːniti] s. frăţie.

fraternize ['frætənaiz] vi. a fraterniza.

fraud [frɔːd] s. înşelăciune.

fraudulent ['frɔːdjulənt] adj. necinstit; înşelător.

109

fraught [frɔ:t] *adj.* ~ *with* plin de.

fray [frei] *s.* luptă. *vt., vi.* a se uza.

freak [fri:k] *s.* capriciu.

freakish ['fri:kiʃ] *adj.* capricios; ciudat.

freckle ['frekl] *s.* pistrui. *vt., vi.* a (se) pistruia.

free [fri:] *adj.* liber; gratuit; graţios; generos; ~ *speech* libertatea cuvântului. *vt.* a elibera. *adv.* gratis.

freedom ['fri:dəm] *s.* libertate; familiaritate.

freemason ['fri:,meisn] *s.* francmason.

freesia ['fri:ʒə] *s.* frezie.

free-thinker ['fri:'θinkə] *s.* libercugetător.

freeze [fri:z] *vt.* a îngheţa. *vi.* a îngheţa; a se slei.

freezing-point ['fri:ziŋpɔint] *s.* punct de îngheţare a apei.

freight [freit] *s.* marfă; transport. *vt.* a transporta.

freighter ['freitə] *s.* armator; vas comercial.

French [frentʃ] *s.* (limba) franceză; *the* ~ francezii. *adj.* francez, franţuzesc.

Frenchman ['frentʃmən] *s.* francez.

Frenchwoman ['frentʃ,wumən] *s.* franţuzoaică.

frenzied ['frenzid] *adj.* înnebunit; nebunesc.

frenzy ['frenzi] *s.* nebunie; frenezie.

frequency ['fri:kwənsi] *s.* frecvenţă; repetiţie.

frequent[1] ['fri:kwənt] *adj.* frecvent.

frequent[2] [fri:k'went] *vt.* a frecventa.

frequently ['fri:kwəntli] *adv.* adeseori.

fresco ['freskou] *s.* frescă.

fresh [freʃ] *s.* prospeţime; răcoare. *adj.* proaspăt; nou; curat; înviorător; (*d. apă*) dulce; *amer.* obraznic.

freshman ['freʃmən] *s.* student în anul I, boboc.

fret [fret] *vt.* a agita; a necăji; a trafora. *vi.* a se necăji; a se agita.

fretful ['fretfl] *adj.* nervos; agitat; nemulţumit.

fret-saw ['fretsɔ:] *s.* ferăstrău de traforaj.

fretwork ['fretwə:k] *s.* traforaj.

friar ['fraiə] *s.* călugăr.

friction ['frikʃn] *s.* frecare; neînţelegere.

Friday ['fraidi] *s.* vineri.

fridge [fridʒ] *s.* frigider, răcitor.

friend [frend] *s.* prieten(ă); iubit(ă); rudă.

friendly ['frendli] *adj.* prietenos; amabil.

friendship ['frenʃip] *s.* prietenie.

frieze [fri:z] *s.* friză.

frigate ['frigit] *s.* fregată.

fright [frait] *s.* spaimă; sperietoare.

frighten ['fraitn] *vt.* a speria.

frightful ['fraitfl] *adj.* înspăimântător.

frightfully ['fraitfli] *adv.* teribil; foarte.

frigid ['fridʒid] *adj.* rece; frigid; neprietenos.

frill [fril] *s.* jabou; volănaş; *pl.* zorzoane; aere.

frilled [frild] *adj.* înzorzonat.

fringe [frindʒ] *s.* franjuri; breton; margine. *vt.* a mărgini; a împodobi.

frisk [frisk] *vi.* a se zbengui.

frisky ['friski] *adj.* jucăuş.

frivolity [fri'vɔliti] *s.* neseriozitate.

frivolous ['frivələs] *adj.* neserios; fără importanţă.

fro [frou] *adv. to and ~* încolo şi încoace; în sus şi în jos.

frock [frɔk] *s.* rochiţă; halat; *~ coat* redingotă.

frog [frɔg] *s.* broască, brotac; *~-man* scafandru.

frolic ['frɔlik] *s.* capriciu; năzbâtie. *vi.* a zbura; a se ţine de şotii.

frolicsome ['frɔliksəm] *adj.* jucăuş.

from [frɔm, frəm] *prep.* de la; de (pe); din (pricina); faţă de; *~... to* între; de la până la; *~ time to time* din când în când.

front [frʌnt] *s.* faţă; frunte; faţadă; front; ţărm.

frontier ['frʌntjə] *s.* frontieră; limită. *adj.* de frontieră; *~ guard* grănicer.

frontispiece ['frʌntispi:s] *s.* frontispiciu (la o carte etc.)

frost [frɔst] *s.* ger; frig; răceală; *Jack Frost* Moş Gerilă; *while* sau *hoar ~* promoroacă. *vt.* a îngheţa; a degera.

frost-bite ['frɔsbait] *s.* degerătură.

frost-bitten ['frɔs,bitn] *adj.* degerat.

frosting ['frɔstiŋ] *s.* glazură; jivraj.

frosty ['frɔsti] *adj.* geros; îngheţat.

froth [frɔθ] *s.* spumă.

frothy ['frɔθi] *adj.* spumos.

frown [fraun] *vi.* a se încrunta. *s.* încruntare.

froze [frouz] *vt., vi. trec de la* **freeze**.

frozen ['frouzn] *vt., vi. part. trec. de la* **freeze**.

fruit [fru:t] *s.* fruct(e); *pl.* roade. *vi.* a da roade.

fruitful ['fru:tfl] *adj.* rodnic.

fruitless ['fru:tlis] *adj.* sterp; inutil.

frustrate [frʌs'treit] *vt.* a zădărnici; a nemulţumi.

frustration [frʌs'treiʃn] *s.* zădărnicire; nemulţumire.

fry [frai] *s.* peştişori mici; *small ~* oameni neinteresanţi. *vt., vi.* a (se) prăji.

frying-pan ['fraiiŋpæn] *s.* tigaie cu coadă.

fuchsia ['fju:ʃə] *s.* fucsie, cerceluş.

fuddle ['fʌdl] *vt.* a îmbăta; a ameţi.

fuel [fjuəl] *s.* combustibil; *~ oil* păcură. *vt., vi.* a (se) alimenta cu combustibil.

fugitive ['fju:dʒitiv] *s., adj.* fugar.

fulfil [ful'fil] *vt.* a îndeplini; a (de)-săvârşi.

full [ful] *adj.* (de)plin; matur; *a ~ house* sală arhiplină.

full-blooded ['ful'blʌdid] *adj.* pasionat; de rasă pură.

full-fledged ['ful'fledʒd] *adj.* matur.

full-length ['ful'leŋθ] *adj.* în mărime naturală; (de)plin.

ful(l)ness ['fulnis] *s.* plenitudine; mulţumire.

fulminate ['fʌlmineit] *vi.* a fulgera.

fulsome ['fulsəm] *adj.* excesiv; greţos.

fumble ['fʌmbl] *vt.* a mânui neîndemânatic. *vi.* a bâjbâi; a fi stângaci.

fume [fju:m] *s.* abur; agitaţie. *vt.* a afuma. *vi.* a fumega.

fumigate ['fju:migeit] *vt.* a afuma.

fun [fʌn] *s.* distracţie; veselie; glumă.

function ['fʌnʃn] *s.* funcţi(un)e; scop; *pl.* îndatoriri; ceremonie. *vi.* a funcţiona; a îndeplini o îndatorire.

functionary ['fʌnʃnəri] *s.* funcţionar.

111

fund [fʌnd] *s.* fond; *pl.* resurse.
funeral ['fju:nrl] *s.* înmormântare. *adj.* funerar.
fungi ['fʌngai] *s. pl. de la* **fungus**.
fungus ['fʌngəs] *s.* ciupercă.
funk [fʌŋk] *s.* spaimă. *vt., vi.* a (se) speria.
funnel ['fʌnl] *s.* pâlnie; coş *(de vapor, locomotivă).*
funny ['fʌni] *adj.* nostim; ciudat. ~ *story* anecdotă; glumă.
fur [fə:] *s.* (animale cu) blană. *vt.* a îmblăni.
furbish ['fə:biʃ] *vt.* a lustrui.
furious ['fjuəriəs] *adj.* violent; furios.
furlong ['fə:lɔŋ] *s.* optime de milă *(200 m).*
furlough ['fə:lou] *s. mil.* permisie; concediu.
furnace ['fə:nis] *s.* furnal; coş; cuptor.
furnish ['fə:niʃ] *vt.* a mobila; a aproviziona.
furniture ['fə:nitʃə] *s.* mobilă.
furrier ['fʌriə] *s.* blănar.
furrow ['fʌrou] *s.* brazdă *(şi fig.).* *vi.* a brăzda.
furry ['fə:ri] *adj.* îmblănit; cu blană.
further ['fə:ðə] *adj. compar. de la* **far** mai îndepărtat; nou; viitor; ulterior. *vt.* a promova; a continua; a ajuta. *adv.* în continuare; în plus; mai departe.
furtherance ['fə:ðrns] *s.* promovare.
furthermore ['fə:ðə'mɔ:] *adv.* pe deasupra.
furthest ['fə:ðist] *adj. superl. de la* **far** cel mai îndepărtat; celălalt. *adv.* cel mai departe; cel mai târziu.
furtive ['fə:tiv] *adj.* (pe) furiş; secret.
fury ['fjuəri] *s.* furie; izbucnire.
fuse ['fju:z] *s.* fitil; *el.* siguranţă. *vt., vi.* a (se) topi; a fuziona.
fuselage ['fju:zilɑ:ʒ] *s.* fuzelaj.
fusion ['fju:ʒn] *s.* fuziune; unire; îmbinare.
fuss [fʌs] *s.* emoţie; zarvă. *vt.* a enerva. *vi.* a se agita; a se afera.
fussy ['fʌsi] *adj.* agitat; aferat; pisălog.
fustian ['fʌstiən] *s.* sibir; palavre. *adj.* ordinar; bombastic.
fusty ['fʌsti] *adj.* mucegăit; cu iz.
futile ['fju:tail] *adj.* zadarnic.
futility [fju:'tiliti] *s.* zădărnicie; lucru de prisos.
future ['fju:tʃə] *s., adj.* viitor.
fuzzy ['fʌzi] *adj.* rufos; flocos; vag.

G

gabble ['gæbl] *s.* flecăreală. *vi.* a flecări.
gaberdine ['gæbədi:n] *s.* gabardină.
gable ['geibl] *s.* fronton.
gadfly ['gædflai] *s.* tăun; streche.
gag [gæg] *s.* căluş; *teatru, cin.* truc; idee năstruşnică. *vt.* a face să tacă.
gaiety ['geiəti] *s.* veselie.
gaily ['geili] *adv.* vesel; dezordonat; ţipător.
gain [gein] *s.* câştig; spor. *vt.* a câştiga; *vi.* a câştiga; *(d. ceas)* a o lua înainte.
gait [geit] *s.* mers.

gaiters ['geitəz] *s.* jambiere; ghetre.

gale [geil] *s.* vânt puternic; furtună; izbucnire.

gall [gɔːl] *s.* fiere; rosătură. *vt.* a amărî; a roade.

gallantry ['gæləntri] *s.* vitejie; galanterie.

gallery ['gæləri] *s.* galerie.

galley ['gæli] *s.* galeră.

gallon ['gælən] *s.* măsură de capacitate *(3,4 sau 4,34 l).*

gallop ['gæləp] *s.* galop. *vi.* a galopa.

gallows ['gælouz] *s.* spânzurătoare; ~*-bird* criminal; spânzurat.

galore [gə'lɔː] *adv.* din belşug.

galvanize ['gælvənaiz] *vt.* a galvaniza. *fig.* a electriza.

gamble ['gæmbl] *s.* aventură; joc de noroc. *vt.* a risca. *vi.* a juca cărţi *(sau alte jocuri de noroc).*

gambling ['gæmbliŋ] *s.* jocuri de noroc; ~*-house* tripou.

gambol ['gæmbl] *s.* zburdălnicie; giumbuşluc. *vi.* a zburda.

game [geim] *s.* joc; partidă; glumă; plan; vânat; *adj.* brav; pregătit; invalid. *vt., vi.* a juca (jocuri de noroc).

gamut ['gæmət] *s.* gamă.

gander ['gændə] *s.* gâscan.

gang [gæŋ] *s.* grup; echipă; bandă.

gangrene ['gæŋgriːn] *s.* gangrenă. *vt., vi.* a (se) gangrena.

gangster ['gæŋstə] *s.* bandit.

gangway ['gæŋwei] *s.* pasarelă; interval.

gaol [dʒeil] *s.* temniţă; ~*-bird* ocnaş.

gaoler ['dʒeilə] *s.* temnicer.

gap [gæp] *s.* gol; prăpastie; pauză.

gape [geip] *s.* căscat; mirare. *vi.* a (se) căsca.

garage ['gærɑːʒ] *s.* garaj.

garbage ['gɑːbidʒ] *s.* gunoi; lături.

garden ['gɑːdn] *s.* grădină; ~*-party* picnic, chermeză.

gardener ['gɑːdnə] *s.* grădinar.

gardening ['gɑːdniŋ] *s.* grădinărit.

gargle ['gɑːgl] *s.* gargară. *vi.* a gargarisi.

gargoyle ['gɑːgɔil] *s.* cap de balaur *(ornament).*

garland ['gɑːlənd] *s.* ghirlandă.

garlic ['gɑːlik] *s.* usturoi.

garment ['gɑːmənt] *s.* îmbrăcăminte.

garnish ['gːaniʃ] *s.* garnitură. *vt.* a garnisi.

garret ['gærət] *s.* mansardă.

garrison ['gærisn] *s.* garnizoană.

garrulous ['gæruləs] *adj.* flecar.

garter ['gɑːtə] *s.* jartieră.

gas [gæs] *s.* gaz (de iluminat); *amer.* benzină. *vt.* a gaza. *vi.* a trăncăni.

gaseous ['geizjəs] *adj.* gazos.

gash [gæʃ] *s.* tăietură; rană. *vt.* a tăia.

gasolene, gasoline ['gæsəliːn] *s.* gazolină; *amer.* benzină.

gasp [gɑːsp] *s.* icnit; răsuflare întretăiată. *vt.* a bolborosi. *vi.* a-şi pierde răsuflarea; a se sufoca; a icni.

gate [geit] *s.* poartă.

gather ['gæðə] *vt.* a culege; a strânge; a înţelege. *vi.* a se aduna; *med.* a coace.

gathering ['gæðriŋ] *s.* adunare.

gaudy ['gɔːdi] *adj.* ţipător; arătos.

gauge [geidʒ] *s.* măsură; calibru; ecartament; gabarit. *vt.* a măsura.

gaunt [gɔːnt] *adj.* sfrijit.

gauze [gɔːz] s. voal, tifon.

gave [geiv] vt., vi. trec. de la **give**.

gawky ['gɔːki] adj. stângaci.

gay [gei] adj. vesel; pitoresc; imoral.

gaze [geiz] vi. a se uita lung. s. privire insistentă.

gazette [gə'zet] s. Monitorul Oficial; ziar.

gazetteer [,gæzi'tiə] s. dicţionar geografic.

gear [giə] s. angrenaj; viteză; echipament; mecanism; out of ~ stricat. vt. a angrena; a adapta. vi. a se angrena.

gear-box ['giəbɔks] s. cutie de viteze.

geese [giːs] s. pl. gâşte.

gelatin(e) [,dʒelə'tiːn] s. gelatină.

gem [dʒem] s. giuvaer.

gendarme ['ʒɑːndɑːm] s. jandarm.

gender ['dʒendə] s. gram. gen.

genealogy [,dʒiːni'ælədʒi] s. genealogie.

generality ['dʒenə'ræliti] s. generalitate; majoritate.

generalization ['dʒenrəlai'zeiʃn] s. generalizare.

generally ['dʒenrli] adv. în general.

generate ['dʒenəreit] vt. a genera; a produce.

generation [,dʒenə'reiʃn] s. generaţie; generare.

generous ['dʒenrəs] adj. generos; abundent.

genial ['dʒiːnjəl] adj. simpatic; favorabil; bland.

geniality [,dʒiːni'æliti] s. blândeţe; amabilitate.

genii ['dʒiːniai] s. pl. de la **genius**.

genitive ['dʒenitiv] s., adj. genitiv.

genius ['dʒiːnjəs] s. geniu; spirit.

genocide ['dʒenosaid] s. crimă împotriva umanităţii.

genre [ʒɑːŋr] s. stil; gen (literar); artă compoziţie.

genteel [dʒen'tiːl] adj. rafinat; (prea) politicos.

gentian ['dʒenʃiən] s. bot. genţiană.

gentility [dʒen'tiliti] s. rafinament (formal).

gentle ['dʒentl] adj. blând; prietenos; tandru; nobil.

gentlefolk ['dʒentlfouk] s. pl. aristocraţie.

gentleman ['dʒentlmən] s. domn; aristocrat.

gentlewoman ['dʒentl,wumən] s. doamnă; aristocrată.

gentry ['dʒentri] s. (mică) nobilime.

genuine ['dʒenjuin] adj. autentic, veritabil, adevărat.

genus ['dʒiːnəs] s. gen (în ştiinţă).

geranium [dʒi'reinjəm] s. muşcată.

germ [dʒəːm] s. germene.

German ['dʒəːmən] s., adj. german(ă).

germinate ['dʒəːmineit] vi. a încolţi.

gesticulate [dʒes'tikjuleit] vi. a gesticula.

gesture ['dʒestʃə] s. gest.

get [get] vt. a căpăta; a lua; a procura; a învăţa; a face; a găsi; a câştiga; a păţi; a înţelege; a cuceri; a prinde; a enerva; a omorî; to ~ back a recăpăta; a răzbuna; to ~ in a strânge; a recăpăta; a plasa; a învăţa; to ~ off a scoate; a scăpa de; a învăţa pe de rost; to ~ out a scoate, a smulge; to ~ through a duce la bun sfârşit; to ~ together a

aduna (laolaltă); *to ~ under* a
înfrânge; a subjuga; *to ~ up* a
ridica; a aţâţa; a îmbrăca; a
pregăti. *vi.* a ajunge; a (de)veni;
a începe (să); a se duce; a
creşte; a pleca; a câştiga; *to ~ about* a
umbla; a fi pe picioare; a se
răspândi; *to ~ abroad* a se
răspândi; *to ~ along* a înainta; a
izbuti; a se înţelege; a pleca; *to
~ angry* a se supăra; *to ~ at* a
ajunge *sau* a ţinti la; *to ~ away* a
pleca; *to ~ back* a se întoarce; a
se răzbuna; *to ~ done* a isprăvi;
to ~ down a coborî; *to ~ down
to* a se apuca; *to ~ in* a intra; a
se urca; *to ~ into* a pătrunde; a
se deprinde cu; *to ~ off* a se da
jos; a pleca; a scăpa (uşor); *to ~
on* a înainta (în vârstă); a con-
tinua; a (se) înţelege; *to ~ out* a
ieşi (la iveală); a coborî; a scăpa;
to ~ over a trece peste *sau* de; a
învinge; a-şi (re)veni; *to ~ round*
a ocoli; a eluda; a se răspândi; a
convinge; a momi; *to ~ through*
a trece; a o scoate la capăt; a
triumfa; a obţine legătura; a ter-
mina; *to ~ to* a se apuca de; a
ajunge; *to ~ together* a se
aduna; a se înţelege; *to ~ up* a
se scula; a se înălţa; a se înteţi.
get-together ['gettugeðə] *s.* adu-
nare; petrecere.
get-up ['getʌp] *s.* înfăţişare.
gewgaw ['gju:gɔ:] *s.* fleac; po-
doabă.
ghastly ['gɑ:stli] *adj.* înspăimân-
tător.
gherkin ['gə:kin] *s.* castravecior.
ghost [goust] *s.* duh; strigoi.
ghostly ['goustli] *adj.* spectral; su-
fletesc.
giant ['dʒaiənt] *s., adj.* uriaş.

gibberish ['gibəriʃ] *s.* trăncăneală,
bolboroseală.
gibbet [dʒibit] *s.* spânzurătoare.
gibe [dʒaib] *s.* glumă; ironie. *vi.* a
glumi.
giblets ['dʒiblits] *s.* potroace.
giddy ['gidi] *adj.* zăpăcit.
gift [gift] *s.* dar; talent.
gig [gig] *s.* şaretă; barcă.
giggle ['gigl] *vi.* a chicoti. *s.* chi-
cot(it).
gild [gild] *vt.* a polei; *to ~ the pill* a
îndulci hapul.
gill [gil] *s.* branhie.
gillyflower ['dʒili,flauə] *s.* micsan-
dră.
gilt [gilt] *vt. part. trec. de la* **gild**.
gimlet ['gimlit] *s.* sfredel.
gin [dʒin] *s.* gin; darac (pentru
bumbac). *vt.* a egrena.
ginger ['dʒindʒə] *s.* ghimbir. *vt.* a
înviora.
gingerbread ['dʒindʒəbred] *s.* tur-
tă dulce.
gingerly ['dʒingʒəli] *adj., adv.* deli-
cat; prudent.
gipsy ['dʒipsi] *s., adj.* ţigan(că).
giraffe [dʒi'rɑ:f] *s.* girafă.
gird [gə:d] *s.* a încinge.
girder ['gə:də] *s.* grindă.
girdle ['gə:dl] *s.* cingătoare, brâu.
vt. a încinge; a conjura.
girl [gə:l] *s.* fată; domnişoară; iubi-
tă.
girlhood ['gə:lhud] *s.* adolescenţă.
girth [gə:th] *s.* chingă.
gist [dʒist] *s.* esenţă.
give [giv] *vt.* a (acor)da; a transmi-
te; a scăpa; a lăsa (moştenire);
a oferi; a hărăzi; a toasta pentru;
a face; a ceda; a arăta; *to ~
away* a da (în căsătorie); a
trăda; a emite; a reflecta; *to ~
forth* sau *off* a p r o d u c e; a

115

răspândi; a scoate; *to ~ out* a anunţa; *to ~ over* a abandona; *to ~ up* a părăsi, a ceda; a înmâna; a declara pierdut; *to ~ way* a ceda. *vi.* a fi generos; a ceda; a slăbi; *to ~ up* a renunţa.

given ['givn] *vt., vi. part. trec. de la* **give**; *~ name* nume de botez.

gizzard ['gizəd] *s.* pipotă; gât.

glacier ['glæsjə] *s.* gheţar.

glad [glæd] *adj.* bucuros; încântător.

gladden ['glædn] *vt.* a bucura.

glade [gleid] *s.* luminiş.

gladiolus [,glædi'ouləs] *s.* gladiolă.

glamorous ['glæmərəs] *adj.* fermecător.

glamour ['glæmə] *s.* farmec; vrajă.

glance [glɑːns] *s.* privire, licărire. *vi.* a privi; a scânteia.

gland [glænd] *s.* glandă.

glare [gleə] *s.* strălucire; privire aspră. *vi.* a străluci; a se uita fioros.

glaring ['gleəriŋ] *adj.* orbitor; feroce; izbitor.

glass [glɑːs] *s.* sticlă; oglindă; lunetă; barometru; pahar; *pl.* ochelari; binoclu; *~ case* vitrină *(mobilă).*

glassy ['glɑːsi] *adj.* sticlos.

glaze [gleiz] *s.* glazură; smalţ; faianţă. *vt.* a pune geam la; a glasa. *vi.* a deveni sticlos.

glazier ['gleizjə] *s.* geamgiu.

gleam [gliːm] *s.* licărire. *vi.* a licări.

glean [gliːn] *vt., vi.* a spicui.

glee [gliː] *s.* veselie.

glib [glib] *adj.* iute; abil.

glide [glaid] *s.* alunecare; glisadă. *vi.* a aluneca.

glider (plane) ['glaidə(plein)] *s.* planor.

glimmer ['glimə] *s.* licărire. *vi.* a licări.

glimpse [glims] *s.* privire, ocheadă.

glint [glint] *s.* scânteiere. *vi.* a scânteia.

glisten ['glisn] *vi.* a scânteia.

glitter ['glitə] *s.* strălucire; splendoare. *vi.* a străluci.

gloat [glout] *vi.: to ~ over* a sorbi din ochi.

globe [gloub] *s.* glob; *~trotter* turist (pedestru).

gloom [gluːm] *s.* întunecime; tristeţe.

gloomy ['gluːmi] *adj.* întunecos; trist.

glorify ['glɔːrifai] *vt.* a ridica în slăvi.

glorious ['glɔːriəs] *adj.* glorios; splendid, încântător.

glory ['glɔːri] *s.* glorie; strălucire; splendoare. *vi.: to ~ in* a se făli cu.

gloss [glɔs] *s.* luciu. *vt.* a lustrui.

glossary ['glɔsəri] *s.* glosar.

glossy ['glɔsi] *adj.* lucios.

glove [glʌv] *s.* mănuşă.

glow [glou] *s.* licărire; fierbinţeală; roşeaţă. *vi.* a fi fierbinte; a străluci; a se îmbujora.

glowing ['glouiŋ] *adj.* strălucitor; entuziast; îmbujorat.

glowworm ['glouwəːm] *s.* licurici.

glue [gluː] *s.* clei. *vt.* a lipi.

glum [glʌm] *adj.* posomorât.

glutton ['glʌtn] *s.* mâncău.

gnarled [nɑːld] *adj.* noduros; *fig.* aspru.

gnash [næʃ] *vt.* a scrâşni (din dinţi).

gnat [næt] *s.* ţânţar.

gnaw [nɔː] *vt., vi.* a roade; a (se) chinui.

go [gou] *s.* energie, entuziasm; încercare; modă; *on the ~* în activitate; *all the ~* ultima modă. *vt.* a încerca; a străbate. *vi.* a merge; a (se) duce; a curge; a circula; a tinde; a acționa; a se vinde; a scăpa; a deveni; *to ~ ahead* a merge; *to ~ at* a se năpusti asupra; *to ~ back* a da *sau* a veni înapoi; *to ~ before* a avea precădere; *to ~ between* a mijloci; *to ~ beyond* a depăși; *to ~ by* a se scurge; a trece (pe lângă); *to ~ down* a coborî; a se afunda; a merge; a slăbi; a apune; *to ~ fast* a o lua înainte; *to ~ for* a căuta; a ataca; a valora; a-i plăcea; *to ~ forward* a înainta; a progresa; *to ~ in* a intra; a sosi; *to ~ in for* a se apuca de; a se ocupa de; *to ~ off* a pleca; a leșina; a muri; a se produce, a se desfășura; a exploda; a se descărca; a scădea; *to ~ on* a continua; a avea succes; a trece; a progresa; a se apropia; *to ~ out* a ieși (în societate); a apărea; a se răspândi; a se sfârși; *to ~ over* a trece dincolo; a examina; a reciti; a întrece, a birui; *to ~ through* a trece prin; a sfârși; a cerceta; *to ~ to* a recurge la; *to ~ together* a se potrivi; a merge împreună; *to ~ under* a se scufunda; a (de)cădea; *to ~ up* a se ridica; a crește; a merge la Londra; *to ~ without* a fi lipsit de; a se priva de; *it goes without saying* se înțelege de la sine; *as far as it goes* deocamdată.

goad [goud] *s.* strămutare; îndemn. *vt.* a îndemna.

goal [goul] *s.* țintă; *sport* poartă; *~ keeper* portar.

goat [gout] *s.* capră; țap.

goatee [gou'ti:] *s.* barbișon.

gobble ['gɔbl] *vt., vi.* a înfuleca. *s.* bolboroseală.

go-between ['goubi,twi:n] *s.* mijlocitor; codoș.

goblet ['gɔblit] *s.* pahar; cupă.

goblin ['gɔblin] *s.* spiriduș.

God [gɔd] *s.* (Dumne)zeu; *teatru the ~s* galerie.

godchild ['gɔdtʃaild] *s.* fin.

goddess ['gɔdis] *s.* zeiță.

godfather ['gɔd,fɑːðə] *s.* naș (la botez].

God-fearing ['gɔd,fiəriŋ] *adj.* cu frica lui Dumnezeu; pios.

God-forsaken ['gɔdfə,seikn] *adj.* prăpădit; mizerabil.

godless ['gɔdlis] *adj.* nelegiuit.

godly ['gɔdli] *adj.* pios.

godmother ['gɔd,mʌðə] *s.* nașă (la botez).

godparents ['gɔd,pɛərnts] *s. pl.* nași; cumetri.

godsend ['gɔdsend] *s.* noroc; pomană.

god-speed ['gɔd'spi:d] *s.* succes; noroc.

goggles ['gɔglz] *s. pl.* ochelari (de protecție).

going ['gouiŋ] *s.* plecare; drum. *adj.* activ; rentabil.

goings-on ['gouiŋz'ɔn] *s. pl.* întâmplări; purtare.

goiter, goitre ['gɔitə] *s.* gușă.

gold [gould] *s.* aur; *~ fever sau rush* goana după aur; *~ field* bazin aurifer. *adj.* de aur; auriu.

golden ['gouldn] *adj.* auriu; de aur.

goldsmith ['gouldsmiθ] *s.* aurar.

golf [gɔlf] *s. sport* golf; *~ links* teren de golf.

golosh [gə'lɔʃ] s. galoş; şoşon.
gone [gɔn] vt., vi. trec. de la **go**.
good [gud] s. bun; proprietate; avantaj, folos; pl. mărfuri; avere; for ~ (and all) definitiv; ~s and chattels efecte personale. adj. bun; minunat; potrivit; capabil; cuminte; as ~ as aproape; as ~ as his word de cuvânt; ~-bye adio; rămas bun; ~-for-nothing neisprăvit; prăpădit; ~-humo(u)red plăcut; vesel; ~-looking frumos; ~-natured de treabă; amabil; ~-tempered calm; ~-will bunăvoinţă.
goodly ['gudli] adj. frumuşel; suficient.
goodness ['gudnis] s. bunătate; for goodness' sake pentru numele lui Dumezeu; thank ~! slavă Domnului.
goose [gu:s] s. gâscă; maşină de călcat.
gooseberry ['guzbri] s. coacăz(ă).
gore [gɔ:] s. sânge (închegat).
gorge [gɔ:dʒ] s. strâmtoare; chei; gât. vt., vi. a se îndopa.
gorgeous ['gɔ:dʒəs] adj. strălucitor; minunat; splendid.
gory ['gɔ:ri] adj. însângerat.
gosh [gɔʃ] interj. Doamne! Dumnezeule! by ~! la naiba!
gosling ['gɔzliŋ] s. boboc de gâscă.
gospel ['gɔspl] s. Evanghelie.
gossamer ['gɔsəmə] s. borangic; voal; funigei.
gossip ['gɔsip] s. bârfă. vi. a flecări; a bârfi.
got [gɔt] vt., vi. trec. şi part. trec. de la **get**. Particulă de întărire pentru verbul **have**.
Goth [gɔθ] s. got.
Gothic ['gɔθik] s., adj. gotic(ă).

gourd [guəd] s. dovleac; tigvă.
gout [gaut] s. gută.
govern ['gʌvən] vt. a guverna; a determina. vi. a guverna.
governess ['gʌvənis] s. guvernantă.
government ['gʌvnmənt] s. guvern(are); guvernământ.
governor ['gʌvənə] s. guvernator; consilier; şef; tată.
gown [gaun] s. halat; rochie; robă.
grab [græb] vt. a apuca; a smulge.
grace [greis] s. graţie; har; rugăciune de mulţumire; îndurare. vi. a onora; a împodobi.
graceful ['greisfl] adj. graţios, amabil.
graceless ['greislis] adj. urât; ticălos.
gracious ['greiʃəs] adj. plăcut; îndurător.
gradation [grə'deiʃn] s. gradaţie.
grade [greid] s. rang; grad; amer. notă; clasă (la şcoală); pantă. vt. a grada; a nota; a nivela.
gradient ['greidjent] s. pantă.
gradual ['grædjuəl] adj. treptat.
graduate[1] ['grædjuit] s. absolvent.
graduate[2] ['grædjueit] vt. a grada; a absolvi; amer. a da o diplomă (cuiva). vi. a absolvi.
graduation [grædju'eiʃn] s. (ceremonie de) absolvire; pl. gradaţii.
graft [grɑ:ft] s. altoi(re); med. grefă; amer. corupţie, mită; escrocherie. vt. a altoi; a grefa; a mitui.
grain [grein] s. bob; fir; greutate de 0,065 gr; pl. grâne.
grammar ['græmə] s. gramatică; ~ school şcoală secundară.
grammarian [grə'mɛəriən] s. gramatician.

gramophone ['græməfoun] s. patefon; picup.

granary ['grænəri] s. hambar; grânar.

grand [grænd] adj. măreţ; nobil; splendid; arogant; principal; ~ child sau ~ son nepot (de bunic); ~ father, ~ parent bunic.

grandeur ['grændʒə] s. grandoare; măreţie.

grandiloquent [græn'diləkwənt] adj. pompos.

grandiose ['grændious] adj. grandios.

grange [greindʒ] s. conac.

grannie, granny ['græni] s. bunicuţă.

grant [grɑːnt] s. alocaţie; dar. vt. a acorda; a recunoaşte.

grape [greip] s. (boabă de) strugure; ~ fruit grep (frut).

grape-vine ['greip,vain] s. viţă-de-vie.

graph [græf] s. grafic.

graphic ['græfik] adj. grafic; grăitor.

graphite ['græfait] s. grafit.

grapple ['græpl] vt., vi. a se lupta (cu).

grasp [grɑːsp] s. strânsoare; putere. vt. a apuca; a strânge; a înţelege.

grasping ['grɑːspiŋ] adj. apucător; lacom.

grass [grɑːs] s. iarbă.

grasshopper ['grɑːs,hɔpə] s. zool. cosaş.

grate [greit] s. grătar; galerie (în faţa sobei). vt. a zgâria; a rade; a pune gratii la. vi. a fi supărător sau discordant.

grateful ['greitfl] adj. recunoscător; agreabil.

gratify ['grætifai] vt. a gratifica; a

încânta; a satisface.

grating ['greitiŋ] s. gratii.

gratitude ['grætitjuːd] s. recunoştinţă.

gratuitous [grə'tjuitəs] adj. gratuit.

gratuity [grə'tjuiti] s. bacşiş.

grave [greiv] s. mormânt. adj. grav; solemn.

gravel ['grævl] s. pietriş.

graveyard ['greiv,jɑːd] s. cimitir.

gravity ['græviti] s. gravitate; greutate (specifică etc.); solemnitate.

gravy ['greivi] s. sos; zeamă de carne.

gray [grei] s., adj. v. grey.

graze [greiz] s. rosătură; julitură. vt. a roade; a juli; a duce la păscut. vi. a paşte.

grease [griːs] s. unsoare; grăsime; murdărie. vt. a unge.

greasy ['griːzi] adj. unsuros; alunecos; murdar.

great [greit] adj. mare, important; măreţ; splendid; amuzant; drăguţ; nobil; ~ coat palton.

greatly ['greitli] adv. foarte.

greed [griːd] s. lăcomie.

greedy ['griːdi] adj. lacom.

Greek [griːk] s. grec, elen; (limba) greacă. adj. grec(esc).

green [griːn] s. (spaţiu) verde; verdeaţă; imaş. adj. verde; inocent; proaspăt.

greenback ['griːnbæk] s. amer. bancnotă.

greenery ['griːnəri] s. verdeaţă.

greengrocer ['griːnˌgrousə] s. zarzavagiu.

greenhorn ['griːnhɔːn] s. ageamiu.

greenhouse ['griːnhaus] s. seră.

greenish ['griːniʃ] adj. verzui.

greet [griːt] vt. a saluta; a întâmpina.

greeting ['gri:tiŋ] *s.* salut(are).

grenade [gri'neid] *s.* grenadă (de mână).

grew [gru:] *vt., vi. trec. de la* **grow.**

grey [grei] *s.* gri. *adj.* cenuşiu; cărunt.

greybeard ['greibiəd] *s.* bătrân.

greyhound ['greihaund] *s.* ogar.

grid [grid] *s.* grilă; grătar.

gridiron ['grid,aiən] *s.* grătar de fript.

grief [gri:f] *s.* supărare; necaz.

grievance ['gri:vns] *s.* necaz; plângere; revendicare.

grieve [gri:v] *vt., vi.* a (se) necăji.

grievous ['gri:vəs] *adj.* supărător; trist, dureros.

grill [gril] *s.* (friptură la) grătar. *vt.* a frige la grătar; *fig.* a chinui.

grim [grim] *adj.* aspru; sălbatic; sinistru; sever; întunecat.

grimace [gri'meis] *s.* strâmbătură. *vi.* a se strâmba.

grime [graim] *s.* murdărie. *vt.* a murdări.

grin [grin] *s.* rânjet (satisfăcut). *vi.* a rânji; a zâmbi.

grind [graind] *s.* trudă. *vt.* a măcina; a zdrobi; a tiraniza; a ascuţi; a trudi la; a scrâşni; *to ~ down* a împila. *vi.* a trudi; a se chinui; a se freca; a toci.

grinder ['graində] *s.* măsea; râşniţă; moară; tocilar.

grindstone ['grainstoun] *s.* (piatră de) tocilă.

grip [grip] *s.* strânsoare; apucare. *vt.* a apuca; a captiva.

grippe [grip] *s.* gripă.

grisly ['grizli] *adj.* oribil; înspăimântător; sinistru.

grist [grist] *s.* grâne; *fig.* folos.

gristle ['grisl] *s.* zgârci.

grit [grit] *s.* nisip; pietricele; cremene; tărie de caracter. *vt., vi.* a scrâşni (din dinţi).

grizzled ['grizld] *adj.* cărunt.

groan [groun] *s.* geamăt; murmur. *vt.* a murmura; a spune oftând. *vi.* a geme.

grocer ['grousə] *s.* băcan.

grocery ['grousri] *s.* băcănie. *pl.* alimente.

grog [grɔg] *s.* rachiu cu apă şi lămâie, grog.

groggy ['grɔgi] *adj.* ameţit; slăbit.

groin [grɔin] *s. anat* arcadă; *arhit.* stinghie.

groom [grum] *s.* grăjdar; servitor; mire. *vt.* a ţesăla *sau* a îngriji (caii); a dichisi.

groove [gru:v] *s.* scobitură; şanţ; rilă. *vt.* a scobi.

grope [group] *vt.* a căuta pe bâjbâite. *vi.* a bâjbâi.

gross [grous] *s.* (măsură de) 12 duzini; toptan. *adj.* grosolan; greoi; total; strigător la cer.

grotesque [gro'tesk] *adj.* grotesc; ciudat.

grotto ['grɔtou] *s.* grotă.

ground[1] [graund] *s.* teren; domeniu; pământ; sol; curte; motiv; temei; fundal. *pl.* drojdie. *vt.* a pune la pământ; a bizui; a întemeia; a învăţa esenţialul. *vi.* a ateriza; a da de pământ.

ground[2] [graund] *vt., vi. trec. şi part. trec. de la* **grind.**

ground-floor ['graundflɔ:] *s.* parter.

groundless ['graundlis] *adj.* neîntemeiat.

ground-nut ['graundnʌt] *s.* (alună) arahidă.

groundwork ['graunwə:k] *s.* bază; fond; fundament.

group [gru:p] *s.* grup. *vt.*, *vi.* a (se) grupa.

grouse [graus] *s.* ieruncă, gotcă; plângere. *vi.* a mormăi.

grovel ['grɒvl] *vi.* a se târî; a se ploconi.

grow [grou] *vi.* a creşte; a cultiva. *vi.* a creşte; a spori; a se dezvolta; a deveni; to ~ out of a nu mai încăpea în; a se trage din; a se dezbăra de; to ~ up a se face mare.

growl [graul] *s.* mârâit. *vt.* a mârâi, a mormăi. *vi.* a mârâi; a bubui.

grown [groun] *vt.*, *vi.* part. trec. de la **grow**; ~-up adult.

growth [grouθ] *s.* creştere; spor(ire); excrescenţă.

grub [grʌb] *s.* mâncare; haleală.

grudge [grʌdʒ] *s.* ciudă, pică. *vt.* a nu voi să dea *sau* să recunoască; a-i părea rău de.

gruel [gruəl] *s.* fulgi de ovăz; terci.

gruesome ['gru:səm] *adj.* oribil, sinistru.

gruff [grʌf] *adj.* aspru; nepoliticos.

grumble ['grʌmbl] *s.* nemulţumire; mormăit. *vt.* a mormăi. *vi.* a protesta; a mormăi.

grumbler ['grʌmblə] *s.* nemulţumit; cârcotaş.

grumpy ['grʌmpi] *adj.* tâfnos.

grunt [grʌnt] *vi.* a grohăi; a mormăi.

guarantee [,gærn'ti:] *s.* garanţie; gir; chezăşie; gaj. *vt.* a garanta; a gira; a promite.

guarantor [,gærən'tɔ:] *s.* girant.

guaranty ['gærənti] *s. jur.* garanţie; gaj; gir.

guard [gɑ:d] *s.* pază; gardă; paznic; apărătoare; *pl.* trupe de gardă; ~ house corp de gardă. *vt.* a păzi; a apăra. *vi.* a fi în gardă; a fi prudent.

guardian ['gɑ:djən] *s.* tutore; epitrop; păzitor.

guardianship ['gɑ:djənʃip] *s.* tutelă.

gue(r)rilla [gə'rilə] *s.* (război de) partizani.

guess [ges] *s.* presupunere; ghiceală; by ~ pe ghicite. *vt.*, *vi.* a ghici; *amer.* a gândi, a crede.

guess-work ['ges'wə:k] *s.* ghicit; ipoteze.

guest [gest] *s.* oaspete; client.

guffaw [gʌ'fɔ:] *s.* hohot. *vi.* a hohoti.

guidance ['gaidəns] *s.* călăuzire.

guide [gaid] *s.* călăuză; model. *vt.* a călăuzi; a îndruma; ~d missiles proiectile teleghidate.

guild [gild] *s.* breaslă.

guile [gail] *s.* păcăleală.

guileless ['gaillis] *adj.* nevinovat.

guillotine [,gilə'ti:n] *s.* ghilotină. *vt.* a ghilotina.

guilt [gilt] *s.* vină.

guiltless ['giltlis] *adj.* nevinovat.

guilty ['gilti] *adj.* vinovat.

guinea ['gini] *s.* guinee (21 de şilingi).

guinea-pig ['ginipig] *s.* cobai.

guise [gaiz] *s.* veşmânt; înfăţişare; mască.

guitar [gi'tɑ:] *s.* chitară.

gulf [gʌlf] *s.* golf; prăpastie.

gull [gʌl] *s.* pescăruş; fraier. *vt.* a păcăli.

gullet ['gʌlit] *s.* gâtlej.

gullible ['gʌləbl] *adj.* credul; naiv.

gully ['gʌli] *s.* şanţ; canal.

gulp [gʌlp] *s.* înghiţitură; sorbitură. *vt.*, *vi.* a înghiţi; a sorbi.

gum [gʌm] *s.* gingie; gumă; cauciuc; eucalipt. *vt.* a lipi; a guma.

gumption ['gʌmʃn] s. simț practic; inventivitate; eficiență.

gun [gʌn] s. armă de foc; pușcă; pușcaș, *amer.* pistol; *mil.* tun.

gunboat ['gʌnbout] s. canonieră; monitor.

gunman ['gʌnmən] s. pușcaș; bandit.

gunner ['gʌnə] s. tunar.

gunpowder ['gʌn,paudə] s. praf de pușcă.

gunshot ['gʌnʃot] s. împușcătură; bătaia puștii.

gunsmith ['gʌnsmiθ] s. armurier.

gunwale ['gʌnl] s. copastie, bord.

gurgle ['gə:gl] *vi.* a bolborosi.

gush [gʌʃ] s. izbucnire. *vi.* a țâșni; a izbucni; *to ~ over* a se entuziasma de.

gusset ['gʌsit] s. clin; plastron.

gust [gʌst] s. rafală; torent. *fig.* izbucnire.

gusto ['gʌstou] s. entuziasm.

gut [gʌt] s. maț; catgut; strună; *pl.* esență; *pl.* curaj. *vt.* a scoate mațele (de la pește etc.); a distruge.

gutta-percha ['gʌtə'pə:tʃə] s. gutapercă.

gutter ['gʌtə] s. jgheab; rigolă; *fig.* mocirlă; *~- snipe* golan.

guy [gai] s. persoană; tip (ciudat).

guzzle ['gʌzl] *vt., vi.* a sorbi (cu lăcomie).

gym(nasium) [dʒim('neizjəm)] s. (sală de) gimnastică.

gymnastics ['dʒimnæstiks] s. gimnastică.

gypsy ['dʒipsi] s. țigan(că). adj. țigănesc.

gyve [dʒaiv] s. cătușă. *pl.* lanțuri. *vt.* a pune în lanțuri.

H

ha [hɑː] *interj.* ha; ași.

haberdashery ['hæbədæʃəri] s. mercerie; galanterie.

habit ['hæbit] s. obicei; obișnuință; îmbrăcăminte.

habitual [hə'bitjuəl] adj. obișnuit.

habituate [hə'bitjueit] *vt.* a deprinde.

hack [hæk] s. cal de povară; *fig.* rob. *vt.* a ciopârți.

hacker ['hækə] s. târnăcop; muncitor care lucrează cu târnăcopul.

hackney ['hækni] s. cal de povară; *~ coach* birjă. *vt.* a banaliza.

had [hæd, həd] *v. aux., vt.* trec. și part. trec. de la **have**.

hag [hæg] s. vrăjitoare; babă (rea).

haggard ['hægəd] adj. istovit; stors.

haggle ['hægl] *vi.* a se tocmi; a se certa.

hail [heil] s. grindină; lapoviță; salutare. *vt.* a saluta. *vi.* a cădea ca o grindină; a veni. *interj.* salut.

hair [hɛə] s. (fir de) păr; *to a~* exact.

haircut ['hɛəkʌt] s. tuns(oare).

hairdresser ['hɛədresə] s. coafor; frizer.

hairless ['hɛəlis] adj. pleșuv; spân.

hairpin ['hɛəpin] s. agrafă *sau* ac de păr.

hair-splitting ['hɛəspliting] s. despicarea firului în patru. adj. extrem de fin, de amănunt.

hairy ['hɛəri] adj. păros.

halcyon ['hælsiən] adj. liniştit; senin.

hale [heil] adj. sănătos; voinic.

half [hɑːf] s. jumătate; one's better ~ soţia. adv. pe jumătate; not ~ bad bun(icel).

half-back ['hɑːf'bæk] s. sport mijlocaş.

half-baked ['hɑːf'beikt] adj. necopt.

half-blood ['hɑːfblʌd] s. frate etc. vitreg.

half-breed ['hɑːfbriːd] s. corcitură.

half-brother ['hɑːf,brʌðə]s. frate vitreg.

half-caste ['hɑːfkɑːst] s. metis.

half-crown ['hɑːf'kraun] s. (monedă de) doi şilingi şi şase penny.

half-hearted ['hɑːf'hɑːtid] adj. indiferent; apatic.

half-holiday ['hɑːf'hɔlədi] s. după-amiază liberă.

half-mast ['hɑːf'mɑːst] adj. în bernă.

half-penny ['heipni] s. jumătate de penny.

half-seas-over ['hɑːfsiːz'ouvə] adj. cherchelit.

half-sister ['hɑːf,sistə] s. soră vitregă.

half-time ['hɑːf'taim] s. jumătate de zi; sport repriză.

half-way ['hɑːf'wei] adj., adv. la jumătatea drumului; incomplet.

half-witted ['hɑːf'witid] adj. imbecil.

hall [hɔːl] s. sală; hol; local; conac; palat; town ~ primărie.

hall-mark ['hɔːl'mɑːk] s. marcaj (la bijuterii); marcă; fig. ştampilă. vt. a marca; a însemna.

hallo [hə'lou] s. salut. interj. alo; bună (ziua).

hallow ['hælou] s. sfânt. vt. a sfinţi.

hallucination [həluːsi'neiʃn] s. halucinaţie.

halo ['heijlou] s. nimb; halo.

halt [hɔːlt] s. oprire; haltă. vt. a opri. vi. a se opri; a şovăi; a se poticni.

halter ['hɔːltə] s. lat; ştreang; căpăstru.

halting ['hɔːltiŋ] adj. şchiop; şovăielnic.

halve [hɑːv] vt. a înjumătăţi.

ham [hæm] s. şuncă.

hamlet ['hæmlit] s. cătun.

hammer ['hæmə] s. ciocan. vt., vi. a ciocăni; a lovi.

hammock ['hæmək] s. hamac.

hamper ['hæmpə] s. coşuleţ. vt. a stânjeni.

hamster ['hæmstə] s. hârciog.

hamstring ['hæmstriŋ] s. tendon. vt. a paraliza.

hand [hænd] s. mână; palmă; pl. păstrare; influenţă; influenţă, sursă; muncitor; marinar; îndemânare; levată (la jocul de cărţi); ac (de ceasornic); scris; at ~ la îndemână; by ~ cu mâna; in ~ la dispoziţie; on ~ disponibil; ~s off! jos mâna; ~s up! mâinile sus. vt. a înmâna; a transmite.

hand-bag ['hænbæg] s. sac de voiaj; poşetă.

handbill ['hænbil] s. manifest; reclamă.

hand-book ['hænbuk] s. manual.

handcuff ['hænkʌf] s. cătuşă.

handful ['hænful] s. (cât încape într-o) mână.

123

handicap ['hændikæp] s. (cursă cu) handicap; oprelişte. vt. a handicapa.

handicraft ['hændikrɑːft] s. meşteşug; artizanat.

handily ['hændili] adv. convenabil; uşor.

handiwork ['hændiwəːk] s. lucru de mână.

handkerchief ['hæŋkətʃif] s. batistă; batic.

handle ['hændl] s. mâner; manivelă. vt. a mânui; a trata; a conduce; a vinde.

hand-made ['hænmeid] adj. lucrat manual.

hand-organ ['hænd,ɔːgən] s. flaşnetă.

hand-rail ['hændreil] s. balustradă.

handsome ['hænsəm] adj. chipeş; bine făcut; mărinimos.

handwriting ['hænd,raitiŋ] s. scris; caligrafie.

handy ['hændi] adj. îndemânatic; convenabil; la îndemână.

hang [hæŋ] vt. a atârna; a spânzura; to ~ up a amâna; a întrerupe. vi. a atârna; a spânzura; a rămâne; a zăbovi; to ~ on to a se ţine scai de; a persevera în; to ~ over a ameninţa; to ~ together a nu se despărţi.

hanger ['hæŋə] s. umăr de haine; agăţătoare.

hanging ['hæŋiŋ] s. spânzurare; spânzurătoare; pl. draperii. adj. criminal.

hangman ['hæŋmən] s. călău.

hangover ['hæŋ,ouvə] s. mahmureală.

hanker ['hæŋkə] vi. a tânji.

hansom(cab) ['hænsəm('kæb)] s. birjă.

haphazard ['hæp'hæzəd] adj. întâmplător.

hapless ['hæplis] adj. nenorocos.

happen ['hæpn] vi. a se întâmpla; a se produce; a se nimeri.

happening ['hæpniŋ] s. întâmplare; eveniment.

happiness ['hæpinis] s. fericire; noroc.

happy ['hæpi] adj. fericit; nimerit; ~ -go-lucky vesel; fără grijă.

harangue [hə'ræŋ] s. discurs; fig. predică. vt., vi. a ţine o predică (cuiva).

harass ['hærəs] vt. a hărţui.

harbinger ['hɑːbindʒə] s. vestitor.

harbo(u)r ['hɑːbə] s.port; fig. liman. vt. a ocroti; fig. a nutri. vi. a se adăposti.

hard [hɑːd] adj. tare; dificil; voinic; aspru; ~ cash bani gheaţă; ~ and fast strict; ~ of hearing surd; ~ labour muncă silnică. adv. (din) greu; aspru; tare; aproape; ~ by curând; aproape.

hard-boiled ['hɑːdbɔild] adj. tare; (d. ou) răscopt.

harden ['hɑːdn] vt., vi. a (se) întări; a (se) oţeli.

hard-headed ['hɑːd'hedid] adj. practic; interesat; amer. încăpăţânat; împietrit.

hard-hearted ['hɑːd'hɑːtid] adj. fără inimă.

hardihood ['hɑːdihud] s. îndrăzneală, obrăznicie.

hardly ['hɑːdli] adv. abia; cu greu-tate).

hardship ['hɑːdʃip] s. dificultate; privaţiune.

hardware ['hɑːdwɛə] s. articole de fierărie şi menaj.

hardwood ['hɑːdwud] s. (lemn de) esenţă tare.

hard-working ['hɑ:d,wə:kiŋ] *adj.* harnic, sârguincios.

hardy ['hɑ:di] *adj.* rezistent; îndrăzneţ.

hare [heə] *s.* iepure (de câmp); ~ -brained zăpăcit.

harlequin ['hɑ:likwin] *s.* arlechin.

harlot ['hɑ:lət] *s.* prostituată.

harm [hɑ:m] *s.* rău; stricăciune; atingere; pagubă. *vt.* a strica; a răni; a dăuna (cuiva).

harmful ['hɑ:mfl] *adj.* dăunător; periculos.

harmless ['hɑ:mlis] *adj.* inofensiv.

harmonic [hɑ:'mɔnik] *s.* notă armonică. *adj.* armonic.

harmonica [hɑ:'mɔnikə] *s.* muzicuţă de gură.

harmonious [hɑ:'mounjəs] *adj.* armonios; melodios; dulce.

harmonize ['hɑ:mənaiz] *vt., vi.* a (se) potrivi.

harmony ['hɑ:məni] *s.* armonie; potrivire; înţelegere.

harness ['hɑ:nis] *s.* harnaşament; hamuri. *vt.* a înhăma; *fig.* a exploata (un râu etc.).

harp [hɑ:p] *s.* harpă. *vi.* a insista.

harpoon [hɑ:'pu:n] *s.* harpon. *vt.* a prinde cu harponul.

harpsichord ['hɑ:psikɔd] *s.* clavecin.

harridan ['hæridn] *s.* baborniţă.

harrow ['hærou] *s.* grapă. *vt.* a grăpa; *fig.* a chinui. *vt.* a jefui; a necăji; a hărţui.

harsh [hɑ:ʃ] *adj.* aspru; supărător; sever.

hart [hɑ:t] *s.* cerb.

harum-scarum ['heərəm'skeərəm] *adj.* nesăbuit.

harvest ['hɑ:vist] *s.* recoltă; seceriş. *vt.* a secera; a recolta.

harvester ['hɑ:vistə] *s.* secerător; combină.

has [hæz, həz] *v. aux., vt. pers. a III-a sg. ind. prez. de la* **have**.

hash [hæʃ] *s.* tocană; tocătură; *fig.* rasol. *vt.* a toca; a rasoli.

hasp [hɑ:sp] *s.* balama; cataramă; încuietoare.

haste [heist] *s.* grabă; pripă.

hasten [heisn] *vt., vi.* a (se) grăbi.

hasty ['heisti] *adj.* pripit.

hat [hæt] *s.* pălărie.

hatch [hætʃ] *s.* tambuchi; trapă. *vt.* a cloci; a scoate (pui). *vi.* a cloci.

hatchet ['hætʃit] *s.* baltag.

hatchway ['hætʃwei] *s.* tambuchi.

hate [heit] *vt.* a urî; a nu putea suferi. *s.* ură; duşmănie.

hateful ['heitfl] *adj.* urâcios; duşmănos.

hatred ['heitrid] *s.* ură; ostilitate; antipatie.

hatter ['hætə] *s.* pălărier.

haughty ['hɔ:ti] *adj.* semeţ; arogant.

haul [hɔ:l] *vt., vi.* a trage. *s.* tragere; tracţiune; captură; pradă.

haunch [hɔ:ntʃ] *s.* şold; coapsă.

haunt [hɔ:nt] *s.* loc vizitat adeseori; refugiu obişnuit. *vt.* a vizita adesea; a bântui; a obseda; a reveni.

have [hæv, həv] *v. aux. pentru formarea timpurilor perfecte* a avea. *v. mod.:* to ~ (got) to a trebui să. *vt.* a avea; a poseda; a manifesta; a dovedi; a permite; a suferi; a lua; a obţine; a consuma; a se bucura de.

haven ['heivn] *s.* port. *fig.* liman.

havoc ['hævək] *s.* dezastru; ravagii.

hawk [hɔ:k] *s.* şoim. *vt.* a vinde; a colporta *(şi fig.)*. *vi.* a vâna cu şoimii; a-şi drege glasul.

125

hawker ['hɔkə] s. vânzător ambulant.

hawthorn ['hɔ:θɔ:n] s. gherghin.

hay [hei] s. fân.

haycock ['heikɔk] s. căpiță de fân.

hayrick ['heirik] s. claie de fân.

hazard ['hæzəd] s. șansă; risc; (joc de) noroc. vt. a risca; a îndrăzni să faci.

hazardous ['hæzədəs] adj. riscant; în voia soartei.

haze [heiz] s. aburul câmpiei; ceață (ușoară).

hazel ['heizl] s. alun(ă); culoarea castanie. adj. castaniu; căprui; ~ -nut alună.

hazy ['heizi] adj. cețos; vag.

H-bomb ['eitʃbɔm] s. bombă cu hidrogen.

he [hi(:)] pron. el; ~ who cel care; ~ -goat țap.

head [hed] s. cap; conducător; șef; vârf; titlu; criză. vt. a conduce. vi. a se îndrepta.

headache ['hedeik] s. durere de cap.

head-dress ['heddres] s. pălărie; basma; bonetă.

heading ['hediŋ] s. titlu (de ziar, coloană).

headland ['hedlənd] s. promontoriu.

headlight ['hedlait] s. far (de automobil etc.).

headline ['hedlain] s. titlu de articol.

headlong ['hedlɔŋ] adj., adv. cu capul înainte; fig. pripit.

headmaster ['hed'mɑːstə] s. director de școală.

head-on ['hed'ɔn] adj., adv. frontal.

head-phones ['hedfounz] s. pl. căști.

head-piece ['hedpiːs] s. cap; minte; rad. cască.

headquarters ['hed'kwɔːtəz] s. cartier general; sediu (central).

headstrong ['hedstrɔŋ] adj. încăpățânat; voluntar.

headway ['hedwei] s. progres.

heal [hiːl] vt., vi. a (se) vindeca.

health [helθ] s. sănătate.

healthy ['helθi] adj. sănătos; voinic.

heap [hiːp] s. morman; amestecătură; mulțime; ~s of times adeseori. vt. a acumula; a îngrămădi; a încărca. adv.: ~s foarte, mult.

hear [hiə] vt. a auzi; a asculta; a distinge; a afla de. vi. a auzi (bine); ~! ~! bravo.

heard [hɑːd] vt., vi. trec. și part. trec. de la **hear**.

hearing ['hiəriŋ] s. auz; ascultare; audiție; ședință (a tribunalului etc.); out of ~ prea departe ca să poată auzi.

hearsay ['hiəsei] s. bârfă; zvon; from ~ din auzite.

hearse [həːs] s. dric.

heart [hɑːt] s. inimă; curaj; cupă (la cărți); ~ -ache tristețe profundă; ~ -breaking, -rending sfâșietor; ~ -broken întristat; ~ -burn arsură (la stomac); ~ strings adâncul inimii, sentimente profunde.

hearten ['hɑːtn] vt. a încuraja; a înveseli.

heartfelt ['hɑːtfelt] adj. sincer; profund.

hearth [hɑːθ] s. vatră; cămin.

heartily ['hɑːtili] adv. din inimă; cu poftă.

heartless ['hɑːtlis] adj. împietrit.

hearty ['hɑːti] *adj.* sincer; copios; entuziast; pofticios.

heat [hiːt] *s.* căldură; zel; *sport* serie. *vt., vi.* a (se) încălzi.

heater ['hiːtə] *s.* sobă; radiator; boiler.

heath [hiːθ] *s.* ierburi; bărăgan; şes acoperit cu iarbă neagră.

heathen ['hiːðn] *s. adj.* păgân.

heather ['heðə] *s.* iarbă neagră.

heave ['hiːv] *vt.* a ridica; a aburca; a scoate. *vi.* a se ridica; a undui; a fi agitat; a apărea.

heaven ['hevn] *s.* cer; paradis.

heavenly ['hevnli] *adj.* ceresc; divin.

heavy [hevi] *adj.* greu, greoi; abundent; încărcat; ~ *rain* ploaie torenţială. *adv.* apăsător, greu.

heavy-weight ['heviweit] *s.* om greoi; (boxer de) categoria grea.

Hebrew ['hiːbruː] *s.* evreu; (limba) ebraică.

hecatomb ['hekətoum] *s.* măcel.

heckle ['hekl] *vt.* a hărţui cu întrebări.

hectic ['hektik] *adj.* aprins; înfierbântat.

hedge [hedʒ] *s.* gard viu. *vt.* a înconjura (cu un gard); a împrejmui. *vi.* a face un gard; *fig.* a se ascunde; a se eschiva.

hedgehog ['hedʒɔg] *s.* arici.

heed [hiːd] *s.* atenţie; importanţă. *vt.* a lua în seamă. *vi.* a fi atent.

heel [hiːl] *s.* călcâi; toc (de pantofi).

hefty ['hefti] *adj.* voinic; viguros; mare.

heifer ['hefə] *s.* juncă.

heigh-ho ['hei'hou] *interj.* hai(t).

height [hait] *s.* înălţime; culme.

heighten ['haitn] *vt.* a înălţa; a spori.

heinous ['heinəs] *adj.* ticălos.

heir [ɛə] *s.* moştenitor.

heiress ['ɛəris] *s.* moştenitoare.

held [held] *vt., vi.* trec. şi part. trec. *de la* **hold**.

helicopter ['helikɔptə] *s.* elicopter.

hell [hel] *s.* iad. *interj.* drace!

hellish ['heliʃ] *adj.* îngrozitor; drăcesc.

hello ['he'lou] *s., interj.* v. **hallo**.

helm [helm] *s.* cârmă.

helmet ['helmit] *s.* coif; cască.

helmsman ['helmzmən] *s.* cârmaci.

help [help] *s.* ajutor; soluţie. *vt.* a ajuta; a sprijini; a servi (cu mâncare etc.); a împiedica; *I can't ~ it* n-am încotro. *vi.* a fi folositor.

helpful ['helpfl] *adj.* util; preţios.

helping [helpiŋ] *s.* porţie (de mâncare).

helpless ['helplis] *adj.* neputincios; imobilizat; lipsit de ajutor.

helpmate ['helpmeit] *s.* tovarăş; ajutor.

helter-skelter ['heltə'skeltə] *adv.* în dezordine.

hem [hem] *s.* tiv. *vt.* a tivi; a înconjura. *vi.* a tuşi (cu înţeles); a se bâlbâi. *interj.* [hm] hm.

hemlock ['hemlɔk] *s.* cucută.

hemp [hemp] *s.* cânepă.

hemstitch ['hemstitʃ] *s.* tiv. *vt.* a tivi.

hen [hen] *s.* găină; femela unor păsări.

hence [hens] *adv.* de aici (înainte); deci.

henceforth ['hens'fɔːθ] *adv.* pe viitor.

henchman ['hentʃmən] *s.* agent.

henpecked ['henpekt] *adj.* sub papuc.

127

her [hə:] *adj.* ei. *pron.* ᴤe ea; o; îi, ei.

herald ['herld] *s.* vestitor. *vt.* a vesti.

heraldry ['herldri] *s.* heraldică.

herb [hə:b] *s.* iarbă (medicinală).

herd [hə:d] *s.* turmă; păstor.

herdsman ['hə:dzmən] *s.* păstor.

here [hiə] *adj.* de aici; local. *adv.* aici; iată; acum.

hereabout(s) ['hiərə,baut(s)] *adv.* pe aici.

hereafter [hiər'ɑːftə] *adv.* în viitor.

hereditary [hi'reditri] *adj.* ereditar; moștenit.

heredity [hi'rediti] *s.* ereditate.

heresy ['herəsi] *s.* erezie.

heretic ['herətik] *s.* eretic.

hereupon ['hiərə'pɔn] *adv.* la care; imediat după aceea.

herewith ['hiə'wið] *adv.* alăturat; cu această ocazie.

heritage ['heritidʒ] *s.* moștenire.

hermetic [hə:'metik] *adj.* ermetic.

hermit ['hə:mit] *s.* pustnic.

hermitage ['hə:mitidʒ] *s.* schit.

hero ['hiərou] *s.* erou.

heroic [hi'rouik] *adj.* eroic.

heroine ['heroin] *s.* eroină; *chim.* heroină.

heroism ['heroizəm] *s.* eroism.

heron ['herən] *s.* bâtlan.

herring ['heriŋ] *s.* scrumbie; *red ~* diversiune.

hers [hə:z] *pron.* al ei.

herself [hə:'self] *pron.* se; însăși; ea; *she hurt ~* s-a lovit; *by ~* singură.

hesitate ['heziteit] *vi.* a șovăi.

heterogeneous ['hetərə'dʒi:njəs] *adj.* eterogen.

hew [hju:] *vt.* a ciopli; a tăia.

hewn [hju:n] *vt. part. trec. de la* hew.

hey [hei] *interj.* hei.

heyday ['heidəi] *s.* toi; *fig.* floare.

hiatus [hai'eites] *s.* hiat; lipsă.

hiccough, hiccup ['hikʌp] *s.* sughiț. *vi.* a sughița.

hid [hid] *vt., vi. trec. de la* hide.

hidden ['hidn] *vt., vi. part. trec. de la* hide.

hide [haid] *s.* piele (netăbăcită); blană. *vt.* a ascunde; a bate. *vi.* a se ascunde; *~ and-seek* (de-a) v-ați ascunselea.

hidebound ['haidbaund] *adj.* îngust; închistat; dogmatic.

hideous ['hidiəs] *adj.* hidos.

hiding ['haidiŋ] *s.* ascunzătoare (și *~ place*); bătaie.

hierarchy ['haiərɑ:ki] *s.* ierarhie.

higgledy-piggledy ['higldi'pigldi] *adj., adv* cu susul în jos; de-a valma.

high [hai] *s.* cer. *adj.* înalt; acut; nobil; important; mare; *(d. timp)* înaintat; *~ tide* maximul fluxului. *adv.* sus; la înălțime.

high-born ['haibɔ:n] *adj.* nobil.

high-brow ['haibrau] *s., adj.* snob (intelectual).

high-flown ['haifloun] *adj.* pompos.

high-handed ['hai'hændid] *adj.* arogant; arbitrar.

highland ['hailənd] *s.* regiune muntoasă.

highly ['haili] *adv.* extrem de, foarte (mult).

highlight [' hailait] *vt.* a scoate în relief; a (i)lumina.

high-minded ['hai'maindid] *adj.* cu suflet nobil.

highness ['hainis] *s.* înălțime; alteță.

high-pitched ['haipitʃt] *adj.* ascuțit.

highroad ['haɪroud] s. şosea.

high-strung ['haɪ'strʌŋ] adj. sensibil; nervos.

highway ['haɪweɪ] s. şosea; cale.

highwayman ['haɪweɪmən] s. tâlhar.

hijack ['haɪˌdʒæk] vt. a prăda, a jefui; a deturna (un avion etc.).

hike [haɪk] s. plimbare; excursie; spor de salariu. vi. a se plimba; a face o excursie.

hilarious [hɪ'lɛərɪəs] adj. vesel; ilariant.

hill [hɪl] s. deal; munte; movilă; muşuroi.

hillock ['hɪlək] s. movilă; deal.

hilt [hɪlt] s. mâner (de sabie etc.).

him [hɪm] pron. pe el, îl; lui, îi.

himself [hɪm'self] pron. se; însuşi; el; he cut ~ s-a tăiat; by ~ singur.

hind [haɪnd] s. căprioară. adj. din spate.

hinder ['hɪndə] vt. a împiedica; a stânjeni.

hindmost ['haɪnmoust] adj. cel mai din spate, ultimul.

hindrance ['hɪndrns] s. oprelişte.

hinge [hɪndʒ] s. balama; fig. esenţă.

hint [hɪnt] s. aluzie; sugestie. vt. a face aluzie; a sugera.

hip [hɪp] s. şold.

hippo(potamus) [ˌhɪpə('pɔtəməs)] s. hipopotam.

hire [haɪə] s. închiriere; angajare; salariu. vt. a închiria; a angaja; to ~ out a da cu chirie.

hireling ['haɪəlɪŋ] s. salariat; servitor; lacheu.

his [hɪz] adj. lui, său. pron. al lui.

hiss [hɪs] vt., vi. a şuiera. s. şuierat.

historian [hɪs'tɔːrɪən] s. istoric.

historic [hɪs'tɔrɪk] adj. de importanţă istorică, istoric.

historical [hɪs'tɔrɪkl] adj. din istorie, istoric.

history ['hɪstrɪ] s. istorie.

histrionic [ˌhɪstrɪ'ɔnɪk] adj. teatral, actoricesc.

hit [hɪt] vi. a lovi; a da o lovitură; to ~ (up) on a nimeri; a găsi. s. lovitură; atac; pocnitură; succes; şlagăr. vt. a lovi; a jigni; a nimeri.

hitch [hɪtʃ] vt. a ridica; a sălta; a lega. vi. a se agăţa, a se încurca. s. hop; salt; obstacol; încurcătură.

hitch-hike ['hɪtʃhaɪk] vi. a merge cu autostopul.

hither ['hɪðə] adv. încoace.

hitherto ['hɪðə'tuː] adv. până acum.

hive [haɪv] s. stup; pl. urticarie.

ho [hou] interj. o, o.

hoard [hɔːd] s. comoară; tezaur. vt. a aduna.

hoar-frost ['hɔː'frɔst] s. promoroacă.

hoarse [hɔːs] adj. răguşit.

hoary ['hɔːrɪ] adj. cărunt; coliliu; bătrân.

hoax [houks] s. păcăleală. vt. a păcăli.

hobble ['hɔbl] s. şchiopătat; pripon. vt. a priponi. vi. a şchiopăta.

hobbledehoy ['hɔbldɪ'hɔɪ] s. matahală; lungan.

hobby ['hɔbɪ] s. distracţie; pasiune; ~ -horse cal de lemn; pasiune.

hobglobin ['hɔbˌgɔblɪn] s. duh rău; strigoi; aghiuţă.

hobnail ['hɔbneɪl] s. ţintă (de bocanc).

hobnob ['hɔbnɔb] vi. a se bate pe burtă.

129

hock [hɔk] *s.* risling.
hockey ['hɔki] *s.* hochei.
hocus-pocus ['houkəs'poukəs] *s.* păcăleală; diversiune.
hoe [hou] *s.* sapă. *vt., vi.* a săpa; a plivi.
hog [hɔg] *s.* porc (îngrăşat).
hogshead ['hɔgzhed] *s.* butoi.
hoist [hɔist] *s.* macara; ridicare. *vt.* a ridica.
hold [hould] *s. mar.* cală; magazie; ţinere, păstrare; stăpânire; putere. *vt.* a (sus)ţine; a menţine; a stăpâni; a avea; a ocupa; a cuprinde; *to ~ back* a reţine, a ascunde; *to ~ forth* sau *out* a oferi; *to ~ off* a ţine la distanţă; *to ~ over* a amâna; a ameninţa cu; *to ~ together* a uni; *to ~ up* a arăta; a opri; a întârzia; a jefui. *vi.* a se ţine, a continua; a dăinui; *to ~ forth* predica; *to ~ off* sau *aloof* a sta de o parte; *~ on!* ţine-te bine; stai un moment; *to ~ out* a rezista; *to ~ together* a rămâne uniţi.
holder ['houldə] *s.* deţinător.
holding ['houldiŋ] *s.* proprietate.
hold-up ['houldʌp] *s.* atac banditesc; jaf; încurcătură de circulaţie.
hole [houl] *s.* gaură; scobitură; hop; încurcătură.
holiday ['hɔlədi] *s.* sărbătoare; vacanţă.
holiness ['houlinis] *s.* sfinţenie.
Hollander ['hɔləndər] *s.* olandez(ă).
hollow ['hɔlou] *adj.* scrobit; supt; gol; găunos; nesincer. *s.* scobitură; depresiune; vâlcea. *vt.* a scobi; a goli.
holly ['hɔli] *s. bot.* ilice.
hollyhock ['hɔlihɔk] *s.* nalbă.

holm(-oak) ['houm('ouk)] *s.* gorun.
holy ['houli] *adj.* sfânt; pios.
homage ['hɔmidʒ] *s.* omagiu.
home [houm] *s.* casă; cămin; domiciliu; (viaţă de) familie; azil; *at ~* acasă; în ţară; nestânjenit. *adj.* intern, domestic; *the Home Office* Ministerul de Interne britanic; *the Home Secretary* ministrul de interne britanic. *adv.* acasă; în ţară; la ţintă.
homeless ['houmlis] *adv.* fără adăpost.
homely ['houmli] *adj.* simplu; plat; familiar; *amer.* urât.
home-made [houm'meid] *adj.* făcut în casă *sau* în ţară.
homer ['houmə] *s.* porumbel mesager.
homesick ['houmsik] *adj.* nostalgic.
homesickness ['houmsiknis] *s.* nostalgie.
homespun ['houmspʌn] *adj.* de casă; simplu; obişnuit. *s.* stofă de casă (aspră).
homestead ['houmsted] *s.* gospodărie, fermă.
homeward ['houmwəd] *adj., adv.* spre casă.
homicide ['hɔmisaid] *s.* omucidere; criminal.
homily ['hɔmili] *s.* predică.
hominy ['hɔmini] *s.* mămăligă.
homogeneous [hɔmə'dʒiːnjəs] *adj.* omogen.
homonym ['hɔmənim] *s.* omonim.
hone [houn] *s.* piatră de ascuţit; cute. *vt.* a ascuţi.
honest ['ɔnist] *adj.* cinstit; sincer; curat.
honesty ['ɔnisti] *s.* cinste; sinceritate.

honey ['hʌni] *s.* miere; iubit(ă).

honeycomb ['hʌnikoum] *s.* fagure.

honeyed ['hʌnid] *adj.* mieros.

honeymoon ['hʌnimu:n] *s.* lună de miere.

honeysuckle ['hʌnisʌkl] *s.* capriciu.

honk [hɔnk] *s.* claxon. *vi.* a claxona.

honorary ['ɔnrəri] *adj.* onorific.

hono(u)r ['ɔnə] *s.* cinste; reputaţie; distincţie; *pl.* onoruri. *vt.* a onora; a respecta.

hono(u)rable ['ɔnrəbl] *adj.* cinstit; *the Right Honourable* deputatul.

hood [hud] *s.* glugă; acoperiş; capotă.

hoodwink ['hudwiŋk] *vt.* a păcăli.

hoof [hu:f] *s.* copită.

hook [huk] *s.* cârlig. *vt.* a agăţa; a prinde.

hooked ['hukt] *adj.* încârligat; acvilin.

hooligan ['hu:ligən] *s.* huligan.

hoop [hu:p] *s.* cerc; inel. *vt.* a prinde cu un cerc.

hooping-cough ['hu:piŋkɔf] *s.* tuse măgărească.

hoot [hu:t] *s.* huiduială; vuiet. *vi.* a striga; a huidui.

hooter ['hu:tə] *s.* sirenă.

hoover ['hu:və] *s.* aspirator de praf.

hop [hɔp] *s.* hamei; ţopăială; escală. *vt.* a sări (peste); a evita. *vi.* a sări; a ţopăi; a pleca.

hope [houp] *s.* speranţă; *beyond ~* deznădăjduit; irealizabil. *vt., vi.* a spera; a aştepta.

hopeful ['houpfl] *adj.* încrezător; promiţător.

hopeless ['houplis] *adj.* disperat.

horde [hɔ:d] *s.* hoardă.

horizon [hə'raizn] *s.* orizont.

horn [hɔ:n] *s.* corn.

horned [hɔ:nd] *adj.* cu coarne.

hornet ['hɔ:nit] *s.* gărgăun; viespe.

horrible ['hɔrəbl] *adj.* groaznic.

horrid ['hɔrid] *adj.* scârbos; insuportabil.

horrify ['hɔrifai] *vt.* a îngrozi.

horror ['hɔrə] *s.* groază; oroare; *~-stricken, ~-struck* îngrozit.

horse [hɔ:s] *s.* cal; cavalerie; *sport* capră.

horseback ['hɔ:sbæk] *s.: on ~* călare.

horse-chestnut ['hɔ:s'tʃəsnʌt] *s.* castan (obişnuit); castană (porcească).

horseflesh ['hɔ:sfleʃ] *s.* carne de cal; cai.

horseman ['hɔ:smən] *s.* călăreţ.

horsemanship ['hɔ:smənʃip] *s.* echitaţie.

horse-power ['hɔ:s,pauə] *s.* calputere.

horse-radish ['hɔ:s,rædiʃ] *s.* hrean.

horse-shoe ['hɔ:sʃu] *s.* potcoavă.

horsewhip ['hɔ:swip] *s.* cravaşă. *vt.* a cravaşa.

hose [houz] *s.* furtun, tub; ciorapi lungi. *vt.* a stropi (cu furtunul).

hosier ['houʒə] *s.* negustor de galanterie.

hosiery ['houʒəri] *s.* galanterie; ciorapi (de damă).

hospitable ['hɔspitəbl] *adj.* ospitalier.

hospital ['hɔspitl] *s.* spital.

host [houst] *s.* gazdă; proprietar; hangiu.

hostage ['hɔstidʒ] *s.* ostatic.

hostel ['hɔstl] *s.* cămin (studenţesc).

hostess ['houstis] *s.* (femeie) gazdă; hangiţă.

hostile ['hɔstail] *adj.* ostil; duşmănos.

hostility [hɔs'tiliti] *s.* dușmănie; ostilitate.

hot [hɔt] *adj.* fierbinte; foarte cald; arzător; iute; violent; proaspăt; ~ *water* bucluc. *adv.* fierbinte; arzător.

hotbed ['hɔtbed] *s. agr.* pat cald; *fig.* focar.

hot-blooded ['hɔt'blʌdid] *adj.* pasionat; nerăbdător.

hotel [ho'tel] *s.* hotel; ~-*keeper* hotelier.

hothead ['hɔthed] *s.* om pripit; *pl.* capete înfierbântate.

hothouse ['hɔthaus] *s.* seră.

hound [haund] *s.* câine (de vânătoare).

hour [auə] *s.* oră; *pl.* orar; ocazie; ~-*glass* ceas de nisip; ~-*hand* acul orar.

hourly ['auəli] *adj.* orar; din oră în oră. *adv.* din oră în oră.

house[1] [haus] *s.* casă (de comerț); locuință; clădire; cămin; sală de spectacol; *pol.* cameră; ~ *work* treburi gospodărești.

house[2] [hauz] *vt.* a găzdui; a adăposti; a face case pentru.

house-agent ['haus,eidʒnt] *s.* misit de locuințe.

house-breaker ['haus,breikə] *s.* spărgător.

household ['hausould] *s.* gospodărie; familie.

housekeeper ['haus,ki:pə] *s.* gospodină; menajeră.

housemaid ['hausmeid] *s.* servitoare.

house-top ['haustɔp] *s.* acoperișul casei.

housewife[1] ['hauswaif] *s.* gospodină; stăpâna casei.

housewife[2] ['hʌzif] *s.* cutie de lucru.

housework ['hauswə:k] *s.* treburile gospodăriei.

hove [houv] *vt., vi. trec. și part. trec. de la* **heave**.

hovel ['hɔvl] *s.* cocioabă.

hover ['hɔvə] *vi.* a pluti în aer; a plana.

how [hau] *adv.* cum (se poate); cât (de); ~ *do you do?* bună ziua; îmi pare bine de cunoștință; ~ *are you?* ce mai faci?

however [hau'evə] *adv.* oricât de. *conj.* totuși; în orice caz.

howl [haul] *s.* urlet. *vt., vi.* a urla.

hub [hʌb] *s.* butucul roții; centru.

hubbub ['hʌbʌb] *s.* zarvă.

hubby ['hʌbi] *s.* bărbățel.

huckleberry ['hʌklberi] *s. amer.* afin(ă).

huckster ['hʌkstə] *s.* negustor (ambulant) de mărunțișuri.

huddle ['hʌdl] *s.* învălmășeală. *vt., vi.* a (se) învălmăși; a (se) strânge, a se ghemui.

hue [hju:] *s.* nuanță; culoare.

hue-and-cry ['hju:ən'krai] *s.* zarvă; alarmă; hărțuială.

huffy ['hʌfi] *adj.* țâfnos; nervos.

hug [hʌg] *s.* îmbrățișare. *vt.* a îmbrățișa; a strânge.

huge [hju:dʒ] *adj.* uriaș.

hulk [hʌlk] *s.* matahală.

hulking ['hʌlkiŋ] *adj.* mătăhălos; greoi.

hull [hʌl] *s.* coajă, păstaie; carenă. *vt.* a coji.

hullabaloo [,hʌləbə,lu:] *s.* zarvă.

hullo ['hʌ'lou] *interj.* alo; hei.

hum [hʌm] *s.* zumzet; fredonare; murmur. *vi.* a zumzăi; a fi agitat; a fredona; a tuși; a-și drege glasul.

human ['hju:mən] *adj.* uman.

humane [hju'mein] *adj.* omenos.

humanism ['hju:mənizəm] s. umanism.

humanitarian [hju,mæni'tɛəriən] s. filantrop. *adj.* umanitar.

humanity [hju'mæniti] s. omeni(re); *pl.* umanistică.

humanize ['hju:mənaiz] *vt., vi.* a (se) umaniza.

humankind ['hju:mən'kaind] s. omenire.

humble ['hʌmbl] *adj.* umil. *vt.* a umili.

humble-bee ['hʌmblbi:] s. bondar.

humbug ['hʌmbʌg] s. mistificare; farsă; impostură; impostor. *vt.* a înşela. *interj.* prostii.

humdrum ['hʌmdrʌm] *adj.* monoton; banal.

humid ['hju:mid] *adj.* umed.

humiliate [hju'milieit] *vt.* a umili.

humility [hju'militi] s. modestie.

humming-bird ['hʌmiŋbə:d] s. colibri.

hummock ['hʌmək] s. movilă; deal.

humorist ['hju:mərist] s. umorist.

humorous ['hju:mrəs] *adj.* comic.

humo(u)r ['hju:mə] s. umor; dispoziţie. *vt.* a face pe plac (cuiva); a mulţumi (pe cineva).

hump [hʌmp] s. umflătură; cocoaşă.

humpback ['hʌmpbæk] s. cocoşat.

humph [hʌmf] *interj.* aş.

hunch [hʌntʃ] s. cocoaşă; bucată; bănuială. *vt.* a cocoşa.

hunchback ['hʌnʃbæk] s. cocoşat.

hundred ['hʌndrəd] *num.* o sută.

hundredfold ['hʌndrədfould] *adv.* însutit.

hundredth ['hʌndrədθ] s. sutime. *num.* al o sutălea.

hundredweight ['hʌndrədweit] s. măsură de 50 *sau* 45 kg.

hung [hʌŋ] *vt., vi. trec. şi part. trec. de la* **hang**.

Hungarian [hʌŋ'gɛəriən] s., *adj.* maghiar(ă).

hunger ['hʌŋgə] s. foame; poftă; *fig.* dor(inţă). *vi.* a flămânzi; a tânji.

hungry ['hʌŋgri] *adj.* flămând; *fig.* însetat.

hunk [hʌŋk] s. bucată mare.

hunt [hʌnt] s. vânătoare. *vt.* a vâna; a hăitui. *vi.* a vâna.

hunter ['hʌntə] s. vânător.

hunting ['hʌntiŋ] s. vânătoare.

huntsman ['hʌntsmən] s. vânător.

hurdle ['hə:dl] s. *sport* obstacol.

hurl [hə:l] *vt.* a arunca.

hurrah [hu'rɑ:] *vi.* a ovaţiona. *interj.* ura.

hurricane ['hʌrikən] s. uragan.

hurried ['hʌrid] *adj.* grăbit.

hurry ['hʌri] s. grabă; *in a ~* grăbit; uşor. *vt., vi.* a (se) grăbi.

hurt [hə:t] s. rană; lovitură; durere; jignire. *vt.* a răni; a strica; a jigni. *vi.* a-l durea; a suferi.

hurtful ['hə:tfl] *adj.* dureros; dăunător.

husband ['hʌzbənd] s. soţ. *vt.* a chibzui; a economisi.

hush [hʌʃ] *vt.* a face să tacă; *to ~ up* a tăinui; a muşamaliza. *vi.* a tăcea. s. tăcere. *interj.* sst.

husk [hʌsk] s. coajă; pleavă. *vt.* a coji.

husky ['hʌski] *adj.* voinic; plin de coji; *(d. glas)* aspru, răguşit.

hussy ['hʌsi] s. ticăloasă; obraznică; târâtură.

hustle ['hʌsl] *vt.* a lua pe sus. *vi.* a se grăbi. s. învălmăşeală.

hut [hʌt] s. colibă; baracă.

hyacinth ['haiəsnθ] s. zambilă.

hydroplane ['haidroplein] s. hidroavion; barcă cu motor.

133

hygiene ['haidʒiːn] s. igienă.
hymn [him] s. imn religios.
hyphen ['haifn] s. liniuță; cratimă.
hypocrisy [hi'pɔkrəsi] s. fățărnicie.
hypocrite ['hipəkrit] s. ipocrit(ă); mironosiță.

hypodermic [haipə'dəːmik] s. injecție. adj. subcutanat.
hypothesis ['hai'pɔθisis] s. ipoteză.
hysterics [his'teriks] s. pl. istericale.

I

I [ai] pron. eu.
iambic [ai'æmbik] s. iamb. adj. iambic.
ice [ais] s. gheață; înghețată; ~ -box răcitor; ~ -breaker spărgător de gheață; ~ -cream înghețată. vt. a îngheța; a răci; a glasa.
icicle ['aisikl] s. țurțure.
icing ['aisiŋ] s. glazură.
icon ['aikɔn] s. icoană.
icy ['aisi] adj. înghețat; glacial.
idea [ai'diə] s. idee; pl. gărgăuni.
identify [ai'dentifai] vt. a identifica.
identity [ai'dentiti] s. identitate.
ideological [,aidiə'lɔdʒikl] adj. ideologic.
ideologist [,aidi'ɔlədʒist] s. ideolog.
ideology [,aidi'ɔlədʒi] s. ideologie.
ides [aidz] s. pl. ide.
id est ['idest] conj. și anume, adică.
idiocy ['idiəsi] s. tâmpenie.
idiom ['idiəm] s. expresie; dialect; limbaj.
idiomatic(al) [,idiə'mætik(l)] adj. frazeologic; de conversație.
idle ['aidl] adj. trândav; nefolosit; șomer; inutil; prostesc. vi. a pierde vremea; a șoma.
idler ['aidlə] s. pierde-vară.
idolize ['aidəlaiz] vt. a idolatriza.

i.e. ['ai'iː] conj. și anume; adică.
if [if] conj. (chiar) dacă; (ori)când; as ~ ca și cum.
ignite [ig'nait] vt. vi. a (se) aprinde.
ignoble [ig'noubl] adj. rușinos; josnic.
ignominious [ignə'miniəs] adj. rușinos; necinstit.
ignorance ['ignərns] s. ignoranță; nesocotire.
ignore [ig'nɔː] vt. a nesocoti; a nu lua în seamă.
ill [il] s. rău; racilă. adj. rău; bolnav; ticălos; ~ at ease stânjenit; ~ blood sau will ură; dușmănie; ~ temper nervozitate. adv. rău; nefavorabil. ~ -fated nenorocit; ~ -gotten de haram; ~ -humoured, ~ -natured, ~ -tempered țâfnos; antipatic; ~ -timed inoportun.
ilegible [i'ledʒəbl] adj. neciteț.
illegitimate [,ili'dʒitimit] adj. nelegitim; ilicit; nejustificat.
illiberal [i'librl] adj. intolerant; meschin.
illiteracy [i'litrəsi] s. analfabetism.
illiterate [i'litrit] s., adj. analfabet; ignorant.
illness ['ilnis] s. boală.
illumin(at)e [i'ljuːmin(eit)] vt. a (i)lumina; a împodobi.

ill-treat ['il'tri:t] *vt.* a maltrata.
ill-use ['il'ju:z] *vt.* a maltrata; a batjocori.
illusion [i'lu:ʒn] *s.* iluzie.
illusive [i'lu:siv] *adj.* iluzoriu.
illustrate ['iləstreit] *vt.* a ilustra; a explica.
illustrious [i'lʌstriəs] *adj.* ilustru.
image ['imidʒ] *s.* imagine; chip. *vt.* a imagina; a oglindi.
imagery ['imidʒri] *s.* imagini; figuri de stil.
imaginary [i,mædʒinri] *adj.* închipuit.
imagination [i,mædʒi'neiʃn] *s.* închipuire.
imagine [i'mædʒin] *vt.* a(-şi) imagina.
imbalance [im'bæləns] *s.* dezechilibru.
imbibe [im'baib] *vt.* a îmbiba.
imbue [im'bju:] *vt.* a umple; a îmbiba.
imitate ['imiteit] *vt.* a imita.
imitation [,imi'teiʃn] *s.* imitaţie; copie. *adj.* fals.
immaterial [,imə'tiəriəl] *adj.* neimportant, irelevant; imaterial.
immeasurable [i'meʒrəbl] *adj.* nemăsurat.
immedicy [i'mi:diəsi] *s.* urgenţă, grabă.
immediate [i'mi:djət] *adj.* imediat; direct.
immerse [i'mə:s] *vt.* a (în)muia; *şi fig.* a absorbi.
immoderate [i'mɔdrit] *adj.* excesiv; necumpătat.
immodest ['imədist] *adj.* neruşinat; indecent; obscen.
immortal [i'mɔ:tl] *s., adj.* nemuritor.
immovable [i'mu:vəbl] *s.* bun imobiliar. *adj.* imobil; fix; neclintit.

immutable [i'mju:təbl] *adj.* imuabil, neschimbător.
imp [imp] *s.* drăcuşor.
impair [im'pɛə] *vt.* a slăbi; a strica.
impart [im'pɑ:t] *vt.* a împărtăşi.
impassable [im'pɑ:səbl] *adj.* de netrecut; impracticabil.
impassioned [im'pæʃnd] *adj.* pasionat.
impassive [im'pæsiv] *adj.* impasibil.
impatient [im'peiʃnt] *adj.* nerăbdător; nervos.
impeach [im'pi:tʃ] *vt.* a acuza (de trădare etc.).
impede [im'pi:d] *vt.* a împiedica; a stânjeni.
impel [im'pel] *vt.* a împinge; a îndemna.
imperial [im'piəriəl] *s.* barbişon. *adj.* imperial.
imperil [im'peril] *vt.* a primejdui.
imperishable [im'periʃəbl] *adj.* nepieritor.
impersonate [im'pə:səneit] *vt.* a personifica; a întruchipa; a juca (un rol).
impervious [im'pə:vjəs] *adj.* impenetrabil; neinfluenţabil.
impetus ['impitəs] *s.* imbold, impuls.
impiety [im'paiəti] *s.* lipsă de pietate *sau* respect.
impinge [im'pindʒ] *vi.: to ~ upon* a influenţa; a încălca.
impious ['impiəs] *adj.* lipsit de pietate *sau* respect.
implement[1] ['implimənt] *s.* unealtă.
implement[2] ['impliment] *vt.* a aplica; a traduce în viaţă.
implicit [im'plisit] *adj.* implicit; total; absolut.

135

implore [im'plɔ:] vt. a implora.

imply [im'plai] vt. a implica; a sugera; a face aluzie la.

impolite [,impə'lait] adj. nepoliticos.

import[1] ['impɔ:t] s. (marfă de) import; semnificaţie.

import[2] [im'pɔ:t] vt. a importa; a însemna.

importance [im'pɔ:tns] s. importanţă.

importation [,impɔ:'teiʃn] s. import.

importunate [im'pɔ:tjunit] adj. pisălog, urgent.

impose [im'pouz] vt. a impune; a solicita. vi.: to ~ upon a înşela.

imposing [im'pouziŋ] adj. impunător.

imposition [,impə'ziʃn] s. impunere; impozit; înşelătorie.

impossible [im'pɔsəbl] adj. imposibil; supărător; dificil.

impotent ['impətnt] adj. neputincios.

impoverish [im'pɔvriʃ] vt. a sărăci.

impracticable [im'præktikəbl] adj. dificil; impracticabil; inaplicabil.

impregnable [im'pregnəbl] adj. inexpugnabil.

impress [im'pres] vt. a imprima; a impresiona.

impression [im'preʃn] s. impresie; imprimare; ediţie.

impressive [im'presiv] adj. impresionant.

imprint[1] ['imprint] s. urmă.

imprint[2] [im'print] vt. a (în)tipări; a lipi.

imprison [im'prizn] vt. a întemniţa.

improbable [im'prɔbəbl] adj. puţin probabil; de necrezut.

improper [im'prɔpə] adj. nepotrivit; indecent.

improve [im'pru:v] vt. a îmbunătăţi; a valorifica. vi. a se îmbunătăţi; a se face bine.

improvement [im'pru:vmənt] s. îmbunătăţire; progres.

improvident [im'prɔvidnt] adj. nechibzuit; imprudent.

improvise ['imprəvaiz] vt., vi. a improviza.

impudent ['impjudnt] adj. neruşinat; obraznic.

in [in] adv. înăuntru; acasă; la destinaţie; la putere; la modă; de găsit. prep. în; la; cu; ~ that întrucât; ~ so far as în măsura în care; ~ fact de fapt.

inability [inə'biliti] s. neputinţă.

inaccuracy [in'ækjurəsi] s. inexactitate; greşeală.

inadequate [in'ædikwit] adj. necorespunzător; insuficient.

inane [i'nein] adj. stupid; prostesc.

inanimate [in'ænimit] adj. mort; fără viaţă; stupid.

inanity [i'næniti] s. stupiditate.

inappropriate [,inə'proupriit] adj. nepotrivit.

inarticulate [,inɑ:'tikjulit] adj. neclar; mut; nearticulat.

inasmuch [inəz'mʌtʃ] conj.: ~ as întrucât.

inaudible [in'ɔ:dəbl] adj. (de) neauzit.

inaugurate [i'nɔ:gjureit] vt. a inaugura; a instala; a instaura; a deschide.

inauspicious [,inɔ:s'piʃes] adj. nefericit; de rău augur.

inborn ['in'bɔ:n] adj. înnăscut.

inbred ['in'bred] adj. înnăscut, natural; în familie.

inbreeding ['in'bri:diŋ] s. endogamie.

136

incalculable [in'kælkjuləbl] *adj.*
nemăsurat; nesigur; capricios.

incantation [,inkæn'teiʃn] *s.* incan-
tație; vrajă.

incapacitate [,inkə'pæsiteit] *vt.* a
scoate din uz.

incarnate[1] [in'kɑːnit] *adj.* întru-
chipat; materializat.

incarnate[2] [in'kɑːneit] *vt.* întru-
(chi)pa; a concretiza.

incendiary [in'sendjəri] *s.* incen-
diator; agitator. *adj.* incendiar;
ațâțător.

incense[1] ['insens] *s.* tămâie.

incense[2] [in'sens] *vt.* a înfuria.

incentive [in'sentiv] *s.* stimulent.

incessant [in'sesnt] *adj.* neîncetat;
repetat.

inch [intʃ] *s.* (măsură de un) țol
(2,54 cm); pic; fărâmă.

incidence ['insidns] *s.* frecvență;
incidență.

incident ['insidnt] *s.* incident; epi-
sod. *adj.* întâmplător; ~ *to* legat
de.

incision [in'siʒn] *s.* tăietură.

incisive [in'saisiv] *adj.* mușcător;
vioi; ascuțit.

incite [in'sait] *vt.* a ațâța; a stârni.

inclement [in'klemənt] *adj.* aspru.

incline [in'klain] *vt., vi.* a (se)
înclina; a atrage.

include [in'kluːd] *vt.* a cuprinde.

inclusive [in'kluːsiv] *adj.* cuprinză-
tor.

income ['inkəm] *s.* venit.

incoming ['in,kʌmiŋ] *adj.* care in-
tră; viitor.

incommensurate [,inkə'menʃrit]
adj. nemăsurat; incomparabil;
disproporționat.

incomparable [in'kɔmprəbl] *adj.*
incomparabil; fără pereche.

incomprehensible
[in,kɔmpri'hensəbl] *adj.* de neîn-
țeles.

inconceivable [,inkən'siːvəbl] *adj.*
de neconceput; uluitor.

inconclusive ['inkən'kluːsiv] *adj.*
neconvingător; neconcludent.

incongruous [in'kɔŋgruəs] *adj.*
nepotrivit; nefiresc.

inconsequent [in'kɔnsikwənt] *adj.*
incoerent; nelogic.

inconsiderable [,inkən'sidrəbl]
adj. infim; neînsemnat.

inconsiderate [,inkən'sidrit] *adj.*
nechibzuit; neatent.

inconsistency [,inkən'sistnsi] *s.*
nepotrivire; inconsecvență.

inconsistent [,inkən'sistnt] *adj.* in-
consecvent; nepotrivit.

inconsolable [,inkən'souləbl] *adj.*
neconsolat.

inconspicuous [,inkən'spikjuəs]
adj. modest; retras; minuscul.

incontinent [in'kɔntinənt] *adj.*
nestăpânit.

incontrovertible
['inkɔntrə'vəːtəbl] *adj.* indiscu-
tabil.

inconvenience [,inkən'viːnjəns] *s.*
lipsă de confort; necaz; incon-
veniență. *vt.* a supăra; a deranja.

inconvenient [,inkən'viːnjənt] *adj.*
supărător; nepotrivit.

incorporate[1] [in'kɔːprit] *adj.* unit.

incorporate[2] [in'kɔːpəreit] *vt., vi.* a
(se) incorpora, a (se) uni.

incorporeal [,inkɔː'pɔːriəl] *adj.* ima-
terial.

increase[1] ['inkriːs] *s.* creștere;
spor.

increase[2] [in'kriːs] *vt., vi.* a spori.

increasingly [in'kriːsiŋli] *adv.* din
ce în ce mai *(bun etc.)*.

incredibly [in'kredəbli] *adv.* ne-
maipomenit de.
incredulous [in'kredjuləs] *adj.*
neîncrezător.
increment ['inkrimənt] *s.* spor(ire).
incriminate [in'krimineit] *vt.* a
acuza.
incubus ['inkjubəs] *s.* coşmar; stri-
goi; obsesie.
incumbent [in'kʌmbənt] *s.* paroh.
adj. datorat; *it is ~ (up) on you* e
de datoria ta.
incur [in'kə:] *vt.* a înfrunta; a stârni.
incurable [in'kjuərəbl] *adj.*
nevindecabil.
indebted [in'detid] *adj.* îndatorat.
indecent [in'di:snt] *adj.* neruşinat;
imoral; obscen.
indecision [ˌindi'siʒn] *s.* ne ho-
tărâre.
indecorous [in'dekərəs] *adj.* in-
decent; de prost gust.
indeed [in'di:d] *adv.* într-adevăr;
foarte. *interj.* aşa e; nu zău.
indefatigable [ˌindi'fætigəbl] *adj.*
neobosit.
indefeasible [ˌindi'fi:zəbl] *adj.* ina-
lienabil.
indefinite [in'definit] *adj.* indefinit;
neprecis; nehotărât.
indelible [in'delibl] *adj.* de neşters;
~ pencil creion chimic.
indelicate [in'delikit] *adj.* neruşi-
nat; ordinar.
indemnify [in'demnifai] *vt.* a com-
pensa.
indemnity [in'demniti] *s.* asi-
gurare; despăgubire.
indent [in'dent] *vt.* a dinţa; a cresta.
indenture [in'dentʃə] *s.* contract
de ucenic. *vt.* a da la meserie.
indescribable [ˌindis'kraibəbl] *adj.*
de nedescris.

index ['indeks] *s.* indice; index;
semn.
Indian ['indjən] *s., adj.* indian(ă); *~
corn* porumb; *~ file* şir indian; *~
ink* tuş; *~ summer* toamnă
târzie.
india-rubber ['indjə'rʌbə] *s.* gumă
(de şters).
indicate ['indikeit] *vt.* a indica; a
prescrie; a sugera.
indicative [in'dikətiv] *s.* indicativ.
adj. caracteristic; indicator; grăi-
tor.
indices ['indisi:z] *s. pl. de la* **index**.
indict [in'dait] *vt.* a pune sub
acuzaţie.
indictment [in'daitmənt] *s. (şi bill
of ~)* (act de) acuzaţie.
indifferent [in'difrnt] *adj.* indife-
rent; neutru; banal.
indigence ['indidʒns] *s.* sărăcie.
indigenous [in'didʒinəs] *adj.* in-
digen; specific.
indigent ['indidʒnt] *adj.* sărac.
indignant [in'dignənt] *adj.* indig-
nat.
indignity [in'digniti] *s.* insultă; u-
milinţă.
indiscreet [ˌindis'kri:t] *adj.* impru-
dent; neatent; neglijent.
indiscretion [ˌindis'kreʃn] *s.* indis-
creţie; nechibzuială; nepoliteţe.
indiscriminate [ˌindis'kriminit] *adj.*
la întâmplare; amestecat.
indisposition [ˌindispə'ziʃn] *s.* dis-
poziţie; ostilitate.
indisputable [ˌindis'pju:təbl] *adj.*
indiscutabil.
indistinct [ˌindis'tiŋt] *adj.* neclar.
indite [in'dait] *vt.* a compune, a
redacta; a crea.
individual [ˌindi'vidjuəl] *s.* individ.
adj. individual; specific.
individuality [ˌindiˌvidju'æliti] *s.*
individualitate; personalitate.

indomitable [in'dɔmitəbl] *adj.* nestăpânit; neînfrânt.

indoor ['indɔ:] *adj.* (din, de) interior.

indoors ['in'dɔ:z] *adv.* în casă.

indubitable [in'dju:bitəbl] *adj.* neîndoios.

induce [in'dju:s] *vt.* a determina; a influența.

inducement [in'dju:smənt] *s.* stimulent.

induction [in'dʌkʃn] *s.* inducție.

indulge [in'dʌldʒ] *vt.* a lăsa liber; a răsfăța. *vi.* a-și permite; a se lăsa (în voia pasiunilor etc.).

indulgence [in'dʌldʒns] *s.* indulgență; libertate; imoralitate; plăcere.

industrious [in'dʌstriəs] *adj.* muncitor, harnic.

industry ['indəstri] *s.* industrie; întreprindere; hărnicie.

inebriate[1] [i'ni:briit] *s.* bețiv. *adj.* beat.

inebriate[2] [i'ni:brieit] *vt.* a îmbăta.

ineffective [,ini'fektiv] *adj.* ineficace.

ineffectual [,ini'fektjuəl] *adj.* ineficace; nereușit.

inefficient [,ini'fiʃnt] *adj.* ineficace; incapabil.

inelegant [in'eligənt] *adj.* de prost gust.

inequality [,ini'kwɔliti] *s.* inegalitate; neregularitate.

inequity [in'ekwiti] *s.* nedreptate.

inexcusable [,iniks'kju:zəbl] *adj.* de neiertat.

inexhaustible ['inig'zɔ:stəbl] *adj.* inepuizabil.

inexpedient [,iniks'pi:djənt] *adj.* nepotrivit.

inexpensive [,iniks'pensiv] *adj.* ieftin.

inexperience [,iniks'piəriəns] *s.* lipsă de experiență.

inexpert [,ineks'pət] *adj.* nepriceput; stângaci.

inexpressible [,iniks'presəbl] *adj.* inexprimabil.

inextricable [in'ekstrikəbl] *adj.* de nerezolvat.

infallible [in'fæləbl] *adj.* infailibil.

infamous ['infəməs] *adj.* ticălos; rușinos.

infamy ['infəmi] *s.* ticăloșie.

infancy ['infənsi] *s.* copilărie.

infant ['infənt] *s.* copil mic; minor. *adj.* de (pentru) copii, infantil.

infantry ['infntri] *s.* infanterie; ~ man infanterist.

infatuate [in'fætjueit] *vt.* a înnebuni; a prosti.

infatuated [in'fætjueitid] *adj.* îndrăgostit.

infatuation [in,fætju'eiʃn] *s.* nebunie; dragoste nebună.

infect [in'fekt] *vt.* a infecta.

infection [in'fekʃn] *s.* infecție; influență.

infectious [in'fekʃəs] *adj.* molipsitor.

infer [in'fə:] *vt.* a deduce; a sugera.

inference ['infrns] *s.* deducție; concluzie.

infest [in'fest] *vt.* a infesta; a umple.

infidel ['infidl] *s., adj.* necredincios; păgân.

infidelity [,infi'deliti] *s.* păgânism; infidelitate.

infinitude [in'finitju:d] *s.* infinitate.

infirm [in'fə:m] *adj.* slab; bolnav.

infirmary [in'fə:məri] *s.* infirmerie.

infirmity [in'fə:miti] *s.* infirmitate; boală; slăbiciune.

inflame [in'fleim] *vt., vi.* a (se) aprinde.

inflammable [in'flæməbl] adj. inflamabil; irascibil.

inflammatory [in'flæmətri] adj. inflamator; aţâţător.

inflate [in'fleit] vt. a umfla.

inflation [in'fleiʃn] s. inflaţie; umflare.

inflect [in'flekt] vt. a îndoi; a supune inflexiunii.

inflexion [in'flekʃn] s. îndoire; inflexiune; intonaţie.

inflict [,in'flikt] vt. a da o lovitură, o pedeapsă.

influence ['influəns] s. influenţă. vt. a influenţa.

influential [influ'enʃl] adj. influent; important.

influenza [,influ'enzə] s. gripă.

influx ['inflʌks] s. aflux.

inform [in'fɔm] vt. a informa. vi.: to ~ against a denunţa.

informal [in'fɔ:ml] adj. fără ceremonie; neoficial; de mică ţinută.

informality [,infɔ:'mæliti] s. lipsă de ceremonie.

information [,infə'meiʃn] s. informaţii.

informer [in'fɔ:mə] s. informator.

infrequent [in'fri:kwənt] adj. rar.

infringe [in'frindʒ] vt. a încălca. vi.: to ~ upon a încălca.

infuse [in'fju:z] vt. a turna; fig. a imprima.

infusion [in'fju:ʒn] s. infuzie.

ingenuous [in'dʒenjuəs] adj. sincer; nevinovat.

inglorious [in'glɔ:riəs] adj. ruşinos; obscur.

ingot ['ingət] s. lingou.

ingratiate [in'greiʃieit] vr.: to ~ oneself with a se băga pe sub pielea cuiva.

ingratitude [in'grætitju:d] s. nerecunoştinţă.

ingress ['ingres] s. intrare; tehn. admisie.

inhabit [in'hæbit] vt. a locui.

inhabitant [in'hæbitnt] s. locuitor.

inhale [in'heil] vt., vi. a respira.

inherent [in'hiərnt] adj. înnăscut; esenţial.

inherit [in'herit] vt., vi. a moşteni.

inheritance [in'heritns] s. moştenire.

inhibit [in'hibit] vt. a inhiba; a opri.

inhospitable [in'hɔspitəbl] adj. neospitalier; ostil.

inhuman [in'hju:mən] adj. sălbatic; fără inimă.

inimical [i'nimikl] adj. ostil; dăunător.

inimitable [i'nimitəbl] adj. fără seamăn; extraordinar.

iniquity [i'nikwiti] s. nedreptate; ticăloşie.

initial [i'niʃl] s. iniţială. adj. iniţial. vt. a parafa; a aproba.

initiate[1] [i'niʃiit] s., adj. iniţiat.

initiate[2] [i'niʃieit] vt. a iniţia; a începe.

injection [in'dʒekʃn] s. injecţie.

injunction [in'dʒʌŋʃn] s. poruncă; hotărâre judecătorească.

injure ['indʒə] vt. a strica; a jigni; a răni.

injurious [in'dʒuəriəs] adj. dăunător; jignitor.

injury ['indʒri] s. rană; rău; stricăciune; jignire.

injustice [in'dʒʌstis] s. nedreptate.

ink [iŋk] s. cerneală; ~ -pot, ~ -stand, ~ -well călimară. vt. a scrie sau a păta cu cerneală.

inkling ['iŋkliŋ] s. bănuială, idee vagă.

inky ['iŋki] adj. întunecos; murdar de cerneală.

inlaid ['in'leid] adj. încrustat.

inland ['inlænd] *adj.* intern; interior.

in-laws [inlɔ:z] *s. pl.* rude prin alianță.

inlay ['in'lei] *vt.* a încrusta.

inlet ['inlet] *s.* golf; intrând.

inmate ['inmeit] *s.* pensionar (al unui azil etc.); colocatar.

inmost ['inmoust] *adj.* profund; ascuns.

inn [in] *s.* han; *Inns of Court* baroul londonez.

innate ['i'neit] *adj.* înnăscut.

inner ['inə] *adj.* interior.

innermost ['inəmoust] *adj.* cel mai adânc *sau* tainic *sau* intim.

innings ['iniŋz] *s.* repriză (la cricket etc.).

innkeeper ['in,ki:pə] *s.* hangiu.

innocuous [i'nɔkjuəs] *adj.* inofensiv.

innuendo [,inju'endou] *s.* aluzie.

innumerable [i'nju:mrəbl] *adj.* nenumărat.

inoperative [in'ɔprətiv] *adj.* fără efect.

inordinate [i'nɔ:dinit] *adj.* neobișnuit; excesiv.

inorganic [,inɔ:gænik] *adj.* anorganic; nefiresc.

in-patient ['in,peiʃnt] *s.* pacient internat.

inquest ['inkwest] *s.* anchetă

inquire [in'kwaiə] *vt., vi.* a întreba; *to ~ after* a întreba de; *to ~ for* a cere; *to ~ into* a cerceta; a ancheta.

inquirer [in'kwaiərə] *s.* solicitant; vizitator.

inquiring [in'kwaiəriŋ] *adj.* întrebător; curios.

inquiry [in'kwaiəri] *s.* întrebare; cercetare; anchetă.

inquisition [,inkwi'ziʃn] *s.* cercetare; anchetă; inchiziție.

inquisitive [in'kwizitiv] *adj.* curios.

inroad ['inroud] *s.* atac; incursiune.

insane [in'sein] *adj.* nebun, dement; nesăbuit.

insanity [in'sæniti] *s.* demență.

insatiable [in'seiʃiəbl] *adj.* nesătios; nemulțumit.

inscribe [in'skraib] *vt.* a (în)scrie; a imprima.

inscription [in'skripʃn] *s.* inscripție.

inscrutable [in'skru:təbl] *adj.* nebănuit; de nepătruns.

insecure [,insi'kjuə] *adj.* nesigur; neserios.

insensible [in'sensəbl] *adj.* insensibil; toropit; insesizabil.

insensitive [in'sensitiv] *adj.* insensibil.

inseparable [in'seprəbl] *adj.* nedespărțit.

insert [in'sə:t] *s.* inerție *vt* a insera; a potrivi.

inset[1] ['inset] *s.* inserție; parte introdusă.

inset[2] ['in'set] *vt.* a insera.

inside [in'said] *s.* interior; *~ out* întors pe dos. *adj.* lăuntric. *adv., prep.* înăuntru; *~ of* în cursul a.

insight ['insait] *s.* perspicacitate; pătrundere psihologică.

insignia [in'signiə] *s. pl.* simbol (al autorității etc.).

insignificant [,insig'nifiknt] *adj.* neimportant; neinteresant.

insincere [,insin'siə] *adj.* nesincer.

insist [in'sist] *vt.* a susține. *vi.* a insista; *to ~ on* a cere.

insistent [in'sistnt] *adj.* insistent; imperios; urgent.

insoluble [in'sɔljubl] *s., adj.* insolubil; de nerezolvat.

insolvent [in'sɔlvnt] *s., adj.* falit.

insomuch [,inso'mʌtʃ] *adv.* în aşa măsură

inspector [in'spektə] *s.* inspector; ofiţer de poliţie.

inspire [in'spaiə] *vt.* a inspira; a însufleţi; a da aripi la.

inspirit [in'spirit] *vt.* a însufleţi

install [in'stɔ:l] *vt.* a instala; a instaura.

installation [,instə'leiʃn] *s.* instalare; instalaţie; utilaj.

instal(l)ment [in'stɔ:lmənt] *s.* rată; acont; fasciculă; parte dintr-un foileton.

instance ['instəns] *s.* exemplu; caz; *in the first* ~ la început. *vt.* a da ca exemplu

instant ['instənt] *s.* clipă. *adj.* imediat; urgent; curent.

instead [in'sted] *adv.* în schimb; ~ *of* în loc de.

instep ['instep] *s.* scobitura piciorului.

instil(l) [in'stil] *vt.* a introduce; a inocula.

instinct[1] ['instiŋt] *s.* instinct.

instinct[2] [in'stiŋt] *adj.* plin; însufleţit.

institute ['institju:t] *s.* institut. *vt.* a institui; a numi.

institution [,insti'tju:ʃn] *s.* instituţie; tradiţie; azil.

instruct [in'strʌkt] *vt.* a instrui.

instruction [in'strʌkʃn] *s.* învăţătură; *pl.* instrucţiuni.

instructor [in'strʌktə] *s.* instructor; învăţător; călăuză.

instrumental [,instru'mentl] *adj.* folositor; esenţial; instrumental.

instrumentality [,instrumen'tæliti] *s.* mijloc.

insubordinate [,insə'bɔ:dnit] *adj.* nesupus.

insubordination ['insə,bɔ:di'neiʃn] *s.* nesupunere.

insuferrable [in'sʌfrəbl] *adj.* insuportabil.

insularity ['insju'læriti] *s.* izolare.

insulate ['insjuleit] *vt.* a izola; a separa.

insulator ['insjuleitə] *s.* izolator.

insult[1] ['insʌlt] *s.* insultă.

insult[2] [in'sʌlt] *vt.* a insulta; a jigni.

insuperable [in'sju:prəbl] *adj.* de netrecut.

insurance [in'ʃuərns] *s.* asigurări; (poliţă de) asigurare.

insure [in'ʃuə] *vt.* a asigura.

insurgent [in'sə:dʒnt] *s., adj.* rebel.

insurmountable [,insə'mauntəbl] *adj.* de netrecut.

intangible [in'tændʒəbl] *adj.* de neatins; abstract; imaterial.

integrate ['intigreit] *vt.* a completa; a integra.

integrity [in'tegriti] *s.* integritate; cinste.

intellect ['intilekt] *s.* minte.

intelligence [in'telidʒns] *s.* inteligenţă; înţelepciune; informaţii, spionaj.

intelligentsia [in,teli'dʒentsiə] *s.* intelectualitate.

intemperate [in'temprit] *adj.* necumpătat.

intemperance [in'temprns] *s.* abuz; exces.

intend [in'tend] *vt.* a intenţiona.

intensify [in'tensifai] *vt., vi.* a spori.

intensive [in'tensiv] *adj.* intens; întăritor.

intent [in'tent] *s.* intenţie; scop *adj.* atent; serios.

intention [in'tenʃn] *s.* intenţie; scop.

intentional [in'tenʃənl] *adj.* intenţionat; dorit.

inter [in'tə] *vt.* a îngropa.

interact [,intər'ækt] *vi.* a interacţiona.

intercede [,intə'si:d] *vi.* a interveni.

intercession [,intə'seʃn] *s.* intervenţie, pilă; pledoarie.

interchange [in'tətʃeindʒ] *vt., vi.* a (se) schimba reciproc.

intercourse ['intəkɔ:s] *s.* legătură; comunicaţie; relaţii.

interdict [,intə'dikt] *vt.* a interzice; a opri.

interest ['intrist] *s.* interes; scop; întreprindere; trust; dobândă; profit *vt.* a interesa.

interfere [,intə'fiə] *vi.* a se amesteca; a se băga; *to ~ with smth.* a deranja, a împiedica ceva; *don't ~ with my orders* nu contrazice ordinele mele.

interference [,intə'fiərns] *s.* amestec; opoziţie.

interim ['intərim] *s.* interimat. *adj.* interimar.

interior [in'tiəriə] *s.* interior; a-faceri interne. *adj.* interior; intern.

interlace [,intə'leis] *vt., vi.* a (se) împleti.

interlard [,intə'lɑ:d] *vt.* a împăna.

interleave [,intə'li:v] *vt. fig.* a împăna.

interline [,intə'lain] *vt.* a scrie printre (rânduri).

interlinear [,intə'liniə] *adj.* scris printre rânduri.

interloper [,intəloupə] *s.* intrus; băgăreţ.

interlude ['intəlu:d] *s.* interludiu; pauză.

intermediate [,intə'mi:djət] *s.* lucru intermediar. *adj.* intermediar.

intermingle [,intə'miŋgl] *vt., vi.* a (se) amesteca.

intermission [,intə'miʃn] *s.* pauză.

intern [in'tə:n] *s.* intern (de spital). *vt.* a interna.

internal [in'tə:nl] *adj.* intern; interior.

international [,intə'næʃənl] *adj.* internaţional.

interplay ['intə'plei] *s.* influenţă reciprocă

interpolate [in'tə:poleit] *vt.* a interpola; a insera.

interpose [,intə'pouz] *vt., vi.* a (se) interpune.

interpret [in'tə:prit] *vt.* a interpreta; a traduce. *vi.* a fi interpret.

interrogation [in,terə'geiʃn] *s.* întrebare; interogare; *note of ~* semn de întrebare.

interrupt [,intə'rʌpt] *vt.* a întrerupe; a stânjeni.

intersperse [,intə'spə:s] *vt.* a răspândi; a presăra.

intertwine [,intə'twain] *vt., vi.* a (se) împleti.

intervene [,intə'vi:n] *vt.* a interveni; a surveni; a se amesteca.

intervention [,intə'venʃn] *s.* intervenţie.

interview ['intəvju:] *s.* întrevedere; întâlnire; interviu. *vt.* a intervieva.

interweave [intə'wi:v] *vt., vi.* a se întreţese.

intimacy ['intiməsi] *s.* intimitate.

intimate[1] ['intimit] *s.* intim *adj.* profund; personal; familiar.

intimate[2] ['intimeit] *vt.* a anunţa; a sugera; a comunica.

intimation [,inti'meiʃn] *s.* anunţ(are); sesizare; sugestie; aluzie.

143

intimidate [in'timideit] *vt.* a intimida.

into ['intu] *prep.* în(āuntrul).

intoxicant [in'tɔksikənt] *s., adj.* excitant.

intoxicate [in'tɔksikeit] *vt.* a îmbăta; a excita; a stârni.

intoxication [in,tɔksi'keiʃn] *s.* beție; emoție; intoxicație.

intractable [in'træktəbl] *adj.* dificil (de mânuit).

intrepid [in'trepid] *adj.* îndrăzneț.

intricacy ['intrikəsi] *s.* complicație.

intricate ['intrikit] *adj.* complicat.

intrigue [in'tri:g] *s.* intrigă *vt.* a intriga. *vi.* a face intrigi.

intrinsic [in'trinsik] *adj.* intrinsec.

introduce [,intrə'dju:s] *vt.* a introduce; a prezenta.

introduction [,intrə'dʌkʃn] *s.* introducere; prezentare.

introductory [,intrə'dʌktri] *adj.* introductiv.

introvert [,intrə'və:t] *s.* introvertit. *vt.* a întoarce înăuntru.

intrude [in'tru:d] *vt.* a deranja; a forța: a aduce pe cap. *vi.* a fi un intrus; a se băga; a deranja.

intruder [in'tru:də] *s.* intrus; nepoftit.

intrusion [in'tru:ʒn] *s.* deranj; tulburare.

inure [i'njuə] *vt.* a deprinde.

invade [in'veid] *vt.* a invada; a ataca; a încălca.

invader [in'veidə] *s.* invadator; intrus.

invalid[1] ['invəli:d] *s.* bolnav; infirm; invalid *adj* bolnav; infirm; invalid; pentru bolnavi.

invalid[2] [in'vælid] *adj.* fără valoare.

invalidate [in'vælideit] *vt.* a anula.

invaluable [in'væljuəbl] *adj.* neprețuit.

invariable [in'vɛəriəbl] *adj.* neschimbător; permanent.

invariably [in'vɛəriəbli] *adv.* permanent, mereu.

invasion [in'veiʒn] *s.* invazie; atac; încălcare.

invective [in'vektiv] *s.* insultă; limbaj violent.

inveigh [in'vei] *vi.: to ~ against* a ataca; a critica.

invention [in'venʃn] *s.* invenție; imaginație; născocire.

inventory [in'ventri] *s.* inventar. *vt.* a inventaria.

inversion [in'və:ʃn] *s.* inversiune; lucru inversat.

invert [in'və:t] *vt.* a inversa; a răsturna; *~ed commas* ghilimele.

invertebrate [in'və:tibrit] *s., adj.* nevertebrat; slăbănog.

invest [in'vest] *vt.* a investi; a instala. *vt.: to ~ in* a cumpăra; a cheltui pe.

investigate [in'vestigeit] *vt.* a cerceta; a ancheta.

investment [in'vestmənt] *s.* investiție; investire.

inveterate [in'vetrit] *adj.* înrădăcinat; înrăit.

invigorate [in'vigəreit] *vt.* a înviora; a întări.

inviolable [in'vaiələbl] *adj.* sacru; de neatins.

inviolate [in'vaiəlit] *adj.* nepângărit; sacru.

invite [in'vait] *vt.* a chema; a ruga; a atrage; a cere.

inviting [in'vaitiŋ] *adj.* ispititor.

invoice ['invɔis] *s.* factură *vt.* a factura.

invoke [in'vouk] *vt.* a invoca.

involve [in'vɔlv] *vt.* a implica; a atrage; a cuprinde; a produce.

inward ['inwəd] *s.* măruntaie; ma-ţe. *adv.* spre interior.

iodine ['aiədi:n] *s.* iod.

iota [ai'outə] *s.* iotă.

iou ['aiou'ju:] *s.* chitanţă.

Iranian [i'reinjən] *s., adj.* irani-an(ă).

irascible [i'ræsibl] *adj.* irascibil.

irate [ai'reit] *adj.* furios.

Irish ['aiəriʃ] *s.* (limba) irlandeză; *the* ~ irlandezii. *adj.* irlandez.

Irishman ['aiəriʃmən] *s.* irlandez.

irk [ə:k] *vt.* a enerva.

irksome ['ə:ksəm] *adj.* enervant; plicticos.

iron ['aiən] *s.* fier (de călcat *sau* de coafat); *pl.* lanţuri; *to have too many* ~s *in the fire* a fi băgat în prea multe. *vt.* a călca (rufe); a înlănţui.

ironic(al) [ai'rɔnik(l)] *adj.* ironic.

ironmonger ['aiən,mʌngə] *s.* ne-gustor de fierărie.

ironwork ['aiənwə:k] *s.* armătură; *pl.* uzină metalurgică.

irony ['aiərəni] *s.* ironie.

irreconcilable [i'rekənsailəbl] *adj.* (de) neîmpăcat.

irrecoverable [,iri'kʌvrəbl] *adj.* iremediabil; nerecuperabil.

irredeemable [,iri'di:məbl] *adj.* nerecuperabil.

irreducible [,iri'dju:səbl] *adj.* ire-ductibil; imposibil de mânuit.

irrefutable [i'refjutəbl] *adj.* de netăgăduit.

irregular [i'regjulə] *adj.* neregulat.

irrelevant [i'relivənt] *adj.* nein-teresant; nelalocul lui.

irreplaceable [,iri'pleisəbl] *adj.* de neînlocuit.

irrepressible [,iri'presəbl] *adj.* ne-stăpânit.

irresolute [i'rezəlu:t] *adj.* neho-tărât; şovăielnic.

irresolution ['i,rezə'lu:ʃn] *s.* neho-tărâre; şovăială.

irrespective [,iris'pektiv] *adj.* nea-tent; ~ *of* indiferent de; fără a ţine seama de.

irresponsible [,iris'pɔnsəbl] *adj.* iresponsabil; nedemn de încre-dere.

irretrievable [,iri'tri:vəbl] *adj.* ne-recuperabil.

is [iz] *v. aux., vi. pers.* a III-a *sg. ind. prez. de la* be.

isinglass ['aizingla:s] *s.* clei de peşte; ~ *fish* morun.

island ['ailənd] *s,* insulă.

islander ['ailəndə] *s.* insular.

isle [ail] *s.* insulă.

islet ['ailit] *s.* ostrov.

isolate ['aisəleit] *vt.* a izola; a separa.

Israeli [iz'reili] *s., adj.* izraelian(ă).

issue ['isju:] *s.* scurgere; sursă; publicare; ediţie; număr (de ziar etc); problemă; rezultat; proge-nitură; *at* ~ în discuţie; în joc *vt.* a publica; a emite *vi.* a se scur-ge; a ţâşni; a curge.

isthmus ['isməs] *s.* istm.

it [it] *pron.* el, ea; aceasta; se; ~ *is hot* e cald; ~ *rains* plouă.

Italian [i'tæljən] *s., adj.* italian(ă).

italic [i'tælik] *s., adj.* cursiv(ă).

itch [itʃ] *s.* mâncărime; râie; ne-răbdare; poftă. *vi.* a avea mân-cărime; a fi nerăbdător.

item ['aitəm] *s.* articol; număr. *adv.* de asemenea.

itemize ['aitəmaiz] *vt.* a amănunţi.

iterate ['itəreit] *vt.* a repeta.
itinerant [i'tinrnt] *adj.* ambulant.
itinerary [i'tinrəri] *s.* itinerar; jurnal de călătorie.
its [its] *adj.* său; sa; lui; ei.

itself [it'self] *pron.* se; însuşi; însăşi; singur(ă).
ivory ['aivri] *s.* fildeş. *adj.* de fildeş.
ivy ['aivi] *s.* iederă.

J

jab [dʒæb] *s.* ghiont. *vt.* a înghionti; a lovi.
jabber ['dʒæbə] *s.* pălăvrăgeală; babilonie. *vt.* a vorbi repezit *sau* neclar.
jacaranda [dʒɔkə'rændə] *s.* palisandru.
jack, Jack [dʒæk] *s.* om; bărbat; marinar; lucrător; valet *(la cărţi)*; vinci, cric; steag; ~ *tar* marinar; ~-of-all-trades om bun la toate; ~-in-office birocrat încrezut; *Union Jack* steagul britanic *vt.* a ridica.
jackal ['dʒækɔːl] *s.* şacal.
jackanapes ['dʒækəneips] *s.* ştrengar; obraznic.
jackass ['dʒækəs] *s.* măgar; tâmpit.
jack-boot ['dʒækbuːt] *s.* cizmă înaltă.
jacket ['dʒækit] *s.* jachetă; supracopertă; învelitoare.
jack-knife ['dʒæknaif] *s.* briceag.
jack-o'-lantern ['dʒekə'læntən] *s.* flăcăruie.
jade [dʒeid] *s* jad; mârţoagă; *iron.* femeie.
jaded ['dʒeidid] *adj.* istovit; plictisit.
jag [dʒæg] *s.* colţ de stâncă.
jail [dʒeil] *s.* temniţă; ~ *bird* ocnaş; deţinut *vt.* a întemniţa.
jailer ['dʒeilə] *s.* temnicer.

jam [dʒæm] *s.* marmeladă; dulceaţă; gem; aglomeraţie *vt.* a strivi; a bloca; a strica; a bruia. *vt.* a se înţepeni.
jangle ['dʒæŋgl] *s.* zornăit. *vt., vi.* a zornăi.
janitor ['dʒænitə] *s.* portar.
January ['dʒænjuəri] *s.* ianuarie.
japan [dʒə'pæn] *s.* obiecte de lac *vt.* a lăcui.
Japanese [,dʒæpə'niːz] *s., adj.* japonez(ă).
jar [dʒɑː] *s.* zgârietură; ceartă; borcan *vt.* a zgâria; a supăra. *vi.* a nu se împăca; a fi supărător; *it* ~s *on my nerves* mă calcă pe nervi.
jargon ['dʒɑːgən] *s.* jargon; limbă străină; limbă stricată.
jarring ['dʒɑːriŋ] *adj.* aspru; supărător; discordant.
jasmin(e) ['dʒæsmin] *s.* iasomie.
jaundice ['dʒɔːndis] *s.* icter; gelozie; invidie.
javelin ['dʒævlin] *s. sport* suliţă.
jaw [dʒɔː] *s.* falcă; *pl.* gură; cleşte.
jay [dʒei] *s.* gaiţă.
jazz [dʒæz] *s.* jaz; dans; gălăgie.
jealous ['dʒeləs] *adj.* gelos; invidios; grijuliu.
jealousy ['dʒeləsi] *s.* gelozie; invidie.
jean [dʒiːn] *s.* postav. *pl.* pantaloni (de salopetă).

jeer [dʒiə] s. ironie; batjocură. vi. a-şi bate joc; a râde.

jelly ['dʒeli] s. gelatină; piftie; peltea; ~ *fish* moluscă; meduză.

jennet ['dʒenit] s. ponei, căluţ.

jenny ['dʒeni] s. ring de filat.

jeopardize ['dʒepədaiz] vt. a primejdui.

jeopardy ['dʒepədi] s. primejdie.

jerk [dʒə:k] s. smucitură; zguduitură. vt. a zdruncina; a smulge.

jerky ['dʒə:ki] adj. plin de hopuri; smucit.

jerry-built ['dʒeribilt] adj. şubred.

jerrycan ['gʒerikæn] s. bidon, canistră.

jersey ['dʒə:zi] s. jerseu.

jest [dʒest] s. glumă. vi. a glumi.

jester ['dʒestə] s. bufon; mucalit.

jesting ['dʒestiŋ] adj. glumeţ.

Jesuit ['dʒezjuit] s. iezuit.

jet [dʒet] s. jet; ţâşnitură; bec (de gaz etc.); lignit; (avion cu) reacţie. adj. negru.

jetsam ['dʒetsəm] s. lest; lucruri aruncate, aduse de apă; vagabond.

jetty ['dʒeti] s. dig; debarcader.

Jew [dʒu:] s. evreu; ~'s *harp* drâmbă.

jewel ['dʒu:əl] s. giuvaer; piatră preţioasă; rubin.

jeweller ['dʒu:ələ] s. giuvaergiu.

jewel(le)ry ['dʒu:əlri] s. bijuterii; nestemate.

Jewess ['dʒuis] s. evreică.

Jewish ['dʒuiʃ] adj. evreiesc.

jibe [dʒaib] s. glumă. vi. a glumi.

jiffy ['dʒifi] s. moment.

jig [dʒig] s. muz. gigă. vi. a dănţui.

jilt [dʒilt] s. cochetă; crai. vt. a părăsi (o iubită etc.).

Jim Crow ['dʒim'krou] s. negru; discriminare rasială. adj. rasist.

jingle ['dʒiŋgl] s. clinchet; zornăit. vt. a face să sune (clopotele etc.); a zornăi; a clincăni.

jingo ['dʒiŋgou] s. şovin; *by* ~! *by* ~! formidabil.

jingoism ['dʒingoizəm] s. şovinism.

jinrik(i)sha [dʒin'rik(i)ʃə] s. ricşă.

jitters ['dʒitəz] s. pl. bâţâială.

job [dʒɔb] s. lucrare, treabă; slujbă. vi. a face afaceri.

jobber ['dʒɔbə] s. antreprenor; agent de bursă; escroc.

jockey ['dʒɔki] s. jocheu.

jocular ['dʒɔkjulə] adj. glumeţ; umoristic.

jocund ['dʒɔkənd] adj. vesel.

jog [dʒɔg] s. ghiont. vt. a înghionti; a stârni; a împinge.

John Bull ['dʒɔn'bull] s. englezul (tipic); naţiunea britanică.

join [dʒɔin] vt. a uni; a intra (în asociaţie etc.); a ajunge din urmă; a se uni cu vi. a se uni; a se asocia.

joiner ['dʒɔinə] s. tâmplar (de mobilă).

joinery ['dʒɔinəri] s. tâmplărie; mobilă.

joint [dʒɔint] s. articulaţie; îmbinare; pulpă (de vacă etc.); cârciumă. adj. comun; unic; asociat; ~-*stock company* societate pe acţiuni.

jointly ['dʒɔintli] adv. în comun.

joke [dʒouk] s. glumă. vi. a glumi.

joker ['dʒoukə] s. glumeţ; individ.

jollification [,dʒɔlifi'keiʃn] s. petrecere.

jollity ['dʒɔliti] s. veselie; petrecere.

jolly ['dʒɔli] adj. vesel; plăcut. adv. foarte; destul de.

jolt [dʒoult] s. zdruncinătură. vt., vi. a zdruncina.

jot [dʒɔt] s. notiţă; *not a* ~ nici un pic. vt. a nota.

journal ['dʒə:nl] s. jurnal; axă.

journalese ['dʒə:nə'li:z] s. stil gazetăresc.

journalism ['dʒə:nəlizəm] s. gazetărie.

journalist ['dʒə:nəlist] s. ziarist.

journey ['dʒə:ni] s. călătorie. vi. a călători.

journeyman ['dʒə:nimən] s. calfă; salahor.

Jove [dʒouv] s. Jupiter.

jowl [dʒaul] s. falcă (de jos); obraz.

joy [dʒɔi] s. bucurie; plăcere.

joyful ['dʒɔifl] adj. vesel; fericit; îmbucurător.

joyous ['dʒɔiəs] adj. vesel.

jubilant ['dʒubilənt] adj. triumfător.

jubilee ['dʒubili:] s. jubileu (de 50 de ani).

judge [dʒʌdʒ] s. judecător; arbitru. vt a judeca; a considera; a presupune.

judg(e)ment [dʒʌdʒmənt] s. judecată; sentinţă; părere.

judicial [dʒu(:)'diʃl] adj. judecătoresc; juridic.

judicious [dʒu'diʃəs] adj. înţelept; cu judecată.

jug [dʒʌg] s. urcior, chiup.

juggle ['dʒʌgl] vi. a jongla.

juggler ['dʒʌglə] s. jongler; scamator.

juice [dʒu:s] s. suc.

juicy ['dʒu:si] adj. zemos; suculent.

juke-box ['dʒu:kbɔks] s. tonomat.

July [dʒu'lai] s. iulie.

jumble ['dʒʌmbl] s. încurcătură; amestec. vt., vi a (se) amesteca; a (se) încurca.

jump [dʒʌmp] s. săritură; zdruncinătură; *high* ~ săritura în înălţime; *long* ~ săritura în lungime. vt. a sări (peste); a depăşi; a lăsa la o parte. vi. a (tre)sări; a se repezi.

jumper ['dʒʌmpə] s. săritor; jerseu.

jumpy ['dʒʌmpi] adj. nerăbdător; nervos.

junction ['dʒʌŋʃn] s. conjunctură; joncţiune; nod (de cale ferată etc.).

juncture ['dʒʌŋtʃə] s. conjunctură; punct, loc.

June [dʒu:n] s. iunie.

jungle ['dʒʌŋgl] s. junglă

junior ['dʒu:njə] s. junior; tânăr; student sau elev din primii ani. adj. mai mic; junior; inferior

juniper ['dʒu:nipə] s. ienupăr.

junk [dʒʌŋk] s. gunoi; resturi; fleacuri; joncă.

junket ['dʒʌŋkit] s. petrecere; plimbare; banchet.

juror ['dʒuərə] s. jurat; membru al unui juriu.

jury ['dʒuəri] s. juraţi; juriu.

juryman ['dʒuərimən] s. jurat.

just [dʒʌst] adj. drept; întemeiat; înţelept. adv. chiar; tocmai; abia; cam; ~ *now* adineauri .

justice ['dʒʌstis] s. justiţie; dreptate; magistrat; judecată.

K

kangaroo [ˌkæŋgəˈruː] *s.* cangur.
keel [kiːl] *s.* pântece de navă, chilă. *vt., vi.* a (se) răsturna.
keen [kiːn] *adj.* ascuţit; ager; puternic; pasionat.
keep [kiːp] *vt.* a păstra; a (de)ţine; a ascunde; a (înt)reţine; a respecta; a apăra; a sărbători; *to ~ off* a se ţine de o parte; a se feri; *to ~ out* a nu se amesteca. *s.* întreţinere.
keeper [ˈkiːpə] *s.* paznic; portar; îngrijitor.
keeping [ˈkiːpiŋ] *s.* grijă; protecţie; apărare; înţelegere; conformitate; *in ~ with* conform cu, după.
keepsake [ˈkiːpseik] *s.* suvenir.
keg [keg] *s.* butoiaş.
ken [ken] *s.* cunoaştere; posibilităţi.
kennel [ˈkenl] *s.* cuşcă de câini.
kept [kept] *vt., vi.* trec. şi part. trec. *de la* **keep**.
kerb [kəːb] *s.* refugiu (pentru pietoni).
kerbstone [ˈkəːbstoun] *s.* bordură (de trotuar).
kerchief [ˈkəːtʃif] *s.* batic, basma.
kernel [ˈkəːnl] *s.* sâmbure; miez.
kerosene [ˈkerəsiːn] *s.* gaz (lampant); petrol.
ketchup [ˈketʃəp] *s.* sos picant.
kettle [ˈketl] *s.* ceainic; ibric; *~ -drum* toba mare.
key [kiː] *s.* (poziţie) cheie; ton; clapă (de pian etc.). *adj.* esenţial, cheie. *vt. to ~ up* a aţâţa; *muz.* a acorda.

keyboard [ˈkiːbɔːd] *s.* claviatură.
heyhole [ˈkiːhoul] *s.* gaura cheii.
keynote [ˈkiːnout] *s.* (notă) dominantă.
keystone [ˈkiːstoun] *s.* cheie de boltă.
khaki [ˈkɑːki] *s., adj.* kaki.
kick [kik] *vt.* a lovi cu piciorul; a azvârli. *vi.* a da din picioare; a face scandal.
kid [kid] *s.* (piele de) ied; piele fină; copil; *~ -glove* mănuşă fină; blândeţe. *vt.* a păcăli, a glumi.
kidnap [ˈkidnæp] *vt.* a răpi.
kidney [ˈkidni] *s.* rinichi.
kill [kil] *vt.* a omorî; a tăia (animale); a distruge.
killer [ˈkilə] *s.* asasin.
kiln [kiln] *s.* cuptor (de var etc.).
kilo [ˈkiːlou] *s.* kilogram.
kilometer, kilometre [ˈkiləˌmiːtə] *s.* kilometru.
kilt [kilt] *s.* fustanela scoţienilor.
kin [kin] *s.* neamuri.
kind [kaind] *s.* gen, chip, fel; fire. *adj.* bun; blând; dulce; prietenos; amabil; binevoitor; drăgăstos; *~ -hearted* bun; înţelegător.
kindergarten [ˈkindəˈgɑːtn] *s.* grădiniţă de copii.
kindle [ˈkindl] *vt., vi.* a (se) aprinde.
kindly [ˈkaindli] *adj.* bun; binevoitor. *adv.* cu blândeţe; amabil.
kindness [ˈkaindnis] *s.* bunătate; amabilitate.

kindred ['kindrid] s. rude. adj.înrudit.

king [kiŋ] s. rege; magnat.

kingdom ['kiŋdəm] s. regat; regn; ţară, domnie.

kingly ['kiŋli] adj. regesc; strălucitor; bogat.

kingship ['kiŋʃip] s. regalitate.

kink [kiŋk] s. creţ; buclă; întorsătură. vt., vi. a (se) suci; a (se) încreţi.

kinsfolk ['kinzfouk] s. neamuri; familie.

kinship ['kinʃip] s. înrudire; asemănare.

kinsman ['kinzmən] s. neam; rudă.

kinswoman ['kinzwumən] s. rudă.

kiosk, kiosque [ki'ɔsk] s. chioşc.

kipper ['kipə] s. scrumbie afumată; somon.

kiss [kis] s. sărut. vt. a săruta; a atinge. vi. a se săruta.

kit [kit] s. echipament.

kitchen ['kitʃin] s. bucătărie; ~ -garden grădină de legume; ~ -maid ajutoare de bucătăreasă.

kite [kait] s. zmeu (jucărie); uliu.

kitten ['kitn] s. pisicuţă.

knack [næk] s. pricepere; îndemânare.

knapsack ['næpsæk] s. raniţă; desagă; rucsac.

knave [neiv] s. ticălos; valet (la cărţi).

knavery ['neivəri] s. ticăloşie.

knavish ['neiviʃ] adj. înşelător; ticălos.

knead [ni:d] vt. a frământa.

knee [ni:] s. genunchi; ~ -cap rotulă; ~ -deep până la genunchi.

kneel [ni:l] vi. a îngenunchea.

knell [nel] s. dangăt de clopot (funerar). vt. a anunţa (moartea cuiva). vi. a suna trist.

knelt [nelt] vi. trec. şi part. trec. de la **kneel**.

knew [nju:] vt., vi. trec. de la **know**.

knicker(bocker)s ['nikə(bɔkə)z] s. pantaloni scurţi; chiloţi.

knick-knack ['niknæk] s. găteală; bibelou.

knife [naif] s. cuţit. vt. a înjunghea.

knight [nait] s. cavaler; cal (la şah).

knight-errant ['nait'ernt] s. cavaler rătăcitor.

knit [nit] vt. a împleti; a tricota; a îmbina. vi. a se uni; a se îmbina.

knitting ['nitiŋ] s. împletit; tricotat.

knitwear ['nitwɛə] s. tricotaje.

knob [nɔb] s. mâner rotund; umflătură.

knock [nɔk] s. lovitură; pocnitură. vt. a lovi; a izbi; a trânti; a zdrobi; to ~ out a scoate din luptă; to ~ together a înjgheba; to ~ up a distruge; a istovi; a înjgheba. vi. a bate; a se lovi; to ~ about a vagabonda.

knock-about ['nɔkəbaut] adj. de dârvală; improvizat.

knocker ['nɔkə] s. ciocănaş.

knock-kneed ['nɔkni:d] s. cu picioarele strâmbe.

knock-out ['nɔkaut] s. scoatere din luptă.

knoll [noul] s. movilă; măgură.

knot [nɔt] s. nod; nucleu; grup. vt., vi. a (se) înnoda.

knoty ['nɔti] adj. noduros; încurcat.

know [nou] vt a şti; a (re)cunoaşte; a înţelege; a trece prin; a suferi vi. a fi ştiutor, a fi priceput.

knowing ['nouiŋ] adj. inteligent; ager; plin de înţeles; informat.

knowingly ['nouiŋli] adv. cu bunăştiinţă, cu (sub)înţeles.

knowledge ['nɔlidʒ] *s.* cunoaştere; cunoştinţe; ştiinţă; învăţătură; pricepere.

known [noun] *vt., vi. part. trec de la* **know**.

knuckle ['nʌkl] *s.* încheietură a degetelor. *vi:* to ~ under a se supune, a ceda.

kohlrabi ['koul'rɑːbi] *s.* gulie.

kotow ['kou'tau], **kowtow** ['kau'tau], *s.* plecăciune. *vi.* a se ploconi.

L

label ['leibl] *s.* etichetă. *vt.* a eticheta.

laboratory [lə'bɔrətri] *s.* laborator. *adj.* de laborator.

laborious [lə'bɔːriəs] *adj.* greu; complicat; harnic.

labo(u)r ['leibə] *s.* muncă; activitate; sarcină; muncitori(me); mişcarea laburistă; trudă; chin; ~ *exchange* oficiu de plasare. *vt.* a chinui; a elabora. *vi.* a trudi; a se chinui.

labo(u)rer ['leibərə] *s.* muncitor necalificat.

laburnum [lə'bəːnəm] *s.* salcâm galben.

labyrinth ['læbərinθ] *s.* labirint.

lace [leis] *s.* dantelă; ornament; şiret; şirag. *vt.* a încheia; a înnoda; a împodobi cu dantelă.

lacerate ['læsəreit] *vt.* a tăia; a răni.

lack [læk] *s.* lipsă *vt.* a fi lipsit de, a nu avea. *vi.* a lipsi.

lackadaisical [,lækə'deizikl] *adj.* melancolic; apatic.

lackey ['læki] *s.* lacheu.

lacquer ['lækə] *s.* lustru; (obiecte de) lac. *vt.* a lăcui.

lacy ['leisi] *adj.* dantelat.

lad [læd] *s.* flăcău.

ladder ['lædə] *s.* scară (mobilă); fir dus (la ciorapi).

lading ['leidiŋ] *s.* încărcătură.

ladle ['leidl] *s.* polonic. *vt.* a servi (supa); a împărţi.

lady ['leidi] *s.* doamnă; soţie de lord; femeie; ~ *doctor* doctoriţă; *Our lady* Maica Domnului; ~ *-bird* vaca domnului; buburuză; ~ *-in-waiting* doamnă de onoare; ~ *killer* seducător.

ladyship ['leidiʃip] *s.* doamnă, soţie de lord.

lag [læg] *vi.* a rămâne în urmă.

lagoon [lə'guːn] *s.* lagună.

laid [leid] *vt., vi. trec. şi part. trec. de la* **lay**[2].

lain [lein] *vi. part. trec. de la* **lie**.

lair [lɛə] *s.* vizuină.

laity ['leiiti] *s.* mireni; caracter laic.

lake [leik] *s. geogr.* lac.

lamb [læm] *s.* miel.

lambkin ['læmkin] *s.* mieluşel.

lambskin ['læmskin] *s.* blană de miel; meşină.

lame [leim] *adj.* şchiop; neconvingător; nesatisfăcător; *a* ~ *duck* un infirm.

lament [lə'ment] *s.* bocet. *vt.* a deplânge. *vi.* a (se) plânge.

lamentable ['læməntəbl] *adj.* lamentabil; regretabil.

lamp [læmp] *s.* lampă; ~ *black* negru de fum; ~ *-lighter* lampagiu; ~ *-shade* abajur.

lampoon [læm'pu:n] *s.* pamflet. *vt.* a satiriza.

lance [lɑ:ns] *s.* lance.

lancet ['lɑ:nsit] *s.* bisturiu; lanțetă.

land [lænd] *s.* pământ; uscat; teren; țară; proprietate; ~ *agent* misit de moșii. *vt.* a debarca; a prinde; a nimeri; a atinge; a plasa. *vi.* a debarca; a ateriza; a nimeri.

landed ['lændid] *adj.* funciar; latifundiar.

landing ['lændiŋ] *s.* debarcare; aterizare; palier; ~ *-stage* debarcader.

landlady ['læn,leidi] *s.* moșiereasă; proprietăreasă; hangiță.

landlord ['lænlɔːd] *s.* moșier; proprietar; hangiu; cârciumar.

landmark ['lænmɑːk] *s.* semn vizibil; piatră kilometrică; *fig.* cotitură.

landowner ['lænd,ounə] *s.* moșier. *adj.* moșieresc.

landscape ['lænskeip] *s.* peisaj.

landslide ['lænslaid], **landslip** ['lænslip] *s.* alunecare de teren; schimbare a opiniei publice.

lane [lein] *s.* uliță; fundătură; interval.

language ['læŋgwidʒ] *s.* limbă; limbaj.

languid ['læŋgwid] *adj.* firav; molatic; apatic; plicticos.

languish ['læŋgwiʃ] *vi.* a lâncezi; a privi galeș.

languor ['læŋgə] *s.* lâncezeală; apatie.

lank(y) ['læŋk(i)] *adj.* deșirat.

lantern ['læntən] *s.* felinar.

lap [læp] *s.* poală; genunchi; sorbitură; bălăceală; etapă; tur. *vt.*, *vi.* a lipăi; a sorbi.

lap-dog ['læpdɔg] *s.* câine de salon.

lapel [lə'pel] *s.* rever (de haină).

Laplander ['læplændər] *s.* lapon.

Lapp [læp] *s. v.* **Laplander** (limba) laponă. *adj.* lapon.

lapse [læps] *s.* scurgere; trecere; cădere. *vi.* a trece; a cădea.

lapwing ['læpwiŋ] *s.* nagâț.

larboard ['lɑː:bəd] *s.* babord.

larceny ['lɑːsni] *s.* furt(ișag).

larch [lɑːtʃ] *s.* zadă.

lard [lɑːd] *s.* untură. *vt.* a împăna.

larder ['lɑːdə] *s.* cămară.

large [lɑːdʒ] *adj.* mare; întins; larg (la inimă etc.).

largely ['lɑːdʒli] *adv.* în mare măsură; cu mărinimie.

lark [lɑːk] *s.* ciocârlie; distracție.

larkspur ['lɑːkspəː] *s. bot.* nemțișor.

lash [læʃ] *s.* (șfichi de) bici; biciure; satiră; geană. *vt.* a biciui; a ațâța; a lega.

lass [læs] *s.* fetișcană.

lassitude ['læsitjuːd] *s.* oboseală.

last [lɑːst] *s.* calapod; capăt; încetare; *adj. superl. de la* **late** ultimul; trecut; definitiv. *adv.* la urmă; ultima dată; *at* ~ în sfârșit. *vi.* a dura; a dăinui; a ajunge.

lasting ['lɑːstiŋ] *adj.* permanent, trainic.

latch [lætʃ] *s.* zăvor; iale.

late [leit] *adj.* întârziat; târziu; recent; defunct; fost; *of* ~ nu de mult. *adv.* târziu.

lately ['leitli] *adv.* în ultima vreme, curând.

later ['leitə] *adj.*, *adv. comp. de la* **late** ulterior. ~ *on* mai târziu, pe urmă.

latest ['leitist] *adj. superl. de la* **late** cel mai recent; *at (the)* ~ cel mai târziu.

lath [lɑːθ] *s.* drug; ştachetă.
lathe [leɪð] *s.* strung. *vt.* a strunji.
lather ['lɑːðə] *s.* spumă (de săpun).
vt. a săpuni. *vi.* a face spume.
latitude ['lætɪtjuːd] *s.* latitudine.
latter ['lætə] *adj. comp. de la* **late**
al doilea; acesta din urmă.
latterly ['lætəli] *adv.* de curând.
lattice ['lætɪs] *s.* grătar; zăbrele.
laudable ['lɔːdəbl] *adj.* lăudabil.
laugh [lɑːf] *s.* râs(et). *vi.* a râde; a
hohoti; a-şi bate joc.
laughable ['lɑːfəbl] *adj.* amuzant;
ridicol.
laughing ['lɑːfɪŋ] *s.* râs. *adj.* vesel;
râzător; ~ *-stock* obiect de bat-
jocură.
laughter ['lɑːftə] *s.* hohot de râs.
launch [lɔːntʃ] *s.* lansare; barcă;
şalupă. *vt.* a lansa; a arunca.
launder ['lɔːndə] *vt.* a spăla (rufe).
laundress ['lɔːndrɪs] *s.* spălăto-
reasă.
laundry ['lɔːndri] *s.* (rufe date la)
spălătorie.
laurel ['lɔrl] *s.* laur.
lavatory ['lævətri] *s.* closet, toa-
letă.
lavender ['lævɪndə] *s.* levănţică.
lavish ['lævɪʃ] *adj.* generos; abun-
dent. *vt.* a împărţi; a răspândi; a
acorda.
law [lɔː] *s.* lege; autorităţi; justiţie;
drept; ~ *-court* tribunal; ~ *suit*
proces (civil).
law-abiding ['lɔːəˌbaɪdɪŋ] *adj.* le-
gal, care respectă legea.
law breaker ['lɔːˌbreɪkə] *s.* infrac-
tor.
lawful [lɔːfl] *adj.* legal; legitim.
lawless ['lɔːlɪs] *adj.* nelegiuit; ne-
legitim.

lawn [lɔːn] *s.* peluză; răzor; pajişte;
~ *mower* maşină de tuns iarbă;
~ *-tennis* tenis pe iarbă.
lawyer ['lɔːjə] *s.* jurist; avocat;
jurisconsult.
lax [læks] *adj.* neglijent; liber; lejer.
laxity ['læksɪti] *s.* lipsă de stricteţe;
neglijenţă.
lay[1] [leɪ] *vi. trec. de la* **lie**.
lay[2] [leɪ] *adj.* laic, mirean; amator,
profan. *vt.* a aşeza; a pune (la
bătaie); a întinde; a oua; a im-
pune; a paria; *to* ~ *aside sau by*
a pune *sau* lăsa la o parte; *to* ~
down a depune (armele); a for-
mula; a hotărî; a prevedea; *to* ~
off a renunţa la; a lăsa; *amer.* a
concedia; *to* ~ *out* a întinde; a
pregăti; a plănui; *to* ~ *up* a
stoca; a pune la pat. *vi.* a oua. *vr.*
a se aşeza; a se întinde etc.
layer [leə] *s.* strat; parior; găină
ouătoare.
layman ['leɪmən] *s.* mirean; pro-
fan.
lay-off ['leɪˌɔːf] *s. amer.* conce-
diere; şomaj.
lay-out ['leɪaut] *s.* aşezare; plan;
tehnoredactare.
laze [leɪz] *vi.* a trândăvi.
laziness ['leɪzɪnɪs] *s.* lene.
lazy ['leɪzi] *adj.* leneş; trândav; ~
bones trântor.
lead[1] [led] *s.* (fir cu) plumb; grafit;
mină de creion.
lead[2] [liːd] *s.* conducere; călău-
zire; întâietate; lesă; rol princi-
pal; protagonist. *vt.* a (con)duce;
a guverna; a sili; a călăuzi; a
influenţa. *vi.* a (con)duce; a fi în
frunte; *to* ~ *up to* a pregăti.
leaden ['ledn] *adj.* (ca) de plumb.

153

leader ['li:də] *s.* conducător; editorial; ramură principală.

leadership ['li:dəʃip] *s.* conducere.

leading ['li:diŋ] *adj.* conducător; principal; ~ *man* protagonist; ~ *article* articol de fond.

leaf [li:f] *s.* frunză; foaie.

leafless ['li:flis] *adj.* desfrunzit.

leaflet ['li:flit] *s.* manifest.

league [li:g] *s.* leghe; ligă; cârdăşie; *sport* categorie. *vt., vi.* a (se) alia.

leak [li:k] *s.* crăpătură; scurgere. *vi.* a se scurge; a se afla.

leakage ['li:kidʒ] *s.* scurgere.

lean [li:n] *adj.* slab; sărac. *vt.* a apleca; a înclina. *vi.* a se apleca; a tinde. *s.* carne macră; înclinaţie.

leaning ['li:niŋ] *s.* înclinaţie.

leant [lent] *vt., vi. trec. şi part. trec. de la* **lean**.

lean-to ['li:ntu:] *s.* şopron.

leap [li:p] *s.* salt; ţopăială; ~ *-frog* jocul de-a capra; ~ *-year* an bisect. *vt., vi.* a sări.

leapt [lept] *vt., vi. trec. şi part. trec. de la* **leap**.

learn ['lə:n] *vt., vi.* a învăţa; a afla, a auzi.

learned ['lə:nid] *adj.* învăţat.

learner ['lə:nə] *s.* învăţăcel.

learning ['lə:niŋ] *s.* învăţătură.

learnt [lə:nt] *vt., vi. trec. şi part. trec. de la* **learn**.

lease [li:s] *s.* contract; concesiune; arendă; drepturi; perspectivă. *vt.* a închiria; a concesiona; a arenda.

leash [li:ʃ] *s.* lesă; *fig.* frâu. *vt.* a lega; a ţine legat.

least [li:st] *s.* minimul; *at* ~ cel puţin; ~ *of all* câtuşi de puţin; *not in the* ~ de loc. *adj. superl. de la* **little** cel mai puţin.

leather ['leðə] *s.* piele (lucrată).

leave [li:v] *s.* permisi(un)e; concediu; plecare; *by your* ~ dacă îmi permiteţi. *vt.* a părăsi; a încredinţa; a înmâna; a lăsa (moştenire); *to* ~ *behind* a lăsa în urmă; a uita; *to* ~ *alone* a lăsa în pace; a lăsa la o parte. *vi.* a pleca; a porni; *to* ~ *off* a înceta, a întrerupe.

leaven ['levn] *s.* drojdie; maia; influenţă. *vt.* a pune la dospit.

leaves [li:vz] *s. pl. de la* **leaf**.

lecherous ['letʃrəs] *adj.* pofticios; lasciv.

lechery ['letʃəri] *s.* poftă; lascivitate.

lectern ['lektən] *s.* strană; pupitru.

lecture ['lektʃə] *s.* prelegere; conferinţă; lecţie; *fig.* morală. *vt.* a ocărî. *vi.* a ţine o prelegere *sau* o conferinţă.

lecturer ['lektʃərə] *s.* conferenţiar.

led [led] *vt., vi. trec. şi part. trec. de la* **lead**[2].

ledge [ledʒ] *s.* pervaz; tăpşan.

ledger ['ledʒə] *s.* registru (mare).

lee [li:] *s.* adăpost, protecţie. *adj.* apărat (de vânt).

leech [li:tʃ] *s.* lipitoare.

leek [li:k] *s.* praz.

leer [liə] *s.* privire urâcioasă *sau* scârboasă; rânjet. *vi.* a rânji.

lees [li:z] *s. pl.* drojdie (de cafea etc.).

leeway ['li:wei] *s.* abatere din drum; întârziere.

left [left] *s.* stânga. *adj.* de (la) stânga. *vt., vi. trec. şi part. trec. de la* **leave**. *adv.* la stânga.

left-hand ['lefthænd] *adj.* din stânga; cu stânga.

left-handed ['left'hændid] *adj.* stângaci; fals.

leg [leg] *s.* picior; gambă; crac de pantalon; etapă; ajutor.

legacy ['legəsi] *s.* moștenire.

legal ['li:gl] *adj.* legal; juridic.

legation [li'geiʃn] *s.* legație.

legendary ['ledʒndri] *adj.* legendar.

leggins ['leginz] *s. pl.* jambiere.

legible ['ledʒəbl] *adj.* lizibil; clar.

legion ['li:dʒn] *s.* legiune; oaste; mulțime.

legislature ['ledʒisleitʃə] *s.* corpuri legiuitoare.

legitimacy [li'dʒitiməsi] *s.* legitimitate.

leisure ['leʒə] *s.* răgaz.

leisurely ['leʒəli] *adj., adv.* fără grabă, încet.

lemon ['lemən] *s.* lămâi(e).

lend [lend] *vt.* a da cu împrumut; a (acor)da; a adăuga. *vr.* a se preta.

lenght [leŋθ] *s.* lungime; măsură; întregime; *at arm's ~* la distanță; *at full ~* cât e de lung.

lengthen ['leŋθn] *vt., vi.* a (se) lungi.

lengthwise ['leŋθwaiz] *adj., adv.* în lungime.

lengthy ['leŋθi] *adj.* prea lung; plictisitor.

lenient ['li:njənt] *adj.* îngăduitor; blând.

lenity ['leniti] *s.* blândețe; îngăduință.

lens [lenz] *s.* lentilă.

lent [lent] *vt., vr. trec. și part. trec. de la* **lend**.

Lent [lent] *s.* postul Paștelui.

lentil ['lentil] *s.* linte.

leper ['lepə] *s.* lepros.

leprosy ['leprəsi] *s.* lepră.

lesion ['li:ʒn] *s.* leziune; rană.

less [les] *adj. comp. de la* **little** mai

puțin; mai mic; mai puțin important. *adv. comp de la* **little** în mai mică măsură; mai puțin. *prep.* fără, minus; scăzând.

lessee [le'si:] *s.* arendaș; chiriaș.

lessen ['lesn] *vt., vi.* a (se) micșora.

lesser ['lesə] *adj.* (mai) mic; mai puțin important.

lesson ['lesn] *s.* lecție.

lest [lest] *conj.* ca nu cumva; ca să nu.

let [let] *v. aux pentru imperativ: ~'s go* să mergem. *vt.* a lăsa; a permite; a da cu chirie; a arenda; *to ~ alone* a lăsa în pace *sau* la o parte; *to ~ be* a lăsa în pace; *to ~ down* a coborî; a dezamăgi; a lăsa la ananghie. *vi.* a (se) închiria.

lethal ['li:θl] *adj.* mortal.

letter ['letə] *s.* literă; scrisoare; *pl.* literatură; *~ -box* curier; cutie de scrisori.

Lettish ['letiʃ] *s., adj.* leton(ă).

lettered ['letəd] *adj.* învățat.

lettuce ['letis] *s.* salată verde, lăptucă.

level ['levl] *s.* întindere; suprafață; nivel(ă); *on the ~* cinstit. *adj.* întins; orizontal; egal; echilibrat; neted. *vt.* a nivela; a egaliza; a pune orizontal; a ochi cu.

lever ['li:və] *s.* pârghie.

levity ['leviti] *s.* ușurință; neseriozitate.

levy ['levi] *s.* percepere (a impozitelor etc.); taxe; contingent. *vt.* a percepe; a strânge.

lewd [lu:d] *adj.* indecent; lasciv.

liability [,laiə'biliti] *s.* obligație; posibilitate; susceptibilitate; *pl.* datorii.

liable ['laiəbl] *adj.* supus; susceptibil; posibil; dator.

liaison ['li'eizɔŋ] *s.* legătură; dragoste.

liar ['laiə] *s.* mincinos.

libel ['laibl] *s.* calomnie. *vt.* a calomnia.

liberal ['librl] *s.* generos; liberal; om progresist. *adj.* cu orizont larg; progresist; generos; liberal.

liberality [,libə'ræliti] *s.* generozitate; concepţii largi, vederi progresiste.

liberation [,libə'reiʃn] *s.* eliberare.

liberty ['libəti] *s.* libertate; îndrăzneală; alegere; *pl.* drepturi.

librarian [lai'brɛəriən] *s.* bibliotecar.

library ['laibrəri] *s.* bibliotecă.

lice [lais] *s. pl. de la* **louse**.

licence ['laisns] *s.* autorizaţie; carnet (de conducere); brevet; patent; licenţă.

license ['laisns] *s. v.* **licence** [vt.] a autoriza.

lick [lik] *vt.* a linge; a bate.

licking ['likiŋ] *s.* bătaie.

lid[1] [lid] *s.* capac; pleoapă.

lie[1] [lai] *s.* minciună. *vi.* a minţi.

lie[2] [lai] *vi.* a sta întins; a zăcea; a se culca; a se afla; a fi; a consta; *to ~ back* a se rezema; *to ~ down* a se întinde; *to ~ in* a sta culcat; a fi lăuză; *to ~ over* a rămâne.

liege [li:dʒ] *s.* vasal; stăpân.

lieutenant [le(f)'tenənt] *s.* locotenent; locţiitor.

life [laif] *s. (şi ~ time)* viaţă; vioiciune; *~ -belt* colac de salvare; *~ -boat* barcă de salvare; *~ -jacket* vestă de salvare; *~ -size(d)* în mărime naturală.

lifelong ['laiflɔŋ] *adj.* pe toată viaţa.

lifetime ['laiftaim] *s.* viaţă.

lift [lift] *s.* ridicare; lift; ajutor; plimbare (cu maşina). *vt.* a ridica; a înălţa; a scoate; a şterpeli.

light [lait] *s.* lumină; vedere; flacără; lumânare; bec; reflector; luminător; celebritate. *adj.* luminos; uşor; mic; slab; neserios; *a ~ hand* îndemânare; tact. *vt.* a (i)lumina; a aprinde. *vi.* a arde; a (se) lumina; a se aşeza; a nimeri.

lighten ['laitn] *vt.* a lumina; a uşura; a înveseli. *vi.* a (se)lumina; a fulgera; a (se) uşura; a (se) înveseli.

lighter ['laitə] *s.* lampagiu; brichetă.

lighthouse ['laithaus] *s.* far.

lightning ['laitniŋ] *s.* fulger; *~ -rod* paratrăsnet.

light-weight ['laitweit] *s.* (boxer de) categorie uşoară.

likable ['laikəbl] *adj.* plăcut.

like [laik] *s.* lucru etc. asemănător; plăcere; înclinaţie; *the ~s of you* cei de o seamă cu tine; *and the ~ şi altele asemenea. adj.* asemănător; caracteristic; dispus; *I don't feel ~ (drinking) tea* n-am chef de ceai. *vt.* a iubi; a-i plăcea; a ţine la; a prefera. *prep.* ca (şi).

likelihood ['laiklihud] *s.* probabilitate.

likely ['laikli] *adj.* probabil; posibil; acceptabil; de conceput; potrivit. *adv.* probabil.

liken ['laikn] *vt.* a asemui.

likeness ['laiknis] *s.* asemănare; copie.

likewise ['laikwaiz] *adv.* la fel; (de) asemenea.

liking ['laikiŋ] *s.* simpatie.

lilac ['lailək] *s.* liliac(hiu).

lily ['lili] *s.* crin; ~ *of the valley* lăcrămioară.

limb [lim] *s.* mână *sau* picior; ramură; odraslă.

limbo ['limbou] *s.* purgatoriu.

lime [laim] *s.* var; tei; lămâie; ~ *juice* zeamă de lămâie.

limelight ['laimlait] *s.* luminile rampei.

limestone ['laimstoun] *s.* calcar.

limit ['limit] *s.* limită; graniță. *vt.* a limita; a îngrădi.

limitation [limi'teiʃn] *s.* limită; limitare.

limp [limp] *adj.* neputincios; țeapăn; amorțit. *vi.* a șchiopăta.

linden ['lindən] *s.* tei.

line [lain] *s.* linie; fir; dungă; rând; vers; limită; zbârcitură; lizieră; *amer.* coadă; gir; undiță; sfoară; funie; direcție; curent; ocupație; familie; specialitate; *mil.* front; barăci; *hard* ~*s* soartă grea. *vt.* a căptuși; a (a)linia.

lineage ['liniidʒ] *s.* genealogie, origine.

linen ['linin] *s.* pânză *sau* pânzeturi de in; rufărie.

liner ['lainə] *s.* (avion) transatlantic.

linesman ['lainzmən] *s.* picher; *sport* arbitru de tușă.

ling [liŋ] *s.* bălărie, buruiană.

linger ['liŋgə] *vt.* a continua. *vi.* a stărui; a rămâne; a întârzia, a zăbovi; a lungi.

lingo ['liŋgou] *s.* jargon.

linguistics [lin'gwistiks] *s. pl.* lingvistică.

lining [lainiŋ] *s.* căptușeală.

link [liŋk] *s.* verigă; măsură de lungime; ruletă; legătură; *pl.* pajiște; *pl.* teren de golf; *pl.* butoni de manșetă. *vt.* a uni; a lega; *vi.* a se lega; a se îmbina.

linnet ['linit] *s.* cânepar.

lino ['lainou] *s.* linoleum.

linseed ['linsi:d] *s.* sămânța de in; ~ *-oil* ulei de in.

lint [lint] *s.* scamă.

lintel ['lintl] *s.* pragul de sus al ușii.

lion [laiən] *s.* leu.

lioness ['laiənis] *s.* leoaică.

lip [lip] *s.* buză; margine; obrăznicie; ~ *-service* promisiuni nesincere, vorbe; ~ *stick* ruj de buze.

liqueur [li'kjuə] *s.* lichior.

liquid ['likwid] *s.* lichid. *adj.* lichid; transparent; clar; nestatornic.

liquidate ['likwideit] *vt.* a lichida. *vi.* a da faliment.

liquor ['likə] *s.* băutură alcoolică.

liquarice ['likəris] *s.* lemn-dulce.

lisp [lisp] *s.* sâsâială. *vt., vi.* a sâsâi.

lissom(e) ['lisəm] *adj.* suplu.

list [list] *s.* listă. *vt.* a înșira; a înscrie.

listen ['lisn] *vi.* a asculta; *to* ~ *in* a asculta radio.

listener ['lisnə] *s.* ascultător.

listless ['listlis] *adj.* placid; neatins.

lit [lit] *vt., vi. trec. și part. trec. de la* **light**.

liter ['li:tə] *s.* litru.

literacy ['litrəsi] *s.* știința de carte.

literally ['litrəli] *adv.* exact; pur și simplu.

lithe [laið] *adj.* suplu.

litotes ['laitoti:z] *s.* litotă.

litre ['li:tə] *s.* litru.

litter ['litə] *s.* litieră; dezordine; resturi; aşternut de paie; pui fătaţi; *vt.* a deranja; a lăsa în dezordine. *vi.* a făta.

little ['litl] *pron.* puţin; nimic. *adj.* mic(uţ); puţin(tel); neînsemnat; meschin; mărunt. *adv.* puţin; în mică măsură; de loc; nicidecum.

live[1] [laiv] *adj.* viu; arzând; activ; important.

live[2] [liv] *vi.* a trăi; a locui; a supravieţui; a rămâne; *to ~ through* a trece prin; *to ~ up to* a corespunde la; a fi la înălţimea...

livelihood ['laivlihud] *s.* (mijloace de) trai.

liveliness ['laivlinis] *s.* vioiciune; vigoare.

lively ['laivli] *adj.* vioi; activ; vesel; viu; realist.

liver ['livə] *s.* ficat.

livery ['livəri] *s.* livrea; grajd.

livestock ['laivstɔk] *s.* şeptel.

living ['liviŋ] *s.* trai; funcţie. *adj.* viu; activ; veridic; *~ -room* cameră de zi.

lizard ['lizəd] *s.* şopârlă.

llama ['lɑ::mə] *s.* zool. lamă.

load [loud] *s.* încărcătură; sarcină; *~s of* o mulţime de. *vt.* a încărca; a măslui. *vi.* a se încărca.

loadstar ['loudstɑ:] *s.* stea călăuzitoare.

load-stone ['loud-stoun] *s.* magnet.

loaf [louf] *s.* franzelă, pâine; căpăţână (de zahăr); plimbare. *vt.* a irosi (timpul). *vi.* a vagabonda; a pierde vremea.

loafer ['loufə] *s.* vagabond; pierde-vară.

loan [loun] *s.* împrumut (de bani).

loath [louθ] *adj.* nedoritor; refractar.

loathe [louð] *vt.* a detesta; a nu putea suferi.

loathsome ['louðsəm] *adj.* dezgustător; nesuferit.

lobby ['lɔbi] *s.* foaier; hol (la hotel etc.); *pol.* culoar la parlament; influenţarea parlamentarilor.

lobster ['lɔbstə] *s.* homar.

lobworm ['lɔbwɔ:m] *s.* râmă, vierme (ca nadă sau momeală).

local ['loukl] *s.* tren local; filială; sindicat local. *adj.* local.

locality [lo'kæliti] *s.* aşezare; peisaj; localitate.

locate [lou'keit] *vt.* a localiza; a aşeza, a situa; a găsi (pe hartă).

location [lou'keiʃn] *s.* aşezare; situaţie.

lock [lɔk] *s.* buclă; lacăt; încuietoare; ecluză. *vt.* a închide de; a încuia; a păstra (cu sfinţenie); a fixa; a înţepeni; a bloca; *to ~ up* a băga la închisoare *sau* la azil; a închide; a pune la păstrare. *vi.* a se încuia; a se închide.

locker ['lɔkə] *s.* dulăpior (de vestiar).

locket ['lɔkit] *s.* medalion.

lock-out ['lɔkaut] închidere a unei fabrici.

locksmith ['lɔksmiθ] *s.* lăcătuş.

locust ['loukəst] *s.* lăcustă.

lode [loud] *s.* filon.

lodestar ['loudstɑ:] *s.* steaua polară; principiu călăuzitor.

lodestone ['loudstoun] *s.* magnet.

lodge [lɔdʒ] *s.* căsuţa portarului; cabană; lojă (masonică etc.). *vt.* a găzdui; a băga; a învesti; a înainta autorităţilor. *vi.* a locui (cu chirie); a intra.

lodger ['lɔdʒə] *s.* chiriaş.

lodging ['lɔdʒiŋ] s. locuinţă.
loft [lɔft] s. podul casei; galerie; porumbar.
lofty ['lɔfti] adj. înalt; trufaş.
log [lɔg] s. buştean; jurnal de bord.
loggerhead ['lɔgəhed] s. cretin; to be at ~s (with) a nu se înţelege cu.
loin [lɔin] s. muşchi (de vacă etc.); pl. şale; ~ -cloth pânză purtată în jurul şalelor; şorţ.
loiter ['lɔitə] vi. a zăbovi.
loll [lɔl] vi. a pierde vremea.
lollipop ['lɔlipɔp] s. acadea. pl. dulciuri.
lone(ly) ['loun(li)] adj. singur(atic); trist; pustiu.
long [lɔŋ] adj. lung; a ~ face mutră plouată; in the ~ run în cele din urmă. vi. a dori; a tânji.
long-bow ['lɔŋbou] s. arc; poveşti vânătoreşti.
longing ['lɔŋiŋ] s. dor. adj. doritor.
longshoreman ['lɔŋʃɔːmən] s. docher.
long-sighted ['lɔŋ'saitid] adj. prezbit; prevăzător.
long-winded ['lɔŋ'windid] adj. plicticos.
look [luk] s. privire; înfăţişare; pl. aspect. vt. a privi; to ~ over a cerceta. vi. a privi, a se uita; a arăta; a părea; to ~ after a îngriji; a se uita în urma; to ~ for a căuta; to ~ (up)on a considera; a vedea; a privi; to ~ forward to a aştepta cu nerăbdare; to ~ out a băga de seamă; to ~ round a chibzui; to ~ through a străbate; a se ivi; to ~ up a ridica ochii sau capul; a căuta; a vizita; to ~ up to a respecta.
looker-on ['lukər'ɔn] s. privitor.
looking-glass ['lukiŋglɑːs] s. oglindă.

look-out ['luk'aut] s. pază; grijă; perspectivă.
loom ['luːm] s. război de ţesut. vi. a se ivi; a apărea (neclar); a ameninţa.
loon [luːn] s. cufundar.
loop [luːp] s. laţ; inel; cerc; luping. vt. a lega.
loop-hole ['luːphoul] s. deschizătură; scăpare.
loose [luːs] adj. slobod; larg; slab; nefixat; vag; imoral; rar; dezlânat. vt. a dezlega; a slăbi; a slobozi.
loosely ['luːsli] adv. slobod; larg; în genere.
loosen ['luːsn] vt., vi. a slăbi.
loot [luːt] s. pradă. vt., vi. a prăda.
lop-sided ['lɔp'saidid] s. asimetric; strâmb.
loquacious [lo'kweiʃəs] adj. vorbăreţ.
lord [lɔːd] s. lord; stăpân; conducător; aristocrat; the Lord Dumnezeu. vt. a stăpâni; domni.
lordly ['lɔːdli] adj. magnific; splendid; trufaş.
lordship ['lɔːdʃip] s. stăpânire; moşie.
lore [lɔː] s. ştiinţă; înţelepciune.
lorry ['lɔri] s. camion.
lose [luːz] vt. a pierde; a scăpa; a face să se piardă. vi. a pierde; (d. ceas) a rămâne în urmă.
loser ['luːzə] s. învins.
losing ['luːziŋ] adj. pierdut; care pierde; nefavorabil.
loss [lɔs] s. pierdere; înfrângere; at a ~ în încurcătură.
lost [lɔst] vt., vi. trec. şi part. trec. de la **lose**.
lot [lɔt] s. lot; mulţime; grup; bandă; soartă; parcelă; pl. sorţi; a ~

159

of, ~s of o mulţime de; *a bad ~*
un păcătos; *a ~* foarte mult *(şi
iron.).*
lottery ['lɔtəri] *s.* loterie.
lotus ['loutəs] *s.* lotus; *~ -eater*
pierde-vară; chefliu.
loud [laud] *adj.* tare; răsunător; ţi-
pător; *~ -speaker* megafon, di-
fuzor. *adv. (şi ~ ly)* (cu voce)
tare.
lounge [laundʒ] *s.* trândăveală; hol
(de hotel etc.) *(şi ~ -chair)* şez-
long; canapea; *(şi ~ -suit)* cos-
tum de oraş. *vi.* a pierde vremea;
a se plimba.
louse [laus] *s.* păduche.
lousy ['lauzi] *adj.* păduchios; îm-
puţit; nenorocit.
lout [laut] *s.* mocofan; huidumă.
lovage ['lʌvidʒ] *s.* leuştean.
love [lʌv] *s.* dragoste, amor; com-
plimente; *sport* zero, scor alb. *vt.*
a iubi; a adora; a savura.
love-affair ['lʌvə,feə] *s.* amor; le-
gătură amoroasă.
love-child ['lʌvtʃaild] *s.* copil din
flori.
lovely ['lʌvli] *adj.* frumos; atrăgă-
tor; încântător.
lover ['lʌvə] *s.* îndrăgostit; amant;
iubit(or); amator.
love-sick ['lʌvsik] *adj.* îndrăgostit.
loving ['lʌviŋ] *adj.* iubitor.
low [lou] *s.* muget (de vacă). *adj.*
jos(nic); scund; umil; *(d. sunete)*
încet; înapoiat; vulgar; slab;
prost. *adv.* jos; ieftin; încet (ca
sonoritate); ascuns. *vi.* a mugi.
lower ['louə] *adj.* inferior; de jos. *vt.*
a coborî; a slăbi; a ruşina.
lowly ['louli] *adj., adv.* modest;
umil.
low-relief ['louri,li:f] *s.* basorelief.

low-spirited ['lou'spiritid] *adj.*
deprimat, descurajat, poso-
morât.
loyal ['lɔil] *adj.* credincios.
loyalty ['lɔilti] *s.* credinţă; obliga-
ţie; loialitate.
lozenge ['lɔzindʒ] *s.* romb; tabletă.
lubberly ['lʌbəli] *adj.* stângaci; mă-
tăhălos.
lubricate ['lu:brikeit] *vt.* a unge.
luck [lʌk] *s.* noroc; şansă.
luckily ['lʌkili] *adv.* din fericire.
lucky ['lʌki] *adj.* norocos; fericit.
lucrative ['lu:krətiv] *adj.* rentabil.
lucre ['lu:kə] *s.* profit.
ludicrous ['lu:dikrəs] *adj.* ridicol;
absurd.
lug [lʌg] *vt.* a trage; a târî.
luggage ['lʌgidʒ] *s.* bagaje.
lukewarm ['lu:kwɔ:m] *adj.* călduţ.
lull [lʌl] *vt.* a legăna (un copil); a
linişti; a alina. *s.* linişte; răgaz.
lullaby ['lʌləbai] *s.* cântec de lea-
găn.
lumber ['lʌmbə] *s.* lemne; cheres-
tea (neprelucrată); mobilă ve-
che; balast; *~ -yard* depozit de
lemne.
lumberman ['lʌmbəmən] *s.* mun-
citor forestier.
lumber-room ['lʌmbərum] *s.* de-
bara.
lump [lʌmp] *s.* bucată; bulgăr;
umflătură; om greoi; *~ sugar* za-
hăr cubic; *~ sum* sumă globală;
in the ~ în ansamblu; *a ~ in the
throat* un nod în gât. *vt.* a pune
laolaltă; a înghiţi.
lunacy ['lu:nəsi] *s.* nebunie.
lunatic ['lu:nətik] *s., adj.* nebun.
lunch(eon) ['lʌntʃ(n)] *s.* dejun. *vi.*
a lua dejunul.
lung [lʌŋ] *s.* plămân; parc.

lurch [ləːtʃ] s. legănare. vi. a se legăna, a se clătina.
lure [ljuə] s. momeală; atracţie. vt. a momi.
lurid ['ljuərid] adj. strălucitor; ademenitor; scandalos.
lurk [ləːk] vi. a sta ascuns; a pândi.
luscious ['lʌʃəs] adj. delicios.
lush [lʌʃ] adj. luxuriant.
lust [lʌst] s. poftă; voluptate. vi.: to ~ for sau after a pofti (la).
lustful ['lʌstfl] adj. pofticios; voluptos; lasciv.

luxurious [lʌg'zjuəriəs] adj. luxos; extravagant.
luxury ['lʌkʃəri] s. lux.
lye [lai] s. leşie.
lynch [lintʃ] vt. a linşa.
lyre [laiə] s. muz. liră.
lyric ['lirik] s. poezie; cântec; pl. text de cântec.
lyric(al) ['lirik(l)] adj. liric; emotiv; entuziast.

M

ma [mɑː] s. mămică.
ma'am [mæm] s. coniţă.
machination [ˌmæki'neiʃn] s. maşinaţie; intrigă.
machine [mə'ʃiːn] s. maşină; aparat; ~-gun mitralieră.
machinery [mə'ʃiːnəri] s. maşinărie; aparat.
machinist [mə'ʃiːnist] s. mecanic.
mackerel ['mækrl] s. scrumbie.
mackintosh ['mækintɔʃ] s. haină de ploaie.
mad [mæd] adj. nebun; violent; turbat.
madam ['mædəm] s. doamnă.
madcap ['mædkæp] s., adj. trăsnit.
madden ['mædn] vt. a înnebuni.
made [meid] vt., vi. trec. şi part. trec. de la **make.**
madman ['mædmən] s. nebun.
magazine [ˌmægə'ziːn] s. revistă ilustrată; magazie.
maggot ['mægət] s. larvă. pl. gărgăuni.
magic ['mædʒik] s. magie, vrajă; amăgire. adj. magic; vrăjit.

magistracy ['mædʒistrəsi] s. magistratură.
magnanimity [ˌmægnə'nimiti] s. generozitate; superioritate morală.
magnanimous [mæg'næniməs] adj. generos.
magnificent [mæg'nifisnt] adj. măreţ; excelent.
magnify ['mægnifai] vt. a mări; a exagera.
magnifying-glass ['mægnifaiiŋ'glɑːs] s. lupă.
magnitude ['mægnitjuːd] s. mărime; importanţă.
magpie ['mægpai] s. coţofană; fig. gaiţă.
mahogany [mə'hɔgəni] s. (lemn de) mahon.
maid [meid] s. fată (în casă).
maiden ['meidn] s. fecioară. adj. feciorelnic; imaculat; inaugural.
maidenhood ['meidnhud] s. feciorie.
mail ['meil] s. zale; poştă. vt. a expeda.

161

mail-coach ['meilkoutʃ] s. diligenţă.

maim [meim] vt. a schilodi; a mutila.

main [mein] s. conductă; continent; mare; forţă; in the ~ în general. adj. principal; puternic.

mainland ['meinlənd] s. continent; uscat.

mainly ['meinli] adv. în special.

mainspring ['meinspriŋ] s. resort principal; motiv de bază.

mainstay ['meinstei] s. odgon; fig. reazem.

maintain [men'tein] vt. a menţine, a susţine.

maintenance ['meintinəns] s. întreţinere; susţinere.

maize [meiz] s. porumb.

majestic [mə'dʒestik] adj. maiestuos; măreţ.

majesty ['mædʒisti] s. maiestate.

major ['meidʒə] s. maior; major. adj. maior; principal.

majority [mə'dʒɔriti] s. majoritate; majorat.

make [meik] s. fabricaţie.; marcă; alcătuire. vt. a face; a făuri; a căpăta; a sili; a ajunge la; a se ridica la; a se purta ca. to ~ out a alcătui; a înţelege; a distinge; to ~ over a transfera; to ~ up a completa; a machia; a farda; a deghiza; a împăca; a alcătui. vi. a porni; a se îndrepta; a se mişca; a curge; a creşte; to ~ for a se îndrepta către; a promova; a ataca; to ~ off a fugi; to ~ up a se machia; a se farda; to ~ up for a compensa.

make-belive ['meikbi,li:v] s. amăgeală; joacă.

maker ['meikə] s. creator.

makeshift ['meikʃift] s. expedient.

make-up ['meikʌp] s. machiaj; deghizare; fard; tehnoredactare; compoziţie; fire.

malady ['mælədi]s. boală.

Malay [mə'lei] s., adj. malaiez(ă).

male [meil] s. mascul. adj. masculin, bărbătesc.

malediction [,mæli'dikʃn] s. blestem.

malefactor ['mælifæktə] s. răufăcător.

malevolent [mə'levələnt] adj. rău-(voitor).

malice ['mælis] s. răutate; pică.

malicious [mə'liʃəs] adj. răutăcios.

malign [mə'lain] vt. a bârfi. adj. răutăcios.

malignant [mə'lignənt] adj. rău; malign.

malinger [mə'liŋgə] vi. a face pe bolnavul.

mallard ['mæləd] s. raţă sălbatică.

mallet ['mælit] s. ciocan (mai ales de lemn).

mallow ['mælou] s. nalbă.

malnutrition ['mælnju'triʃn] s. subnutriţie.

malt [mɔ:lt] s. malţ.

Maltese ['mɔ:l'ti:z] s., adj. maltez(ă).

malversation [,mælvə:'seiʃn] s. abuz (în serviciu); delapidare.

mam(m)a [mə'mɑ:] s. mămică.

mammal ['mæml] s. mamifer(ă).

mammoth ['mæməθ] s. mamut. adj. uriaş.

mammy ['mæmi] s. mămică; guvernantă (negresă).

man [mæn] s. om; bărbat; soldat; lucrător; servitor; piesă de şah etc. vt. a furniza echipaj pentru.

manacle ['mænəkl] s. cătuşă. vt. a încătuşa.

manage ['mænidʒ] *vt.* a conduce; a administra; a rezolva; a izbuti. *vi.* a se descurca.

manager ['mænidʒə] *s.* director; conducător; administrator; gospodar.

mandate ['mændeit] *s.* mandat; ordin.

mandrake ['mændrake] *s.* mătrăgună.

mane [mein] *s.* coamă.

man-eater ['mæn,i:tə] *s.* canibal.

manganese [,mængə'ni:z] *s.* mangan.

manger ['meindʒə] *s.* iesle.

mangle ['mæŋgl] *vt.* a mutila; a stâlci.

mangy ['meindʒi] *adj.* râios; soios.

man-hole ['mænhoul] *s.* trapă; deschizătură; gură de canal.

manhood ['mænhud] *s.* bărbăţie; bărbaţi.

mania ['meinjə] *s.* manie; nebunie.

maniac ['meiniæk] *s.* nebun. *adj.* maniac.

manifest ['mænifest] *adj.* clar; manifest.

manifold ['mænifould] *adj.* variat; multiplu.

manikin ['mænikin] *s.* manechin; omuleţ.

mankind[1] [mæn'kaind] *s.* omenire.

mankind[2] ['mænkaind] *s.* sexul tare.

manly ['mænli] *adj.* bărbătesc; viteaz.

mannequin ['mænikin] *s.* manechin.

manner ['mænə] *s.* mod; cale; manieră; purtare; *pl.* creştere; stil.

mannerism ['mænərizəm] *s.* particularitate; manierism.

mannerly ['mænəli] *adj.* binecrescut.

man(o)euvre [mə'nu:və] *s.* manevră. *vt.*, *vi.* a manevra.

man-of-war ['mænəv'wɔ:] *s.* cuirasat.

manor ['mænə] *s.* conac; moşie.

mansion ['mænʃn] *s.* casă mare; *amer.* bloc.

manslaughter ['mæn,slɔ:tə] *s.* omucidere.

mantel(piece) ['mæntl(pi:s)] *s.* poliţa căminului.

mantle ['mæntl] *s.* manta; mantie.

man-trap ['mæntræp] *s.* capcană.

manufactory [,mænju:'fæktəri] *s.* fabrică; atelier.

manufacture [,mɑ:nju'fæktʃə] *s.* fabricaţie; *pl.* fabricate. *vt.* a fabrica.

manufacturer [,mɑ:nju'fæktʃərə] *s.* fabricant.

manure [mə'njuə] *s.* bălegar. *vt.* a îngrăşa (pământul).

many ['meni] *adj.* *pron.* mulţi, multe.

many-sided ['meni'saidid] *adj.* multilateral.

map [mæp] *s.* hartă; plan. *vt.* a plănui; a trasa.

maple ['meipl] *s.* arţar.

mar [mɑ:] *vt.* a strica; a dăuna.

maraud [mə'rɔ:d] *vi.* a umbla după pradă.

marble ['mɑ:bl] *s.* marmură; *pl.* (joc cu) bile, pietricele.

March[1] [mɑ:tʃ] *s.* martie.

march[2] [mɑ:tʃ] *s.* înaintare. *vi.* a mărşălui; a înainta.

marchioness ['mɑ:ʃnis] *s.* marchiză.

mare [mɛə] *s.* iapă; *a ~'s nest* cai verzi pe pereţi.

margin ['mɑ:dʒin] *s.* margine; chenar.

marigold ['mærigould] *s.* filimică; gălbenea.

marine [mə'riːn] *adj.* marin; maritim.

marjoram ['mɑːdʒrəm] *s.* maghiran.

mark [mɑːk] *s.* semn; particularitate; marcă; notă *(la şcoală)*; ţintă; standard; *up to the* ~ cum trebuie. *vt.* a marca; a însemna; a nota (teze etc.); a caracteriza; a asculta cu atenţie.

marked [mɑːkt] *adj.* clar; pronunţat; remarcabil.

market ['mɑːkit] *s.* piaţă; târg; afaceri. *vt.* a vinde; a duce la piaţă.

marmalade ['mɑːməleid] *s.* dulceaţă de citrice.

marquee [mɑː'kiː] *s. constr.* marchiză; cort mare.

marquess, marquis ['mɑːkwis] *s.* marchiz.

maroon [mə'ruːn] *adj.* castaniu.

marriage ['mæridʒ] *s.* căsătorie; nuntă; ~ *lines* certificat de căsătorie.

marrow ['mærou] *s.* măduvă; dovlecel; *fig.* esenţă.

marry ['mæri] *vt., vi.* a se căsători.

Mars [mɑːz] *s.* Marte.

marsh [mɑːʃ] *s.* mlaştină.

marshal ['mɑːʃl] *s.* mareşal; maestru de ceremonii; *amer.* şerif.

marshy ['mɑːʃi] *adj.* mlăştinos.

marten ['mɑːtin] *s.* jder.

martin ['mɑːtin] *s.* rândunică; lăstun.

martyr ['mɑːtə] *s.* martir.

martyrdom ['mɑːtədəm] *s.* calvar.

marvel ['mɑːvl] *s.* minune. *vt., vi.* a (se) minuna.

marvel(l)ous ['mɑːviləs] *adj.* minunat; uluitor.

mash [mæʃ] *s.* terci; pireu.

mask [mɑːsk] *s.* mască. *vt., vi.* a (se) masca.

mason ['meisn] *s.* zidar; francmason.

masonry ['meisnri] *s.* zidărie.

masque [mɑːsk] *s.* dramă medievală.

masquerade [ˌmæskə'reid] *s.* bal mascat; mascaradă.

mass[1] [mæs] *s.* mulţime; masă; învălmăşeală. *adj.* de masă. *vt., vi.* a (se) masa, a (se) îngrămădi.

Mass, mass[2] [mæs] *s.* liturghie, mesă.

massage ['mæsɑːʒ] *s.* masaj. *vt.* a masa.

mast [mɑːːst] *s.* catarg; stâlp.

master ['mɑːstə] *s.* stăpân; domn; conducător; căpitan de marină; profesor; învăţător; doctor; maestru. *Master of Arts* doctor în litere. *vt.* a stăpâni; a deprinde.

masterly ['mɑːstəli] *adj.* autoritar; măiestru, magistral.

masterpiece ['mɑːstəpiːs] *s.* capodoperă.

mastery ['mɑːstri] *s.* stăpânire; pricepere.

mastiff ['mæstif] *s.* buldog; dulău.

mat [mæt] *s.* rogojină; ştergător.

match [mætʃ] *s.* chibrit; joc, meci; rival; pereche; potrivire; partidă, căsătorie. *vt.* a opune; a se potrivi cu, la; a egala. *vi.* a se potrivi.

matchless ['mætʃlis] *adj.* fără pereche.

mate [meit] *s.* tovarăş; coleg; partener; *mar.* şef de echipă; ajutor; mat *(la şah)*. *vt., vi.* a (se) căsători; a (se) împerechea; a face mat.

material [mə'tiəriəl] *s.* material. *adj.* material; important.

materialize [məˈtiəriəlaiz] *vt., vi.* a (se) materializa; a (se) concretiza.

mathematics [ˈmæθiˈmætiks] *s.* matematică.

matriculate [məˈtrikjuleit] *vi.* a intra la facultate.

matrimony [ˈmætrimni] *s.* căsătorie.

matron [ˈmeitrn] *s.* matroană; menajeră; soră șefă.

matter [ˈmætə] *s.* materie; subiect; chesti(un)e (importantă); material(e); substanță; esență; puroi; *as a ~ of fact* de fapt; *no ~ (how)* nu contează (cum); *what's the ~?* ce este? *vi.* a conta; *it doesn't ~* nu face nimic.

mattock [ˈmætək] *s.* săpăligă.

mattress [ˈmætris] *s.* saltea; somieră.

mature [məˈtjuə] *adj.* matur. *vt., vi.* a (se) coace.

maudlin [ˈmɔːdlin] *adj.* sentimental.

mawkish [ˈmɔːkiʃ] *adj.* dulceag.

may [mei] *v. mod.* a putea; a avea voie; a fi posibil.

May [mei] *s.* luna mai; *May Day* 1 Mai.

maybe [ˈmeibiː] *adv.* poate.

mayor [meə] *s.* primar.

maypole [ˈmeipoul] *s.* stâlp în jurul căruia se dansează de 1 Mai.

maze [meiz] *s.* labirint.

me [miː)] *pron.* pe mine, mă; mie, îmi; eu.

meadow [ˈmedou] *s.* pajiște; luncă.

meager, meagre [ˈmiːgə] *adj.* slab; sărac.

meal [miːl] *s.* făină; masă (de prânz etc.); *~ -time* ora mesei.

mealy [ˈmiːli] *adj.* făinos; palid.

mean [miːn] *s.* medie; *pl.* mijloc, cale; mijloace; avere; metodă; *by ~s of* prin; cu ajutorul. *adj.* mijlociu; mediocru; meschin; josnic; umil. *vt.* a vrea să spună; a însemna; a se referi la; a intenționa.

meander [miˈændə] *s.* meandră; șerpuitură. *vi.* a face meandre; a rătăci; a vorbi alandala.

meaning [ˈmiːniŋ] *s.* înțeles.

meant [ment] *vt. trec. și part. trec. de la* **mean**.

meantime [ˈmiːntaim], **meanwhile** [ˈmiːnˈwail] *adv.* între timp.

measles [ˈmiːzlz] *s.* pojar.

measure [ˈmeʒə] *s.* măsură; grad; etalon; cantitate; lege; ritm. *vt.* a măsura; a aprecia.

measurement [ˈmeʒəmənt] *s.* măsură(toare).

meat [miːt] *s.* carne; mâncare.

mechanic [miˈkænik] *s.* mecanic; *pl.* mecanică.

mechanize [ˈmekənaiz] *vt.* a mecaniza.

medal [ˈmedl] *s.* medalie.

meddle [ˈmedl] *vi.* a se amesteca; a umbla (cu un lucru etc.).

meddler [ˈmedlə] *s.* om băgăreț.

meddlesome [ˈmedlsəm] *adj.* băgăreț.

mediate[1] [ˈmiːdiit] *adj.* indirect (legat).

mediate[2] [ˈmiːdieit] *vt., vi.* a media.

medicine [ˈmedsin] *s.* medicină; medicament.

meditate [ˈmediteit] *vt., vi.* a medita; a chibzui.

meditation [ˌmediˈteiʃn] *s.* meditație; contemplare.

medium [ˈmiːdjəm] *s.* mijloc; mediu; medie. *adj.* mediu.

medley [ˈmedli] *s.* amestec; potpuriu.

meek [mi:k] *adj.* supus; cuminte; blând; smerit.

meet [mi:t] *vt.* a întâlni; a cunoaşte; a întâmpina; a satisface; a acoperi; *to ~ smb. half way* a face concesii cuiva. *vi.* a se întâlni; a se cunoaşte. *s.* întâlnire; competiţie.

meeting ['mi:tiŋ] *s.* întâlnire; întrunire.

melancholy ['melənkəli] *s.* melancolie. *adj.* melancolic.

mellow ['melou] *adj.* copt; moale; fertil; vesel. *vt., vi.* a (se) coace; a (se) muia.

melon ['melən] *s.* pepene galben.

melt [melt] *vt., vi.* a (se) topi; a (se) dizolva; a (se) muia.

member ['membə] *s.* membru; element.

membership ['membəʃip] *s.* calitatea de membru; număr de membri.

memento [mi'mentou] *s.* avertisment.

memoir ['memwɑ:] *s.* memoriu; memorii; proces-verbal.

memorial [mi'mɔ:riəl] *s.* monument comemorativ; memoriu; *pl.* cronică. *adj.* comemorativ.

memorize ['meməraiz] *vt.* a memora; a nota.

memory ['meməri] *s.* memorie; amintire; reputaţie.

men [men] *s. pl. de la* **man**.

menace ['menəs] *s.* ameninţare; primejdie. *vt.* a ameninţa.

menacingly ['menəsiŋli] *adv.* ameninţător.

mend [mend] *s.* reparaţie; cusătură. *vt.* a repara; a cârpi; a corecta. *vi.* a se îmbunătăţi; a se corija; a se înzdrăveni.

mendacious [men'deiʃəs] *adv.* mincinos.

menfolk ['menfouk] *s. pl.* bărbaţii.

menial ['mi:njəl] *s.* slugă. *adj.* servil; umil.

menses ['mænsi:z] *s. pl.* menstruaţie, ciclu.

mental ['mentl] *adj.* mintal.

mentality [men'tæliti] *s.* minte; capacitate (intelectuală); stare de spirit.

mention ['menʃn] *s.* menţiune; referire. *vt.* a pomeni; a menţiona; *don't ~ it!* n-aveţi pentru ce.

menu ['menju:] *s.* meniu.

mercantile ['mə:kntail] *adj.* comercial.

merchandise ['mə:tʃndaiz] *s.* marfă.

merchant ['mə:tʃnt] *s.* (mare) negustor.

merchantman ['mə:tʃntmən] *s.* vas comercial.

merciful ['mə:sifl] *adj.* îndurător.

merciless ['mə:silis] *adj.* neîndurător; nemilos; crud.

mercy ['mə:si] *s.* îndurare; milă.

mere [miə] *adj.* simplu: *a ~ chance* doar o întâmplare.

merely ['miəli] *adv.* pur şi simplu.

merge [mə:dʒ] *vt., vi.* a (se) uni; a fuziona.

merger ['mə:dʒə] *s.* fuziune.

mermaid ['mə:meid] *s.* sirenă.

merry ['meri] *adj.* vesel; fericit; *~ -go-round* căluşei; sens giratoriu; *~ -making* veselie; petrecere.

mesh [meʃ] *s.* (ochi de) plasă.

mesmerism ['mezmərizəm] *s.* hipnotism; letargie.

mess [mes] *s.* încurcătură; murdărie; porcărie; popotă; sală de mese. *vt.* a strica; a încurca; a învălmăşi.

message ['mesidʒ] s. mesaj; a-nunţ.

messenger ['mesindʒə] s. mesager; curier.

messy ['mesi] adj. murdar; în dezordine.

met [met] vt., vi. trec. şi part. trec. de la **meet**.

metal ['metl] s. metal; piatră de pavaj. vt. a pietrui.

metamorphosis [ˌmetə'mɔ:fəsis] s. metamorfoză.

metaphor ['metəfə] s. metaforă.

metaphysical [ˌmetə'fizikl] adj. metafizic; abstract.

metaphysics [ˌmetə'fiziks] s. metafizică; teorie.

meter ['mi:tə] s. aparat de măsură; contor; metru.

method ['meθəd] s. metodă; ordine; aranjament.

methodology [ˌmeθə'dɔlədʒi] s. metodică.

methylated ['meθileitid] adj. metilic; denaturat.

metre ['mi:tə] s. metru; ritm.

metropolis [mi'trɔpəlis] s. metropolă; capitală; centru.

metropolitan [ˌmetrə'pɔlitn] s. cetăţean al capitalei; mitropolit. adj. metropolitan.

mettle ['metl] s. curaj; bărbăţie.

mettlesome ['metlsəm] adj. optimist; bătăios.

mew [mju:] s. mieunat. ornit. pescar; pescăruş; vt., vi. a mieuna.

Mexican ['meksikən] s., adj. mexican(ă).

mice [mais] s. pl. de la **mouse**.

microbe ['maikroub] s. microb.

microphone ['maikrəfoun] s. microfon.

mid [mid] adj. de sau din mijloc, de la jumătate.

midday ['middei] s. amiază.

middle ['midl] s. mijloc, centru. adj. mijlociu; the Middle Ages evul mediu; the ~ class(es) burghezia; ~ -aged între două vârste.

middling ['midliŋ] adj. mediocru. adv. binişor.

midget ['midʒit] s. pitic.

midnight ['midnait] s. miezul nopţii.

midshipman ['midʃipmən] s. mar. aspirant.

midst [midst] s. (parte de) mijloc.

midsummer [mid,sʌmə] s. miezul verii; Sânziene.

midway ['mid'wei] adj. de mijloc. adv. la mijloc.

midwife ['midwaif] s. moaşă.

midwifery ['midwifəri] s. obstetrică; meseria de moaşă.

mien [mi:n] s. înfăţişare, mină.

might [mait] s. putere. v. mod. trec. de la **may.**

mighty ['maiti] adj. puternic; mare. adv. foarte.

migrate [mai'greit] vi. a (e)migra.

mike [maik] s. microfon.

milch [miltʃ] adj.: ~ cow vacă de lapte.

mild [maild] adj. blând; dulce; slab.

mildew ['mildju:] s. mucegai; bot. tăciune.

mildly ['maildli] adv. blând; dulce; uşor.

mile [mail] s. (măsură de o) milă.

mileage ['mailidʒ] s. distanţă (în mile); kilometraj.

militant ['militənt] s. activist. adj. combativ; războinic.

military ['militri] s.: the ~ armata. adj. militar.

militate ['militeit] *vi.* a milita; a activa.

militia [mi'liʃə] *s.* miliţie.

militiaman [mi'liʃəmən] *s.* miliţian.

milk [milk] *s.* lapte. *vt.* a mulge.

milkmaid ['milkmeid] *s.* mulgătoare; lăptăreasă.

milkman ['milkmən] *s.* lăptar.

milksop ['milksɔp] *s.* papă-lapte.

milky ['milki] *adj.* lăptos; *the Milky Way* Calea laptelui.

mill [mil] *s.* fabrică (în special textilă); moară; râşniţă; viaţă grea. *vt.* a măcina; a produce; a lamina. *vi.* a se învârti.

milennium [mi'leniəm] *s.* mileniu; epocă de aur.

miller ['milə] *s.* morar.

millet ['milit] *s.* mei.

milliner ['milinə] *s.* modistă.

millinery ['milinri] *s.* magazin de mode.

millionaire [,miljə'nɛə] *s.* milionar; miliardar.

millstone ['milstoun] *s.* piatră de moară.

mime [maim] *s.* mim(ă). *vt., vi.* a mima.

mimeograph ['mimiəɡrɔːf] *s.* şapirograf. *vt.* a şapirografia.

mimic ['mimik] *s.* imitator. *adj.* de mimică; imitativ. *vt.* a imita.

mimicry ['mimikri] *s.* mimică.

mince [mins] *vt.* a toca.

mince-meat ['minsmiːt] *s.* umplutură de fructe (la prăjitură); carne tocată.

mincing ['minsiŋ] *adj.* afectat.

mind [maind] *s.* minte; înţelepciune; părere; spirit; hotărâre. *vt.* a observa; a păzi; a avea grijă de; a-i păsa de; a da atenţie la; a se feri de. *vi.* a se supăra; a a fi atent; *never ~!* nu face nimic.

mindful ['maindfl] *adj.* atent; pătruns (de o idee etc.).

mine [main] *s.* mină. *pron.* al meu etc. *vt.* a săpa; a (sub)mina.

miner ['mainə] *s.* miner. *mil.* genist.

mingle ['miŋɡl] *vt., vi.* a (se) amesteca.

minimize ['minimaiz] *vt.* a minimaliza.

mining ['mainiŋ] *s.* minerit.

minister ['ministə] *s.* ministru; preot; agent.

ministry ['ministri] *s.* minister; guvern; cler.

mink [miŋk] *s.* nurcă.

minstrel ['minstrl] *s.* menestrel; bard; colindător.

mint [mint] *s.* mentă; monetărie; sursă. *vt.* a bate (monedă); a născoci.

minuet [minju'et] *s.* menuet.

minute[1] [minit] *s.* clipă; minut(ă); proces-verbal; *~ -hand* minutar.

minute[2] [mai'njuːt] *adj.* amănunţit; minuţios; mărunt.

minx [miŋks] *s.* obrăznicătură; fetişcană neserioasă.

miracle ['mirəkl] *s.* miracol; model.

mire ['maiə] *s.* noroi; mlaştină; încurcătură.

mirror ['mirə] *s.* oglindă. *vt.* a oglindi.

mirth [mɔːθ] *s.* veselie; distracţie.

mirthless ['mɔːθlis] *adv.* trist.

misadventure ['misəd'ventʃə] *s.* nenorocire; ghinion.

misalliance ['misə'laiəns] *s.* mezalianţă.

misappropriate ['misə'prouprieit] *vt.* a deturna (fonduri).

misbehave ['misbi'heiv] *vi., vr.* a se purta urât.

miscalculate ['mis'kælkjuleit] *vt.*, *vi.* a calcula greşit.

miscarriage [mis'kæridʒ] *s.* eşec; greşeală; avort.

miscarry [mis'kæri] *vi.* a eşua; a se pierde; a avorta.

miscellaneous [,misi'leinjəs] *adj.* amestecat; variat.

miscellany [mi'seləni] *s.* miscelanea; varietate.

mischief ['mistʃif] *s.* rău; necaz; ticăloşie; poznă; drăcuşor.

mischievous ['mistʃivəs] *adj.* rău; poznaş.

misconduct¹ [mis'kɔndəkt] *s.* purtare urâtă; neglijenţă (în serviciu).

misconduct² ['miskən'dʌkt] *vt.*, *vr.* a greşi.

misconstruction ['miskən'trʌkʃn] *s.* neînţelegere.

misconstrue ['miskən'stru:] *vt.* a interpreta greşit.

misdeed ['mis'di:d] *s.* fărădelege, ticăloşie; crimă.

misdemeano(u)r [,misdi'mi:nə] *s.* nelegiuire; delict; contravenţie.

misdoing ['mis'du:iŋ] *s. v.* **misdeed**.

miser ['maizə] *s.* zgârcit.

misery ['mizəri] *s.* mizerie; sărăcie; nenorocire; supărare.

misfit ['misfit] *s.* lucru *sau* om nepotrivit; inadaptabil.

misfortune [mis'fɔ:tʃn] *s.* nenorocire.

misgiving [mis'giviŋ] *s.* îndoială; presimţire.

mishap ['mishæp] *s.* ghinion.

misinform ['misin'fɔ:m] *vt.* a dezinforma.

misinterpret ['misin'tə:prit] *vt.* a interpreta greşit.

misjudge ['mis'dʒʌdʒ] *vt.*, *vi.* a judeca greşit.

mislay [mis'lei] *vt.* a pierde; a rătăci.

mislead [mis'li:d] *vt.* a duce pe o cale greşită; a înşela.

misled [mis'led] *vt. trec. şi part. trec. de la* **mislead**.

mismanage ['mis'mænidʒ] *vt.* a administra prost.

misplace ['mis'pleis] *vt.* a plasa prost; a rătăci.

misprint¹ ['mis'print] *s.* greşeală de tipar.

misprint² [mis'print] *vt.* a tipări greşit.

mispronounce ['misprə'nauns] *vt.* a pronunţa greşit.

misrepresent ['mis,repri'zent] *vt.* a denatura.

miss¹ [mis] *vt.* a nu atinge; a scăpa; a pierde; a-ţi fi dor de; a omite; *vi.* a greşi ţinta; a cădea prost; a nu porni.

Miss², **miss** [mis] *s.* domnişoară.

misshapen ['mis'ʃeipn] *adj.* diform.

missile ['misail] *s.* proiectil; rachetă.

missing ['misiŋ] *adj.* absent, lipsă, dispărut.

mission ['miʃn] *s.* misiune; îndatorire.

missis ['misiz] *s.* coniţă; stăpână; soţie.

mis-spell ['mis'spel] *vt.* a ortografia greşit.

mis-state ['mis'steit] *vt.* a denatura.

missus ['misəs] *s. vi.* **missis**.

mist [mist] *s.* ceaţă.

mistake [mis'teik] *s.* greşeală; confuzie; accident. *vt.* a greşi; a confunda; a înţelege greşit.

mistaken [mis'teikn] *adj.* greşit; rău înţeles. *vt. part. trec. de la* **mistake.**

mister ['mistə] *s.* domnul.

mistletoe ['misltou] *s.* vâsc.

mistook [mis'tuk] *vt. trec. de la* **mistake.**

mistress ['mistris] *s.* doamna...; stăpână; maestră; profesoară; iubită; amantă; metresă.

mistrust [mis'trʌst] *s.* neîncredere. *vt.* a bănui.

misty ['misti] *adj.* ceţos; vag.

misunderstand ['misʌndə'stænd] *vt.* a înţelege greşit.

misunderstanding ['misʌndə'stændiŋ] *s.* neînţelegere.

misuse[1] ['mis'ju:s] *s.* folosire greşită; abuz.

misuse[2] ['mis'ju:z] *vt.* a folosi greşit; a abuza de; a maltrata.

mite [mait] *s.* bănuţ, para; căpuşă.

mitigate ['mitigeit] *vt.* a îmblânzi; a micşora; a înmuia.

mitt(en) ['mitn] *s.* mănuşă groasă (de sport) cu un deget.

mix [miks] *vt., vi.* a se amesteca.

mixed [mikst] *adj.* amestecat; mixt; învălmăşit; confuz.

mixer ['miksə] *s.* malaxor; persoană sociabilă.

mixture ['mikstʃə] *s.* amestec(ătură).

moan [moun] *s.* geamăt. *vi.* a geme.

mob [mɔb] *s.* gloată; mulţime.

mock [mɔk] *s.* batjocură; satiră. *adj.* comic; simulat. *vt.* a-şi bate joc de; a înfrânge. *vi.:* to ~ at a lua în râs.

mockery ['mɔkəri] *s.* batjocură; parodie.

model ['mɔdl] *s.* model; machetă; tipar. *adj.* model. *vt.* a modela.

moderate[1] ['mɔdrit] *adj.* moderat.

moderate[2] ['mɔdəreit] *vt., vi.* a (se) modera; a (se) stăpâni.

moderation [,mɔdə'reiʃn] *s.* moderaţie; cumpătare; modestie.

modesty ['mɔdisti] *s.* modestie; timiditate; delicateţe; decenţă.

modify ['mɔdifai] *vt.* a modifica; a schimba; a modera; a tempera.

modish ['moudiʃ] *adj.* elegant, la modă.

moist [mɔist] *adj.* umed.

moisten ['mɔisn] *vt., vi.* a (se) umezi.

moisture ['mɔisfə] *s.* umezeală.

molasses [,mə'læsiz] *s.* melasă.

mole [moul] *s.* aluniţă; cârtiţă; dig portuar.

molest [mo'lest] *vt.* a necăji; a tulbura.

mollify ['mɔlifai] *vt.* a înmuia; a potoli.

molly-coddle ['mɔlikɔdl] *s.* papă-lapte; răsfăţat. *vt.* a răsfăţa.

molten ['moultn] *adj.* topit.

moment ['moumənt] *s.* clipă; moment; importanţă.

momentary ['moumentri] *adj.* momentan; imediat.

momentous [mo'mentəs] *adj.* foarte important.

momentum [mo'mentəm] *s.* avânt; mişcare; proporţii.

monastery ['mɔnəstri] *s.* mănăstire.

Monday ['mʌndi] *s.* luni.

money ['mʌni] *s.* bani; avere; ~ -lender cămătar; ~ order mandat.

Mongol ['mɔngɔl], **Mongolian** [mɔŋ'gouljən] *s., adj.* mongol(ă).

mongoose ['mɔŋguːs] *s.* mangustă.

mongrel ['mʌŋgrl] *s.*, *adj.* corcitură.

monk [mʌŋk] *s.* călugăr.

monkey ['mʌŋki] *s.* maimuţă; maimuţoi; ~-*wrench* cheie universală.

monograph ['mɔnəgrɑːf] *s.* monografie.

monopoly [mə'nɔpəli] *s.* monopol. *adj.* monopolist.

monotonous [mə'nɔtnəs] *adj.* monoton.

monsoon [mɔn'suːn] *s.* muson.

monster ['mɔnstə] *s.* monstru.

monstruous ['mɔnstrəs] *adj.* monstruos; uriaş.

month [mʌnθ] *s.* lună.

monthly ['mʌnθli] *s.* publicaţie lunară. *adj.*, *adv.* lunar.

moo [muː] *s.* muget. *vi.* a mugi.

mood [muːd] *s.* dispoziţie; toană; capriciu; *gram.* mod.

moody ['muːdi] *adj.* capricios; prost dispus; morocănos.

moon [muːn] *s.* luna; lumina lunii.

moonbeam ['muːnbiːm] *s.* rază de lună.

moonlit ['muːnlit] *adj.* luminat de lună.

moonshine ['muːnʃain] *s.* lumina lunii; aiureală.

moonstruck ['muːnstrʌk] *adj.* aiurit.

moor[1] [muə] *s.* bărăgan; ierburi. *vt.* a priponi (o barcă etc.).

Moor[2] [muə] *s.* maur.

moorings ['muəriŋz] *s. pl.* odgoane.

Moorish ['muəriʃ] *adj.* maur.

mop [mɔp] *s.* şomoiog; smoc; pămătuf. *vt.* a şterge (cu cârpa etc.); a mătura.

mope [moup] *s.* morocănos; *pl.* proastă dispoziţie. *vi.* a bombăni.

moral ['mɔrl] *s.* morală. *adj.* moral; cumpătat.

morale [mɔ'rɑːl] *s.* moral.

morality [mə'ræliti] *s.* morală; dramă medievală.

moralize ['mɔrəlaiz] *vt.* a aduce pe calea cea bună; a moraliza. *vi.* a ţine predici.

more [mɔː] *adj. compar. de la* **much** *sau* **many** mai mult; mai mulţi; în plus; suplimentar; alt. *adv. compar. de la* **much** mai mult; pe deasupra; iarăşi; *no ~* nu mai; niciodată.

moreover [mɔː'rouvə] *adj.* pe deasupra, pe lângă asta.

morning ['mɔːniŋ] *s.* dimineaţă.

morning-glory ['mɔːniŋ'glɔːri] *s.* zorea.

Maroccan [mə'rɔkən] *s.*, *adj.* marocan.

morocco [mə'rɔkou] *s.* marochin.

morose [mə'rous] *adj.* morocănos; sumbru.

morphia ['mɔːfiə] *s.* morfină.

morrow ['mɔrou] *s.* ziua de mâine.

morsel ['mɔːsl] *s.* bucăţică; înghiţitură.

mortal ['mɔːtl] *s.* muritor; *adj.* muritor; mortal; de moarte; extrem.

mortar ['mɔːtə] *s.* tencuială; mojar; mortieră. *vt.* a tencui.

mortgage ['mɔːgidʒ] *s.* ipotecă. *vt.* a ipoteca; a angaja. *vr.* a se angaja.

mortification [ˌmɔːtifi'keiʃn] *s.* ruşine; jignire; penitenţă; cangrenă.

mortify ['mɔːtifai] *vt.* a jigni; a înfrânge. *vi.* a se cangrena.

mortuary ['mɔːtjuəri] s. capelă fu-
nerară. adj. mortuar.
Moslem ['mɔzlem] s., adj. musul-
man.
mosque [mɔsk] s. moschee.
mosquito [məs'kitou] s. țânțar.
moss [mɔs] s. bot. mușchi.
most [moust] pron.: ~ of cei mai
mulți din(tre). adj. superl. de la
much și **many** cel mai mult; cei
mai mulți; majoritatea. adv. su-
perl. de la **much** cel mai mult;
foarte; cât se poate.
mostly ['moustli] adv. mai ales, în
special; aproape tot.
mote [mout] s. fir (de praf etc.).
moth [mɔθ] s. molie.
mother ['mʌðə] s. mamă. adj. ma-
tern, ~ country patrie; metropo-
lă.
motherhood ['mʌðəhud] s. fig.
maternitate.
mother-in-law [mʌðrinlɔː] s. soa-
cră.
motherly ['mʌðəli] adj. matern.
mother-of-pearl ['mʌðərəv'pəːl] s.
sidef.
motif [mou'tiːf] s. temă; motiv.
motion ['mouʃn] s. mișcare; gest;
moțiune; ~-picture film. vi. a fa-
ce semn (cuiva).
motionless ['mouʃnlis] adj. nemiș-
cat.
motive ['moutiv] s. motiv. adj.
motrice.
motley ['mɔtli] adj. bălțat; ameste-
cat; variat.
motor ['moutə] s. motor; auto-
mobil.
motor-bicycle ['moutə'baisikl] s.
motoretă.
motor-boat ['moutəbout] s. șalu-
pă.

motor-bus ['moutə'bʌs] s. auto-
buz.
motor-car ['moutəkɑː] s. auto-
mobil.
motor-cycle ['moutə,saikl] s. mo-
tocicletă.
motorist ['moutərist] s. automobi-
list.
motorman ['moutəmən] s. vat-
man; șofer.
mould [mould] s. mulaj; formă;
mucegai. vt. a turna în forme; a
modela; a forma. vi. a se muce-
găi.
mouldy ['mouldi] adj. mucegăit.
mound [maund] s. movilă; criptă.
mount [maunt] s. munte; cal de
călărie; afet; montură. vt. a urca
(pe); a încăleca; a monta; a
duce.
mountain ['mauntin] s. munte;
morman. adj. de munte.
mountaineer [,maunti'niə] s. mun-
tean; alpinist.
mountaineering [,maunti'niəriŋ] s.
alpinism.
mountainous ['mauntinəs] adj.
muntos; uriaș.
mountebank ['mauntibæŋk] s. șar-
latan.
mounting ['mauntiŋ] s. montură;
montaj.
mourn [mɔːn] vt., vi. a jeli.
mourner ['mɔːnə] s. persoană în
doliu; bocitoare.
mournful ['mɔːnfl] adj. trist; sum-
bru.
mourning ['mɔːniŋ] s. doliu; su-
părare. adj. îndoliat; de doliu.
mouse [maus] s. șoarece; ~ trap
cursă (de șoareci).
moustache [məs'tɑːʃ] s. mustață.
mouth [mauθ] s. gură.
mouthful ['mauθfl] s. îmbucătură.

mouth-organ ['mauθ,ɔ:gən] s. muzicuţă.

mouthpiece ['mauθpi:s] s. muştiuc; purtător de cuvânt.

movable ['mu:vəbl] adj. mobil; schimbător. s. bun mobil.

move [mu:v] vt. a mişca; a muta; a propune. vi. a se mişca; a se muta; a înainta; a acţiona. s. mişcare; schimbare; măsură; acţiune.

movement ['mu:vmənt] s. mişcare.

movie ['mu:vi] s. film. pl. cinema.

moving ['mu:viŋ] adj. mişcător; ~ pictures filme; cinema.

mow [mou] vt., vi. a cosi.

mower ['mouə] s. cosaş.

mown [moun] vt., vi. part. trec. de la **mow**.

M.P. ['em'pi:] s. deputat.

Mr. ['mistə] s. domnul...

Mrs. ['misiz] s. doamna...

MS ['em'es] s. manuscris.

much [mʌtʃ] adj. mult; how ~? cât? cu ce preţ? adv. mult (mai); în mare măsură; aproape.

mud [mʌd] s. noroi; nămol; mâl.

mudguard ['mʌdgɑ:d] s. auto. apărătoare.

muddle ['mʌdl] s. harababură; ~-headed cu mintea confuză. vt. a încurca; a zăpăci.

muddy ['mʌdi] adj. noroios; mâlos; murdar; întunecat; învălmăşit.

muff [mʌf] s. manşon.

muffin ['mʌfin] s. biscuit; turtă.

muffle ['mʌfl] vt. a înfofoli; a înfăşura; a acoperi (sunetele).

muffler ['mʌflə] s. fular; înveliş.

mufti ['mʌfti] s. haine civile.

mug [mʌg] s. cană; mutră; tont.

mulatto [mju'lætou] s. mulatru.

mulberry ['mʌlbri] s. dud(ă).

mule [mju:l] s. catâr; papuc.

mulish ['mju:liʃ] adj. încăpăţânat.

multifarious [,mʌlti'feəriəs] adj. multiplu.

multiple ['mʌltipl] s., adj. multiplu: ~ shop magazin cu sucursale.

multiplication [,mʌltipli'keiʃn] s. înmulţire.

multiply ['mʌltiplai] vt., vi. a (se) înmulţi.

multi-stage ['mʌlti'steidʒ] adj. cu mai multe trepte.

multitude ['mʌltitju:d] s. mulţime.

mum [mʌm] adj. tăcut. interj. sst.

mumble ['mʌmbl] s. mormăit. vt., vi. a mormăi; a molfăi.

mummer ['mʌmə] s. mim; actor.

mummery ['mʌməri] s. mimă; caraghioslâc.

mummy ['mʌmi] s. mămică; mumie.

mumps [mʌmps] s. oreion.

munch [mʌntʃ] vt., vi. a molfăi.

mundane ['mʌndein] adj. lumesc.

municipality [mju,nisi'pæliti] s. municipiu.

munificent [mju'nifisnt] adj. foarte generos.

munition [mju'niʃn] s. armament. vt. a înarma.

mural ['mjuərl] s. pictură murală. adj. mural.

murder ['mə:də] s. omor. vt. a omorî; a strica.

murderer ['mə:dərə] s. ucigaş.

muscle ['mʌsl] s. muşchi; forţă.

Muse[1] [mju:z] s. muză.

muse[2] [mju:z] vi. a medita; a fi dus pe gânduri.

museum [mju'ziəm] s. muzeu.

mush [mʌʃ] s. fiertură; terci.

mushroom ['mʌʃrum] s. ciupercă. vi. a culege ciuperci.

music ['mju:zik] s. muzică.

musical ['mju:zikl] *adj.* muzical; meloman.

music-hall ['mju:zikhɔ:l] *s.* teatru de revistă, varieteu.

musician [mju:'ziʃn] *s.* muzicant; compozitor.

music-stand ['mju:zikstænd] *s. muz.* pupitru.

musk [mʌsk] *s.* mosc.

musketry ['mʌskitri] *s.* tir.

muslin ['mʌzlin] *s.* muselină.

must [mʌst] *s.* necesitate (imperioasă); must. *v. mod.* a trebui; a fi foarte probabil *sau* logic.

mustard ['mʌstəd] *s.* muştar.

muster ['mʌstə] *s.* adunare; trecere în revistă. *vt., vi.* a (se) aduna; a (se) mobiliza.

musty ['mʌsti] *adj.* mucegăit.

mutability [,mju:tə'biliti] *s.* nestatornicie.

mute [mju:t] *s.* mut: surdină; figurant. *adj.* mut.

mutiny ['mju:tini] *s.* rebeliune. *vi.* a se răscula.

mutter ['mʌtə] *s.* mormăială. *vt.* a mormăi. *vi.* a mormăi; a bombăni.

mutton ['mʌtn] *s.* carne de oaie *sau* de berbec.

mutual ['mju:tjuəl] *adj.* reciproc; comun.

muzzle ['mʌzl] *s.* botniţă; gură de ţeavă. *vt.* a pune botniţă la.

my [mai] *adj.* meu. *interj.* vai.

myrrh [mə:] *s.* smirnă.

myrtle ['mə:tl] *s. bot.* mirt.

myself [mai'self] *pron.* pe mine, mă; însumi; eu.

mysterious [mis'tiəriəs] *adj.* misterios; obscur.

mystery ['mistri] *s.* mister.

mystification [,mistifi'keiʃn] *s.* înşelătorie; enigmă.

myth [miθ] *s.* mit.

mythic(al) ['miθik(l)] *adj.* mit(olog)ic; imaginar; legendar.

N

nag [næg] *s.* mârţoagă; ponei; nevastă. *vt.* a necăji; a cicăli.

nail [neil] *s.* unghie; cui; piron; *vt.* a fixa (în cuie); a înţepeni.

naive [nɑ:'i:v, neiv] *adj.* naiv.

naiveté [nɑ:'i:vtei] *s.* naivitate, nevinovăţie.

naked ['neikid] *adj.* despuiat, gol.

name [neim] *s.* nume; reputaţie; insultă. *vt.* a numi; a boteza; a stabili; a enumera.

nameless ['neimlis] *adj.* necunoscut; anonim.

namely ['neimli] *adv.* adică, şi anume.

namesake ['neimseik] *s.* tiz.

nanny ['næni] *s.* guvernantă.

nap [næp] *s.* pui de somn; *text.* puf. *vi.* a aţipi.

nape [neip] *s.* sidef.

napkin ['næpkin] *s.* şerveţel.

narrate [næ'reit] *vt.* a povesti.

narrative ['nærətiv] *s.* naraţiune; relatare. *adj.* narativ.

narrow ['nærou] *adj.* îngust; limitat; zgârcit; strict; pe muchie de cuţit. *vt., vi.* a (se) strâmta.

narrow-minded ['nærou'maindid] *adj.* limitat; îngust la minte.

nasturtium [nəs'tə:ʃem] s. condurul doamnei.

nasty ['nɑ:sti] adj. scârbos; ticălos; greu.

nation ['neiʃn] s. naţiune; popor; ţară.

national ['næʃnl] s. cetăţean. adj. naţional.

native ['neitiv] adj. băştinaş; autohton; înnăscut. s. băştinaş; localnic.

nativity [nə'tiviti] s naştere; the Nativity Crăciunul.

natural ['nætʃrl] s. muz. becar; notă naturală. adj. natural; original; veridic; obişnuit; înnăscut; muz. natural; becar.

naturalize ['nætʃrəlaiz] vt., vi. a (se) naturaliza; a (se) aclimatiza.

naturally ['nætʃrəli] adv. fireşte; în mod natural.

nature ['neitʃə] s. natură; fire; caracter.

naught [nɔ:t] s. nimic.

naughty ['nɔ:ti] adj. rău; obraznic.

nausea ['nɔ:sjə] s. greaţă.

nauseate ['nɔ:sieit] vt. a îngreţoşa.

nave [neiv] s. naos.

navel ['neivl] s. buric.

navigation [,nævi'geiʃn] s. navigaţie; flotă; trafic.

navy ['nævi] s. săpător; salahor; excavator.

navy ['neivi] s. marină; ~ blue bleumarin.

Nazi ['nɑ:tsi] s. nazist.

N.C.O. ['en'si:'ou] s. subofiţer.

near [niə] adj. apropiat; meschin. vt. a apropia (de). vi. a se apropia. adv. aproape; în apropiere. prep. aproape de.

nearly ['niəli] adv. aproape; foarte; cât pe-aici; not ~câtuşi de puţin.

nearness ['niənis] s. apropiere.

near-sight ['niə'sait] s. miopie.

neat [nit] adj. curat; plăcut; net; elegant; ordonat.

necessarily ['nesisrili] adv. neapărat.

necessary ['nesisri] adj. necesar; esenţial; obligatoriu.

necessity [ni'sesiti] s. necesitate; obligaţie; sărăcie; of ~ neapărat.

neck[nek] s. gât; guler; istm.

neckerchief ['nekətʃif] s. batic.

necklace ['neklis] s. colier.

necktie ['nektai] s. cravată.

need [ni:d] s. nevoie; necesitate. v. mod. a trebui; a fi obligat să. vt. a avea nevoie de; a-i lipsi.

needful ['ni:dfl] adj. necesar.

needle ['ni:dl] s. ac.

needless ['ni:dlis] adj. inutil.

needs [ni:dz] adv. neapărat.

needy ['ni:di] adj. sărac.

ne'er-do-well ['neədu,wel] s. neisprăvit; mişel.

nefarious [ni'fɛəriəs] adj. nefast; nelegiuit; ticălos.

neglect [ni'glekt] s. neglijare; neglijenţă. vt. a neglija.

neglectful [ni'glektfl] adj. neglijent; uituc; delăsător.

negligence ['neglidʒns] s. neglijenţă.

negligible['neglidʒəbl] adj. neglijabil; infim.

negotiate [ni'gouʃieit] vt. a negocia; a trece (peste).

negro, Negro ['ni:grou] s. negru.

neigh [nei] s. nechezat. vi. a necheza.

neighbo(u)r ['neibə] s. vecin; seamăn. vi. a se învecina.

neighbo(u)rhood ['neibəhud] s. vecinătate; cartier; (oamenii din) mahala.

175

neighbo(u)rly ['neibǝli] *adj.* bun, prietenos; amabil.

neither ['naiðǝ] *adj.* nici un, nici o. *pron.* nici unul (din doi). *conj.* nici.

nephew ['nevju:] *s.* nepot (de unchi).

nerve [nǝ:v] *s.* nerv(ură); muşchi; îndrăzneală.

nervous ['nǝ:vǝs] *adj.* nervos; speriat.

nest [nest] *s.* cuib(ar); loc călduicel. *vi.* a se cuibări.

nestle ['nesl] *vt.* a ţine strâns; a cocoli. *vi.* a se cuibări.

net [net] *s.* plasă; capcană. *adj.* net(to).

nether ['neðǝ] *adj.* de jos.

Netherlander ['neðǝlǝndǝ] *s.* olandez.

netting ['netiŋ] *s.* plasă.

nettle ['netl] *s.* urzică.

network ['netwǝ:k] *s.* reţea; plasă.

neurotic [njuǝ'rɔtik] *adj.* bolnav de nervi; cu efect asupra nervilor.

neuter ['nju:tǝ] *s., adj. gram.* neutru.

neutral ['nju:trǝl] *s., adj.* neutru.

never ['nevǝ] *adv.* niciodată; câtuşi de puţin.

nevermore ['nevǝ'mɔ:] *adv.* niciodată (de acum înainte), nicicând.

nevertheless [,nevǝðǝ'les] *adv., conj.* totuşi.

new [nju:] *adj.* nou; modern; proaspăt; nepriceput.

new-born ['ju:,bɔ:n] *adj.* nou-născut.

new-fangled ['nju:,fæŋgld] *adj.* de ultimă oră; ultrarecent.

newly ['nju:li] *adv.* de curând; altfel, într-un chip nou.

news [nju:z] *s.* informaţii; veşti; radiojurnal; noutate; ~-*agent* chioşcar.

newsboy ['nju:zbɔi] *s.* vânzător de ziare.

newspaper ['nju:s'peipǝ] *s.* ziar; ~ *man* gazetar.

news-reel ['nju:zri:l] *s.* jurnal de actualităţi; jurnal sonor.

news-room ['nju:zrum] *s.* sala de lectură pentru ziare; cabina crainicilor.

newt [nju:t] *s.* salamandră de apă.

next [nekst] *adj. superl.* de la **near** următor, viitor. *adv. superl.* de la **near** mai departe; la rând; data viitoare; pe urmă; mai. *prep.:* *to* alături de; după; pe lângă; aproape.

nib [nib] *s.* peniţă.

nibble ['nibl] *vt.* a ciuguli. *vi.* a morfoli.

nice [nais] *adj.* drăguţ; plăcut; bun; frumos; de treabă; fin; cinstit.

nicely ['naisli] *adv.* frumos, exact, bine.

nicety ['naisiti] *s.* delicateţe; fineţe; detaliu; *to a* ~ perfect; precis.

niche [nitʃ] *s.* nişă.

nick [nik] *s.* crestătură; *in the* ~ *of time* tocmai în timp. *vt.* a cresta; a bifa.

nickel ['nikl] *s.* nichel; monedă de cinci cenţi; fisă de telefon.

nickname ['nikneim] *s.* poreclă. *vt.* a porecli.

niece [ni:s] *s.* nepoată (de unchi).

niggard ['nigǝd] *s., adj.* zgârcit; meschin.

nigger ['nigǝ] *s.* negru.

night [nait] *s.* noapte; seară; întuneric; *last* ~ aseară.

night-dress ['naitdres], **night-gown** ['naitgaun] *s.* cămaşă de noapte.
nightingale ['naitiŋgeil] *s.* privighetoare.
nightmare ['naitmɛe] *s.* coşmar.
nightwalker ['nait,wɔ:kə] *s.* somnambul.
nil [nil] *s.* nimic; zero.
nimble ['nimbl] *adj.* iute; activ; ager (la minte).
nincompoop ['ninkəmpu:p] *s.* zevzec.
nine [nain] *num.* nouă.
ninepins ['nainpinz] *s. pl.* popice.
nineteen ['nain'ti:n] *num.* nouăsprezece.
nineteenth ['nain'ti:nθ] *num.* al nouăsprezecelea.
ninetieth ['naintiiθ] *num.* al nouăzecilea.
ninety ['nainti] *num.* nouăzeci; *the nineties* deceniul al zecelea.
ninny ['nini] *s.* găgăuţă.
ninth [nainθ] *num.* al nouălea.
nip [nip] *s.* muşcătură; pişcătură; duşcă. *vt.* a ciupi; a muşca; a distruge; a fura; *to ~ off* a reteza. *vi.* a muşca; a ciupi; a fi muşcător.
nipper ['nipə] *s.* puşti; *pl.* cleşte.
nipping ['nipiŋ] *adj.* muşcător; tăios; aspru; îngheţat.
nipple ['nipl] *s.* tetină; sfârcul sânului; biberon.
nit [nit] *s.* lindine.
no [nou] *adj.* nici un; nici o; *~ one* nimeni. *adv.* nu; deloc; câtuşi de puţin.
nobility [nou'biliti] *s.* nobleţe; nobilime.
noble ['noubl] *s.* nobil. *adj.* nobil; măreţ; uluitor.
nobody ['noubdi] *pron.* nimeni.

nod [nɔd] *s.* încuviinţare (din cap); salut; aţipeală; somnolenţă. *vi.* a încuviinţa (din cap); a saluta; a moţăi.
noise [nɔiz] *s.* zgomot.
noisome ['nɔisəm] *adj.* supărător; greţos.
noisy ['nɔizi] *adj.* zgomotos.
nominal ['nɔminl] *adj.* nominal; simbolic; mic.
nominate ['nɔmineit] *vt.* a propune (un candidat); a numi.
nomination [,nɔmi'neiʃn] *s.* numire; propunere (de candidat).
nominee [,nɔmi'ni:] *s.* candidat propus.
nonchalant ['nɔnʃlənt] *adj.* placid.
non-commissioned ['nɔnkə'miʃənd] *adj.* fără gradul de ofiţer; *~ officer* subofiţer.
non-committal ['nɔnkə'mitl] *adj.* care nu te angajează; vag.
nonconformist ['nɔnkən'fɔ:mist] *s., adj.* rebel; eretic.
nonconformity ['nɔnkən'fɔ:miti] *s.* nepotrivire; dezacord; erezie.
nondescript ['nɔndiskript] *s.* ciudăţenie; om ciudat. *adj.* ciudat; greu de definit.
none [nʌn] *pron.* nici unul; nimic; *~ of that!* încetează; *~ but* numai. *adv.* nu prea; deloc; *~ the less* cu toate acestea.
nonentity [nɔ'nentiti] *s.* nefiinţă; neisprăvit.
nonplus ['nɔn'plʌs] *vt.* a ului; a încurca.
nonsense ['nɔnsns] *s.* prostii; nonsens.
nonsensical [nɔn'sensikl] *adj.* fără sens; aiurit.
non-stop ['nɔn'stop] *adj., adv.* fără oprire.

177

noodle ['nuːdl] s. găgăuţă; pl. tăiţei.

nook [nuk] s. colţ; cotlon.

noon [nuːn] s. amiază.

noose [nuːs] s. laţ; ştreang.

nor [nɔː] conj. nici; neither... ~ nici... nici.

norm [nɔːm] s. normă; tipar.

Norman ['nɔːmən] s., adj. normand.

Norse [nɔːs] s., adj. norvegian(ă).

north [nɔːθ] s. nord. adj. nordic; de nord. adv. spre nord.

northerly ['nɔːθəli] adj. nordic; de nord.

northern ['nɔːðən] adj. nordic; ~ lights aurora boreală.

northerner ['nɔːðnə] s. nordic.

Northman ['nɔːθmən] s. nordic; scandinav; norvegian; viking.

northward ['nɔːθwəd] adj., adv. spre nord.

nose [nouz] s. nas; vârf; bot.

nose-dive ['nouzdaiv] s. picaj.

nosegay ['nouzgei] s. buchet (de flori).

nostril ['nɔstrl] s. nară.

not [nɔt] adv. nu.

notable ['noutəbl] adj. remarcabil; memorabil.

notation [nɔ'teiʃn] s. notaţie; notare; notă.

notch [nɔtʃ] s. crestătură. vt. a cresta.

note [nout] s. not(iţ)ă; însemnare; bileţel; clapă; bancnotă; poliţă; urmă, faimă; atenţie; semn. vt. a observa; a da atenţie la.

note-book ['noutbuk] s. caiet sau carnet de note.

note-case ['noutkeis] s. portofel.

note-paper ['nout,peipə] s. hârtie de scrisori.

noted ['noutid] adj. celebru.

noteworthy ['noutwəːði] adj. remarcabil.

nothing ['nʌθiŋ] pron. nimic; for ~ gratis, degeaba; inutil.

notice ['noutis] s. anunţ; avertisment; observaţie; (pre)aviz; notiţe, recenzie etc. vt. a observa, a remarca; a lua în seamă.

noticeable ['noutisəbl] adj. remarcabil; perceptibil.

notify ['noutifai] vt. a anunţa; a declara (o naştere etc.).

notion ['nouʃn] s. noţiune; idee; habar; pl. amer. mercerie.

notwithstanding [,nɔtwið'stændiŋ] adv. totuşi. prep. în ciuda.

nought [nɔːt] s. nimic; zero.

noun [naun] s. substantiv.

nourish ['nʌriʃ] vt. a hrăni; fig. a nutri.

nourishment ['nʌriʃmənt] s. hrană.

novel ['nɔvl] s. roman. adj. nou; neobişnuit.

novelist ['nɔvəlist] s. romancier.

novelty ['nɔvlti] s. noutate.

November [no'vembə] s. noiembrie.

now [nau] adv. acum, imediat; apoi.

nowadays ['nauədeiz] adv. în zilele noastre.

nowhere ['nouweə] adv. nicăieri.

noxious ['nɔkʃəs] adj. dăunător; otrăvit.

nozzle ['nɔzl] s. gură de furtun etc.

nuance [nju'ɑːns] s. nuanţă.

nucleus ['njukliəs] s. nucleu.

nudge [nʌdʒ] s. ghiont. vt. a înghionti.

nugget ['nʌgit] s. pepită (de aur).

nuisance ['njuːsns] s. supărare; pacoste.

null [nʌl] adj. nul.

nullify ['nʌlifai] vt. a anula.
numb [nʌm] adj. amorţit; ţeapăn. vt. a amorţi; a copleşi; a împietri.
number ['nʌmbə] s. număr; ~ *one* subsemnatul; interesul personal. vt. a număra; a se ridica la; a socoti.
numberless ['nʌmbəlis] adj. nenumărat.
numerator ['nju:məreitə] s. numărător.
numskull ['nʌmskʌl] s. tâmpit.
nun [nʌn] s. călugăriţă.
nunnery ['nʌnəri] s. (mănăstire de) maici.
nurse [nə:s] s. dădacă; guvernantă; doică; infirmieră. vt. a alăpta; a îngriji; a cocoli; *fig.* a nutri; a da atenţie la.
nursery ['nə:sri] s. camera copiilor; creşă; crescătorie; pepinieră; *day* ~ cămin de zi; ~ *rhymes* poezii pentru copii.
nurture ['nə:tʃə] vt. a hrăni; a îngriji; a educa; a creşte.
nut [nʌt] s. nucă; alună; piuliţă; cap; filfizon; *pl.* nebun; ~-*cracker(s)* spărgător de nuci.
nutmeg ['nʌtmeg] s. nucşoară.
nutrition [nju'triʃn] s. hrană; hrănire.
nutritious [nju:'triʃəs] adj. hrănitor.
nutshell ['nʌtʃel] s. coajă de nucă.

O

O [ou] interj. o(h); vai.
oak [ouk] s. stejar.
oaken ['oukn] adj. de stejar.
oakum ['oukəm] s. câlţi.
oar [ɔ:] s. vâslă; vâslaş.
oasis [ou'eisis] s. oază.
oat(s) [out(s)] s. ovăz.
oath [ouθ] s. jurământ; promisiune; înjurătură; blestem.
oatmeal ['outmi:l] s. fiertură; fulgi de ovăz.
obdurate ['ɔbdjurit] adj. încăpăţânat; împietrit.
obedience [ə'bi:djəns] s. supunere; ascultare.
obeisance [ɔ'beisns] s. plecăciune; omagiu.
obese [oubi:s] adj. obez.
obey [ə'bei] vt. a asculta de; a se supune la; a executa. vi. a fi supus.
obituary [ə'bitjuəri] s. necrolog.
adj. necrologic.
object[1] ['ɔbdʒikt] s. obiect; subiect; scop; *gram.* complement.
object[2] [əb'dʒekt] vt. a obiecta. vi. a obiecta; a protesta; a se revolta.
objection [əb'dʒekʃn] s. obiecţie; supărare; împotrivire.
objectionable [əb'dʒekʃnəbl] adj. neplăcut; condamnabil.
objective [əb'dʒektiv] s. (cazul) obiectiv; acuzativ. adj. obiectiv; real; impersonal.
oblige [ə'blaidʒ] vt. a obliga; a îndatora.
obliging [ə'blaidʒiŋ] adj. îndatoritor.
obliterate [ə'blitəreit] vt. a distruge; a şterge.
oblivion [ə'bliviən] s. uitare.
oblivious [ə'bliviəs] adj. neatent; uituc.

179

oblong ['ɔblɔŋ] *s.* patrulater. *adj.* alungit.

obnoxious [əb'nɔkʃəs] *adj.* nesuferit; supărător.

obscene [ɔb'si:n] *adj.* obscen; imoral.

obscure [əb'skjuə] *adj.* neclar; întunecos; umil. *vt.* a întuneca; a ascunde.

obscurity [əb'skjuəriti] *s.* întuneric; neclaritate.

obsequies ['ɔbsikwiz] *s. pl.* funeralii, înmormântare.

obsequious [əb'si:kwiəs] *adj.* servil.

observance [əb'zə:vns] *s.* respectare; sărbătorire; ceremonie.

observant [əb'zə:vnt] *adj.* atent; cu respect pentru legi.

observation [,ɔbzə'veiʃn] *s.* observaţie; remarcă.

observatory [əb'zə:vətri] *s.* observator (astronomic etc.).

observe [əb'zə:v] *vt.* a respecta; a sărbători; a observa; a studia. *vi.* a contempla.

observer [əb'zə:və] *s.* observator (persoană); cel care respectă (legea etc.).

obsess [əb'ses] *vt.* a obseda.

obsession [əb'seʃn] *s.* obsesie.

obsolescent [,ɔbsə'lesnt] *adj.* pe cale de dispariţie; desuet.

obsolete ['ɔbsəli:t] *adj.* demodat, învechit.

obstinacy ['ɔbstinəsi] *s.* încăpăţânare; perseverenţă.

obstinate ['ɔbstinit] *adj.* încăpăţânat; perseverent.

obstruct [əb'strʌkt] *vt.* a bloca; a împiedica; a opri.

obtain [əb'tein] *vt.* a obţine. *vi.* a fi la modă; a se menţine.

obtrude [əb'tru:d] *vt.* a forţa; a impune.

obtrusive [əb'tru:siv] *adj.* băgăreţ.

obtuse [əb'tju:s] *adj.* obtuz.

obviate ['ɔbvieit] *vt.* a înlătura; a eluda.

obvious ['ɔbviəs] *adj.* evident.

occasion [ə'keiʒn] *s.* prilej; motiv. *vt.* a prilejui; a produce.

occupy ['ɔkjupai] *vt.* a ocupa.

occur [ə'kə:] *vi.* a se întâmpla, a se produce; a surveni; a se afla; a-i trece prin minte.

occurrence [ə'kʌrns] *s.* întâmplare; eveniment.

o'clock [ə'klɔk] *adv.: four ~* ora patru.

octagon ['ɔktəgən] *s.* octogon.

October [ɔk'toubə] *s.* octombrie.

octopus ['ɔktəpəs] *s.* caracatiţă.

odd [ɔd] *adj.* impar; desperecheat; în plus; întâmplător; ciudat; *thirty ~ years* peste 30 de ani.

oddity ['ɔditi] *s.* ciudăţenie.

oddly ['ɔdli] *adv.* ciudat.

odds [ɔdz] *s. pl.* şanse; raport de forţe; diferenţă; handicap.

ode [oud] *s.* odă.

odo(u)r ['oudə] *s.* miros; reputaţie.

of [ɔv, əv] *prep.* al, a, ai, ale; de (la); din (partea).

off [ɔ(:)f] *adj.* dinafară; în plus; gata; stins; plecat; improbabil; liber; liniştit. *adv.* deoparte; la o parte; desprins; *prep.* de pe; de la; alături de; mai puţin de.

offals ['ɔflz] *s.* gunoi; deşeuri; resturi.

offence [ə'fens] *s.* infracţiune; ofensă; supărare; atac.

offend [ə'fend] *vt.* a supăra; a jigni; a necăji. *vi.* a greşi; a comite o infracţiune.

offender [ə'fendə] *s.* infractor.

offense [ə'fens] *s. v.* **offence**.

offensive [ə'fensiv] *s.* ofensivă; atac. *adj.* supărător; jignitor; ofensiv.

offer ['ɔfə] *s.* ofertă; propunere. *vt.* a oferi; a propune; a întinde; a (acor)da. *vi.* a se produce, a se prezenta. *vr.* a se oferi.

offering ['ɔfriŋ] *s.* dar; pomană; jertfă.

offhand ['ɔ:f'hænd] *adj.* improvizat; repezit. *adv.* pe nepregătite; repezit.

office ['ɔfis] *s.* serviciu; instituție; birou; guvernământ; ~-*boy* băiat de serviciu; ~-*holder* funcționar.

officer ['ɔfisə] *s.* funcționar; demnitar; ofițer.

official [ə'fiʃl] *s.* demnitar; funcționar. *adj.* oficial; ceremonios.

officious [ə'fiʃəs] *adj.* serviabil.

offing ['ɔfiŋ] *s.* largul mării.

offset ['ɔ:fset] *vt.* a compensa; a contrabalansa.

offshoot ['ɔ:fʃu:t] *s.* mlădiță.

off-shore ['ɔ:fʃɔ:] *adj., adv.* dinspre țărm; departe de țărm; peste ocean.

offside ['ɔ:f'said] *adj., adv. sport* dincolo de apărători; în *sau* din ofsaid.

offspring ['ɔ:fspriŋ] *s.* odraslă; progenitură; copii.

often ['ɔ:fn] *adv.* adesea.

ogle ['ougl] *vt.* a sorbi din ochi; a ochi. *vi.* a face ochi dulci.

ogre ['ougə] *s.* căpcăun.

oho [o'hou] *interj.* aha.

oil [ɔil] *s.* ulei; untdelemn; țiței; petrol. *vt.* a unge (cu ulei).

oil-cake ['ɔilkeik] *s.* turtă de floarea-soarelui.

oil-can ['ɔilkæn] *s.* bidon *sau* pompă de ulei.

oil-cloth ['ɔilklɔθ] *s.* mușama; linoleum.

oil-colours ['ɔil,kʌləz] *s. pl. artă* ulei.

oiler ['ɔilə] *s.* tanc petrolier; pompă de ulei.

oil-field ['ɔilfi:ld] *s.* teren petrolifer; schelă.

oil-painting ['ɔil'peintiŋ] *s.* pictură în ulei.

oilskin ['ɔilskin] *s.* mușama; haine impermeabile.

oil-well ['ɔilwel] *s.* puț petrolifer.

oily ['ɔili] *adj.* uleios; murdar; mieros.

ointment ['ɔintmənt] *s.* unsoare; alifie.

O.K. ['ou'kei] *interj.* bine; în regulă.

old [ould] *adj.* vechi; bătrân; trecut; demodat; înrăit.

old-fashioned [ould'fæʃnd] *adj.* demodat.

old maid ['ould'meid] *s.* fată bătrână.

olive ['ɔliv] *s.* măslin(ă); culoarea oliv. *adj.* măsliniu, oliv.

omen ['oumen] *s.* semn (mai ales rău); prevestire.

ominous ['ɔminəs] *adj.* amenințător; prevestitor de rele; semnificativ.

omission [o'miʃn] *s.* omisiune.

omit [o'mit] *vt.* a omite; a uita.

omnibus ['ɔmnibəs] *s.* omnibuz; autobuz.

omnipotence [ɔm'nipətns] *s.* atotputernicie.

omniscient [ɔm'nisiənt] *adj.* atotștiutor.

omnivorous [ɔm'nivrəs] *adj.* omnivor; ultrareceptiv.

on [ɔn] *adv.* înainte; în continuare; mai departe; aprins. *prep.* pe; asupra; deasupra; la (data de); despre; lângă; împotriva; în.

once [wʌns] *adv.* o dată; odinioară; cândva; *at ~* imediat; *~ more sau again* din nou.*conj.* îndată ce.

one [wʌn] *pron.* cineva; unul, una; același; se.

oneself [wʌn'self] *pron.* se; însuși.

one-sided ['wʌn'saidid] *adj.* unilateral.

one-way ['wʌn'wei] *adj. (d. sens etc.)* unic.

onion ['ʌnjən] *s.* ceapă.

onlooker ['ɔn‚lukə] *s.* spectator; privitor.

only ['ounli] *adj.* singur; unic. *adv.* numai; pur și simplu; chiar. *conj.* numai că; afară doar de faptul că.

onomatopoeia [‚ɔnomæto'pi:ə] *s.* onomatopee.

onrush ['ɔnrʌʃ] *s.* năvălire; năvală.

onset ['ɔnset] *s.* invazie; atac; năvală.

onto ['ɔntu] *prep.* pe.

onslaught ['ɔnslɔ:t] *s.* atac.

onward ['ɔnwəd] *adj., adv.* înainte.

ooze [u:z] *s.* mâl. *vt.* a scoate, a secreta. *vi.* a se scurge.

opaque [o'peik] *adj.* opac; întunecos; tâmpit.

open ['oupn] *s.* deschidere; *in the ~* în aer liber. *adj.* deschis; liber; neacoperit; expus; desfăcut; gol; public; nerezolvat. *vt.* a deschide; a iniția; a întinde; a începe. *vi.* a se deschide; a da (înspre); a începe; a se zări.

opener ['oupnə] *s.* deschizător; instrument de deschis.

open-handed ['oupn'hændid] *adj.* mărinimos.

open-hearted ['oupn‚hɑ:tid] *adj.* sincer; generos.

opening ['oupniŋ] *s.* deschidere; deschizătură; introducere; poziție inițială; început.

open-minded ['oupn'maindid] *adj.* lipsit de prejudecăți; cu un orizont larg.

opera ['ɔprə] *s.* operă (lirică); *~-glasses* binoclu de teatru; *~-hat* clac, joben; *~- house* (teatru de) operă.

operate ['ɔpəreit] *vt.* a mânui; a conduce; a pune în funcțiune. *vi.* a opera; a funcționa; a (con)lucra.

operatic [‚ɔpə'rætik] *adj.* de operă.

operating-theatre ['ɔpəreitiŋ‚θiətə] *s.* sală de operație.

operation [‚ɔpə'reiʃn] *s.* operație; funcționare; vigoare.

operative ['ɔprətiv] *adj.* operativ; eficient; în vigoare; operatoriu. *s.* muncitor; mecanic.

opiate ['oupiit] *s.* sedativ; somnifer.

opinion [ə'pinjən] *s.* opinie (publică); apreciere.

opium ['oupjəm] *s.* opiu; *~ den* tavernă de opiomani.

opponent [ə'pounənt] *s.* adversar.

opportunity [‚ɔpə'tju:niti] *s.* prilej favorabil; șansă; posibilitate.

oppose [ə'pouz] *vt.* a se împotrivi la; a compensa; a pune împotrivă.

opposite ['ɔpəzit] *s., adj.* opus; de vizavi.

opposition [‚ɔpə'ziʃn] *s.* împotrivire; opoziție.

oppress [ə'pres] *vt.* a asupri; a apăsa; a chinui.

oppression [ə'preʃn] *s.* asuprire; nedreptate; apăsare.

oppressive [ə'presiv] *adj.* apăsător; aspru; chinuitor; asupritor.

oppressor [ə'presə] *s.* asupritor; tiran.

optics ['ɔptiks] *s. pl.* optică.

optimistic [ˌɔpti'mistik] *adj.* optimist; încurajator.

option ['ɔpʃn] *s.* opţiune; drept de preferinţă.

optional ['ɔpʃənl] *adj.* facultativ.

opulence ['ɔpjuləns] *s.* bogăţie; abundenţă.

or [ɔː] *conj.* sau; *whether...* ~ dacă... sau...; ~ *else* căci altfel.

oracle ['ɔrəkl] *s.* oracol.

orange ['ɔrindʒ] *s.* portocal(ă); portocaliu.

orang-outang ['ɔːrəŋ'uːtæŋ] *s.* urangutan.

orb(it) ['ɔːb(it)] *s.* orbită.

orchard ['ɔːtʃəd] *s.* livadă.

orchestra ['ɔːkistrə] *s.* (fosă pentru) orchestră; fotolii de orchestră (şi ~ *stalls*).

ordain [ɔː'dein] *vt.* a hirotonisi; a hotărî; a predestina.

ordeal [ɔː'diːl] *s.* chin; calvar; (verificarea nevinovăţiei prin) tortură.

order ['ɔːdə] *s.* ordin(e); aranjament; sistem; (o)rânduire; comandă; cerere; mandat; haina preoţiei etc.; *on* ~ la cerere; *in* ~ *to* pentru a; *in* ~ *that* ca să. *vt.* a comanda; a cere; a ordona; a conduce.

orderly ['ɔːdəli] *s.* sanitar; (ofiţer de) ordonanţă. *adj.* ordonat; liniştit; disciplinat; ~ *officer* ofiţer de serviciu.

ordinal ['ɔːdinl] *s.* numeral ordinal. *adj.* ordinal.

ordinarily ['ɔːdinərili] *adv.* normal; de obicei.

ordinary ['ɔːdnəri] *adj.* obişnuit; normal; ordinar; mediu.

ordination [ˌɔːdi'neiʃn] *s.* hirotonisire.

ordnance ['ɔːdnəns] *s.* artilerie (grea); arsenal.

ore [ɔː] *s.* minereu.

organ ['ɔːgən] *s.* organ; instrument; orgă; ~- *grinder* flaşnetar.

organization [ˌɔːgənai'zeiʃn] *s.* organizare; organizaţie.

organize ['ɔːgənaiz] *vt., vi.* a (se) organiza.

orient ['ɔːriənt] *s.* orient. *vt.* a orienta.

orientate ['ɔːrienteit] *vt.* a orienta (către est).

orifice ['ɔrifis] *s.* orificiu, gaură.

origin ['ɔridʒin] *s.* origine.

original [ə'ridʒinl] *s., adj.* original; originar.

originally [ə'ridʒinəli] *adv.* în mod original; la origine.

originate [ə'ridʒineit] *vt.* a iniţia; a inventa; a lansa; a produce. *vi.* a începe; *to* ~ *in* sau *from* a se trage din; a decurge *sau* a proveni din.

ornate [ɔː'neit] *adj.* împodobit.

orphan ['ɔːfn] *s., adj.* orfan. *vt.* a lăsa orfan.

orphanage ['ɔːfənidʒ] *s.* orfelinat.

orthodox ['ɔːθədɔks] *adj.* ortodox; convenţional; aprobat; obişnuit.

orthodoxy ['ɔːθədɔksi] *s.* ortodoxie; conformism.

osier ['ouʒə] *s.* răchită.

ossify ['ɔsifai] *vt.* a osifica. *vi.* a se osifica; a se împietri; *fig.* a se anchiloza.

ostensible [ɔs'tensəbl] *adj.* aparent; prefăcut; de ochii lumii.
ostentation [,ɔsten'teiʃn] *s.* ostentaţie; prefăcătorie.
ostentatious [,ɔsten'teiʃəs] *adj.* ostentativ; ţipător.
ostler ['ɔslə] *s.* grăjdar.
ostrich ['ɔstritʃ] *s.* struţ.
other ['ʌðə] *adj.* alt; diferit; suplimentar; *the ~ one* celălalt; *the ~ day* deunăzi; *on the ~ hand* pe de altă parte. *pron.: the ~* celălalt; *one after the ~* pe rând; *each ~* unul pe altul, reciproc. *adv.* altfel.
otherwise ['ʌðəwaiz] *adv.* altfel; în caz contrar; în alte privinţe.
otter ['ɔtə] *s.* vidră.
ouch [autʃ] *interj.* au.
ought [ɔ:t] *v. mod.* a se cuveni să; a fi probabil să.
ounce [auns] *s.* uncie; *fig.* dram.
our ['auə] *adj.* nostru etc.
ours ['auəz] *pron.* al nostru etc.
ourselves [auə'selvz] *pron.* ne; înşine; noi; *by ~* singuri.
oust [aust] *vt.* a izgoni.
out [aut] *adj., adv.* afară; pe sfârşite; în relief; departe; dispărut; răspicat; greşit; *~ and away* de departe; *~ and ~* complet; extrem; *~ of* din; din pricina.
outbreak ['autbreik] *s.* izbucnire; acces.
outbuildings ['autbildiŋz] *s.* acareturi.
outburst ['autbə:st] *s.* izbucnire; explozie.
outcast ['autkɑ:st] *s.* surghiunit; paria; apartid.
outcome ['autkʌm] *s.* rezultat.
outdistance [aut'distəns] *vt.* a lăsa în urmă.

outdo [aut'du:] *vt.* a întrece.
outdoor ['autdɔ:] *adj.* exterior; în aer liber.
outdoors ['aut'dɔ:z] *adv.* afară.
outer ['autə] *adj.* exterior.
outfit ['autfit] *s.* echipament; instrumentar; instalaţie.
outflow ['autflou] *s.* scurgere; izbucnire.
outgoing ['aut,gouiŋ] *adj.* fost; demisionar.
outgrow [aut'grou] *vt.* a depăşi; a se dezbăra de.
outgrowth ['autgrouθ] *s.* dezvoltare; consecinţă; excrescenţă; produs.
outhouse ['authaus] *s.* acaret; dependinţă.
outing ['autiŋ] *s.* plimbare.
outlandish [aut'lændiʃ] *adj.* ciudat; exotic.
outlast [aut'lɑ:st] *vt.* a depăşi; a supravieţui (cuiva).
outlaw ['autlɔ:] *s.* haiduc. *vt.* a scoate în afara legii.
outlawry ['autlɔ:ri] *s.* haiducie.
outlay ['autlei] *s.* cheltuială.
outlet ['autlet] *s.* ieşire; scăpare; debuşeu.
outline ['autlain] *s.* contur; punctaj; schiţă. *vt.* a schiţa, a contura.
outlive [aut'liv] *vt.* a supravieţui (cuiva).
outlook ['autluk] *s.* concepţie (generală); perspectivă.
outlying ['autlaiiŋ] *adj.* periferic.
outnumber [aut'nʌmbə] *vt.* a covârşi.
out-of-date ['autəv'deit] *adj.* demodat.
out-of-door(s) ['autəv'dɔ:(z)] *adj.* în aer liber.
out-of-the-way ['autəvðə'wei] *adj.* îndepărtat; ciudat.

outpost ['autpoust] *s.* avanpost.
output ['autput] *s.* producţie;
produs.
outrage ['autreidʒ] *s.* insultă; atac;
crimă; izbucnire. *vt.* a răni; a
încăleca.
outrageous [aut'reidʒəs] *adj.*
scandalos.
outright ['aut'rait] *adj.* total; clar;
deschis. *adv.* direct; pe faţă;
total.
outrun [aut'rʌn] *vt.* a întrece.
outset ['autset] *s.* început.
outside ['aut'said] *s.* exterior; în-
făţişare, extrem(itate); limită. *adj.*
exterior; extrem; larg; generos;
suplimentar. *adv.* (pe din)afară;
în aer liber; *prep.* dincolo de;
afară din; în afară de.
outsider ['aut'saidə] *s.* persoană
dinafară; intrus.
outskirts ['autskə:ts] *s. pl.*
periferie; suburbii; margine.
outspoken [aut'spoukn] *adj.* des-
chis, sincer; fără ascunzişuri.
outspread ['aut'spred] *adj.* întins.
outstanding ['aut'stændiŋ] *adj.*
remarcabil; restant; nerezolvat.
outstretched [aut'stretʃt] *adj.* în-
tins.
outstrip [aut'strip] *vt.* a depăşi.
outward ['autwəd] *adj.* exterior; din
străinătate. *adv.* în afară.
outwardly [aut'wədli] *adv.* apa-
rent; superficial.
outweigh [aut'wei] *vt.* a depăşi (în
greutate).
outwit [aut'wit] *vt.* a fi mai deştept
decât.
ouzel ['u:zl] *s.* mierlă.
oven ['ʌvn] *s.* cuptor.
over ['ouvə] *adv.* răsturnat; (pe)
deasupra; mai sus; dincolo; încă
o dată; foarte; prea; ~ again

iarăşi. *prep.* peste; deasupra;
mai sus de; mai târziu de; ~ and
above peste; în plus faţă de. *adj.*
terminat; încheiat; gata.
overall ['ouvərɔ:l] *s.* halat; *pl.* sa-
lopetă. *adj.* general; global.
overbearing [,ouvə'bɛəriŋ] *adj.*
arogant; tiran.
overboard ['ouvəbɔ:d] *adv.* peste
bord.
overburden [,ouvə'bə:dn] *vt.* a su-
praîncărca; a copleşi.
overcame [,ouvə'keim] *vt. trec. de
la* **overcome**.
overcast ['ouvəkɑ:st] *adj.*
întunecat; noros; trist.
overcharge ['ouvə'tʃɑ:dʒ] *s.*
suprasarcină; suprataxă; preţ
piperat. *vt.* a supraîncărca; a
specula.
overcoat ['ouvəkout] *s.* pardesiu;
demi; palton.
overcome ['ouvə'kʌm] *vt.* a în-
vinge; a covârşi.
overcrowd ['ouvə'kraud] *vt.* a su-
praaglomera.
overdo [,ouvə'du:] *vt.* a exagera; a
frige prea tare.
overdraw ['ouvə'drɔ:] *vt.* a exa-
gera; a depăşi (contul la bancă).
overdress ['ouvə'dres] *vt., vi.* a (se)
împopoţona.
overdue [,ouvə'dju:] *adj.* întârziat;
datorat de mult.
overflow¹ ['ouvəflou] *s.* surplus;
abundenţă; inundaţie.
overflow² [,ouvə'flou] *vt.* a inunda;
a trece dincolo de. *vi.* a da pe
dinafară; a se revărsa; a abunda
overfulfilment ['ouvəful'filmənt] *s.*
îndeplinire înainte de termen.
overgrow ['ouvə'grou] *vt.* a umple;
a acoperi. *vi.* a creşte exagerat.

overgrowth ['ouvəgrouθ] *s.* creştere exagerată; bălării.

overhand ['ouvəhænd] *adj.*, *adv.* peste umăr.

overhang ['ouvəhæŋ] *vi.* a atârna (ameninţător).

overhaul[1] ['ouvəhɔ:l] *s.* revizie generală; cercetare.

overhaul[2] [,ouvə'hɔ:l] *vt.* a revizui; a ajunge din urmă.

overhead ['ouvəhed] *adj.* aerian; deasupra capului; *com.* de regie. *adv.* (deasupra) capului.

overhear [,ouvə'hiə] *vt.* a (sur)prinde (o discuţie).

over-indulge ['ouvrin'dʌldʒ] *vt.*, *vi.* a(-şi) permite prea multe. *vr.* a se desfăta.

over-indulgence [,ouvrin'dʌldʒns] *s.* destrăbălare.

overjoyed [,ouvə'dʒɔid] *adj.* încântat.

overland ['ouvəlænd] *adj.*, *adv.* pe uscat.

overlap [,ouvə'læp] *vi.* a se suprapune.

overload [,ouvə'loud] *vt.* a supraîncărca.

overlook [,ouvə'luk] *vt.* a scăpa din vedere; a trece cu vederea; a supraveghea; a domina (cu privirea).

overnight [,ouvə'nait] *adj.*, *adv.* peste noapte.

overpower [,ouvə'pauə] *vt.* a covârşi.

overproduction ['ouvəprə'dʌkʃn] *s.* supraproducţie.

overrate ['ouvə'reit] *vt.* a supraestima.

overreach [,ouvə'ri:tʃ] *vt.* a depăşi.

overrule [,ouvə'ru:l] *vt.* a anula; a respinge.

overrun [,ouvə'rʌn] *vt.* a invada; a

covârşi; a depăşi.

oversea(s) ['ouvə'si:(z)] *adj.*, *adv.* în străinătate; (de) peste mări şi ţări.

oversee ['ouvə'si:] *vt.* a supraveghea.

overseer ['ouvəsiə] *s.* supraveghetor; contramaistru.

overshoe ['ouvəʃu:] *s.* şoşon; galoş.

overshoot ['ouvə'ʃu:t] *vt.* a trage *sau* a ţinti prea departe.

oversight ['ouvəsait] *s.* neglijenţă; scăpare; supraveghere.

oversleep ['ouvə'sli:p] *vi.*, *vr.* a dormi prea mult.

overstate ['ouvə'steit] *vt.* a exagera.

overstrain ['ouvə'strein] *s.* efort prea mare; istovire.

overt ['ouvə:t] *adj.* deschis; public.

overtake [,ouvə'teik] *vt.* a ajunge din urmă; a surprinde; a covârşi.

overtax ['ouvə'tæks] *vt.* a suprasolicita; a impune la prea mult.

overthrow[1] ['ouvəθrou] *s.* răsturnare; înfrângere; nimicire.

overthrow[2] [ouvə'θrou] *vt.* a răsturna; a înfrânge.

overtime ['ouvətaim] *s.* ore suplimentare; plată suplimentară. *adv.* suplimentar.

overture ['ouvətjuə] *s.* uvertură; ofertă; *pl.* avansuri; propuneri.

overturn ['ouvə'tə:n] *vt.*, *vi.* a (se) răsturna.

overweight ['ouvə'weit] *s.* greutate suplimentară.

overwhelm [,ouvə'welm] *vt.* a covârşi; a copleşi; a nimici; a stăpâni.

overwhelming ['ouvə'welmiŋ] *adj.* covârşitor, copleşitor.

overwork¹ ['ouvəwə:k] *s.* supra-solicitare; istovire.
overwork² ['ouvə'wə:k] *vt., vi.* a (se) istovi.
overwrought ['ouvə'rɔ:t] *adj.* isto-vit; nervos; surescitat.
owe [ou] *vt.* a datora. *vi.* a avea datorii.
owing ['ouiŋ] *adj.* datorat; restant; ~ *to* din pricina.
owl [aul] *s.* bufniţă.

own [oun] *adj.* propriu. *vt.* a măr-turisi; a recunoaşte; a poseda. *vi.* a se recunoaşte vinovat.
owner ['ounə] *s.* proprietar.
ownership ['ounəʃip] *s.* proprie-tate.
ox [ɔks] *s.* bou; mascul.
oxen ['ɔksn] *s.*, *pl. de la* **ox.**
oyster ['ɔistə] *s.* stridie.
oz [auns] *s.* uncie.

P

pa [pɑ:] *s.* tăticu.
pace [peis] *s.* pas; ritm. *vt.* a mă-sura; a regla. *vt.* a păşi; a se plimba.
pacify ['pæsifai] *vt.* a linişti; a pa-cifica.
pack [pæk] *s.* pachet (de cărţi); legătură; haită; bandă. *vt.* a îm-pacheta; a pune în geamantan; a umple; a îngrămădi; a căptuşi; *to* ~ *off* a expedia; *to* ~ *up* a pune în geamantan. *vi.* a face bagajele; a împacheta; a se îngrămădi.
package ['pækidʒ] *s.* pachet.
packet ['pækit] *s.* pachet; pache-bot; (şi ~ *boat*).
pad [pæd] *s.* căptuşeală (matlasa-tă); umplutură; teanc (de hârtii); tuşieră; perniţă (a labei). *vt.* a căptuşi; a matlasa; a umple.
padding ['pædiŋ] *s.* căptuşeală groasă; molton; umplutură.
paddle ['pædl] *s.* vâslă; padelă: lopăţică. *vt.* a împinge cu vâs-lele. *vt.* a vâsli.
paddock ['pædək] *s.* ţarc; padoc.
paddy ['pædi] *s.* orez.

padlock ['pædlək] *s.* lacăt. *vt.* a încuia.
pagan ['peigən] *s.*, *adj.* păgân.
page ['peidʒ] *s.* pagină; paj; băiat de serviciu.
pageant ['pædʒnt] *s.* procesiune; car alegoric; spectacol (medie-val) în aer liber.
paid [peid] *vt., vi. trec. şi part. trec. de la* **pay.**
pail [peil] *s.* găleată.
pain *s.* durere; efort; pedeapsă. *vt.* a chinui.
painful ['peinfl] *adj.* dureros; ne-plăcut.
painstaking ['peinz,teikiŋ] *adj.* har-nic; muncitor.
paint [peint] *s.* culoare; vopsea. *vt.* a vopsi; a picta; a descrie. *vi.* a picta.
painter ['peintə] *s.* pictor; zugrav.
painting ['peintiŋ] *s.* pictură; vop-sitorie.
pair [pɛə] *s.* pereche. *vt., vi.* a (se) împerechea; a se căsători.
Pakistani [,pɑ:kis'tɑ:ni] *s.*, *adj.* pakistanez.
pal [pæl] *s.* tovarăş; prieten bun.

187

palace ['pælis] *s.* palat.
palatable ['pælətəbl] *adj.* bun la gust; acceptabil.
palate ['pælit] *s.* cerul gurii; gust.
palaver [pə'lɑːvə] *s.* vorbărie; tratative. *vi.* a flecări.
pale [peil] *s.* scândură; limită. *adj.* palid. *vi.* a păli.
palette ['pælit] *s. artă* paletă.
paling ['peiliŋ] *s.* gard.
palisade [,pæli'seid] *s.* palisadă; gard.
pall [pɔːl] *s.* linţoliu; văl.
pallet ['pælit] *s.* saltea de paie.
palliate ['pælieit] *vt.* a îmblânzi; a scuza.
palm [pɑːm] *s.* palmă; mână; (frunză de) palmier; lauri. *vt.* a trece; a înmâna; a strecura.
palmist ['pɑːmist] *s.* chiromant(ă).
palmistry ['pɑːmistri] *s.* chiromanţie.
palpitate ['pælpiteit] *vi.* a palpita.
palsy ['pɔːlzi] *s.* paralizie.
paltry ['pɔːltri] *adj.* mic; meschin; mizerabil.
pamper ['pæmpə] *vt.* a răsfăţa; a îndopa.
pamphlet ['pæmflit] *s.* broşură.
pan [pæn] *s.* tigaie (cu coadă); platan.
pancake ['pænkeik] *s.* clătită.
pandemonium [,pændi'mounjəm] *s.* iad; măcel.
pander ['pændə] *s.* codoş.
pane [pein] *s. (ochi de)* geam.
panel ['pænl] *s.* panou; lambriu; ochi de geam; listă; juriu. *vt.* a îmbrăca în panouri.
pang [pæŋ] *s.* junghi.
panic ['pænik] *s.* panică; ~ -stricken înspăimântat.
panpipe(s) ['pænpaip(s)] *s.* nai.
pansy ['pænzi] *s.* panseluţă.

pant [pænt] *vt., vi.* a gâfâi.
pantaloon [,pæntə'luːn] *s.* clovn; *pl.* pantaloni.
pantry ['pæntri] *s.* cămară.
pants ['pænts] *s. pl.* indispensabili; chiloţi; *amer.* pantaloni.
pap [pæp] *s.* terci.
papa [pə'pɑː] *s.* tăticu.
papacy ['peipəsi] *s.* papalitate.
paper ['peipə] *s.* hârtie; document; act (de identitate); ziar; bancnotă; lucrare; teză; *pol.* carte (albă etc.): ~ -hanger tapetar; ~ -knife coupe-papier, cuţit pentru hârtie.
papist ['peipist] *s.* papistaş.
par [pɑː] *s.* egalitate; paritate.
parable ['pærəbl] *s.* parabolă.
parade [pə'reid] *s.* demonstraţie; (teren de) paradă; promenadă. *vi.* a face pe grozavul; a mărşălui.
paraffin ['pærəfin] *s.* parafină; gaz lampant.
paragon ['pærəgən] *s.* model.
parallel ['pærəlel] *s.* paralelă; corespondent; comparaţie. *adj.* paralel; corespunzător; identic. *vt.* a face paralelă cu.
paralysis [pə'rælisis] *s.* paralizie; inerţie.
paramount ['pærəmaunt] *adj.* suprem; cel mai înalt.
paraphernalia [,pærəfə'neiljə] *s. pl.* catrafuse; accesorii; avere; mărunţişuri.
parasol [,pærə'sɔl] *s.* umbreluţă de soare.
parcel ['pɑːsl] *s.* pachet; parcelă. *vt.* a parcela.
parch [pɑːtʃ] *vt., vi.* a (se) usca; a (se) prăji.
parchment ['pɑːtʃmənt] *s.* (hârtie) pergament.

pardon ['pɑːdn] *s.* iertare; graţiere; îngăduinţă. *vt.* a ierta; a graţia; a trece cu vederea.

parent ['pɛərnt] *s.* părinte; strămoş.

parentage ['pɛərntidʒ] *s.* paternitate; origine.

parental [pə'rentl] *adj.* părintesc.

parenthesis [pə'renθisis] *s.* paranteză.

parenthetic(al) [,pærn'θetik(l)] *adj.* între paranteze; incident(al).

parish ['pæriʃ] *s.* parohie; district; cartier; enoriaşi; ~ *register* registrul stării civile.

parishioner [pə'riʃənə] *s.* enoriaş; locuitor din cartier.

parity ['pæriti] *s.* paritate; asemănare.

park [pɑːk] *s.* parc. *vt.* a parca.

parley ['pɑːli] *s.* negocieri. *vt.* a negocia.

parliament ['pɑːləmənt] *s.* parlament.

parlo(u)r ['pɑːlə] *s.* salonaş; hol; vorbitor.

parochial [pə'roukjəl] *adj.* parohial; limitat; îngust.

parquet ['pɑːkei] *s.* parchet.

parrot ['pærət] *s.* papagal.

parry ['pæri] *vt.* a para.

parse [pɑːz] *vt.* a analiza gramatical.

parsimonious [,pɑːsi'mounjəs] *adj.* zgârcit.

parsimony ['pɑːsiməni] *s.* zgârcenie; economie.

parsley ['pɑːsli] *s.* pătrunjel.

parsnip ['pɑːsnip] *s.* păstârnac.

parson ['pɑːsn] *s.* popă.

part [pɑːt] *s.* parte; fragment; cotă; merit; fascicul(ă); piesă; rol; *in ~* parţial; printre altele; în amănunt. *vt.* a despărţi; a separa; a

pieptăna cu cărare. *vi.* a se despărţi.

partake [pɑː'teik] *vt.* a împărtăşi. *vi.: to ~ of* a se înfrupta din.

partial ['pɑːʃl] *adj.* parţial; fragmentar; părtinitor; *to be ~ to* a ţine la.

partiality [,pɑːʃi'æliti] *s.* părtinire; prejudecată; înclinaţie.

partially ['pɑːʃəli] *adv.* parţial; cu părtinire.

parti-colo(u)red ['pɑːti,kʌləd] *adj.* bălţat; multicolor.

particular [pə'tikjulə] *adj.* specific; distinct; special; exact, dificil. *s.* detaliu; articol.

particularity [pə,tikju'læriti] *s.* exactitate; particularitate; minuţiozitate.

particularize [pə'tikjuləraiz] *vt., vi.* a enumera.

particulary [pə'tikjuləli] *adv.* în special; în amănunt.

parting ['pɑːtiŋ] *s.* despărţire; (pieptănătură cu) cărare.

partition [pɑː'tiʃn] *s.* despărţitură; compartiment; glasvand. *vt.* a despărţi; a separa; a împărţi.

partly ['pɑːtli] *adv.* parţial; în oarecare măsură.

partner ['pɑːtnə] *s.* partener; tovarăş; părtaş. *vt.* a se întovărăşi cu.

partnership ['pɑːtnəʃip] *s.* tovărăşie; întovărăşire.

partook [pɑː'tuk] *vt., vi. trec. de la* **partake**.

partridge ['pɑːtridʒ] *s.* potârniche.

part-time ['pɑːt'taim] *adj., adv.* temporar; parţial; extrabugetar.

party ['pɑːti] *s.* partid; grup; petrecere; partidă; parte (la un contract etc.); detaşament; echipă; persoană. *adj.* partinic, de partid.

pass [pɑːs] vt. a trece (pe lângă, dincolo de); a petrece; a răspândi; a aproba; a întrece. vi. a trece; a se strecura; a se scurge; a circula; a fi aprobat; a dispărea; a se întâmpla; a pasa; to ~ away a trece în lumea drepților; a dispărea; to ~ by a nu observa; a trece cu vederea; to ~ for a trece drept; to ~ over a nesocoti. s. trecere; succes (la un examen); situație; pasă; permis; trecătoare; atac; avans.

passable ['pɑːsəbl] adj. pasabil; acceptabil; mediocru.

passage ['pæsidʒ] s. trecere; călătorie; pasaj; trecătoare; coridor; întâmpinare.

passenger ['pæsindʒə] s. pasager.

passer-by ['pɑːsə'bai] s. trecător.

passing ['pɑːsiŋ] s. trecere. adj. trecător. adj. trecător; întâmplător.

passion ['pæʃn] s. patimă.

passionate [pæʃənit] adj. pătimaș; pasionat; fierbinte; irascibil.

passport ['pɑːspɔːt] s. pașaport; cheia succesului.

password ['pɑːswɔːd] s. cuvânt de ordine; parolă.

past [pɑːst] s. trecut. adj. trecut; incapabil de. adv. pe alături. prep. mai presus; dincolo de; ~ bearing insuportabil.

paste [peist] s. pastă; lipici; a afișa.

pasteboard ['peistbɔːd] s. carton. adj. de carton; fig. șubred.

pastel ['pæstl] s. (culori) pastel. adj. în pastel.

pastime ['pɑːstaim] s. distracție; joc.

pastry ['peistri] s. patiserie; plăcintă.

pasture ['pɑːstʃə] s. pășune. vt., vi. a paște.

pasty ['peisti] adj. păstos.

pat [pæt] s. mângâiere; atingere. adj. clar; șablon. vt. a mângâia; a bate ușurel. adv. la țanc.

patch [pætʃ] s. petic; pată; răzor. vt. a cârpi; a împăca.

patchwork ['pætʃwəːk] s. cârpeală.

pate [peit] s. căpățână.

patent ['peitnt] s. patent; licență; autorizație; privilegiu. adj. clar; patentat; ~ leather piele de lac.

paternal [pə'təːnl] adj. părintesc; după tată.

path [pɑːθ] s. potecă; cale.

pathetic [pə'θetik] adj. patetic; emoțional.

pathway ['pɑːθwei] s. potecă; cale.

patience ['peiʃns] s. răbdare; rezistență; perseverența; silința; ștevie.

patient ['peiʃnt] s. pacient; bolnav. adj. răbdător.

patrol [pə'troul] s. patrulă. vi. a patrula.

patron ['peitrn] s. patron; susținător; client obișnuit.

patronage ['pætrənidʒ] s. patronaj; aer protector; clientelă.

patronize ['pætrənaiz] vt. a patrona; a trata de sus; a frecventa.

patter ['pætə] vt. a repeta; a recita. vi. a vorbi repede; a ciocăni. s. ciocănit; repetiție; replici; jargon.

pattern ['pætən] s. model; șablon.

Paul [pɔːl] s.: ~ Pry om băgăreț.

paunch [pɔːntʃ] s. burtă; burduhan.

pauper ['pɔːpə] s. sărac; cerșetor.

pause ['pɔːz] s. pauză; răgaz. vi. a face o pauză.

pave [peiv] vt. a pava; a acoperi.

pavement ['peivmənt] s. pavaj; trotuar.
paving ['peiviŋ] s. pavaj.
paw [pɔː] s. labă.
pawn [pɔːn] s. pion; amanet; ~ broker cămătar; ~ shop munte de pietate. vt. a amaneta; a pune chezaş.
pay [pei] vt. a (răs)plăti; a achita; a (acor)da; a face (curte, vizite, complimente): to ~ off a concedia; to ~ back a achita. vi. a plăti; a renta. s. leafă; onorariu; (răs)plată; soldă.
payable ['peiəbl] adj. plătibil; profitabil; scadent.
pay-day ['peidei] s. ziua salariului.
pay-master ['pei,mɑːstə] s. casier.
payment ['peimənt] s. (răs)plată; recompensă.
pay-roll ['peiroul] s. stat de plată.
pay-sheet ['peiʃiːt] s. stat sau fond de salarii.
pea [piː] s. (bob de) mazăre.
peace [piːs] s. (tratat de) pace; linişte; tihnă.
peaceable ['piːsəbl] adj. paşnic; liniştit.
peaceful ['piːsfl] adj. paşnic; tihnit.
peach [piːtʃ] s. piersică; fată frumoasă.
peacock ['piːkɔk] s. păun.
peahen ['piːhen] s. păuniţă.
peak [piːk] s. vârf; culme; cozoroc.
peaked ['piːkt] adj. cu vârf sau cozoroc; slab; prăpădit.
peaky ['piːki] adj. ofilit.
peal [piːl] s. zvon de clopote; bubuitură (de tunet): hohot vi. (d. clopote) a răsuna.
peanut ['piːnʌt] s. (alună) arahidă.
pear [pɛə] s. bot. pară; păr.

pearl [pəːl] s. perlă; nestemată; lacrimă; ~ -barley arpacaş; ~ -diver pescuitor de perle.
peasant ['peznt] s. ţăran. adj. ţărănesc.
peasantry ['pezntri] s. ţărănime.
pease [piːz] s. mazăre.
peat ['piːt] s. turbă; ~ -boy turbărie.
pebble ['pebl] s. pietricică; pl. prundiş.
peck [peky] s. baniţă; ciocănit (cu ciocul); sărutare. vt., vi. a lovi cu ciocul; a ciuguli.
pecker ['pekə] s. ciocănitoare.
peculiar [pi'kjuːljə] adj. specific; individual; special; ciudat.
peculiarity [pi,kjuːli'æriti] s. particularitate; ciudăţenie.
pedagogue ['pedəgɔg] s. profesor; învăţător; pedagog.
pedal ['pedl] s. pedală. vt. a acţiona cu pedalele. vi. a pedala.
peddle ['pedl] vt. a vinde cu amănuntul; a colporta.
pedestrian [pi'destriən] s. pieton. adj. pedestru.
pedigree ['pedigriː] s. genealogie; origine.
pedlar ['pedlə] s. vânzător ambulant; telal.
pee [piː] vi. a face pipi. s. pipi.
peel [piːl] s. coajă. vt., vi. a (se) coji.
peelings ['piːliŋz] s. pl. coji.
peep [piːp] vi. a iscodi; a-şi băga nasul; a se ivi; a se iţi; a chiţăi; a ciripi. s. ochire; ocheadă; chiţăit; ciripit; ivire.
peer [piə] s. egal; nobil; pair; membru al Camerei Lorzilor. vi. a străpunge (întunericul etc.) cu privirea; a se iţi; a se ivi.

191

peerage ['piəridʒ] s. Camera Lorzilor; rangul de pair; arhondologie.

peerless ['piəlis] adj. neasemuit, fără pereche.

peevish ['pi:viʃ] adj. țâfnos; plângăreț.

peg [peg] s. țăruș; scoabă; cui(er). vt. a fixa.

pekin(g)ese [,pi:kiŋ'i:z] s. pechinez.

pelargonium [,pelə'gouniəm] s. mușcată.

pellet ['pelit] s. ghemotoc de hârtie; cocoloș de pâine etc.; alică; pilulă.

pell-mell ['pel'mel] adj., adv. claie peste grămadă.

pellucid [pe'lju:sid] adj. transparent.

pelt [pelt] s. blană, piele; (grindină de) lovituri. vt. a bombarda. vi. a cădea (ca grindina).

pemmican ['pemikən] s. pastramă.

pen [pen] s. țarc; curte; stână; peniță; pană; condei; stilou. vt. a închide (în țarc); a împrejmui; a scrie.

penal ['pi:nl] adj. penal; ~ servitude temniță grea.

penalize ['pi:nəlaiz] vt. a pedepsi; a penaliza.

penalty ['penlti] s. pedeapsă.

penance ['penəns] s. pocăință; penitență.

pence [pens] s. pl. de la **penny**.

pencil ['pensl] s. creion. vt. a scrie cu creionul.

pencil-case ['penslkeis] s. penar.

pencilled ['pensld] adj. frumos desenat; arcuit.

pendant ['pendənt] s. pandantiv; steag. adj. care atârnă; nerezolvat; pendinte.

pending ['pendiŋ] adj. nehotărât; nerezolvat; pendinte. prep. în timpul; până la.

penetrate ['penitreit] vt. a străpunge; a înțelege; a răspândi în. vi. a pătrunde; a se răspândi.

penetrating ['penitreitiŋ] adj. pătrunzător; subtil; ascuțit; ager.

penetration [,peni'treiʃn] s. pătrundere; perspicacitate; agerime.

pen-holder ['pen-,houldə] s. toc.

penitence ['penitsn] s. (po)căință.

penitent ['penitnt] s., adj. pocăit.

penitentiary [,peni'tenʃəri] s. școală de corecție; amer. închisoare.

pen-knife ['pennaif] s. briceag.

penman ['pennmən] s. scriitor; caligraf.

penmanship ['penmənʃip] s. caligrafie; literatură.

pen-name ['penneim] s. pseudonim (literar).

pennant ['penənt] s. fanion.

penniless ['penilis] adj. lefter.

pennon ['penən] s. fanion; steag.

penny ['peni] s. (monedă de un) penny; a douăsprezecea parte dintr-un șiling.

pennyworth ['peniwə:θ] s. marfă de un penny.

penssion[1] ['penʃn] s. pensie. vt. a pensiona.

pension[2] ['pɑ:ŋsiɔŋ] s. pensiune.

pensioner ['penʃənə] s. pensionar.

pensive ['pensiv] adj. gânditor; melancolic.

pentagon ['pentəgən] s. pentagon; The Pentagon Ministerul de Război al S.U.A.

Pentecost ['pentikɔst] *s. rel.* Rusalii.

penthouse ['penthaus] *s.* şopron; mansardă.

penurious [pi'njuəriəs] *adj.* sărăcăcios; meschin; zgârcit.

penury ['penjuri] *s.* lipsă; sărăcie.

peony ['piəni] *s.* bujor.

people ['pi:pl] *s.* oameni; popor; naţiune; plebe; familie; ~'s popular. *vt.* a popula.

pep [pep] *s.* energie; vioiciune.

pepper ['pepə] *s.* piper; ardei. *vt.* a pipera.

pepper-box ['pepəbɔks] *s.* solniţă de piper.

peppermint ['pepəmint] *s.* mentă.

peppery ['pepəri] *adj.* piperat; nervos.

perambulator ['præmbjuleitə] *s.* cărucior de copil.

perceive [pə:'si:v] *vt.* a observa; a zări; a înţelege; a percepe.

per cent [pə'sent] *adv.* la sută.

percentage [pə'sentidʒ] *s.* procentaj; proporţie.

perceptible [pə'septəbl] *adj.* perceptibil, palpabil.

perception [pə'sepʃn] *s.* pătrundere; percepţie.

perch [pɑ:tʃ] *s.* cocoţare; loc de cocoţat; poziţie sigură; (măsură de o) prăjină; biban. *vt., vi.* a (se) cocoţa.

percolator ['pə:kəleitə] *s.* filtru (pentru cafea).

percussion [pə:'kʌʃn] *s.* (instrumente de) percuţie.

perdition [pə:'diʃn] *s.* perdiţie; osândă.

peregrination [,perigri'neiʃn] *s.* călătorie.

perennial [pə'renjəl] *s.* plantă perenă. *adj.* peren; etern.

perfect¹ ['pə:fikt] *s.* perfect. *adj.* perfect; exact; total.

perfect² [pə'fekt] *vt.* a îmbunătăţi; a perfecţiona.

perforce [pə'fɔ:s] *adv.* neapărat; cu forţa.

perform [pə'fɔ:m] *vt.* a îndeplini; a (de)săvârşi; a prezenta; a executa. *vi.* a da spectacole.

performance [pə'fɔ:məns] *s.* îndeplinire; spectacol.

perfume¹ ['pəfju:m] *s.* parfum.

perfume² [pə'fju:m] *vt.* a parfuma.

perfunctory [pə'fʌŋktri] *adj.* superficial; de ochii lumii; maşinal.

perhaps [pə'hæps, præps] *adv.* (se prea) poate.

peril ['peril] *s.* primejdie. *vt.* a primejdui.

perilous ['periləs] *adj.* periculos.

period ['piəriəd] *s.* perioadă; propoziţie (lungă); frază; punct; menstruaţie.

perish ['periʃ] *vt.* a ucide. *vi.* a pieri.

periwig ['periwig] *s.* perucă.

perjure ['pə:dʒə] *vt.* a jura strâmb.

perjury ['pə:dʒri] *s.* sperjur.

perky ['pə:ki] *adj.* obraznic.

perm [pə:m] *s.* permanent *(coafură).*

permeate ['pə:mieit] *vt.* a pătrunde; a se infiltra în. *vi.* a se infiltra.

permissible [pə'misəbl] *adj.* permis.

permit¹ ['pə:mit] *s.* autorizaţie.

permit² [pə'mit] *vt., vi.* a permite.

pernicious [pə:'niʃəs] *adj.* periculos; dăunător.

peroxide [pə'rɔksaid] *s.* apă oxigenată. *adj.* oxigenat.

perpetrate ['pə:pitreit] *vt.* a săvârşi.

perpetrator ['pə:pitreitə] *s.* autor (al unei crime).

perpetual [pə'petjuəl] *vt.* neîncetat; etern.

perpetuate [pə'petjueit] *vt.* a perpetua; a imortaliza.

perplex [pə'pleks] *vt.* a încurca; a ului; a zăpăci.

persecute ['pə:sikju:t] *vt.* a persecuta.

persevere [,pə:si'viə] *vt.* a persevera; a persista.

persevering ['pə:si'viəriŋ] *adj.* perseverent.

Persian ['pə:ʃn] *s.* persan; (limba) persană; pisică persană. *adj.* persan.

persist [pə'sist] *vi.* a continua; a stărui.

persistent [pə'sistnt] *adj.* persistent.

person ['pə:sn] *s.* persoană.

personal ['pə:snl] *s.* articol biografic. *adj.* personal.

personality [,pə:sə'næliti] *s.* personalitate; *pl.* atacuri personale.

personify [pə:'sɔnifai] *vt.* a personifica; a întruchipa.

personnel [,pə:sə'nel] *s.* personal; cadre.

perspective [pə'spektiv] *s. artă* perspectivă.

perspicuous [pə'spikjuəs] *adj.* limpede.

perspiration [pə':spi'reiʃn] *s.* transpiraţie.

perspire [pəs'paiə] *vi.* a transpira.

persuade [pə'sweid] *vi.* a convinge; a determina.

persuasion [pə'sweiʒn] *s.* (putere de) convingere.

pert [pə:t] *adj.* obraznic.

pertain [pə:'tein] *vi. to ~ to* a corespunde la; a fi legat de.

pertinacious [,pə:ti'neiʃəs] *adj.* hotărât; perseverent.

pertinent ['pə:tinənt] *adj.* potrivit; util.

perturb [pə'tə:b] *vt.* a tulbura.

peruse [pə'ru:z] *vt.* a citi *sau* a cerceta cu atenţie.

Peruvian [pə'ru:viən] *s., adj.* peruan(ă).

pervade [pə'veid] *vt.* a cuprinde; a umple; a pătrunde.

perverse [pə'və:s] *adj.* pervers; afurisit; potrivnic.

perversion [pə'və:ʃn] *s.* perversiune.

pervert¹ ['pə:və:t] *s.* pervers; renegat.

pervert² [pə'və:t] *vt.* a perverti; a corupe; a deforma.

pest [pest] *s.* ciumă; *agr.* dăunător.

pester ['pestə] *vt.* a necăji; a deranja.

pestilence ['pestiləns] *s.* ciumă; molimă.

pestilent ['pestilənt] *adj.* molipsitor; mortal; supărător; imoral.

pestilential [,pesti'lenʃl] *adj.* corupător; insuportabil.

pestle ['pesl] *s.* pisălog; pistil. *vt.* a pisa (în mojar).

pet [pet] *s.* animal de casă; favorit; ţâfnă; *~ name* diminutiv. *vt.* a giuguli.

petition [pi'tiʃn] *s.* petiţie; cerere; rugăminte. *vt.* a solicita. *vi.* a face o petiţie.

petrel ['petrl] *s.* petrel; *stormy ~* pasărea furtunii.

petrifaction [,petri'fækʃn] *s.* pietrificare; împietrire; uluială.

petrify ['petrifai] s. a împietri; a paraliza. vi. a se împietri.
petrol ['petrl] s. benzină auto.
petroleum [pi'trouljəm] s. țiței.
petticoat ['petikout] s. jupon.
pettifogger ['petifɔgə] s. (avocat) chițibușar.
pettifogging ['petifɔgiŋ] adj. șicanator; meschin.
petty ['peti] adj. mic; mărunt; meschin; ~ bourgeois mic-burghez.
petulant ['petjulənt] adj. irascibil; cârcotaș.
pew [pju:] s. strană; jilț.
pewter ['pju:tə] s. (vase din) aliaj de cositor și plumb.
phantom ['fæntəm] s. fantomă.
phase [feiz] s. fază.
pheasant ['feznt] s. fazan.
phenomenon [fi'nɔminən], pl. **phenomena** [fi'nɔminə] s. fenomen.
phial ['faiəl] s. sticluță; fiolă.
philander [fi'lændə] vi. a flirta; a umbla după femei.
philanderer [fi'lændərə] s. crai(don).
philanthropist [fi'lænθrəpist] s. filantrop.
philanthropy [fi'lænθrəpi] s. (instituție de) binefacere.
Philistine ['filistain] s. filistin.
philosopher [fi'lɔsəfə] s. filozof.
philosophy [fi'lɔsəfi] s. filozofie; stoicism.
phlegmatic [fleg'mætik] adj. calm; placid.
phone [foun] s. telefon. vt., vi. a telefona.
phonetics [fou'netiks] s. fonetică.
phonograph ['founəgra:f] s. fonograf; amer. gramofon; picup.
photo ['foutou] s. fotografie. vt. a fotografia.

photograph ['foutəgrɑːf] s. fotografie. vt. a fotografia.
photographer [fə'tɔgrəfə] s. fotograf (profesionist).
phrase [freiz] s. expresie; locuință; muz. frază. vt. a exprima.
phthisis ['θaisis] s. tuberculoză (pulmonară).
physic ['fizik] vt. a doftorici.
physician [fi'ziʃn] s. doctor.
physicist ['fizisist] s. fizician.
physics ['fiziks] s. fizică.
physique [fi'zi:k] s. fizic, înfățișare.
piano ['pjænou] s. pian(o).
piccolo ['pikəlou] s. piculină.
pick [pik] s. târnăcop; sulă; scobitoare; alegere; elită. vt. a culege; a alege; a nimeri; a căuta; a desface; a fura; a ciuguli; ~ to up a ridica. vi. a ciuguli; a șterpeli; to ~ up a se întrema; to ~ up with a se împrieteni cu.
pickax(e) ['pikæks] s. târnăcop.
picket ['pikit] s. țăruș; stâlp (de gard); pichet. vt. a bate în țăruși; a fixa; a păzi. vi. a forma pichete.
picking ['pikiŋ] s. culegere; furtișag. pl. pradă; pl. firimituri; rămășițe.
pickle ['pikl] s. saramură; (zeamă de) murături; încurcătură. vt. a mura.
pickpocket ['pikpɔkit] s. hoț de buzunare.
pick-up ['pikʌp] s. (braț de) picup; el. doză; camionetă; întremare.
picnic ['piknik] s. picnic. vi. a petrece la un picnic.
pictorial [pik'tɔːriəl] revistă ilustrată. adj. pictural; ilustrat.

195

picture ['piktʃə] s. tablou; poză; ilustrație; pictură; imagine; descriere; film; *moving ~s* cinema; *~ book* carte cu poze; *~ -postcard* carte poștală ilustrată.

picturesque [,piktʃə'resk] adj. pitoresc; original; expresiv.

pidgin ['pidʒin] adj.: *~ English* engleza stricată vorbită în porturile Asiei.

pie [pai] s. plăcintă; budincă; pateu; coțofană.

piebald ['paibɔ:ld] s., adj. (cal) bălțat.

piece [pi:s] s. bucată; element; articol; armă de foc; cantitate; *a ~ of news* o știre. vt. a îmbina; a înjgheba.

piecemeal ['pi:smi:l] adj., adv. treptat.

piece-work ['pi:swə:k] s. (muncă în) acord.

pied [paid] adj. bălțat.

pier [piə] s. dig; picior de pod; stâlp.

pierce [piəs] vt. a străpunge; a pătrunde (în); a găuri. vi. a fi pătrunzător; a pătrunde.

piety ['paiəti] s. pietate; smerenie; credință.

pig [pig] s. (carne de) porc; mitocan; lingou de fontă; *~ iron* fontă; *~ -headed* căpățânos.

pigeon ['pidʒin] s. porumbel; fraier; *sport* taler. vt. a trage pe sfoară.

pigeonhole ['pidʒinhoul] s. firidă; casetă. vt. a sorta; a pune la dosar.

piggish ['pigiʃ] adj. porcesc; murdar; lacom.

pigmy ['pigmi] s. pigmeu.

pigsty ['pigstail] s. cocină.

pigtail ['pigteil] s. codiță *(pieptănătură)*.

pike [paik] s. știucă; suliță; barieră.

pile [pail] s. stâlp; pilon; morman; rug; ansamblu arhitectonic; *el.* pilă; părul stofei. vt. a bate în țăruși; a îngrămădi; a încărca. vi. a se îngrămădi.

piles [pailz] s. pl. hemoroizi.

pilfer ['pilfə] vt., vi. a șterpeli.

pilgrim ['pilgrim] s. pelerin; călător.

pill [pil] s. pilulă; hap; minge.

pillage ['pilidʒ] s. jaf; pradă. vt., vi. a prăda.

pillar ['pilə] s. stâlp; pilon; *~ -box* cutie poștală.

pill-box ['pilbɔks] s. cutie cu medicamente; cazemată.

pillory ['piləri] s. stâlpul infamiei.

pillow ['pilou] s. pernă de dormit; *-case* sau *slip* față de pernă.

pilot ['pailət] s. pilot; călăuză. vt. a pilota.

pimento [pi'mentou] s. ardei (iute).

pimp [pimp] s. pește, codaș.

pimpernel ['pimpənel] s. *bot.* scânteiuță; ochișor.

pimple ['pimpl] s. coș (pe față).

pin [pin] s. ac (cu gămălie, podoabă etc.); bigudiu; țăruș; popic; *pl.* picioare; *~s and needles* amorțeală. vt. a fixa; a țintui; a înțepeni.

pinafore ['pinəfɔ:] s. șorț(uleț).

pincers ['pinsəz] s. pl. clește.

pinch [pintʃ] vt. a ciupi; a strânge; a apăsa; a aresta. vi. a strânge; a fi zgârcit. s. ciupit(ură); o mână (de tutun etc.); strânsoare.

pine [pain] s. pin. vi. a se ofili; a tânji.

pineapple ['pain,æpl] s. ananas.

ping-pong ['piŋpɔŋ] *s.* tenis de masă.

pinion ['pinjən] *s.* pinion; încheietură; pană; aripă. *vt.* a înţepeni; a tăia aripile *(cu dat.)*.

pink [piŋk] *s.* roz; splendoare; garoafă; *adj.* roz.

pinnacle ['pinəkl] *s.* turnuleţ; culme.

pint [paint] *s.* jumătate de litru; halbă.

pioneer [paiə'niə] *s.* pionier. *vi.* a face pionierat.

pious ['paiəs] *adj.* pios; religios.

pip [pip] *s.* sâmbure de măr, de portocală *sau* de strugure.

pipe [paip] *s.* ţeavă; conductă; fluier; flaut; pipă; cimpoi. *vt.* a cânta dìn fluier; a rosti cu glas subţirel. *vi.* a cânta din fluier; a vorbi subţirel; a şuiera.

piper ['paipə] *s.* fluierar; cimpoier.

piping ['paipiŋ] *s.* fluierat; ţevărie; instalaţii; podoabe. *adj.* subţirel.

piquant ['pi:kənt] *adj.* picant.

pique [pi:k] *s.* pică; supărare. *vt.* a aţâţa; a supăra. *vr.* a se mândri.

piracy ['paiərəsi] *s.* piraterie.

pirate ['paiərit] *s.* pirat.

piss [pis] *vi.* a urina, a face pipi.

pistachio [pis'tɑːʃiou] *s.* fistic.

pit [pit] *s.* groapă; gaură; mină; *teatru* parter, stal II.

pit-a-pat ['pitə'pæt] *s., adv.* tic-tac.

pitch [pitʃ] *s.* aşezare; loc; înălţime; aruncare; intensitate; pantă; legănat; smoală. *vt.* a fixa; a înţepeni; a arunca; *muz.* a acorda; a smoli. *vi.* a cădea la pământ; a arunca; a se legăna; a se rostogoli; *to ~ in* a se apuca serios de treabă; *to ~ into* a se năpusti asupra, *~ and toss* rişcă.

pitcher ['pitʃə] *s.* cană; urcior.

pitchfork ['pitʃfɔːk] *s.* furcă.

piteous ['pitiəs] *adj.* jalnic.

pitfall ['pitfɔːl] *s.* capcană; primejdie.

pith [piθ] *s.* măduvă; şira spinării; esenţă; vigoare.

pitiable ['pitiəbl] *adj.* jalnic.

pitiful ['pitifl] *adj.* milos; jalnic.

pitiless ['pitilis] *adj.* neîndurător; nemilos.

pittance ['pitns] *s.* câştig minim.

pity ['piti] *s.* milă; păcat; jale; *it's a ~* păcat. *vt.* a compătimi.

placard ['plækəd] *s.* afiş; placardă. *vt.* a afişa.

place [pleis] *s.* loc(aş) poziţie; local(itate); casă; serviciu; rang; clasificare; spaţiu; piaţă; *out of ~* deplasat. *vt.* a pune; a aranja; a numi; a instala; a situa; a clasifica.

plagiarism ['pleidʒiərizəm] *s.* plagiat.

plagiarize ['pleidʒiəraiz] *vt.* a plagia.

plague [pleig] *s.* ciumă; pacoste. *vt.* a necăji.

plaice [pleis] *s.* cambulă.

plaid [plæd] *s.* pled.

plain [plein] *adj.* limpede; simplu; cinstit; neatrăgător. *s.* câmpie.

plaint [pleint] *s.* plângere; acuzaţie.

plaintiff ['pleintif] *s.* reclamant.

plaintive ['pleintiv] *adj.* plângăreţ; trist.

plait [plæt] *s.* coadă *(coafură)*; împletitură. *vt.* a împleti.

plan [plæn] *s.* plan; hartă *vt.* a plănui; a planifica.

plane [plein] *s.* plan (geometric, general etc.); nivel; suprafaţă dreaptă; *bot.* platan; rindea;

PLA - PLE

(aripă de) avion. *vt.* a da la rindea. *vi.* a plana.

plank [plæŋk] *s.* scândură (groasă). *vt.* a podi.

planking ['plæŋkin] *s.* duşumea.

plant [pla:nt] *s.* plantă; răsad; instalaţii tehnice; uzină. *vt.* a planta; a înfige; a stabili.

plantain ['plæntin] *s.* bananier; pătlagină.

planter ['pla:ntə] *s.* plantator; maşină de plantat.

plash [plæʃ] *vt.* a stropi. *vi.* a plescăi. *s.* plescăit.

plaster ['pla:stə] *s.* tencuială; plasture; oblojeală; ghips; ~ *of Paris* ghips, alabastru. *vt.* a tencui; a acoperi; a obloji; a pune în ghips.

plastic ['plæstik] *adj.* plastic; maleabil. *s.* material plastic.

plasticine ['plæstisi:n] *s.* plastilină.

plate [pleit] *s.* farfurie (întinsă); tavă; tacâmuri; platoşă; foaie de metal; planşă; placă (fotografică, dentară etc.). *vt.* a acoperi cu plăci, platoşă, blindaj; a sufla (cu aur, argint).

plateau ['plætou] *s. geogr.* platou, podiş.

plateful ['pleitful] *s.* conţinutul unei farfurii.

platform ['plætfɔ:m] *s.* platformă (comună); estradă; peron.

plating ['pleitin] *s.* galvanoplastie; aur double.

platoon [plæ'tu:n] *s.* pluton.

plausible ['plɔ:zəbl] *adj.* demn de crezare; verosimil.

play [plei] *s.* distracţie; joc (de noroc); piesă; libertate de mişcare; acţiune; rând la joc. *vi.* a (se) juca; a se distra; a se preface; a juca jocuri de noroc; a fi

actor; a cânta la un instrument.

play-bill ['pleibil] *s.* afiş teatral.

player ['pleiə] *s.* jucător; instrumentist; actor.

playful ['pleifl] *adj.* jucăuş; glumeţ.

playgoer ['plei,gouə] *s. teatru* spectator pasionat.

playground ['pleigraund] *s.* teren de joacă.

playhouse ['pleihaus] *s.* teatru; *amer.* casă a păpuşilor.

playing-card ['pleiinka:d] *s.* carte de joc.

playmate ['pleimeit] *s.* tovarăş de joacă.

plaything ['pleiθin] *s.* jucărie.

playwright ['pleirait] *s.* dramaturg.

plea [pli:] *s.* pledoarie; rugăminte; scuză.

plead [pli:d] *vt.* a susţine; a aduce (o scuză). *vt.* a pleda; a se apăra; a se ruga.

pleading ['pli:din] *s.* pledoarie. *adj.* rugător.

pleasant ['pleznt] *adj.* plăcut; încântător.

please [pli:z] *vt.* a încânta; a face pe plac la; ~ *yourself!* fă cum vrei. *vi.* a fi dispus; a dori; *(if you)* ~ vă rog.

pleased [pli:zd] *adj.* încântat; mulţumit.

pleasing ['pli:zin] *adj.* încântător; agreabil.

pleasure ['pleʒə] *s.* plăcere; dorinţă; ~ *-ground* parc de distracţii.

pleat [pli:t] *s.* cută; pliseu. *vt.* a plisa.

plebeian [pli'bi:ən] *s.* plebeu. *adj.* ordinar, de rând.

pledge [pledʒ] *s.* gaj; angajament;

garanție. *vt.* a pune chezășie; a angaja; a amaneta; a toasta pentru.

plentiful ['plentifl] *adj.* abundent; vast.

plenty ['plenti] *s.* mulțime; abundență; *in ~* din abundență. *pron.* mulți. multe. *adv.* foarte; mult.

pliable ['plaiəbl] *adj.* flexibil; influențabil.

pliant ['plaiənt] *adj.* flexibil; docil.

pliers ['plaiəz] *s.* clește; pensă.

plight [plait] *s.* situație grea; mizerie; angajament.

plod [plɔd] *vi.* a înainta cu greu; a trudi; *to ~ one's way* a merge greu.

plop [plɔp] *interj.* plici! pleosc! bâldâbâc!.

plot [plɔt] *s.* parcelă; teren; lot; complot; plan; subiect; poveste. *vt.* a plănui; a complota; a parcela.

plough [plau] *s.* plug; ogor; *~ man* plugar; *~ share* fier de plug. *vt.* a ara; a-și croi (drum); a trânti (un candidat); *to ~ up* a deșteleni. *vi.* a ara; a cădea la examen; a-și croi drum.

plover ['plʌvə] *s.* fluierar.

plow ['plau] *s. amer. v.* **plough.**

pluck [plʌk] *s.* curaj; tărie de caracter. *vt.* a smulge; a trage; a culege; a jecmăni; a trânti (un candidat); *to ~ up courage* a-și lua inima în dinți. *vi.: to ~ at* a apuca; a trage.

plug [plʌg] *s.* dop; priză; *el.* fișă. *vt.* a astupa; a pune în priză; a omorî.

plum [plʌm] *s.* prun(ă); *~ cake* budincă cu stafide; sinecură.

plumage ['plu:midʒ] *s.* penaj.

plumb [plʌm] *s.* fir cu plumb. *adj.* vertical; adevărat; drept; total. *vt.* a măsura; a sonda; a înțelege. *adv.* vertical; exact; drept.

plumbago [plʌm'beigou] *s.* grafit; plombagină.

plumber ['plʌmə] *s.* instalator de apă și canal.

plumbing ['plʌmiŋ] *s.* instalații tehnico-sanitare.

plume [plu:m] *s.* pană (de pălărie). *vt.* a împodobi cu pene. *vr.* a se împăuna.

plump [plʌmp] *adj.* dolofan; direct. *vt.* a rotunji; a trânti. *adv.* direct.

plunder ['plʌndə] *s.* jaf; pradă. *vt., vi.* a prăda; a jefui.

plunge [plʌndʒ] *s.* plonjon; atac; încercare. *vt.* a arunca; a băga. *vi.* a se arunca; a plonja.

pluralism ['pluərelizəm] *s.* cumul.

plurality [pluə'ræliti] *s.* pluralitate; majoritate; cumul (de funcții).

plus [plʌs] *s.* plus. *adj.* suplimentar; în plus; *el.* pozitiv. *prep.* plus.

plus-fours ['plʌs'fɔ:z] *s.* pantaloni de golf.

plush [plʌʃ] *s.* pluș.

ply [plai] *s.* pliu; mănunchi de fire. *vt.* a trudi la; a asalta; a aproviziona (cu); a oferi; a folosi. *vi.* a face naveta; a circula.

ply-wood ['plaiwud] *s.* placaj.

poach [poutʃ] *vt.* a vâna clandestin; *~ ed eggs* ochiuri românești. *vi.* a face braconaj.

pocket [pɔkit] *s.* buzunar; pungă; bani. *vt.* a băga în buzunar.

pocket-book ['pɔkitbuk] *s.* agendă (de buzunar): portmoneu.

pod [pɔd] *s.* păstaie.

podgy ['pɔdʒi] *s.* îndesat; gras.

poem ['pouim] *s.* poezie; poem.

poetry ['pouitri] *s.* versuri; lirică.

poignant ['pɔinənt] *adj.* ascuţit; muşcător.

point [pɔint] *s.* vârf; ascuţiş; punct; chestiune; element; esenţă; poantă; scop; rost; măsură; macaz; *beside the ~* fără legătură; inutil; *in ~ of fact* de fapt; *at all ~s* total; în toate privinţele. *vt.* a indica; a îndrepta; a ascuţi; a sublinia; *to ~ out* a sublinia, a scoate în relief. *vi.* a atrage atenţia; a arăta (către).

point-blank ['pɔint,blænk] *adj.*, *adv.* direct.

pointed ['pɔintid] *adj.* ascuţit.

pointer ['pɔintə] *s.* câine de vânătoare; indicator; băţ pentru indicarea pe hartă etc.

pointless ['pɔintlis] *adj.* tocit; fără sens.

pointsman ['pɔintsmən] *s.* acar; sergent de stradă.

poise [pɔiz] *s.* echilibru; stăpânire; ţinută. *vt.* a echilibra; a ţine. *vi.* a sta în echilibru.

poison ['pɔizn] *s.* otravă. *vt.* a otrăvi.

poisonous ['pɔiznəs] *adj.* otrăvitor; imoral.

poke [pouk] *s.* ghiont; împunsătură. *vt.* a împinge; a înghionti; a băga. *vi.* a se băga; a bâjbâi.

poker ['poukə] *s.* vătrai; pocher; *~-work* gofraj.

pole[1] [poul] *s.* pol (opus); prăjină.

Pole[2] [poul] *s.* polonez(ă).

pole-axe ['poulæks] *s.* topor. *vt.* a doborî.

polecat ['poulkæt] *s.* dihor.

pole-star ['poulstɑː] *s.* steaua polară; stea călăuzitoare.

pole-vault ['poulvɔːlt] *s.* săritură cu prăjina.

police [pə'liːs] *s.* poliţie; poliţişti; *~ station* secţie de poliţie.

policy ['pɔlisi] *s.* politică; tactică; poliţă de asigurare.

polish[1] ['pɔliʃ] *s.* lustru; luciu; cremă de ghete; pastă de lustruit. *vt., vi.* a lustrui.

Polish[2] [pouliʃ] *adj.* polonez.

polite [pə'lait] *adj.* politicos; binecrescut; rafinat.

politeness [pə'laitnis] *s.* politeţe.

politic ['pɔlitik] *adj.* prudent; înţelept; diplomat; viclean.

political [pə'litikl] *adj.* politic.

politics ['pɔlitiks] *s. pl.* viaţă politică; arenă politică.

poll [poul] *s.* (cap de) om; listă electorală; voturi; alegeri; urnă. *vt.* a primi (voturi); a pune la vot. *vi.* a vota.

pollen ['pɔlin] *s.* polen.

pollination [,pɔli'neiʃn] *s.* polenizare.

pollute [pə'luːt] *vt.* a polua; *fig.* a corupe; a pângări.

poltroon [pɔl'truːn] *s.* laş.

polygamist [pɔ'ligəmist] *s.* poligam.

pomatum [pə'meitəm] *s.* pomadă; alifie.

pomegranate ['pɔm,grænit] *s.* rodie.

pommel ['pʌml] *s.* mâner de sabie; oblânc. *vt.* a bate.

pomp [pɔmp] *s.* pompă; splendoare; paradă.

pond [pɔnd] *s.* eleşteu.

ponder ['pɔndə] *vt., vi.* a chibzui; a considera.

ponderous ['pɔndrəs] *adj.* greoi; apăsător; obositor.

pony ['pouni] *s.* ponei; căluţ; hârtie de 25 lire.
poodle ['pu:dl] *s.* pudel.
pooh [pu:] *vt.* a respinge. *interj.* pfui.
pool [pu:l] *s.* baltă; fond comun; cartel; pariuri sportive. *vt.* a uni, a pune laolaltă.
poop [pu:p] *s. mar.* pupă.
poor [puə] *s.: the* ~ săracii, sără-cimea. *adj.* sărac; umil; modest; slab; de proastă calitate.
poorly ['puəli] *adj.* prost. *adv.* să-răcăcios.
pop [pop] *s.* pocnitură; băutură efervescentă. *vt.* a pocni (din); a băga; a pune (amanet); a coace (porumb). *vi.* a pocni; a crăpa; a se băga; *to* ~ *off* a o şterge; a muri. *adv.* hodoronc-tronc.
pop-corn ['popko:n] *s.* floricele.
pope [poup] *s.* papă; popă.
popery ['poupəri] *s.* papalitate.
pop-gun ['popgʌn] *s.* puşcoci.
popinjay ['popindʒei] *s.* papagal; *fig.* pupăză.
poplar ['poplə] *s.* plop.
poppy ['popi] *s.* mac.
populace ['popjuləs] *s.* gloată; no-rod.
popular ['popjulə] *adj.* popular; simpatizat; admirat.
population [,popju'leiʃn] *s.* po-pulaţie.
populous ['popjuləs] *adj.* aglome-rat; populat.
porcelain ['po:slin] *s.* porţelan.
porch [po:tʃ] *s.* pridvor; verandă.
porcupine ['po:kjupain] *s.* porc spi-nos.
pore [po:] *s.* por. *vi.* a medita; *to* ~ *over* a studia.
pork [po:k] *s.* carne de porc.
porker ['po:kə] *s.* porc (de tăiat).

porous ['po:rəs] *adj.* poros.
porphyry ['po:firi] *s.* porfir.
porpoise ['po:pəs] *s.* delfin.
porridge ['poridʒ] *s.* terci (de o-văz).
porringer ['porindʒə] *s.* bol; blid.
port [po:t] *s.* port (la mare); *fig.* liman; hublou; ferestruică; ba-bord; vin de Porto; ţinută.
portend [po:'tend] *vt.* a prevesti.
portent ['po:tent] *s.* semn rău.
portentous [po:'tentəs] *adj.* pre-vestitor de rău.
porter ['po:tə] *s.* hamal; conductor de tren; portar; bere ordinară (tare).
portfolio [po:t'fouljou] *s.* servietă; portofoliu.
porthole ['po:thoul] *s.* hublou; fe-restruică.
portion ['po:ʃn] *s.* porţi(un)e; soar-tă. *vt.* a împărţi; a parcela.
portly ['po:tli] *adj.* corpolent.
portmanteau [po:t'montou] *s.* va-liză cu două părţi; hibrid.
portray [po:'trei] *vt.* a portretiza; a descrie; a picta.
portrayal [po:'treiəl] *s.* portre-tizare.
Portuguese ['po:tju'gi:z] *s., adj.* portughez(ă).
pose [pouz] *s.* atitudine; poză. *vt.* a pune; a supune. *vi.* a poza.
position [pə'ziʃn] *s.* poziţie; situa-ţie; atitudine; slujbă; rang. *vt.* a situa.
positive ['pozətiv] *s.* pozitiv. *adj.]* pozitiv; precis; sigur (de sine).
positively ['pozətivli] *adv.* desigur, categoric, fără îndoială.
possess [pə'zes] *vt.* a poseda; a stăpâni; *to be* ~ *ed of* a deţine.
possession [pə'zeʃn] *s.* posesie; proprietate: *pl.* avere; stăpânire.

possibility [ˌpɔsə'biliti] s. posibilitate; ocazie.

possible ['pɔsəbl] s. posibil; eventualitate. *adj.* posibil; previzibil; normal.

possibly ['pɔsəbli] *adv.* eventual; cumva.

post [poust] s. stâlp; prăjină; bară; post. trâmbiță; poștă. *vt.* a fixa; a afișa; a anunța; a posta; a plasa; a expedia.

postage ['poustidʒ] s. taxă poștală. ~ *-stamp* timbru poștal.

postal ['poustl] *adj.* poștal.

post-card [ˌpouskɑd:] s. carte poștală.

poster ['poustə] s. afiș.

posterior [pɔs'tiəriə] s. spate; dos. *adj.* posterior.

posterity [pɔs'teriti] s. progenitură; posteritate.

postern [ˌpostə:n] s. ușa din dos.

post-free ['poust'fri:] *adj.* scutit de taxe poștale; incluzând costul expediției.

post-graduate ['pous'grædjuit] s. aspirant; postuniversitar ; ~ *course* aspirantură.

post-haste ['poust'heist] *adj.* repede.

posthumous ['pɔstjuməs] *adj.* postum.

postman ['pousmən] s. poștaș.

post-master ['pous,mɑ:stə] s. diriginte de poștă; *Post-Master-General* Ministrul Poștelor.

post-mortem ['pous'mɔ:tem] s. autopsie. *adj.* post-mortem.

post-office ['poust,ɔfis] s. oficiu poștal; poștă.

postpone [pous'poun] *vt.* a amâna.

postscript ['pousskript] s. postscriptum.

postulate ['pɔstjuleit] *vt.* a cere; a presupune; a necesita.

posture ['pɔstʃə] s. atitudine; situație.

post-war ['poustwɔ:] *adj.* postbelic.

pot [pɔt] s. oală; cratiță; ceainic; premiu; sumă mare.

potash ['pɔtæʃ] s. potasă; leșie.

potato [pə'teitou] s. cartof.

pot-belly ['pɔt,beli] s. (persoană cu) burtă mare.

potent ['poutnt] *adj.* puternic; convingător.

pot-hat ['pɔt'hæt] s. pălărie melon; gambetă.

pot herb ['pɔt'hə:b] s. verdeață, zarzavat.

pot-hole ['pɔthoul] s. gaură; groapă.

pot-house ['pɔthaus] s. cârciumă.

pot-luck ['pɔtlʌk] s. mâncare.

potsherd ['pɔtʃə:d] s. ciob.

potshot ['pɔt'ʃɔt] s. foc tras la întâmplare.

potter ['pɔtə] s. olar. *vt.* a irosi. *vi.* a se învârti fără rost.

pottery ['pɔtəri] s. olărit; olărie; oale.

potty ['pɔti] *adj.* mic; neînsemnat; trăsnit.

pouch [pautʃ] s. pungă; a pune în buzunar. *vi.* a se umfla.

poulterer ['poultrə] s. crescător de păsări.

poultice ['poultis] s. cataplasmă. *vt.* a obloji.

poultry ['poultri] s. păsări domestice.

pounce [pauns] s. atac brusc. *vi.* a se năpusti.

pound [paund] s. funt, livră *(453 g)*, liră sterlină. *vt.* a zdrobi; a pisa; a măcina; a băga în țarc. *vi.* a tropăi.

pour [pɔ:] s. ploaie torenţială. vt. a turna; a scoate. vi. a curge; a ploua cu găleata.

pout [paut] s. bot; strâmbătură. vi. a face bot.

poverty ['pɔvəti] s. sărăcie; lipsă; ~-stricken sărac.

powder ['paudə] s. pudră; praf (de puşcă). vt., vi. a (se) pudra.

powdery ['paudəri] adj. prăfuit; pudrat.

power ['pauə] s. putere; capacitate; energie (electrică); autoritate; ~ station centrală electrică.

powerful ['pauəfl] adj. puternic.

powerless ['pauəlis] adj. neputincios.

pox [pɔks] s. vărsat (de vânt, negru etc.).

practicable ['præktikəbl] adj. realizabil.

practical ['præktikl] adj. practic; ~-joke farsă.

practically ['præktikəli] adv. practic; într-adevăr; aproape; ca şi.

practice ['præktis] s. practică; clientelă; antrenament.

practise ['præktis] vt., vi. a practica; a exersa; a experimenta.

practitioner [præk'tiʃnə] s. profesionist; medic.

prairie ['preəri] s. prerie; stepă.

praise [preiz] s. laudă; cult; ~ worthy meritos. vt. a lăuda; a adora; to ~ to the skies a ridica în slăvi.

pram [præm] s. cărucior de copil.

prance [prɑ:ns] s. cabrare. vi. a se cabra; a face pe grozavul; a se zbengui.

prank [præŋk] s. joc; capriciu; zbenguială. vt. a se grozăvi.

prate [preit] s. vorbărie. vt., vi. a flecări.

prattle ['prætl] s. vorbe goale. vt., vi. a flecări; a ciripi.

pray [prei] vt., vi. a (se) ruga.

prayer [preə] s. rugăciune; rugăminte; petiţie.

preach [pri:tʃ] vt. a ţine predici.

preacher ['pri:tʃə] s. predicator.

preamble [pri:'æmbl] s. preambul; prefaţă.

precarious [pri'keəriəs] adj. nesigur; riscant; primejdios.

precaution [pri'kɔ:ʃn] s. precauţie.

precede [pri'si:d] vt. a preceda; a depăşi.

precedence [pri'si:dns] s. întâietate.

precints ['pri:siŋts] s. incintă; zonă.

precious ['preʃəs] adj. preţios; straşnic.

precipice ['precipis] s. prăpastie.

precipitate¹ [pri'sipitit] s., adj. precipitat.

precipitate² [pri'sipiteit] vt., vr. a (se) precipita.

precipitous [pri'sipitəs] adj. abrupt.

precise [pri'sais] adj. precis; corect; minuţios.

precision [pri'siʒn] s. precizie; corectitudine.

preclude [pri'klu:d] vt. a exclude; a împiedica.

preconceived ['pri:kən'si:vd] adj. preconceput.

predatory ['predətri] adj. prădalnic.

predetermine ['pri:di'tə:min] vt. a predestina; a determina.

predicament [pri'dikəmənt] s. situaţie grea; încurcătură.

predicate ['predikit] s. predicat.

predict [pri'dikt] vt. a prezice.

preeminent [pri'eminənt] *adj.* superior; predominant.

pre-emption [pri'emʃən] *s.* prioritate.

preen [pri:n] *vt.* a aranja. *vi.* a se făli.

preface ['prefis] *s.* prefaţă. *vt.* a prefaţa; a precede.

prefer [pri'fə:] *vt.* a prefera; a întinde; a înainta.

preference ['prefrns] *s.* preferinţă; prioritate.

preferment [pri'fə:mənt] *s.* promovare; înaintare.

prefigure [pri'figə] *vt.* a prevedea; a prezice.

pregnancy ['pregnənsi] *s.* graviditate; semnificaţie.

pregnant ['pregnənt] *adj.* gravidă; important.

prehistoric ['pri:his'tɔrik] *adj.* preistoric.

prejudice ['predʒudis] *s.* prejudecată; prejudiciu; *to the ~ of* în dauna. *vt.* a prejudicia.

prejudicial [,predʒu'diʃl] *adj.* dăunător.

preliminary [pri'limnəri] *adj.* preliminar.

premise ['premis] *s.* premisă; *pl.* local; incintă; sediu.

premium ['pri:mjəm] *s.* primă; premiu; onorariu.

premonition [,pri:mə'niʃn] *s.* presimţire.

preoccupied [pri'ɔkjupaid] *adj.* preocupat.

preordain ['pri:ɔ:'dein] *vt.* a stabili dinainte.

prep [prep] *s.* (cursuri de) pregătire.

preparation [,prepə'reiʃn] *s.* pregătire; preparat.

preparatory [pri'pærətri] *adj.* pregătitor; *~ to* înainte; în vederea.

prepare [pri'pɛə] *vt., vi.* a (se) prepara.

preparedness [pri'pɛədnis] *s.* pregătire.

preposition [,prepə'ziʃn] *s.* prepoziţie.

prepossess [,pri:pə'zes] *vt.* a influenţa; a impresiona; a inspira.

prepossessing [,pri:pə'zesiŋ] *adj.* atrăgător; plăcut.

prepossession [,pri:pə'zeʃn] *s.* impresie bună; predilecţie.

preposterous [pri'pɔstrəs] *adj.* nefiresc; stupid; ridicol.

prerequisite ['pri:'rekwizit] *s.* condiţie esenţială.

prerogative ['pri'rɔgətiv] *s.* privilegiu, atribut.

presbitery ['prezbitri] *s.* sanctuar; prezbiteriu.

prescribe [pris'kraib] *vt.* a prescrie; a porunci; a dicta.

prescription [pri'skripʃn] *s.* poruncă; reţetă (medicală).

presence ['prezns] *s.* prezenţă; înfăţişare.

present[1] ['preznt] *s.* prezent; persoană prezentă; cadou. *adj.* prezent; actual.

present[2] [pri'zent] *vt.* a dărui; a prezenta; a oferi; a arăta; a ţinti.

presentation [,prezen'teiʃn] *s.* prezentare; expoziţie; spectacol; *~ copy* exemplar gratuit.

presently ['prezntli] *adv.* îndată.

presentment [pri'zentmənt] *s.* prezentare; dăruire.

preservation [,prezə'veiʃn] *s.* păstrare. ocrotire.

preserve [pri'zə:v] *s.* rezervaţie; conservă; *pl.* dulceţuri. *vt.* a păstra; a apăra.

preside [pri'zaid] *vi.* lucra; a acționa; a oficia; *to* ~ *over* a prezida.

presidency ['prezidnsi] *s.* prezidență.

president ['prezidnt] *s.* președinte; șef; ministru.

press [pres] *s.* presă; dulap; tipar-(niță); *in the* ~ sub tipar. *vt.* a presa; a stoarce; a strânge; a forța; a pune cu insistență; a încorpora; a rechiziționa. *vi.* a insista; a fi urgent; a se grăbi; a se îngrămădi.

pressing ['presiŋ] *adj.* urgent; presant; insistent.

pressman ['presmən] *s.* tipograf; reporter; ziarist.

pressure ['preʃə] *s.* presiune; apăsare; influență; ~ *gauge* manometru.

presumable [pri'zju:məbl] *adj.* rezonabil; probabil.

presumably [pri'zju:məbli] *adv.* după cât se pare.

presume [pri'zju:m] *vt.* a presupune; a lua drept bună; a îndrăzni. *vi.: to* ~ *upon smb.* a profita de amabilitatea cuiva.

presuming [pri'zju:miŋ] *adj.* îndrăzneț.

presumption [pri'zʌmʃn] *s.* presupunere; îndrăzneală.

presumptuous [pri'zʌmtjuəs] *adj.* îndrăzneț; arogant; încrezut.

presuppose [,pri:sə'pouz] *vt.* a necesita; a presupune.

pretence [pri'tens] *s.* pretenție; ostentație; pretenții; aere; înșelătorie; prefăcătorie.

pretend [pri'tend] *vt.* a pretinde; a simula; a se juca de-a. *vi.* a preface; a simula; a se juca.

pretender [pri'tendə] *s.* pretendent.

pretense [pri'tens] *s. amer. v.* **pretence**.

pretension [pri'tenʃn] *s.* pretenție.

pretentious [pri'tenʃəs] *adj.* pretențios.

preternatural [,pri:tə'nætʃrəl] *adj.* supranatural; nefiresc; extraordinar.

prettiness ['pritinis] *s.* drăgălășenie.

pretty ['priti] *s.* drăguț(ă). *adj.* drăguț; mărișor; bunișor; *adv.* bine; destul de; cam.

prevail [pri'veil] *vi.* a triumfa; a fi predominant; *to* ~ *on smb.* a convinge pe cineva.

prevalent ['prevələnt] *adj.* predominant; obișnuit; curent.

prevaricate [pri'værikeit] *vt.* a vorbi evaziv.

prevent [pri'vent] *vt.* a împiedica.

prevention [pri'venʃn] *s.* împiedicare.

preventive [pri'ventiv] *adj.* preventiv.

preview ['pri:'vju:] *s.* avanpremieră.

previous ['pri:vjəs] *adj.* anterior; precedent; ~*to* înainte de.

prevision [pri'viʒn] *s.* previziune.

pre-war ['pri:'wɔ:] *adj.* antebelic.

prey [prei] *s.* pradă; victimă. *vt.* a jefui; a obseda; a afecta. *vi.: to* ~*upon* a chinui; a se năpusti asupra.

price [prais] *s.* preț; sacrificiu; valoare; cotă (la pariuri). *vt.* a prețălui.

priceless ['praislis] *adj.* neprețuit; nostim.

prick [prik] *s.* țeapă; înțepătură. *vt.* a înțepa; a găuri; a ciuli; *to* ~ *up* a ciuli. *vi.* a înțepa.

prickle ['prikl] s. spin; ţeapă; înţe-
pătură; mâncărime. vt. a înţepa.
vi. a simţi mâncărimea.

prickly ['prikli] adj. plin de ţepi;
înţepător.

pride [praid] s. mândrie; dem-
nitate; splendoare. vr. a se
mândri.

priest [pri:st] s. preot.

priestess ['pri:stis] s. preoteasă.

priesthood ['pri:sthud] s. preoţie;
cler.

prig [prig] s. pedant.

priggish ['prigiʃ] adj. pedant; în-
cântat de sine.

prim [prim] adj. curat; decent; po-
liticos. vt. a aranja.

primarily ['praimərili] adv. în pri-
mul rând.

primary ['praiməri] adj. primar;
fundamental.

prime [praim] s. început; tinereţe;
(perioadă de) înflorire; floare;
număr prim. adj. prim; principal;
primar; fundamental; ~ cost
preţ de cost; cost de producţie.

primer ['praimə] s. abecedar; ma-
nual elementar.

primeval [prai'mi:vl] adj. antic;
preistoric; neexplorat.

primrose ['primrouz] s. primulă.

prince [prins] s. prinţ; domnitor;
rege.

princely ['prinsli] adj. princiar.

princess [prin'ses] s. prinţesă.

principal ['prinsəpl] s. director;
şef; partener principal; autor;
capital (iniţial). adj. principal.

principle ['prinsəpl] s. principiu;
principialitate; esenţă; bază.

print [print] s. tipar; tipărituri;
urmă; ştampilă. gravură; foto
copie; (hârtie de) ziar; out of ~
epuizat; in ~ publicat; dis-

ponibil. vt. a tipări; a publica; a
imprima; a copia.

printer ['printə] s. tipograf; im-
primantă.

printing [printiŋ] s. tipar; tipăritu-
ră. ~ -press tiparniţă.

prior ['praiə] s. stareţ; adj. anterior;
mai important; ~ to înainte de.

prioress ['praiəris] s. stareţă.

prison ['prizn] s. închisoare; de-
tenţiune; constrângere.

prisoner ['priznə] s. deţinut; pri-
zonier.

privacy ['praivəsi] s. intimitate; sin-
gurătate; secret.

private ['praivit] s. soldat. adj. per-
sonal; particular; intim; secret;
(ca inscripţie) intrarea oprită.

privately ['praivitli] adv. în taină; la
ureche.

privateer [,praivə'tiə] s. pirat; vas
de piraţi. vi. a face piraterie.

privation [,prai'veiʃn] s. pri-
vaţiune; lipsă.

privet ['privit] s. bot. lemn-
câinesc.

privy ['privi] adj. secret; personal;
Privy Council Consiliu de Co-
roană; ~ to smth. informat de
ceva.

prize [praiz] s. premiu; primă;
răsplată; pradă (de război). vt. a
preţui; a stima.

pro [prou] s.: ~s and cons (argu-
mente) pentru şi contra.

probability [,prɔbə'biliti] s. proba-
bilitate; posibilitate; in all ~ du-
pă toate probabilităţile.

probable ['prɔbəbl] adj. probabil.

probably ['prɔbəbli] adv. probabil.

probation [prə'beiʃn] s. verificare;
stagiu (de candidat); eliberare
provizorie.

probationer [prə'beiʃnə] s. practi-
cant; candidat.

probe [proub] s. med. sondă. vt. a sonda.

probity ['proubiti] s. cinste; bunătate.

problem ['problәm] s. problemă.

procedure [prә'si:dʒә] s. procedeu; procedură.

proceed [prә'si:d] vi. a înainta; a continua; a intenta un proces.

proceeding [prә'si:diŋ] s. purtare; pl. jur. acțiune în justiție; pl. dezbateri; procese-verbale.

proceeds ['prousi:dz] s. pl. profit.

process ['prouses] s. proces; procedeu. vt. a prelucra; a da în judecată.

procession [prә'seʃn] s. procesiune.

proclaim [prә'kleim] vt. a proclama; a dezvălui.

proclamation [,proklә'meiʃn] s. proclamație.

proclivity [prә'kliviti] s. înclinație.

procrastinate [prә'kræstineit] vi. a amâna.

proctor ['proktә] s. cestor.

procurator ['prokjureitә] s. procurator; magistrat.

procure [prә'kjuә] vt. a procura.

procurer [prә'kjuәrә] s. codoș.

prod [prod] s. ghiont. vt. a înghionti; a ațâța.

prodigal ['prodigl] s. adj. risipitor.

prodigality [,prodi'gæliti] s. abundență; mărinimie; risipă.

prodigious [prә'didʒәs] adj. uriaș; uluitor.

prodigy ['prodidʒi] s. minune; raritate.

produce[1] ['prodju:s] s. produs; rezultat.

produce[2] [prә'dju:s] vt. a produce; a scoate; a arăta. vi. a crea; a produce.

producer [prә'dju:sә] s. producător; regizor (principal).

product ['prodәkt] s. produs; rezultat.

production [prә'dʌkʃn] s. producție.

productive [prә'dʌktiv] adj. productiv.

profess [prә'fes] vt. a declara; a susține; a profesa.

profession [prә'feʃn] s. profesi(un)e; declarație; jurământ.

professional [prә'feʃәnl] s. (liber-) profesionist. adj. profesional; profesionist.

professor [prә'fesә] s. profesor (universitar).

proffer ['profә] vt. a oferi; a întinde.

proficient [prә'fiʃnt] s., adj. expert.

profile ['proufail] s. profil. vt. a arăta din profil.

profit ['profit] s. profit; câștig. vt. a câștiga; a aduce (ca profit). vi. a profita.

profitable ['profitәbl] adj. rentabil; util.

profiteer [,profi'tiә] s. profitor. vi. a stoarce profituri.

profitless ['profitlis] adj. inutil.

profligate ['profligit] s., adj. risipitor; destrăbălat.

profound [prә'faund] adj. profund; intens; serios.

profuse [prә'fju:s] adj. abundent; generos.

profusion [prә'fju:ʒn] s. abundență; risipă.

progeny ['prodʒini] s. progenitură; odraslă; descendenți.

prognosticate [prog'nostikeit] vt. a prezice.

207

program(me) ['prougræm] *s.* program; spectacol; plan. *vt.* a programa; a plănui.

progress[1] ['prougres] *s.* progres; dezvoltare; înaintare.

progress[2] [prə'gres] *vi.* a progresa; a se dezvolta.

progression [prə'greʃn] *s.* progres(ie).

progressive [prə'gresiv] *s.* progresist. *adj.* progresist; progresiv.

prohibit [prə'hibit] *vt.* a interzice.

prohibition [,proui'biʃn] *s.* interzicere; prohibiţie (alcoolică).

project[1] ['prɔdʒekt] *s.* proiect; plan.

project[2] [prə'dʒekt] *vt.* a proiecta; a plănui. *vi.* a ieşi în afară.

projection [prə'dʒekʃn] *s.* proiectare; proiecţie; proeminenţă.

projector [prə'dʒektə] *s.* proiectant; proiector.

prolong [prə'lɔŋ] *vt.* a prelungi; a extinde.

prolongation [,proulɔŋ'geiʃn] *s.* prelungire; prelungitor.

prom [prɔm] *s.* concert de promenadă.

promenade [prɔmi'nɑːd] *s.* promenadă. *vi.* a se plimba.

prominence ['prɔminəns] *s.* proeminenţă; ridicătură.

prominent ['prɔminənt] *adj.* proeminent; remarcabil.

promiscuous [prə'miskjuəs] *adj.* amestecat; dezordonat.

promise ['prɔmis] *s.* făgăduială; perspectivă. *vt.*, *vi.* a promite.

promising ['prɔmisiŋ] *adj.* promiţător.

promissory ['prɔmisəri] *adj.*: ~ *note* cambie.

promote [prə'mout] *vt.* a promova; a susţine.

promotion [prə'mouʃn] *s.* înaintare; promovare.

prompt [prɔmt] *s. teatru* replică suflată. *adj.* prompt. *vt.* a sufla (cuvinte); a îndemna.

prompter ['prɔmtə] *s.* sufler.

prone [proun] *adj.* înclinat; cu faţa în jos.

prong [prɔŋ] *s.* (dinte de) furcă.

pronoun ['prounaun] *s.* pronume.

pronounce [prə'nauns] *vt.* a pronunţa; a rosti; a anunţa; a declara. *vi.* a se declara; a se pronunţa.

pronunciation [prənʌnsi'eiʃn] *s.* pronunţare.

proof [pruːf] *s.* probă; şpalt; ~ - *reader* corector. *adj.* impermeabil; de netrecut; refractar.

prop [prɔp] *s.* proptea; reazem. *vt.* a sprijini; a propti.

propaganda [,prɔpə'gændə] *s.* propagandă. *adj.* propagandistic.

propagate ['prɔpəgeit] *vt.*, *vr.* a (se) propaga.

propel [prə'pel] *vt.* a împinge; a mâna înainte.

propeller [prə'pelə] *s.* elice.

propensity [prə'pensiti] *s.* înclinaţie; tendinţă.

proper ['prɔpə] *adj.* corespunzător; corect; decent; propriu(-zis).

properly ['prɔpəli] *adv.* cum se cuvine; complet.

propertied ['prɔpətid] *adj.* înstărit; avut.

property ['prɔpəti] *s.* proprietate; avere; *pl.* recuzită; ~ -*man* recuziter.

prophecy ['prɔfisi] *s.* profeţie.

prophesy ['prɔfisai] vt., vi. a prooroci.

prophet ['prɔfit] s. profet.

propitiate [prə'piʃieit] vt. a linişti; a linguşi.

propitiatory [prə'piʃiətri] adj. împăciuitor; linguşitor.

propitious [prə'piʃəs] adj. favorabil.

proportion [prə'pɔːʃn] s. proporţie; măsură. vt. a proporţiona; a împărţi egal.

proposal [prə'pouzl] s. propunere; plan; cerere în căsătorie.

propose [prə'pouz] vt. a propune; a oferi; a intenţiona. vi. a cere mâna (cuiva).

proposition ['prɔpə'ziʃn] s. afirmaţie; propunere; teoremă.

proprietary [prə'praiətri] adj. de proprietate; brevet.

proprietor [prə'praiətə] s. proprietar; deţinător al unui patent.

propriety [prə'praiəti] s. decenţă; convenţii (morale); corectitudine.

props [prɔps] s. recuzită.

prorogue [prə'roug] vt. a proroga.

proscenium [pro'siːnjəm] s. avanscenă.

proscribe [pro'skraib] vt. a proscrie, a interzice.

prose [prouz] s. proză; parte prozaică. vi. a ţine predici.

prosecute ['prɔsikjuːt] vt. a urmări în justiţie.

prosecution [,prɔsi'kjuːʃn] s. urmărire în justiţie; acuzare; procuror; ministerul public.

prosecutor ['prɔsikjuːtə] s. acuzator; procuror.

proselyte ['prɔsilait] s. prozelit.

prospect[1] [prɔspekt] s. perspectivă.

prospect[2] [prəs'pekt] vt., vi. a prospecta.

prospective [prəs'pektiv] adj. viitor; probabil.

prospectus [prəs'pektəs] s. prospect.

prosper ['prɔspə] vi. a prospera.

prosperous ['prɔsprəs] adj. prosper; înfloritor.

prostitute ['prɔstitjuːt] s. prostituată. vt. a prostitua.

prostitution [,prɔsti'tjuːʃn] s. prostituţie; prostituare.

prostrate[1] ['prɔstreit] adj. prosternat; culcat pe burtă; fig. învins; istovit; ţoropit; abătut.

prostrate[2] [prəs'treit] vt. a trânti la pământ; a înfrânge; a zdrobi. vr.a se trânti la pământ; a se ploconi.

prostration [prɔs'treiʃn] s. prostraţie; deprimare; istovire.

prosy ['prouzi] adj. plicticos; monoton; fără haz.

protect [prə'tekt] vt. a apăra; a proteja.

protection [prə'tekʃn] s. protecţie; apărător; protecţionism (vamal).

protective [prə'tektiv] adj. protector.

protègè ['prouteʒei] s. protejat.

protest[1] ['proutest] s. protest.

protest[2] [prə'test] vt. a afirma; a susţine. vi. a protesta.

protestant ['prɔtistənt] s., adj. protestant.

protestation [,proutes'teiʃn] s. afirmaţie; protest.

protract [prə'trækt] vt. a prelungi; a tergiversa.

protractor [prə'træktə] s. raportor (pentru unghiuri).

protrude [prə'truːd] vi. a ieşi în afară.

protuberant [prə'tju:brnt] *adj.* holbat; umflat.

proud [praud] *adj.* mândru; orgolios, trufaş; splendid. *adv.* cu mândrie.

prove [pru:v] *vt.* a dovedi; a verifica. *vi., vr.* a se dovedi.

provender ['prɔvində] *s.* nutreţ, furaj.

provide [prə'vaid] *vt.* a furniza; a aduce; a prevedea. *vi.: to~ for* a întreţine; a susţine.

provided [prə'vaidid] *conj.: ~ that* cu condiţia ca.

providence ['prɔvidns] *s.* cumpătare; providenţă.

provident ['prɔvidnt] *adj.* prevăzător.

province ['prɔvins] *s.* provincie; domeniu; competenţă.

provision [prə'viʒn] *s.* prevedere; grijă; pregătire; clauză. *pl.* provizii. *vt.* a aproviziona.

provisional [prə'viʃənl] *adj.* provizoriu.

proviso [prə'vaizou] *s.* clauză.

provocation [,prɔvə'keiʃn] *s.* provocare; supărare; pacoste.

provocative [prə'vɔkətiv] *adj.* provocator; supărător; aţâţător.

provoke [prə'vouk] *vt.* a stârni; a aţâţa; a enerva; a provoca.

provoking [prə'voukiŋ] *adj.* enervant; supărător.

provost ['prɔvəst] *s.* director; magistrat.

prow [prau] *s.* proră.

prowess ['prauis] *s.* curaj; îndemânare; faptă de arme.

prowl [praul] *s.* pândă. *vi.* a sta la pândă; a se învârti după pradă.

proxy ['prɔksi] *s.* procurist; delegat; procură.

prude [pru:d] *s.* persoană (de o moralitate) afectată.

prudence ['pru:dns] *s.* prudenţă.

prudent ['pru:dnt] *adj.* prudent; circumspect; înţelept.

prudery ['pru:dəri] *s.* moralitate exagerată.

prudish ['pru:diʃ] *adj.* ultramoralist; prefăcut.

prune [pru:n] *s.* prună uscată. *vt.* a reteza ramurile (la copaci); a curăţa (de balast).

prurient ['pruəriənt] *adj.* obscen; lasciv.

Prussian ['prʌʃn] *s., adj.* prusac(ă).

pry [prai] *vt.* a ridica; a sparge. *vi.* a se amesteca.

pshaw [pʃɔ:] *interj.* pfui.

psychiatrist [sai'kaəiətrist] *s.* psihiatru.

psychology [sai'kɔlədʒi] *s.* psihologie.

psychopath ['saikoupæθ] *s.* bolnav de nervi.

pub [pʌb] *s.* cârciumă; cafenea.

pubescent [pju(:)'besnt] *adj.* puber, ajuns la pubertate.

public ['pʌblik] *s.* public; naţiune. *adj.* public; naţional; social; obştesc; ~ *house* berărie; cârciumă; ~ *school* şcoală de stat; liceu.

publican ['pʌblikən] *s.* cârciumar.

publication [,pʌbli'keiʃn] *s.* publicare; publicaţie.

publicity [pʌb'lisiti] *s.* reclamă; publicitate.

publish ['pʌbliʃ] *vt.* a publica; a anunţa.

publisher ['pʌbliʃə] *s.* editor.

puck [pʌk] *s.* spiriduş.

pucker ['pʌkə] *vt.* a se încreţi. *vi.* a se zbârci. *s.* creţ.

pudding ['pudiŋ] *s.* budincă; cârnați.

puddle ['pʌdl] *s.* băltoacă; noroi; lut. *vi.* a frământa; a acoperi cu lut. *vi.* a se bălăci.

pudgy ['pʌdʒi] *adj.* scurt și îndesat.

puff [pʌf] *s.* pufăit; (ră)suflare; puf; reclamă deșănțată; ~ **box** pudrieră. *vt.* a pufăi; a sufla; a face reclamă la; a supralicita; *to* ~ *up* a umfla; a face să se îngâmfe. *vi.* a sufla; a respira greu; a pufăi; a se înălța.

puffy ['pʌfi] *adj.* umflat; gâfâind; pufăitor.

pug [pʌg] *s.* mops.

pugnacious [pʌg'neiʃəs] *adj.* combativ.

pull [pul] *vt.* a trage; a târî; a împinge; *to* ~ *down* a dărâma; a slăbi; a deprima; *to* ~ *out* a smulge; *to* ~ *up* a trage la scară. *vi.* a trage; a vâsli; *to* ~ *round* a-și reveni după boală; *to* ~ *through* a o scoate la capăt; a se face bine; *to* ~ *together* a-și uni forțele; *to* ~ *up* a se opri; a trage la scară. *vr.:* *to* ~ *oneself together* a-și veni în fire.

pulley ['puli] *s.* scripete.

pull-over ['pul,ouvə] *s.* pulover.

pulp [pʌlp] *s.* pulpă de fructe; carne (moale). *vt.* a zdrobi.

pulpit ['pulpit] *s.* amvon; cler; carieră preoțească.

pulsate [pʌl'seit] *vt.* a zgudui. *vi.* a pulsa; a vibra.

pulse [pʌls] *s.* puls; păstăi. *vi.* a pulsa.

pumice (stone) ['pʌmis (stoun)] *s.* piatră ponce.

pummel ['pʌml] *vt.* a bate cu pumnii.

pump [pʌmp] *s.* pompă; cișmea; pantof fără toc. *vt.* a pompa; a smulge; a stoarce (informații); *to* ~ *smb.'s hand* a scutura mâna cuiva. *vi.* a pompa.

pumpkin ['pʌmkin] *s.* dovleac.

pun [pʌn] *s.* joc de cuvinte. *vi.* a face jocuri de cuvinte.

punch¹ [pʌntʃ] *s.* punci; energie; clește de perforat; pumn (puternic). *vt.* a perfora; a lovi puternic cu pumnul.

Punch² [pʌntʃ] *s.* marionetă; ziar umoristic englez; ~ *and Judy show* teatru de păpuși.

punctilious [pʌŋ'tiliəs] *adj.* meticulos; ceremonios.

punctuate ['pʌŋtjueit] *vt.* a puncta; a pune punctuația la (un text).

puncture ['pʌŋktʃə] *s.* înțepătură; gaură; pană de cauciuc. *vt.* a înțepa; a găuri; a strica.

pungent ['pʌndʒnt] *adj.* picant; înțepător; ascuțit.

punish ['pʌniʃ] *vt.* a pedepsi; a bate.

punishment ['pʌniʃmənt] *s.* pedeapsă; înfrângere.

punitive ['pju:nitiv] *adj.* de pedeapsă.

punt [pʌnt] *s.* ponton; barcă cu fundul lat.

puny ['pju:ni] *adj.* slab; pirpiriu; prăpădit.

pup [pʌp] *s.* cățeluș; pui de lup etc.

pupil ['pju:pl] *s.* elev; *anat.* pupilă.

puppet ['pʌpit] *s.* marionetă; ~ *show* teatru de marionete.

puppy ['pʌpi] *s.* cățeluș; pui de vulpe, de lup etc.; tânăr obraznic.

purblind ['pə:blaind] *adj.* atins de orbul găinilor.

purchase ['pə:tʃəs] *s.* achiziție; cumpărătură. *vt.* a cumpăra; a obține.

purchasing power ['pə:tʃəsiŋ'pauə] s. putere de cumpărare.

pure [pjuə] adj. pur; distinct; curat (la suflet); simplu; perfect.

purely ['pjuəli] adv. curat; total; pur şi simplu.

purge [pə:dʒ] s. purgativ; epurare. vt. a curăţi; a epura.

purity ['pjuəriti] s. puritate; nevinovăţie.

purl [pə:l] s. gâlgâit; murmur. vi. a gâlgâi; a murmura.

purlieus ['pə:lju:z] s. pl. periferie.

purloin [pə:'lɔin] vt. a şterpeli.

purple ['pə:pl] s. vineţiu; purpuriu; purpură. adj. vânăt; purpuriu; roşu.

purport ['pə:pət] s. sens; scop; semnificaţie. vt. a susţine; a sugera.

purpose ['pə:pəs] s. scop; folos; on ~ anume; to the ~ folositor; la chestiune; to no ~ fără rezultat. vt. a intenţiona; a-şi propune.

purposeful ["'pə:pəsfl] adj. hotărât; semnificativ.

purposely ['pə:pəsli] adv. intenţionat.

purr [pə:] vi. a murmura; (d. pisică) a toarce.

purse [pə:s] s. pungă; bani; răsplată; ~ strings baierele pungii. vt. a pungi; a încreţi.

pursuance [pə'sjuəns] s. urmărire. îndeplinire.

pursue [pə'sju:] vt. a urma; a urmări; a continua.

pursuer [pə'sjuə] s. urmăritor.

pursuit [pə'sju:t] s. urmărire; ocupaţie.

purvey [pə:'vei] vt. a furniza.

purveyor [pə:'vɛə] s. furnizor.

pus [pʌs] s. puroi.

push [puʃ] s. împingere; energie; hotărâre; ~-cart cărucior (de copil). vt. a împinge; a forţa. vi.: to ~ along sau off a porni; a pleca.

pusher ['puʃə] s. arivist.

pusillanimous [,pju:si'læniməs] adj. timid; slab; fricos.

puss [pus] s. pisică; ~ -in-boots motanul încălţat.

pussy ['pusi] s. pisicuţă; mâţişor (de salcie etc.).

put [put] vt. a pune; a aşeza; a scrie; a exprima; a duce; a arunca; a evalua; to ~ across a duce la bun sfârşit; to ~ aside sau away sau by a strânge (bani); to ~ back a pune la loc; a da înapoi (ceasul); fig. to ~ down a înăbuşi; a (în)scrie; a micşora; to ~ forth a scoate; a publica; to ~ forward a propune, a înainta; to ~ off a amâna, a împiedica; to ~ on a se îmbrăca; a adopta; a căpăta; to ~ out a stinge; a scoate; a tulbura; a manifesta; a întinde; a produce; to ~ through a îndeplini, a da legătura; to ~ together a alcătui; a aduna; to ~ up a ridica; a găzdui; a manifesta; a născoci; to ~ smb. up to a aţâţa pe cineva la. vi.: to ~ about a schimba direcţia; to ~ off, to ~ up a se acomoda; a se instala; a rămâne (peste noapte etc.): to ~ up with a suporta; a se deprinde cu.

putrid ['pju:trid] adj. descompus; scârbos.

puttee ['pʌti] s. moletieră.

putty ['pʌti] s. chit; liant. vt. a chitui.

puzzle ['pʌzl] *s.* enigmă; joc distractiv. *vt.* a zăpăci; *to ~ out* a rezolva.
pygmy ['pigmi] *s.* pigmeu. *adj.* neînsemnat.

pyjamas [pə'dʒɑːməz] *s.* pijama.
pyre ['paiə] *s.* rug.
pyrethrum [pai'riːθrəm] *s.* crizantemă.

Q

quack [kwæk] *s.* măcăit; şarlatan; vraci. *adj.* şarlatan; ignorant. *vi.* a măcăi; a flecări.
quackery ['kwækəri] *s.* şarlatanie.
quadrangle ['kwɔ'dræŋgl] *s.* dreptunghi.
quadrant ['kwɔdrnt] *s.* cadran.
quadrilateral [ˌkwɔdri'lætrl] *s.* patrulater. *adj.* cu patru laturi.
quadruped ['kwɔdruped] *s.* patruped.
quadruple ['kwɔdrupl] *adj.* cvadruplu. *s.* împătrit. *vt., vi.* a (se) împătri.
quaff [kwɑːf] *vt.* a sorbi.
quagmire ['kwægmaiə] *s.* mlaştină; marasm.
quail [kweil] *s.* prepeliţă; pitpalac.
quaint [kweint] *adj.* ciudat.
quake [kweik] *s.* (cu)tremur. *vi.* a tremura.
quaker ['kweikə] *s. rel.* quaker; tremurător. *adj.* sobru, simplu.
qualify ['kwɔlifai] *vt.* a califica; a modifica. *vi.* a se califica; a reuşi.
qualitative ['kwɔlitətiv] *adj.* calitativ.
quality ['kwɔliti] *s.* calitate; valoare.
qualm [kwɔːm] *s.* remuşcare.
quandary ['kwɔndəri] *s.* îndoială; dilemă.
quantitative ['kwɔntitətiv] *adj.* cantitativ.

quantity ['kwɔntiti] *s.* cantitate; mărime; *pl.* abundenţă.
quarantine ['kwɔrntiːn] *s.* carantină.
quarrel ['kwɔrl] *s.* ceartă; plângere. *vi.* a se certa.
quarrelsome ['kwɔrlsəm] *adj.* certăreţ; nervos.
quarry ['kwɔri] *s.* pradă; carieră; mină. *vt.* a exploata (un zăcământ etc.); a dezgropa.
quart [kwɔːt] *s.* quart, (măsură de un) litru.
quarter ['kwɔːtə] *s.* sfert; trimestru; punct cardinal; *amer.* 25 de cenţi; sursă (de informaţie etc.): cartier; *pl.* locuinţă; cantonament; *mar.* pupă; *at close ~s* foarte aproape. *vt.* a împărţi în patru; a încartirui.
quaterly ['kwɔːtəli] *s., adj., adv.* trimestrial.
quartermaster ['kwɔːtəˌmɑːstə] *s.* ofiţer de administraţie; intendent.
quartet(te) [kwɔ'tet] *s.* cvartet; grup de patru persoane.
quarto ['kwɔːtou] *s.* format *sau* ediţie in cvarto.
quash [kwɔʃ] *vt.* a anula; a pune capăt la; a stinge.
quasi ['kwɑːzi] *adj.* cvasi, semi. *adv.* aproape.

213

quaver ['kweivə] *s.* tremur; tremolo; *muz.* pătrime. *vt.* a zgudui. *vi.* a tremura; a vorbi *sau* a cânta tremurat; a fremăta.

quay [ki:] *s.* chei.

queasy ['kwi:zi] *adj.* greţos; ultrasensibil; exagerat.

queen [kwi:n] *s.* regină; zeiţă; damă (*la cărţi*).

queenly ['kwi:nli] *adj.* maiestuos; generos.

queer [kwiə] *adj.* ciudat; dubios; trăsnit; *vt.* a strica.

quell [qwel] *vt.* a înăbuşi.

quench [kwentʃ] *vt.* a stinge; a răci; a distruge; a nărui.

querulous ['kweruləs] *adj.* plângăreţ; neliniştit.

query ['kwiəri] *s.* (semn de) întrebare; problemă. *vt.* a întreba; a chestiona.

quest [kwest] *s.* căutare; cercetare; lucru căutat; *in ~ of* în căutare de. *vi.* a căuta.

question ['kwestʃn] *s.* problemă; (semn de) întrebare; anchetă; obiecţie; îndoială. *vt.* a întreba; a interoga; a pune la îndoială. *vi.* a se întreba.

questionable ['kwestʃənəbl] *adj.* îndoielnic; dubios.

questioningly ['kwestʃəniŋli] *adv.* întrebător.

question-mark ['kwestʃnmɑːk] *s.* semn de întrebare.

queue [kju:] *s.* coadă. *vi.* a face coadă.

quibble ['kwibl] *s.* joc de cuvinte; eschivare de la un răspuns. *vi.* a se eschiva de la un răspuns; a glumi.

quick [kwik] *s.* carne vie; *fig.* inimă. *adj.* iute; vioi; prompt; ager; pripit; viu; isteţ; *~ lime* var nestins; *~ march* pas alergător.

quicken ['kwikn] *vt., vi.* a (se) grăbi.

quickly ['kwikli] *adv.* repede; îndată.

quicksand ['kwiksænd] *s.* nisip mişcător; capcană.

quicksilver ['kwik,silvə] *s.* mercur.

quid [kwid] *s.* tutun de mestecat; liră sterlină.

quiescent [kwai'esnt] *adj.* pasiv; tăcut; nemişcat; liniştit.

quiet ['kwaiət] *s.* linişte; tăcere; calm. *adj.* liniştit; tăcut; fără zgomot; paşnic. *vt., vi.* a (se) linişti.

quieten ['kwaiətən] *vt., vi.* a (se) linişti.

quietly ['kwaiətli] *adv.* calm; simplu; discret.

quietude ['kwaiitju:d] *s.* calm; tihnă.

quietus [kwai'itəs] *s.* moarte.

quill [kwil] *s.* pană de gâscă; ţeapă; *~ -driver* conţopist; gazetar.

quilt [kwilt] *s.* plapumă; cuvertură. *vt.* a matlasa.

quince [kwins] *s.* gutui(e).

quip [kwip] *s.* glumă; observaţie caustică. *vi.* a fi ironic.

quire ['kwaiə] *s.* testea (de hârtie); fasciculă; două duzini; cor.

quit [kwit] *adj.* liber; chit. *vt.* a părăsi; a lăsa. *vi.* a pleca.

quite [kwait] *adv.* complet; foarte; destul de; *~ a few* destul. *interj.* chiar aşa.

quits [kwits] *adj.* chit; egal.

quiver ['kwivə] *s.* tolbă de săgeţi; tremur. *vt.* a face să tremure. *vi.* a tremura.

quixotic [kwik'sɔtik] *adj.* utopic; donchişotesc.

quiz [kwiz] *s.* întrebare; interogatoriu; concurs. *vt.* a interoga; a necăji; a tachina.
quizzical ['kwizikl] *adj.* ciudat; comic; întrebător.
quod [kwɔd] *s.* închisoare.

quota ['kwoutə] *s.* cotă; normă.
quotation [kwou'teiʃn] *s.* citat; *fin.* cotă; deviz; ~ *marks* ghilimele.
quote [kwout] *vt.* a cita; a menționa.
quotient ['kwouʃnt] *s.* cât.

R

rabbi ['ræbai] *s.* rabin.
rabbit ['ræbit] *s.* iepure (de casă).
rabble ['ræbl] *s.* gloată.
rabid ['ræbid] *adj.* turbat; nebunesc.
rabies ['reibi:z] *s.* turbare.
race [reis] *s.* cursă; întrecere; canal; șanț; rasă; neam. *vt.* a goni. *vi.* a alerga (într-o cursă).
racer ['reisə] *s.* cal; barcă; mașină de curse.
racial ['reiʃl] *adj.* rasial.
racialism ['reiʃəlizəm] *s.* rasism.
racing ['reisiŋ] *s.* curse (de cai). *adj.* de (la) curse.
rack [ræk] *s.* grătar; cuier; plasă (pentru bagaje); roată (pentru tortură); distrugere. *vt.* a tortura; *to ~ one's brains* a-și stoarce creierii.
racket ['rækit] *s.* rachetă (de tenis); zarvă; escrocherii.
racketeer [,ræki'tiə] *s. amer.* profitor; afacerist.
racquet ['rækit] *s.* rachetă (de tenis).
racoon [rə'ku:n] *s.* raton, ursuleț spălător.
racy ['reisi] *adj.* viguros; picant; vioi.
radiance ['reidjəns] *s.* strălucire.
radiant ['reidjənt] *adj.* strălucit(or).

radiate ['reidieit] *adj.* radial; iradiant. *vt.* a iradia. *vi.* a radia; a străluci.
radical ['rædikl] *s., adj.* radical; progresist.
radiogram ['reidiogræm] *s.* radiografie; telegramă-radio; radio cu picup.
radio set ['reidioset] *s.* aparat de radio.
radish ['rædiʃ] *s.* ridichie.
radius ['reidjəs] *s.* rază (de acțiune).
R.A.F. ['ɑːrei'ef] *s.* aviația militară britanică.
raffish ['ræfiʃ] *adj.* depravat.
raft [rɑːft] *s.* plută (pe râu). *vi.* a merge cu pluta.
rafter ['rɑːftə] *s.* plutaș; grindă.
rag [ræg] *s.* cârpă; zdreanță; *fig.* fițuică; gălăgie.
ragamuffin ['rægəmʌfin] *s.* zdrențăros; golan.
rage [reidʒ] *s.* furie; modă; pasiune. *vt.* a urla; a bântui.
ragged ['rægid] *adj.* zdrențăros; nețesălat; colțuros.
ragout [ræ'gu:] *s.* tocană; ostropel.
ragtag ['rægtæg] *s.: ~ and bobtail* drojdia societății.
ragtime ['rægtaim] *s.* jazz sincopat.

215

raid [reid] *s.* incursiune; raid; jaf. *vt.* a bântui; a invada.

rail [reil] *s.* balustradă; şină; suport (pentru prosop etc.) *by* ~ cu trenul; *off the* ~*s* deraiat. *vt.* a critica; a batjocori.

railing ['reiliŋ] *s.* gard; ocară; batjocură.

raillery ['reiləri] *s.* ironie; tachinărie.

railroad ['reilroud], **railway** ['reilwei] *s.* cale ferată.

rain [rein] *s.* ploaie. *vt.* a turna. *vi.* a ploua.

rainbow ['reinbou] *s.* curcubeu.

raincoat ['reinkout] *s.* fulgarin.

rainfall ['reinfɔ:l] *s.* (cantitate de) ploaie.

rain-gauge ['reingeidʒ] *s.* pluviometru.

rainy ['reini] *adj.* ploios.

raise [reiz] *s.* spor de salariu. *vt.* a înălţa; a ridica; a clădi; a stârni; a spori; a creşte; a înjgheba; a aduna.

raisin ['reizn] *s.* stafidă.

rake [reik] *s.* greblă; depravat. *vt.* a grebla; a strânge; *to* ~ *up* a stârni; a reînvia.

rakish ['reikiʃ] *adj.* arătos; elegant; imoral; stricat.

rally ['ræli] *s.* strângere; adunare; miting; revenire. *vt.* a strânge; a aduna; *fig.* a mobiliza; a ironiza; a tachina. *vi.* a se aduna; a se însănătoşi; a-şi reveni.

ram [ræm] *s.* berbec. *vt.* a zdrobi; a izbi; a înfige; a băga.

ramble ['ræmbl] *s.* hoinăreală. *vi.* a hoinări; a bate câmpii.

rambling ['ræmbliŋ] *s.* hoinăreală; divagaţie. *adj.* hoinar; dezlânat.

ramp [ræmp] *s.* rampă. *vi.* a se ridica; a se agita.

rampant ['ræmpənt] *adj.* furios; răspândit; în floare.

rampart ['ræmpɑ:t] *s.* meterez.

ramshackle ['ræm,ʃækl] *adj.* şubred.

ran [ræn] *vt., vi. trec. de la* **run**.

ranch [rɑ:ntʃ] *s.* fermă de animale.

rancher ['rɑ:ntʃə] *s.* proprietar al unei ferme de animale.

rancid ['rænsid] *adj.* rânced.

ranco(u)r ['ræŋkə] *s.* ranchiună; pică.

random ['rændəm] *s.: at* ~ la întâmplare. *adj.* făcut la întâmplare.

rang [ræŋ] *vt., vi. trec. de la* **ring**.

range [reindʒ] *s.* rând; şir; distanţă; bătaie (a unei arme): întindere; domeniu; limite; sortiment; *mil.* poligon; maşină de gătit; plită. *vt.* a aranja; a colinda. *vi.* a hoinări; a se întinde; a varia.

ranger ['reindʒə] *s.* paznic de păduri; jandarm.

rank [ræŋk] *s.* rând; şir; rang; *mil.* grad; categorie; *the* ~*s* sau *the* ~ *and file* oamenii de rând; *mil.* trupa. *adj.* încâlcit; grosolan. *vt.* a rândui; a categorisi; a considera. *vi.* a se plasa; a fi considerat.

rankle ['ræŋkl] *vi.* a supura; a nu se vindeca.

ransack ['rænsæk] *vt.* a scotoci; a jefui.

ransom ['rænsəm] *s.* (preţ pentru) răscumpărare; plată. *vt.* a răscumpăra; a elibera (pe bani).

rant [rænt] *s.* retorică; peroraţie. *vt., vi.* a perora.

rap [ræp] *s.* bătaie uşoară; lovitură. *vi.* a bate (cu încheieturile degetelor).

rapacious [rə'peiʃəs] *adj.* rapace.
rape [reip] *s.* rapiță; viol; răpire. *vt.* a viola; a răpi.
rapid ['ræpid] *s. geogr.* cataractă. *adj.* rapid; abrupt.
rapier ['reipjə] *s.* pumnal. *adj.* ascuțit.
rapprochement [ræ'prɔʃmɑːŋ] *s.* apropiere.
rapt [ræpt] *adj.* vrăjit; cufundat.
rapture ['ræptʃə] *s.* încântare; extaz.
rapturous ['ræptʃərəs] *adj.* entuziast.
rare [rɛə] *adj.* rar; puțin(tel); prețios; minunat. *adv.* strașnic.
rarely ['rɛəli] *adv.* rar(eori); teribil.
rascal ['rɑːskəl] *s.* ticălos.
rash [ræʃ] *s.* urticarie. *adj.* pripit; nesăbuit.
rasher ['ræʃə] *s.* feliuță (de slănină).
rasp [rɑːsp] *s.* pilă; sunet aspru. *vt.* a pili; a aspri; a enerva.
raspberry ['rɑːzbri] *s.* zmeură.
rat [ræt] *s.* șobolan; laș.
rate [reit] *s.* ritm: proporție; viteză; raport; valoare; taxă; grad; categorie; *at any ~* în orice caz. *vt.* a aprecia; a ocărî; a evalua. *vi.* a valora; a vorbi urât.
ratepayer ['reit,peiə] *s.* contribuabil.
rather ['rɑːðə] *adv.* mai degrabă; destul (de). *interj.* oho (și încă cum).
ratify ['rætifai] *vt.* a ratifica.
rating ['reitiŋ] *s.* evaluare; clasificație; categorie; valoare; ocară.
ratio [reiʃiou] *s.* raport; proporție.
ratiocination [,rætiɔsi'neiʃn] *s.* raționament.

ration ['ræʃn] *s.* rație; *on ~s* raționa(liza)t. *vt.* a raționa(liza).
rational ['ræʃənl] *adj.* rațional; înțelept.
rationalize ['ræʃnəlaiz] *vt.* a judeca rațional; a rationa(liza).
ratsbane ['rætsbein] *s.* otravă; șoricioaică.
rattle ['rætl] *s.* sunătoare; cârâitoare; zbârnâitoare; clopoței (ai șarpelui); horcăit; hârâit; zornăit; gălăgie. *vt., vi.* a zornăi; a trăncăni; a hârâi.
rattle-box ['rætlbɔks] *s.* sunătoare.
rattle-snake ['rætlsneik] *s.* șarpe cu clopoței.
rattling ['rætliŋ] *adj.* zbârnâitor; rapid; grozav. *adv.* strașnic; foarte.
raucous ['rɔːkəs] *adj.* răgușit; aspru.
ravage ['rævidʒ] *s.* distrugere; *pl.* ravagii; *vt.* a jefui; a distruge. *vi.* a face ravagii.
rave [reiv] *vi.* a aiura; a bântui cu furie; a vorbi entuziast.
ravel ['rævl] *s.* nod; încurcătură. *vt.* a încurca; a deznoda.
raven ['reivn] *s.corb. adj.* negru.
ravenous ['rævinəs] *adj.* flămând (ca un lup).
ravine [rə'viːn] *s.* râpă; vâlcea.
raving ['reiviŋ] *s.* aiureală; *pl.* elucubrații. *adj.* nebun. *adj.* nebunește.
ravish ['ræviʃ] *vt.* a răpi; a viola; a vrăji.
raw [rɔː] *s.* carne vie. *adj.* necopt; nepriceput; *(d. piele)* nelucrată; jupuită; *(d. răni)* nevindecată; *~-boned* numai pielea și oasele.
ray [rei] *s.* rază; *iht.* calcan. *vi.* a radia.
rayon ['reiɔn] *s.* mătase artificială.

raze [reiz] *vt.* a rade (de pe faţa pământului).

razor ['reizə] *s.* brici; ~ *-blade* lamă de ras; *safety* ~ aparat de ras.

reach [ri:tʃ] *s.* atingere; întindere; rază de acţiune; meandră. *vt.* a atinge; a sosi *sau* a ajunge la; a da de. *vi.* a se întinde; a ajunge.

react [ri'ækt] *vi.* a reacţiona.

reaction [ri'ækʃn] *s.* reacţi(un)e.

read[1] [ri:d] *s.* citire; *vt.* a citi; a studia; a ghici; a indica; a interpreta; *to* ~ *out* a citi (cu glas) tare. *vi.* a (se) citi; a studia; a afla.

read[2] [red] *adj.* citit. *vt., vi.* trec. şi part. trec. de la **read**.

readable ['ri:dəbl] *adj.* interesant; lizibil.

reader ['ri:də] *s.* cititor; lector (universitar); redactor (la editură); manual; antologie.

readily ['redili] *adv.* uşor; cu dragă inimă; imediat.

readiness ['redinis] *s.* pregătire; promptitudine; bunăvoinţă.

reading ['ri:diŋ] *s.* lectură; citire; cultură; interpretare; ~-*lamp* lampă de birou; ~-*room* sală de lectură. *adj.* studios; amator de lectură.

readjust ['ri:ə'dʒʌst] *vt.* a rearanja; a reprofila; a (re)adapta.

ready ['redi] *adj.* pregătit; gata; rapid; prompt; ~-*made* (de) gata; ~ *money* bani gheaţă.

reagent [ri:'eidʒnt] *s.* reactiv; reacţie.

real [riəl] *adj.* real; *jur.* funciar; imobiliar. *adv.* adevărat; straşnic.

realistic [riə'listik] *adj.* realist.

reality [ri'æliti] *s.* realitate; veridicitate.

realization [,riəlai'zeiʃn] *s.* înţelegere; îndeplinire.

realize ['riəlaiz] *vt.* a înţelege; a îndeplini. *vi.* a-şi da seama.

really ['riəli] *adv.* într-adevăr. *interog.* oare? zău?

realm [relm] *s.* regat; tărâm.

ream [ri:m] *s.* top de hârtie.

reap [ri:p] *vt.* a secera; a recolta; *fig.* a culege. *vi.* a secera.

reaper ['ri:pə] *s.* secerător; secerătoare; combină.

reappear ['riə:'piə] *vi.* a reapărea.

rear [riə] *s.* spate, urmă, dos. *vt.* a creşte; a hrăni. *vi.* a se cabra.

rear-admiral ['riə'ædmrl] *s.* contraamiral.

rear-guard ['riəgɑ:d] *s.* ariergardă.

rearmament ['ri:'ɑ:məmənt] *s.* reînarmare.

rearmost ['riəmoust] *adj.* cel din urmă; cel din spate.

rearrange ['ri:ə'rəindʒ] *vt.* a rearanja; a restabili.

reason ['ri:zn] *s.* judecată; raţiune; cauză; *in* ~ rezonabil. *vt.* a raţiona; a convinge. *vi.* a raţiona, a gândi; a argumenta.

reasonable ['ri:znəbl] *adj.* rezonabil; chibzuit; raţional.

reasoning ['ri:zniŋ] *s.* judecată; argumente.

reassure [,ri:ə'ʃuə] *vt.* a linişti.

rebate ['ri:beit] *s.* rabat, reducere.

rebel[1] ['rebl] *s.* rebel; răzvrătit.

rebel[2] [ri'bel] *vi.* a se răzvrăti; a protesta.

rebellion [ri'beljən] *s.* răzvrătire.

rebirth ['ri:'bɔ:θ] *s.* renaştere.

rebound [ri'baund] *s.* ricoşeu. *vi.* a ricoşa; a sări din nou.

rebuff [ri'bʌf] *s.* ripostă; refuz. *vt.* a respinge.

rebuke [ri'bju:k] *s.* reproş; admonestare. *vt.* a ocărî; a admonesta.

rebut [ri'bʌt] *vt.* a respinge.

recall [ri'kɔ:l] *s.* rechemare. *vt.* a rechema; a evoca; a(-şi) aminti de.

recapture ['ri:'kæptʃə] *s.* prindere. *vt.* a recăpăta; a prinde (din nou).

recast ['ri:'kɑ:st] *s.* remodelare. *vt.* a remodela; a preface. *vi.* a se retrage; a da înapoi; a scădea; a şterge.

receipt [ri'si:t] *s.* chitanţă; primire; reţetă (culinară); *pl.* încasări. *vt.* a da chitanţă pentru.

receive [ri'si:v] *vt., vi.* a primi; a cuprinde; a accepta.

receiver [ri'si:və] *s.* primitor; receptor.

reception [ri'sepʃn] *s.* primire; recepţie.

recess [ri'ses] *s.* pauză; răgaz; sărbătoare; cotlon. *vt.* a ascunde; a împinge înapoi.

recession [ri'seʃn] *s.* retragere; amânare; *econ.* criză.

recipe ['resipi] *s.* reţetă.

recipient [ri'sipiənt] *s.* primitor; premiat.

reciprocate [ri'siprəkeit] *vt.* a răspunde la. *vi.* a fi complementar.

recital [ri'saitl] *s.* recital; recitare; povestire.

recitation [ˌresi'teiʃn] *s.* recitare; povestire.

recite [ri'sait] *vt., vi.* a recita; a povesti.

reckless ['reklis] *adj.* nepăsător; nesăbuit.

reckon ['rekn] *vt.* a socoti; a număra. *vi.* a socoti; a se bizui; *to ~ on* a se baza pe; *to ~ with* a ţine seama de; a se socoti cu.

reckoning ['rekəniŋ] *s.* socoteală; calcul; răfuială.

reclaim [ri'kleim] *vt.* a recupera; a îndrepta; a revendica.

recline [ri'klain] *vt.* a se rezema. *vi.* a se apleca; a se lăsa pe spate; a se culca; a se bizui.

recluse [ri'klu:s] *s.* pustnic.

recognition [ˌrekəg'niʃn] *s.* recunoaştere; consideraţie.

recognizance [ri'kɔgnizns] *s.* obligaţie; amendă.

recognize ['rekəgnaiz] *vt.* a recunoaşte.

recoil [ri'kɔil] *s.* recul; oroare. *vi.* a (se) da înapoi; a avea recul.

recollect [ˌrekə'lekt] *vt., vi.* a(-şi) aminti.

recollection [ˌrekə'lekʃn] *s.* amintire.

recommend [ˌrekə'mend] *vt.* a recomanda; a încredinţa; a lăuda; a face cinste (*cu dat.*).

recompense ['rekəmpens] *s.* răsplată. *vt.* a răsplăti.

reconcile ['rekənsail] *vt.* a împăca. *vr.* a se împăca.

reconciliation [ˌrekənsili'eiʃn] *s.* împăcare; împăciuire.

recondite [ri'kɔndait] *adj.* ascuns; obscur; modest.

reconnaissance [ri'kɔnisns] *s. mil.* recunoaştere.

reconnoitre [ˌrekə'nɔitə] *vt.* a inspecta. *vi.* a face o recunoaştere.

reconsider ['ri:kən'sidə] *vt.* a analiza din nou; a chibzui din nou.

reconstruct ['ri:kən'strʌkt] vt. a reconstrui.

record[1] ['rekɔːd] s. proces-verbal; arhivă; document; urmă; dosar; record; disc (de patefon).

record[2] [ri'kɔːd] vt. a înregistra; a nota; a indica; a înscrie.

recorder [ri'kɔːdə] s. magnetofon; magistrat; fluier.

recourse [ri'kɔːs] s. apel; resursă.

recover [ri'kʌvə] vt. a recăpăta; a(-şi) regăsi. vi. a se reface; a-şi reveni.

recovery [ri'kʌvəri] s. însănătoşire; recăpătare; recuperare.

recreation [ˌrekri'eiʃn] s. distracţie; recreaţie.

recrimination [riˌkrimi'neiʃn] s. (contra)acuzaţie.

recruit [ri'kru:t] s. recrut; acolit. vt. a recruta; a reface. vi. a se reface.

rectangle ['rek,tæŋgl] s. dreptunghi.

rectify ['rektifai] vt. a îndrepta; a rectifica.

rectitude ['rektitju:d] s. cinste.

rector ['rektə] s. preot (anglican); paroh; rector.

recumbent [ri'kʌmbənt] adj. aplecat; culcat.

recuperate [ri'kju:preit] vt. a recupera; a(-şi) reface; a recăpăta. vi. a-şi reveni; a se reface.

recur [ri'kə:] vi. a reveni; a se repeta.

recurrence [ri'kʌrns] s. revenire; repetiţie.

red [red] s. roşu; comunist. adj. roşu; comunist; a ~ light stop; semnal de primejdie; ~ tape birocraţie.

redbreast ['redbrest] s. măcăleandru.

redden ['redn] vt., vi. a (se) înroşi.

reddish ['rediʃ] adj. roşiatic.

redeem [ri'di:m] vt. a răscumpăra; a recupera; a izbăvi.

redemption [ri'demʃn] s. izbăvire; răscumpărare.

red-handed [red'hændid] adj., adv. (prins) asupra faptului.

redherring ['red'heriŋ] s. scrumbie.

redolent ['redəlnt] adj. parfumat; evocator.

redouble [ri'dʌbl] vt. a îndoi; a înzeci.

redress [ri'dres] s. compensare; îndreptare; răscumpărare. vt. a îndrepta; a răscumpăra; a redresa.

redskin ['redskin] s. (indian) piele-roşie.

reduce [ri'dju:s]] vt. a reduce, a micşora; a coborî; ~d circumstances sărăcie; scăpătare. vi. a face cură de slăbire.

reduction [ri'dʌkʃn] s. reducere, micşorare.

redundance [ri'dʌndns] s. surplus.

redundant [ri'dʌndənt] adj. supra-abundent; suplimentar; inutil.

reduplication [riˌdju:pli'keiʃn] s. dublare; repetiţie.

reed [ri:d] s. stuf; trestie; muz. ancie. fluier.

reedy ['ri:di] adj. subţire ca o trestie; plin de stuf.

reef [ri:f] s. recif; stâncă; filon.

reek [ri:k] s. iz; miros. vi. a mirosi; a duhni.

reel [ri:l] s. bobină; rolă; rilă; dans scoţian; legănare. vi. a dansa; a se legăna; a fi ameţit; a se învârti.

refectory [ri'fektri] *s.* sală de mese (la mănăstire).

refer [ri'fə:] *vt.* a atribui; a trimite; a îndruma. *vi.* a se referi; a face aluzie; a recurge.

referee [,refə'ri:] *s.* arbitru. *vt., vi.* a arbitra.

reference ['refrns] *s.* referire; referință; indicație; legătură.

refill¹ ['ri:fil] *s.* rezervă (de creion etc.).

refill² ['ri:'fil] *vt., vr.* a (se) umple.

refine [ri'fain] *vt., vi.* a (se) rafina.

refinement [ri'fainmənt] *s.* rafinament; subtilitate.

refinery [ri'fainəri] *s.* rafinărie.

reflect [ri'flekt] *vt.* a reflecta; a ilustra, a exprima.

reflection [ri'flekʃn] *s.* reflecție; răsfrângere.

reflex ['ri:fleks] *s.* reflecție; reflex. *adj.* reflex.

reflexion [ri'flekʃn] *s. v.* **reflection**.

reform [ri'fo:m] *s.* reformă; îndreptare. *vt., vi.* a (se) reforma; a (se) îndrepta.

reformation [,refə'meiʃn] *s.* reformă; reformare.

reformatory [ri'fo:mətri] *s.* şcoală de corecție. *adj.* reformator.

reformer [ri'fo:mə] *s.* reformator.

refractory [ri'fræktri] *adj.* refractar.

refrain [ri'frein] *s.* refren. *vt.* a înfrâna. *vi.* a se stăpâni; a se opri.

refresh [ri'freʃ] *vt.* a întări; a întrema; a răcori; a reîmprospăta.

refreshment [ri'freʃmənt] *s.* întărire; întremare; tratație; *pl.* de-ale gurii; ~-*room* bufet.

refrigerate [ri'fridʒəreit] *vt.* a răci; a îngheța.

refrigerator [ri'fridʒəreitə] *s.* frigider.

refuge ['refju:dʒ] *s.* refugiu.

refugee [,refju'ʒi:] *s.* refugiat.

refund ['ri'fʌnd] *vt.* a rambursa; a acoperi; a plăti.

refusal [ri'fju:zl] *s.* refuz; respingere.

refuse¹ ['refju:s] *s.* gunoi; resturi; deşeuri.

refuse² [ri'fju:z] *vt., vi.* a refuza.

refute [ri'fju:t] *vt.* a respinge; a infirma.

regain [ri'gein] *vt.* a recâştiga; a recăpăta; a ajunge din nou la.

regard [ri'ga:d] *s.* atenție; stimă; simpatie; legătură; privință; privire; *pl.* complimente. *vt.* a privi; a considera; a da atenție la; *as* ~*s* în ceea ce priveşte, cât despre.

regardful [ri'ga:dfl] *adj.* atent; plin de considerație.

regarding [ri'ga:diŋ] *prep.* cu privire la.

regardless [ri'ga:dlis] *adj.* neatent; neglijent; ~ *of* indiferent de.

regency ['ri:dʒnsi] *s.* regență.

regenerate¹ [ri'dʒenərit] *adj.* renăscut; regenerat; îmbunătăţit.

regenerate² [ri'dʒenəreit] *vt., vi.* a (se) regenera.

reggae ['regei] *s.* stil de muzică originar din Caraibe.

regimen ['redʒimen] *s.* dietă.

regiment ['redʒmənt] *s.* regiment. *vt.* a disciplina; a organiza.

regimental ['redʒi'mentl] *s.* uniformă. *adj.* regimental.

region ['ri:dʒn] *s.* regiune; domeniu.

register ['redʒistə] s. registru; *com.* totalizator, maşină de casă. *vt.* a înregistra; a nota; a indica; a trimite recomandat. *vi. vr.* a se înregistra.

registrar [‚redʒis'trɑː] s. arhivar; ofiţerul stării civile.

registration [‚redʒis'treiʃn] s. înregistrare; înscriere.

registry ['redʒistri] s. arhivă; oficiul stării civile; înregistrare.

regressive [ri'gresiv] *adj.* regresiv; reacţionar.

regretful [ri'gretfl] *adj.* trist; plin de regret *sau* de căinţă.

regular ['regjulə] s. soldat. *adj.* regulat; obişnuit; cum se cuvine; total.

regularize ['regjuləraiz] *vt.* a regulariza.

regularly ['regjuləli] *adv.* regulat; mereu; cum trebuie; complet.

regulate ['regjuleit] *vt.* a reg(u)la.

regulation [‚regju'leiʃn] s. reglare; aranjare; reglementare; dispoziţie (legală).

rehabilitate [‚riːə'biliteit] *vt.* a restabili; a reface; a reabilita.

rehash ['riːhæʃ] s. cârpăceală. *vt.* a reface (*şi fig.*).

rehearsal [ri'həːsl] s. repetiţie; *dress ~* repetiţie generală.

rehearse [ri'həːs] *vt.* a repeta (o piesă etc.). *vi* a face repetiţii.

reign [rein] s. domnie; stăpânire; putere. *vi.* a domni.

reimburse [‚riːim'bəːs] *vt.* a rambursa; a plăti.

rein [rein] s. frâu. *vt.* a înfrâna; a ţine în frâu.

reindeer ['reindiə] s. ren.

reinforce [‚riːin'fɔːs] *vt.* a întări; *~d concrete* beton armat.

reinforcement [‚riːin'fɔːsmənt] s. întărire.

reinstate ['riːin'steit] *vt.* a restabili; a restaura.

reissue ['riː'isjuː] s. retipărire; ediţie nouă. *vt.* a retipări.

reiterate [riː'itəreit] *vt.* a repeta.

reject [ri'dʒekt] *vt.* a respinge; a arunca.

rejoice [ri'dʒɔis] *vt.* a înveseli; a bucura. *vi.* a se bucura; a fi încântat; *to ~ in* sau *at smth.* a se bucura de; a savura.

rejoicing [ri'dʒɔisiŋ] s. fericire; veselie; *pl.* chef; petrecere.

rejoin [ri'dʒɔin] *vt.* a reveni la. *vi.* a reveni; a răspunde; a replica.

rejoinder [ri'dʒɔində] s. răspuns; replică.

rejuvenate [ri'dʒuːvineit] *vt., vi.* a întineri.

relapse [ri'læps] s. (re)cădere; revenire (a unui rău). *vi.* a recădea; a se apuca din nou de, a reveni la (un năvar etc.).

relate [ri'leit] *vt.* a relata; a lega; *to be ~d to* a se înrudi cu.

relation [ri'leiʃn] s. relatare; legătură; ru(be)denie; relaţie.

relationship [ri'leiʃnʃip] s. înrudire; relaţie; legătură.

relative ['relətiv] s. rudă. *adj.* relativ; reciproc.

relativity [‚relə'tiviti] s. caracter relativ; relativitate.

relax [ri'læks] *vt.* a slăbi; a relaxa; a micşora (exigenţa etc.). *vi.* a se destinde; a slăbi; a se îmblânzi.

relay ['riːlei] s. ştafetă; schimb (de lucrători etc.); rezervă; *tehn.* releu. *vt., vi.* a retransmite.

release [ri'liːs] s. eliberare; izbăvire; slobozire; producţie (cinematografică etc.). *vt.* a elibera; a comunica; a da în vileag; a produce (un film etc.).

222

relegate ['religeit] *vt.* a arunca; a împinge (înapoi).

relent [ri'lent] *vi.* a se îmbuna.

relentless [ri'lentlis] *adj.* neîndurător.

reliable [ri'laiəbl] *adj.* de încredere; de nădejde.

reliance [ri'laiəns] *s.* încredere; bizuire.

relic ['relik] *s.* relicvă; moaşte.

relief [ri'li:f] *s.* uşurare; alinare; bucurie; schimbare (în bine); ajutor(are); eliberare; izbăvire; schimb (de muncitori etc.); relief.

relieve [ri'li:v] *vt.* a uşura; a alina; a elibera; a schimba (garda); a concedia; *to ~ nature* a se uşura.

religion [ri'lidʒn] *s.* religie.

religious [ri'lidʒəs] *adj.* religios.

relinquish [ri'liŋkwiʃ] *vt.* a părăsi; a renunţa la.

relish ['reliʃ] *s.* plăcere; savoare; poftă; stimulent; entuziasm; gust. *vt.* a savura. *vi.* a mirosi *sau* a avea gust.

reluctance [ri'lʌktəns] *s.* aversiune; opoziţie; şovăială.

reluctant [ri'lʌktənt] *adj.* plin de aversiune; şovăitor; refractar; fără tragere de inimă.

reluctantly [ri'lʌktəntli] *adv.* în silă.

rely [ri'lai] *vi.* a se bizui; a avea încredere.

remain [ri'mein] *s.* rămăşiţă. *vi.* a rămâne; a continua.

remainder [ri'meində] *s.* rest; rămăşiţă.

remake ['ri:'meik] *vt.* a reface.

remand [ri'mɑ:nd] *s. jur.* prevenţie. *vt.* a reţine preventiv.

remark [ri'mɑ:k] *s.* observaţie; comentariu. *vt., vi.* a remarca.

remarry ['ri:'mæri] *vt., vi.* a se recăsători.

remember [ri'membə] *vt.* a nu uita; a ţine minte; a-şi aminti; *~ me to your wife* transmite-i complimente soţiei. *vi.* a ţine minte; a avea memorie bună; a-şi aminti.

remembrance [ri'membrns] *s.* amintire; memorie; *pl.* salutări; complimente; suvenir.

remind [ri'maind] *vt.* a aminti.

reminder [ri'maində] *s.* memorandum; lucru evocator.

reminiscent [,remi'nisnt] *adj.* evocator.

remiss [ri'mis] *adj.* neglijent; delăsător.

remission [ri'miʃn] *s.* iertare; achitare.

remit [ri'mit] *vt.* a remite; a transmite; a amâna; a ierta; a anula.

remittance [ri'mitns] *s.* plată.

remnant ['remnənt] *s.* rămăşiţă; rest.

remonstrance [ri'mɔnstrns] *s.* reproş; admonestare; protest.

remonstrate [ri'mɔnstreit] *vi.* a protesta; *to ~ with smb.* a ocărî pe cineva.

remorse [ri'mɔ:s] *s.* remuşcare.

remorseful [ri'mɔ:sfl] *adj.* pocăit.

remote [ri'mout] *adj.* îndepărtat; izolat; *fig.* străin; puţin probabil.

removable [ri'mu:vəbl] *adj.* mobil.

removal [ri'mu:vl] *s.* îndepărtare; mutare.

remove [ri'mu:v] *s.* distanţă; grad de rudenie. *vt.* a îndepărta; a muta; a lua; a(-şi) scoate; *to ~ mountains* a face minuni. *vi.* a pleca; a se muta. *vr.* a pleca.

remunerative [ri'mju:nrətiv] *adj.* rentabil.

223

renaissance [rə'neisns], **renas-cence** [ri'næsns] s. renaştere.

rend [rend] vt. a smulge; a sfâşia; a despica.

render ['rendə] vt. a (re)da; a trans-mite; a face; a interpreta.

renegade ['renigeid] s. renegat.

renew [ri'nju:] vt. a reînnoi; a relua; a continua; a spori.

renewal [ri'nju:əl] s. reînnoire.

rennet ['renit] s.cheag.

renounce ['ri'nauns] vt. a renunţa la; a abandona; a abdica de la.

renovate ['renoveit] vt. a reînnoi; a renova.

renown [ri'naun] s. renume.

rent¹ [rent] s. ruptură; spărtură; fisură; rentă; chirie. vt., vi. a (se) închiria.

rent² [rent] vt. trec. şi part. trec. de la **rend**.

renunciation [ri,nʌnsi'eiʃn] s. re-nunţare; abnegaţie.

reopen ['ri:'oupn] vt., vi. a (se) re-deschide.

repair [ri'pɛə] s. stare (bună); re-paraţie; posibilitate de folosire; out of ~ stricat; under ~ în re-paraţie. vt. a repara; a îndrepta.

repartee [,repa:'ti:] s. replică (spirituală).

repast [ri'pɑːst] s. banchet; funeral ~ praznic.

repay [ri:'pei] vt., vi. a răsplăti; a restitui.

repeal [ri'pi:l] s. anulare; abroga-re; retragere. vt. a abroga; a anu-la; a revoca; a retrage.

repeat [ri'pi:t] s. repetiţie; muz. da capo. vt., vi. a (se) repeta.

repeatedly [ri'pi:tidli] adv. ade-sea; regulat; (în mod) repetat.

repel [ri'pel] vt. a respinge; a scârbi.

repellent [ri'pelənt] adj. res-pingător; scârbos.

repent [ri'pent] vt. a regreta. vi. a se căi; a regreta.

repentance [ri'pentəns] s. regret; (po)căinţă.

repertory ['repətri] s. repertoriu; ~ theatre teatru care joacă mai multe piese alternativ.

repine [ri'pain] vi. a plânge; a suspina.

replace [ri'pleis] vt. a înlocui.

replenish [ri'pleniʃ] vt. a umple; fig. a (re)împrospăta.

replete [ri'pli:t] adj. plin; bine a-provizionat.

replica ['replikə] s. reproducere, copie.

reply [ri'plai] s. răspuns. vt. a răs-punde de la. vi. a răspunde; a fi responsabil.

report [ri'pɔːt] s. relatare; zvon; declaraţie; raport; ştire; pocnet. vt. a relata; a raporta; a nota; ~ed speech vorbirea indirectă. vi. a raporta; a se prezenta.

repose [ri'pouz] s. odihnă; re-paus. vt. a odihni; a sprijini. vi. a se odihni; a se întinde; a se bi-zui.

repository [ri'pɔzitri] s. loc(al); de-pozit.

reprehensible [repri'hensəbl] adj. condamnabil.

representative [,repri'zentətiv] s. reprezentant. adj. reprezentativ; tipic.

repress [ri'pres] vt. a stăpâni; a reprima.

reprieve [ri'pri:v] s. amânare; sus-pendare; răgaz. vt. a suspenda execuţia (cuiva); a elibera (de o ameninţare etc.).

224

reprimand ['reprimɑːnd] *s.* admonestare. *vt.* a mustra.

reprint ['riː'print] *vt.* a retipări; a reedita.

reprisals [ri'praizlz] *s. pl.* represalii.

reproach [ri'proutʃ] *s.* reproş; blam; ruşine. *vt.* a reproşa.

reproachful [ri'proutʃfl] *adj.* plin de reproş; blamabil; ruşinos.

reprobate ['reprou'beit] *s., adj.* destrăbalat.

reprobation ['reprou'beiʃn] *s.* dezaprobare; osândă.

reproduce [ˌriː'prə'djuːs] *vt., vi.* a (se) reproduce.

reproduction [ˌriː'prə'dʌkʃn] *s.* reproducere.

reproof [ri'pruːf] *s.* ocară; reproş; admonestare.

reprove [ri'pruːv] *vt.* a ocărî; a admonesta.

republic [ri'pʌblik] *s.* republică; asociaţie.

repudiate [ri'pjuːdieit] *vt.* a respinge; a renega.

repugnant [ri'pʌgnənt] *adj.* respingător; potrivnic.

repulse [ri'pʌls] *s.* respingere; ripostă; ocară. *vt.* a respinge.

repulsion [ri'pʌlʃn] *s.* repulsie.

repulsive [ri'pʌlsiv] *adj.* respingător; contrar.

repute [ri'pjuːt] *s.* faimă.

reputed [ri'pjuːtid] *adj.* celebru.

reputedly [ri'pjuːtidli] *adv.* după cum se spune.

request [ri'kwest] *s.* cerere; rugăminte; *in great ~* foarte căutat. *vt.* a cere; a solicita.

require ['rikwaiə] *vt.* a cere; a porunci; a solicita; a necesita.

requirement [ri'kwaiəmənt] *s.* cerinţă; necesitate.

requisite ['rekwizit] *s.* lucru necesar. *adj.* necesar.

requisition [ˌrekwi'ziʃn] *s.* cerere; necesitate; rechiziţie. *vt.* a necesita; a rechiziţiona.

requital [ri'kwaitl] *s.* (răs)plată; răzbunare.

requite [ri'kwait] *vt.* a (răs)plăti; a se răzbuna pe.

rescind [ri'sind] *vt.* a respinge; a anula.

rescue ['reskjuː] *s.* salvare; ajutor; victimă salvată. *vt.* a elibera; a salva.

research [ri'səːtʃ] *s.* cercetare. *vi.* a face cercetări.

resemblance [ri'zembləns] *s.* asemănare.

resemble [ri'zembl] *vt.* a semăna cu.

resent [ri'zent] *vt.* a detesta; a nu putea suporta.

resentful [ri'zentfl] *adj.* indignat; scârbit; refractar.

resentment [ri'zentmənt] *s.* resentiment; pică.

reservation [ˌrezə'veiʃn] *s.* rezervă; ţarc; bilet; cameră.

reserve [ri'zɔːv] *s.* rezervă; rezervaţie. *vt.* a rezerva; a reţine.

reservoir ['rezəvwɑː] *s.* rezervor; sursă.

re-set ['riː'set] *vt.* a repune; a potrivi (ceasul).

reside [ri'zaid] *vi.* a locui; a se afla; a se găsi; a consta.

residence ['rezidns] *s.* locuinţă; domiciliu; domiciliere; reşedinţă.

resident ['rezidnt] *s.* locuitor; rezident. *adj.* localnic; care locuieşte (în instituţie).

residential [ˌrezi'denʃl] *adj.* de locuit; domiciliar.

residual [ri'zidjuəl] s. reziduu. adj. rămas; restant.

residue ['rezidju:] s. reziduu; rămăşiţă.

resign [ri'zain] vt. a părăsi; a demisiona din. vi. a demisiona. vr. a se resemna.

resignation [,rezig'neiʃn] s. demisie; resemnare.

resilient [ri'ziliənt] adj. elastic; optimist; ager; activ.

resin ['rezin] s. răşină.

resist [ri'zist] vt. a se împotrivi la; a refuza. vi. a rezista.

resistance [ri'zistns] s. rezistenţă.

resistless [ri'zistlis] adj. implacabil; inevitabil.

resolute ['rezəlu:t] adj. hotărât; neclintit.

resolution [,rezə'lu:ʃn] s. hotărâre; rezoluţie.

resolve [ri'zɔlv] s. fermitate. vt. a hotărî; a rezolva; a dizolva. vi. a se hotărî; a se dizolva.

resonant ['reznənt] adj. răsunător; de rezonanţă.

resort [ri'zɔ:t] s. recurgere; resursă; adăpost; staţiune climaterică. vi. to ~ to a recurge la; a se duce la (mare, munte).

resound [ri'zaund] vi. a răsuna; a avea răsunet.

resource [ri'sɔ:s] s. resursă.

resourceful [ri'sɔ:sfl] adj. plin de resurse; inventiv.

respect [ris'pekt] s. respect; pl. complimente; omagii; atenţie; privinţă; with ~ to; in ~ of în legătură cu. vt. a respecta; a trata cuviincios.

respectful [ris'pektfl] adj. respectuos.

respecting [ris'pektiŋ] prep. în privinţa.

respectively [ris'pektivli] adv. respectiv.

respite ['respait] s. răgaz. vt. a da răgaz (cuiva); a alina.

resplendent [ris'plendənt] adj. strălucit(or).

respond [ris'pɔnd] vi. a răspunde; a reacţiona; a suferi o influenţă.

response [ris'pɔns] s. răspuns; ecou; refren; reacţie.

responsibility [ris,pɔnsə'biliti] s. răspundere; obligaţie.

responsible [ris'pɔnsəbl] adj. responsabil; demn de încredere.

responsive [ris'pɔnsiv] adj. sensibil; înţelegător; afectuos.

rest [rest] s. tihnă; odihnă (de veci); pauză; răgaz; adăpost; loc de şezut; rest. vt. a opri; a odihni; a sprijini. vi. a se opri; a se odihni; a rămâne; a rezida; a se încrede; to ~ on a se sprijini pe; a se opri asupra.

rest-cure ['restkjuə] s. cură de odihnă.

restful ['restfl] adj. odihnitor.

restitution [,resti'tju:ʃn] s. restituire; compensaţie; despăgubire; reintegrare.

restless ['restlis] adj. neastâmpărat; nestatornic; fără odihnă; (d. noapte etc.) de nesomn.

restoration [,restə'reiʃn] s. refacere; restaurare; restauraţie.

restorarive [ri'stɔrətiv] s., adj. tonic, fortifiant, întăritor.

restore [ris'tɔ:] vt. a înapoia; a reda; a restaura; a reintegra; a relua; a reface; a întări.

restrain [ris'trein] vt. a restrânge; a ţine în frâu; a închide (un nebun etc.)

restraint [ris'treint] *s.* restricţie; recluziune; stăpânire; încorsetare.

restrict [ris'trikt] *vt.* a limita; a restrânge.

result [ri'zʌlt] *s.* rezultat; *vi.* a rezulta; *to* ~ *in* a avea drept rezultat.

resultant [ri'zʌltnt] *s.* rezultantă. *adj.* care rezultă; derivat.

resume [ri'zju:m] *vt.* a(- şi) relua; a rezuma; a reîncepe.

résumé ['rezjumei] *s.* rezumat.

resumption [ri'zʌmʃn] *s.* reluare; reîncepere.

resurrect [,rezə'rekt] *vt.* a reînvia; a dezgropa. *vi.* a reînvia.

resurrection [,rezə'rekʃn] *s.* (re)înviere; dezgropare.

resuscitate [ri'sʌsiteit] *vt.* a reînvia.

retail[1] ['ri:teil] *s.* comerţ cu amănuntul. *adj., adv.* cu amănuntul.

retail[2] [ri:'teil] *vt., vi.* a vinde cu amănuntul; a colporta.

retain [ri'tein] *vt.* a reţine; a opri.

retainer [ri'teinə] *s.* slujitor.

retaliate [ri'tælieit] *vi.* a se răzbuna; a replica; a contraataca.

retch [retʃ] *vi.* a râgâi; a vărsa.

retention [ri'tenʃn] *s.* reţinere; oprire; înfrânare.

retinue ['retinju:] *s.* suită; alai.

retire [ri'taiə] *vt., vi.* a (se) retrage.

retired [ri'taiəd] *adj.* retras; izolat; la pensie; ~*d pay* pensie.

retirement [ri'taiəmənt] *s.* retragere; pensie; izolare.

retiring [ri'taiəriŋ] *adj.* retras; modest; de pensionar.

retort [ri'tɔ:t] *s.* replică (promptă); retortă. *vt.* a răspunde (la); a riposta (la).

retrace [ri'treis] *vt.* a urmări; a relua; a(-şi) reaminti; a parcurge din nou.

retract [ri'trækt] *vt., vi.* a retrage; a retracta.

retreat [ri'tri:t] *s.* (semnal, loc de) retragere. *vi.* a se retrage.

retrieve [ri'tri:v] *vt.* a recupera; a îndrepta; a salva; *(d. câini)* a aporta.

retriever [ri'tri:və] *s.* câine de aport.

retrogression [,retrou'greʃn] *s.* regres.

retrogressive [,retro'gresiv] *adj.* retrograd; înapoiat; reacţionar.

return [ri'tə:n] *s.* întoarcere; răsplată; beneficiu; raport; *pl.* rezultate (electorale); *by* ~ *cu* poşta următoare; *in* ~ *for* drept compensaţie pentru. *adj.* de înapoiere; revanşă; dus şi întors. *vt.* a înapoia; a declara; a produce; a aduce; a vota.

reunion ['ri:'ju:njən] *s.* reunire; reuniune.

reveal [ri'vi:l] *vt.* a dezvălui.

revel ['revl] *s.* petrecere; orgie; distracţie. *vi.* a chefui; *to* ~ *in* a savura.

revelation [,revi'leiʃn] *s.* revelaţie; dezvăluire; *rel.* apocalips.

revelry ['revlri] *s.* chef(uri); orgie.

revenge [ri'vendʒ] *s.* răzbunare; revanşă. *vt., vr.* a (se) răzbuna.

revengeful [ri'vendʒfl] *adj.* răzbunător.

revenue ['revinju:] *s.* venit; percepţie.

reverberate [ri'və:breit] *vt.* a răsfrânge; a reflecta. *vi.* a reverbera.

revere [ri'viə] *vt.* a respecta; a adora.

reverence ['revrns] *s.* reverenţă; respect; preot. *vt.* a respecta.

reverend ['revrnd] *s.* preot. *adj.* venerabil.

reversal [ri'vəːsl] *s.* întoarcere; răsturnare.

reverse [ri'vəːs] *s.* revers; opus; răsturnare; înfrângere; necaz; marşarier. *adj.* opus. *vt.* a inversa; a anula; a da înapoi. *vi.* a merge înapoi (cu spatele).

reversion [ri'vəːʃn] *s.* restituire; lucru înapoiat; revenire.

revert [ri'vəːt] *vi.* a reveni; a se întoarce.

review [ri'vjuː] *s.* revedere; (trecere în) revistă; recenzie; *under ~* în cauză; în discuţie. *vt.* a revedea; a inspecta; a recenza; a analiza.

revile [ri'vail] *vt.* a ocărî.

revise [ri'vaiz] *s.* copie corectată; pagină. *vt.* a revizui.

revision [ri'viʒn] *s.* revizie; revizuire.

revival [ri'vaivl] *s.* (re)înviere; renaştere.

revive [ri'vaiv] *vt.* a (re)învia; a (re)aduce la viaţă; *fig.* a dezgropa. *vi.* a (re)învia; a renaşte.

revolution [,revə'luːʃn] *s.* revoluţie.

revolutionary [,revə'luːʃnəri] *s.*, *adj.* revoluţionar.

revolutionist ['revə'luːʃnist] *s.* revoluţionar.

revolutionize [,revə'luːʃnaiz] *vt.* a revoluţiona.

revolve [ri'vɔlv] *vt.* a învârti; a chibzui. *vi.* a se învârti; a se schimba prin rotaţie.

revue [ri'vjuː] *s.* (teatru de) revistă.

revulsion [ri'vʌlʃn] *s.* schimbare totală (a sentimentelor).

reward [ri'wɔːd] *s.* răsplată. *vt.* a răsplăti.

rewind [riː'waind] *vt.* a întoarce (ceasul).

rhetorical [ri'tɔrikl] *adj.* retoric.

rheumatic [ru'mætik] *s.* reumatic; *pl.* reumatism. *adj.* reumatic.

rhinoceros [rai'nɔsərəs] *s.* rinocer.

rhubarb ['ruːbɑːb] *s.* rabarb(ur)ă, revent.

rhyme [raim] *s.* rimă; vers; poezie. *vt.*, *vi.* a rima.

rhythm ['riðəm] *s.* ritm.

rib [rib] *s. anat.* coastă; nervură; dungă. *vt.* a dunga; a cresta.

ribald ['ribld] *s.* gură spurcată. *adj.* obscen; scârbos.

ribaldry ['ribldri] *s.* porcării.

riband ['ribənd] *s.* panglică.

ribbon ['ribən] *s.* panglică; bandă; şiret.

rice [rais] *s.* orez.

rich [ritʃ] *s.: the ~* bogaţii; *~es* bogaţii. *adj.* bogat; costisitor; generos; fertil; abundent; plin; săţios; plăcut; amuzant.

rick [rik] *s.* căpiţă.

rickets ['rikits] *s.* rahitism.

rickety [ri'kiti] *adj.* rahitic; şubred.

ricksha(w) ['rikʃɔː] *s.* ricşă.

rid [rid] *vt.* a elibera; *to get ~ of* a scăpa de; a îndepărta; a elimina. *vr.* a scăpa.

riddance ['ridns] *s.* scăpare; *good ~* bine c-am scăpat; călătorie sprâncenată.

ridden ['ridn] *adj.* asuprit; dominant. *vt.*, *vi.* part. trec. de la **ride**.

riddle ['ridl] *s.* ghicitoare; enigmă; sită mare. *vt.* a rezolva (o enigmă); a cerne; a ciurui; *vi.* a vorbi în cimilituri.

ride [raid] *s.* călătorie; plimbare; alee. *vt.* a călări (pe); a mâna; a duce; a pluti pe; a alerga; a face; a străbate; a duce în spinare; *to ~ down* a urmări; *to ~ to death* a obosi: a istovi; a epuiza. *vi.* a călă(to)ri; a pluti.

rider ['raidə] *s.* călăreț; codicil.

ridge [ridʒ] *s.* creastă; cumpăna apelor.

ridicule ['ridikju:l] *s.* ridicol; batjocură. *vt.* a ridiculiza.

ridiculous [ri'dikjuləs] *adj.* ridicol; absurd.

riding ['raidiŋ] *s.* călărie; district; ~ *-habit* costum de călărie.

rife [raif] *adj.* răspândit; în floare.

riff-raff ['rifræf] *s.* gloată; drojdia societății.

rifle ['raifl] *s.* carabină; pușcă; ghint; *pl.* pușcași; ~ *range* bătaia puștii; poligon. *vt.* a scotoci; a jefui; a ghintui.

rifleman ['raiflmən] *s.* pușcaș (de elită).

rift [rift] *s.* spărtură; despicătură. *vt.* a despica.

rig [rig] *s.* velatură; înfățișare; echipament; înșelătorie. *vt. mar.* a arma; a echipa; a aranja; a îmbrăca; a măslui.

rigging ['rigiŋ] *s.* velatură.

right [rait] *s.* dreapta; drept(ate); *by ~s* pe bună dreptate; *by ~ of* datorită. *adj.* drept; just; îndreptățit; exact; corespunzător; bine; din dreapta; de deasupra; ~ *oh! all ~!* bine; în regulă; bravo. *vt.* a îndrepta; a corecta. *adv.* drept; direct; just; complet; perfect; foarte; la dreapta împrejur; complet; ~ *away* sau *off* chiar acum; direct.

righteous ['raitʃəs] *adj.* just(ificat); cinstit.

rightful ['raitfl] *adj.* îndreptățit; just; legal; cuvenit; bun.

right-hand ['raithænd] *adj.* de (din *sau* spre) dreapta.

right-wing ['raitwiŋ] *adj. pol.* de dreapta.

rigmarole ['rigməroul] *s.* aiureală.

rigorous ['rigrəs] *adj.* sever; riguros.

rigo(u)r ['rigə] *s.* rigoare; asprime.

rile [rail] *vt.* a supăra.

rim [rim] *s.* obadă; jantă; *vt.* a obăda.

rime [raim] *s.* vers; poezie; promoroacă.

rind [raind] *s.* coajă; piele; suprafață.

ring [riŋ] *s.* inel; cerc; belciug; ring; țarc; bandă; (ră)sunet; sonerie. *vt.* a încercui; a înconjura; a suna din; a suna (la sonerie, telefon); *to ~ down* a coborî cortina; *to ~ in* a saluta (Anul nou); a anunța; *to ~ off* a închide telefonul; *to ~ out* a anunța plecarea; *to ~ up* a suna la telefon. *vi.* a (ră)suna.

ring-finger ['riŋ,fiŋgə] *s.* inelar.

ringleader ['riŋ,li:də] *s.* căpetenie.

ringlet ['riŋlit] *s.* ineluș; zuluf.

rink [riŋk] *s.* patinoar.

rinse [rins] *s.* clătire. *vt.* a clăti; a spăla; a înghiți.

riot ['raiət] *s.* dezordine; tulburare; abundență; izbucnire; destrăbălare. *vi.* a-și face de cap; a participa la tulburări.

riotous ['raiətəs] *adj.* turbulent; destrăbălat.

rip [rip] *s.* ruptură; tăietură. *vt.* a spinteca; a tăia. *vt.* a spinteca; a tăia. *vi.* a se sfâșia; a se rupe.

ripe [raip] *adj.* copt; matur; gata.
ripen ['raipn] *vt., vi.* a (se) coace; a (se) maturiza.
ripping ['ripiŋ] *adj., adv.* strașnic.
ripple ['ripl] *s.* val mic; ondulație; *pl.* vălurele. *vt., vi.* a undui.
rise [raiz] *s.* ridicare; spor; creștere; naștere; sursă; ridicătură. *vi.* a se ridica (la luptă); a se ivi; a se scula; a răsări; a izvorî.
risen ['rizn] *vi. part. trec. de la* **rise**.
riser ['raizə] *s.: an early* ~ un om harnic.
rising ['raiziŋ] *s.* ridicare; creștere; răscoală; (re)înviere. *adj.* crescând; în dezvoltare; ascendent; de viitor.
risky ['riski] *adj.* risca(n)t.
rite [rait] *s.* rit(ual).
rival ['raivl] *s.* rival. *vt.* a concura.
rivalry ['raivlri] *s.* rivalitate; concurență.
rive [raiv] *vt.* a despica; a desprinde; a desface. *vi.* a se sfâșia; a se desface.
riven ['rivn] *vt., vi. part. trec. de la* **rive**.
river ['rivə] *s.* râu; fluviu *(și fig.)*; ~ -bed albie de râu.
riverside ['rivəsaid] *s.* luncă; malul râului. *adj.* riveran.
rivet ['rivit] *s.* nit. *vt.* a nitui; *fig.* a țintui; a atrage.
rivulet ['rivjulit] *s.* pârâiaș.
roach [routʃ] *s. iht.* babușcă; gândac (de bucătărie).
road [roud] *s.* drum; cale; șosea; *by* ~ pe șosea; ~ *-house* han; ~ -*metal* piatră de pavaj.
roadside ['roudsaid] *s.* (cărarea din) marginea drumului. *adj.* (de) pe drum.
roadstead ['roudsted] *s. mar.* radă.

roadster ['roudstə] *s. sport.* automobil.
roadway ['roudwei] *s. mar.* radă.
roam [roum] *vt.* a străbate. *vi.* a hoinări; a colinda.
roar [rɔ:] *s.* urlet; uruit; hohot. *vt.* a urla. *vi.* a urla; a mugi; a hohoti.
roaring ['rɔ:riŋ] *s.* urlet; muget; uruit. *adj.* zgomotos; furtunos; vioi; activ; *the* ~ *20s* deceniul prohibiției (1920-1930).
roast [roust] *s.* friptură. *vt., vi.* a (se) frige; a (se) prăji.
rob [rɔb] *vt.* a jefui; a fura; a răpi.
robber ['rɔbə] *s.* tâlhar; bandit.
robbery ['rɔbəri] *s.* tâlhărie.
robe [roub] *s.* robă; rochie; rochiță. *vt., vi.* a (se) îmbrăca.
robin ['rɔbin] *s.* prihor; măcăleandru.
rock [rɔk] *s.* rocă; stâncă; piatră; legănat; tangaj. *vt.* a legăna. *vi.* a se legăna; a face tangaj.
rocker ['rɔkə] *s.* balansoar.
rocket ['rɔkit] *s.* rachetă.
rocking-chair ['rɔkiŋtʃɛə] *s.* balansoar.
rocking-horse ['rɔkiŋhɔ:s] *s.* căluț de lemn.
rocky ['rɔki] *adj.* stâncos; tare; șubred.
rod [rɔd] *s.* nuia; mănunchi de vergi; baghetă; bătaie; măsură de 5 m; prăjină; tijă.
rode [roud] *vt., vi. trec. de la* **ride**.
rodent ['roudnt] *s., adj.* rozător.
roe [rou] *s.* icre; căprioară.
roger ['rɔdʒə] *interj.* (trec pe) recepție! am înțeles! în regulă!.
rogue [roug] *s.* pungaș; ticălos.
roguery ['rougəri] *s.* ticăloșie; pungășie; farsă.
roguish ['rougiʃ] *adj.* viclean; ștrengar.

role [roul] *s.* rol.

roll [roul] *s.* rolă; sul; ruliu; bubuit; listă; catalog; chiflă; corn; ~ *call* apelul. *vt.* a rula; a învârti; a (ră)suci; a rostogoli; a sufleca; a lamina. *vi.* a se desfăşura; a se rostogoli; a veni; a se răsuci; a undui; *to* ~ *in* a veni (în puhoi); a se bălăci.

roller ['roulə] *s.* rulou; compresor.

rollick ['rɔlik] *s.* veselie. *vi.* a se distra; a petrece.

rolling ['roulin] *s.* sucire; rulare; bubuit. *adj.* (ră)sucit, unduitor; ~ *-mill* laminor; *-pin* sucitor; ~ *-stock* material rulant.

Romanian [rou'meinjən] *s.* român(că); (limba) română. *adj.* român(ă).

romance[1] [rɔ'mæns] *s.* roman cavaleresc, sentimental, exotic *sau* de aventuri; idilă; feerie; romantism; aventură; exagerare.

Romance[2] [rɔ'mæns] *adj.* romanic.

romanticism [rə'mæntisizəm] *s.* romantism.

romanticist [rə'mæntisist] *s.* romantic.

Romany ['rɔməni] *s.* ţigan; ţigănime; limba ţigănească.

romp [rɔmp] *s.* ştrengăresc; ştrengărie. *vi.* a zburda.

roof [ru:f] *s.* acoperiş; cupolă; cerul gurii. *vt.* a acoperi.

roofless ['ru:flis] *adj.* fără acoperământ *sau* adăpost.

rook [ruk] *s.* corb; tură *(la şah).*

rookie ['ruki] *s.* recrut.

room [ru:m] *s.* cameră (mobilată); spaţiu; prilej; posibilitate; ~ *-mate* tovarăş de cameră.

roomy ['ru:mi] *adj.* spaţios.

roost [ru:st] *s.* băţ pe care dorm găinile; coteţ. *vi.* a se culca.

rooster ['ru:stə] *s.* cocoş.

root [ru:t] *s.* rădăcină; origine. *vt.* a sădi; a planta; a înrădăcina; a stabili; a fixa; *to* ~ *out* sau *up* a dezrădăcina; a smulge. *vi.* a prinde rădăcini; a scormoni.

rooted ['ru:tid] *adj.* înrădăcinat; întemeiat.

rope [roup] *s.* funie; frânghie; şirag; ştreang; *the* ~*s* ringul; situaţie; chiţibuşuri. *vt.* a lega; a înlănţui.

rope-dancer ['roup,dɑ:nsə] *s.* dansator pe sârmă.

rosary [,rouzəri] *s.* mătănii; parc de trandafiri.

rose [rouz] *s.* trandafir; roz; *under the* ~ în taină; nelegitim. *adj.* roz; trandafiriu. *vi. trec. de la* **rise.**

rosebud ['rouzbʌd] *s.* boboc de trandafir.

rosemary ['rouzmri] *s.* rosmarin.

rosette [ro'zet] *s.* cocardă; rozetă.

rosin ['rɔzin] *s.* sacâz.

rostrum ['rɔstrəm] *s.* tribună (pentru orator).

rosy ['rouzi] *adj.* trandafiriu.

rot [rɔt] *s.* putreziciune; stricăciune; putregai; prostii. *vt.* a face să putrezească. *vi.* a putrezi; a spune prostii.

rotary ['routəri] *adj.* rotitor.

rotate [rou'teit] *vt., vi.* a se roti.

rotation [rou'teiʃn] *s.* rotire; învârtire; rotaţie; ~ *of crops* asolament.

rote [rout] *s.: by* ~ pe de rost.

rotten ['rɔtn] *adj.* putred; stricat; nenorocit; prăpădit; *ist.* ~ *borough* târg părăsit.

rotter ['rɔtə] *s.* nenorocit; ticălos.

rotund [rou'tʌnd] *adj.* rotofei; amplu; emfatic.

rouble ['ru:bl] *s.* rublă.

rouge [ru:ʒ] *s.* ruj. *vt., vi.* a (se) ruja.

rough [rʌf] *s. s.* asprime; dificultate; golan; huligan; stare brută; ciornă. *adj.* brut; aproximativ; stângaci; nepoliticos. *vt.* a aspri; *to ~ it* a o scoate (cu greu) la capăt. *adv.* aspru.

rough copy ['rʌf,kɔpi] *s.* ciornă.

roughly ['rʌfli] *adv.* aspru; aproximativ; *~ speaking* în linii mari.

roughness ['rʌfnis] *s.* asprime.

roughshod ['rʌfʃɔd] *adj.* brutal.

rough-spoken ['rʌf'spoukn] *adj.* sincer; brutal.

round [raund] *s.* bucată rotundă; rotunjime; rundă; șir; cerc; ciclu; rond(ă); dans; horă; salvă. *adj.* rotund; în cerc; ciclic; complet. *vt.* a rotunji; a înconjura; a vizita; a inspecta; *to ~ off* sau *out* a rotunji; a termina; *to ~ up* a aduna laolaltă; a rezuma. *vi.* a se rotunji; *adv.* de jur împrejur; în cerc; prin toată casa; pe ocolite; încoace; *all the year ~* tot anul; *~ and ~* de mai multe ori în șir. *prep.* în jurul; de jur împrejurul.

roundabout ['raundəbaut] *s.* călușei; sens giratoriu. *adj.* ocolit, indirect.

rounders ['raundəz] *s.* oină.

roundly ['raundli] *adv.* rotund; în cerc; tare; sever; clar.

roundness ['raundnis] *s.* rotunjime.

roundworm ['raundwɔ:m] *s. zool.* limbric.

rouse [rauz] *vt.* a stârni; a trezi; a ațâța. *vi.* a se trezi; a se stârni.

rout [raut] *s.* ceată; gloată (zgomotoasă); dezordine. *vt.* a înfrânge; a pune pe fugă; a stârni.

route [ru:t] *s.* rută; cale.

routine [ru:'ti:n] *s.* obișnuință; rutină; monotonie; regularitate. *adj.* monoton; regulat.

rove [rouv] *vt.* a străbate. *vi.* a rătăci; a se împrăștia.

rover ['rouvə] *s.* călător; cercetaș; pirat.

row [rou] *s.* șir; rând; linie; vâslit; plimbare cu barca. *vt.* a împinge (vâslind). *vi.* a vâsli.

row² [rau] *s.* scandal; ceartă. *vt.* a ocărî. *vi.* a face gălăgie.

rowdy ['raudi] *s., adj.* scandalagiu.

rowlock ['rɔlək] *s.* furchet.

royal ['rɔi(ə)l] *adj.* regesc; regal.

royalty ['rɔilti] *s.* regalitate; monarhie; familia regală; drept(uri) de autor.

rub [rʌb] *s.* frecare; frecuș; dificultate. *vt.* a freca; a lustrui; a spăla; *to ~ in* a masa cu o unsoare; *fig.* a băga pe gât; *to ~ off* sau *out* a șterge. *vi.* a (se) freca.

rubber ['rʌbə] *s.* cauciuc; gumă; *pl.* galoși; rober *(la cărți).* *vt.* a cauciuca.

rubberneck ['rʌbənek] *s.* băgăreț; turist; vizitator.

rubbish ['rʌbiʃ] *s.* resturi; gunoi; prostii.

rubble ['rʌbl] *s.* dărâmături; moloz.

ruby ['ru:bi] *s.* rubin(iu). *adj.* rubiniu.

rudder ['rʌdə] *s.* cârmă.

ruddy ['rʌdi] *adj.* roșu; rotofei; plesnind de sănătate.

rude [ru:d] *adj.* nepoliticos; aspru; violent; imperfect; primitiv; colțuros; nețesălat.

rudely ['ru:dli] *adv.* nepoliticos; violent; aspru; grosolan.

rudiment ['ru:dimənt] *s.* rudiment; *pl.* baze.

rue [ru:] *s.* regret; milă. *vt.* a regreta; a se căi pentru.

rueful ['ru:fl] *adj.* trist; plin de regret.

ruffian ['rʌfjən] *s.* bandit.

ruffle [rʌfl] *s.* dantelă; volan; vălurele; agitaţie. *vt.* a încreţi; a tulbura. *vi.* a se tulbura; a face vălurele.

rug [rʌg] *s.* carpetă; pătură; ţol.

rugged ['rʌgid] *adj.* aspru; colţuros; necioplit; sincer.

rugger ['rʌgə] *s.* rugbi.

ruin [ruin] *s.* ruină; decădere; nenorocire. *vt.* a ruina; a deprava.

ruinous ['ruinəs] *adj.* ruinător; dezastruos.

rule [ru:l] *s.* regulă; lege; domnie; regim; hotărâre judecătorească; riglă; *as a ~* în general. *vt.* a stăpâni; a guverna; a conduce; *jur.* a hotărî; a declara; a linia; *to ~ out* a exclude. *vi.* a fi stăpân.

ruler ['ru:lə] *s.* conducător; stăpânitor; riglă.

ruling ['ru:liŋ] *s.* conducere; guvernare; hotărâre judecătorească. *adj.* conducător; dominant; la putere.

rum [rʌm] *s.* rom; *amer.* băutură. *adj.* ciudat.

rumble ['rʌmbl] *s.* duduit; bubuit. *vi.* a dudui; a bubui; a hurui.

ruminant ['ru:minənt] *s., adj.* rumegător.

ruminate ['ru:mineit] *vt., vi.* a rumega.

rummage ['rʌmidʒ] *s.* răvăşeală; scormoneală; vechituri. *vt., vi.* a scormoni; a răvăşi.

rum(o)ur ['ru:mə] *s.* zvon. *vt.* a lansa (un zvon); a şopti.

rump [rʌmp] *s.* dos, posterior, şezut.

rumple ['rʌmpl] *vt.* a încreţi, a şifona.

rumpus ['rʌmpəs] *s.* gălăgie.

run [rʌn] *s.* alergare; plimbare; fermă; stână; curent; conducere; scurgere; *in the long ~* în cele din urmă. *vt.*a conduce: a administra; a risca; a face; a duce; *to ~ down* a defăima; a găsi; *(d. vehicule)* a călca. *vi.* a alerga; a face curse; a se mişca; a se învârti; a curge; a deveni; a se întinde; a (se pe)trece; a ajunge; a candida; a suna; *to ~ about* a umbla de colo, colo; *to ~ across* a întâlni; *to ~ against* a se ciocni de; a întâlni; *to ~ away with* a fura; a fugi cu; *(d. gură etc.)* a-l lua pe dinainte; a se pripi (cu o concluzie etc.); *to ~ down* a se opri, a fi istovit; *to ~ high* a fi în floare *sau* în fierbere; *to ~ in* a veni; *to ~ into* a se ciocni de; *to ~ low* a scădea; *to ~ off* a pleca (repede); a curge; a (se s)curge; *to ~ out* a fi insuficient; *to ~ over* a da pe dinafară; a parcurge; a trece în revistă; *to ~ through* a termina; a parcurge; *to ~ up* a se urca; *to ~ up against* a se ciocni de; *to ~ upon* a nimeri; a lovi.

runaway ['rʌnəwei] *s., adj.* fugar.

rung [rʌŋ] *s.* bară; treaptă; spiţă. *vt., vi. part. trec. de la* **ring**.

runner ['rʌnə] *s.* fugar; mesager; talpă (de sanie); mlădiţă; plantă agăţătoare; *~ -up* concurent care împarte locul I cu învingătorul.

running ['rʌniŋ] s. fugă. adj. fugar; în fugă; neîntrerupt; curgător; purulent; ~ *board* scara automobilului; ~ *knot* nod marinăresc. adv. la rând; una după alta.

runway ['rʌnwei] s. pistă; potecă; drum.

rupture ['rʌptʃə] s. ruptură; hernie.

rush [rʌʃ] s. goană; alergătură; modă; aflux; pipirig; papură. vt. a repezi; a trimite în grabă; a grăbi; a lua cu asalt; a face repede. vi. a alerga; a se repezi; a se pripi.

russet ['rʌsit] s. roșu; (măr) roșu. adj. roșiatic.

Russian ['rʌʃn] s. rus(oaică); (limba) rusă; adj. rus(esc).

rust [rʌst] s. rugină; ramoleală; lipsă de antrenament. vt., vi. a (se) rugini.

rustic ['rʌstik] adj. rustic; rural; simplu; grosolan. s. țăran; țărănoi.

rustle ['rʌsl] s. fâșâit; foșnet; vâjâit; vi. a foșni; a fâșâi; a vâjâi.

rustless ['rʌstlis] adj. inoxidabil; care nu ruginește.

rustling ['rʌsliŋ] s. foșnet; fâșâit; vâjâit.

rusty ['rʌsti] adj. ruginit; ruginiu; demodat; uzat; arțăgos.

rut [rʌt] s. făgaș; urmă; închistare; rut, împerechere. vt. a brăzda.

ruthless ['ru:θlis] adj. neîndurător.

rye [rai] s. (rachiu de) secară.

S

sable ['seibl] s. hermină; samur.

saboteur [ˌsɑ:bə'tə:] s. sabotor.

sack [sæk] s. sac; concediere; jaf; ~ *coat* sacou. vt. a concedia; a jefui.

sacred ['seikrid] adj. sacru.

sacrifice ['sækrifais] s. jertfă. vt., vi., vr. a (se) jertfi.

sad [sæd] adj. trist.

sadden ['sædn] vt., vi. a (se) întrista.

saddle ['sædl] s. șa; spinare. vt. a înșeua; a încărca.

sadness ['sædnis] s. tristețe.

safe [seif] s. se(i)f; casă de bani. adj. singur; neprimejdios; în siguranță; liniștit.

safeguard ['seifgɑ:d] s. garanție. vt. a apăra.

safety ['seifti] s. siguranță; protecție; ~ *match* chibrit (fără fosfor); ~-*pin* ac de siguranță; ~-*razor* aparat de ras.

saffron ['sæfrn] s. șofran. adj. galben.

sag [sæg] s. scobitură; (s)cădere. vi. a scădea; a atârna.

saga ['sɑ:gə] s. epopee.

sagacious [sə'geiʃəs] adj. înțelept.

sagacity [sə'gæsiti] s. înțelepciune (practică).

sage [seidʒ] s. înțelept; bot. salvie. adj. înțelept.

said [sed] vt., vi. trec. și part. trec. de la **say**.

sail [seil] s. pânză (de corabie); (călătorie pe) vas; in full ~ cu toate pânzele sus; under ~ în plină cursă. vi. a naviga; a se mișca.

sailing ['seiliŋ] s. navigaţie; plecare; ~ *boat* vas cu pânze.
sailor ['seilə] s. marinar.
saint [seint, snt] s. sfânt(ă).
saintly ['seintli] adj. sfânt.
sake [seik] s. *for my* ~ de dragul sau hatârul meu; *for goodness* ~! pentru numele lui Dumnezeu!
salad ['sæləd] s. salată; lăptucă.
sale [seil] s. vânzare.
salesman ['seilzmən] s. vânzător; *amer.* comis-voiajor.
salient ['seiljənt] adj. izbitor.
saline ['seilain] adj. salin; sărat.
sallow ['sælou] adj. smead; palid.
sally ['sæli] s. glumă; atac. vi. a ataca; a ieşi.
salmon ['sæmən] s. somon.
salon ['sælɔŋ] s. salon (literar); expoziţie.
saloon [sə'lu:n] s. cârciumă. *amer.* prăvălie.
salt [sɔ:lt] s. sare. vt. a săra.
salt-cellar ['sɔ:lt,selə] s. solniţă.
saltpetre, saltpeter ['sɔ:lt,pi:tə] s. salpetru.
salty ['sɔ:lti] adj. sărat.
salute [sə'lu:t] s. salut(are); *mil.* onor. vt., vi. a saluta.
salvage ['sælvidʒ] s. salvare; obiecte recuperate.
salvation ['sælvei∫n] s. salvare.
salve [sɑ:v] s. alifie; balsam.
salver ['sælvə] s. tăviţă.
salvo ['sælvou] s. salvă; ropot.
same [seim] s. acest lucru. adj. acelaşi; *it is all the* ~ *to me* puţin îmi pasă; *all the* ~ în orice caz; totuşi. pron. acesta; acelaşi. adv. la fel.
sample ['sɑ:mpl] s. mostră. vt. a degusta.
sampler ['sɑ:mplə] s. mostră; degustător.

sanctify ['sæŋtifai] vt. a sfinţi.
sanctimonious [,sæŋti'mounjəs] adj. ipocrit.
sanction ['sæŋ∫n] s. permisiune; sancţiune. vt. a aproba.
sanctity ['sæŋtiti] s. sfinţenie; religiozitate.
sanctuary ['sæŋtjuəri] s. sanctuar; altar.
sanctum ['sæŋtəm] s. sanctuar; birou.
sand [sænd] s. nisip; *pl.* plajă. vt. a sabla.
sandal ['sændəl] s. sandală; ~ *wood* lemn de santal.
sand-bar ['sænbɑ:] s. banc de nisip.
sandglass ['sænglɑ:s] s. clepsidră.
sandpaper ['sæn,peipə] s. glaspapir.
sandstone ['sændstoun] s. gresie.
sandstorm ['sændstɔ:m] s. simun.
sandwich ['sænwidʒ] s. sandviş; ~-*man* om-afiş, reclamă vie.
sandy ['sændi] adj. nisipos; gălbui.
sane [sein] adj. sănătos; înţelept.
sang [sæŋ] vt., vi. trec. de la **sing**.
sanguinary ['sæŋgwinəri] adj. sângeros; sălbatic.
sanguine ['sæŋgwin] adj. roşu (la faţă); optimist; vesel.
sanitation [,sæni'tei∫n] s. salubritate.
sanity ['sæniti] s. înţelepciune.
sank [sæŋk] vt., vi. trec. de la **sink**.
Santa Claus [,sæntə'klɔ:z] s. Moş Crăciun; Moş Nicolae.
sap [sæp] s. sevă; vigoare. vt. a săpa; a submina; a slăbi.
sapling ['sæpliŋ] s. puiet; răsad; tânăr.
sapper ['sæpə] s. *mil.* genist.

sapphire ['sæfaiə] *s.* safir.
sappy ['sæpi] *adj.* plin de sevă; energic.
sardine [sɑ:'di:n] *s.* sardea.
sash [sæʃ] *s.* eşarfă.
sat [sæt] *vi. trec. şi part. trec. de la* **sit.**
satchel ['sætʃl] *s.* ghiozdan.
sate [seit] *vt.* a sătura.
satiate ['seiʃeit] *vt.* a sătura; a satisface; a umple.
satiety [sə'taiəti] *s.* saţ.
satisfactory [,sætis'fæktri] *adj.* mulţumitor.
satisfy ['sætisfai] *vt.* a satisface; a convinge.
Saturday ['sætədi] *s.* sâmbătă.
saturnine ['sætə:nain] *adj.* sumbru; grav.
sauce [sɔ:s] *s.* sos; obrăznicie.
sauceboat ['sɔ:sbout] *s.* sosieră.
saucer ['sɔ:sə] *s.* farfurioară.
saucy ['sɔ:si] *adj.* obraznic; neserios.
saunter ['sɔ:ntə] *s.* plimbare. *vi.* a umbla agale.
sausage ['sɔsidʒ] *s.* cârnat; salam.
savage ['sævidʒ] *s., adj.* sălbatic.
savagery ['sævidʒri] *s.* sălbăticie.
savanna(h) [sə'vænə] *s.* savană, prerie.
save [seiv] *vt.* a salva; a cruţa; a economisi. *vi.* a economisi. *prep.* fără. *conj.* în afara de cazul când.
saving ['seiviŋ] *s.* economie; scăpare. *labour-~* care aduce o economie de muncă. *prep.* fără. *~ your presence* iertat să-mi fie. *conj.* în afara de cazul când.
saviour ['seivjə] *s.* mântuitor.
savo(u)r ['seivə] *s.* gust; savoare. *vt.* a gusta; a savura. *vi.* a mirosi.

savo(u)ry ['seivri] *adj.* gustos.
saw[1] [sɔ:] *s.* ferăstrău; zicală; *fig.* clişeu. *vt.* a tăia cu ferăstrăul. *vi.* a ferestrui.
saw[2] [sɔ:] *vt., vi. trec. de la* **see.**
sawdust ['sɔ:dʌst] *s.* rumeguş; talaş.
sawn [sɔ:n] *vt., vi. part. trec. de la* **saw.**
say [sei] *s.* cuvânt; influenţă. *vt.* a zice; a afirma; *I ~* ascultă!
saying ['seiiŋ] *s.* zicală.
scab [skæb] *s.* crustă; râie; spărgător de grevă; trădător. *vi.* a acţiona ca spărgător de grevă.
scabbard ['skæbəd] *s.* teacă.
scaffold ['skæfld] *s.* spânzurătoare; schelă.
scaffolding ['skæfldiŋ] *s.* schelărie; eşafodaj.
scald [skɔ:ld] *s.* arsură. *vt.* a opări; a frige.
scale [skeil] *s. pl.* solz; crustă; gamă; scară; sortiment; *pl.* cântar. *vt.* a cântări; a urca.
scallawag, scallywag ['skæliwæg] *s.* vagabond.
scalp [skælp] *s.* scalp; trofeu. *vt.* a scalpa.
scalpel ['skælpl] *s.* bisturiu.
scamp [skæmp] *s.* ştrengar. *vt.* a rasoli.
scamper ['skæmpə] *vi.* a o şterge.
scan [skæn] *vt.* a scruta; a scana.
scandal ['skændl] *s.* scandal(izare); bârfeală; *~-monger* bârfitor.
scansion ['skænʃn] *s.* scandare.
scant(y) ['skænt(i)] *adj.* insuficient; sărac; puţin(tel).
scape [skeip] *s.* tulpină; cotor.
scapegoat ['skeipgout] *s.* ţap ispăşitor.

scapegrace ['skeipgreis] *s.* ştrengar; păcală.

scar [skɑ:] *s.* cicatrice; urmă nefastă. *vt.* a lăsa urme adânci în, a însemna.

scarce [skɛəs] *adj.* puţin(tel); sărac; rar.

scarcely ['skɛəsli] *adv.* abia.

scarcity ['skɛəsiti] *s.* criză.

scare [skɛə] *vt.* a speria. *s.* spaimă.

scarecrow ['skɛəkrou] *s.* sperietoare (de ciori).

scarf [skɑ:f] *s.* eşarfă; şal.

scarlet ['skɑ:lit] *s., adj.* stacojiu; ~ *fever* scarlatină.

scat [skæt] *interj.* zât! cât!

scathless ['skeiθlis] *adj.* neatins; nepedepsit.

scathing ['skeiðiŋ] *adj.* sever.

scatter ['skætə] *vt., vi.* a (se) împrăştia; ~ *brained* zăpăcit.

scavenger ['skævindʒə] *s.* gunoier.

scene [si:n] *s.* scenă; tablou; vedere; decor; *behind the ~* în culise.

scenery ['si:nəri] *s.* decor; peisaj.

scent [sent] *s.* parfum; miros; pistă, urmă. *vt.* a mirosi; a parfuma.

sceptre ['septə] *s.* sceptru.

schedule ['ʃədju:l] *s.* program; orar; plan; *ahead of ~* înainte de termen. *vt.* a programa; a stabili.

scheme [ski:m] *s.* plan (rău); schemă; maşinaţie; complot. *vt.* a cloci (o ticăloşie). *vi.* a maşina.

scholar ['skɔlə] *s.* cărturar; şcolar.

scholarship ['skɔləʃip] *s.* bursă.

school [sku:l] *s.* şcoală; învăţătură. *vt.* a educa.

schoolbook ['sku:lbuk] *s.* manual şcolar.

school-boy ['sku:lbɔi] *s.* elev.

schoolfellow ['sku:l,felou] *s.* coleg de şcoală.

school-girl ['sku:lgə:l] *s.* elevă.

schooling ['sku:liŋ] *s.* şcolarizare; învăţătură.

school-ma'am ['sku:lmɑ:m] *s.* învăţătoare.

schoolmaster ['sku:lmɑ:stə] *s.* învăţător.

school mate ['sku:l,meit] *s.* coleg de şcoală.

schoolmistress [sku:l,mistris] *s.* învăţătoare.

schoolteacher ['sku:l,ti:tʃə] *s.* învăţător.

schooner ['sku:nər] *s.* goeletă; *amer.* căruţă cu coviltir.

science ['saiəns] *s.* ştiinţă; îndemânare.

scientific [,saiən'tifik] *adj.* ştiinţific; relaţional.

scientist ['saiəntist] *s.* savant.

scintillate ['sintileit] *vi.* a scânteia.

scion ['saiən] *s.* (v)lăstar.

scissors ['sizəz] *s. pl.* foarfece.

scoff [skɔf] *s.* (obiect de) batjocură. *vi.* a-şi bate joc.

scold [skould] *s.* gură rea. *vt., vi.* a ocărî.

scoop [sku:p] *s.* linguroi; căuş; reportaj senzaţional. *vt.* a scoate; a găsi.

scooter ['sku:tə] *s.* trotinetă; scuter.

scope [skoup] *s.* proporţii; domeniu; competenţă.

scorch [skɔ:tʃ] *s.* arsură. *vt.* a arde; a jigni. *vi.* a merge ca fulgerul.

score [skɔ:] *s.* (însemnare pe) răboj; scor; situaţie; motiv; privinţă; (două)zeci; partitură. *vt.* a înregistra; a nota; a marca (un punct); a orchestra.

scorn [skɔːn] s. (obiect de) dispreţ; vt. a dispreţui.

scornful ['skɔːnfl] adj. dispreţuitor; batjocoritor.

Scot [skɔt] s. scoţian(ă).

Scotch [skɔtʃ] s. (limba) scoţiană; whisky (scoţian); the ~ scoţienii. adj. scoţian(ă).

scot-free ['skɔt'friː] adj. cu faţa curată; fără pedeapsă.

Scotsman ['skɔtsmən] s. scoţian.

Scottish ['skɔtiʃ] s. limba (scoţiană); adj. scoţiană.

scoundrel ['skaundrl] s. ticălos.

scour [skauə] s. curăţire. vt. a curăţa; a alunga; a cutreiera.

scourge [skɔːdʒ] s. bici; flagel. vt. a chinui.

scout [skaut] s. cercetaş; avion de recunoaştere. vi. a cerceta.

scowl [skaul] s. căutătură urâtă. vt., vi. a privi urât.

scrabble ['skræbl] vt., vi. a mâzgăli.

scrag [skræg] s. os; slăbătură.

scraggy ['skrægi] adj. osos; slăbănog.

scramble ['skræmbl] s. târâş; bătaie; ceartă; învălmăşeală. vi. a se căţăra; a se târî; a se bate.

scrambled ['skræmbld] adj. (d. ouă) jumări.

scrap [skræp] s. bucăţică; rest(uri); bătaie; tăieturi din ziare; ~ iron fier vechi. vt. a arunca la gunoi. vi. a se bate.

scrape [skreip] s. hâr(ş)âit; zgârietură; strat subţire. vt. a curăţa; a freca; a zgâria; a face să hârşie; să scârţâie; a aduna (cu greu). vi. a se freca; a hârşâi; to ~ along a o scoate cu greu la capăt.

scraper ['skreipə] s. răzătoare.

scrapings ['skreipiŋz] s. pl. resturi; răzături.

scratch [skrætʃ] s. zgârietură; mâncărime; nimic. vt. a zgâria; a scărpina; a mâzgăli. vi. a scârţâi; a se scărpina.

scrawl [skrɔːl] s. mâzgăleală. vt., vi. a mâzgăli.

scrawny ['skrɔːni] adj. slab; deşirat.

scream [skriːm] s. ţipăt vt., vi. a ţipa.

screech [skriːtʃ] s. ţipăt (sinistru).

screen [skriːn] s. paravan; ecran; plasă; ciur. vt. a apăra; a ascunde; a ecraniza; a cerne; a alege.

screw [skruː] s. şurub; elice; (con)strângere; zgârcit. vt. a înşuruba; a fixa; a stoarce; a răsuci; to ~ up one's courage a-şi lua inima în dinţi. vi. a se răsuci; a fi zgârcit.

scribble ['skribl] s. mâzgăleală; însemnare grăbită. vt., vi. a mâzgăli; a nota în grabă.

scribbler ['skriblə] s. conţopist; scrib.

scribe [skraib] s. conţopist; autor.

scrimmage ['skrimidʒ] s. învălmăşeală; sport grămadă.

script [skript] s. scris; scenariu.

scroll [skroul] s. sul.

scrounge [skraundʒ] vt. fig. a stoarce.

scrub [skrʌb] s. frecare; spălare. vt. a freca (cu peria).

scruff [skrʌf] s. ceafă.

scruple ['skruːpl] s. scrupul; greutate infimă.

scrutinize ['skruːtinaiz] vt. a scruta.

scrutiny ['skruːtini] s. scrutare; scrutin.

scuffle ['skʌfl] s. încăierare.
scullery ['skʌləri] s. bucătărie din dos; bucătărioară.
sculpture ['skʌlptʃə] s. sculptură. vt. a sculpta.
scum [skʌm] s. spumă (la supă); murdărie; fig. drojdia societății.
scurrilous ['skʌriləs] adj. batjocoritor; grosolan; obscen.
scurry ['skʌri] s. grabă. vi. a se grăbi.
scurvy ['skə:vi] s. scorbut. adj. scârbos.
scutcheon ['skʌtʃn] s. blazon; scut.
scuttle ['skʌtl] s. căldare de cărbuni. vi. a pleca.
scythe [saið] s. coasă. vt., vi. a cosi.
sea [si:] s. are; ocean; valuri; the high ~s largul mării; at ~ pe mare; fig. în încurcătură; ~-cow morsă; ~-dog marinar; focă; ~-going maritim; ~-gull pescar; pescăruș.
seal [si:l] s. (piele de) focă; pecete; gir. vt. a pecetlui; a rezolva.
seam [si:m] s. cusătură; dungă (la ciorap); filon. vt. a brăzda.
seaman ['si:mən] s. marinar.
seamstress ['semstris] s. lenjereasă; cusătoreasă.
seaplane ['si:plein] s. hidroavion.
seaport ['sipɔ:t] s. port maritim.
sear [siə] adj. uscat; ofilit; istovit. vt. a ofili; a arde.
search [sə:tʃ] s. cercetare; căutare; percheziție. vt. a cerceta; a percheziționa.
searching ['sə:tʃiŋ] adj. pătrunzător; cercetător; iscoditor.
searchlight ['sə:tʃlait] s. reflector.
searchparty ['sə:tʃpɑːti] s. echipă de salvare.

search-warrant ['sə:tʃ,wɔrnt] s. ordin de percheziție.
seascape ['si:skeip] s. peisaj marin.
seashore ['si:ʃɔ:] s. litoral.
seasick ['si:sik]
seasickness ['si:siknis] s. rău de mare.
seaside ['si:said] s. litoral.
season ['si:zn] s. (ano)timp; sezon; stagiune; moment potrivit. vt. a potrivi; a condimenta.
seasonable ['si:znəbl] adj. plăcut; nimerit.
seasonal [si:zənl] adj. sezonier.
seasoning ['si:zniŋ] s. condiment(are).
season-ticket ['si:zn'tikit] s. abonament.
seat [si:t] s. scaun; bancă; (loc de) șezut; turul pantalonilor; reședință; mandat parlamentar. vt. a așeza; (d. săli etc.) a cuprinde (spectatori); be ~ed la loc. vr. a se așeza.
seaweed ['si:wi:d] s. algă.
seaworthy ['si:,wə:ði] adj. navigabil.
secession [si'seʃn] s. despărțire.
seclude [si'klu:d] vt. a izola.
secluded [si'klu:did] adj. singuratic; de pustnic.
seclusion [si'klu:ʒn] s. izolare.
second ['seknd] s. secund(ă); al doilea; ziua de doi. adj. al doilea; de calitatea a doua; secundar; suplimentar; ~ best mâna a doua; ~ lieutenant sublocotenent; upon ~ thoughts răzgândindu-mă; ~ to none fără rival. vt. a ajuta; a secunda; a sprijini. num. al doilea. adv. în al doilea rând; pe locul doi.

secondary ['sekndri] *adj.* secundar.

seconder ['seknda] *s.* ajutor; secund.

second-hand ['seknhænd] *s.* secundar. *adj., adv.* de ocazie; din auzite.

second-rate ['seknd'reit] *adj.* de calitatea a doua; inferior.

secrecy ['si:krisi] *s.* taină; discreţie; *in ~* pe ascuns.

secretary ['sekrətri] *s.* secretar(ă); ministru; *Secretary of State* secretar de stat; *amer.* ministru de externe.

secrete [si'kri:t] *vt.* a secreta.

secretion [si'kri:ʃn] *s.* ascundere; secreţie.

secretive [si'kri:tiv] *adj.* secretos.

section ['sekʃn] *s.* secţi(un)e; parte; categorie; capitol.

secure [si'kjuə] *adj.* sigur; liniştit; în siguranţă; bine fixat. *vt.* a(-şi) asigura; a apăra; a fixa bine.

security [si'kjuəriti] *s.* siguranţă; securitate; garanţie; titlu de proprietate.

sedan [si'dæn] *s.* lectică; limuzină.

sedate [si'deit] *adj.* liniştit; grav; aşezat.

sedge [sedʒ] *s.* rogoz.

sedition [si'diʃn] *s.* rebeliune; agitaţie publică.

seditious [si'diʃəs] *adj.* aţâţător.

sedulous ['sedjuə] *adj.* perseverent; muncitor.

see [si:] *vt.* a vedea; a zări; a înţelege; a cunoaşte; a trece prin; a primi; a vizita; a consulta; a conduce; *to ~ off* a conduce (la gară); *to ~ over* a cerceta; a inspecta. *vi.* a vedea; a avea văz (bun); a înţelege; *~!* priveşte; *to ~ about* sau *after* a avea grijă de ; *to ~ into* a verifica; *to ~ to* a se ocupa de; a repara.

seed [si:d] *s.* sămânţă; sâmbure; progenitură.

seeder ['si:də] *s.* semănătoare.

seedling ['si:dliŋ] *s.* răsad; puiet.

seedy ['si:di] *adj.* plin de semeţie; ofilit; prăpădit.

seeing ['si:iŋ] *conj.* având în vedere.

seek [si:k] *vt.* a căuta; a cerceta; a căuta; a cere; a încerca; *to ~ out* a descoperi. *vi.* a face cercetări; a căuta.

seem [si:m] *vi.* părea.

seeming ['si:miŋ] *adj.* aparent.

seemingly ['si:miŋli] *adv.* aparent; după cum se pare.

seemly ['si:mli] *adj.* cuvenit; cuviincios.

seen [si:n] *vt., vi. part. trec. de la* **see.**

seer [siə] *s.* profet.

seesaw ['si:sɔ:] *s.* leagăn; legănare. *vi. vi.* a se da în leagăn.

seethe [si:ð] *vi.* a fierbe.

segregate ['segrigeit] *vt.* a separa. *vi.* a face discriminări; a se despărţi.

segregation [,segri'geiʃn] *s.* segregaţie; discriminare.

seize [si:z] *vt.* a (cu)prinde; a apuca; a confisca; a profita de; a se repezi la. *vi.: to ~ upon* a se agăţa de.

seizure ['si:ʒə] *s.* confiscare; apucare; acces.

seldom ['seldəm] *adv.* rar(eori).

select [si'lekt] *adj.* select; snob; exclusivist; foarte bun. *vt.* a alege.

self [self] *s.* persoană; fire; interese personale. *adj.* de sine; auto...;

~-*abuse* masturbare; înjosire de sine; ~-*assertion* îndrăzneală; ~-*asertive* băgăreţ; ~-*complacence* mulţumire de sine; ~-*conceit* îngâmfare; ~-*confidence* încredere în sine; ~-*conscious* timid; şovăitor; ~-*contained* stăpânit; suficient; ~-*defence* legitimă apărare; ~-*denial* altruism; abnegaţie; ~-*denying altruist; plin de abnegaţie*; ~-*determination* autodeterminare; ~-*educated* autodidact; ~-*evident* de la sine înţeles; ~-*government* autoguvernare; stăpânire (de sine); ~-*help* bizuire pe propriile resurse; ~-*important* încrezut; ~-*indulgence* destrăbălare; ~-*made* autodidact; parvenit; făcut cu mâna lui; ~-*possessed* calm; ~-*preservation* instinct de conservare; ~-*reliance* încredere în propriile mijloace; ~-*respect* demnitate; ~-*sacrificing* altruism; abnegaţie; ~-*satisfaction* mulţumire de sine; îngâmfare; ~-*seeker* egoist; carierist; ~-*seeking* carierism; ~-*service* autoservire; ~-*styled* pretins; aşa-zis; ~-*sufficient* suficient; ~-*supporting* care se întreţine singur; ~-*taught* autodidact; ~-*willed* încăpăţânat; capricios.

selfish ['selfiʃ] *adj.* egoist; egocentric.

selfishness ['selfiʃnis] *s.* egoism.

selfless ['selflis] *adj.* altruist; plin de abnegaţie.

sell [sel] *s.* dezamăgire; înşelăciune. a vinde; a escroca (cu); *(d. cărţi etc.) to be sold out* a fi epuizat; *to ~ up* a vinde la

licitaţie; *he is sold on music* e mare meloman. *vi.* a (se) vinde.

seller ['selə] *s.* vânzător; lucru care se vinde; best ~ carte sau autor de mare succes.

selvage, **seldvege** ['selvidʒ] *s.* tiv.

selves [selvz] *s. pl. de la* **self**.

semblance ['semblns] *s.* asemănare; aparenţă.

semicolon ['semi'kəulən] *s.* punct şi virgulă.

seminar ['seminɑ:] *s.* seminar (universitar).

seminary ['seminari] *s.* seminar catolic.

semolina [,semə'li:nə] *s.* griş.

sempstress ['semstris] *s.* lenjereasă; cusătoreasă.

send [send] *vt.* a trimite; a emite; *vi.: to ~ for the doctor* a chema doctorul.

sender ['sendə] *s.* expeditor.

send-off ['send'ɔːf] *s.* rămas bun.

senile ['si:nail] *adj.* senil.

senior ['si:njər] *s.* persoană mai în vârstă; superior; elev mai mare. *adj.* senior; superior.

seniority [,si:ni'ɔriti] *s.* bătrâneţe; vechime (în muncă); grad superior.

sensation [sen'seiʃn] *s.* senzaţie.

sense [sens] *s.* simţ; sentiment; înţelegere; înţelepciune; sens; *common ~* bun-simţ; *to make ~* a (se) înţelege. *vt.* a-şi da seama de; a (pre)simţi.

sensless ['senslis] *adj.* inconştient; fără sens.

sensibility [,sensi'biliti] *s.* sensibilitate; înţelegere.

sensible ['sensəbl] *adj.* înţelept; practic; sensibil.

sensitive ['sensitiv] *adj.* sensibil; firav; ~ *plant* mimoză; persoană ultrasensibilă.

241

sensitivity [,sensi'tiviti] s. sensibiliate.

sensory ['sensəri] adj. senzorial.

sensuous ['sensjuəs] adj. senzorial; senzual.

sent [sent] vt., vi. trec. şi part. trec. de la **send.**

sentence ['sentəns] s. sentinţă; osândă; propoziţie; frază. vt. a condamna.

sentient ['senʃnt] adj. sensibil.

sentiment ['sentimənt] s. sentiment(alism); părere.

sentimentality [,sentimen'tæliti] s. sentimentaism.

sentry ['sentri] s. santinelă.

separate ['sepəreit] vt., vi. a (se) separa.

September [səp'tembə] s. septembrie.

sepulchre ['seplkə] s. mormânt; cavou.

sepulture ['seplt∫ə] s. înmormântare.

sequel ['si:kwl] s. urmare; continuare.

sequence ['si:kwəns] s. succesiune; secvenţă.

sequester [si'kwestə] vt. a orchestra.

seraph ['seraf] s. serafim.

Serbian ['sɔ:bjən] s. sârb(oaică); (limba) sârbă.

serene [si'ri:n] adj. calm; senin; tihnit.

serf [sɔ:f] s. iobag; rob.

serfdom ['sɔ:fdəm] s. iobăgie; feudalism.

serge [sɔ:dʒ] s. gabardină; serj.

sergeant ['sɑ:dʒnt] s. sergent; plutonier major; ofiţer de poliţie.

serial ['siəriəl] s. roman foileton. adj. în serie; serial.

series ['siəri:z] s. serie; serii.

serious ['siəriəs] adj. grav; serios.

seriousness ['siəriəsnis] s. seriozitate; gravitate.

serjeant (at-arms) ['sɑ:dʒnt-(ət'ɑ:mz)] s. agent de ordine.

sermon ['sɔ:mən] s. predică.

serpent ['sɔ:pnt] s. şarpe.

serpentine ['sɔ:pntain] adj. viclean; în serpentină.

serried ['serid] adj. înghesuit; strâns.

serum ['siərəm] s. ser.

servant ['sɔ:vnt] s. servitor; slugă; fată în casă; angajat; public ~ funcţionar; civil ~ funcţionar de stat.

serve [sɔ:v] vt. a servi; a sluji (la, pe); a asculta (de); a furniza; a aproviziona; a trata; a îndeplini; a ispăşi; a înmâna; a transmite. vi. a servi; a fi în serviciu.

service ['sɔ:vis] s. serviciu. vt. a servi; auto. a întreţine.

serviceable ['sɔ:visəbl] adj. folositor; serviabil; durabil.

serviette [,sɔ:vi'et] s. şerveţel.

servitude ['sɔ:vitjud] s. robie; penal ~ întemniţare.

sesame ['sesəmi] s. susan.

session ['seʃn] s. sesiune; şedinţă.

set [set] s. serviciu; garnitură; set; echipament; grup; agregat; decor; platou; apus. adj. aşezat; fix(at); bine stabilit; decis. vt. a pune; a aţâţa; a aranja; a stabili; a monta; a transpune; to ~ about sau afloat a lansa; to ~ back a da înapoi; to ~ by a pune la o parte; to ~ forth a explica; a face cunoscut; to ~ free a elibera; a descătuşa; to ~ off a face să explodeze; a porni; a reliefa; a separa; to ~ up a

înființa; a instala; a instaura; *to ~
right* sau *to rights* a îndrepta; a
aranja. *vi.* a apune; a porni; a se
apuca; a se înțepeni.

set-back ['setbæk] *s.* piedică; e-
șec.

settee [se'ti:] *s.* canapea.

setter ['setə] *s.* câine de vână-
toare; fixator.

setting ['setiŋ] *s.* cadru; decor;
montură.

settle ['setl] *vt.* a rezolva; a stabili;
a chita; a coloniza a liniști; a lăsa
moștenire. *vi.* a se stabili; a se
liniști; a-și plăti datoriile; *to ~
upon* a alege.

settlement ['setlmənt] *s.* așezare;
dotă; colonizare; așezământ; *fin.*
achitare.

settler ['setlə] *s.* colonist.

seven ['sevn] *s., num.* șapte.

sevenfold ['sevnfould] *adv.* înșep-
tit.

seventeen ['sevn'ti:n] *num.* șap-
tesprezece.

seventeenth ['sevn'tinθ] *num.* al
șaptesprezecelea.

seventh ['sevnθ] *s. s.* șeptime;
num. al șaptelea; *in the ~
heaven* în al nouălea cer.

seventieth ['sevntiiθ] *num.* al șap-
tezecilea.

seventy ['sevnti] *s.* vârsta de șap-
tezeci de ani; *pl.* deceniul al op-
tulea. *num.* șaptezeci.

sever ['sevə] *vt.* a despica; a des-
părți. *vi.* a se despărți.

several ['sevrl] *adj., pron.* mai
mulți.

severally ['sevrli] *adv.* separat; in-
dividual.

severance ['sevərns] *s.* despărțire;
separare.

severe [si'viə] *adj.* aspru; sever;
auster.

sew [sou] *vt., vi.* a (se) coase.

sewage ['sju:idʒ] *s.* canalizare.

sewer¹ ['sjuə] *s.* canal (colector).

sewer² ['so(u)ə] *s.* persoană care
coase.

sewerage ['sjuəridʒ] *s.* canalizare.

sewing ['so(u)iŋ] *s.* (haine de)
cusut; *~ machine* mașină de
cusut.

sewn [soun] *vt., vi. part. trec. de la*
sew.

sex [seks] *s.* sex(ualitate); viață se-
xuală; probleme sexuale; *~ ap-
peal* farmec; nuri; vino-ncoace.

sexless ['sekslis] *adj.* fără sex; in-
sensibil.

sexton ['sekstn] *s.* paracliser;
cioclu.

shabby ['ʃæbi] *adj.* sărăcăcios;
ponosit; meschin.

shack [ʃæk] *s.* colibă; baracă.

shackle ['ʃækl] *vt.* a înlănțui; a
încătușa.

shackles ['ʃækls] *s. pl.* lanțuri;
cătușe.

shad [ʃæd] *s.* scrumbie.

shade [ʃeid] *s.* (loc cu) umbră; ră-
coare; nuanță; abajur; jaluzea.
vt. a umbri; a nuanța.

shading ['ʃeidiŋ] *s.* nuanță;
umbră.

shadow ['ʃædou] *s.* umbră (a cui-
va); urmă. *vt.* a întuneca; a fila.

shadowy ['ʃædoui] *adj.* umbros;
neclar; întunecat.

shady ['ʃeidi] *adj.* umbros;
dubios.

shaft [ʃɑ:ft] *s.* săgeată; puț (de
mină); horn; *tehn.* arbore; tijă;
vilbrochen.

shaggy ['ʃægi] *adj.* aspru; lățos; netesălat.

shah [ʃɑ:] *s.* șah al Persiei.

shake [ʃeik] *s.* zguduire; strângere de mână; *pl.* folos. *vt.* a zgudui; a clătina; a cutremura; *to ~ hands with smb.* a da mâna cu cinva. *vi., vr.* a se zgudui; a (se) cutremura.

shakedown ['ʃeikdaun] *s.* pat improvizat.

shaken ['ʃeikn] *vt., vi. part. trec. de la* **shake.**

shaky ['ʃeiki] *adj.* șubred; tremurător.

shall [ʃæl, ʃəl, ʃl] *v. aux. pentru viitor:* voi, vom. *v. mod.* a trebui; a fi obligat; a avea ordin.

shallow ['ʃælou] *s.* vad. *adj.* puțin adânc.; *fig.* superficial.

sham [ʃæm] *s.* imitație; înșelătorie; prefăcătorie; fals. *adj.* fals; prefăcut. *vt.* a simula. *vi.* a se preface.

shambles ['ʃæmblz] *s. pl.* abator; masacru.

shame [ʃeim] *s.* rușine; nenorocire; *~ on you! for ~!* să-ți fie rușine! *vt.* a rușina; a face de râs.

shamefaced ['ʃeimfeist] *adj.* rușinos; rușinat.

shameful ['ʃeimfl] *adj.* rușinos; nemaipomenit.

shameless ['ʃeimlis] *adj.* nerușinat.

shampoo [ʃæm'pu:] *s.* șampon; spălat la cap. *vt.* a spăla părul.

shamrock ['ʃæmrɔk] *s.* trifoi; emblema Irlandei.

shank [ʃæŋk] *s.* gambă.

shan't [ʃɑ:nt] *v. aux., v. mod.* negativul de la **shall.**

shanty ['ʃænti] *s.* cocioabă; cântec marinăresc.

shape [ʃeip] *s.* formă; figură; siluetă.

shapeless ['ʃeiplis] *adj.* inform; dezordonat.

shapely ['ʃeipli] *adj.* arătos; bine format; sculptural.

shard [ʃɑ:d] *s.* ciob.

share [ʃeə] *s.* porție; cotă; fier de plug; *fin.* acțiune. *vt.* a împărți; a împărtăși; a distribui.

shareholder ['ʃeə,houldə] *s.* acționar.

shark [ʃɑ:k] *s.* rechin; escroc.

sharp [ʃɑ:p] *s.* diez. *adj.* diez; ascuțit; abrupt; aspru; acru intens; isteț; necinstit. *adv.* brusc; *muz.* prea înalt; punctual; fix.

sharpen ['ʃɑ:pn] *vt., vi.* a (se) ascuți; a (se) intensifica.

sharpener ['ʃɑ:pnə] *s.* ascuțitor; ascuțitoare.

sharper ['ʃɑ:pər] *s.* trișor; escroc.

shatter ['ʃætə] *vt.* a sfărâma; a se zdruncina. *vi.* a se sfărâma.

shave [ʃeiv] *s.* bărbierit; scăpare ca prin urechile acului. *vt., vi.* a (se) rade.

shaven ['ʃeivn] *adj.* bărbierit.

shaver ['ʃeivə] *s.* client al bărbierului; flăcău.

shaving ['ʃeiviŋ] *s.* bărbierit; talaș; *~-brush* pămătuf.

shawl [ʃɔ:l] *s.* șal.

she [ʃi(:)] *pron.* ea; *~-woolf* lupoaică.

sheaf [ʃi:f] *s.* snop; teanc.

shear [ʃiə] *vt.* a tunde; a păcăli.

shears [ʃiəz] *s. pl.* foarfece mari.

sheath [ʃi:θ] *s.* teacă.

sheathe [ʃi:ð] *vt.* a pune în teacă; a acoperi.

shed [ʃed] *s.* adăpost, șopron. *vt.* a vărsa; a scutura.

sheen [ʃi:n] *s.* lustru; strălucire.

sheep [ʃi:p] *s.* oaie; oi; prostovan; enoriaşi; ~ *dog* câine ciobănesc; ~ *fold* sau *run* stână; ocol.

sheepish [ʃi:pi:ʃ] *adj.* timid; încurcat; stângaci.

sheer [ʃiə] *adj.* pur; total.

sheet [ʃi:t] *s.* cearşaf; foaie; ziar.

sheldrake [ʃeldreik] *s.* cufundar.

shelf [ʃelf] *s.* poliţă; raft.

shell [ʃel] *s.* coajă; găoace; carapace; scoică; obuz. *vt.* a coji; a bombarda.

shellfish [ʃelfiʃ] *s.* moluscă.

shelter [ʃeltə] *s.* adăpost. *vt., vi.* a (se) adăposti.

shelve [ʃelv] *vt.* a pune la o parte; a concedia.

shelves [ʃelvz] *s. pl. de la* **shelf.**

shepherd [ʃepəd] *s.* păstor. *vt.* a călăuzi.

shepherdess [ʃəpədis] *s.* păstoriţă.

sherbet [ʃə:bət] *s.* suc de fructe.

sheriff [ʃerif] *s.* şerif.

sherry [ʃeri] *s.* vin de Xeres.

Shetland [ʃetlənd] *s.:* ~ *pony* sau *horse* ponei.

shield [ʃi:ld] *s.* scut; apărătoare. *vt.* a apăra.

shift [ʃift] *s.* schimb(are); expedient; şmecherie. *vt.* a schimba. *vi.* a o scoate la capăt.

shiftless [ʃiftlis] *adj.* neprevăzător; leneş.

shifty [ʃifti] *adj.* înşelător; nestatornic.

shilling [ʃiliŋ] *s.* şiling.

shilly-shally [ʃili,ʃæli] *s.* şovăială; zăbavă. *vi.* a şovăi; a zăbovi.

shimmer [ʃimə] *s.* licărire. *vi.* a licări; a străluci.

shin [ʃin] *s.* tibie, fluierul piciorului. *vi.* a se căţăra.

shindy [ʃindi] *s.* scandal.

shine [ʃain] *s.* luciu; strălucire. *vt.* a lustrui. *vi.* a străluci.

shingle [ʃiŋgl] *s.* pietriş; şindrilă; păr tăiat scurt.

shiny [ʃaini] *adj.* strălucitor; lucios.

ship [ʃip] *s.* (aero)navă. *vt.* a expedia; a trasporta.

ship-biscuit [ʃip'biskit] *s.* pesmet marinăresc.

ship-broker [ʃip,broukə] *s.* agent de navlosire.

shipmate [ʃipmeit] *s.* tovarăş din echipaj.

shipment [ʃipmənt] *s.* transport; expediere.

shipowner [ʃipounə] *s.* armator.

shipping [ʃipiŋ] *s.* expediţie; transport pe apă.

shipshape [ʃipʃeip] *adj., adv.* pus la punct.

shipwreck [ʃiprek] *s.* naufragiu; epavă. *vt.* a face să naufragieze; a ruina; *to be ~ed* a naufragia.

shipyard [ʃip'ja:d] *s.* şantier naval.

shire [ʃaiə] *s.* comitat.

shirk [ʃə:k] *vt.* a evita. *vi.* a se eschiva.

shirker [ʃə:kə] *s.* chiulangiu.

shirt [ʃə:t] *s.* cămaşă; bluză; ~front plastron.

shiver [ʃivə] *s.* tremur; fior. *vi.* a tremura.

shoal [ʃoul] *s.* vad; apă mică; banc de nisip; cârd de peşti.

shock [ʃɔk] *s.* lovitură; şoc (nervos etc.). *vt.* a lovi; a şoca.

shocker [ʃɔkə] *s.* lucru; izbitor; roman poliţist.

shocking [ʃɔkiŋ] *adj.* dezgustător; îngrozitor.

shod [ʃɔd] *vt. trec. şi part. trec. de la* **shoe.**

shody ['ʃɔdi] *adj.* grosolan.

shoe [ʃuː] *s.* pantof; potcoavă. *vt.* a potcovi; a încălţa.

shoe-black ['ʃuːblæk] *s.* lustragiu.

shoehorn ['ʃuː'hɔːn] *s.* limbă de pantof.

shoe-lace ['ʃuːleis] *s.* şiret de pantof.

shoe-maker ['ʃuː,meikə] *s.* pantofar.

shone [ʃɔn] *vt., vi. trec. şi part. trec. de la* **shine.**

shoo [ʃuː] *vt.* a alunga. *interj.* hâş.

shook [ʃuk] *vt., vi. trec. de la* **shake.**

shoot [ʃuːt] *s.* lăstar; lăstăriş; grup de vânători; jgheab. *vt.* a împuşca; a trage cu (arcul, arma); a trece (o cataractă); a fotografia; a filma. *vi.* a trage (cu o armă); a împuşca; a ţâşni; a şuta; a filma; a fotografia.

shooting ['ʃuːtiŋ] *s.* împuşcare; vânătoare; tir; ~-*range* poligon; ~-*star* stea căzătoare.

shop [ʃɔp] *s.* magazin; atelier; ~ *assistant* vânzător; ~-*window* vitrină; ~-*hours* orarul magazinelor.

shopkeeper ['ʃɔp,kiːpə] *s.* negustor.

shopman ['ʃɔpmən] *s.* negustor; vânzător.

shopper ['ʃɔpə] *s.* cumpărător.

shopping ['ʃɔpiŋ] *s.* târguieli.

shop-steward ['ʃɔpstjuəd] *s.* delegat de atelier; ~-*s' comittee* comitet de întreprindere.

shore [ʃɔː] *s.* ţărm.

short [ʃɔːt] *s.* film de scurt metraj; *pl.* şort, pantaloni scurţi. *adj.* scurt; ~ *of* insuficient; afară de; cât pe-aici să; ~ *cut* scurtătură; ~ *ton* măsură de 900 kg; *for* sau *in* ~ în două vorbe; ~ *time* şomaj parţial. *adv.* deodată brusc; imediat.

shortage ['ʃɔːtidʒ] *s.* criză; lipsă; penurie.

shortcoming [ʃɔːt'kʌmiŋ] *s.* deficienţă.

shorten ['ʃɔːtn] *vt., vi.* a (se) scurta.

shorthand ['ʃɔːthænd] *s.* stenografie.

short-lived ['ʃɔːlivd] *adj.* efemer.

shortly ['ʃɔːtli] *adv.* curând; pe scurt; brusc.

short-sighted ['ʃɔːt'saitid] *adj.* miop.

short-tempered ['ʃɔːt'tempəd] *adj.* nervos.

short-winded ['ʃɔːt'windid] *adj.* fără suflu.

shot [ʃɔt] *s.* împuşcătură; şut; lovitură; săgeată; ţintaş; bătaia puştii etc.; alice; *sport* greutate; încercare; fotografie; secvenţă; injecţie; ~-*gun* puşcă de vânătoare. *vt., vi. trec. şi part. trec. de la* **shoot.**

should [ʃud, ʃəd] *v. aux. şi mod. trec. de la* **shall.**

shoulder ['ʃouldə] *s.* umăr; ~-*blade* omoplat; ~-*strap* bretea; bridă; tresă. *vt.* a încărca în spinare; a-şi asuma.

shout [ʃaut] *s.* strigăt. *vt., vi.* a striga.

shove [ʃʌv] *s.* împingere; ghiont. *vt.* a împinge. *vi.* a se împinge; a-şi croi drum.

shovel ['ʃʌvl] *s.* lopată; lopăţică. *vt.* a lua sau a încărca cu lopata; a curăţa (zăpada).

show [ʃou] *s.* manifestare; expoziţie; spectacol; ostentaţie;

~-down discuție; **on ~** etalat; explicație. *vt.* a arăta; a manifesta; a dovedi; a conduce; *to ~ up* a demasca. *vi.* a se arăta; a se vedea; *to ~ off* a face pe grozavul.

shower ['ʃauə] *s.* (aversă de) ploaie; duș; izbucnire; abundență.

shown [ʃoun] *vt., vi.* part. trec. de la **show**.

showy ['ʃo(u)i] *adj.* arătos; împopoțonat; ostentativ.

shrank [ʃrænk] *vt., vi.* part. trec. de la **shrink**.

shred [ʃred] *s.* zdreanță; fărâmă. *vt.* a zdrențui.

shrew [ʃru:] *s.* scorpie.

shrewd [ʃru:d] *adj.* isteț.

shriek [ʃri:k] *s.* țipăt. *vt., vi.* a țipa.

shrill [ʃril] *adj.* ascuțit.

shrimp [ʃrimp] *s.* crevetă.

shrine [ʃrain] *s.* chivot; altar.

shrink [ʃriŋk] *vt.* a face să se strângă. *vi.* a se strânge; a se micșora; a intra la apă; a se da înapoi.

shrinkage ['ʃrinkidʒ] *s.* micșorare; intrare la apă.

shrivelled ['ʃrivld] *adj.* zbârcit.

shroud [ʃraud] *s.* lințoliu. *vt.* a înfășura.

Shrove-Tuesday ['ʃrouv'tju:zdi] *s.* ziua spovedaniei; lăsata secului.

shrub [ʃrʌb] *s.* arbust; tufiș.

shrubbery ['ʃrʌbəri] *s.* tufișuri; boschete.

shrug [ʃrʌg] *s.* ridicare din umeri. *vi.* a da din umeri.

shrunk [ʃrʌŋk] *vt., vi.* trec. și part. trec. de la **shrink**.

shudder ['ʃʌdə] *s.* tremur; fior. *vi.* a tremura; a se înfiora.

shuffle ['ʃʌfl] *s.* târșâit; împărțirea cărților de joc. *vt.* a(-și) târî (picioarele); a amesteca. *vi.* a merge greu; a se eschiva; a face cărțile.

shun [ʃʌn] *vt.* a evita.

'shun [ʃən] *interj. mil.* drepți.

shunt [ʃʌnt] *vt.* a muta; a schimba. *vi.* a se schimba.

shut [ʃʌt] *vt.* a închide; a prinde; *to ~ up* a fereca; a face să tacă. *vi.* a se închide; *to ~ up* a tăcea.

shutter ['ʃʌtə] *s.* oblon; jaluzele; *foto* diafragmă.

shuttle ['ʃʌtl] *s.* suveică. *vi.* a merge încolo și încoace.

shy [ʃai] *adj.* timid; fricos; șovăielnic.

sibilant ['sibilənt] *s.* consoană șuirătoare. *adj.* șuierător.

sick [sik] *s.*: *the ~* bolnavii; *adj.* bolnav; indispus; *~ leave* concediu de boală; *to be ~ for* a tânji după.

sickbed ['sikbed] *s.* patul bolnavului.

sicken ['sikn] *vt.* a scârbi. *vi.* a boli; a se scârbi.

sickle ['sikl] *s.* seceră.

sickly ['sikli] *adj.* bolnăvicios; slab; grețos.

sickness ['siknis] *s.* boală; indispoziție; greață.

side [said] *s.* parte; latură; fațetă; partidă; *~ by* alături, umăr la umăr. *adj.* lateral; lăturalnic. *vi.*: *to ~ with smb.* a fi de partea cuiva; a sprijini pe cineva.

side-board ['saidbɔ:d] *s.* bufet; servantă.

side-car ['saidcɑ:] *s.* ataș.

side-track ['saidtræk] *s.* linie laterală. *vt.* a abate.

side-view ['saidvju:] *s.* (vedere din) profil.

side-walk ['saidwɔ:k] s. amer. trotuar; marginea drumului.

sideways ['saidweiz] adj., adv. lateral.

siding ['saidiŋ] s. linie secundară sau moartă.

sidle ['saidl] vi. a merge ferindu-se.

siege [si:dʒ] s. asediu.

sieve [si:v] s. sită.

sift [sift] vt., vi. a (se) cerne

sigh [sai] s. oftat; suspin; foșnetul vântului. vt. a spune oftând. vi. a ofta; a suspina; to ~ for a tânji după.

sight [sait] s. vedere; văz; priveliște; părere; judecată; obiectiv turistic; mil. cătare; cantitate (mare); by ~ din vedere; in ~ of aproape; out of ~ departe; within ~ cât vezi cu ochii; la vedere. vt. a zări; a da cu ochii de; a observa.

sightless ['saitlis] adj. orb.

sightly ['saitli] adj. plăcut la vedere.

sightseeing ['sait,si:iŋ] s. plimbare; vizită turistică.

sign [sain] s. semn; indicație; firmă; tăbliță. vt. a semna(liza). vi. a se iscăli; a face semne; to ~ on sau up a se angaja; a se înrola; to ~ off a închide emisiunea.

signal ['signl] s. semnal. adj. important.

signatory ['signətəri] s., adj. semnatar.

signature ['signitʃə] s. autograf; semnătură.

sign-board ['sainbɔ:d] s. firmă.

signet ['signit] s. pecete.

significance [sig'nifikəns] s. semnificație.

significant [sig'nifikənt] adj. important.

signification [,signifi'keiʃn] s. semnificație.

signify [signifai] vt. a anunța; a însemna. vi. a avea importanță.

sign-post ['sainpoust] s. indicator (pe șosea).

silence ['sailəns] s. tăcere; liniște. vt. a liniști; a alina; a reduce la tăcere.

silent ['sailənt] adj. tăcut; liniștit; mut.

silhouette [,silu'et] s. siluetă.

silk [silk] s. mătase. adj. de mătase; ~ hat joben.

silken ['silkn] adj. de mătase; mătăsos.

silkworm ['silkwə:m] s. vierme de mătase.

silky ['silki] adj. mătăsos; mieros.

sill [sil] s. pervaz; prag.

silly ['sili] s., adj. prost.

silver ['silvə] s. argint(iu). adj. argintiu. vt. a arginta. vi. a încărunți.

silver-plate ['silvə'pleit] s. argintărie.

silversmith ['silvəsmiθ] s. argintar.

silvery ['silvri] adj. argintiu.

similarity [,simi'læriti] s. asemănare.

simile ['simli] s. comparație (figură de stil).

similitude [si'militju:d] s. asemănare; comparație.

simmer ['simə] vt., vi. a fierbe la foc mic.

simper ['simpə] s. zâmbet prostesc. vi. a zâmbi prostește; a face pe mironosița.

simple ['simpl] adj. simplu; simplist; sincer; deschis; umil.

simpleton ['simpltn] s. prostovan.

simplicity [sim'plisiti] s. simplitate; prostie.

simply ['simpli] adv. (pur şi) simplu; doar.

sin [sin] s. păcat; imoralitate. vi. a păcătui.

since [sins] adv. de atunci încoace; între timp; long ~ cu mult timp în urmă. prep. (începând) de la; din. conj. de când; întrucât.

sincere [sin'siə] adj. sincer; simplu.

sinew ['sinju:] s. tendon; muşchi; nerv.

sinewy ['sinju:i] adj. vân(j)os; viguros; tare.

sinful ['sinfl] adj. păcătos.

sing [sin] vt., vi. a cânta (din gură, în versuri).

singe [sindʒ] vt., vi. a (se) arde; a (se) pârli.

singer ['sinə] s. cântăreţ; cântăreaţă.

Singhalese [,sinɡə'li:z] s., adj. (locuitor) din Sri Lanka.

singing ['sinin] s. cânt(are).

single ['sinɡl] adj. singur; simplu; direct; ~ combat duel. vt. a alege; a izola; a scoate în relief.

single-handed ['sinɡl'handid] adj. singur, fără ajutor.

singleness ['sinɡlnis] s. unitate.

singly ['sinɡli] adv. separat; (de unul) singur.

sing-song ['sinsɔn] s. cântare monotonă; ison.

singular ['sinɡjulə] adj. singular. adj. singular; deosebit; ciudat.

singularity [,sinɡju'læriti] s. singularitate; ciudăţenie.

sink [sink] s. chiuvetă. vt. a scufunda; a săpa; a ascunde; a da uitării; a investi (capital). vi. a se scufunda; a coborî; a se prăbuşi; a pătrunde.

sinless ['sinlis] adj. nevinovat; neprihănit.

sinner ['sinə] s. păcătos.

Sinn Fein ['ʃin'fein] s. mişcare irlandeză de eliberare.

sip [sip] s. sorbitură. vt., vi. a sorbi cu încetul.

sir [sə:] s. domnule; baronet; cavaler.

sire [saiə] s. sire; tată; strămoş.

sirloin ['sə:lɔin] s. filé de muşchi.

sirup ['sirəp] s. sirop.

siskin ['siskin] s. scatiu.

sister ['sistə] s. soră; maică.

sisterhood ['sistəhud] s. dragoste de soră; asociaţie feminină.

sister-in-law ['sistrinlɔ:] s. cumnată.

sit [sit] vi. a şedea; a sta; a cloci; a se potrivi; a face parte; a fi membru; to ~ down a se aşeza; to ~ up a sta în capul oaselor.

site [sait] s. aşezare; loc; şantier.

sitting ['sitin] s. şedere; şedinţă; pozare (pentru un pictor); ~-room cameră de şedere, cameră de zi.

situation [,sitju'eiʃn] s. situaţie; slujbă.

six [siks] s. şase; at ~ es and sevens talmeş-balmeş. num. şase; ~ on one and half a dozen of the others ce mi-e baba Rada, ce mi-e Rada baba.

sixfold ['siksfould] adv. înşesit.

sixpence ['sikspns] s. (monedă de) şase penny.

sixteen ['siks'ti:n] num. şaisprezece.

sixteenth ['siks'it:nθ] s. şaisprezecime. num. al şaisprezecelea.

sixth [siksθ] s. şesime. num. al şaselea.

249

sixtieth ['sikstiitθ] *num.* al şaizecilea.

sixty ['siksti] *s.* şaizeci; deceniul al şaptelea. *num.* şaizeci.

sizable ['saizəbl] *adj.* mărişor.

size [saiz] *s.* mărime; număr. *vt.* a aranja după mărime; *to ~ up* a cântări din ochi.

sizzle ['sizl] *s.* sfârâit. *vi.* a sfârâi.

skate [skeit] *s.* patină. *vi.* a patina.

skating-rink ['skeitiŋriŋk] *s.* patinoar.

skedaddle [ski'dædl] *vi.* a o şterge.

skein [skein] *s.* jurubiţă; scul (de lână).

skeleton ['skelitn] *s.* schelet; schiţă; secret; *~ key* şperaclu.

skeptic ['skeptik] *s.*, *adj.* sceptic.

sketch [sketʃ] *s.* sciţă. *vi.* a face schiţe.

sketchy ['sketʃi] *adj.* schiţat; incomplet.

skewer [skjuə] *s.* frigare. *vt.* a pune în frigare.

skid [skid] *s.* derapaj; piedica roţii. *vi.* a derapa.

skier [ski:ə, ʃi:ə] *s.* schior.

skilful ['skilfl] *adj.* abil.

skill [skil] *s.* îndemânare; pricepere.

skilled [skild] *adj.* priceput; calificat.

skilly ['skili] *s.* zeamă lungă.

skim [skim] *vt.* a smântâni; a trece uşor peste; a frunzări. *vi.* a trece ca gâsca prin apă.

skimp [skimp] *vt.*, *vi.* a da cu zgârcenie.

skimpy ['skimpi] *adj.* insuficient; scurt; calic; mic.

skin [skin] *s.* piele (netăbăcită); ten; burduf; coajă de măr etc. *vt.* a jupui. *vi.* a face caimac.

skinflint ['skinflint] *s.* avar.

skinny ['skini] *adj.* numai pielea şi oasele, costeliv.

skip [skip] *s.* săritură; ţopăială. *vt.* a sări (peste); a trece cu vederea; a omite; a lăsa la o parte. *vi.* a sări; a ţopăi; a fugi; a face o călătorie fulger.

skipper ['skipə] *s.* căpitan.

skippig-rope ['skipiŋroup] *s.* coardă (de sărit).

skirmish ['skə:miʃ] *s.* încăierare; ambuscadă. *vi.* a duce lupte de hărţuială.

skirt [skə:t] *s.* fustă; *fig.* femeie; *pl.* margine. *vt.* a înconjura.

skit [skit] *s.* satiră.

skittle ['skitl] *s.* popic.

skulk [skʌlk] *vi.* a se furişa.

skull [skʌl] *s.* craniu.

skunk [skʌŋk] *s.* sconcs; păcătos.

sky [skai] *s.* cer; bolta cerului; *pl.* atmosferă; climă; *~-high* până la cer.

skylark ['skailɑːk] *s.* ciocârlie.

skylight ['skailait] *s.* lucarnă.

sky-line ['skailain] *s.* linia orizontului; siluetă.

sky-scraper ['skai-skreipə] *s.* zgârie-nori.

skyward(s) ['skaiwəd(z)] *adj.*, *adv.* către cer.

slab [slæb] *s.* lespede.

slack [slæk] *adj.* încet; leneş; moale; lejer; liber; pasiv. *s.* parte liberă; *pl.* pantaloni largi. *vi.* a lenevi.

slacken ['slækn] *vt.* a încetini; a slăbi. *vi.* a o lăsa mai moale; a se destinde.

slacker ['slækə] *s.* chiulangiu; leneş; codaş.

slag [slæg] *s.* zgură.

slain [slein] *vt. part. trec. de la* **slay**.

slake [sleik] *vt.* a potoli; a stinge (varul).

slam [slæm] *s.* bufnitură; pocnitură; lovitură. *vt.* a trânti (uşa etc.); a bufni; a lovi. *vi.* a se trânti; a bufni.

slander ['slɑːndə] *s.* calomnie. *vt.* a calomnia.

slanderous ['slɑːndrəs] *adj.* calomnios.

slang [slæŋ] *s.* argou.

slangy ['slæŋi] *adj.* argotic.

slant [slɑːnt] *s.* pantă; amer. idee. *vt.*, *vi.* a se înclina.

slanting ['slɑːntiŋ] *adj.* oblic.

slap [slæp] *s.* palmă; lpvitură. *vt.* a pălmui; ~-*dash* neglijent; improvizat; ~-*up* straşnic; la modă.

slash [slæʃ] *s.* rană. *vt.* a tăia; a biciui.

slate [sleit] *s.* placă de ardezie); tăbliţă; *amer.* listă de candidaţi. *vt.* a coperi cu ţiglă; a ocărî; *amer.* a propune un candidat.

slattern ['slætən] *s.* femeie şleampătă.

slaughter ['slɔːtə] *s.* masacru; măcelărire; ~-*house* abator. *vt.* a tăia; a masacra.

slaughterer ['slɔːtərə] *s.* parlagiu.

slave [sleiv] *s.* rob; ~-*driver* paznic de sclavi. *vi.* a robi; a trudi.

slaver ['sleivə] *s.* proprietar *sau* negustor de sclavi; bale. *vi.* a-i curge balele.

slavery ['sleivəri] *s.* robie; sclavagism.

slavish ['sleiviʃ] *adj.* servil.

Slavonic [slə'vɔnik] *s.* (limbă) slavă. *adj.* slav.

slay [slei] *vt.* a ucide.

sled(ge) [sled(ʒ)] *s.* sanie. *vi.* a se da cu sania.

sledge (hammer) ['sledʒ(hæmə)] *s.* baros.

sleek [sliːk] *adj.* lucios; alunecos; mieros.

sleep [sliːp] *s.* somn. *vt.* a găzdui; a alunga (oboseala etc.) dormind. *vi.* a dormi.

sleeper ['sliːpə] *s.* traversă de cale ferată; vagon de dormit.

sleeping ['sliːpiŋ] *adj.* adormit; *Sleeping Beauty* Frumoasa din pădurea adormită; ~-*car* vagon de dormit; ~-*partner* comanditar; ~-*sickness* boala somnului.

sleepless ['sliːplis] *adj.* neodihnit; neobosit; fără somn; de nesomn.

sleeplessnes ['sliːplisnis] *s.* insomnie.

sleep walker ['sliːp,wɔːkə] *s.* somnambul(ă).

sleepy ['sliːpi] *adj.* somnoros; adormit.

sleet [sliːt] *s.* măzăriche; lapoviţă.

sleeve [sliːv] *s.* mânecă.

sleigh [slei] *s.* sanie (cu cai).

sleight [slait] *s.* îndemânare; prestidigitaţie.

slender ['slendə] *adj.* subţire(l); puţintel.

slept [slept] *vt.*, *vi. trec. şi part. trec. de la* **sleep.**

sleuth (hound) ['sluːθ('haund)] *s.* copoi.

slew [sluː] *vt. trec. de la* **slay.**

slice [slais] *s.* felie; bucată. *vt.* a tăia (felii).

slick [slik] *adj.* lucios; făţarnic; îndemânatic.

slid [slid] *vt.*, *vi. trec. şi part. trec. de la* **slide.**

slide [slaid] *s.* lunecuş; alunecare; tobogan; fotografie; dispozitiv; lamelă; *tehn* sertar; ~-*rule* riglă de calcul. *vi.* a aluneca; a se da pe gheaţă.

slight [slait] *s.* mojicie; desconsiderare. *adj.* uşurel; subţirel; fără importanţă; *not the ~est idea* nici cea mai mică idee; câtuşi de puţin. *vt.* a desconsidera; a ofensa.

slightly ['slaitli] *adv.* uşor; oarecum.

slightingly ['slaitiŋli] *adv.* dispreţuitor.

slim [slim] *adj.* subţirel; mic; viclean.

slime [slaim] *s.* clisă; noroi.

slimy ['slaimi] *adj.* murdar; perfid.

sling [sliŋ] *s.* laţ; bandaj; praştie. *vt.* a arunca; a împroşca.

slink [sliŋk] *vi.* a se furişa.

slip [slip] *s.* alunecare; scăpare; faţă de pernă; mlădiţă; fiţuică; bilet; fişă; *amer.* combinezon. *vt.* a îmbrăca în grabă; a strecura. *vi.* a aluneca; a scăpa; a cădea; a se strecura; a trece.

slip-knot ['slipnɔt] *s.* nod marinăresc.

slipper ['slipə] *s.* papuc de casă.

slippery ['slipəri] *adj.* alunecos; dubios.

slipshod ['slipʃɔd] *adj.* neglijent.

slit [slit] *s.* deschizătură; şliţ. *vt.* a despica.

slobber ['slɔbə] *s.* bale; dulcegărie. *vt.* a îmbăla. *vi.* a-i curge balele; a plânge.

sloe [slou] *s. bot.* porumbă; porumbar.

slogan ['slougən] *s.* lozincă.

sloop [slu:p] *s.* cuter.

slop [slɔp] *s.* poliţist. *pl.* mâncare lichidă; lături.

slope [sloup] *s.* pantă. *vi.* a fi în pantă.

sloppy ['slɔpi] *adj.* umed; apos; murdar; plângăreţ.

slot [slɔt] *s.* deschizătură; şanţ. *vt.* a face o deschizătură în.

sloth [slouθ] *s.* lene; trândăvie.

slothful ['slouθfl] *adj.* leneş; trândav.

slot-machine ['slɔtməˌʃi:n] *s.* automat.

slouch [slautʃ] *s.* şedere într-o rână; leneş; *~hat* pălărie cu borurile mari. *vi.* a se bălăbăni.

slough [slau] *s.* mlaştină.

Slovak ['slouvæk] *s.*, *adj.* slovac(ă).

Slovene ['slouvin] *s.* sloven.

slovenly ['slʌnli] *adj.* şleampăt; neglijent.

slow [slou] *adj.* lent; greoi; *to be ~* a rămâne în urmă; *~ traintren* personal; *~ fox* slow *vt.*, *vi.* a încetini. *adv.* încet.

sludge [slʌdʒ] *s.* moină; noroi.

slug [slʌg] *s.* limax; melc; glonţ.

sluggard ['slʌgəd] *s.* leneş.

sluggish ['slʌgiʃ] *adj.* trândav; greoi.

sluice [slu:s] *s.* scurgere; ecluză. *vt.* a spăla.

slum [slʌm] *s.* locuinţă sărăcăcioasă; mahala.

slumber ['slʌmbə] *s.* somn; toropeală. *vi.* a dormi.

slump [slʌmp] *s.* criză; declin. *vi.* a cădea; a se lăsa moale.

slung [slʌŋ] *vt.*, *vi. trec. şi part. trec. de la* **sling.**

slunk [slʌŋk] *vt.*, *vi. trec. şi part. trec. de la* slink.

slur [slə:] *s.* reproş; mormăială; pronunţare neclară. *vt.* a mormăi; a trece repede peste. *vi.* a mormăi.

slush [slʌʃ] *s.* noroi; moină; dulcegărie.

slut [slʌt] s. femeie şleampătă *sau* stricată.

sly [slai] *adj.* viclean.

smack [smæk] s. iz; lovitură; plescăit; ţocăit. *vt.* a pocni; a plescăi. *vi.* a avea iz; a mirosi (a ceva).

small [smɔ:l] s.: *the ~ of the back* şale; *the ~ of the hand* căuşul palmei. *adj.* (prea) mic; slab.

smallpox ['smɔ:lpɔks] s. *med.* variolă.

smart [sma:t] s. durere. *adj.* dureros; deştept; obraznic; elegant. *vi.* a simţi o durere; a ustura.

smash [smæʃ] s. ruină; accident; sport bombă. *vt.* a sfărâma.

smashing ['smæʃiŋ] dj. grozav; uluitor.

smattering ['smætriŋ] s. *fig.* spoială.

smear [smiə] s. pată. *vt., vi.* a (se) păta.

smell [smel] s. miros(ire). *vt., vi.* a mirosi; a adulmeca. *to ~ a rat* a simţi ceva dubios.

smelling-salts ['smeliŋ,sɔ:lts] s. *pl.* săruri (de amoniac).

smelt [smelt] *vt., vi. trec. şi part. trec. de la* **smell**.

smile [smail] s. zâmbet. *vi.* a zâmbi.

smirch [smə:tʃ] s. pată. *vt.* a păta.

smirk [smə:k] s. zâmbet afectat. *vi.* a zâmbi afectat.

smite [smait] *vt.* a izbi; a afecta; a vrăji.

smith [smiθ] s. fierar; potcovar.

smithereens ['smiðə'ri:nz] s. *pl.* bucăţele.

smitten ['smitn] *vt. trec. şi part. trec. de la* **smite**.

smock (frock) ['smɔk('frɔk)] s. salopetă; barboteză.

smog [smɔg] s. ceaţă deasă (amestecată cu fum).

smoke [smouk] s. fum(at); ţigară. *vt.* a (a)fuma; a înnegri; a alunga cu fum. *vi.* a afuma; a scoate fum.

smoke-dried ['smouk-draid] *adj.* (d. alimente) afumat.

smoker ['smoukə] s. fumător; compartiment pentru fumători.

smoking ['smoukiŋ] s.fumat; ~ *jacket* smoching; ~-*room* fumoar.

smoky ['smouki] *adj.* fumat; plin de fum; care scoate mult fum.

smooth [smu:ð] *adj.* neted; lucios; uşor; nesincer; fără zdruncinături; ~-*bore* neghintuit; ~-*faced* fără riduri; nesincer; ~-*spoken* mieros; ~-*tempered* calm. *vt.* a întinde; a netezi; a uşura. *vi.* a se linişti.

smote [smout] *vt. trec. de la* **smite**.

smother ['smʌðə] *vt.* a înăbuşi; a stinge; *vi.* a se sufoca.

smoulder ['smouldə] s. foc mocnit. *vi.* a mocni.

smudge [smʌdʒ] s. pată; murdărie. *vt., vi.* a (se) păta; a(se) mânji.

smug [smʌg] *adj.* mulţumit (de sine).

smuggle ['smʌgl] *vt.* a strecura (prin contrabandă).

smuggler ['smʌglə] s. contrabandist.

smut [smʌt] s. porcărie; pată; *bot.* tăciune; mălură. *vt.* a păta.

smutty ['smʌti] *adj.* murdar; obscen.

snack [snæk] s. gustare; ~*bar aprox.* bufet-expres.

snag [snæg] s. colţ de stâncă; ciot.

snail [sneil] s. melc.

snake [sneik] s. şarpe.

snap [snæp] s. muşcătură; trosnet; instantaneu. vi. a da să muşte; a pocni; a trosni.

snap dragon ['snæp,drægn] s. bot. gura-leului.

snappish ['snæpiʃ] adj. muşcător.

snappy ['snappy] adj. muşcător; iute.

snapshot ['snæpʃɔt] s. instantaneu.

snare [snɛə] s. capcană. vt. a ispiti.

snarl [snɑːl] s. mârâit. vi. a mârâi; a-şi arăta colţii.

snatch [snætʃ] s. apucare; smulgere; fragment; crâmpei; asalt. vt. a apuca; a smulge. vi.: to ~ at a da să apuci.

sneak [sniːk] s. laş; om de nimic; pârâtor. vt. a şterpeli. vi. a se furişa; a pârî.

sneaking ['sniːkiŋ] adj. secret; furiş.

sneer [sniə] s. zâmbet dispreţuitor; ironie. vi. a rânji; a vorbi ironic.

sneeze [sniːz] s. strănut. vi. a strănuta.

snicker ['snikə] s. chicot. vi. a chicoti.

sniff [snif] s. pufăit; adulmecare. vt. a pufni; a adulmeca; a mirosi; a trage pe nas; a batjocori.

snigger ['snigə] s. chicotit. vi. a chicoti.

snipe [snaip] s. becată. vt. a împuşca pe la spate. vi. a trage pe furiş.

sniper ['snaipə] s. franctiror.

snivel ['snivl] s. miorlăială; scâncet. vi. a scânci; a se miorlăi.

snob [snɔb] s. snob.

snobbish ['snɔbiʃ] adj. snob.

snobbery ['snɔbəri] s. snobism.

snoop [snuːp] vi. a spiona.

snooze [snuːz] s. aţipeală. vi. a aţipi.

snore [snɔː] s. sforăit. vi. a sforăi.

snort [snɔːt] s. fornăială. vi. a fornăi; a vorbi dispreţuitor.

snot [snɔt] s. muci.

snotty ['snɔti] adj. mucos; ţâfnos.

snout [snaut] s. rât; bot; nas.

snow [snou] s. zăpadă; ninsoare; cocaină; ~-ball bulgăre de zăpadă; ~-bound înzăpezit; ~-drift troian; ~-drop ghiocel; ~-flake fulg; ~-storm viscol. vi. a ninge; a veni în valuri.

snowy ['snoui] adj. înzăpezit; nins; imaculat.

snub [snʌb] s. ripostă; punere la punct. adj. cârn. vt. a jigni.

snuff [snʌf] s. tabac (de prizat); muc de lumânare. vt. a mucări; a stinge; a priza (tabac). vi. a priza tabac; a muri.

snuffers ['snʌfəz] s. pl. mucarniţă.

snuffle ['snʌfl] s. fârnâit. vi. a (se) fârnâi.

snug [snʌg] adj. confortabil; călduros.

snuggle ['snʌgl] vt. a strânge în braţe. vi. a se cuibări.

snugness ['snʌgnis] s. (sentiment de) confort.

so [sou] adv. astfel; aşa (de); Mr. ~ and ~ domnul cutare; ~ far deocamdată; ~ long la revedere; ~ long as atâta vreme cât; not ~ much as nici măcar; ~ many atâtea; atâţia, ~ much ~ ... that în aşa măsură încât; and ~ on and ~ forth şi aşa mai departe. conj. aşadar; de aceea; vasăzică; ~ that's that şi cu asta basta; ~ that ca să; ~ as to pentru a.

soak [souk] *s.* (în)muiere; udare. *vt.* a (în)muia; a uda; a pocni. *vi.* a se uda; a trage la măsea; *to ~ through* a pătrunde.

soaker ['soukə] *s.* aversă; udeală; bețivan.

soap [soup] *s.* săpun; ~-*suds* clăbuc(i) de săpun; ~ *opera* program prost la radio etc. *vt.* a săpuni; a flata.

soapy ['soupi] *adj.* plin de săpun; unsuros; mieros.

soar [sɔ:] *vi.* a se înălța (spre cer); a crește.

sob [sɔb] *s.* suspin; oftat. *vt.* a spune printre suspine. *vi.* a suspina. a ofta; a plânge.

sober ['soubə] *adj.* treaz; sobru; calm; prudent; ~-*minded* înțelept. *vt.*, *vi.* a (se) liniști; a se trezi.

so-called ['sou'kɔ:ld] *adj.* așa-zis; pretins.

soccer ['sɔkə] *s.* fotbal.

sociable ['souʃəbl] *adj.* sociabil; prietenos.

social ['souʃl] *s.* reuniune; șezătoare. *adj.* social; prietenos.

socialize ['souʃəlaiz] *vt.* a socializa; a naționaliza.

socially ['souʃeli] *adv.* în societate; social.

society [sə'saiəti] *s.* societate (aleasă); tovărășie.

sock [sɔk] *s.* șosetă; ciorap bărbătesc; lovitură. *vt.* a pocni.

socket ['sɔkit] *s.* dulie; găvan; gaură; orbită.

sod [sɔd] *s.* gazon; iarbă.

soda ['soudə] *s.* sodă; sodiu; sifon; ~-*fountain* chioșc de răcoritoare; ~-*water* sifon.

sodden ['sɔdn] *adj.* ud (până la piele); beat turtă; moale.

sofa ['soufə] *s.* canapea; divan.

soft [sɔft] *adj.* moale; neted; dulce; blând; prostuț; slab; ușor; ~-*soap* săpun lichid; lingușire; ~-*headed* prostuț; ramolit; ~-*hearted* bun; sentimental; ~-*spoken* (cu glas) blând.

softener ['sɔ(:)fnə] *s.* (medicament) calmant.

soggy ['sɔgi] *adj.* ud leoarcă.

soil [sɔil] *s.* sol; pământ. *vt.*, *vi.* a (se) murdări *sau* mânji.

soirée ['swɑ:rei] *s.* serată.

sojourn ['sɔdʒə:n] *s.* ședere; vizită. *vi.* a sta; a rămâne.

solace ['sɔlis] *s.* consolare. *vt.* a consola.

sold [sould] *vt.*, *vi. trec. și part. trec. de la* **sell.**

solder ['sɔldə] *s.* cositor de lipit. *vt.* a lipi (metale).

soldier ['souldʒə] *s.* soldat; militar; *an old ~* o vulpe bătrână. *vi.* a servi în armată.

soldiery ['souldʒəri] *s.* trupă.

sole [soul] *s.* talpă; *iht.* limbă-de-mare. *adj.* singur; unic. *vt.* a tălpui.

solely ['soulli] *adv.* numai.

solemnize ['sɔləmnaiz] *vt.* a sfinți; a celebra.

solicitor [sə'lisitə] *s.* jurisconsult.

solicitous [sə'lisitəs] *adj.* atent; grijuliu.

solidarity [sɔli'dæriti] *s.* solidaritate.

soliloquize [sə'liləkwaiz] *vi.* a vorbi singur.

soliloquy [sə'liləkwi] *s.* monolog.

solitary ['sɔlitri] *adj.* singur(atic); izolat; ~ *confinement* regim de carceră.

solitude ['sɔlitju:d] *s.* singurătate.

255

soloist ['soulo(u)ist] *s.* solist.
solstice ['solstis] *s.* solstiţiu.
soluble ['soljubl] *adj.* solubil; rezolvabil.
solution [sə'lu:ʃn] *s.* soluţie; rezolvare; dizolvare.
solve [solv] *vt.* a rezolva.
solvent ['solvnt] *s.* solvant. *adj.* solvabil; solvent.
somber, sombre ['sombə] *adj.* sumbru; întunecos; trist.
some [sʌm] *adj.* nişte; oarecare; puţin(ă); ~ *day* într-o bună zi. *pron.* câţiva; unii. *adv.* vreo; circa.
somebody ['sʌmbədi] *pron.* cineva.
somehow ['sʌmhau] *adv.* cumva.
someone ['sʌmwʌn] *pron.* cineva.
somersault ['sʌməsɔ:lt] *s.* tumbă. *vi.* a se da tumba.
something ['sʌmθiŋ] *pron.* ceva. *adv.* oarecum.
sometime ['sʌmtaim] *adj.* fost. *adv.* cândva.
sometimes ['sʌmtaimz] *adv.* uneori.
somewhat ['sʌmwɔt] *pron.* ceva. *adv.* oarecum.
somewhere ['sʌmwɛə] *adv.* undeva.
son ['sʌn] *s.* fiu, băiat.
song [soŋ] *s.* cântec; poezie; cânt(are); ~-*bird* pasăre cântătoare; ~-*book* carte de cântece.
songster ['soŋstə] *s.* cântăreţ; poet; pasăre cântătoare.
sonny ['sʌni] *s.* băiete.
sonorous [sə'nɔːrəs] *adj.* sonor; răsunător; strălucitor.
soon [su:n] *adv.* curând; devreme; *as* ~ *as* de îndată ce; *no* ~*er...* *than* nici... că; *I'd* ~*er* prefer.

soot [su:t] *s.* funingine. *vt.* a murdări.
soothe [su:ð] a linişti; a împăca; a alina.
soothingly ['su:ðiŋli] *adv.* blând; dulce.
sooty ['su:ti] *adj.* negru; murdar.
sop [sop] *s.* pâine muiată. *vt.* a muia; a şterge (apa).
sophisticated [sə'fistikeitid] *adj.* complicat; rafinat.
sophistry ['sofistri] *s.* sofism.
sophomore ['sofəmɔ:] *s.* student în anul al II-lea.
soppy ['sopi] *adj.* ud leoarcă; siropos.
sorcerer ['sɔːsrə] *s.* vrăjitor.
sorcery ['sɔːsri] *s.* vrăji(torie).
sore [sɔ:] *s.* bubă; punct dureros. *adj.* dureros; trist; supărat; cumplit; *to be* ~ a durea.
sorely ['sɔːli] *adv.* groaznic; foarte.
sorrel ['sorl] *s.* măcriş; roib. *adj.* roib; roşiatic.
sorrow ['sorou] *s.* supărare; necaz. *vi.* a se necăji.
sorrowful ['sorəfl] *adj.* trist; nefericit.
sorry ['sori] *adj.* supărat; trist; *I am* ~ scuzaţi; îmi pare rău.
sort [sɔ:t] *s.* fel; gen; ~ *of* oarecum; *out of* ~*s* indispus. *vt.* a sorta; a alege. *vi.* a se potrivi.
SOS ['es'ou'es] *s.* apel disperat.
so-so ['sousou] *adj.* aşa şi aşa.
sot [sot] *s.* beţivan.
sough [sau] *s.* foşnet; şoaptă. *vi.* a foşni.
sought [sɔ:t] *vt., vi. trec. şi part. trec. de la* **seek**.
soul [soul] *s.* suflet.
soulless ['soulis] *adj.* egoist; hain.
sound [saund] *s.* sunet; *med.* sondă. *adj.* sănătos; solid; înţelept.

vt. a face să răsune; a verifica; a sonda. *vi.* a (ră)suna; a sonda. *adv.* profund; *he is ~ asleep* doarme dus.

sound-film ['saundfilm] *s.* film sonor.

sounding ['saundiŋ] *s.* sondare; măsurătoare.

soundly ['saundli] *adv.* sănătos; profund.

soundnes ['saundnis] *s.* sănătate; soliditate.

sound-proof ['saund,pru:f] *adj.* izolat fonic.

soup [su:p] *s.* supă; *in the ~* la ananghie.

sour [sauə] *adj.* acru. *vt., vi.* a (se) acri.

source [sɔːs] *s.* izvor.

sourness ['sauənis] *s.* acritură; țâfnă.

souse [saus] *vt.* a uda; a îmbăta.

south [sauθ] *s.* sud. *adj.* sudic. *adv.* spre sud.

southerly ['sʌðəli] *adj.* sudic; din sud. *adv.* spre sud.

southern ['sʌðən] *adj.* sudic.

southerner ['sʌðənə] *s.* locuitor din sud(-ul S.U.A.).

southernmost ['sʌðənmoust] *adj.* cel mai sudic; din extremitatea sudică.

southward ['sauθwəd] *adj.* sudic. *adv.* spre sud.

southwester [sau(θ)'westə] *s.* vânt din sud-vest; *mar.* pălărie impermeabilă.

sovereign ['sɔvrin] *s.* suveran; *fin.* liră de aur. *adj.* suveran; suprem.

sovereignty ['sɔvrnti] *s.* suveranitate; autoritate.

sow¹ [sou] *vt.* a însămânța; a planta: *fig.* a răspândi. *vi.* a semăna.

sow² [sau] *s.* scroafă.

sown [soun] *vt., vi. part. trec. de la* **sow.**

soy(a) ['sɔi(ə)] *s.* soia.

spa [spɑː] *s.* izvor mineral; stațiune balneoclimaterică.

space [speis] *s.* perioadă; *~ man* cosmonaut; *~ ship* navă cosmică. *vt.* a spația.

spacious ['speiʃəs] *adj.* spațios; întins.

spade [speid] *s.* cazma; pică (la cărți). *vt.* a săpa.

span¹ [spæn] *s.* (distanța de o) palmă, șchioapă; anvergură; deschidere; *the ~ of life* durata medie a vieții. *vt.* a traversa.

span² [spæn] *vt., vi. trec. de la* **spin.**

spangle ['spæŋgl] *s.* podoabă; *pl.* paiete. *vt.* a înstela.

Spaniard ['spænjəd] *s.* spaniol(ă).

spaniel ['spænjəl] *s.* prepelicar.

Spanish ['spæniʃ] *s.* (limba) spaniolă; *the ~* spaniolii. *adj.* spaniol.

spank [spæŋk] *s.* scatoalcă. *vt.* a bate.

spanking ['spæŋkiŋ] *s.* chelfăneală.

spar [spɑː] *s.* ceartă; box; *fig.* duel. *vi.* a boxa.

spare [spɛə] *s.* piesă *sau* roată de rezervă. *adj.* suplimentar; liber; de rezervă; subțirel. *vt.* a cruța; a economisi; a avea disponibil.

sparing ['spɛəriŋ] *adj.* econom; cumpătat.

spark [spɑːk] *s.* scânteie; urmă. *vi.* a scânteia.

spark(ing)-plug ['spɑːk(iŋ)plʌg] *s.* bujie.

sparkle ['spɑːkl] *s.* licărire; scânteiere. *vi.* a scânteia; a licări; a străluci; a face spumă.

sparrow ['spærou] *s.* vrabie; *~-hawk* erete.

sparse [spɛəs] *adj.* rar; răspândit; subţire.

spat ['spæt] *s.* lovitură; *pl.* ghetre. *vt., vi. trec. şi part. trec. de la* **spit.**

spatial ['speiʃl] *adj.* spaţial; cosmic.

spatter ['spætə] *s.* plescăit; ploaie scurtă; grindină (de gloanţe). *vt.* a stropi. *vi.* a cădea ca o ploaie.

spawn [spɔːn] *s.* icre; spori; *iron.* odrasle. *vi.* a-şi depune icrele.

speak [spiːk] *vt.* a spune; a enunţa. *vi.* a vorbi; a ţine cuvântări; a fi expresiv; a suna; *to ~ out* sau *up* a vorbi răspicat; a-şi spune cuvântul; *~-easy* cârciumă.

speaker ['speakin-tube] *s.* vorbitor; preşedinte (al Camerei Comunelor etc.).

speaking-tube ['spiːkiŋtjuːb] *s.* portavoce.

spear [spiə] *s.* suliţă.

spear-head ['spiəhed] *s.* vârf de suliţă; *fig.* ascuţiş; lovitură principală. *vt.* a îndrepta (un atac).

spearmint ['spiəmint] *s. bot. (un fel de)* izmă.

specially ['speʃəli] *adv.* anume.

specialty ['speʃlti] *s.* specialitate.

specie ['spiːʃiː] *s.* monezi.

species ['spiːʃiːz] *s.* specie; specii.

specifically [spi'sifikəli] *adv.* specific; precis; şi anume.

specify ['spesifai] *vt.* a specifica.

specimen ['spesimin] *s.* specimen; mostră; exemplu.

specious ['spiːʃəs] *adj.* aparent veridic.

speck [spek] *s.* fir (de praf); fărâmiţă; pată. *vt.* a păta.

specs [speks] *s. pl.* ochelari.

spectacle ['spektəkl] *s.* spectacol; privelişte; *pl.* ochelari.

spectacular [spek'tækjular] *adj.* spectaculos.

specter, spectre ['spektə] *s.* strigoi.

spectrum ['spektrəm] *s. fiz.* spectru.

speculate ['spekjulei] *vi.* a face speculaţii; a medita.

speculation ['spekju'leiʃn] *s.* speculaţie; meditaţie; presupunere.

speculative ['spekjulətiv] *adj.* speculativ; meditativ; bazat pe pesupuneri.

sped [sped] *vt., vi. trec. şi part. trec. de la* **speed.**

speech [spiːtʃ] *s.* cuvântare; vorbire; limbaj; limbă.

speechless ['spiːtʃlis] *adj.* mut; uluit.

speed [spiːd] *s.* viteză; rapiditate; *~ limit* limitare de viteză; *~ up* accelerarea ritmului de muncă; *~ boat* vedetă rapidă. *vt.* a grăbi. *(to wish smb.) good ~* (a ura cuiva) succes. *vi.* a (se) grăbi; a merge în viteză.

speedometer [spiː'dɔmitə] *s.* vitezometru.

speedway ['spiːdwei] *s.* pistă; autostradă.

speedy ['spiːdi] *adj.* grabnic; rapid.

spell [spel] *s.* farmec; vrajă; perioadă. *vt.* a vrăji; a citi literă cu literă; a însemna. *vi.* a silabisi.

spelling ['speliŋ] *s.* ortografie; citire literă cu literă.

spelt [spelt] *vt., vi. trec. şi part. trec. de la* **spell.**

spend [spend] *vt.* a cheltui; a consuma, a petrece (timpul). *vi.* a cheltui.

spender ['spendə] *s.* risipitor.
spendthrift ['spendθrift] *s., adj.*
  risipitor.
spent [spent] *adj.* istovit; uzat. *vt.,*
  vi. trec. şi part. trec. de la **spend.**
sperm [spə:m] *s.* spermă; ~ whale
  caşalot.
sphere [sfiə] *s.* sferă; glob; dome-
  niu.
spice [spais] *s.* condiment; miro-
  denie. *vt.* a condimenta.
spick and span ['spikən'spæn] *adj.*
  curat; ca scos din cutie.
spicy ['spaisi] *adj.* picant.
spider ['spaidə] *s.* păianjen.
spigot ['spaigət] *s.* cep.
spike [spaik] *s.* ţintă; cui; ţepuşă;
  spic. *vt.* a înţepa; ~d boots ghete
  cu ţinte.
spiky ['spaiki] *adj.* ţepos.
spill [spil] *vt.* a vărsa; a răsturna. *vi.*
  a da pe dinafară.
spilt [spilt] *vt., vi. trec. şi part. trec.*
  de la **spill.**
spin [spin] *s.* răsucire. *vt.* a răsuci;
  a toarce; a învârti; *to* ~ *a coin* a
  da cu banul. *vi.* a se învârti; a
  toarce.
spinach ['spinidʒ] *s.* spanac.
spinal ['spainl] *adj.* dorsal; *the* ~
  cord şira spinării.
spindle ['spindl] *s.* axă; osie.
spine [spain] *s.* spinare; arc; ţeapă.
spineless ['spainlis] *adj.* fără şira
  spinării.
spinet [spi'net] *s.* clavecin.
spinner ['spinə] *s.* filator; torcă-
  toare.
spinning-mill ['spiniŋ-mil] *s.* fila-
  tură.
spinning-wheel ['spiniŋ-wi:l] *s.*
  vârtelniţă.
spinster ['spinstə] *s.* fată bătrână;
  torcătoare.

spire ['spaiə] *s.* turlă.
spirit ['spirit] *s.* spirit; suflet; fan-
  tomă; însufleţire; *pl.* băuturi spir-
  toase; spirt; *in high* ~*s* bine
  dispus; entuziast.
spirited ['spiritid] *adj.* vioi; cura-
  jos.
spiritless ['spirtlis] *adj.* fără vlagă;
  neinteresant.
spiritual ['spiritjuəl] *adj.* spiritual;
  sufletesc; religios.
spirituous ['spiritjuəs] *adj.* spirtos.
spit [spit] *s.* scuipat; scuipare;
  frigare. *vt.* a scuipa; a rosti; a
  ţipa; a pune în frigare. *vi.* a
  scuipa.
spite [spait] *s.* pică; duşmănie;
  răutate; *in* ~ *of* în ciuda. *vt.* a
  supăra; a necăji; a face în ciuda
  (cuiva).
spiteful ['spaitfl] *adj.* ranchiunos;
  duşmănos.
spittle ['spitl] *s.* scuipat.
spitton [spi'tu:n] *s.* scuipătoare.
spiv [spiv] *s.* escroc; traficant;
  slang parazit.
splash [splæʃ] *s.* plescăială; îm-
  proşcare. *vt., vi.* a împroşca.
spleen [spli:n] *s.* splină; proastă
  dispoziţie; plictis.
splendo(u)r ['splendə] *s.* splen-
  doare, glorie.
splice [splais] *s.* îmbinare; nod. *vt.*
  a îmbina; a înnoda; a lipi; a
  căsători.
splint [splint] *s.* atelă.
splinter ['splintə] *s.* aşchie; schijă.
  vt. a despica; a tăia.
split [split] *s.* ruptură; sciziune; bă-
  utură răcoritoare. *vt.* a despica;
  a dezbina. *vi.* a se scinda; *to* ~
  on a denunţa.
splutter ['splʌtər] *s.* bolboroseală;
  plescăială. *vt., vi.* a bolborosi.

spoil [spɔil] *s.* pradă; *pl.* profit. *vt.* a strica; a răsfăţa. *vi.* a se strica.

spoilt [spɔilt] *vt.*, *vi. trec. şi part. trec. de la* **spoil.**

spoke [spouk] *s.* spiţă. *vt.*, *vi. trec. şi part. trec. de la* **speak.**

spoken ['spoukn] *vt.*, *vi. part. trec. de la* **speak.**

spokesman ['spouksmən] *s.* purtător de cuvânt; reprezentant.

sponge [spʌndʒ] *s.* burete; *fig.* parazit. *vi.: to* ~ *on smb.* a trăi pe socoteala cuiva.

sponsor ['spɔnsə] *s.* epitrop; patron; naş; iniţiator. *vt.* a sprijini; a finanţa.

spook [spu:k] *s.* fantomă.

spool [spu:l] *s.* mosor; rolfilm.

spoon [spu:n] *s.* lingură.

spoonful ['spu:nfl] *s.* (cât încape într-o) lingură.

spore [spɔ:] *s. bot.* spor.

sport ['spɔ:t] *s.* distracţie; vânătoare; călărie; *pl.* sport(uri); glumă; jucărie; persoană veselă, serviabilă, care nu se supără. *vi.* a se distra; a glumi.

sporting ['spɔ:tiŋ] *adj.* sportiv; serviabil; generos.

sportive ['spɔ:tiv] *adv.* jucăuş; vesel.

sportsman ['spɔ:tsmən] *s.* sportiv; vânător; ţintaş; caracter bun; om de treabă; serviabil.

sportsmanlike ['spɔ:tsmənlaik] *adj.* generos; elegant; amabil.

sportsmanship ['spɔ:tsmənʃip] *s.* îndemânare sportivă; caracter elegant; spirit sportiv.

spot [spɔt] *s.* loc; urmă; pată; pic(ătură); *on the* ~ imediat; pe teren; la faţa locului; *tender* ~ *fig.* punct dureros. *vt.* a păta; a strica; a identifica.

spotless ['spɔtlis] *adj.* nepătat.

spotlight ['spɔtlait] *s.* reflector; atenţie.

spotted ['spɔtid] *adj.* bălţat; cu picăţele.

spouse [spauz] *s.* soţie.

spout [spaut] *s.* (gaură de) ţeavă; burlan; *up the* ~ amanetat. *vt.* a scuipa; a arunca. *vi.* a ţâşni.

sprain [sprein] *s.* luxaţie; *vt.* a luxa.

sprang [spræŋ] *vt.*, *vi. trec. de la* **spring.**

sprat [spræt] *s.* sardea.

sprawl [sprɔ:l] *s.* tolănire. *vt.* a întinde; a împrăştia. *vi.* a se tolăni; a se întinde.

spray [sprei] *s.* crenguţă; picături; stropeală; duş. *vt.* a stropi; a pulveriza.

sprayer ['spreiə] *s.* pulverizator; pompă de flit.

spread [spred] *s.* întindere; răspândire; expansiune; ospăţ; cuvertură. *vt.*, *vi.* a (se) întinde; a (se) răspândi.

spree [spri:] *s.* veselie; chef.

sprightly ['spraitli] *adj.* vesel; vioi.

spring [spriŋ] *s.* primăvară; săritură; izvor; resort; ~*-board* trambulină; ~ *bed* sau *mattress* somieră. *vt.* a deschide; a arunca (în aer). *vi.* a sări; a ţâşni; a apărea; a se naşte; a se trage.

springtime ['spriŋtaim] *s.* primăvară.

sprinkle ['spriŋkl] *s.* presărare. *vt.* a stropi; a presăra.

sprint [sprint] *s.* cursă e viteză. *vi.* a alerga repede.

sprite [sprait] *s.* spiriduş; zână.

sprocket ['sprɔkit] *s.* roată dinţată; dinte de roată.

sprout [spraut] *s.* mugure; mlădiţă; *pl.* varză de Bruxelles. *vt.* a produce; a da naştere la. *vi.* a ţâşni.

spruce [spru:s] *s.* molid. *adj.* curat; dichisit. *vt.*, *vi.* a (se) dichisi.

sprung [sprʌn] *vt.*, *vi. part. trec. de la* **spring.**

spun [spʌn] *vt.*, *vi. part. trec. de la* **spin.**

spur [spə:] *s.* pinten; îndemn; imbold. *vt.* a îndemna; a da pinteni la; *fig.* a împinge.

spurious ['spjuəriəs] *adj.* fals; contrafăcut.

spurn [spə:n] *vt.* a refuza cu dispreţ; a lua de sus.

spurt [spə:t] *s.* jet, ţâşnitură; izbucnire; efort. *vt.* a arunca. *vi.* a ţâşni; a face un efort; a se încorda.

sputter ['spʌtə] *s.* izbucnire; bolboroseală; sfârâială. *vt.*, *vi.* a bolborosi.

spy [spai] *s.* spion; iscoadă; ~-*glass* ochean. *vt.* a spiona; a iscodi. *vi.* a face spionaj; a pândi.

squabble ['skwɔ:bl] *s.* sfadă. *vi.* a se ciondăni.

squad [skwɔd] *s.* detaşament; escadron.

squadron ['skwɔdrn] *s.* escadron; escadr(il)ă.

squalid ['skwɔlid] *adj.* sordid; jalnic.

squall [skwɔ:l] *s.* ţipăt; rafală (de vânt0. *vt.*, *vi.* a ţipa.

squalor ['skwɔlə] *s.* murdărie; mizerie (cumplită).

squander ['skwɔndə] *vt.* a risipi; a irosi.

squanderer ['skwɔndərə] *s.* mână spartă.

square [[skweə] *s.* pătrat; piaţă; echer; teu. *adj.* pătrat; *(în unghi)* drept; corect; total; răspicat. *vt.* a

ridica la pătrat; a îndrepta; a echilibra; a achita.

squash [skɔʃ] *s.* terci; aglomeraţie; dovleac. *vt.* a zdrobi; a terciui; a înăbuşi.

squat [skwɔt] *adj.* îndesat; turtit. *vi.* a sta pe vine; a ocupa un teren.

squatter ['skwɔtə] *s.* primul ocupant al unui teren; fermier.

squaw [skwɔ:] *s.* soţie de piele roşie.

squeak [skwi:k] *s.* chiţăit; guiţat; primejdie. *vi.* a chiţăi; a guiţa; a trăda un secret.

squeaker ['skwi:kə] *s.* denunţător.

squeal [skwi:l] *s.* ţipăt; chelălăit. *vi.* a chelălăi; a-şi denunţa complicii; a se plânge.

squeamish ['skwi:miʃ] *adj.* fandosit; mofturos; pretenţios.

squeeze [skwi:z] *s.* strânsoare; înghesuială; mită. *vt.* a strânge; a stoarce; a înghesui; a-şi croi (drum). *vi.* a se strecura.

squib [skwib] *s.* petardă. *vi.* a exploda. *vt.* a face să explodeze.

squint [skwint] *s.* strabism; ocheadă; ~-*eyed* saşiu. *vi.* a se uita strâmb.

squire ['skwaiə] *s.* boiernaş; (tânăr) cavaler.

squirrel [skwirl] *s.* veveriţă.

squirt [skwə:t] *s.* ţâşnitură. *vt.* a arunca. *vi.* a ţâşni.

stab [stæb] *s.* înjunghiere; junghi; mişelie. *vt.* a înjunghia; a străpunge; a răni. *vi.* a simţi junghiuri.

stable ['steibl] *s.* grajd; ~-*boy* grăjdar. *adj.* stabil; ferm. *vt.* a băga *sau* a ţine în grajd.

stack [stæk] *s.* teanc; stivă; căpiţă; coş (de vapor).

stadium ['steidjəm] *s.* stadion.

staff [stɑːf] *s.* prăjină; băţ; cârjă; redacţie; personal; stat-major; linie de portativ; *on the* ~ pe schemă. *vt.* a înzestra cu personal.

stag [stæg] *s.* cerb; *amer.* bărbat. *adj.* pentru bărbaţi.

stage [steidʒ] *s.* scenă; estradă; teatru; etapă; stadiu; diligenţă; ~*-fright* trac; ~*-manager* regizor; ~*-directions* indicaţii de regie. *vt.* a pune în scenă; a înscena; a juca (o piesă).

stagger ['stægə] *s.* mers nesigur; bălăbăneală. *vt.* a speria. *vi.* a se bălăbăni.

staging ['steidʒiŋ] *s.* montare; înscenare.

staid [steid] *adj.* liniştit; aşezat.

stain [stein] *s.* pată; colorare; culoare; colorant. *vt.* a păta. a colora. *vi.* a se colora.

stainless ['steinlis] *adj.* imaculat; inoxidabil.

stair [steə] *s.* treaptă (a unei scări). *pl.* scară (a unei clădiri); *a fight of* ~ un şir de trepte.

staircase ['steəkeis] *s.* scară (a unei clădiri); casa scării.

stake [steik] *s.* par; stâlp; rugă; miză; interes; *at* ~ în joc. *vt.* a miza; a marca; *to* ~ *out* sau *off one's claims* a-şi revendica drepturile.

stale [steil] *adj.* stătut; vechi; răsuflat.

stalemate ['steilmeit] *s.* pat (la şah); impas.

stalk [stɔːk] *s.* tulpină; pai. *vt.* a urmări; a cutreiera; a străbate. *vi.* a umbla semeţ.

stall [stɔːl] *s.* grajd; tarabă; stand; chioşc; stal; strană. *vt.* a opri. *vi.* a se opri; a se împotmoli; a tergiversa.

stallion ['stæljən] *s.* armăsar (de prăsilă).

stalwart ['stɔːlwət] *s.*, *adj.* viteaz; voinic.

stamen ['steimən] *s.* stamină.

stamina ['stæminə] *s.* vigoare; rezistenţă.

stammer ['stæmə] *s.* bâlbâială. *vt.*, *vi.* a (se) bâlbâi.

stamp [stæmp] *s.* pecete; semn; marcă; matriţă; tipar; şteamp; tip; bătaie (din picior); ~*-collector* filatelist. *vt.* a ştampila; a însemna; a marca; a franca; a lovi cu piciorul; a zdrobi (minereul); a ştanţa; *to* ~ *down* a turti; a zdrobi; *to* ~ *out* a distruge. *vi.* a bate dion picior.

stampede [stæm'piːd] *s.* panică; învălmăşeal. *vt.*, *vi.* a (se) speria.

stanchion ['stɑːnʃn] *s.* stâlp de susţinere.

stand [stænd] *s.* suport; pupitru; stand; chioşc; staţie; tribună; poziţie; loc. *vt.* a suporta; a aşeza; a plăti; *vi.* a sta în picioare; a se ridica; a rămâne; a se afla (într-o situaţie); a fi valabil; *to* ~ *alone* a nu avea pereche; *to* ~ *by* a sta în preajmă; a ajuta; a(-şi) menţine; *to* ~ *for* a reprezenta; a însemna; a înlocui; a susţine; a candida pentru; *to* ~ *off* a se ţine deoparte; *to* ~ *out* a fi proeminent; a se distinge; a rezista; *to* ~ *up for* a apăra; a sprijini; *to* ~ *up to* a încrunta.

standard ['stændəd] *s.* drapel; stindard; emblemă, principiu; etalon; standard; nivel; ~ *time* ora oficială; ~ *bearer* stegar.

stand-by ['stændbai] *s.* sprijin. *adj.* de rezervă, auxiliar.

standing ['stændiŋ] s. durată; poziţie; rang. *adj.* din picioare; de pe loc; permanent; drept.

stand-offish ['stænd'ɔ:fiʃ] *adj.* înţepat; semeţ.

standpoint [stæn(d)pɔint] s. punct de vedere; atitudine; poziţie.

standstill ['stæn(d)stil] s. oprire; impas.

stank [stæŋk] *vt., vi.* trec. *de la* **stink.**

stanza ['stænzə] s. strofă.

staple ['steipl] s. belciug; capsă (pentru hârtie); marfă de larg consum; esenţă; materie primă; ~ fibre celofibră. *adj.* principal; cel mai răspândit.

star [stɑ:] s. stea; corp; ceresc; asterisc; *the ~s and stripes, the spangled banner* drapelul american. *vt.* a însemna cu asteriscuri; a prezenta ca vedetă; *vi.* a juca rolul principal.

starboard ['stɑ:bəd] s. tribord.

starch [stɑ:tʃ] s. scrobeală; amidon; îngâmfare. *vt.* a scrobi.

stare [steə] s. privire fixă; privire în gol. *vt.* a privi fix. *vi.* a privi lung; a privi în gol.

starfish ['stɑ:fiʃ] s. stea de mare.

stark [stɑ:k] *adj.* ţeapăn; curat; complet. *adv.* complet.

starlight ['stɑ:lait] s. lumina stelelor.

starling ['stɑ:liŋ] s. graur.

starlit ['stɑ:lit] *adj.* înstelat.

starry ['stɑ:ri] *adj.* înstelat; luminos; strălucitor.

start [stɑ:t] s. început; începere; start; avantaj; tresărire; smucitură. *vt.* a începe; a porni; a iniţia; a lansa; a da drumul la; a stârni. *vi.* a (se) porni, a începe; a se stârni; a tresări; a ieşi.

starting-point ['stɑ:tiŋpɔint] s. început; start.

startle ['stɑ:tl] *vt.* a surprinde; a speria.

starvation [stɑ:'veiʃn] s. foame(te); inaniţie.

starve [stɑ:v] *vt.* a înfometa. *vi.* a muri de foame.

starveling ['stɑ:vliŋ] s. flămând; muritor de foame.

state [steit] s. stare; situaţie; rang; pompă; ceremonie; demnitate; stat; guvern. *adj.* de stat; oficial; statal; *the State Department* Ministerul de Externe al S.U.A. *vt.* a declara; a exprima; a stabili.

stately ['steitli] *adj.* maiestuos.

statement ['steitmənt] s. declaraţie.

statesman ['steitsmən] s. politician; om de stat.

statics ['stætiks] s. *pl.* statică; radio paraziţi; *foto* bliţ.

station ['steiʃ] s. loc; staţie; gară; local; bază militară; rang. *vt. mil.* a staţiona; a disloca.

stationary ['steiʃnə] *adj.* staţionar.

stationer ['steiʃnə] s. corsetier; librar; papetar.

stationery ['steiʃnəri] s. papetărie.

statistics [stə'tisitiks] s. *pl.* statistică.

status ['steitəs] s. situaţie; rang; *jur.* statut.

staunch [stɔ:ntʃ] *adj.* fidel; neclintit. *vt.* a opri (sângele).

stave [steiv] s. prăjină; doagă; linie de portativ; strofă. *vt.* a sparge; a zdrobi.

stay [stei] s. şedere; oprire; întârziere; amânare; odgon; sprijin; *pl.* corset. *vt.* a susţine; a potoli; a reţine. *vi.* a sta; a rămâne; a rezista.

stead [sted] *s.: in smb.'s* ~ în locul cuiva.

steadfast ['stedfəst] *adj.* neclintit; fidel; credincios.

steadfastness ['stedfəstnis] *s.* fermitate; credinţă; neclintire.

steady ['stədi] *adj.* ferm; sigur; regulat; serios; harnic. *vt., vi.* a (se) linişti.

steak ['steik] *s.* friptură; fleică.

steal [sti:l] *vt.* a fura; a smulge; *vi.* a se strecura; a se furişa; a fura.

stealth [stelθ] *s.* secret; *by* ~ pe furiş.

stealthy ['stelθi] *adj.* furiş; prudent.

steam [sti:m] *s.* aburi; vapori; energie.

steamboat ['sti:mbout] *s.* vapor.

steamer ['sti:mər] *s.* vapor; etuvă.

steam-engine ['sti:m,endʒin] *s.* maşină cu vapori; locomotivă.

steam-roller ['sti:m'roulə] *s.* compresor; putere zdrobitoare.

steed [sti:d] *s.* armăsar.

steel [sti:l] *s.* (instrument de) oţel; armă; ~-*works* oţelărie; *vt.* a oţeli.

steely ['sti:li] *adj.* de oţel; oţelit; de culoaerea oţelului.

steelyard ['stilja:d] *s.* balanţă romană.

steep [sti:p] *adj.* abrupt; exorbitant; exagerat. *vt.* a cufunda; a înmuia.

steeple ['sti:pl] *s.* clopotniţă; turn; ~ *chase* cursă cu obstacole.

steer [stiə] *s.* juncan. *vt.* a cârmi; a călăuzi. *vi.* a sta la cârmă; a cârmi.

steering-wheel ['stiəriŋwi:l] *s.* roata cârmei; auto. volan.

stem [stem] *s.* tulpină; origine; arbore genealogic; picior de pa-

har; proră. *vt.* a stăvili; a opri; a înfrunta. *vi.* a se naşte; a fi provocat.

stench [stentʃ] *s.* duhoare.

stencil ['stensl] *s.* matriţă; tipar. *vt.* a matriţa; a copia.

step[1] [step] *s.* (urmă de) pas; ritm; măsură; procedeu; treaptă; grad; rang.; muz. interval; *in* ~ în ritm. *vt.* a măsura cu pasul *to* ~ *up* a spori; a ridica. *vi.* a păşi; *to* ~ *in* a intra; a interveni; *to* ~ *aside* a se da la o parte.

step[2] [step] *adj.* vitreg.

step-ladder ['step,lædə] *s.* scăriţă.

sterling ['stə:liŋ] *adj.* curat; veritabil; credincios.

stern [stə:n] *s,* mar. pupă; coadă, *adj.* sever; aspru; cumplit.

stertorous ['stə:tərəs] *adj.* sforăitor.

stevedore ['sti:vidɔ:] *s.* docher.

stew [stju:] *s.* ostropel; mâncare înăbuşită; bucluc. *vt.* a fierbe la foc mic *sau* înăbuşit.

steward ['stjuəd] *s.* steward; chelner; administrator; intendent.

stick [stik] *s.* băţ; baston; baghetă. *vt.* a sprijini; a propti; a înfige; a băga; a lipi; a fixa; a suporta; *to* ~ *out* a scoate (limba etc.). *vi.* a intra; a înţepa; a se lipi; a se înţepeni; *to* ~ *at smth.* a se da înapoi de la; *to* ~ *out* a ieşi afară.

stick-in-the-mud ['stiknðəmʌd] *s., adj.* conservator; reacţionar; retrograd; închistat.

stickler ['stiklə] *s.* maniac.

sticky ['stiki] *adj.* lipicios; umed.

stiff [stif] *s.* cadavru. *adj.* ţeapăn; tare; glacial; dificil.

stiffen ['stifn] *vt., vi.* a (se) înţepeni; a (se) întări.

stifle ['staifl] *vt., vi.* a (se) înăbuşi.

stigma ['stigmə] s. stigmat.

stile [stail] s. pârleaz.

still [stil] s. linişte; alambic; fotografie; secvenţă. adj. liniştit; tăcut; tihnit; fără viaţă; ~-born natură moartă. vt. a linişti; a potoli. adv. încă (şi mai); ba chiar; (şi) totuşi.

stilted ['stiltid] adj. artificial; pretenţios; afectat.

stilts [stilts] s. pl. catalige.

stimulus ['stimjuləs] s. stimulent.

sting [stiŋ] s. înţepătură; pişcătură; imbold. vt. a înţepa; fig. a răni.

stinging-nettle ['stiŋiŋ,netl] s. urzică.

stingy ['stindʒi] adj. cărpănos.

stink [stiŋk] s. duhoare; putoare. vi. a puţi.

stint [stint] s. cruţare; economie (de forţe); porţie; limită. vt. a economisi; a priva. vi. a se zgârci.

stintless ['stintlis] adj. altruist; plin de abnegaţie.

stir [stə:] s. agitaţie; senzaţie; mişcare. vt. a agita; a mişca; a învârti; a stârni. vi. a se mişca; a se agita; a se stârni.

stirring ['stə:riŋ] adj. emoţionant; înălţător; aţâţător.

stirrup ['stirəp] s. scară (la şa); ~-cup păhărel băut la botul calului.

stitch [stitʃ] s. însăilare; saia; cusut; cusătură; junghi. vt., vi. a însăila.

stock [stɔk] s. tulpină; trunchi; ciot; butuc; portaltoi; pat (de puşcă); origine; stoc; sursă; şeptel capital; (pachete de acţiuni); pl. obezi; a laughing ~ obiect de batjocură; out of ~ epuizat. adj. obişnuit; la îndemână; banal. vt. a aproviziona; a stoca.

stock-breeder ['stɔk,bri:də] s. crescător de animale.

stock-broker ['stɔk,broukə] s. agent de schimb (pentru acţiuni).

stock-exchange ['stɔkiks,tʃeindʒ] bursă de acţiuni.

stocking ['stɔkiŋ] s. ciorap lung.

stock-in-trade ['stɔkiŋ'treid] s. cele necesare meseriei.

stock-jobber ['stɔk,dʒɔbə] s. speculant (de bursă).

stock-market ['stɔk,mɑ:kit] s. bursă de valori; târg de vite.

stocky ['stɔki] adj. îndesat; voinic.

stock-yard ['stɔk-jɑ:d] s. ocol de vite.

stodgy ['stɔdʒi] adj. greoi.

stoke [stouk] vt. a alimenta cu cărbuni; a înfuleca.

stoker ['stoukə] s. fochist.

stole [stoul] vt., vi. trec. de la **steal.**

stolen ['stouln] vt., vi. part. trec. de la **steal.**

stolid ['stɔlid] adj. placid.

stomach ['stʌmək] s. stomac; burtă; poftă. vt. a suporta.

stone [stoun] s. piatră; bolovan; piatră preţioasă; sâmbure (de drupă); bob de grindină; măsură de greutate (6,350 kg); ~-deaf surd de tot; ~-fruit drupă; ~ mason pietrar; ~-ware ceramică emailată; ~-work zidărie.

stony ['stouni] adj. pietros; tare.

stood [stud] vt., vi. trec. şi part. trec. de la **stand.**

stooge [stu:dʒ] s. slugă; agent; cirac.

stool [stu:l] s. scaun (fără spetează); taburet; scăunel; med. scaun; ~-pigeon porumbel folosit ca momeală; fig. agent plătit; informator.

265

stoop [stu:p] *s.* încovoiere a umerilor. *vt.* a apleca. *vi.* a se apleca; a se încovoia; *fig.* a se coborî, a se înjosi.

stop [stɔp] *s.* oprire; stație; punct; opritoare. *vt.* a opri; a reține; a astupa. *vi.* a se opri.

stoplight ['stɔplait] *s.* stop; sema-.for.

stop-news ['stɔpnju:z] *s.* ultima oră.

stop-over ['stɔpouvə] *s.* escală.

stoppage ['stɔpidʒ] *s.* întrerupere; grevă.

stopper ['stɔpə] *s.* dop. *vt.* a astupa.

stop-watch ['stɔpwɔtʃ] *s.* cronometru.

storage ['stɔ:ridʒ] *s.* stocare; acumulare; depozitare; taxă de locație; ~ *battery* acumulator.

store [stɔ:] *s.* depozit; aprovizionare; antrepozit; *pl.* magazin universal; *amer.* magazin; ~ *house* depozit; ~-*keeper* magazioner; *amer.* negustor; ~-*room* magazie; cămară. *vt.* a aproviziona; a echipa.

storey ['stɔ:ri] *s.* etaj; *the upper* ~ *fig.* creierul.

storied ['stɔ:rid] *adj.* celebru; legendar; ... cu etaje.

stork [stɔ:k] *s.* barză.

storm [stɔ:m] *s.* furtună; ropot (de aplaze). *vt.* a lua cu asalt. *vi.* a izbucni.

stormy ['stɔ:mi] *adj.* furtunos; violent; ~ *petrel* pasărea-furtunii.

story ['stɔ:ri] *s.* etaj; povest(ir)e; basm; reportaj; relatare; minciună; *short* ~ nuvelă; *shorter short* ~ schiță.

stout [staut] *s.* bere tare (neagră); *adj.* gras; voinic; vteaz; tare.

stove [stouv] *s.* sobă; plită; mașină de gătit; ~ *pipe* burlan.

stow [stou] *vt.* a depozita; a ascunde.

stowaway ['stouəwei] *s.* pasager clandestin.

straddle ['strædl] *s.* poziție călare. *vt.* a încăleca. *vi.* a sta călare; *fig.* a șovăi.

strafe [strɑːf] *vt.* a bombarda.

straggle ['strægl] *vi.* a se împrăștia; a se rătăci.

straight [streit] *adj.* drept; direct; neted; cum trebuie; în ordine; cinstit; sincer; demn de încredere. *adv.* direct; imediat.

straighten ['streitn] *vt.*, *vi.* a (se) îndrepta.

straightforward [streit'fɔ:wəd] *adj.* cinstit; sincer.

straightway ['streitwei] *adv.* imediat; direct.

strain [strein] *s.* încordare; efort; luxație; rasă; dispoziție. *pl. muz.* acorduri. *vt.* a încorda; a trage; a forța; a strâmba; a exagera; a strecura. *vi.* a se strădui; *to* ~ *at smth.* a exagera într-o privință.

strainer ['streinə] *s.* strecurătoare.

strait [streit] *s.* strâmto(r)are. *adj.* strâmt; ~-*jacket* cămașă de forță.

straiten ['streitn] *vt.* a restrânge; a strâmtora.

strand [strænd] *s.* țărm; șuviță. *vt.* a lăsa la ananghie. *vi.* a eșua.

strange [streindʒ] *adj.* ciudat; straniu; neobișnuit.

stranger ['streindʒə] *s.* străin; necunoscut.

strangle ['stræŋgl] *vt.* a strangula.

strap [stræp] *s.* bretea; panglică; curea. *vt.* a prinde; a bate cu cureaua. *vi.* a ascuţi (briciul).

strapping ['stræpiŋ] *adj.* voinic; zdravăn.

strata ['streitə] *s. pl.* straturi.

stratum ['streitəm] *s.* strat; pătură.

straw [strɔ:] *s.* (pălărie de) pai(e); *the last* ~ ultima picătură (care varsă paharul). *adj.* de pai; gălbui.

strawberry ['strɔ:bri] *s.* căpşună; frag(ă).

stray [strei] *s.* om *sau* animal fără adăpost. *adj.* rătăcit; sporadic. *vi.* a (se) rătăci; a se abate.

streak [stri:k] *s.* dungă; umbră; undă; perioadă. *vt.* a vărga. *vi.* a ţâşni.

stream [stri:m] *s.* pârâu; şuvoi; curent (general). *vi.* a curge; a flutura.

streamer ['stri:mə] *s.* panglică (colorată); flamură.

streamline ['stri:mlain] *s.* şuvoi neîntrerupt.

street [stri:t] *s.* stradă; uliţă; *the man in the* ~ omul de rând; ~ *arab* golan; vagabond; ~-*car amer.* tramvai; ~-*door* uşă la stradă. ~-*walker* prostituată.

strenght [streŋθ] *s.* tărie; forţă; putere; forţă numerică.

strenghten ['streŋθn] *vt., vi.* a (se) întări.

strenous ['strenjuəs] *adj.* dificil; harnic; încordat.

stress [stres] *s.* presiune; încordare; tensiune; accent; importanţă. *vt.* a accentua.

stressful ['stresful] *adj.* stresant.

stretch [stretʃ] *s.* întindere; perioadă *sau* distanţă neîntreruptă; exagerare. *vt.* a întinde; a exagera; a forţa. *vi.* a se întinde.

stretcher ['stretʃə] *s.* targă; brancardă; ~-*bearer* brancardier.

strewn [stru:n] *adj.* întins; acoperit; împrăştiat.

stricken ['strikn] *adj.* lovit; speriat; chinuit.

strict [strikt] *adj.* sever; rigid; strict.

stridden ['stridn] *vt., vi. part. trec. de la* **stride**.

stride [straid] *s.* pas (mare); pas înainte; progres. *vt.* a încăleca. *vi.* a păşi; a face paşi mari; a păşi.

strife [straif] *s.* ceartă; conflict; luptă.

strike [straik] *s.* grevă; ~-*breaker* spărgător de grevă; ~ *pay* indemnizaţie de grevă. *vt.* a lovi; a izbi; a aprinde (un chibrit); a nimeri; a descoperi; a bate (monedă, orele); a atinge (o coardă etc.); a impresiona; a mira; a-i veni în minte (cuiva); a pătrunde; a prinde; *to* ~ *off* sau *through* a şterge; a tăia; a tipări; *to* ~ *up* a începe o melodie. *vi.* a lovi; a intra; a se băga; *(d. ceas)* a bate; a pătrunde; a pune o grevă; *to* ~ *at* a încerca să loveşti; *to* ~ *up* a începe să cânte; *to* ~ *upon* a nimeri; *to* ~ *into smth.* a se apuca de ceva.

striker ['straikə] *s.* grevist.

striking ['straikiŋ] *adj.* izbitor.

string [striŋ] *s.* sfoară; coardă; şiret; panglică; şirag; aţă. *vt.* a înşira; a atârna; a pune coarde noi (la vioară etc.). *vi.* a se înşira.

stringent ['strindʒnt] *adj.* strict.

strip [strip] *s.* dungă; panglică. *vt.* a dezbrăca; a dezgoli; a smulge (masca etc.). *vi.* a se dezbrăca.

stripe [straip] *s.* dungă; tresă. *vt.* a dunga.

stripling ['striplîŋ] *s.* adolescent; tânăr.

strip-tease ['strip,ti:z] *s.* dezbrăcare treptată (la varieteu).

strive [straiv] *vi.* a se strădui.

striven ['strivn] *vi. part. trec. de la* **strive**.

strode [stroud] *vt., vi. trec. de la* **stride**.

stroke [strouk] *s.* lovitură; mişcare; atac; acces; congestie (cerebrală); efort; trăsătură (de condei); bătaie (a ceasului); mângâiere. *vt.* a mângâia; a atinge.

stroll [stroul] *s.* plimbare. *vi.* a se plimba; a hoinări.

strolling ['strouliŋ] *adj.* ambulat; hoinar.

strong [strɔŋ] *adj.* tare; puternic; înrădăcinat; profund; *20 ~* alcătuit din 20 de oameni; *~-box* casă de bani; *~ hold* fortăreaţă. *adv.* tare; puternic.

strongly ['strɔŋli] *adv.* puternic; viguros.

strop [strɔp] *s.* curea de ascuţit briciul. *vt.* a ascuţi (briciul).

strove [strouv] *vi. trec. de la* **strive**.

struck [strʌk] *vt., vi. trec. şi part. trec. de la* **strive**.

structure ['strʌktʃə] *s.* structură; clădire; eşafodaj.

struggle ['strʌgl] *s.* luptă; competiţie; efort. *vi.* a se lupta; a se zbate.

strum [strʌm] *s.* zdrăngăeală. *vt., vi.* a zdrăngăni.

strumpet ['strʌmpit] *s.* prostituată.

strung [strʌŋ] *vt., vi. trec. şi part. trec. de la* **string**; *~ up* încordat; pregătit.

strut [strʌt] *s.* proptea; suport;

mers trufaş. *vt.* a sprijini; a propti. *vi.* a merge fudul.

stub [stʌb] *s.* cotor; ciot; muc (de ţigară). *vt.* a se împiedica de.

stubble ['stʌbl] *s.* mirişte; barbă ţepoasă.

stubborn ['stʌbən] *adj.* încăpăţânat; dificil; persistent; ferm.

stubby ['stʌbi] *adj.* bont; gros.

stucco ['stʌkou] *s.* stuc.

stuck [stʌk] *vt., vi. trec. şi part. trec. de la* **stick.**

stuck-up ['stʌkʌp] *adj.* îngâmfat; înţepat.

stud [stʌd] *s.* buton de guler; ţintă; herghelie de armăsari; *~-horse* armsar (de prăsilă). *vt.* a bate în ţinte; a presăra.

student ['stju:dnt] *s.* student; cercetător; învăţăcel; învăţat.

studied ['stʌdid] *adj.* intenţionat.

studio ['stju:diou] *s.* atelier (de artist); studio.

studious ['stju:djəs] *adj.* studios; serios.

study ['stʌdi] *s.* învăţătură; examinare; (materie de) studiu; reverie; cameră de lucru. *vt., vi.* a studiwa; a cerceta.

stuff [stʌf] *s.* material; matere; stofă; ţesătura. *vt.* a umple; a îmbâcsi; a îndesa; a îndopa cu; a împăia; a toci; a învăţa; a împăna. *vi.* a se îndopa.

stuffing ['stʌfiŋ] *s.* umplutură.

stuffy ['stʌfi] *adj.* îmbâcsit; stricat; stupid.

stultify ['stʌltifai] *vt.* a ridiculiza; a infirma.

stumble ['stʌmbl] *s.* împleticeală. *vi.* a se împletici; a se.împiedica; a merge greu; *to ~ upon* sau *across smth.* a descoperi ceva din întâmplare.

stumbling-block ['stʌmbliŋblɔk] *s.* obstacol; împiedicare.

stump ['stʌmp] *s.* ciot; rădăcină; rest; *pl.* picioare. *vt.* a ului.

stumpy ['stʌmpi] *adj.* greoi; îndesat; bont.

stun [stʌn] *vt.* a şoca; a ameţi; a zăpăci.

stung [stʌŋ] *vt.*, *vi. trec. şi part. trec. de la* **sting**.

stunk [stʌŋk] *vt.*, *vi. trec. şi part. trec. de la* **stink**.

stunning ['stʌniŋ] *adj.* grozav; splendid.

stunt [stʌnt] *s.* efort deosebit; performanţă (ostentativă). *vt.* a opri din creştere.

stupefy ['stju:pifai] *vt.* a ului; a abrutiza.

stupendous [stju(:)'pendəs] *adj.* uluitor; fantastic.

stupidity [stju'piditi] *s.* prostie.

stupor ['stju:pə] *s.* toropeală.

sturdy ['stə:di] *adj.* viguros, robust; solid; neclintit.

sturgeon ['stə:dʒn] *s.* nisetru; sturion.

stutter ['stʌtə] *s.* bâlbâiala. *vt.*, *vi.* a (se) bâlbâi.

sty [stai] *s.* cocină; *med.* urcior.

style ['stail] *s.* stil; titlu; stilet.

stylus ['stailəs] *s.* stilet; ac de picup.

stylish ['stailiʃ] *adj.* elegant; rafinat.

subdue [səb'dju:] *vt.* a supune; a potoli.

subhuman ['sʌb'hju:mən] *adj.* inferior; animalic.

subject[1] ['sʌbdʒikt] *s.* subiect; obiect de studiu (şi ~ *matter*); motiv; pacient; supus. *adj.* supus.

subject[2] [səb'dʒekt] *vt.* a supune; a subjuga; a expune. *vr.* a supune; a se expune.

subjection [səb'dʒekʃn] *s.* supunere; dependenţă; aservire.

subjunctive [səb'dʒʌntiv] *s.*, *adj.* subjonctiv.

sublet ['sʌb'let] *vt.*, *vi.* a subînchiria (cuiva).

subliminal ['sʌb'liminl] *adj.* subconştient.

sublimity [sə'blimiti] *s.* splendoare; sublim.

submarine ['sʌbməri:n] *s.*, *adj.* submarin.

submerge [səb'mə:dʒ] *vt.* a inunda; a scufunda.

submission [səb'miʃn] *s.* supunere.

submissive [səb'misiv] *adj.* supus.

submit [səb'mit] *vt.*, *vi.*, *vr*, a (se) supune.

subordinate[1] [sə'bɔ:dinit] *s.* inferior; subordonat. *adj.* supus; subordonat; *gram.* şi secundar.

subordinate[2] [sə'bɔ:dineit] *vt.* a supune; a subordona.

suborn [sə'bɔ:n] *vt.* a instiga; a mitui.

subpoena [səb'pi:nə] *jur. s.* citaţie. *vt.* a cita.

subscribe [səb'skraib] *vt.* a subscrie; a semna. *vi.* a se abona; a subscrie.

subscriber [səb'skraibə] *s.* abonat; filantrop.

subscription [səb'skripʃn] *s.* subscripţie; abonament (la un ziar). *adj.* în abonament.

subsequent ['sʌbsikwənt] *adj.* ulterior.

subservience [səb'sə:vjəns] *s.* a-servire.

subservient [səb'sə:vjənt] *adj.* servil; util.

subside [səb'said] *vi.* a scădea; a
se lăsa.
subsidize ['sʌbsidaiz] *vt.* a sub-
venţiona.
subsidy ['sʌbsidi] *s.* subvenţie.
subsoil ['sʌbsɔil] *s.* subsol.
substance ['sʌbstns] *s.* substanţă;
materie; material; tărie; avere.
substantiate [səb'stænʃieit] *vt.* a
dovedi; a corobora.
subtle ['sʌtl] *adj.* subtil; viclean.
subtlety ['sʌtlti] *s.* subtilitate;
viclenie.
subtract [səb'trækt] *vt.*, *vi.* a
scădea.
subtraction [səb'trækʃn] *s.* scă-
dere.
suburb ['sʌbə:b] *s.* suburbie.
subversion [səb'və:ʃn] *s.* răstur-
nare; subminare; complot.
subvert [səb'və:t] *vt.* a submina; a
răsturna.
subway ['sʌbwei] *s.* pasaj subte-
ran; *amer.* metrou.
succeed [sək'si:d] *vt.* a moşteni; a
urma (cuiva) . *vi.*: *to* ~ *in* a reuşi
să.
successfull [sək'sesfl] *adj.* vic-
torios; reuşit; prosper.
succession [sək'seʃn] *s.* şir; suc-
cesiune.
succo(u)r ['sʌkə] *s.* ajutor(are). *vt.*
a ajuta.
succumb [sə'kʌm] *vi.* a ceda; a
muri.
such [sʌtʃ] *pron.* anume; unii; niş-
te; aceştia; acestea; ~ *as* ca de
pildă; *and* ~ *(like)* şi altele ase-
menea. *adj.* asemenea; similar;
~ *being the case* aşa stând lu-
crurile. *adv.* asemenea; astfel; ~
that încât; ~ *as that* aşa încât; ~
as to aşa încât să; *as* ~ ca atare.

suchlike ['sʌtʃlaik] *adj.* similar; de
acest fel.
suck [sʌk] *s.* supt; alăptare. *vt.* a
suge; a (ab)sorbi. *vi.* a suge.
sucker ['sʌkə] *s.* sugaci; ventuză;
lăstar; *amer.* fraier.
suckle ['sʌkl] *vt.* a alăpta.
suckling ['sʌkliŋ] *s.* copil de ţâţă.
suction ['sʌkʃn] *s.* sugere; absor-
bire.
sudden ['sʌdn] *adj.* brusc; nepre-
văzut; *all of a* ~ dintr-o dată.
suddenly ['sʌdnli] *adv.* brusc.
sue [sju:] *vt.* a da în judecată; a
implora. *vi.*: *to* ~ *for* a cere; a
urmări în justiţie.
suet [sjuit] *s.* seu.
suffer ['sʌfə] *vt.* a suferi; a tolera.
vi. a suferi.
suffering ['sʌfriŋ] *s.* suferinţă.
suffice [sə'fis] *vt.* a mulţumi. *vi.* a fi
suficient.
sufficiency ['səfiʃnsi] *s.* îndestu-
lare; îngâmfare.
suffrage ['sʌfridʒ] *s.* (drept de)
vot; aprobare.
suffuse [sə'fju:z] *vt.* a acoperi; a
astupa; a îneca.
sugar ['ʃugə] *s.* zahăr; ~-*basin* za-
harniţă; ~-*loaf* căpăţână de za-
hăr; *lump* ~ zahăr cubic. *vt.* a
îndulci; presăra.
sugary ['ʃugəri] *adj.* dulce; zaha-
ros; mieros; măgulitor.
suggest [sə'dʒest] *vt.* a propune; a
sugera; a aminti de.
suicide ['sjuisaid] *s.* sinucidere; si-
nucigaş.
suit [sju:t] *s.* costum; petiţie; ce-
rere; acţiune judiciară; suită; ~-
case geamantan. *vt.* a mulţumi;
a se potrivi cu; a asorta; a şedea

bine (cuiva); a potrivi. *vi.* a co-
respunde. *vr.* a face ce doreşti.

suitabe ['sju:təbl] *adj.* potrivit;
corespunzător; favorabil.

suite [swi:t] *s.* suită; garnitură (de
mobilă); şir de odăi; apartament.

suitor ['siu:tə] *s.* pretendent; *jur.*
reclamant.

sulk [sʌlk] *vi.* a bombăni; a fi mo-
rocănos.

sulks [sʌlks] *s. pl.* ţâfnă; tristeţe;
supărare.

sulky ['sʌlki] *s.* şaretă. *adj.*
morocănos; mohorât.

sullen ['sʌln] *adj.* morocănos; su-
părat; ţâfnos.

sully ['sʌli] *vt.* a pângări; a murdări.

sulphur ['sʌlfə] *s.* sulf.

sultana [səl'tɑ:nə] *s.* stafidă; sul-
tană.

sultry ['sʌltri] *adj.* zăpuşitor.

sum [sʌm] *s.* sumă; total; adunare;
rezumat.

summarize ['sʌməraiz] *vt.* a re-
zuma.

summary ['sʌməri] *s.* rezumat;
sumar. *adj.* sumar; rapid.

summer ['sʌmə] *s.* vară; *pl.* ani;
~-*house* chioşc; pavilion (în gră-
dină); ~-*time* (orar de) vară. *vi.* a
petrece vara.

summing-up ['sʌmiŋ'ʌp] *s.* bilanţ;
trecere în revistă; rezumat.

summit ['sʌmit] *s.* vârf; culme.
adj. la cel mai înalt nivel; maxim.

summon ['sʌmən] *vt.* a chema; a
cita (în faţa curţii); a convoca; a
mobiliza.

summons ['sʌmənz] *s. jur.* citaţie.
vt. a cita (la judecată).

sumpter ['sʌmptə] *s.* vită de po-
vară.

sumptuos ['sʌmtjuəs] *adj.* somp-
tuos; abundent.

sun [sʌn] *s.* soare; lumină; ~-*bath*
baie de soare; ~-*beam* rază de
soare; ~ *blid* stor; jaluzea; ~-
burn bronzare; arsură; ~ *dial* ca-
dran solar; ~-*down* asfinţit;
~-*flower* floarea-soarelui; ~-
glases ochelari de soare; ~-*rise*
răsărit; zori; ~-*set* apus; ~-*sha-
de* umbrelă de soare; ~-*shine*
lumina soarelui; ~-*stroke* inso-
laţie; ~-*up* răsărit; zori.

Sunday ['sʌndi] *s.* duminică; ~-
best haine de sărbătoare.

sundries ['sʌndriz] *s. pl.* diverse;
resturi; fleacuri.

sundry ['sʌndri] *adj.* divers; variat.

sung [sʌŋ] *vt.*, *vi.* *part. trec. de la*
sing.

sunk [sʌŋk] *vt.*, *vi. trec. şi part. trec.
de la* **sink.**

sunken ['sʌŋkn] *adj.* scofâlcit; sco-
bit; supt; înfundat. *vt.*, *vi. part.
trec. de la* **sink.**

sunless ['sʌnlis] *adj.* fără soare.

sunlit ['sʌnlit] *adj.* însorit.

sunny ['sʌni] *adj.* însorit; luminos;
vesel.

sup [sʌp] *s.* înghiţitură. *vi.* a lua
cina; a supa.

super ['sju:pə] *s.* figurant. *adj.*
straşnic.

superannuated
[,sju:pə'rænjueitid] *adj.* bătrân;
pensionat; depăşit; demodat.

supercilious [,sju:pə'siliəs] *adj.*
dispreţuitor; trufaş.

superfluous [sju:pə:fluəs] *adj.* inu-
til.

superhuman [,sju:pə'hju:mən] *adj.*
supraomenesc.

superimpose ['sju:pərim'pouz] *vt.*
a suprapune.

superintend ['sju:prin'tend] *vt.*, *vi.*
a supraveghea a dirija.

superintendent ['sju:prin'tendənt]
s. supraveghetor; administrator.

superman ['sju:pə'mæn] *s.* su-
praom.

supernatural ['sju:pə'nætʃrl] *s.*,
adj. suprantural.

supernumerary [,sju:pə'nju:mrəri]
s. figurant. *adj.* supranumerar.

supersede [,sju:pə'si:d] *vt.* a înlo-
cui.

supervene [,sju:pə'vi:n] *vi.* a sur-
veni; a coincide.

supervision [,sju:pə'viʒn] *s.* supra-
veghere; conducere; îngrjire.

supervisor ['sju:pəvaizə] *s.* supra-
veghetor; conducător.

supine [sju:'pain] *adj.* culcat pe
spate; pasiv.

supper ['sʌpə] *s.* cină; supeu; *the
Last Supper* cina cea de taină.

supple ['sʌpl] *adj.* suplu; maleabil;
influențabil; servil.

suppliant ['sʌpliənt] *s.* solicitant;
petiționar. *adj.* rugător.

supplicant ['sʌplikənt] *s.v.* **sup-
pliant**.

supplicate ['sʌplikeit] *vt.*, *vi.* a im-
plora.

supply [sə'plai] *s.* transport; stoc;
aprovizionare; suplinitor; *econ.*
ofertă; *pl.* fonduri. *vt.* a furniza ;
a acoperi (necesitățile).

support [sə'pɔ:t] *s.* sprijin; susți-
nere; ajutor; suport. *vt.* a sprijini;
a suporta.

supporter [sə'pɔ:tə] *s.* susținător;
suporter.

suppose [sə'pouz] *vt.* a
presupune; *he is ~d to go* se
bănuiește că va merge; trebuie
să meargă; *~ we went?* ce-ar fi
să mergem?

supposed [sə'pouzd] *adj.* pretins;
așa-zis.

supposedly [sə'pouzidli] *adv.*
după toate probabilitățile; pro-
babil.

supposing [sə'pouziŋ] *conj.* (dar)
dacă.

suppres [sə'pres] *vt.* a înăbuși.

surcharge ['sə:tʃɑ:dʒ] *s.* supra-
încărcare; suprataxă.

sure [ʃuə] *adj.* sigur; fix; *~-footed*
solid; sigur; implacabil; *well, I'm
~!* ei, asta e bună; *be ~ to come*
să vii negreșit; *to be ~* fără doar
și poate nemaipomenit.

surely ['ʃuəli] *adv.* fără doar și
poate.

surety ['ʃuəti] *s.* siguranță; garan-
ție; chzaș.

surf [sə:f] *s.* valuri care se sparg de
țărm.

surface ['sə:fis] *s.* suprafață; înfăți-
șare. *adj.* superficial.

surfeit ['sə:fit] *s.* ghiftuială. *vt.*, *vr.*
a (se) ghiftui.

surge [sə:dʒ] *s.* val; răbufnire;
potop. *vi.* a se ridica; a se nă-
pusti (ca valul).

surgeon ['sə:dʒn] *s.* chirurg; doc-
tor militar; *veterinary ~* ve-
terinar.

surgery ['sə:dʒri] *s.* chirurgie;
cabinet medical.

surgical ['sə:dʒikl] *adj.* chirurgical.

surly [sə:li] *adj.* ursuz.

surmise[1] ['sə:maiz] *s.* pre-
supunere; ghiceală.

surmise[2] [sə:maiz] *vt.*, *vi.* a pre-
supune; a ghici.

surmount [sə:'maunt] *vt.* a învin-
ge; a rezolva; a trece peste.

surname ['sə:neim] *s.* nume de fa-
milie; poreclă.

surpass [sə'pɑːs] *vt.* a depăşi; a întrece.

surplice ['səːplis] *s.* odăjdii.

surprise [sə'praiz] *s.* surpriză; surprindere. *adj.* surpriză; neaşteptat. *vt.* a surprinde; a ului.

surprinsingly [sə'praiziŋli] *adv.* (în mod cu totul) neaşteptat.

surrealism [sə'riəlizəm] *s.* suprarealism.

surrender [sə'rendə] *s.* capitulare. *vt.* a preda; a ceda. *vi.* a capitula.

surrepitious [ˌsʌrep'pitiʃəs] *adj.* clandestin; tainic; furiş.

surround [sə'raund] *vt.* a înconjura.

surroundings [sə'raundiŋz] *s. pl.* mediu; împrejurimi.

survey[1] ['səːvei] *s.* privire generală; (trecere în) revistă; rezumat; cadastru.

survey[2] [sə'vei] *vt.* a supraveghea; a trece în revistă; a măsura.

surveying [səː'veiiŋ] *s.* cadastru.

surveyor [səː'veiə] *s.* topograf.

survival [sə'vaivl] *s.* supravieţuire; rămăşiţă; urmă.

survive [sə'vaiv] *vt.* a supravieţui (cu dat.) a depăşi. *vi.* a supravieţui.

survivor [sə'vaivə] *s.* supravieţuitor.

suspect [səs'pekt] *s., adj.* suspect. *vt.* a bănui; a suspecta.

suspender [səs'pendə] *s.* jartieră; *pl.* bretele.

suspense [səs'pens] *s.* aşteptare; încordare; nerăbdare.

suspension [səs'penʃn] *s.* suspendare; suspensie.

suspicion [səs'piʃn] *s.* bănuială; suspiciune; idee; urmă; undă.

suspicious [səs'piʃəs] *adj.* bănuitor; neîncrezător; suspect; dubios.

sustain [səs'tein] *vt.* a susţine; a proba; a confirma; a suferi (o lovitură).

sustenance ['sʌstinəns] *s.* hrană; susţinere.

swab [swɔb] *s.* şomoiog. *vt.* a tampona; a freca; a spăla.

swaddle ['swɔdl] *vt.* a bandaja; a înfăşa; *swaddling clothes* scutece; piedici.

swag [swæg] *s.* pradă.

swagger ['swægə] *s.* mers fudul. *vi.* a se fuduli.

swain [swein] *s.* ţăran; iubit.

swallow ['swɔlou] *s.* rândunică; înghiţire; îmbucătură. *vt., vi.* a înghiţi.

swallow-tailed ['swɔloteild] *adj.* cu coadă de rândunică; ~ *coat* frac.

swam [swæm] *vt., vi. trec. de la* **swim.**

swamp [swɔmp] *s.* mlaştină. *vt.* a inunda; a covârşi.

swampy ['swɔmpi] *adj.* mlăştinos.

swan [swɔn] *s.* lebădă; ~ *dive* săritură de la trambulină.

swap [swɔp] *s.* schimb. *vt.* a schimba; a face schimb de.

sward [swɔːd] *s.* pajişte; gazon.

swarm [swɔːm] *s.* roi. *vi.* a roi; *to ~ with* a fi plin de.

swarthy ['swɔːði] *adj.* oacheş.

swashbuckler ['swɔʃˌbʌklə] *s.* fanfaron; om bătăios.

swath [swɔːθ] *s.* brazdă (cosită).

swathe [sweið] *vt.* a înfofoli; a bandaja.

sway [swei] *s.* putere; stăpânire; legănat. *vt.* a stăpâni; a influenţa; a legăna. *vi.* a se legăna.

swear [swεə] *vt.* a jura; a pune să jure; *to ~ an oath* a face jurământ; a înjura. *vi.* a (în)jura; *to ~ at smb.* a înjura pe cineva; *to ~ by smth.* a jura pe.

sweat [swet] *s.* sudoare; transpirație; efort; umezeală. *vt.* a face să transpire; a elimina sub formă de sudoare; a exploata. *vi.* a transpira; a se aburi; a munci din greu.

sweater ['swetə] *s.* truditor; exploatator; jerseu.

Swede [swi:d] *s.* suedez(ă).

Swedish ['swi:diʃ] *s.* limba suedez(ă). *adj.* suedez(ă).

sweep [swi:p] *s.* măturare; curățenie; măturător; coșar; mișcare; cumpăna fântânii; (câștig la) joc de noroc. *vt.* a mătura; a străbate. *vi.* a mătura; a se năpusti; a trece.

sweeper ['swi:pə] *s.* măturător.

sweeping ['swi:piŋ] *adj.* general; dominant; larg; izbitor.

sweepings ['swi:piŋz] *s. pl.* gunoi.

sweepstake(s) ['swi:psteik(s)] *s.* (potul la) joc de noroc.

sweet [swi:t] *s.* bomboană; iubit(ă); *pl.* dulciuri. *adj.* dulce; parfumat; plăcut; blând; încântător; frumos.

sweeten [swi:tn] *vt., vi.* a (se) îndulci.

sweetheart ['swi:tha:t] *s.* iubit(ă); logodnic(ă).

sweetish ['swi:tiʃ] *adj.* dulceag.

sweetmeat ['swi:tmi:t] *s.* bomboană; dulceață; *pl.* zaharicale.

sweet-pea ['swi:tpi:] *s. bot.* sângele-voinicului.

sweet-william ['swi:t,wiljəm] *s.* garofiță-de-grădină, micsandră.

swell [swel] *s.* umflătură; umflare; val; filfizon. *adj.* elegant; pus la punct; strașnic. *vt., vi.* a (se) umfla.

swelling ['sweliŋ] *s.* umflătură; umflare; creștere.

swelter ['sweltə] *vi.* a fi zăpușeală.

swept [swept] *vt., vi. trec. și part. trec. de la* **sweep.**

swerve [swə:v] *vt., vi.* a (se) abate.

swift [swift] *adj.* rapid; repede; prompt; iute.

swiftly ['swiftli] *adv.* repede; prompt.

swill [swil] *s.* spălătură; poșircă; lături. *vt.* a (se) spăla; a bea (mult).

swim [swim] *s.* înot; scăldat. *vt.* a traversa înot. *vi.* a înota; a pluti; a se încețoșa a ameți; se clătina (în fața ochilor).

swimmer ['swimə] *s.* înotător.

swimming ['swimiŋ] *s.* înot. *adj.* înecat; plutitor.

swimmingly ['swimiŋli] *adj.* ușor; cu succes; de minune; *things went ~* a mers ca pe roate.

swindle ['swindl] *s.* escrocherie; înșelăciune; păcăleală. *vt.* a escroca. *vi.* a face escrocherii.

swindler ['swindlə] *s.* escroc.

swine [swain] *s.* porc(i); *~-herd* porcar.

swing [swiŋ] *s.* leagăn; legănare; pendulă; pendulare; oscilație; ritm; dans legănat; swing; *in full ~* în plin avânt; în floare; în desfășurare. *vt.* a legăna; a întoarce; a clătina. *vi.* a se legăna; a se întoarce; a se clătina; a se da în leagăn.

swinging ['swiŋiŋ] *adj.* legănat; oscilant; ritmat.

swipe [swaip] *s.* lovitură. *vt.* a lovi; a fura.

swirl [swə:l] *s.* vârtej. *vt., vi.* a (se) învolbura.

swish [swiʃ] s. fâşâit; foşnet; vâjâit. *vt.* a foşni din; a plesni. *vi.* a foşni; a fâşâi; a vâjâi.

Swiss [swis] s., *adj.* elveţian(ă); the ~ elveţienii.

switch [switʃ] s. nuia; cravaşă; şaltăr, întrerupător; macaz. *vt.* a cravaşa; a mişca în sus şi în jos; a întrerupe (curentul); a trece pe altă linie; a se muta.

switch-board ['switʃbɔːd] s. tablou de comandă; centrală telefonică.

swivel ['swivl] *vt., vi.* a (se) învârti; ~-*chair* scaun turnant; ~-*eyed* saşiu.

swollen ['swouln] *adj.* umflat.

swoon [swuːn] s. leşin. *vi.* a leşina.

swoop [swuːp] s. atac; năpustire. *vi.* a se năpusti.

swop [swɔp] s. v. **swap**.

sword [swɔd] s. sabie; militărie; război.

swordsman ['sɔːdzmən] s. spadasin; scrimer.

swore [swɔː] *vt., vi.* trec de la **swear**.

sworn [swɔːn] *vt., vi. part. trec. de la* **swear**.

swot [swɔt] s. *fig.* tocilar. *vi. fig.* a toci.

swum [swʌm] *vt., vi. part. trec. de la* **swim**.

swung [swʌŋ] *vt., vi.* trec. şi part. trec. de la **swing**.

sycamore ['sikəmɔː] s. sicomor; smochin; paltin.

sycophant ['sikəfənt] s. linguşitor; parazit.

syllabify [si'læbifai] *vt.* a împărţi în silabe.

syllable ['siləbl] s. silabă.

syllabus ['siləbəs] s. programă analitică; plan; conspect.

sylph [silf] s. zână; silfidă.

sympathetic [,simpə'θetik] *adj.* plin de compătimire; înţelegător; simpatic.

sympathize ['simpəθaiz] *vi.* a fi înţelegător sau milos; *to* ~ *with* a compătimi; a agrea; a înţelege.

sympathizer ['simpəθaizə] s. simpatizant.

sympathy ['simpəθi] s. înţelegere; milă; simpatie; *pl.* condoleanţe.

symphony ['simfəni] s. simfonie. *adj.* simfonic.

syncope ['siŋkəpi] s. sincopă; leşin.

syndicate ['sindikit] s. cartel; concern.

synopsis [si'nɔpsis] s. rezumat; tablou sinoptic.

Syriac ['siriæk] *adj. (numai d. limbă)* siriană.

Syrian ['siriən] s., *adj.* sirian(ă).

system ['sistim] s. sistem(ă) sau regim (social); ordine.

system(at)ize ['sistim(ət)aiz] *vt.* a sistematiza.

T

table ['teibl] s. masă; tabel; tablă ~- *cloth* față de masă; ~-*land* platou; podiș; ~-*talk* conversație. vt. a pune pe masă; a propune; a pune pe un tabel.

tablet ['tæblit] s. tabletă.

tabloid ['tæbloid] s. tabletă. adj. concentrat.

taboo [tə'bu:]s. tabu.

tabular ['tæbjulə] adj. în formă de tabel; neted.

tack [tæk] s. țintă; cui; pioneză; tighel.

tackle ['tækl] s. scripete; odgon; instalație; echipament; *sport* placaj. vt. a borda; a ataca; *sport* a placa. vi. a placa.

tactful ['tæktfl] adj. abil; plin de tact.

tactics ['tæktiks] s. tactică.

tadpole ['tædpoul] s. zool. mormoloc.

tag [tæg] s. etichetă; ștampilă; repetiție. vt. a eticheta; a se ține după (cineva)

tail [teil] s. coadă; spate; pajură; coroană (la o monedă); pl. frac (și ~ *coat)* vt. a pune coadă la (un obiect). vi.: to ~ *after* a se ține după (cineva).

tailor ['teilə] s. croitor. vt. a croi; a face (haine). vi. a face haine.

tailoring ['teiləriŋ] s. croitorie (profesie).

tailor-made ['teiləmeid] adj. făcut de croitor; ~ *suit* taior.

taint [teint] s. pată; molipsire; pângărire; atingere. vt. a pângări; a strica; a infecta.

take [teik] vt. a lua; a primi; a accepta; a obține; a duce; a fura; a răpi; a simți; a mânca; a consuma; a bea; a alege; a prinde; a ataca; a folosi; a atrage; a necesita; a înregistra; a presupune; a socoti; a adopta; to ~ *French leave* a o șterge englezește; to ~ *off* a scoate; to ~ *on* a întreprinde; a-și asuma; a angaja; to ~ *out* a scoate, a smulge; a obține; to ~ *over* a prelua; to ~ *up* a ridica; a ocupa; a primi; a se ocupa de. vi. a fi atrăgător; a face impresie; to ~ *after smb.* a semăna cu cineva; to ~ *off* a sări; a decola; to ~ *on* a fi emoționat; a se supăra; to ~ *over* a intra în funcție.

taken ['teikn] vt., vi. part. trec. de la **take**.

take-off ['teikɔ:f] s. decolare.

tale [teil] s. poveste; basm.

talk [tɔ:k] s. conversație; discuție; cozerie; conferință; tratative; subiect (al bârfelilor). vt. a discuta, a vorbi; a convinge; to ~ *round* a duce cu vorba; to ~ *over* a discuta pe îndelete. vi. a vorbi, a conversa; a bârfi.

talkative ['tɔ:kətiv] adj. flecar.

talker ['tɔ:kə] s. vorbitor; orator; lăudăros.

talkie ['tɔ:ki] s. film sonor.

talking-picture ['tɔ:kiŋ 'piktʃə] s. film sonor.

tall [tɔ:l] adj. mare, înalt; riscant; exagerat.

tallow ['tælou] s. seu.

tally ['tæli] s. răboj; etichetă. vt. a socoti. vi. a corespunde, a se potrivi.

talon ['tælən] s. gheară; unghie lungă.

tame [teim] adj. îmblânzit; blând; inofensiv; neinteresant. vt. a îmblânzi; a supune.

tamer ['teimə] s. îmblânzitor.

tamper ['tæmpə] vt.: to ~ with a umbla la; a falsifica; a strica; a corupe.

tan [tæn] s. argăseală; tanin; bronzare. adj. gălbui. vt. a argăsi; a bronza; a bate.

tangerine [,tændʒə'ri:n] s. mandarină.

tangible ['tændʒəbl] s. palpabil; clar.

tangle ['tæŋgl] s. încurcătură. vt., vi. a (se) încurca.

tank [tæŋk] s. rezervor; tanc.

tankard ['tæŋkəd] s. cană.

tanker ['tæŋkə] s. tanc petrolier.

tanner ['tænə] s. tăbăcar; monedă de șase penny.

tannery ['tænəri] s. tăbăcărie.

tantalize ['tæntəlaiz] vt. a chiui; a necăji.

tantamount ['tæntəmaunt] adj.: to be ~ to a se ridica la; a însemna; a fi egal cu.

tap [tæp] s. robinet; (vin de la) canea; bătaie ușoară (în geam, pe umăr etc.); bocănit; pl. mil. stingerea. vt. a da cep la; a deschide; a aborda; a bate (ușor); a tapa; a supraveghea (un telefon).

tape [teip] s. panglică; bandă; ~ recorder magnetofon. vt. a prinde cu panglici.

taper ['teipə] s. lumânare subțire.

tapering ['teipəriŋ] adj. conic; ascuțit.

tapestry ['tæpistri] s. tapet; tapiserie.

tapeworm ['teipwə:m] s. tenie.

tap-room ['tæprum] s. bar, tejghea; bufet.

tar [tɑ:] s. gudron; catran; marinar. vt. a da cu catran.

tardy ['tɑ:di] adj. întârziat; încet.

tare [tɛə] s. tară, dara.

target ['tɑ:git] s. țintă; sarcină; normă.

tariff ['tærif] s. tarif; listă de prețuri.

tarn [tɑ:n] s. iezer, tău.

tarnish ['tɑ:niʃ] s. întunecare. vt. a întuneca.

tarpaulin [tɑ:'pɔ:lin] s. prelată; îmbrăcăminte marinărească (impermeabilă).

taragon ['tærəgən] s. bot. tarhon.

tarry ['tæri] vi. a zăbovi; a rămâne; a aștepta.

tart [tɑ:t] s. tartă, târfă. adj. acru; obraznic.

tartan [tɑ:tn] s. pled; stofă ecosez. adj. ecosez.

Tartar[1] ['tɑ:tə] s. tătar; om nervos. adj. tătăresc.

tartar[2] ['tɑ:tə] s. tartru.

task [tɑ:sk] s. sarcină; temă. vt. a încărca; a pune la (grea) încercare.

taskmaster ['tɑ:sk,mɑ:stə] s. șef.

tassel ['tæsl] s. franjuri.

taste [teist] s. gust; gură; mușcătură, înghițitură; preferința. vt. a gusta; a simți; a atinge; a se bucura de; vi. a gusta; a simți un gust; a avea gust (bun, rău etc.); to ~ of a avea gust de.

tasteful ['teistfl] adj. gustos; cu mult (bun) gust.

tasteless ['teistlis] *adj.* fără gust; fără haz; de prost gust.

tasty ['teisti] *adj.* gustos.

tatter ['tætə] *s.* zdreanță.

tatterdemalion [,tætədə'meiljən] *s.* zdrențăros, calic.

tattered ['tætəd] *adj.* zdrențuit; zdrențăros.

tattle ['tætl] *s.* vorbărie (goală); flecăreală. *vt., vi.* a trăncăni; a bârfi.

tattoo [tə'tu] *s.* tatuaj; tam-tam. *vt.* a tatua.

taught [tɔːt] *vt., vi. trec. şi part. trec. de la* **teach**.

taunt [tɔːnt] *s.* ironie, înțepătură. *vt.* a ironiza, a înțepa.

taut [tɔːt] *adj.* întins, încordat.

tavern ['tævən] *s.* cârciumă; han.

tawny ['tɔːni] *adj.* roib; maro-deschis.

tax [tæks] *s.* impozit; taxă; povară; ~ *collector* perceptor; ~ *free* scutit de impozite *sau* taxe. *vt.* a impune, a taxa; a împovăra; a acuza.

taxation [tæk'seiʃn] *s.* impozite; fisc.

taxi ['tæksi] *s.* taxi. *vi.* a merge cu taxiul; a rula, a merge.

taxicab ['tæksikæb] *s.* taxi.

taximeter ['tæksi,miːtə] *s.* aparat de taxat.

taxpayer ['tæks,peiə] *s.* contribuabil.

t.b. ['tiː'biː] *s.* tuberculoză.

te [tiː] *s. muz.* nota si.

tea [tiː] *s.* ceai; ~ *party* ceai, petrecere.

teach [tiːtʃ] *vt.* a preda, a învăța (pe alții). *vi.* a fi profesor.

teacher ['tiːtʃə] *s.* profesor.

teaching ['tiːtʃiŋ] *s.* învățătură; profesorat.

teal [tiːl] *s.* lișiță.

team [tiːm] *s.* echipă; pereche (de boi, cai).

teamster ['tiːmstə] *s.* conducător de turmă; vizitiu.

tear¹ [tiə] *s.* lacrimă; *in* ~s plângând.

tear² [teə] *s.* ruptură. *vt.* a sfâşia, a rupe, a tăia; a răni; a smulge; a chinui. *vi.* a se rupe, a se sfâşia; a se repezi; a trece ca fulgerul; *to* ~ *at smth.* a trage de ceva.

tearful ['tiəfl] *adj.* plângăreț; scăldat în lacrimi.

tear-gas ['tiə'gæs] *s.* gaz lacrimogen.

tease [tiːz] *s.* om ironic; mucalit; *vt.* a tachina, a ironiza, a necăji; a pisa, a bate la cap; a desface.

teat [tiːt] *s.* mamelon; țâță.

tea-things ['tiː'θiŋz] *s. pl.* serviciu de ceai.

tea-time ['tiːtaim] *s.* ora ceaiului *(cinci, după-amiază)*.

technical ['teknikl] *adj.* tehnic.

technicality [,tekni'kæliti] *s.* chițibuş, chestiune de specialitate.

technics ['tekniks] *s.* tehnică.

techniqe [tek'niːk] *s.* tehnică, îndemânare.

technology [tek'nɔlədʒi] *s.* tehnologie; tehnică.

teddy-bear ['tedibeə] *s.* ursuleț *(jucărie)*.

tedious ['tiːdjəs] *adj.* plicticos; lung.

teem [tiːm] *vi.* a mişuna; a roi; *to* ~ *with* a fi plin de.

teen-ager ['tiːn,eidʒə] *s.* adolescent(ă) *(13-19 ani)*.

teens [tiːnz] *s. pl.* adolescență (13 - 19 ani).

teeth [tiːθ] *s. pl. de la* **tooth**.

teetotal [ti:'toutl] *adj.* cumpătat; nealcoolic.

teetotal(l)er [ti:'toutlə] *s.* abstinent; antialcoolic.

telecast['telikɑ:st] *s.* emisiune de televiziune.

telescope ['teliskoup] *s.* lunetă. *vt.* a strânge; a ciocni. *vi.* a se ciocni.

television ['teli,viʒn] *s.* televiziune.

tell [tel] *vt.* a relata, a spune; a distinge; a recunoaşte. *vi.* a povesti, a spune poveşti; *to ~ on smb.* a trăda, a pârî.

teller ['telə] *s.* povestitor; cel ce numără (voturile, banii etc.).

telling ['teliŋ] *adj.* eficient; impresionant, elocvent.

tell-tale ['tel-teil] *s.* gură spartă. *adj.* trădător.

telly ['teli] *s.* televizor.

temerity [ti'meriti] *s.* îndrăzneală (exagerată).

temper ['tempə] *s.* temperament; stăpânire de sine; furie; tărie; *out of ~ (with)* supărat (pe). *vt.* a căli; a înmuia; a tempera. *vi.* a se căli; a se întări.

temperamental [,temprə'mentl] *adj.* temperamental; nervos; capricios.

temperance ['temprns] *s.* temperanţă; cumpătare; antialcoolism.

tempest ['tempist] *s.* furtună.

temple ['templ] *s.* templu; tâmplă.

tempo ['tempou] *s.* ritm.

temporize ['tempəraiz] *vi.* a zăbovi; a căuta să câştigi timp.

tempt [temt] *vt.* a ispiti; a atrage.

temptation [tem'teiʃn] *s.* ispită.

ten [ten] *s., num.* zece.

tenacious [ti'neiʃəs] *adj.* tenace; unit; lipicios.

tenancy ['tenənsi] *s.* situaţia de chiriaş; perioada închirierii; pământ pentru care se plăteşte arendă.

tenant ['tenənt] *s.* chiriaş; ţăran (de pe o moşie).

tend [tentd] *vt.* a păzi; a paşte (vitele). *vi.* a tinde.

tench [tentʃ] *s. iht.* lin.

tendency ['tendənsi] *s.* tendinţă.

tender ['tendə] *s.* ofertant; ofertă; *fin.* monedă; tender; vas auxiliar; *legal ~* monedă oficială. *adj.* moale; delicat; fraged; tandru; necopt; nevârstnic; dureros; sensibil; milos.

tenderfoot ['tendəfut] *s.* nou-venit; ageamiu.

tendril ['tendril] *s.* cârcel; cârlionţ.

tenement ['tenimənt] *s.* închiriere; local închiriat; *~ house* casă de raport.

tenet ['ti:net] *s.* principiu; credinţă.

tenfold ['tenfould] *adj., adv.* înzecit.

tenner ['tenə] *s.* hârtie de zece lire.

tenon ['tenən] *s.* cui de lemn; îmbucătură. *vt.* a îmbuca.

tenor ['tenə] *s.* tenor; direcţie generală; sens general.

tense [tens] *s.* timp al verbului. *adj.* încordat; întins.

tensile ['tensail] *adj.* extensibil; ductil; de încordare.

tension ['tenʃn] *s.* tensiune; încordare.

tent [tent] *s.* cort.

tentative ['tentətiv] *adj.* experimental; făcut la noroc, într-o doară.

tenter-hook ['tentəhuk] *s.* cârlig de rufe; *to be on ~s* a sta ca pe ghimpi.

tenth [tenθ] *s.* zecime. *num.* al zecelea.

tenure ['tenjuə] *s.* posesiune; stăpânire.

tepid ['tepid] *adj.* căldut.

term [tə:m] *s.* termen; limită; *pl.* învoială. *vt.* a numi.

termagant ['tə:məgənt] *s. fig.* vrăjitoare; scorpie.

terminal ['tə:minl] *s.* terminus; capăt; *el.* bornă. *adj.* final; de la capăt.

terminology ['tə:mi'nɔlədʒi] *s.* terminologie; nomenclatură.

terrace ['terəs] *s.* terasă; parc (de locuinte).

terrible ['terəbl] *adj.* teribil; înspăimântător; strasnic.

terrier ['teriə] *s.* (câine) terier.

terrific [tə'rifik] *adj.* teribil; strasnic.

terrify ['terifai] *vt.* a înspăimânta.

territory ['teritri] *s.* teritoriu.

terror ['terə] *s.* teroare; spaimă.

terse [tə:s] *adj.* concis; scurt.

test [test] *s.* încercare; experientă; examen; analiză, test. *adj.* de încercare, experimental. *vt.* a încerca; a examina; a analiza; a pune la grea încercare.

testify ['testifai] *vt.* a declara; a dovedi. *vi.* a depune mărturie; *to* ~ *to* a afirma; a dovedi.

testimonial [,testi'mounjəl] *s.* mărturie; mărturisire; semn.

testimony ['testiməni] *s.* mărturie; declaratie.

test-tube ['testju:b] *s.* eprubetă.

testy ['testi] *adj.* supărăcios, tâfnos.

tetchy ['tetʃi] *adj.* tâfnos.

tether ['teðə] *s.* pripon. *vt.* a priponi.

text-book ['teksbuk] *s.* manual.

textile ['tekstail] *s.* textilă. *adj.* textil.

texture ['tekstʃə] *s.* tesătură; structură.

than [ðən, ðæn] *conj.* decât.

thank [θæŋk] *s.* multumire; ~*s!* multumesc ~*s to* datorită. *vt.* a multumi (cuiva); ~ *you* multumesc.

thankful [θæŋkfl] *adj.* recunoscător.

thankfulness ['θæŋkflnis] *s.* recunostintă.

thankless ['θæŋklis] *adj.* ingrat.

thanksgiving ['θæŋks,giviŋ] *s.* (rugăciune de) recunostintă.

that [ðæt] *adj.* acel, acea. *pron.* acela, aceea; care. *adv.* atâta; asa de. *conj.* că; încât; pentru că.

thatch [θætʃ] *s.* acoperis de paie, de stuf; paie. *vt.* a acoperi cu paie *sau* stuf.

thaw [θɔ:] *s.* dezghet, moină. *vt., vi.* a (se) topi; a (se) dezgheta.

the [ðə, *înaintea vocalelor* ði] *art. hot.:* ~ *moon* luna; ~ *most beautiful* cea mai frumoasă. *adv.* ~ *more* ~ *better* cu cât mai mult, cu atât mai bine.

theater, theatre ['θiətə] *s.* (amfi)-teatru; *fig.* scenă; ~ *goer* (mare) amator de teatru.

theatrical [θi'ætrikl] *adj.* teatral.

theft [θeft] *s.* furt; hotie.

their [ðeə] *adj.* lor.

theirs [ðeəv] *pron.* al lor.

them [ðəm] *pron.* pe ei, pe ele; lor.

theme [θi:m] *s.* temă, subiect.

themselves [ðm'səlvz] *pron.* se; însisi, însele; ei, ele; *by* ~ singuri, fără (alt) ajutor.

then [ðen] *adv.* atunci; apoi; *now* ~ ei. *conj.* atunci, deci. *adj.* de atunci.

theorist ['θiərist] *s.* teoretician.
theorize ['θiəraiz] *vt., vi.* a teoretiza.
theory ['θiəri] *s.* teorie.
therapy ['θerəpi] *s.* terapie.
there [ðɛə] *adv.* acolo; atunci; ~ *is* [ðər'iz] este; ~ *are* [ðər'a:] sunt, se află; ~ *and then* (atunci) pe loc. *interj.* iată.
thereabout(s) ['ðɛərəbauts] *adv.* (cam) pe acolo.
thereby ['ðɛə'bai] *adv.* prin aceasta.
therefore [ðɛə'fɔ:] *adv.* deci; de aceea.
therein [ðɛə'rin] *adv.* acolo (înăuntru); în această privință. *pron.* din care; din ea; din el; din asta.
thermos (bottle sau **flask)** ['θə:mɔ ('bɔtl, -fla:sk)] *s.* termos.
thesaurus [θi'sɔ:rəs] *s.* dicționar; tezaur.
these [ði:z] *adj.* acești, aceste. *pron.* aceștia, acestea.
thesis ['θi:sis] *s.* teză, principiu; eseu.
they [ðei] *pron.* ei, ele; lumea.
thick [θik] *adj.* gros, dens; intim; răgușit; greoi; ~ *with* plin de.
thicken ['θikn] *vt., vi.* a (se) îngroșa.
thickening ['θikniŋ] *s.* îngroșare; grosime.
thicket ['θikit] *s.* crâng; tufiș.
thickhead ['θik'hed] *s.* tâmpit.
thickness ['θiknis] *s.* grosime, strat.
thickset ['θik'set] *adj.* solid, îndesat; des.
thick-skinned ['θik'skind] *adj.* cu pielea groasă; gros la obraz.
thief [θi:f] *s.* hoț.
thieve [θi:v] *vt., vi.* a fura.

thievish ['θi:viʃ] *adj.* hoțesc.
thigh [θai] *s.* coapsă, pulpă.
thimble ['θimbl] *s.* degetar.
thin [θin] *s.* parte subțire. *adj.* subțire; mic; slab; răsfirat; rar; prost; de necrezut. *vt., vi.* a (se) subția.
thing [θiŋ] *s.* lucru; obiect; subiect; ființă; amănunt; împrejurare; *pl.* situație; *the ~ is...* problema este că...; *first ~ in the morning* primul lucru ce trebuie făcut; mai întâi de toate.
think [θiŋk] *vt.* a gândi; a socoti; a crede; a-și închipui; *to ~ out* a elabora; a chibzui; *to ~ over* a chibzui. *vi.* a se gândi; a medita; a fi dus pe gânduri; a născoci.
thinker ['θiŋkə] *s.* gânditor; cugetător.
third [θə:d] *s.* treime. *num.* al treilea.
third-rate ['θə:d'reit] *adj.* foarte prost.
thirst [θə:st] *s.* sete; dor. *vi.* a fi însetat.
thirsty ['θə:sti] *adj.* însetat; care face sete; uscat.
thirteen ['θə:'ti:n] *num.* treisprezece.
thirteenth ['θə:'ti:nθ] *num.* al treisprezecelea.
thirtieth ['θə:tiiθ] *num.* al treizecilea.
thirty ['θə:ti] *s.* treizeci; *the thirties* deceniul al patrulea. *num.* treizeci.
this [ðis] *adj.* acest, aceasta. *pron.* acesta, aceasta.
thistle ['θisl] *s.* scai, ciulin.
thither ['ðiðə] *adv.* într-acolo.
thorn [θɔ:n] *s.* spin; ciulin.
thorny ['θɔ:ni] *adj.* țepos; spinos.

thorough ['θʌrə] *adj.* complet; profund; exact; meticulos.

thoroughbred ['θʌrəbred] *s.* aristocrat; cal pursânge. *adj.* aristocratic; pursânge.

thoroughfare ['θʌrəfɛə] *s.* magistrală.

thoroughgoing ['θʌrə,gouiŋ] *adj.* complet; profund; extrem; meticulos, amănunţit; temeinic.

thoroughly ['θʌrəli] *adv.* temeinic; complet.

those [ðouz] *adj.* acei, acele. *pron.* aceia, acelea.

though [ðou] *conj.* deşi; totuşi. *adv.* totuşi.

thought [θɔːt] *s.* gând; idee; grijă; nuanţă. *vt., vi.* trec. şi part. trec. *de la* **think.**

thoughtful ['θɔːtfl] *adj.* serios; gânditor; amabil; atent, grijuliu.

thoughtless ['θɔːtlis] *adj.* aiurit; neatent; egoist.

thoughtlessness ['θɔːtlisnis] *s.* zăpăceală; nechibzuinţă.

thousand ['θauznd] *s., num.* o mie.

thousandfold ['θauznfould] *adj., adv.* înmiit.

thousandth ['θauznθ] *s.* miime. *num.* al o mielea.

thraldom ['θrɔːldəm] *s.* sclavie.

thrall [θrɔːl] *s.* sclav; robie.

thrash [θræʃ] *vt.* a bate; a treiera; *to ~ out* a discuta pe îndelete; a lămuri. *vi.* a treiera.

thrasher ['θræʃə] *s.* batoză.

thrashing ['θræʃiŋ] *s.* bătaie; treierat.

thread [θred] *s.* aţă; fir (conducător etc.); filet (la şurub). *vt.* a înşira pe aţă.

threadbare ['θredbɛə] *adj.* ros; ponosit; învechit; banal.

threat [θret] *s.* ameninţare.

threaten ['θretn] *vt., vi.* a ameninţa.

three [θriː] *num.* trei.

three-cornered ['θriː'kɔːned] *adj.* în trei colţuri.

threefold ['θriːfould] *adj., adv.* întreit.

threepence ['θrepns] *s.* trei penny.

thresh [θreʃ] *vt., vi.* a treiera.

thresher ['θreʃə] *s.* batoză.

threshing-floor ['θreʃiŋflɔː] *s.* arie de treierat.

threshing-machine ['θreʃiŋmə,ʃiːn] *s.* batoză.

threshold ['θreʃould] *s.* prag; intrare.

threw [θruː] *vt., vi.* trec. de la **throw.**

thrice [θrais] *adv.* de trei ori.

thrift [θrift] *s.* economie; chibzuială.

thriftless ['θriftlis] *adj.* risipitor.

thrifty ['θrifti] *adj.* econom; prosper.

thrill [θril] *s.* fior (de plăcere); emoţie. *vt.* a emoţiona; a captiva; a face să palpite. *vi.* a se înfiora (de plăcere); a palpita; a vibra.

thriller ['θrilə] *s.* roman *sau* film poliţist *sau* film de groază.

thrilling ['θriliŋ] *adj.* palpitant; captivant; emoţionant.

thrive [θraiv] *vi.* a prospera; a reuşi; a-i merge bine.

thriven ['θrivn] *vi. part. trec. de la* **thrive.**

throat [θrout] *s.* gât(lej).

throaty ['θrouti] *adj.* gutural; din gât.

throb [θrɔb] *s.* plus; vibraţie; duduit; emoţie. *vi.* a pulsa; a dudui; a vibra; *(d. inimă)* a bate.

throes [θrouz] *s. pl.* dureri(le faceri!); chinuri.

throne [θrəun] *s.* tron; rege; monarhie.

throng [θrɔŋ] *s.* mulţime, aglomeraţie. *vt., vi.* a (se) aglomera.

throttle ['θrɔtl] *s.* gât, beregată; *auto.* accelerator. *vt.* a strânge de gât; a înăbuşi. *vi.* a încetini viteza.

through [θru:] *adj.* direct; gata. *adv.* de la un capăt la celălalt; **complet**; gata. *prep.* prin; datorită, din cauza.

throughout [θru'aut] *adv.* întru totul; peste tot. *prep.* de la un capăt la celălalt; peste tot cuprinsul.

throve [θrəuv] *vi.* trec de la **thrive**.

throw [θrəu] *s.* aruncare, a azvârli; a îndrepta; a trimite; a lăsa deoparte; a făta; a juca (zaruri); a pune; *to ~ about* a împrăştia; a mişca (braţele); *to ~ away; to ~ to the dogs* a irosi, a da cu piciorul la; *to ~ down* a răsturna; a trânti la pământ; *to ~ in* a pune la bătaie; a băga; a face (o remarcă); *to ~ off* a dezbrăca; a scăpa de; a arunca (la o parte); *to ~ open* a deschide (larg); *to ~ out* a respinge; a arunca (la întâmplare); a clădi; *to ~ over* a părăsi; a renunţa la; *to ~ up* a ridica; a vomita; a renunţa la. *vi.* a arunca (în lături); *to ~ back* a se întoarce. *vr.* a se arunca; a se trânti.

thrown [θrəun] *vt., vi.* part. trec. de la **throw**.

thrum [θrʌm] *vt., vi.* a zdrăngăni.

thrush [θrʌʃ] *s.* sturz; aft.

thrust [θrʌst] *s.* împingere; împunsătură; înţepătură; atac; aluzie (răutăcioasă). *vt.* a împinge; a înfige; a înjunghia;. *vi.* a împinge; a ţâşni.

thud [θʌd]*s.* bubuitură; dupăit.

thug [θʌg] *s.* criminal.

thumb [θʌm] *s.* degetul mare; *under the ~ of* în puterea cuiva. *vt.* a răsfoi.

thumb-tack ['θʌmtæk] *s.* pioneză.

thump [θʌmp] *s.* lovitură cu pumnul. *vt., vi.* a lovi; a bate.

thumping ['θʌmpiŋ] *adj., adv.* straşnic; teribil.

thunder ['θʌndə] *s.* (şi ~ *bolt*) tunet; trăsnet; fulger; ~ *clap* (lovitură de) trăsnet; ~-*struck* uluit. *vi.* a trăsni; a fulgera; a bubui; a se năpusti.

Thursday ['θə:zdi] *s.* joi.

thus [ðʌs] *adv.* astfel; aşa; atâta; ~ *far* deocamdată.

thwart [θɔ:t] *vt.* a contrazice; a zădărnici.

thyme [taim] *s.* cimbru.

tick [tik] *s.* ticăit, tic-tac; semn, bifare; căpuşă; faţă de saltea; credit, veresie. *vt.* a bifa, a însemna. *vi.* a ticăi.

ticker ['tikə] *s.* ceas.

ticket ['tikit] *s.* bilet; tichet; *amer.* listă de candidaţi; notă; autorizaţie; *that's the ~* aşa e (bine).

ticking ['tikiŋ] *s.* ticăit; faţă de saltea.

tikle ['tikl] *s.* gâdilat. *vt.* a gâdila; a amuza; a încânta. *vi.* a gâdila.

ticklish ['tikliʃ] *adj.* gâdilos; *fig.* spinos.

tidal ['taidl] *adj.* legat de flux.

tide [taid] *s.* flux (şi reflux); *fig.* tendinţă (generală), curent; perioadă.

tidiness ['taidinis] *s.* fire ordonată.

tidings ['taidiŋz] *s. pl.* veşti.

tidy ['taidi] *adj.* ordonat; curat; mare. *vt.* a aranja; a pune în ordine (prin casă).

tie [tai] s. legătură; funie; cravată; *amer.* traversă; încurcătură; meci nul; *muz.* legato. *vt.* a lega, a fixa; a îngrădi. *vi.* a se lega; *sport* a face meci nul.

tier [tiə] s. rând de loji, rafturi *sau* scaune.

tiff [tif] s. ceartă.

tiger ['taigə] s. tigru.

tight [tait] adj. (bine) închis; strâns; strâmt; etanş; plin (ochi); încordat; beat; zgârcit. adv. strâns, încordat.

tighten ['taitn] vt. a încorda, a întinde, a întări; a închide; a strânge.

tight-rope ['taitroup] s. funie întinsă (pentru acrobaţii).

tights [taits] s. pl. maiou de balet.

tigress ['taigris] s. tigroaică.

tile [tail] s. ţiglă, olan. vt. a acoperi cu ţiglă.

till [til] s. sertar (la tejghea). vt. a cultiva, a lucra (pământul). prep. până la. conj. până (ce).

tillage ['tilidʒ] s. agricultură; pământ lucrat.

tiller ['tilə] s. ţăran; muncitor agricol; mânerul cârmei.

tilt [tilt] s. luptă cavalerească; turnir; înclinare. vt. a înclina; a întoarce; a răsturna; *to ~ at* a ataca.

timber ['timbə] s. cherestea; lemne; pădure.

timbered ['timbəd] adj. lucrat în lemnărie; împădurit.

timbre ['tembə] s. *muz.* timbru.

time [taim] s. timp; perioadă; dată; ocazie; epocă; oră; *muz.* măsură; *in no ~* imediat; *at one ~cândva* (în trecut); *~ and again* de nenumărate ori; *at ~s* când şi când; *many a ~, many*

~s adesea; *~ keeper* normator; cronometru; *~ piece* ceasornic; *~-serving* oportunist; conformist; *~-table* orar; program. vt. a potrivi (în timp); a programa; a cronometra.

timely ['taimli] adj. potrivit, oportun.

timorous ['timərəs] adj. fricos; timid.

tin [tin] s. cositor; tinichea; cutie (de conserve); bani; *~ foil* staniol. vt. a conserva (în cutii); a cositori; *~ned food* conserve.

tinge [tindʒ] s. nuanţă, tentă; urmă. vt. a colora (uşor); *fig.* a umbri.

tingle ['tingl] s. furnicătură; ţiuială. vi. a furnica; a ţiui.

tinker ['tiŋkə] s. tinichigiu; meseriaş prost. vt., vi. a cârpăci.

tinkle ['tiŋkl] s. clinchet; zăngănit. vt. a suna din (clopoţel).

tinman ['tinmən] s. tinichigiu; meseriaş care lipeşte şi cositoreşte vasele.

tinsel ['tinsl] s. beteală; poleială.

tint [tint] s. nuanţă, culoare, tentă. vt. a colora.

tiny ['taini] adj. mititel.

tip [tip] s. vârf; bacşiş; sfat; răsturnare. vt. a răsturna; a da bacşiş la.

tip-cart ['tipka:t] s. camion basculant.

tipple ['tipl] vt., vi. a bea; a (se) îmbăta. s. băuturi.

tipsy ['tipsi] adj. beat.

tiptoe ['tiptou] s. vârful picioarelor. vi. a merge în vârful picioarelor.

tiptop ['tip'top] s. vârful cel mai înalt. adj. straşnic; de prima calitate.

tire ['taiə] *s.* anvelopă; cauciuc de roată. *vt.* a obosi. *vi.* a se obosi; a se plictisi.

tired ['taiəd] *adj.* obosit; istovit; plictisit.

tiredness ['taiədnis] *s.* oboseală.

tireless [,taiəlis] *adj.* neobosit; energic; neîncetat.

tiresome ['taiəsəm] *adj.* obositor; supărător; plicticos.

tiro ['taiərou] *s.* începător, ageamiu.

tissue ['tisju:] *s.* țesătură; pânză; material; țesut; plasă.

tit [tit] *s.* pițigoi; ~ *for tat* dinte pentru dinte.

titbit ['titbit] *s.* bucățică bună, delicatese; veste mare.

tithe [taið] *s.* dijmă; fracțiune.

titillate ['titileit] *vt.* a gâdila; a încânta.

titivate ['titiveit] *vt., vi.* a (se) împopoțona.

title ['taitl] *s.* titlu; drept.

titled ['taitld] *adj.* înnobilat.

titmouse ['titmaus] *s.* pițigoi.

titter ['titə] *s.* chicotit. *vi.* a chicoti.

tittle-tattle ['titl,tætl] *s.* bârfeală, flecăreală; zvon. *vi.* a bârfi; a răspândi zvonuri.

to [tu; tə] *prep.* la; spre; înainte de; până la; pe(ntru). *particulă a inf.* (pentru) a.

toad [toud] *s.* broască râioasă; parazit; lingușitor; ~-*eater* lingușitor; sicofant; ~*stool* ciupercă otrăvitoare.

toady ['toudi] *s.* lingușitor. *vi.* a linguși.

toast [toust] *s.* pâine prăjită; toast; sărbătoritul. *vt.* a prăji; a încălzi; a toasta pentru. *vi.* a se prăji; a se încălzi.

toaster ['toustə] *s.* grătar pentru prăjit pâinea.

tobacco [tə'bækou] *s.* tutun; ~ *plant* regina nopții; tutun.

tobacconist [tə'bækənist] *s.* tutungiu; tutungerie.

toboggan [tə'bɔgn] *s.* sanie (lungă).

tocsin ['tɔksin] *s.* (clopot de) alarmă.

today [tə'dei] *s.* (ziua de) astăzi; zilele noastre. *adv.* azi.

toddle ['tɔdl] *s.* bălăbăneală. *vi.* a se bălăbăni; a umbla haihui.

to-do [tə'du;] *s.* zarvă; agitație.

toe [tou] *s.* deget de la picior.; (și ~ *cap*) bombeu.

toffee ['tɔfi] *s.* caramelă.

tog [tɔg] *s.* haină. *vt.* a se îmbrăca (elegant).

together [tə'geðə] *adv.* împreună; laolaltă; alături; neîntrerupt.

toil [tɔil] *s.* trudă. *vi.* a trudi; a merge greu.

toiler ['tɔilə] *s.* truditor.

toilet ['tɔilit] *s.* toaletă; ~ *paper* hârtie igienică; ~ *table* măsuță de toaletă.

toilsome ['tɔilsəm] *adj.* obositor; laborios.

token ['toukn] *s.* semn; simbol; ~ *strike* grevă de protest *sau* de solidaritate.

told [tould] *vt., vi. trec și part. trec. de la* **tell**.

tolerable ['tɔlərəbl] *adj.* suportabil; acceptabil.

tolerance ['tɔlərns] *s.* îngăduință; toleranță.

tolerate ['tɔləreit] *vt.* a tolera; a îngădui.

toll [toul] *s.* dangăt de clopot; jertfă. *vt.* a suna (din clopot). *vi.* a (ră)suna jalnic.

tomahawk ['tɔməhɔ:k] *s.* securea pieilor-roșii.

285

tomato [tə'mɑːtou] *s.* (pătlăgică) roşie.

tomb [tuːm] *s.* cavou; mormânt.

tomboy ['tɔmbɔi] *s.* fată băieţoasă.

tombstone ['tuːmstoun] *s.* piatră funerară.

tomcat ['tɔm'kæt] *:s.* motan.

tome [toum] *s.* volum (gros).

tomfool ['tɔm'fuːl] *s.* prostănac.

tomfoolery ['tɔm'fuːləri] *s.* aiurea-lă, prostie.

tommy ['tɔmi] *s.* soldat britanic; ~ *gun* automat; ~ *rot* prostie îngro-zitoare.

tomorrow [tə'mɔrou] *s.* (ziua de) mâine. *adv.* mâine.

tomtit ['tɔm'tit] *s.* piţigoi.

ton [tʌn] *s.* tonă.

tone [toun] *s.* ton, glas, intonaţie; spirit, esenţă; nuanţă; culoare. *vt.* a intona; a colora *to* ~ *down* a potoli; *to* ~ *up* a întări. *vi.* a se îmbina, a se potrivi.

toneless ['tounlis] *adj.* mort, fără viaţă; fără culoare.

tongs [tɔŋz] *s. pl.* cleşte.

tongue [tʌŋ] *s.* limbă; limbaj; flacără; ~ *tied* mut, amuţit.

tonight [tə'nait] *adv.* deseară; la noapte.

tonnage ['tʌnidʒ] *s.* tonaj.

tonsil ['tɔnsl] *s.* amigdală.

tonsil(l)itis [,tɔnsi'laitis] *s.* amig-dalită.

tonsure ['tɔnʃə] *s.* tonsură; tun-soare.

too [tuː] *adv.* de asemenea, şi; prea, foarte.

took [tuk] *vt., vi. trec. de la* **take**.

tool [tuːl] *s.* unealtă.

toot [tuːt] *s.* claxon. *vt., vi.* a cla-xona.

tooth [tuːθ] *s.* dinte; ~ *ache* durere de dinţi; ~ *brush* periuţă de dinţi;

~ *paste* pastă de dinţi; ~ *pick* scobitoare.

toothsome ['tuːθsəm] *adj.* gustos.

top [tɔp] *s.* vârf; culme; partea de sus; înălţime; sfârlează; ~ *boot* cizmă; ~ *coat* pardesiu; ~ *hat* joben; *on* ~ deasupra, sus; *on* ~ *of* deasupra, peste, pe lângă. *adj.* maxim. *vt.* a acoperi; a reteza vârful la; a depăşi.

tope [toup] *vt., vi.* a bea (zdravăn).

toper ['toupə] *s.* beţivan(că).

topic ['tɔpik] *s.* subiect.

topical ['tɔpikl] *adj.* interesant; ac-tual, curent.

topmost ['tɔpmoust] *adj.* cel mai de sus.

topography [tə'pɔgrəfi] *s.* topo-grafie.

topper ['tɔpə] *s.* joben; băiat bun.

topping ['tɔpiŋ] *adj.* grozav.

topple ['tɔpl] *vt.* a răsturna. *vi.* a se bălăbăni; a se răsturna.

topsy-turvy ['tɔpsi'təːvi] *adj., adv.* cu susul în jos; talmeş-balmeş.

torch [tɔːtʃ] *s.* torţă; flacără; (şi *electric* ~) lanternă.

torchlight ['tɔːtʃlait] *s.* (lumină de) torţă; ~ *procession* retragere cu torţe.

tore [tɔː] *vt.,vi. trec. de la* **tear**[2].

torment[1] ['tɔːmənt] *s.* chin; dure-re; necaz.

torment[2] [tɔː'ment] *vt.* a chinui; a necăji; a nelinişti.

torn [tɔːn] *vt., vi. part. trec. de la* **tear**[2].

tornado [tɔː'neidou] *s.* uragan; trom-bă.

torpedo [tɔː'piːdou] *s.* torpilă; ~ *boat* torpilor. *vt.* a torpila.

torpid ['tɔːpid] *adj.* pasiv; toropit; trândav.

torpor ['tɔːpə] *s.* torpoare; toro-peală; lene.

torrid ['tɔrid] *adj.* torid, tropical.

torsion ['tɔːʃn] *s.* răsucire; tor-siune.

torso ['tɔːsou] *s. anat.* tors, trunchi.

tortoise ['tɔːtəs] *s.* broască țes-toasă; ~ *shell* carapace; baga.

tortuous ['tɔːtjuəs] *adj.* răsucit; încurcat; necinstit.

torture ['tɔːtʃə] *s.* tortură, chin. *vt.* a tortura; a răstălmăci.

Tory ['tɔːri] *s., adj.* conservator.

toss [tɔs] *s.* clătinare; prăbușire; aruncare. *vt.* a clătina; a răstur-na; a arunca de colo-colo; *to ~ (up) a coin* a da cu banul; *to ~ off* a da pe gât. *vi.* a se clătina; a se răsuci; a se zbuciuma.

total ['toutl] *s., adj.* total. *vt.* a totaliza; a se ridica la.

tox(a)emia [tɔk'siːmiə] *s.* septice-mie.

totter ['tɔtə] *vt.* a se clătina (pe picioare).

touch [tʌtʃ] *vt.* a atinge; a pune în contact; a mânca; a enerva; a tapa. *vi.* a se atinge; a fi în con-tact. *s.* atingere; pipăit; tușeu; contact; urmă; ~ *line* tușă; ~ *stone* (piatră de) încercare.

touched [tʌtʃd] *adj.* țicnit; mișcat.

touching ['tʌtʃiŋ] *adj.* mișcător; emoționat.

touchy ['tʌtʃi] *adj.* ultrasensibil; iritabil.

tough [tʌf] *adj.* tare, aspru; încăpă-țânat; dificil.

tour [tuə] *s.* turneu, tur. *vr.* a face un turneu prin. *vi.* a face turism. ~*ing car* autocar.

tournament ['tuənəmənt] *s.* com-petiție, turneu; *ist.* turnir.

tousle ['tauzl] *vt.* a zbârli; a în-curca.

tout [taut] *s.* agent de publicitate, șleper. *vi.* a face reclamă zgo-motoasă.

tow [tou] *s.* remorcare, tragere; câlți; ~ *line* edec.

toward(s) [tə'wɔːd(z)] *prep.* către; aproape de; față de; pentru.

towel ['tauəl] *s.* prosop.

tower ['tauə] *s.* turn. *vi.* a domina; a se înălța.

towering ['tauəriŋ] *adj.* înalt; do-minant; violent.

town [taun] *s.* oraș; orășeni; ~ *hall* primărie; ~ *clerk* arhivar; ~ *council* consiliu municipal; ~ *crier* crainicul orașului; *market* ~ târg.

townsfolk ['taunzfouk] *s.* orășeni.

township ['taunʃip] *s. amer.* municipalitate; district.

townsman ['taunzmən] *s.* oră-șean; concetățean.

toy [tɔi] *s.* jucărie. *adj.* de jucărie.

trace [treis] *s.* urmă. *adj.* trasor. *vt.* a trasa, a schița; a copia; a da de urmă; a desluși.

traceable ['treisəbl] *adj.* identifi-cabil; de găsit.

track [træk] *s.* urmă, pistă; drum, potecă; linie (ferată); teren de sport; drum bătut; șenilă; *off the* ~ aiurea. *vt.* a urmări.

tract [trækt] *s.* teren, întindere; canal, tub; broșură; tratat.

tractable ['træktəbl] *adj.* docil; maleabil.

traction ['trækʃn] *s.* tracțiune.

trade [treid] *s.* meserie, ocupație; comerț; *by* ~ de meserie; *the Board of Trade* Ministerul Co-merțului. *adj.* c o m e r c i a l; ~ *mark*; ~ *name* marca fabricii; ~ *union* sindicat; ~ *winds* alizee. *vt.* a schimba (mărfuri), a face negoț cu. *vi.* a face negoț; *to ~ upon* a profita de.

trader ['treidə] *s.* comerciant; vas comercial.

tradesfolk ['treidzfouk], **tradespeople** ['treidz,pi:pl] *s. pl.* comercianţi; furnizori.

tradition [trə'diʃn] *s.* tradiţie, datină.

traditional [trə'diʃənl] *adj.* tradiţional; popular; anonim.

traduce [trə'dju:s] *vt.* a defăima.

traffic ['træfik] *s.* trafic, circulaţie, comerţ. *vi.* a trafica.

trafficker ['træfikə] *s.* traficant.

tragedy ['trædʒidi] *s.* tragedie.

tragi-comedy ['trædʒi'kɔmidi] *s.* melodramă.

trail [treil] *s.* dâră, urmă; potecă. *vt.* a da de urmă la; a târî; a remorca.

trailer ['treilə] *s.* remorcă; urmăritor; plantă târâtoare; forşpan.

train [trein] *s.* tren; trenă; suită; alai; şir (de idei). *vt.* a educa, a instrui; a antrena; a ţinti. *vi.* a se antrena.

trainer ['treinə] *s.* antrenor.

training ['treiniŋ] *s.* instrucţie; instruire; antrenament; pregătire.

trait [treit] *s.* trăsătură (caracteristică).

traitor ['treitə] *s.* trădător.

traitress ['treitris] *s.* trădătoare.

tram(car) ['træm(kɑ:)] *s.* tramvai; vagon.

tram-line ['træmlain] *s.* linie de tramvai; şină.

trammel ['træml] *s.* piedică; *pl.* încurcătură. *vt.* a împiedica, a încurca.

tramp [træmp] *s.* vagabond; cerşetor; drum lung; tropăit. *vt.* a cutreiera (pe jos). *vi.* a tropăi; a umbla (haihui).

trample ['træmpl] *s.* tropăit. *vt.* a călca în picioare; a zdrobi. *vi.* a tropăi; a călca apăsat; *to ~ on* a călca în picioare.

tramway ['træmwei] *s.* tramvai.

trance ['trɔ:ns] *s.* transă.

tranquil ['træŋkwil] *adj.* liniştit.

tranquil(l)ity [træŋ'kwiliti] *s.* linişte, calm.

transact [træn'zækt] *vt.* a încheia, a face (afaceri).

transaction [træn'zækʃn] *s.* tranzacţie, afacere; *pl.* procese-verbale; arhivă.

transcend [træn'send] *vt.* a depăşi; a trece peste.

transcribe [træns'kraib] *vt.* a transcrie.

transcript ['trænskript] *s.* copie.

transcription [træns'kripʃn] *s.* transcriere; copie.

transfer[1] ['trænsfə] *s.* trecere; (act de) transfer; copie pe indigo.

transfer[2] [træns'fə:] *vi.* a se transfera; a schimba trenul, tramvaiul etc.

transferable [træns'fə:rəbl] *adj.* care poate fi transferat; alienabil.

transfiguration [,trænsfigju'reiʃn] *s.* transfigurare.

transfix [træns'fiks] *vt.* a străpunge; a paraliza.

transform [træns'fɔ:m] *vt.* a transforma, a schimba.

transformation [,trænsfə'meiʃn] *s.* transformare; perucă.

transformer [træns'fɔ:mə] *s.* transformator.

transfuse [træns'fju:z] *vt.* a face o transfuzie de.

transfusion [træns'fju:ʒn] *s.* transfuzie.

transgress [træns'gress] *vt.* a depăşi; a încălca. *vi.* a păcătui; a greşi.

transgression [træns'greʃn] *s.* încălcare; păcat.

transgressor [træns'gresə] *s.* infractor; păcătos.

transient ['trænziənt] *s.* pasager; musafir trecător. *adj.* trecător, efemer.

transition [træn'siʃn] *s.* tranziţie. *adj.* de tranziţie.

transitive ['trænsitiv] *adj.* tranzitiv.

transitory ['trænsitri] *adj.* scurt; efemer.

translatable [træns'leitəbl] *adj.* traductibil.

translate [træns'leit] *vt.* a traduce; a muta.

translation [træns'leiʃn] *s.* traducere; translaţie; mutare.

transliterate [trænz'litəreit] *vt.* a recopia.

translucent [trænz'lu:snt] *adj.* transparent.

transmigration [,trænzmai'greiʃn] *s.* migraţie, transhumanţă.

transmission [trænz'miʃn] *s.* transmisie; emisie.

transmitter [trænz'mitə] *s.* transmiţător; emiţător.

transmute [trænz'mju:t] *vt.* a transmuta; a preface.

transom ['trænsəm] *s.* oberliht.

transpire [træns'paiə] *vt.* a degaja (vapori); a elimina. *vi.* a transpira, a se afla.

transplant [træns'plɑ:nt] *s.* răsad. *vt.* a răsădi; a transplanta.

transport[1] ['trænspɔ:t] *s.* (vas de) transport; *pl.* entuziasm.

transport[2] [træns'pɔ:t] *vt.* a transporta; a deporta; a entuziasma.

transportation [,trænspɔ:'teiʃn] *s.* transport; deportare.

transpose [træns'pouz] *vt.* a transpune.

transposition [,trænspə'ziʃn] *s.* transpunere.

transverse ['trænzvə:s] *adj.* transversal.

trap [træp] *s.* capcană, cursă; trapă. *vt.* a prinde în cursă. *vi.* a pune capcane (pentru animale).

trapeze [trə'pi:z] *s.* trapezul acrobatului.

trapezium [trə'pi:zjəm] *s. geom.* trapez.

trapper ['træpə] *s.* vânător care foloseşte capcanele, trappeur.

trappings ['træpiŋz] *s. pl.* ornamente; *fig.* abţibilduri.

trash [træʃ] *s.* gunoi; prostii.

trashy ['træʃi] *adj.* fără valoare.

travel ['trævl] *s.* călătorie. *vt.* a străbate. *vi.* a călători, a umbla; a se mişca; a trece.

travel(l)ed ['trævld] *adj.* umblat.

travel(l)er ['trævlə] *s.* călător; *commercial ~* comis-voiajor.

traverse ['trævəs] *s.* traversă; piedică. *adj.* transversal, cruciş. *vt.* a traversa; a contrazice; a discuta; a străbate.

travesty ['trævisti] *s.* travestire; imitaţie; parodie. *vt.* a parodia; a imita (prost).

trawl [trɔ:l] *s.* plasă (mare) de pescuit. *vt.* a târî (pe fundul mării). *vi.* a pescui (cu plasa mare).

trawler ['trɔ:lə] *s.* vas de pescari, trauler.

tray [trei] *s.* tablă, tavă; tăviţă.

treacherous ['tretʃrəs] *adj.* trădător; înşelător.

treachery ['tretʃri] *s.* trădare; înşelăciune.

289

treacle ['tri:kl] *s.* melasă.
tread [tred] *s.* pas; mers; treaptă.
vt. a călca; a zdrobi; a bătători; a bate (un drum). *vi.* a călca, a păși.
treadle ['tredl] *s.* pedală. *vi.* a pedala.
treadmill ['tredmil] *s.* roată învârtită de pașii oamenilor; instrument de tortură *(și fig.)*.
treason ['tri:zn] *s.* trădare.
treasonable ['tri:znəbl] *adj.* trădător.
treasure ['treʒə] *s.* comoară; bijuterie; avere; ~ *house* vistierie. *vt.* a păstra, a colecționa; a iubi ca ochii din cap, a prețui.
treasurer ['treʒrə] *s.* vistiernic; casier.
treasury ['treʒri] *s.* vistierie; tezaur; antologie; ~ *note* bancnotă.
treat [tri:t] *s.* încântare; tratație. *vt., vi.* a trata.
treatise ['tri:tis] *s.* tratat (științific).
treatment ['tri:tmənt] *s.* tratament.
treaty ['tri:ti] *s.* tratat (comercial, cultural etc.); negociere.
treble ['trebl] *s.* voce subțire, înaltă; notă acută. *adj.* întreit; *muz.* înalt. *vt., vi.* a (se) tripla.
tree [tri:] *s.* arbore; *family* ~ arbore genealogic.
treeless ['tri:lis] *adj.* despădurit.
trefoill ['trefɔil] *s.* trifoi.
trellis ['trelis] *s.* placă, grătar; spalier.
tremble ['trembl] *s.* tremur. *vi.* a tremura.
tremendous [tri'mendəs] *adj.* uriaș; nemaipomenit; teribil; strașnic; fantastic.
tremendously [tri'mendəsli] *adv.* extraordinar; foarte mult.

tremor ['tremə] *s.* tremur(at); fior, emoție.
tremulous ['tremjuləs] *adj.* tremurător; fricos.
trench [trentʃ] *s.* tranșee; șanț.
trenchant ['trentʃnt] *adj.* tăios; hotărât.
trencher ['trentʃə] *s.* tocător, fund de lemn.
trend [trend] *s.* tendință, curent.
trepidation [‚trepi'deiʃn] *s.* tremur; panică.
trespass ['trespəs] *s.* încălcare; braconaj; păcat. *vi.:* *to* ~ *on* a încălca; a abuza de; *to* ~ *against* a păcătui împotriva; a lovi.
trespasser ['trespəsə] *s.* infractor.
tress [tres] *s.* șuviță; *pl.* bucle.
trestle ['tresl] *s. constr.* capră.
trial ['traiəl] *s.* proces; necaz; încercare grea; experiență.
triangle ['traiæŋgl] *s.* triunghi.
triangular [trai'æŋgjulə] *adj.* triunghiular.
tribe [traib] *s.* trib; familie; clică.
tribesman ['traibzmən] *s.* membru al tribului.
tribulation [‚tribju'leiʃn] *s.* necaz; supărare; chin.
tribune ['tribju:n] *s.* tribun(ă).
tributary ['tribjutri] *s.* afluent. *adj.* tributar; afluent.
tribute ['tribju:t] *s.* tribut; impozit; omagiu.
trick [trik] *s.* șmecherie; truc; farsă; acțiune; scamatorie; obicei; levată *(la cărți)*. *vt.* a păcăli.
trickle ['trikl] *s.* scurgere, dâră; picătură. *vt., vi.* a picura.
trickster ['trikstə] *s.* trișor; escroc.
tricky ['triki] *adj.* înșelător; complicat.
tricycle ['traisikl] *s.* triciclu.

tried [traid] *adj.* încercat; de nădejde.

trifle ['traifl] *s.* fleac, bagatelă; pic(ătură). *vt.: to ~ away* a irosi. *vi. fig.* a se juca.

trifling ['traifliŋ] *adj.* neînsemnat.

trigger ['trigə] *s.* trăgaci.

trilby ['trilbi] *s.* pălărie moale.

trill [tril] *s.* tril. *vi.* a face triluri.

trillion ['triljən] *s.* trilion; *amer.* bilion.

trim [trim] *adj.* pus la punct; curat; elegant. *vt.* a aranja; a curăţi; a netezi; a tunde; a împodobi, a garnisi.

trimming ['trimiŋ] *s.* aranjare, potrivire; ornament(aţie); *pl.* garnitură, înflorituri.

trinket ['triŋkit] *s.* podoabă, fleac.

trio ['triou] *s.* trio; terţet.

trip [trip] *s.* călătorie (scurtă); excursie; împiedicare; pas greşit. *vt.* a sări peste; *to ~ up* a pune piedică (cuiva). *vi.* a ţopăi; a se împiedica.

tripe [traip] *s.* burduf, burtă de vacă; prostii.

triple ['tripl] *adj.* triplu. *vt., vi.* a (se) tripla.

triplet ['triplit] *s.* tripletă; unul din trei gemeni.

tripod ['traipəd] *s.* trepied.

trite [trait] *adj.* banal(izat).

triteness ['traitnis] *s.* banalitate.

triumph ['traiəmf] *s.* triumf, victorie; entuziasm. *vi.* a triumfa; a se bucura; *to ~ over* a triumfa (asupra).

triumphant [trai'ʌmfənt] *adj.* triumfal; triumfător.

trivial ['triviəl] *adj.* neînsemnat; meschin; banal.

triviality [,trivi'æliti] *s.* fleac; lipsă de importanţă; banalitate.

trod [trɔd] *vt., vi.* trec. de la **tread**.

trodden ['trɔdn] *vt., vi. part. trec. de la* **tread**.

trolley ['trɔli] *s.* cărucior; vagonet; troleu; *amer.* tramvai.

trolleybus ['trɔlibʌs] *s.* troleibuz.

trollop ['trɔlep] *s.* târâtură, târfă.

troop [tru:p] *s.* trupă; detaşament; *pl.* armată, soldaţi. *vi.* a merge în grup.

trooper ['tru:pə] *s.* soldat; cavalerist.

tropical ['trɔpikl] *adj.* tropical.

trophy ['troufi] *s.* trofeu.

trot [trɔt] *s.* trap; plimbare. *vt.* a duce la trap; a plimba. *vi.* a merge în trap; a se grăbi.

trotter ['trɔtə] *s.* trăpaş; *pl.* (răcituri de) picioare de porc.

trouble ['trʌbl] *s.* necaz; bucluc; încurcătură; dificultate; efort; tulburare; *med.* afecţiune. *vt.* a tulbura; a deranja; a necăji. *vi.* a se necăji; a se agita; a se deranja. *vr.* a se deranja; a se agita.

troublesome ['trʌblsəm] *adj.* supărător; chinuitor.

trough [trɔf] *s.* troacă.

troupe [tru:p] *s.* trupă (artistică).

trousers ['trauzəz] *s. pl.* pantaloni (lungi).

trout [traut] *s.* păstrăv.

trowel ['traul] *s.* mistrie.

troy [trɔi] *s.* sistem de greutăţi pentru metale preţioase.

truancy ['truənsi] *s.* chiul; absenţă.

truant ['truənt] *s.* chiulangiu; absent. *adj.* chiulangiu; haimana.

truce [tru:s] *s.* armistiţiu; răgaz.

truck [trʌk] *s.* vagon de marfă; vagonet; *amer.* camion; comerţ; troc; relaţie. *vt.* a căra; a face troc cu.

truculent ['trʌkjulənt] *adj.* agresiv; feroce.

trudge [trʌdʒ] *s.* drum greu. *vi.* a merge cu greu, a se târî.

true [tru:] *adj.* adevărat; credincios; ~ *blue* conservator; (partizan) înflăcărat; ~ *born* adevărat, get-beget.

truffle ['trʌfl] *s.* trufă.

truly ['tru:li] *adv.* cu adevărat; sincer.

trump [trʌmp] *s.* trâmbiță; atu; om săritor. *vt.* a folosi ca atu; *to ~ up* a inventa; a înscena.

trumpery ['trʌmpəri] *s.* bijuterii false.

trumpet ['trʌmpit] *s.* trompetă; cornet. *vt.* a trâmbița.

trumpeter ['trʌmpitə] *s.* trompetist, trâmbițaș.

truncate ['trʌŋkeit] *vt.* a trunchia.

truncheon ['trʌntʃn] *s.* bâtă; matracă.

trundle ['trʌdl] *vt., vi.* a (se) rostogoli.

trunk [trʌŋk] *s.* trunchi; parte principală; cufăr; trompă; *pl.* chiloți de baie. *adj.* principal; ~ *call* convorbire interurbană.

truss [trʌs] *s.* snop; bandaj. *vt.* a lega; a sprijini.

trust [trʌst] *s.* încredere; tutelă; trust. *vt.* a avea încredere în, a crede; a încredința; a nădăjdui. *vi.* a avea încredere.

trustee [trʌs'ti:] *s.* tutore; girant.

trusteeship [trʌs'ti:ʃip] *s.* tutelă; girare.

trustful ['trʌs'tfl] *adj.* încrezător.

trustworthy ['trʌst,wə:ði] *adj.* demn de încredere; de nădejde.

truth [tru:θ] *s.* adevăr.

truthful ['tru:θfl] *adj.* sincer; corect; adevărat.

truthfulness ['tru:θflnis] *s.* sinceritate; adevăr.

try [trai] *s.* încercare. *vt.* a încerca; a judeca; a chinui. *vi.* a încerca.

trying ['traiiŋ] *adj.* supărător.

T-shirt ['ti:,ʃət] *s.* tricou sport (fără guler).

tub [tʌb] *s.* albie, cadă.

tube [tju:b] *s.* tub; lampă de radio; metrou.

tuberculosis [tju:,bə:kju'lousis] *s.* tuberculoză.

tubing ['tju:biŋ] *s.* tub(aj).

tuck [tʌk] *s.* pliu; mâncare; ~ *in* ospăț. *vt.* a băga, a înveli; a sufleca; *to ~ away* a mânca. *vi.:* *to ~ in(to)* a înfuleca.

Tuesday ['tju:zdi] *s.* marți.

tuft [tʌft] *s.* smoc; moț.

tug [tʌg] *s.* tragere; tracțiune; remorcher. *vt.* a trage; a remorca. *vi.:* *to ~ at* a trage (de).

tuition [tju'iʃn] *s.* învățătură; predare; taxe școlare.

tulip ['tju:lip] *s.* lalea.

tumble ['tʌmbl] *s.* cădere; tumbă; încurcătură; dezordine; ~ *down* dărăpănat. *vt.* a răsturna; a trânti la pământ; a tulbura; a răvăși. *vi.* a cădea; a se răsturna; a face tumbe, a se rostogoli.

tumbler ['tʌmblə] *s.* pahar (fără picior); acrobat.

tuna ['tju:nə] *s. iht.* ton.

tune [tju:n] *s.* melodie; ton; armonie; *to the ~ of* la suma de. *vt.* a acorda (un pian etc.); a potrivi (postul); *to ~ up* a pune la punct, a repara. *vi.:* *to ~ up* a-și acorda instrumentele; a începe să cânte.

tuneful ['tju:nfl] *adj.* muzical; melodios.

tuning-fork ['tjuːniŋfɔːk] s. diapazon.
tunny ['tʌni] s. iht. ton.
tuppence ['tʌpəns] s. doi penny.
turbid ['təːbid] adj. tulbure; murdar; învălmăşit.
turbo-jet ['təːbou'dʒet] s. turboreactor.
turbot ['təːbət] s. iht. calcan.
tureen [təˈriːn] s. supieră; sosieră.
turf [təːf] s. (brazdă de) iarbă; turf, curse de cai.
turgid ['təːdʒid] adj. umflat; congestionat; pompos.
turkey ['təːki] s. (şi ~ cock) curcan; (şi ~ hen) curcă.
Turkish ['təːkiʃ] s. (limba) turcă. adj. turc(esc); ~ delight rahat.
turmoil ['təːmɔil] s. învălmăşeală; agitaţie; tumult; tulburare.
turn [təːn] s. întoarcere; tur; rotire; cotitură; ocazie; amabilitate; dispoziţie; scop; exprimare; şoc. vt. a învârti, a (ră)suci, a roti; a schimba; a strunji; a împlini; to ~ away a alunga; to ~ down a respinge; a micşora; to ~ off a stinge, a închide; a concedia; to ~ out a da afară; a produce; to ~ over a învârti; a preda; a produce; to ~ up a întoarce; a sufleca; a răsuci; a deşteleni; a ara; a scoate la iveală. vi. a se întoarce; a se roti, a se învârti; a se (ră)suci; to ~ about a se răsuci (cu totul); a face la stânga împrejur; to ~ against smb. a se năpusti asupra cuiva; to ~ aside a se întoarce într-o parte; to ~ away a pleca (dezgustat); to ~ back a se întoarce (cu spatele); to ~ in a se culca; to ~ off a o lua pe alt drum; a se bifurca; to ~ out a părea; a se ivi; a se dovedi;

to ~ over a se învârti, a se rostogoli; a se răsuci; to ~ round a se răsuci; a schimba politica; to ~ to smb. a se adresa cuiva, a veni la cineva; to ~ to smth. a se apuca de ceva; to ~ up a apărea, a se ivi.
turncoat ['təːnkout] s. apostat; trădător.
turner ['təːnə] s. strungar.
turning ['təːniŋ] s. cotitură.
turning-point ['təːniŋpɔint] s. cotitură, moment decisiv.
turnip ['təːnip] s. nap; gulie.
turnkey ['təːnkiː] s. temnicer.
turnover ['təːn,ouvə] s. dever; profit.
turnpike ['təːnpaik] s. barieră.
turnstile ['təːnstail] s. turnichet, portiţă.
turntable ['təːn,teibl] s. placă turnantă; platan.
turpentine ['təːpntain] s. terebentină.
turret ['tʌrit] s. turnuleţ; turelă.
turtle ['təːtl] s. broască ţestoasă; (şi ~ dove) turturea.
tusk [tʌsk] s. fildeş, colţ.
tut [tʌt] interj. aş! mţţ!.
tutor ['tjuːtə] s. profesor, meditator; asistent universitar. vt. a medita.
twaddle ['twɔdl] s. vorbărie, aiureală. vi. a pălăvrăgi.
twang [twæŋ] s. zbârnâit; vorbire nazală; fârnâială. vi. a zbârnâi; a se fârnâi.
tweak [twiːk] s. ciupitură. vt. a ciupi.
tweed [twiːd] s. stofă cu picăţele; pl. costum de tuid, costum de golf.
tweet [twiːt] s. ciripit, piuit. vi. a ciripi, a piui. interj. cirip (cirip).

tweezers ['twi:zəz] *s. pl.* pensetă.
twelfth [twelfθ] *s.* doisprezecime. *num.* al doisprezecelea; ~ *night* ajunul Bobotezei.
twelve [twelv] *num.* doisprezece.
twelvemonth ['twelvmʌnθ] *s.* an.
twentieth ['twentiiθ] *num.* al douăzecilea.
twenty ['twenti] *s.* douăzeci; *pl.* deceniul al treilea. *num.* două-zeci.
twice [twais] *adv.* de două ori, dublu.
twig [twig] *s.* rămuricã.
twilight ['twailait] *s.* amurg, crepuscul; zori.
twill [twil] *s.* postav cu dungi.
twilled [twild] *adj.* răsucit.
twin [twin] *s.* frate geamăn. *adj.* geamăn; îngemănat; ~*set* set (de pulovere).
twine [twain] *s.* fir, şuviţă. *vt.* a împleti; a întinde; a încolăci. *vi.* a se împleti; a se încolăci.
twinge [twindʒ] *s.* junghi.
twinkle ['twiŋkl] *s.* scânteiere; licărire; lumină. *vi.* a licări; a scânteia.
twinkling ['twiŋkliŋ] *s.* clipă; licărire.
twirl [twə:l] *s.* răsucire; rotocol. *vt., vi.* a (se) răsuci; a (se) învârti.
twist [twist] *s.* răsucire; întoarcere; ocol; cot(itura); împletitură; întorsătură. *vt.* a (ră)suci; a învârti; a stoarce; a deforma. *vi.* a se răsuci; a se contorsiona; a face meandre; a fi în serpentină; a face escrocherii.
twister ['twistə] *s.* escroc; dificultate.

twitch [twitʃ] *s.* smucitură; tic nervos. *vt.* a trage, a smulge. *vi.* a se răsuci, a se contracta; a avea un tic.
twitter ['twitə] *s.* ciripit; flecăreală; agitaţie. *vi.* a ciripi.
two [tu:] *s.* doi; pereche. *num.* doi; ~-*edged* cu două tăişuri; ambiguu; ~-*faced* cu două feţe, făţarnic.
twofold ['tu:fould] *adj., adv.* dublu.
twopence ['tʌpəns] *s.* doi penny.
twopenny ['tʌpni] *s.* (monedă de) doi penny. *adj.* de doi penny.
two-row barby ['tu:rou'bɑ:bi] *s.* orzoaică.
tycoon [tai'ku:n] *s.* magnat.
type [taip] *s.* tip, categorie; persoană; (literă de) tipar. *vt., vi.* a bate la maşină.
type-setter ['taip,setə] *s. poligr.* culegător.
typewrite ['taiprait] *vt., vi.* a dactilografia.
typewriter ['taip,raitə] *s.* maşină de scris.
typhoid ['taifɔid] *s.* febră tifoidă.
typhus ['taifəs] *s.* tifos exantematic.
typify ['tipifai] *vt.* a exemplifica; a ilustra; a simboliza; a tipiza.
typist ['taipist] *s.* dactilograf(ă).
tyrannize ['tirənaiz] *vi.: to* ~ *over* a asupri.
tyranny ['tirəni] *s.* tiranie; asuprire.
tyrant ['taiərnt] *s.* tiran.
tyre ['taiə] *s.* cauciuc de automobil.
tyro ['taiərou] *s.* începător.

U

udder ['ʌdə] s. uger.

ugh [uh] interj. uf; fui.

uglify ['ʌglifai] vt. a urâţi.

ugly ['ʌgli] adj. urât; hidos; neplăcut; ameninţător.

UK [ju:kei:] s. United Kingdom (of Great Britain and Northern Ireland) Regatul Unit (al Marii Britanii şi Irlandei de Nord).

Ukrainian [ju:kreinjən] s., adj. u-crainean(ă).

ukulele [ju:kə'leili] s. chitară havaiană.

ulcer ['ʌlsə] s. bubă; ulcer; corupţie.

ulcerate ['ʌlsəreit] vt. a răni.

ulster ['ʌlstə] s. raglan.

ultimate ['ʌltimit] adj. ultim, final; fundamental.

ultramarine [ˌʌltrəmə'ri:n] s., adj. bleumarin.

umbrage ['ʌmbridʒ] s. jignire.

umpire ['ʌmpaiə] s. arbitru. vt., vi. a arbitra.

umpteen ['ʌmti:n] adj. mulţi; mult.

un [ʌn] pron. cineva; unul, una.

unanimous [ju:'næniməs] adj. unanim.

unassuming ['ʌnə'sju:miŋ] adj. modest.

unaware ['ʌnə'wɛə] adj. surprins.

unawares ['ʌə'wɛəz] adv. pe neaşteptate; fără voie.

unbend ['ʌn'bend] vt., vi. a (se) dezdoi.

unbending ['ʌn'bendiŋ] adj. ţeapăn; încăpăţânat.

unblushing ['ʌn'blʌʃiŋ] adj. neruşinat; îndrăzneţ.

unborn ['ʌn'bɔ:n] adj. care nu s-a născut; aşteptat.

unbosom [ʌn'bu:zəm] vt. a destăinui.

unbounded [ʌn'baundin] adj. nemărginit; uriaş.

unbridled [ʌn'braidld] adj. nestrunit; nestăpânit.

unburden [ʌn'bə:dn] vt. a descărca; a uşura. vr. a se destăinui.

uncalled-for [ʌn'kɔ:ldfɔ:] adj. nedorit.

uncanny [ʌn'kæni] adj. straniu; nefiresc.

uncertain [ʌn'sə:tn] adj. nesigur; dubios; schimbător.

uncertainty [ʌn'sə:tnti] s. nesiguranţă; lucru nesigur.

unchanged [ʌn'tʃeindʒd] adj. neschimbat.

uncle ['ʌŋkl] s. unchi, nene; Uncle Sam S.U.A.

uncommon [ʌn'kɔmən] adj. neobişnuit; extraordinar.

unconscious [ʌn'kɔnʃəs] s. subconştient. adj. inconştient; neintenţionat.

uncouth [ʌn'ku:θ] adj. stângaci; necivilizat; zurbagiu; sălbatic.

uncover [ʌn'kʌvə] vt., vi., vr. a (se) descoperi.

unction ['ʌnʃn] s. miruire, ungere; glas mieros.

unctuous ['ʌŋtjuəs] adj. unsuros; mieros.

undeceive ['ʌndi'si:v] vt. a trezi la realitate; a lumina.

under ['ʌndə] adj. inferior; de jos; subordonat; supus (la). adv. jos, dedesubt. prep. sub, dedesubtul; ~ age minor.

underbrush ['ʌndəbrʌʃ] s. cătină; pădure tânără.

underclothes ['ʌndəklouðz] s. pl. lenjerie (de corp).

undercurrent ['ʌndə,kʌrnt] s. curent subteran.

underdone ['ʌndə'dʌn] adj. nefript; nefiert.

underestimate ['ʌndər'estimeit] vt. a subevalua.

underfed ['ʌndə'fed] adj. prost hrănit.

underfoot [,ʌndə'fut] adv. sub sau în picioare.

undergarment ['ʌndə,gɑːmənt] s. lenjerie de corp.

undergo [,ʌndə'gou] vt. a suferi; a păți; a trece prin.

undergone ['ʌndə'gɔn] vt. part. trec. de la **undergo**.

undergraduate [,ʌndə'grædjuit] s. student (în ultimii ani).

underground[1] ['ʌndəgraund] s. metrou; ilegalitate; subteran.

underground[2] [,ʌndə'graund] adj. subteran; secret; ilegal. adv. sub pământ, în subteran; pe ascuns.

undergrown ['ʌndə'groun] adj. neisprăvit; pitic.

undergrowth ['ʌndəgrouθ] s. pădure tânără, (sub)arboret.

underhand ['ʌndəhænd] adj. ascuns; viclean; necinstit. adv. în secret; pe furiș, pe ascuns.

underlain [,ʌndə'lein] vt. part. trec. de la **underlie**.

underlay [,ʌndə'lei] vt. trec. de la **underlie**.

underlie [,ʌndə'lai] vt. a fundamenta; a se afla dedesubtul sau la baza (unui lucru).

underline [,ʌndə'lain] vt. a sublinia.

underling ['ʌndəliŋ] s. lacheu, agent; subaltern.

underlying [,ʌndə'laiiŋ] adj. fundamental; de dedesubt.

undermine [,ʌndə'main] vt. a submina.

underneath [,ʌndə'niːθ] adv. dedesubt. prep. sub.

underrate [,ʌndə'reit] vt. a subaprecia.

underscore [,ʌndə'skɔː] vt. a sublinia.

undersecretary ['ʌndə'sekrətri] s. subsecretar.

undersigned ['ʌndəsaind] s. subsemnatul; subsemnații.

undersized ['ʌndə'saizd] adj. mic, pitic; necrescut.

understand [,ʌndə'stænd] vt. a înțelege; a afla; a deduce; a subînțelege. vi. a înțelege.

understanding [,ʌndə'stændiŋ] s. înțelegere; acord. adj. înțelept; înțelegător; perspicace.

understate [,ʌndə'steit] vt. a micșora, a diminua.

understatement ['ʌndə'steitmənt] s. adevăr spus numai pe jumătate.

understood [,ʌndə'stud] vt., vi. trec. și part. trecut de la **understand**.

understudy ['ʌndə,stʌdi] s. teatru dublură.

undertake [,ʌndə'teik] vt. a întreprinde; a încerca; a (pre)lua; a presupune; a afirma.

undertaken [,ʌndə'teikn] vt. part. trec. de la **undertake**.

undertaker [,ʌndə'teikə] s. antreprenor de pompe funebre.

undertaking [,ʌndə'teikiŋ] s. sarcină; antrepriză; pompe funebre.

undertone ['ʌndətoun] s. glas scăzut; nuanță estompată.

undertook [,ʌndə'tuk] vt. trec. de la **undertake**.

undervalue ['ʌndəvæljuː] vt. a subaprecia.

underwear ['ʌndəwɛə] *s.* lenjerie de corp; indispensabili.

underwent [,ʌndə'went] *vt. trec. de la* **undergo**.

underworld ['ʌndəwə:ld] *s.* lumea cealaltă; iad; lumea interlopă.

undesirable ['ʌndizaiərəbl] *s., adj.* indezirabil.

undid ['ʌn'did] *vt. trec. de la* **undo**.

undies ['ʌndiz] *s. pl.* lenjerie de corp (de damă).

undo ['ʌn'du:] *vt.* a desface; a dezlega; a nimici; a ruina.

undoing ['ʌn'duiŋ] *s.* desfacere; nimicire; ruină; nenorocire.

undone ['ʌn'dʌn] *adj.* desfăcut; nenorocit; distrus; neterminat.

undoubted [ʌn'dautid] *adj.* indiscutabil.

undoubtedly [ʌn'dautidli] *adv.* fără doar și poate.

undreamed [ʌn'dremt] *adj.:* ~ *of* nevisat.

undulate ['ʌndjuleit] *vi.* (a se) undui.

undying [ʌn'daiiŋ] *adj.* nemuritor; nepieritor.

unearth ['ʌn'ə:θ] *vt.* a dezgropa.

unearthly [ʌn'ə:θli] *adj.* nefiresc; supranatural.

uneasy [ʌn'i:zi] *adj.* neliniștit; tulburat; încurcat.

unemployed ['ʌnim'plɔid] *s.: the* ~ șomerii. *adj.* șomer; nefolosit.

unemployment ['ʌnim'plɔimənt] *s.* șomaj; nefolosire. *adj.* de șomaj.

unending [ʌn'endiŋ] *adj.* nesfârșit.

unequalled ['ʌn'i:kwəld] *adj.* fără seamăn.

unerring ['ʌn'ə:riŋ] *adj.* infailibil; exact.

unfailing [ʌn'feiliŋ] *adj.* credincios, constant; neabătut.

unfathomable [ʌn'fæðəməbl] *adj.* (prea) adânc; de neînțeles, nepătruns.

unfeeling [ʌn'fi:liŋ] *adj.* fără inimă, nesimțitor; crunt.

unfold [ʌn'fould] *vt., vi.* a (se) desfășura; a (se) dezvălui.

unforgettable ['ʌnfə'getəbl] *adj.* de neuitat.

unfortunate [ʌn'fɔ:tʃnit] *s.* nenorocit; prostituată. *adj.* nefericit.

unfounded [n'faundid] *adj.* neîntemeiat.

ungainly [ʌn'geinli] *adj.* greoi; diform.

ungrounded ['ʌn'graundid] *adj.* nefondat; fără învățătură.

unheard ['ʌn'hə:d] *adj.* ne(mai)-auzit; ~ *of* nemaipomenit.

unify ['ju:nifai] *vt.* a uni(fica); a uniformiza.

union ['ju:njən] *s.* unire; uniune; asociație; sindicat; mariaj.

unionist ['ju:njənist] *s.* federalist; sindicalist.

unique [ju:'ni:k] *adj.* unic, fără pereche; ciudat.

unit ['ju:nit] *s.* unitate; element.

unite [ju:'nait] *vt.* a uni; a îmbina. *vi.* a se uni; a se asocia; a colabora.

united [ju:'naitid] *adj.* unit; comun; unic.

unity ['ju:niti] *s.* unitate, unire; armonie.

univocal ['ju:ni'voukl] *adj.* unanim; într-un singur glas.

unkempt ['ʌn'kemt] *adj.* nețesălat; zbârlit; neîngrijit.

unless [ən'les] *conj.* dacă nu; în afară de cazul când.

unlettered ['ʌn'letəd] *adj.* analfabet.

unlike [ʌn'laik] *prep.* spre deosebire de.

unlikely [ʌn'laikli] *adj.* improbabil; neverosimil.

unload ['ʌn'loud] *vt.* a descărca; a scăpa de. *vi.* a descărca.

unman ['ʌn'mæn] *vt.* a descuraja; a deprima; a lipsi de vlagă.

unmask ['ʌn'mɑːsk] *vt., vi.* a (se) demasca.

unmatched ['ʌn'mætʃt] *adj.* fără rival.

unmeasured [ʌn'meʒəd] *adj.* nemăsurat; scandalos.

unmistakable ['ʌnmis'teikəbl] *adj.* sigur; clar; evident.

unmitigated [ʌn'mitigetid] *adj.* total; neabătut.

unnatural [ʌn'nætʃrl] *adj.* nefiresc; inuman.

unnerve ['ʌn'nəːv] *vt.* a slăbi; a descuraja; a deprima.

unpack ['ʌn'pæk] *vt.* a despacheta. *vi.* a desface bagajele.

unparalleled [ʌn'pærəleld] *adj.* incomparabil.

unpleasant [ʌn'pleznt] *adj.* neplăcut.

unprecedented [ʌn'presidntid] *adj.* nemaipomenit.

unpretending ['ʌnpri'tendiŋ] *adj.* modest.

unprincipled [ʌn'prinsəpld] *adj.* neprincipial; fără scrupule.

unprintable ['ʌn'printəbl] *adj.* indecent.

unravel [ʌn'rævl] *vt.* a descurca, a descâlci; a rezolva; a lămuri.

unremitting [,ʌnri'mitiŋ] *adj.* perseverent.

unrequited ['ʌnri'kwaitid] *adj.* neîmpărtăşit; nerăsplătit; nerăzbunat.

unrest [ʌn'rest] *s.* nelinişte, agitaţie; tulburare.

unrival(l)ed [ʌn'raivld] *adj.* fără rival; inegalabil.

unruly [ʌn'ruːli] *adj.* neascultător; dezordonat; nestăpânit; destrăbălat.

unsaid ['ʌn'sed] *adj.* nespus; nedestăinuit.

unsavo(u)ry ['ʌn'seivri] *adj.* fără gust; greţos, dezgustător.

unscrupulous [ʌn'skruːpjuləs] *adj.* fără scrupule, ticălos; imoral.

unseen ['ʌn'siːn] *adj.* nevăzut; invizibil.

unsightly [ʌn'saitli] *adj.* urât; urâcios.

unsophisticated ['ʌnsə'fistikeitid] *adj.* simplu; nevinovat.

unsparing [ʌn'speəriŋ] *adj.* necruţător; generos.

unspeakable [ʌn'spiːkəbl] *adj.* nespus; cumplit.

unspotted ['ʌn'spotid] *adj.* imaculat.

unstrung ['ʌn'strʌŋ] *adj.* slăbit; destins; pierdut.

unsuspected ['ʌnsəs'pektid] *adj.* nebănuit.

unswerving [ʌn'swəːviŋ] *adj.* neabătut, neclintit; credincios.

unthinkable [ʌn'θiŋkəbl] *adj.* de neconceput.

unthinking ['ʌn'θiŋkiŋ] *adj.* nechibzuit; zăpăcit.

until [ʌn'til] *prep.* până la, în. *conj.* până (ce).

untimely [ʌn'taimli] *adj.* inoportun; nepotrivit.

untiring [ʌn'taiəriŋ] *adj.* neobosit.
untouchable [ʌn'tʌtʃəbl] *s.* paria. *adj.* de neatins; nevrednic.
untruth ['ʌn'truːθ] *s.* minciună; falsitate.
unturned ['ʌn'təːnd] *adj.* neatins.
unutterable [ʌn'ʌtrəbl] *adj.* nespus; indescriptibil.
unwieldy [ʌn'wiːldi] *adj.* greoi; masiv; stângaci.
unwittingly [ʌn'witiŋli] *adv.* fără voie; pe neştiute.
unwomanly [ʌn'wumənli] *adj.* lipsit de feminitate.
unwritten ['ʌn'ritn] *adj.* nescris.
up [ʌp] *s.* the ~s and downs valurile vieţii; capricii. *adj.* (care merge) în sus; ascendent; *the ~ train* trenul de Londra. *vt.* a ridica, a spori. *adv.* (în) sus; la centru; pe picioare; lângă, alături; în faţă; complet; ~ and down încolo şi încoace; în sus şi în jos; peste tot. *prep.* în susul.
upbraid [ʌp'breid] *vt.* a ocărî.
upbringing ['ʌp,briŋiŋ] *s.* creştere, educaţie.
update [ʌp'deit] *vt.* a moderniza, a aduce la zi; a pune pe cineva la curent.
upgrade ['ʌpgreid] *s.* pantă, urcuş. *adj.* ascedent.
upheaval [ʌp'hiːvl] *s.* prefacere, schimbare; răsturnare; mişcare (socială).
upheld ['ʌp'held] *vt. trec. şi part. trec. de la* **uphold**.
uphill ['ʌp'hil] *adj.* ascendent; dificil. *adv.* în sus(ul dealului).
uphold [ʌp'hould] *vt.* a susţine; a sprijini; a încuraja; a aproba; a confirma.

upholder [ʌp'houldə] *s.* susţinător.
upholster [ʌp'houlstə] *vt.* a tapisa.
upholstery [ʌp'houlstri] *s.* tapiserie.
upkeep ['ʌpkiːp] *s.* întreţinere.
uplift [ʌp'lift] *vt.* a ridica; a înnobila.
upon [ə'pɔn] *prep.* pe.
upper ['ʌpə] *adj.* superior, de sus; *the ~ circle* balconul al II- lea; *the ~ ten (thousand)* aristocraţia.
uppercut ['ʌpəkʌt] *s.* upercut, lovitură de jos în sus.
uppermost ['ʌpəmoust] *adj.* superior; cel mai înalt; deosebit; predominant. *adv.* cel mai sus; în vârf.
uppish ['ʌpiʃ] *adj.* băgăreţ; încrezut; obraznic.
upright ['ʌprait] *adj.* drept, vertical; cinstit. *adv.* drept (ca lumânarea).
uprightness ['ʌp,raitnis] *s.* corectitudine; integritate.
uprising [ʌp'raiziŋ] *s.* răscoală.
uproar ['ʌp,rɔː] *s.* gălăgie, rumoare; tumult.
uproarious [ʌp'rɔːriəs] *adj.* zgomotos; turbulent.
uproot [ʌp'ruːt] *vt.* a dezrădăcina; a desfiinţa.
upset [ʌp'set] *vt., vi.* a (se) răsturna; a (se) tulbura.
upshot ['ʌpʃɔt] *s.* rezultat.
upside-down ['ʌpsai'daun] *adv.* cu susul în jos.; în dezordine.
upstairs ['ʌp'steəz] *adv.* sus (pe scări); la etaj.
upstanding ['ʌp'stændiŋ] *adj.* drept (ca lumânarea); voinic.
upstart ['ʌpstɑːt] *s., adj.* parvenit; obraznic.

upstream ['ʌp'striːm] *adv., adj.* contra curentului; în susul apei.

upsurge ['ʌp,sədʒ] *s.* avânt.

uptake ['ʌpteik] *s.* înțelegere.

up-to-date ['ʌptə'deit] *adj., adv.* modern; la modă.

uptown ['ʌp'taun] *adv.* în centru; *amer.* la periferie.

upward ['ʌpwəd] *adj.* ascendent; îndreptat în sus. *adv.* în sus.

upwards ['ʌpwədz] *adv.* în sus; *and* ~ și (chiar) mai mult; ~ *of* peste, mai bine de.

urbane [əː'bein] *adj.* politicos; civilizat; rafinat.

urbanity [əː'bæniti] *s.* politețe.

urchin ['əːtʃin] *s.* copil (neastâmpărat), ștrengar; *street* ~ golan.

urge [əːdʒ] *s.* îndemn; stimulent. *vt.* a îndemna; a sili.

urgency ['əːdʒnsi] *s.* urgență; presiune; caracter imperios.

urgent ['əːdʒnt] *adj.* important; absolut necesar; imperios; insistent; urgent.

us [ʌs] *pron.* pe noi, ne; nouă, ne.

usage ['juːzidʒ] *s.* folosire, utilizare; uz(aj); obicei.

use¹ [juːs] *s.* folos(ire); scop; valoare; datină.

use² [juːz] *vt.* a folosi; a consuma; a trata, a se purta cu; a obișnui; *he ~d to* [juːst] *come every day* venea în fiecare zi.

useful ['juːsfl] *adj.* util; capabil; bun.

useless ['juːslis] *adj.* inutil; fără valoare; fără efect.

usher ['ʌʃə] *s.* aprod; plasator. *vt.* a conduce; a anunța; *fig.* a deschide.

usherette [ʌʃə'ret] *s.* plasatoare.

usual ['juːʒuəl] *adj.* obișnuit; *as* ~ ca de obicei.

usually ['juːʒuəli] *adv.* de obicei.

usurer ['juːʒrə] *s.* cămătar.

usurious [juː'zjuəriəs] *adj.* cămătăresc.

usurp [juː'zəːp] *vt.* a uzurpa.

usurper [juː'zəːpə] *s.* uzurpator.

usury ['juːʒuri] *s.* dobândă cămătărească; speculă cu bani.

utensil [juː'tensl] *s.* unealtă, ustensilă.

utility [juː'tiliti] *s.* utilitate; lucru folositor; serviciu public.

utmost ['ʌtmoust] *s.* (efort) extrem; maxim. *adj.* extrem; maxim.

utopian [juː'toupjən] *adj.* utopic.

utter ['ʌtə] *adj.* total; cumplit. *vt.* a rosti; a exprima; a fabrica.

utterance ['ʌtrns] *s.* exprimare; glas; rostire; declarație.

uttermost ['ʌtəmoust] *s.* extrem; maxim. *adj.* extrem; cumplit.

uvula ['juːvjulə] *s.* vălul palatului; omușor.

vacancy ['veiknsi] *s.* loc liber; vacanță; spațiu gol; lapsus.

vacant ['veiknt] *adj.* gol; liber, neocupat; neatent; uituc.

vacate [vəˈkeit] *vt.* a elibera, a lăsa vacant; a anula.

vacation [vəˈkeiʃn] *s.* eliberare; vacanță.

vacillate ['væsileit] *vi.* a șovăi, a se clătina; a oscila.

vacillation ['væsiˈleiʃn] *s.* șovăială, oscilație.

vacuity [væˈkjuiti] *s.* loc liber; absentă; gol; neatenție.

vacuous ['vækjuəs] *adj.* neatent; stupid; gol.

vacuum ['vækjuəm] *s.* vid; gol; lapsus; (și ~ *cleaner*) aspirator de praf; ~ *flask* termos.

vade-mecum ['veidiˈmiːkəm] *s.* agendă, ghid.

vagary ['veigəri] *s.* capriciu; *pl.* gărgăuni.

vagrancy ['veigrnsi] *s.* vagabondaj.

vagrant ['veigrnt] *s., adj.* vagabond; rătăcitor.

vain [vein] *adj.* inutil; steril; încrezut.

vainglorious [veinˈgloːriəs] *adj.* îngâmfat (la culme); lăudăros.

vainglory [veinˈgloːri] *s.* orgoliu; lăudăroșenie.

vale [veil] *s.* vale.

valentine ['vælntain] *s.* felicitare (de 14 februarie, Sf. Valentin); iubit *sau* iubită aleasă în această zi.

valetudinarian ['væliˌtjudiˈnɛəriən] *s.* om bolnăvicios.

valiant ['væljənt] *adj.* viteaz.

valid ['vælid] *adj.* valabil; serios, întemeiat.

validate ['vælideit] *vt.* a valida, a confirma.

validity [vəˈliditi] *s.* valabilitate.

valley ['væli] *s.* vale.

valo(u)r ['vælə] *s.* vitejie.

valuable ['væljuəbl] *s.* lucru de valoare. *adj.* valoros, prețios.

valuation [ˌvæljuˈeiʃn] *s.* evaluare.

value ['væljuː] *s.* valoare; apreciere; deviz; preț; sens. *mat.* cantitate. *vt.* a aprecia; a evalua.

valve [vælv] *s.* supapă, valvă; lampă de radio.

vamp [væmp] *s.* căpută, petic; vampă. *vt.* a încăputa; a repara; *fig.* a petici; a stoarce de bani. *vi.* a stoarce bani de la bărbați.

van [væn] *s.* camion de mobilă; dubă; căruță cu coviltir; vagon de marfă (acoperit); avangardă; partea din față.

vane [vein] *s.* morișcă de vânt.

vanguard ['vængɑːd] *s.* avangardă.

vanish ['væniʃ] *vi.* a dispărea; a se șterge.

vanity ['væniti] *s.* îngâmfare; inutilitate; neseriozitate; capriciu; ~ *bag* pudrieră; poșetă.

vanquish ['væŋkwiʃ] *vt.* a înfrânge; a supune.

vantage ['vɑːntidʒ] *s.* avantaj; ~ *ground* poziție dominantă.

vapid ['væpid] *adj.* fără gust; șters; nesărat.

vapo(u)r ['veipə] *s.* abur(eală); beție; nebunie; *pl.* mahmureală.

variable ['veəriəbl] *adj.* variabil.

variance ['veəriəns] *s.* variație; diversitate; dihonie; *at* ~ în dușmănie; în contradicție.

variation [ˌveəri'eiʃn] *s.* variație.

varied ['veərid] *adj.* variat; schimbător.

variegated ['veərigeitid] *adj.* variat; multicolor.

variety [və'raiəti] *s.* diversitate; varieteu.

various ['veəriəs] *adj.* divers; mulți.

varmint ['vɑːmint] *s.* ticălos; lepră.

varnish ['vɑːniʃ] *s.* lac, verniu; email; *fig.* spoială. *vt.* a vernisa; *fig.* a spoi.

varsity ['vɑːsiti] *s.* universitate.

vary ['veəri] *vt., vi.* a varia; a (se) modifica.

vase [vɑːz] *s.* vază, vas.

vassalage ['væsəlidʒ] *s.* vasalitate; aservire.

vat [væt] *s.* cuvă, butoi; cadă.

vault [vɔːlt] *s.* boltă; pivniță; criptă; visterie; salt; *pole* ~ săritură cu prăjina. *vt.* a bolti; a sări. *vi.* a sări cu voltă.

vaulting-horse ['vɔːltiŋhɔːs] *s.* capră de sărit.

vaunt [vɔːnt] *s.* laudă, lăudăroșenie. *vt.* a se lăuda cu, a etala. *vi.* a se lăuda.

veal [viːl] *s.* carne de vițel.

veer [viə] *vi.* a vira, a coti.

vegan ['viːgən] *s., adj.* vegetarian (convins).

vegetable ['vedʒtəbl] *s.* plantă; legumă. *adj.* vegetal; ~ *marrow* dovlecel.

vegetation [ˌvedʒi'teiʃn] *s.* vegetație.

vehemence ['viːiməns] *s.* vehemență.

vehicle ['viːikl] *s.* vehicul.

veil [veil] *s.* văl, voal; *fig.* paravan. *vt.* a învălui; a ascunde.

vein [vein] *s.* vână; toană.

velocity [vi'lɔsiti] *s.* viteză.

velvet ['velvit] *s.* catifea. *adj.* de catifea.

velvety ['velviti] *adj.* catifelat; onctuos.

vendor ['vendɔː] *s.* vânzător.

veneer [vi'niə] *s.* furnir; *fig.* spoială. *vt.* a furnirui; *fig.* a spoi.

veneering [vi'niəriŋ] *s.* furnir(uire).

venereal [vi'niəriəl] *adj.* veneric.

Venetian [vi'niːʃn] *s., adj.* venețian; ~ *blind* jaluzea.

vengeance ['vendʒns] *s.* răzbunare.

venison ['venzn] *s.* carne de căprioară.

veniom ['venəm] *s.* venin.

venomous ['venəməs] *adj.* veninos; otrăvitor; rău.

vent [vent] *s.* ieșire, supapă; eșapament; ușurare; șliț. *vt.* a slobozi.

venture ['ventʃə] *s.* aventură; risc; speculație. *vt.* a risca; a îndrăzni; a exprima. *vi.* a îndrăzni; a se aventura.

venturesome ['ventʃəsəm] *adj.* riscant; aventuros.

veracious [ve'reiʃəs] *adj.* demn de încredere; adevărat.

veracity [ve'ræsiti] *s.* sinceritate; adevăr.

verbatim [və'beitim] *adj., adv.* cuvânt cu cuvânt.

verbose [və'bous] *adj.* înflorit; prolix.

verbosity [və'bɔsiti] *s.* limbuţie; vorbărie.

verdant ['və:dnt] *adj.* verde; proaspăt; nevinovat.

verdure ['və:dʒə] *s.* verdeaţă; tinereţe, prospeţime.

verge [və:dʒ] *s.* margine; limită. *vi.* a se îndoi; a se apropia.

verger ['və:dʒə] *s.* paracliser.

verify ['verifai] *vt.* a verifica; a dovedi.

verisimilitude [,verisimilitju:d] *s.* probabilitate; caracter verosimil.

verity ['veriti] *s.* adevăr.

vermicelli [,və:mi'seli] *s.* fidea.

vermilion [və'miljən] *s., adj.* purpuriu. *vt.* a împurpura.

vermin ['və:min] *s.* paraziţi; drojdia societăţii.

verminous ['və:minəs] *adj.* infestat de paraziţi.

vernacular [və'nækjulə] *s.* limbă naţională; dialect. *adj.* neaoş.

vernal ['və:nl] *adj.* primăvăratic.

versatile ['və:sətail] *adj.* multilateral; elastic; nestatornic.

verse [və:s] *s.* vers(uri); poezie; strofă; verset.

versed [və:st] *adj.* versat, priceput.

version ['və:ʃn] *s.* traducere; versiune.

versus ['və:səs] *prep.* contra.

vertex ['və:teks] *s.* vârf, culme.

vertigo ['və:tigou] *s.* ameţeală.

vervain ['və:vein] *s. bot.* verbină.

very ['very] *adj.* adevărat; tocmai acela *sau* aceea; precis; aidoma. *adv.* foarte; tocmai, aidoma, chiar.

vesper ['vespə] *s.* luceafăr; seară; *pl.* vecernie.

vessel ['vesl] *s.* vas.

vest [vest] *s.* vestă. *vt.* a îmbrăca; a învesti.

vested ['vestid] *adj.* îmbrăcat; înveşmântat; asigurat; stabilit; ~ *interests* investiţii; monopoluri.

vestige ['vestidʒ] *s.* vestigiu.

vestment ['vestmənt] *s.* veşmânt.

vestry ['vestri] *s.* consiliu parohial; enoriaşi.

vet [vet] *s.* (medic) veterinar.

vetch [vetʃ] *s. bot.* măzăriche; borceag.

veto ['vi:tou] *s.* veto; interzicere. *vt.* a opune veto la; a interzice.

vex [veks] *vt.* a supăra; a necăji; a irita.

vexation [vek'seiʃn] *s.* supărare; necăjire; pacoste.

vexatious [vek'səiʃas] *adj.* supărător; iritant.

via ['vaiə] *prep.* prin.

vial ['vaiəl] *s.* sticluţă de doctorie; fiolă.

vibrate [vai'breit] *vt.* a face să vibreze. *vi.* a vibra; a palpita.

vibration [vai'breiʃn] *s.* vibraţie.

vicar ['vikə] *s.* vicar; protopop.

vicarage ['vikəridʒ] *s.* parohie.

vicarious [vai'kɛəriəs] *adj.* delegat; locţiitor.

vice [vais] *s.* viciu; menghină.

viceroy ['vaisrɔi] *s.* vicerege.

vicinity [vi'siniti] *s.* vecinătate, apropiere; cartier.

vicious ['viʃas] *adj.* vicios; nărăvaş; greşit.

victimize ['viktimaiz] *vt.* a persecuta; a chinui.

victor ['viktə] *s., adj.* învingător; cuceritor.

victory ['viktəri] s. victorie; succes.

victrola [vik'troulə] s. picup; patefon.

victual ['vitl] s. mâncare; pl. merinde; provizii. vt.,, vi. a (se) aproviziona.

victualler ['vitlə] s. furnizor; vas de aprovizionare.

videlicet [vi'di:liset] adv. adică.

vie [vai] vi. a rivaliza; a se întrece.

view [vju:] s. vedere; privire; vizionare; părere; intenţie; on ~ la vedere; in ~ of dat(ă) fiind; din cauza; with a ~ to, with the ~ of în vederea, pentru a. vt. a privi, a cerceta.

viewpoint ['vju:point] s. punct de vedere; privelişte.

vigil ['vidʒil] s. veghe.

vigilance ['vidʒiləns] s. vigilenţă; pază; precauţie.

vile [vail] adj. stricat; josnic; ruşinos; scârbos.

vilify ['vilifai] vt. a defăima, a calomnia.

village ['vilidʒ] s. sat.

villager ['vilidʒə] s. sătean.

villain ['vilən] s. ticălos; ştrengar; iobag; slugă.

villainous ['vilənəs] adj. ticălos; mârşav; groaznic.

villainy ['viləni] s. ticăloşie; mârşăvie.

villein ['vilin] s. iobag.

vim [vim] s. energie; vigoare; zel.

vindicate ['vindikeit] vt. a dovedi; a verifica; a apăra.

vindication [,vindi'keiʃn] s. apărare; justificare; dovedire.

vindictive [vin'diktiv] adj. răzbunător.

vine [vain] s. viţa (de vie).

vinegar ['vinigə] s. oţet.

vinegary ['vinigəri] adj. oţeţit; acru.

vineyard ['vinjəd] s. vie, podgorie.

vintage ['vintidʒ] s. culesul viei; recoltă de vin.

vintner ['vintnə] s. podgorean.

viola [vi'oulə] s. violă; toporaş, violetă.

violate ['vaiəleit] vt. a viola; a tulbura.

violence ['vaiələns] s. violenţă; vehemenţă; jignire.

violet ['vaiəlit] s. violetă, toporaş; violet. adj. violet.

violin [,vaiə'lin] s. vioară.

violinist ['vaiəlinist] s. violonist.

viper ['vaipə] s. viperă.

virago [vi'rɑ:gou] s. scorpie.

virgin ['və:dʒin] s. fecioară. adj. feciorelnic; virgin; neatins.

virginal ['və:dʒinl] adj. feciorelnic; nevinovat.

Virginia creeper [və'dʒiniə,kri:pə] s. viţa sălbatică.

virtual ['və:tjuəl] adj. virtual; practic; de fapt.

virtually ['və:tjuəli] adv. în fapt.

virtue ['və:tju:] s. virtute; eficacitate; putere; by ~ of prin; in ~ of pe baza.

visa ['vi:zə] s. viză.

viscount ['vaikaunt] s. viconte.

visé ['vi:zei] s. viză vt. a viza.

vision ['viʒn] s. vedere; viziune; concepţie; vis; privelişte; fantomă.

visit ['vizit] s. vizită (lungă); şedere. vt. a vizita; a frecventa; a pedepsi; a răzbuna; a năpăstui. vi. a face vizite.

visitation [,vizi'teiʃn] s. vizită (oficială); pedeapsă, răzbunare, răsplată.

visiting [viziting] adj. de vizită; ~ card carte de vizită.

visitor ['vizitə] *s.* vizitator; client (al unui hotel).

vista ['vistə] *s.* vedere, privelişte; perspectivă.

visualize ['vizjuəlaiz] *vt.* a întrezări.

vitals ['vaitlz] *s. pl.* măruntaie; centru.

vitiate ['vişieit] *vt.* a vicia; a strica; a pângări.

vitrify ['vitrifai] *vt., vi.* a (se) face ca sticla.

vitriol ['vitriəl] *s.* vitriol; *blue ~* piatră vânătă.

vituperate [vi'tju:pəreit] *vt.* a ocărî.

viva voce ['vaivə 'vousi] *s., adj., adv.* oral.

vivid ['vivid] *adj.* vioi; viu; strălucitor.

vixen ['viksn] *s.* vulpe; *fig.* scorpie.

viz [vi'di:liset; 'neimli] *adv.* (şi) anume.

vocalist ['voukəlist] *s.* cântăreţ, cântăreaţă.

vocation [vou'keiʃn] *s.* vocaţie; profesie.

vocational [vou'kəiʃənl] *adj.* profesional; de meserie.

vocative ['vokətiv] *s., adj.* vocativ.

vogue [voug] *s.* vogă, modă; popularitate.

voice [vois] *s.* glas; voce; sonoritate; exprimare; rostire; părere; vot; *gram.* diateză. *vt.* a exprima; a rosti.

voiceless ['voislis] *adj.* fără glas; mut; *(d. consoană)* surdă.

void [void] *s.* gol, vid; lipsă. *adj.* gol; nul, fără valoare; *~ of* lipsit de. *vt.* a goli; a anula.

volcano [vol'keinou] *s.* vulcan.

vole [voul] *s.* şoarece de câmp.

volition [vou'liʃn] *s.* voinţă; liber-arbitru.

volley ['voli] *s.* slavă; *fig.* torent; voleu; *~ ball* volei. *vt.* a trage (o salvă); a arunca (în zbor).

voluble ['voljubl] *adj.* volubil.

voluntary ['voləntri] *s.* solo (de orgă). *adj.* voluntar; intenţionat.

volunteer [,volən'tiə] *s.* voluntar. *vt.* a rosti; a face; a oferi. *vr.* a se oferi ca voluntar.

vomit ['vomit] *s.* vărsătură. *vt.* a vărsa.

voracious [və'reiʃəs] *adj.* lacom.

vortex ['vo:teks] *s.* vârtej, bulboană.

votary ['voutəri] *s.* adept; susţinător; credincios; fanatic.

vote [vout] *s.* vot(are); drept de vot. *vt.* a vota (pentru); a aproba; a propune. *vi.* a vota.

voter ['voutə] *s.* alegător.

votive ['voutiv] *adj.* oferit ca jertfă; *~ light* candelă.

vouch [vautʃ] *vi.: to ~ for* a garanta; a confirma.

voucher ['vautʃə] *s.* chitanţă; garanţie; garant.

vouchsafe [vautʃ'seif] *vt.* a acorda; a catadicsi să dea.

vow [vau] *s.* jurământ; promisiune. *vt.* a promite; a jura.

vowel ['vauəl] *s.* vocală.

voyage ['voidʒ] *s.* călătorie pe apă. *vt.* a străbate.

voyager ['voiədʒə] *s.* călător; explorator.

vulcanite ['vʌlkənait] *s.* ebonit.

vulgarism ['vʌlgərizəm] *s.* expresie *sau* cuvânt vulgar; vulgaritate.

vulgarize ['vʌlgəraiz] *vt.* a vulgariza; a populariza.

vulture ['vʌltʃə] *s.* vultur (mâncător de cadavre); *fig.* corb.

W

wad [wɔd] s. teanc; tampon (de vată, bandaj). vt. a face teanc; a căptuşi, a moltona.

wadding ['wɔdiŋ] s. molton.

wade [weid] s. trecere prin vad. vt. a trece prin vad. vi. a-şi croi drum.

wafer ['weifə] s. tabletă; foaie de plăcintă; scoică de îngheţată; limbi de pisică; anafură.

waft [wɑːft] s. adiere. vt. a purta prin aer.

wag [wæg] s. mucalit; legănare. vt. a legăna. vi. a da din coadă.

wage [weidʒ] s. (şi pl.) salariu; pl. şi recompensă, plată; ~ freeze îngheţarea salariilor. vt. a duce, a purta (un război).

wager ['weidʒə] s. rămăşag. vt., vi. a paria.

waggish ['wægiʃ] adj. comic; ştrengăresc.

wag(g)on ['wægən] s. căruţă; vagon de marfă.

wag(g)oner ['wægənə] s. căruţaş.

wag(g)onette ['wægə'net] s. landou.

wagtail ['wægteil] s. codobatură.

waif [weif] s. persoană sau câine fără adăpost; ~s. and strays copii nimănui.

wail [weil] s. bocet; plângere. vt., vi. a boci; a plânge.

wain [wein] s. car; Charles's Wain Carul mare.

wainscot(ing) ['weinskət(iŋ)] s. lambriuri.

waist [weist] s. talie, centură; amer. pieptăraş; ~band betelie; talie;

~ coat vestă; ~ line măsura taliei.

wait [weit] s. aşteptare; pândă; pl. colindători. vt. a aştepta; a pândi. vi. a aştepta; to ~ on smb. a servi pe cineva.

waiter ['weitə] s. ospătar, chelner; servantă, măsuţă.

waiting ['weitiŋ] s. aşteptare; lady-in- ~ doamnă de onoare; ~ maid cameristă; servitoare; ~ room sală de aşteptare.

waitress ['weitris] s. ospătăriţă, chelneriţă.

wake [weik] s. veghe, priveghi; festival; dâră; in the ~ of pe urmele. vt. a trezi; a stârni; a evoca. vi. a se trezi; a veghea.

wakeful ['weikfl] adj. ne(a)dormit; treaz.

wakefulness ['weikflnis] s. nesomn, insomnie.

waken ['weikn] vt., vi. a (se) trezi.

walk [wɔːk] s. plimbare; mers pe jos; pas, marş; strat social; potecă, promenadă. vt. a cutreiera; a plimba. vi. a se plimba; a merge (la pas); a umbla; to ~ into a se năpusti asupra, to ~ up a merge; a se apropia.

walker ['wɔːkə] s. amator de plimbare; pieton.

walkie-talkie ['wɔːki'tɔːki] s. radio portativ.

walking ['wɔːkiŋ] s. plimbare; mers pe jos; ~ stick baston.

wall [wɔːl] s. zid, perete; gard. vt. a fortifica; a îngrădi; a zidi.

wallet ['wɔ:lit] *s.* portvizit; portofel; trusă; desagă.

wallflower ['wɔ:l,flauə] *s. bot.* micşunea ruginită; fată neinvitată la dans.

wallow ['wɔlou] *vt.* a se bălăci.

wallpaper ['wɔ:l,peipə] *s.* tapet.

walnut ['wɔ:lnʌt] *s.* nuc(ă).

walrus ['wɔ:lrəs] *s. zool.* morsă.

waltz ['wɔ:ls] *s.* vals. *vi.* a valsa.

wan [wɔn] *adj.* pal(id); istovit, supt.

wand [wɔnd] *s.* baghetă.

wander ['wɔndə] *vt.* a cutreiera. *vi.* a umbla, a hoinări; a se abate.

wanderer ['wɔndərə] *s.* călător; hoinar.

wane [wein] *s.* descreştere, declin. *vi.* a fi în declin.

want [wɔnt] *s.* nevoie, lipsă; necesitate; sărăcie; dorinţă. *vt.* a dori; a necesita; a cere; a avea nevoie de; a voi. *vi.* a lipsi, a nu se găsi.

wanting ['wɔntiŋ] *adj.* deficient (mintal); prost crescut. *prep.* fără.

wanton ['wɔntən] *s.* femeie uşoară. *adj.* neserios; nestatornic; destrăbălat.

wantonly ['wɔntənli] *adv.* neserios; fără chibzuinţă.

war [wɔ:] *s.* război; militărie; luptă; ~ *lord* mandarin; militarist; ~ *ship* vas de luptă; *the War Office* Ministerul de Razboi. *vi.* a se război.

warble ['wɔ:bl] *s.* ciripit. *vt., vi.* a ciripi.

warbler ['wɔ:blə] *s.* pitulice; privighetoare.

ward [wɔ:d] *s.* pauză; tutelă; pupil(ă); cartier; rezervă, secţie (la spital). *vt.* a păzi; *to ~ off* a evita, a abate (o lovitură).

warden ['wɔ:dn] *s.* păzitor; custode; paznic.

warder ['wɔ:də] *s.* temnicer.

wardrobe ['wɔ:droub] *s.* garderobă.

ward-room ['wɔ:drum] *s.* cameră de gardă.

ware [wɛə] *s.* marfă.

warehouse ['wɛəhaus] *s.* depozit; antrepozit.

warfare ['wɔ:fɛə] *s.* beligeranţă; strategie; luptă.

warily ['wɛərili] *adv.* cu grijă; prudent.

warlike ['wɔ:laik] *adj.* războinic; belicos.

warm [wɔ:m] *s.* încălzire. *adj.* cald; călduros; entuziast; proapsăt. *vt., vi.* a (se) încălzi.

warming-pan ['wɔ:miŋ,pæn] *s.* tigaie de încălzit aşternutul.

warmonger ['wɔ:mʌŋgə] *s.* aţâţător la război.

warmth [wɔ:mθ] *s.* căldură; entuziasm; pasiune.

warn [wɔ:n] *vt.* a avertiza.

warning ['wɔ:niŋ] *s.* avertisment; avertizare; (pre)aviz.

warp [wɔ:p] *s.* ţesătură, urzeală. *vt., vi.* a (se) întreţese.

warrant ['wɔrnt] *s.* autorizaţie; garanţie; procură; certificat. *vt.* a justifica; a garanta.

warrior ['wɔriə] *s.* războinic.

wart [wɔ:t] *s.* neg.

wary ['wɛəri] *adj.* precaut; şiret; *to be ~* a avea grijă.

was [wɔz, wəz] *v. aux., vi.* pers. I şi a III-a *sing. ind. trec. de la* **be**.

wash [wɔʃ] *s.* spălare; spălătură; rufe de spălat; val; lături; loţiune; ~ *(hand) stand* lavoar; ~ *out* ratat; eşec; ~ *tub* albie de spălat. *vt.* a spăla; a mătura; *to*

~ one's hands a se spăla pe mâini; *to* ~ *down* a spăla; a înghiți; ~*ed out* istovit; distrus; *to* ~*up* a spăla vasele.

washable ['wɔʃəbl] *adj.* lavabil.

washer ['wɔʃə] *s.* spălător; spălătoreasă; șaibă; ~ *woman* spălătoreasă.

washing ['wɔʃiŋ] *s.* spălare; spălătură; rufe pentru spălat *sau* spălate.

washy ['wɔʃi] *adj.* apos; palid; șters; spălăcit.

wasp [wɔsp] *s.* viespe.

wassail ['wɔseil] *s.* punci; chef. *vi.* a chefui; a toasta.

wastage ['weistidʒ] *s.* risipă; pierderi.

waste [weist] *s.* risipă; irosire; deșeuri; gunoi; pustiu. *adj.* pustiu; înțelenit; nefolositor; aruncat. *vt.* a irosi; a pustii. *vi.* a se irosi; a fi în declin; a se pierde.

wasteful ['weistfl] *adj.* risipitor.

waste-paper-basket [weis'peipə,bɑːskit] *s.* coș de hârtii.

watch [wɔtʃ] *s.* pază; gardă; paznic; cart; ceas (de mână sau de buzunar). *vt.* a păzi; a privi; a urmări (cu privirea). *vi.* a sta treaz; a veghea; a fi atent; a sta de pază.

watchdog ['wɔtʃdɔg] *s.* câine de pază.

watcher ['wɔtʃə] *s.* paznic; spectator.

watchful ['wɔtʃfl] *adj.* treaz; atent; precaut.

watchfulness ['wɔtʃflnis] *s.* trezire; veghe.

watchmaker ['wɔtʃ,meikə] *s.* ceasornicar.

watchman ['wɔtʃmən] *s.* paznic.

watchword ['wɔtʃwɔːd] *s.* cuvânt de ordine; lozincă; parolă.

water ['wɔːtə] *s.* apă; soluție apoasă; ~ *bottle* ploscă; bidon; ~ *cart* saca; autostropitoare; ~ *closet* closet (cu apă); ~ *colo(u)r* acuarelă; ~- *cress bot.* năsturel; bobâlnic; ~-*fall* cascadă; ~ *front* malul mării; docherii; ~*lily* nufăr; ~ *mark* filigran; nivelul apei; ~ *melon* pepene verde; ~ *shed* cumpăna apelor; ~-*side* mal; docuri; ~ *spout* gură de burlan; trombă marină; ~ *supply* rețea de apă potabilă; ~ *tight* etanș; invulnerabil; ~ *way* cale navigabilă; ~ *works* uzină; instalație de apă; fântâni decorative; *table* ~*s* apă minerală. *vt.* a uda, a stropi; a adăpa; a dilua.

waterproof ['wɔːtəpruːf] *s.* fulgarin. *adj.* impermeabil. *vi.* a impermeabiliza.

watery ['wɔːtəri] *adj.* apos; plâns; insipid.

wattle ['wɔtl] *s.* împletitură de nuiele; chirpici; moțul curcanului. *vt.* a împleti (nuiele).

wave [weiv] *s.* val; unduire; gest cu mâna; ondulație; încrețire; undă. *vt.* a face semn cu; a încreți. *vi.* a se undui.

waver ['weivə] *vi.* a șovăi; a se clătina; a fâlfâi.

wavy ['weivi] *adj.* ondulat; încrețit.

wax [wæks] *s.* ceară; ~ *cloth* pânză cerată; ~ *paper* hârtie pergament. *vt.* a cerui. *vi.* a crește; a deveni.

waxy ['wæksi] *adj.* ca ceara; lustruit.

way [wei] *s.* drum; cale; rută; metodă, mod; progres; obicei; *out of the* ~ la o parte; ascuns;

îndepărtat; *by ~ of* prin; *by the ~* pe drum; apropo; *~s and means* căi și mijloace; *to be under ~* a fi pe drum; a fi așteptat.

waylay [wei'lei] *vt.* a ține calea (cuiva).

wayside ['weisaid] *s.* marginea drumului; potecă.

wayward ['weiwəd] *adj.* încăpățânat; greu de mânuit.

we [wi(:)] *pron.* noi.

weak [wi:k] *adj.* slab; firav; insuficient; *~ minded* slab de minte.

weaken ['wi:kn] *vt., vi.* a slăbi.

weakling ['wi:kliŋ] *s.* slăbănog.

weakly ['wi:kli] *adj.* slăbănog; plăpând. *adv.* (cu glas) slab, fără vlagă.

weakness ['wi:knis] *s.* slăbiciune.

weal [wi:l] *s.* bunăstare; dungă, vârstă.

wealth [welθ] *s.* avere; bogăție; abundență; prosperitate.

wealthy ['welθi] *adj.* bogat.

wean [wi:n] *vt.* a înțărca; a dezbăra.

weapon ['wepən] *s.* armă.

wear [wεə] *s.* îmbrăcăminte; uzură; (posibilitate de) folosire, purtare; *~ and tear* uzură. *(vt.* a purta, a îmbrăca; a manifesta; a uza, a roade; a scâlcia; a slăbi; *to ~ out* a uza; a istovi. *vi.* a se purta; a rezista; a ține; a se uza; *to ~ away* a se uza; a se roade; a se șterge; a slăbi; *to ~ on* a trece (încet); *to ~ out* a se uza; a se epuiza.

wearer ['wεərə] *s.* purtător.

weariness ['wiərinis] *s.* oboseală; plictiseală.

wearisome ['wiərisəm] *adj.* obositor; plicticos.

weary ['wiəri] *adj.* obosit(or); plictisit. *vt., vi.* a (se) obosi; a (se) plictisi.

weasel ['wi:zl] *s. zool.* nevăstuică.

weather ['weðə] *s.* vreme; meteorologie; climă; *~-beaten* asprit de vânturi și ploi; *~-bound* blocat de vremea nefavorabilă; *~-cock* morișcă de vânt; *~ permitting* dacă e vreme bună. *vt.* a trece cu bine, a înfrunta; a expune (intemperiilor); a decolora; a roade.

weather forecast ['weðə'fɔ:ka:st] *s.* buletin meteorologic.

weave [wi:v] *s.* țesătură. *vt.* a țese; a urzi. *vi.* a se țese; a se împleti.

weaver ['wi:və] *s.* țesător.

web [web] *s.* plasă, țesătură; laba gâștei (rației etc.).

wed [wed] *vt.* a căsători; a uni; *~ded to smth.* atașat de ceva. *vi.* a se căsători; a nunti.

wedding ['wediŋ] *s.* nuntă; căsătorie; *~ cake* tort de nuntă; *~ring* verighetă.

wedge [wedʒ] *s.* pană; despicătură. *vt.* a despica.

wedlock ['wedlɔk] *s.* căsătorie.

Wednesday ['wenzdi] *s.* miercuri.

wee [wi:] *adj.* mititel, micuț; *a ~ bit* un pic.

weed [wi:d] *s.* buruiană; iarbă; *fig.* om plăpând. *vt.* a plivi; *to ~ out* a înlătura.

weeds [wi:dz] *s. pl.* haine de doliu.

weedy ['wi:di] *adj.* plin de buruieni; slăbănog.

week [wi:k] *s.* săptămână; *~ day* zi de lucru.

week-end ['wi:k'end] *s.* răgazul de la sfârșitul săptămânii. *vi.* a pleca în excursie (sâmbăta și duminica).

weekly ['wi:kli] *s., adj.*, adv. săptă-mânal.

weep [wi:p] *vt.* a vărsa (lacrimi); a deplânge. *vi.* a plânge; a se umezi.

weevil ['wi:vil] *s.* gărgăriţă.

weft [weft] *s.* băteală; ţesătură.

weigh [wei] *vt.* a cântări; a chibzui; a ridica; *to ~ down* a trage în jos; a împila; *to ~ out* a împărţi. *vi.* a cântări, a trage în balanţă.

weighing-machine ['weiiŋ məˌʃi:n] *s.* cântar decimal.

weight [weit] *s.* greutate; pondere; influenţă; importanţă; *to put on ~* a se îngrăşa; *under ~* sub greutatea normală. *vt.* a îngreuia.

weighty ['weiti] *adj.* greu, greoi; apăsător; important; convingător.

weir [wiə] *s.* stăvilar.

weird [wiəd] *adj.* fatal; supranatural; sinistru; ciudat.

welcome ['welkəm] *s.* bun venit; primire bună. *adj.* binevenit; încântător. *vt.* a saluta; a primi cu bucurie.

weld [wəld] *s.* sudură. *vt., vi.* a (se) suda.

welfare ['welfɛə] *s.* bunăstare; *~ work* opere caritabile.

well [wel] *s.* puţ; izvor; sondă. *vi.* a ţâşni; a izvorâ; a curge. *adv.* bine; complet; cum trebuie; pe bună dreptate; *as ~* de asemenea; *as ~ as* precum şi *interj.* ei; vai; în sfârşit; ei şi? mă rog; prea bine; precum spuneam.

well-being ['wel'bi:iŋ] *s.* bunăstare, prosperitate.

well-bred ['wel'bred] *adj.* bine-crescut; pursânge.

well-founded ['wel'faundid] *adj.* (bine) întemeiat.

well-grounded ['wel'graundid] *adj.* (bine) întemeiat; profund; serios.

well-knit ['wel'nit] *adj.* solid, bine făcut.

well-meaning ['wel'mi:niŋ] *adj.* bine intenţionat, binevoitor, cinstit, sincer.

well-nigh ['welnai] *adv.* aproape; cât pe-aici să.

well-off ['wel'ɔ:f] *adj.* înstărit; bogat.

well-read ['wel'red] *adj.* citit, cult.

Welsh [welʃ] *s.* limba galică (din Wales); *the ~* velşii, locuitori din Ţara Galilor. *adj.* velş, galic; *~ rabbit* budincă cu brânză.

Welshman ['welʃmən] *s.* velş, gal.

welter ['weltə] *s.* încurcătură; talmeş-balmeş. *vi.* a se învălmăşi; a se rostogoli.

wen [wen] *s.* gâlcă, bolfă.

wench [wentʃ] *s.* fată, fetişcană; femeie uşoară.

went [went] *vi. trec. de la* **go**.

wept [wept] *vt., vi. trec. şi part. trec. de la* **weep**.

were [wə(:)] *v. aux., vi. trec. de la* **be**.

west [west] *s.* vest, apus; Occident; *the West End* cartierul elegant al Londrei. *adj.* vestic, occidental; de vest. *adv.* spre vest.

westerly ['westəli] *adj.* dinspre vest. *adv.* spre vest.

western ['westən] *adj.* apusean, occidental.

Westminster ['westminstə] *s.* catedrala Westminster; Parlamentul britanic.

westward ['westwəd] *adj., adv.*
spre apus.

wet [wet] *adj.* ud, umed; ploios;
amer. contra prohibiției; ~ *nurse*
doică; ~ *throrugh* ud leoarcă. *vt.*
a uda, a umezi.

wether ['weðə] *s.* batal, berbec.

whack [wæk] *s.* pocnitură; lovitură;
porție. *vt.* a pocni.

whacking ['wækiŋ] *s.* bătaie. *adj.*
strașnic; groaznic. *adv.* foarte.

whale [weil] *s.* balenă; ~*boat* ba-
lenieră; ~-*bone* os de balenă;
balene. *vi.* a vâna balene.

whaler ['weilə] *s.* balenieră; vână-
tor de balene.

wharf [wɔːf] *s.* debarcader, chei;
doc.

what [wɔt] *pron.* ce? care? cât;
ceea ce; ~ *for?* pentru ce ~ *is it
like?* cum e? ~ *next?* la ce ne mai
putem aștepta; ~ *if?* și dacă?

whatever [wɔ'tevə] *pron.* orice, ori
care; indiferent ce; *(cu neg.)* nici
un, de loc.

wheat [wiːt] *s.* grâu.

wheaten ['wiːtn] *adj.* de grâu.

wheedle ['wiːdl] *vt.* a păcăli; a con-
vinge prin lingușeli; a smulge.

wheel [wiːl] *s.* roată; rotire; volan;
~*s within* ~*s* complicații; in-
trigărie. *vt., vi.* a (se) răsuci, a
(se) roti.

wheelbarrow ['wiːl,bærou] *s.*
roabă, tărăboanță.

wheelwright ['wiːlrait] *s.* rotar.

wheeze [wiːz] *s.* șuierat; vâjâit;
glumă; șiretenie. *vt.* a rosti cu
greu. *vi.* a vâjâi, a șuiera.

whelp [welp] *s.* cățel; pui de tigru,
lup etc.; golănеț. *vt., vi.* a făta.

when [wen] *adv.* când. *conj.* când;
deși; ori de câte ori; după ce.

whence [wens] *adv.* de unde; de la
care.

whenever [wen'evə] *adv., conj.*
oricând; ori de câte ori.

where [wɛə] *adv.* unde. *conj.* un-
de; în care; oriunde.

whereabouts ['wɛərəbauts] *s.* loc
(unde se află cineva). *adv.* (pe)
unde, cam pe unde.

whereas [wɛər'æz] *conj.* pe când;
întrucât.

whereby [wɛə'bai] *adv.* cum; prin
ce.

wherefore ['wɛəfɔː] *s.* motiv, ra-
țiune. *conj.* pentru ce.

wherein [wɛər'in] *adv.* unde; cum.

whereof [wɛər'ɔv] *pron.* din care;
despre care.

whereto [wɛə'tuː] *adv.* încotro; în
ce scop.

whereupon [,wɛərə'pɔn] *adv.* la
care; drept care.

wherever [wɛər'evə] *adv.* oriunde;
pretutindeni.

wherewithal ['wɛəwiðɔːl] *s.* cele
necesare.

whet [wet] *vt.* a ascuți; a simula; a
stârni.

whether ['weðə] *conj.* (indiferent)
dacă; ~ *or no(t)* în orice caz.

whetstone ['wetstoun] *s.* (piatră
de) tocilă.

whey [wei] *s.* zer.

which [witʃ] *adj.* care; ~ *way* în ce
fel. *pron.* care (din ei); pe care;
ceea ce.

whichever [witʃ'evə] *adj., pron.*
oricare.

whiff [wif] *s.* răbufneală; țigară;
fum (de țigară); a mirosi (a
ceva).

Whig [wig] *s., adj.* liberal; *amer.*
republican.

while [wail] *s.* perioadă; *the* ~ între
timp, tot timpul. *vt.* a face să
treacă (timpul). *conj.* în timp ce;
pe când.

whilst ['wailst] *conj.* în timp ce, pe când.

whim [wim] *s.* capriciu, poftă.

whimper ['wimpə] *s.* scâncet. *vi.* a scânci; a scheuna.

whimsical ['wimzikl] *adj.* capricios; ciudat.

whine [wain] *s.* scâncet; scheunat. *vt.* a cere cu glas plângăreţ. *vi.* a (se) scânci; a se miorlăi; a scheuna.

whinny ['wini] *s.* nechezat. *vi.* a necheza.

whip [wip] *s.* bici; cravaşă; vizitiu; chestor; convocare. *vt.* a biciui; a bate; a smulge; a înfrânge.

whipper-snapper ['wipə'snæpə] *s.* mucos (obraznic).

whipping ['wipiŋ] *s.* bătaie (cu biciul); înfrângere.

whip-poor-will ['wippuə'wil] *s.* *ornit.* păpăludă.

whir(r) [wə:] *s.* vâjâit; fâlfâit; foşnet. *vi.* a fâlfâi; a vâjâi.

whirl [wə:l] *s.* vârtej, bulboană. *vt.* a lua pe sus. *vi.* a se învârti, a se învârteji; a ameţi; a se învălmăşi.

whirligig ['wə:ligig] *s.* titirez; căluşei; vârtej.

whirlpool ['wə:lpu:l] *s.* bulboană.

whirlwind ['wə:lwind] *s.* vârtej; furtună; trombă.

whisk [wisk] *s.* smoc; canaf; mişcare rapidă, smucitură; bătător (de ouă). *vt.* a lua pe sus; a bate (frişcă etc.). *vi.* a se mişca iute; a ţâşni.

whiskers ['wiskəz] *s. pl.* favoriţi; *zool.* mustăţi.

whisper ['wispə] *s.* şoaptă; murmur; zvon. *vt., vi.* a şopti; a susura.

whist [wist] *s.* jocul de whist. *interj.* sst.

whistle ['wisl] *s.* fluier(at). *vt., vi.* a fluiera, a şuiera; *to* ~ *for smth.* a-şi pune pofta în cui.

whit [wit] *s.* bucăţică, pic(ătură).

white [wait] *s.* alb(uş). *adj.* alb; *a* ~ *elephant* obiect inutil (care te încurcă); ~ *paper* pol. carte albă.

Whitehall ['wait'hɔ:l] *s.* guvernul britanic.

whiten ['waitn] *vt., vi.* a (se) albi.

whitewash ['waitwɔʃ] *s.* var; văruială, văruit. *vt.* a vărui; *fig.* a ascunde.

whither ['wiðə] *adv.* încotro.

whitlow ['witlou] *s.* panariţiu.

Whitsunday ['wit'sʌndi] *s.* Rusalii.

Whitsuntide ['witsntaid] *s.* săptămâna Rusaliilor.

whittle ['witl] *vt.* a ciopârţi; a reduce treptat.

whiz(z) [wiz] *s.* bâzâit; vâjâit. *vi.* a vâjâi; a bâzâi.

who [hu(:)] *pron.* cine; care; (acela) care; pe care.

whodun(n)it [hu:'dʌnit] *s.* roman poliţist.

whoever [hu'evə] *pron.* oricine; oricare.

whole [houl] *s.* întreg; unitate; *as a* ~ în ansamblu; *on the* ~ dacă ţinem seama de toate. *adj.* întreg; complet; sănătos; nevătămat; ~ *hearted* sincer; cordial ~ *length* în mărime naturală; ~ *meal* (din făină) integrală.

wholesale ['houlsei] *s.* toptan. *adj., adv.* cu toptanul.

wholesaler ['houl,seilə] *s.* angrosist.

wholesome ['houlsəm] *adj.* sănătos; salubru; moral.

wholly ['houlli] *adv.* pe de-a-ntregul; complet.

whom [hu:m] *pron.* pe cine (?), pe care (?), cui (?).

whoop [hu:p] *s.* chiot, strigăt (de bucurie); acces de tuse. *vi.* a țipa, a chiui.

whooping caugh ['hu:piŋkɔ(:)f] *s.* tuse convulsivă sau măgărească.

whopper ['wɔpə] *s.* lucru uriaș; minciună gogonată.

whopping ['wɔpiŋ] *adj.* uriaș; gogonat. *adv.* foarte.

whore [hɔ:] *s.* târfă, prostituată.

whorl [wɔ:l] *s.* spirală;bulboană.

whose [hu:z] *pron.* al cui.

why [wai] *adv., conj.* de ce; *that is* ~ iată de ce. *interj.* hei; vai.

wick [wik] *s.* muc de lumânare.

wicked ['wikid] *adj.* ticălos, blestemat; rău; dăunător; răutăcios.

wickedness ['wikidnis] *s.* răutate; ticăloșie.

wicker ['wikə] *s.* (împletitură) de răchită.

wicket ['wikit] *s.* portiță; intrare; ghișeu; *sport* poartă; punct.

wide [waid] *adj.* larg, lat; întins; lejer; larg deschis; ~ *awake* treaz; ager; precaut. *adv.* peste tot; în lung și în lat; departe (de țintă).

widely ['waidli] *adv.* departe; în mare măsură; larg.

widen ['waidn] *vt., vi.* a (se) lărgi.

widespread ['waidspred] *adj.* răspândit; întins.

widow ['widou] *s.* văduvă.

widowed ['widoud] *adj.* văduvit.

widower ['widouə] *s.* văduv.

widowhood ['widouhud] *s.* văduvie.

width [widθ] *s.* lărgime; lățime; orizont larg; bucată (de stofă).

wield [wi:ld] *vt.* a mânui; a stăpâni.

wife [waif] *s.* soție; *and old wives' tale* superstiție.

wig [wig] *s.* perucă.

wiggle ['wigl] *s.* legănare (din șolduri). *vt.* a (ră)suci. *vi.* a se mișca; a legăna din șolduri.

wigwam ['wigwæm] *s.* cort *sau* colibă indiană.

wild [waild] *s.* pustiu; sălbăticie. *adj.* sălbatic; nedomesticit; sperios; pustiu; destrăbălat; furtunos; nesăbuit. *adv.* sălbatic; aspru; aiurea.

wild boar ['waild'bɔ:] *s.* (porc) mistreț.

wilderness ['wildənis] *s.* pustiu; sălbăticie; încurcătură; labirint.

wildfire ['waild,faiə] *s.* praf de pușcă; foc grecesc; flăcăruie; *like* ~ ca fulgerul.

wile [wail] *s.* viclenie. *vt.* a prinde în cursă; a ademeni.

wilful ['wilfl] *adj.* încăpățânat; voluntar; intenționat.

will [wil] *s.* voință; (și ~ *power*) hotărâre; intenție; testament; *at* ~ după bunul său plac. *v. aux. pentru viit.* voi, vei, va etc. *v. mod.* a voi. *vt.* a hotărî; a dori; a lăsa moștenire. *vi.* a avea voință.

willing ['wiliŋ] *adj.* doritor; săritor la nevoie; serviabil; voluntar.

willingly ['wiliŋli] *adv.* cu plăcere; bucuros; cu bunăvoință.

will-o'-the-whisp ['wiləðwisp] *s.* flăcăruie (rătăcitoare); miraj.

willow ['wilou] *s.* salcie.

willy-nilly ['wili'nili] *adv.* vrândnevrând.

wilt [wilt] *vt., vi.* a (se) ofili.

wily ['waili] *adj.* viclean.

313

win [win] *vt.* a câştiga; a cuceri; a atinge. *vi.* a câştiga; a fi învingător.

wince [wins] *s.* tresărire. *vi.* a tresări; a se cutremura.

winch [wintʃ] *s.* scripete; vinci.

wind¹ [wind] *s.* vânt; suflare, adiere; zvon; vorbe goale; instrument de suflat; ~-*bag* fanfaron; ~-*fall* pară mălăiaţă; ~*lass* scripete; ~ *pipe* beregată; ~*screen*; ~*shield* parbriz; ~-*swept* bătut de vânturi. *vt.* a adulmeca; a obosi; a lăsa să răsufle.

wind² [waind] *s.* serpentină, cot(itură); meandră. *vt.* a (ră)suci; a întoarce (ceasul); a bobina; a ridica (cu scripetele); *to* ~ *up* a încheia; a lichida. *vi.* a răsuci; *to* ~ *up* a încheia.

winding [ˈwaindiŋ] *s.* răsucire; bobinare; ~ *up* încheiere; lichidare. *adj.* şerpuitor.

window [ˈwindou] *s.* fereastră; ~ *pane* geam.

windy [ˈwindi] *adj.* vântos; speriat.

wine [wain] *s.* vin; ~ *press* teasc.

wine cellar [ˈwainselə] *s.* cramă.

wing [wiŋ] *s.* aripă; escadrilă; *pl.* culise. *vt.* a înaripa; a grăbi.

wink [wiŋk] *s.* clipit; semn din ochi; clipă. *vt.* a închide (ochii). *vi.* a (s)clipi, a face cu ochiul.

winner [ˈwinə] *s.* câştigător; învingător.

winning [ˈwiniŋ] *s.* câştig. *adj.* câştigător; atrăgător; convingător; ~*post* potou.

winnow [ˈwinou] *vt.* a vântura; a alege.

winsome [ˈwinsəm] *adj.* atrăgător.

winter [ˈwintə] *s.* iarnă. *vi.* a ierna.

wintry [ˈwintri] *adj.* iernatic; rece.

wipe [waip] *s.* ştergere, şters; lustru. *vt.* a şterge; a măsura; a nimici.

wire [ˈwaiə] *s.* sârmă; fir; telegramă. *vt.* a prinde, a lega cu sârme; a telegrafia; a instala electricitatea în. *vi.* a telegrafia.

wireless [ˈwaiəlis] *s.* radio; telegrafie fără fir; *adj.* fără fir. *vt., vi.* a transmite prin radio.

wiring [ˈwaiəriŋ] *s.* instalaţie electrică.

wiry [ˈwaiəri] *adj.* tare, oţelit; musculos.

wisdom [ˈwizdəm] *s.* înţelepciune; învăţătură; ~ *tooth* măsea de minte.

wise [waiz] *s.* fel. *adj.* înţelept; ~ *man* înţelept; mag.

wiseacre [ˈwaiz,eikə] *s.* pedant.

wisecrack [ˈwaizkræk] *s.* glumă.

wish [wiʃ] *s.* dor(inţă); rugăminte; urare. *vt.* a dori; a nădăjdui; a ruga; a cere; a ura. *vi.* a spera; *to* ~ *for* a dori.

wishful [ˈwiʃfl] *adj.* doritor, visător.

wishing-bone [ˈwiʃiŋboun] *s.* iadeş.

wishy-washy [ˈwiʃiˈwɔʃi] *adj.* apos; slab (de înger); neinteresant.

wisp [wisp] *s.* şuviţă.

wistaria [wisˈtɛəriə] *s. bot.* glicină.

wistful [ˈwistfl] *adj.* plin de dor; visător.

wit [wit] *s.* spirit, inteligenţă; minte; înţelepciune; om spiritual.

witch [witʃ] *s.* vrăjitoare; divă.

witchcraft [ˈwitʃkrɑːft] *s.* vrăjitorie; fascinaţie.

witchery [ˈwitʃəri] *s.* vrăjitorie; fascinaţie.

witchhunt [ˈwitʃhʌnt] *s. (şi fig.)* vânătoare de vrăjitoare.

with [wið] *prep.* (împreună) cu; şi la; asupra; împotriva, faţă de; în ciuda.

withdraw [wið'drɔ:əl] *vt., vi.* a (se) retrage; a (se) îndepărta.

withdrawal [wið'drɔl] *s.* retragere; retractare.

withdrawn [wið'drɔ:n] *vt., vi. part. trec. de la* **withdraw**.

withdrew [wið'dru:] *vt., vi. trec. de la* **withdraw**.

wither ['wiðə] *vt., vi.* a (se) veşteji.

withering ['wiðriŋ] *adj.* dispreţuitor; distrugător.

withheld [wið'held] *vt. trec. şi part. trec. de la* **withhold**.

withhold [wið'hould] *vt.* a reţine, a opri; a refuza.

within [wi'ðin] *adv.* înăuntru; în interior. *prep.* înăuntrul; nu mai departe de; în cadrul; ~ *an hour* până într-un ceas; ~ *an inch of* cât pe-aici să; ~ *call* sau *hearing* destul de aproape ca să audă; ~ *shot* în bătaia puştii.

without [wi'ðaut] *adv.* (pe) dinafară. *prep.* fără; în afară; *to do* sau *go* ~ a se lipsi de.

withstand [wið'stænd] *vt.* a se împotrivi *sau* a rezista la.

withstood [wið'stud] *vt. trec. şi part. trec. de la* **withstand**.

witness ['witnis] *s.* martor; mărturie; dovadă; ~ *box* boxa martorilor. *vt.* a asista la, a vedea; a depune mărturie despre; *fig.* a trăda. *vi.* a depune mărturie.

witticism ['witisizəm] *s.* spirit, glumă.

wittingly ['witiŋli] *adv.* cu bună ştiinţă.

witty ['witi] *adj.* spiritual, amuzant.

wives [waivz] *s. pl. de la* **wife**.

wizard ['wizəd] *s.* vrăjitor.

wizened ['wiznd] *adj.* zbârcit; îmbătrânit.

wobble ['wɔbl] *vt.* a legăna, a clătina. *vi.* a se clătina, a se legăna, a şovăi.

wobbler ['wɔblə] *s.* om şovăitor.

wobbly ['wɔbli] *adj.* şubred.

woe [wou] *s.* supărare; durere; necaz; ~ *is me!* vai de capul meu.

woe-begone ['woubi,gɔn] *adj.* nenorocit.

woeful ['woufl] *adj.* trist; regretabil; nenorocit.

woke [wouk] *vt., vi. trec. şi part. trec. de la* **wake**.

woken ['woukn] *vt., vi. part. trec. de la* **wake**.

wolf [woulf] *s.* lup; crai.

wolf hound ['wulfhaund] *s.* câinelup.

wolfish ['wulfiʃ] *adj.* lacom; de lup.

woman ['wumən] *s.* femeie; *pl.* sexul slab; feminitate; sentimentalism.

womanhood ['wumənhud] *s.* feminitate; sexul slab.

womanish ['wuməniʃ] *adj.* de femeie, feminin; efeminat.

womankind ['wumən'kaind] *s.* femeile; sexul feminin.

womanlike ['wumənlaik] *adj.* femeiesc; feciorelnic.

womb [wu:m] *s.* uter; *fig.* sân.

women ['wimin] *s. pl.* femei.

won [wʌn] *vt., vi. trec. şi part. trec. de la* **win**.

wonder ['wʌndə] *s.* minune; mirare; surprindere; *(it is) no* ~ *(that)* nu e de mirare (că); ~ *struck* uluit. *vt.* a se întreba (ceva). *vi.* a se mira; a se întreba.

wonderful ['wʌndəfl] *adj.* minunat; uluitor; excepțional.

wonderingly ['wʌndriŋli] *adv.* cu mirare.

wont [wount] *s.* obișnuință, obicei. *adj.* obișnuit; *to be ~ (to)* a obișnui (să).

wonted ['wountid] *adj.* obișnuit, tradițional.

woo [wu:] *vt.* a curta; a cere în căsătorie; a cuceri; a implora. *vi.* a face curte.

wood [wud] *s.* pădure; lemn; *~cock* sitar; *~ cut* gravură; *~land* păduri; *~(s)man* pădurar; *~pecker* ciocănitoare; *~ wind* instrument de suflat din lemn; *~ work* lemnărie, tâmplărie.

wooded ['wudid] *adj.* împădurit.

wooden ['wudn] *adj.* de lemn; înțepenit; greoi.

woody ['wudi] *adj.* păduros; lemnos.

wooer ['wu:ə] *s.* curtezan.

woof [wu:f] *s.* băteală.

wool [wul] *s.* lână; păr creț; câlți; (și *cotton ~*) vată; *~-gathering* aiurit; visător; dus pe gânduri.

wool(l)en ['wulin] *adj.* de lână.

woolly ['wuli] *adj.* lânos; ca lâna; ca un caier.

word [wə:d] *s.* vorbă; cuvânt(are); observație; discuție; veste; cuvânt de onoare; poruncă, semnal; *~ for ~* cuvânt cu cuvânt; *by ~ of mouth* oral. *vt.* a exprima, a formula.

wordiness ['wə:dinis] *s.* limbuție; prolixitate.

wording ['wə:diŋ] *s.* formulare, exprimare.

wordless ['wə:dlis] *adj.* mut; fără cuvinte.

wordy ['wə:di] *adj.* prea lung; prolix.

wore [wɔ:] *vt., vi. trec. de la* **wear**.

work [wə:k] *s.* muncă; treabă; slujbă; ocupație; lucrare; lucru; operă; *pl.* uzină, ateliere; *pl.* lucrări publice; *pl.* opere de binefacere; *~ basket* coșuleț cu lucru de mână; *~ day* zi de lucru; *~ house* azil de muncă; școală de corecție. *vt.* a (pre)-lucra; a acționa; a pune în mișcare; a conduce; a administra; a pune la treabă; a face, a produce; a broda; a plăti cu munca proprie; *to ~ out* a produce; a elabora; a calcula; *to ~ off* a rezolva; *to ~ up* a alcătui; a crea; a stârni, a ațâța. *vi.* a lucra; a munci; a acționa; a funcționa; a merge, a avea succes; a se strecura, a trece; a se agita; *to ~ out* a ieși (la socoteală); *to ~ up* a crește.

workable ['wə:kəbl] *adj.* practic(abil); care poate fi prelucrat.

workaday ['wə:kədei] *adj.* de lucru; obișnuit.

worker ['wə:kə] *s.* muncitor.

working ['wə:kiŋ] *s.* muncă; funcționare; exploatare minieră; abataj. *adj.* muncitor; de lucru; *~ class* clasă muncitoare; *~ party* grup de lucru.

workman ['wə:kmən] *s.* lucrător; meșteșugar.

workmanship ['wə:kmənʃip] *s.* lucrătură; artizanat.

workshop ['wə:kʃɔp] *s.* atelier.

world [wə:ld] *s.* lume; pământ; societate; domeniu; planetă; mulțime; *~-wide* mondial. *adj.* mondial, internațional.

worldly ['wə:ldli] *adj.* lumesc; profan; trupesc.

worm [wə:m] *s.* vierme; filet de şurub; ~ *eaten* viermănos; ros de molii; demodat. *vt.* a-şi croi (drum); a smulge, a obţine.

wormwood ['wə:mwud] *s.* pelin.

worn [wə:n] *vt., vi. part. trec de la* **wear**.

worn-out ['wɔ:n'aut] *adj.* istovit; uzat; tocit.

worried ['wʌrid] *adj.* necăjit; speriat; tulburat.

worry ['wʌri] *s.* nelinişte; tulburare; necaz; grijă. *vt.* a necăji; a chinui; a nelinişti, a agita; a hărţui. *vi.* a se necăji; a se agita; a-şi face griji.

worse [wə:s] *adj.* mai rău; mai bolnav. *adv.* mai rău; ~ *off* într-o situaţie mai proastă.

worsen ['wə:sn] *vt., vi.* a (se) înrăutăţi; a (se) agrava; a (se) ascuţi.

worship ['wə:ʃip] *s.* cult; religiozitate. *vt.* a se închina la. *vi.* a practica cultul (religios).

worshipper ['wə:ʃipə] *s.* adorator; credincios.

worst [wə:st] *s.* situaţie foarte proastă; partea cea mai rea; *at (the)* ~ în cel mai rău caz. *adj., adv.* cel mai rău; cel mai prost.

worsted ['wustid] *s.* lână răsucită; postav.

wort [wə:t] *s.* must; iarbă, plantă.

worth [wə:θ] *s.* valoare; merite; marfă în valoare de (o anumită sumă). *adj.* în valoare de; meritos; valoros; *to be* ~ *a* valora; a costa; a merita.

worthless ['wə:θlis] *adj.* fără valoare; nefolositor.

worthwhile ['wə:θwail] *adj.* care merită. *it is not* ~ nu merită (banii, efortul etc.).

worthy ['wə:ði] *s.* celebritate, somitate. *adj.* merituos; onorabil; demn (de respect etc.).

would [wud, wəd] *v. aux. pentru cond. şi future in the past., v. mod. exprimând voinţa, dorinţa, vt. trec. de la* **will**.

would-be ['wud bi:] *adj.* aşa-zis, pretins.

wound¹ [wu:nd] *s.* rană; avarie; stricăciune; dăunare; jignire. *vt.* a răni; a strica, a dăuna (cuiva); a jigni.

wound² [waund] *vt., vi.* trec şi part. trec de la **wind²**.

wove [wouv] *vt., vi. trec. de la* **weave**.

woven ['wouvn] *vt., vi. part. trec. de la* **weave**.

wove-paper ['wouv‚peipə] *s.* hârtie velină.

wrangle ['ræŋgl] *s.* ceartă; hărmălaie. *vi.* a se certa (zgomotos).

wrap [ræp] *s.* şal; mantie; haină de blană. *vt.* a înfăşura; a înveli; a ambala; a învălui. *vi.* a se înfăşura, a se înfofoli; a se învălui.

wrapper ['ræpə] *s.* bandă (de hârtie); supracopertă; capot (subţire).

wrapping ['ræpiŋ] *s.* înveliş; ambalaj.

wrath [rɔ:θ] *s.* mânie.

wrathful ['rɔ:θfl] *adj.* mânios.

wreak [ri:k] *vt.* a-şi vărsa, a-şi descărca (furia etc.).

wreath [ri:θ] *s.* ghirlandă; coroană funerară; sul; colac (de fum etc.).

wreck [rek] *s.* epavă; ruină; dis-

317

trugere, năruire; rămăşiţe arun-
cate de valuri. *vt.* a distruge; a
nărui. a face să naufragieze.

wreckage ['rekidʒ] *s.* rămăşiţe (ale
unei distrugeri); resturi.

wrecker ['rekə] *s.* sabotor; diver-
sionist.

wren [ren] *s.* pitulice.

wrench [rentʃ] *s.* smulgere; smu-
citură; cheie franceză. *fig.* chin;
vt. a smulge; *fig.* a deforma.

wrest [rest] *vt.* a smulge; a scoate;
a deforma.

wrestle ['resl] *s.* luptă (corp la
corp); trântă. *vi.* a se lupta.

wrestler ['reslə] *s. sport* lupte.

wrestling ['reslin] *s. sport* luptător.

wretch [retʃ] *s.* nenorocit, mize-
rabil.

wretched ['retʃid] *adj.* nenorocit,
mizerabil, trist, ticălos.

wriggle ['rigl] *s.* contorsiune; zvâr-
coleală. *vt.* a suci; a agita. *vi.* a se
zvârcoli; a se zbate.

wring [rin] *s.* strânsoare. *vt.* a
răsuci; a stoarce; a smulge;
~*ing wet* ud leoarcă.

wrinkle ['rinkl] *s.* zbârcitură; creţ;
sfat. *vt., vi.* a (se) zbârci; a (se)
încreţi.

wrist [rist] *s.* încheietura mâinii; ~
band manşetă; ~-*watch* ceas de
mână.

write [rait] *vt.* a scrie; a aşterne
pe hârtie; *to ~ off* a compune; a
anula; *to ~ up* a elabora. *vi.* a
scrie; a se ocupa cu scrisul.

writer ['raitə] *s.* scriitor; conţopist].

writhe [raið] *s.* zvârcoleală. *vi.* a se
zvârcoli; a se zbate; a se chinui;
a suferi.

writing ['raitin] *s.* scris, scriere; ~
desk pupitru.

written ['ritn] *vt., vi. part. trec. de
la* **write**.

wrong [ron] *s.* greşeală; păcat; ne-
dreptate; ticăloşie. *adj.* greşit; pă-
cătos; imoral; incorect; nedrept.
vt. a nedreptăţi; a judeca greşit.
adv. greşit; rău; incorect.

wrongdoer ['ron'duə] *s.* răufă-
cător; ticălos.

wrongful ['ronfl] *adj.* greşit; ne-
drept; ilegal.

wrongly ['ronli] *adv.* greşit; prost;
incorect.

wrote [rout] *vt., vi. trec. de la* **write**.

wrought [rɔːt] *vt., vi. trec. şi part.
trec. de la* **work**; ~*iron* fier forjat.

wrung [rʌn] *vt. trec. şi part. trec. de
la* **wring**.

wry [rai] *adj.* strâmb; deformat;
pus greşit; *a ~ face* sau *mouth*
strâmbătură.

X

Xmas ['krisməs] *s.* Crăciun.
X-ray ['eks'rei] *s.* rază X; radiografie.

xylophone ['zailəfoun] *s.* xilofon.

Y

yacht [jɔt] *s.* iaht.
yahoo [jə'hu:] *s.* fiinţă inferioară.
yam [jæm] *s. bot.* ignamă.
yank [jæŋk] *vt.* a smuci.
yankee ['jæŋki:] *s.* yankeu, american.
yap [jæp] *s.* lătrat. *vi.* a lătra.
yard [jɑ:d] *s.* iard *(90 cm)*; metru de stofă; curte; fabrică; şantier; depou de cale ferată; *mar.* vargă de vântrea; *the Yard* sau *Scotland Yard* poliţia londoneză.
yarn [jɑ:n] *s.* fir tors; poveste (vânătorească). *vi.* a spune poveşti; a sta la taifas.
yawl [jɔ:l] *s.* iolă; şalupă.
yawn [jɔ:n] *s.* căscat. *vi.* a căsca; a se căsca.
yeah [je, jæ] *adv., interj.* da.
year [jə:] *s.* an; *pl.* vârstă; *New Year's Day* Anul nou; *~ book* anuar.
yearling ['jə:liŋ] *s.* animal de un an.
yearly ['jə:li] *adj., adv.* anual.
yearn [jə:n] *vi.* a tânji; a se ofili de dor.
yearning ['jə:niŋ] *s.* dor(inţă). *adj.* doritor; care tânjeşte.
yeast [ji:st] *s.* drojdie (de bere).
yeasty ['ji:sti] *adj.* spumos; înspumat.

yell [jəl] *s.* ţipăt; strigăt. *vt., vi.* a ţipa.
yellow ['jelou] *s.* galben. *adj.* galben; fricos; invidios; bănuitor, gelos; laş; *the ~ press* presa de scandal. *vt., vi.* a îngălbeni.
yelp [jelp] *s.* lătrat. *vi.* a lătra; a chelălăi.
yeoman ['joumən] *s.* răzeş; fermier; ţăran; cavalerist.
yeomanry ['joumənri] *s.* răzeşi(me); cavalerie.
yes [jes] *s.* da; încuviinţare; vot pentru. *adv., interj.* da.
yesman ['jesmæn] *s.* oportunist.
yesterday ['jestədi] *s.* ieri. *adv.* ieri.
yet [jet] *adv.* încă; până acum; acum; în plus; cândva; şi mai; şi totuşi. *conj.* totuşi.
yew [ju:] *s.* tisă.
yield [ji:ld] *s.* producţie (la hectar); *pl.* produse. *vt.* a produce; a ceda; a lăsa. *vi.* a ceda; a se da bătut.
yielding ['ji:ldiŋ] *adj.* docil; supus; moale.
yogh(o)urt ['jougə] *s.* iaurt.
yoke [jouk] *s.* jug; pereche de boi; cobiliţă. *vt.* a înjuga; a uni.
yokel ['joukl] *s.* ţărănoi.
yolk [jouk] *s.* gălbenuş.

319

yon(der) ['jɔn(də)] *adv.* colo. *adj.* de colo.

yore [jɔ:] *s.: of ~* de demult.

you [ju(:)] *pron.* tu; voi; dumneata; dumneavoastră.

young [jʌŋ] *s.* pui; *the ~* tinerii. *adj.* tânăr; tineresc; nou; nepriceput; *~ woman* tânără, domnişoară.

younster ['jʌŋstə] *s.* băiat; flăcău.

your [jɔ:] *adj.* tău, ta, tăi, tale; vostru, voastră, voştri, voastre.

yours [jɔ:z] *pron.* al tău, a ta, ai tăi, ale tale; al vostru, a voastră, ai voştri, ale voastre.

yourself [jɔ:'self] *pron.* tu însuţi; te; tu; *all by ~* singur; chiar tu.

yourselves [jɔ:'selvz] *pron.* voi înşivă, vă.

youth [ju:θ] *s.* tinereţe; tânăr; tineret.

youthful ['ju:θfl] *adj.* tânăr; tineresc.

yummy ['jʌmi] *adj. amer.* delicios, savuros.

Z

zeal [zi:l] *s.* zel; entuziasm.

zealot ['zelət] *s.* fanatic (religios).

zenith ['zeniθ] *s.* zenit; *fig.* culme.

zest [zest] *s.* gust picant; condiment; entuziasm; zel; interes.

zinnia ['zinjə] *s. bot.* cârciumăreasă.

Zionism ['zaiənizəm] *s.* sionism.

zip [zip] *s.* ţiuit; fermoar; *~ fastener* fermoar.

zipper ['zipə] *s.* fermoar.

zither ['ziθə] *s.* ţiteră.

zone [zoun] *s.* zonă, regiune.

zoo [zu:] *s.* grădină zoologică.

zoological [zouə'lɔdʒikl] *adj.* zoologic.

zoologist [zou'ɔlədʒist] *s.* zoolog.

zucchini [zu:'ki:ni] *s. pl.* dovlecei.